高等学校出版学专业系列教材

武汉大学规划教材建设项目资助出版

数字出版概论

Introduction to Digital Publishing

徐丽芳　陈铭　赵雨婷　编著

图书在版编目(CIP)数据

数字出版概论/徐丽芳,陈铭,赵雨婷编著.—武汉:武汉大学出版社,2022.10(2024.4重印)
高等学校出版学专业系列教材
ISBN 978-7-307-23155-9

Ⅰ.数…　Ⅱ.①徐…　②陈…　③赵…　Ⅲ.电子出版物—出版工作—概论—高等学校—教材　Ⅳ.G237.6

中国版本图书馆CIP数据核字(2022)第120271号

责任编辑:詹　蜜　　　责任校对:汪欣怡　　　整体设计:涂　驰

出版发行:**武汉大学出版社**　(430072　武昌　珞珈山)
(电子邮箱:cbs22@whu.edu.cn　网址:www.wdp.com.cn)
印刷:武汉邮科印务有限公司
开本:787×1092　1/16　印张:25.75　字数:578千字　插页:1
版次:2022年10月第1版　　2024年4月第3次印刷
ISBN 978-7-307-23155-9　　定价:66.00元

目　　录

第1章　绪　　论[①]

电子出版物出版管理规定

网络出版服务管理规定

我们正站在历史的交汇点，面对百年未有之大变局，信息化、数字化、网络化、智能化的浪潮正在推动社会发展，引领我们进入一个全新的数字社会。这是一个挑战与机遇并存的时代，也是一个创新与变革交织的时代。数字出版，作为新的出版形式，是信息化、数字化深度发展的产物，也是媒介融合的重要表现。习近平总书记在中共中央二十大报告中明确指出，要加强信息基础设施建设，推动信息资源全面开放共享，提高信息化、数字化、网络化、智能化水平，深化数字经济发展，推动产业数字化、数字产业化。这为我国的数字出版发展提供了坚实的基础。

和其他企业一样，每一个出版企业都处于一定的外部环境之中，并不断地与环境之间进行物质资源、能量和信息的交换。营销学家菲利浦·科特勒(Philip Kotler)把组成企业环境的各种因素分成两大类：微观环境中的各种力量如供应商、中间商、竞争对手和顾客等，直接影响企业为市场服务的能力；宏观环境因素如人口、经济、物质、技术、政治、法律和社会文化等，则影响微观环境中所有的行动者[②]。所有外部因素和力量都有一些共同特点：首先，它们外在于企业，企业不太可能改变这些不可控制的力量，而只能去适应它们。其次，这些因素恒常处于变动不居的状态之中。这一点在我们所处的这个被称作“突变性的”(彼得·德鲁克)和“未来震荡”(阿尔温·托夫勒)的时代中尤其明显。因此，只有密切注视这些影响企业运营的外部力量的发展趋势，加以确定、评估并做出适当反应，企业才能够成功地应对随之而来的机会和威胁。对于出版企业来说，情况同样如此。

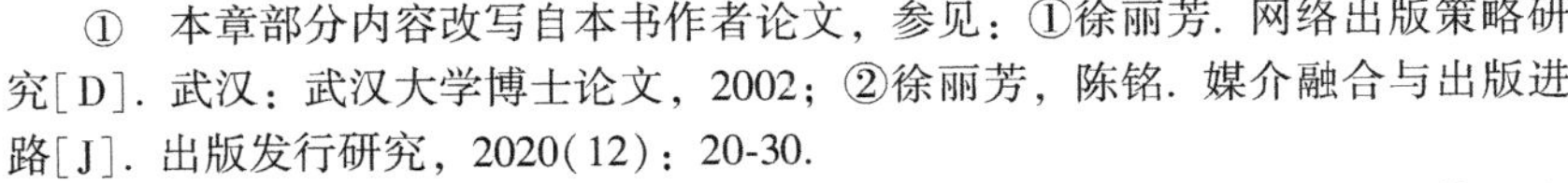

① 本章部分内容改写自本书作者论文，参见：①徐丽芳. 网络出版策略研究[D]. 武汉：武汉大学博士论文，2002；②徐丽芳，陈铭. 媒介融合与出版进路[J]. 出版发行研究，2020(12)：20-30.

② 菲利浦·科特勒，梅汝. 营销管理：分析、计划和控制[M]. 上海：上海人民出版社，1990：96.

作为一个古老的行业，出版"长久以来，自成天地"①。待发展到20世纪上半叶，出版已臻至相对完满的境地。或者更确切地说是在以纸张为载体、以印刷为手段的出版框架之中，将来很难"再出现任何新型的设计、内容改进或更先进的彩色印刷"了②。但是随后而来的一些根本性变化显示了新的可能性。人们注意到数字技术，包括移动互联网、虚拟现实、人工智能等技术的发展正在打破不同媒体之间原有的界限，并为出版物带来交互性、智能化等新的特点。面对海量内容资源的用户则从需求到行为都发生了巨大变化。因此，出版业自身已无法保持"与其他行业关涉不大"的"独立王国"地位，而被卷入庞大的、多元组合的新兴产业格局之中……这些都指向一点，即要抓住崭新的发展机遇并成功地应对随之而来的变革压力，以便在浮现中的新产业中占据有利地位，出版企业必须面对数字化时代新兴技术和行业带来的竞争。

1.1　数字出版发展背景

数字技术的进步、互联网及其终端设备的普及极大地改变了人们的阅读习惯和消费理念。数字出版领域不断发展变革，不论是行业巨头还是初创公司都奋力推陈出新，新的产品与服务、新的模式、新的业态都经受着市场检验。2020年12月，中国新闻出版研究院发布了《2019—2020中国数字出版产业年度报告》，报告显示，2019年，国内数字出版产业整体收入规模为9881.43亿元，比上年增长11.16%。其中，互联网期刊收入达23.08亿元，电子书达58亿元，数字报纸(不含手机报)达8亿元，博客类应用达117.7亿元，在线音乐达124亿元，网络动漫达171亿元，移动出版(移动阅读、移动音乐、移动游戏等)达2314.82亿元，网络游戏达713.83亿元，在线教育达2010亿元，互联网广告达4341亿元。③ 而据统计公司Statista的数据，2021—2025年全球涵盖电子书、数字报纸、互联网期刊等内容产品的数字出版收入预计将达4.36%的复合年增长率；到2025年，数字出版市场规模预计将达到326.13亿美元④。总的看来，技术、读者、产业背景等环境因素的变化已经和正在对数字出版发展造成重大影响。

1.1.1　技术发展与新出版机会

出版既是文化事业，也是商业活动；同时，它还是一个技术驱动的行业，或者说技术的发展在相当大程度上影响了出版发展的速度甚至走向。人类出版的历史一直以来都明白

① 陈万雄. 挑战与回应[J]. 编辑学刊，2001(1)：22-24.

② 罗杰·菲德勒著. 媒介形态变化：认识新媒介[M]. 明安香，译. 北京：华夏出版社，2000：59.

③ 中国数字出版产业年度报告课题组，张立，王飚，李广宇. 步入高质量发展的中国数字出版——2019—2020年中国数字出版产业年度报告[J]. 出版发行研究，2020(11)：20-25.

④ ePublishing [EB/OL]. [2021-09-27]. https://www.statista.com/outlook/204/100/epublishing/worldwide.

无误地昭示着这一点。如在德国人谷登堡对印刷术做出重大革新之后大约50年间，欧洲各地的出版物就由几万册手抄本发展到3.5万种、1200万册印本书的规模①。除了数量上的飞跃之外，出版向来视之为核心资源的内容(包括内容的形式)，都无不受到技术的影响。麦克卢汉的名言"媒介即信息"清楚地说明了载体作为物化的技术，或者说作为出版技术的集中体现，如何规定了内容的可能性。只要想想在龟甲兽骨甚至简帛时代都不可能大量出版《西游记》《红楼梦》等鸿篇巨制的大众读物，就可知麦氏所言非虚。此外，技术上的革新还直接导致出版行业结构的改变。仍以谷登堡之后的中世纪欧洲出版业为例，其产业链条中赫然出现"印刷"这一新兴环节，而且其以高效率的工作在与定点书坊、修道院缮写室(scriptorium)的竞争中取得了支配地位，从而形成了"印刷所→书商"这样的早期西方图书出版发行体系。而能够媲美于公元15世纪的机械印刷术，引起"对出版业未来神经紧张"的新技术，当属20世纪后半叶的电子与网络技术。在相当长历史时期内，出版都受益于技术的创新。大如造纸术和印刷术的发明与推广，相对次要的如摄影技术、各种机械排字机和新式印刷机的应用，它们对于出版行业的促进作用都是不言而喻的。但是，自20世纪20年代以来，新兴电子技术却与出版业展开了一种微妙而耐人寻味的关系。回顾相关电子技术发展的历程，会发现出版行业曾经在两个方向上用力，以期充分利用新技术的潜能。

一是试图为印刷版内容找一个电子出口，以充分利用电子媒介低成本、高速度的优点。最先的尝试，是利用无线电广播来"播送报纸"。随后从1977年开始，由于电视图文广播(teletext)和可视图文系统(videotex)的应用，欧洲和北美的许多人可以用家用电视机来"收看报纸"了。新闻标题、天气预报、股市信息、电视指南、纵横字谜、星相算命等传统报纸内容都能够从屏幕上读到。到20世纪80年代，英国有100多万个家庭装上了电视图文广播解码器。而该国所有的报纸、杂志、图书和目录出版商都被它的有线图文系统聘为了信息提供者。类似的实验在美国不算成功，比如该国赖特-里德报系提供的有线图文服务视特灵系统(Viewtron)就在损失了5000万美元之后于1986年关闭。总的来说，因为技术和市场两方面的限制，出版商们只能把这些系统看作印刷出版物聊胜于无的一个补充。但是，这些实验的好处是使大家认识到了综合利用多种媒体进行出版，以及与读者简单互动的可能性。

二是充分利用计算机技术使编辑和印刷环节数字化，在削减出版成本的同时提高工作效率。进入20世纪80年代以后，这方面的进展如此之快，以至于使身处其中的人产生了眩晕的感觉。香港商务印书馆陈万雄先生对此有过生动的表述：

> "桌上出版"技术的出现，当时已感觉很了不起，被认为是出版史上的划时代转变。近年更出现新的CTP电脑直接制版技术，是在DTP基础上的一个跃进。DTP和

① 罗杰·菲德勒著. 媒介形态变化：认识新媒介[M]. 明安香，译. 北京：华夏出版社，2000：55.

CTP 的出现，今日看来，原来只是出版革命的萌芽，范畴也只限于编辑出版和制作的生产模式的改变，传统出版本质并未有根本的变化。到了 90 年代，多媒体光碟出版的市场化，确令图书出版局面为之一新，当时亦誉之为是图书出版的一场革命。多媒体光碟出版的出现，确标志着人类自有纸张出版以来，在出版和阅读载体上的一次革命。现在看来，多媒体出版原来仍只是图书出版革命的引子。

但是殊途同归，这两个方向的积累到了 1995 年前后互联网由专门的军用和学术网络发展成为商业和大众传播媒介之后终于汇聚成了一股潮流。出版业在数字化方面经过多年努力终于走完“最后一公里”，看到了出版从生产、产品到产品流通全数字化的现实可能性。同时这个行业发现不仅传统出版物，而且一度视为对手的其他媒体，都以比特这种形式在网络世界中流动。正像陈万雄先生认为的那样：“到网络电子出版的面世，才是真正革命的登场”。

关于这一点，一些站在技术发展最前沿的人早已敏感地预见到了。美国麻省理工学院（Massachusetts Institute of Technology，MIT）媒介实验室尼古拉斯·尼葛洛庞帝（Nicholas Negroponte）早在 1978 年就指出数字技术将会导致各媒介产业的融合（convergence），从而促使以多媒体方式传播信息的新媒介产生（如图 1-1 所示）。而从出版业角度出发可以发现：右图中 3 个圆形的交集，也就是大面积重叠的空白，就是陈万雄先生所说的“网络电子出版”，或者说“数字出版”。数字出版将能够使人们创造富有吸引力的内容，发掘多媒体出版物的互动特色，提高内容传播的效率，并拓展包括网络社区和电子商务在内的多种服务功能。要言之，出版企业可以通过数字出版创造出新的附加价值。

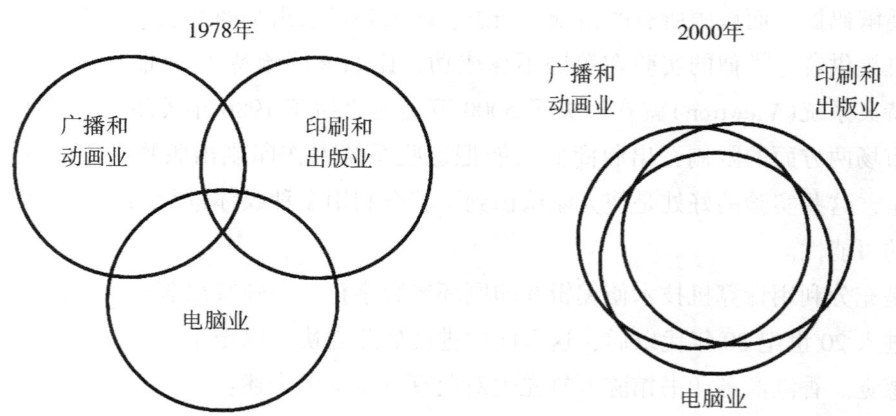

图 1-1　MIT 媒介实验室关于数字技术驱动产业融合的图解

进入 21 世纪后，区块链（Blockchain）、虚拟现实/增强现实（Virtual Reality/Augmented Reality，VR/AR）、人工智能（Artificial Intelligence，AI）等新兴技术开始推动出版进一步的

数字化转型以及出版融合发展。

区块链技术被视作解决版权问题的"救命稻草"。2014 年，区块链技术的应用逐渐从金融产业延伸至教育、医疗、公共管理、文化产业等领域，并逐步形成了以现代计算机与网络设施为基础，以分布式账本、智能合约、共识机制等为主要特征，以操作运维和系统管理为两翼的应用技术体系，并朝着"区块链即服务"(Blockchain as a Service, BaaS)的方向发展。数字出版领域则涌现出 po. et、publica、Authorship 和 Orvium 等区块链数字出版服务平台①。总的看来，数字出版产业有望在"区块链即服务"的大环境下，加大数字出版行业的产业联盟链和企业私有链的布局与建设，理性地融入区块链技术变革以占得先机。

VR/AR 是出版数字化转型升级的重要路径和方向之一。其不仅能提供新的内容呈现与交互方式，更能带来新的知识体验和盈利模式，拓宽产业边界。2016 年，VR/AR 迎来爆发式增长，受到各国、各行业和资本的青睐。据高盛咨询服务公司预测，2025 年 VR/AR 软硬件产业规模将达到 800 亿美元。② 目前，全球 VR/AR 市场与生态尚在培育中，处于从"部分沉浸"向"深度沉浸"转型的重要关口，核心发展思想已经从"移动先行"向"人工智能先行"转变。作为出版业数字化转型的颠覆性进路之一，VR/AR 出版不仅能带来新的产品、服务形态和业态，而且将改变人类对生存其间的世界的理解与反应，赋予一种新型的"人类-媒介"关系，并从根本上重塑人类文化。③ 美国学者丹尼尔·贝尔(Daniel Bell)曾指出："当代文化正在变成一种视觉文化，而不是一种印刷文化，这是千真万确的事实。"④而 VR/AR 作为一种"高维"媒介或 4D 媒介⑤，将通过创建"虚拟世界"(Virtual World, VW)使人类文化进入亦真亦幻、可居可游的体验文化阶段。

AI 技术则将改变数字出版的人机协作方式，对数字出版流程和工作方式进行重塑，同时促成新的产品形态和应用场景。AI 技术包括机器学习、自然语言处理、知识图谱、人机交互技术、计算机视觉技术等，均与数字出版产业密切相关。由于数据、信息是人工智能创造价值的关键要素，而数字出版是信息服务产业的重要组成部分，因此其势必会受

---

① 出版商务周报. 出版与区块链的链接，将构建怎样的行业前景?[EB/OL].[2018-11-30]. https://mp.weixin.qq.com/s/9gLIhCdGWoFAdJMuP_Fvug.

② Goldman Sachs: VR and AR "Will Be the Next Generation Computing Platform[EB/OL].[2021-09-28]. https://www.goldmansachs.com/insights/pages/virtual-and-augmented-reality-report.html#:~:text=Virtual%20reality%20%28VR%29%20and%20augmented%20reality%20%28AR%29%20have, big%20computing%20platform%2C%20according%20to%20Goldman%20Sachs%20Research.

③ 徐丽芳，陈铭 .5G 时代的虚拟现实出版[J]. 中国出版，2019(18)：3-9.

④ [美]丹尼尔·贝尔. 资本主义文化矛盾[M]. 赵一凡，蒲隆，任晓晋，译. 上海：三联书店，1989：156.

⑤ 注：学者喻国明提出了"高维媒介"这一概念，认为互联网比我们过去所面对的那些传统媒介都多出一个维度，生长出新的社会空间、运作空间、价值空间。参见：http://www.aisixiang.com/data/83523.html。相较于 3D 媒介，4D 媒介增添了时间维度，人们则可以在应用程序中通过调整时间维度回放之前的历史场景或快进到未来版的 4D 世界中。参见：https://www.wired.com/story/mirrorworld-ar-next-big-tech-platform/。

到AI技术发展的影响。新一代AI以泛在网络、数据驱动、服务共享、跨界融合、自动智能和群体创新为特征，以大数据和深度学习为主要技术基础，以开放性电商平台、社交媒体和城市物联网为基础构建统一的大数据平台，支持不同领域之间的融合，为数字出版产业跨界融合提供可能①。AI技术对出版产业的"重塑"将主要体现在以下方面：一是AI技术可取代或部分改进传统出版工种，形成新型智能化人机协作方式，实现数字出版流程再造；二是AI催生新的数字出版产品形态、应用场景和服务模式。总之，AI的出现和发展有望对数字出版活动进行全方位的提升。

习近平总书记关于网络强国的重要思想深刻阐明了信息化数字化在党和国家事业全局中的战略性、引领性作用，为加快建设网络强国、数字中国，以信息化数字化驱动引领中国式现代化指明了前进方向、提供了根本遵循。而数字出版，作为信息化、数字化在出版业应用、落地的重要体现和发展目标，是这一战略在出版领域的直接反映和积极响应。因此，数字出版不仅是传统出版的延伸和发展，更是科技创新的重要表现形式，对于提升国家文化软实力，推动文化产业发展具有重大意义。

1.1.2　读者需求与行为变化及其影响

科技进步是出版发展的必要条件；但是技术上的可能性能否转化为现实中的出版能力，还要受到很多其他因素的制约。鉴古可以知今，这点从活字印刷术由中国人发明，但是并未首先对中国的出版和出版业产生重大影响可以略知一二。而在所有制约因素中，作为出版价值链条之一端的读者及其需求，在某些发展阶段所起的决定性作用尤其不可小视。这与信息服务业的两阶段发展模式颇相吻合：先是由技术驱动的创新阶段；随后是由用户需求驱动的临界市场阶段（见图1-2）。

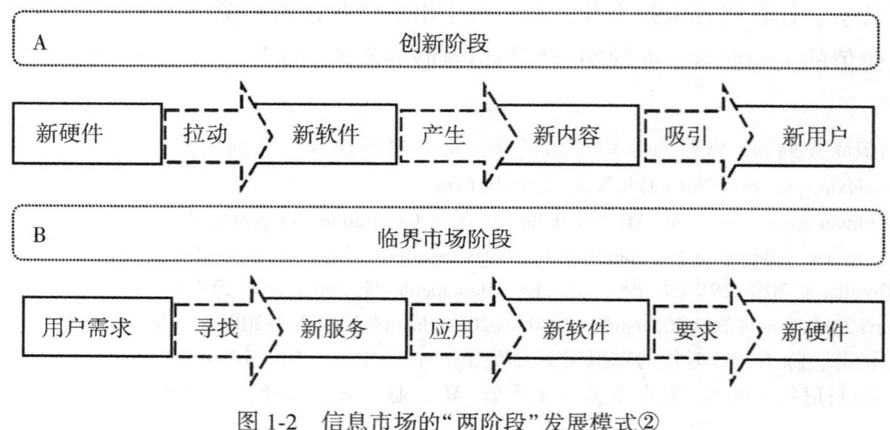

图1-2　信息市场的"两阶段"发展模式②

① 孙玉玲. 人工智能时代数字出版产业发展前瞻[J]. 出版参考，2017(9)：13-15.

② 注：图片来源自Brian，Margot Blunden. Electronic Publishing Strategies. Leatherhead[M]. Surrey：Pira International，1996：70.

前一阶段具有实验性质。在此期间，出版企业尝试采用新的技术、技能和技巧来提供新型内容和服务。这些新事物将吸引一小部分乐于接受新事物的读者。一般来说，企业在这一时期不大可能获得丰厚利润。至于能否充分发挥技术的潜能以创造巨大财富，从而顺利实现由第一阶段向第二阶段的过渡，取决于是否能够形成足够大、足够多的读者需求。从长远来看，读者需求决定行业的未来发展；而数字出版将是一个越来越以需求为中心的市场。因此，准确把握用户在日新月异的信息社会里的需求和行为变化，将是从事数字出版的企业面临的另一个严峻挑战。时至今日，用户面临的主要困境如下：一是海量信息包围，使用户陷入新的“信息过载”困境；二是媒介融合使用户的媒体选择极大丰富，但由于自身信息处理能力和所拥有的资源相对有限，用户陷入了如何获取有用信息的泥潭；三是商业动机和算法结合，进一步强化信息内容的定制推送，从而造成“信息茧房”效应。

1.1.2.1 新的信息困境

人类几乎每时每刻都在进行判断、评价、选择，而这些都必须以信息的获取为基础；正是信息使得人们能够在各种环境中正确地措置自己，并针对各种可能性最大限度地保持主动地位。这无疑导致了菲德勒所说的人类“对于信息的冲动”，并成为其“不屈不挠地收集、交换和控制信息的原动力”。有识之士很早就意识到这一点，因而有“知识就是力量”的说法。但是从整个社会的角度考察，由于种种因素的限制，人类似乎从未获得过自由驾驭信息的能力。表现之一是人类社会长期处于信息不均衡状态。一些人由于社会地位、经济能力甚至于兴趣爱好等原因比其他人拥有更多信息，从而能够获取更多财富、拥有更大权力和影响力。但是人类在不同发展时期所要解决的信息问题并不相同。

早期人类社会主要面临的是信息匮乏的问题。在文艺复兴的鼎盛时期，有那么一些人四处走动，宣称已经遍读所有重要书籍。散文作家兼政治家培根曾经抱怨：全部藏书，尽管一眼看去貌似众多，实际上是非常少的。著名学者尚且如此，一般民众的信息匮乏程度可想而知。在报纸发展的鼎盛时期，一期报纸所包含的信息量多于 17 世纪 1 个普通人一生的经验。

然而，对信息的不倦追求在信息与传播技术推波助澜的作用之下，似乎使人类进入了信息过剩的时代。联合国教科文组织(United Nations Educational，Scientific and Cultural Organization，UNESCO)曾经做过一项研究，结论是：信息通信技术带来了人类知识更新速度的加速。在 18 世纪时，知识更新周期为 80~90 年；从 19 世纪至 20 世纪初，缩短为 30 年；20 世纪六七十年代，一般学科知识更新周期为 5~10 年；而到了 20 世纪八九十年代，许多学科的知识更新周期缩短为 5 年；进入 21 世纪时，更新周期已缩短至 2~3 年。然而就像人类拥有的其他许多东西一样，“多”并不一定意味着“好”。陷于如此巨大的信息海洋中的泅者，更多时候面临的是溺毙的危险。首先，以海量、无序为主要特征的信息严重地挑战人类的认知能力。它的一个显而易见的后果是：由于信息总量不断增长，更新速度不断加快，加之精确信息和模糊信息混杂在一起，真实信息和失实信息聚集在一处，人们很难找到切合需要的信息来解决问题。而信息的效用恰恰“只有在其被利用时才得以实现”①。所以很显然地，人类面临的是虚假的信息过剩，其实质是结构性的信息不足——拥有太多信息反而使信息有效利用变得不可能。

其次，未经校勘、不连贯而且极不稳定的信息将会威胁人类共同体的凝聚力。互联网络普及的确赋予了人类极大的表达与交流自由。从理论上讲，地球上每个人都可以在网络上为自己开辟独立的表现与发表空间：“每个人都可以有自己的观点，并且每个人都有很好的理由相信它比其他人的观点高明”。② 但是人类不应忘掉巴比塔(Babel)的教训，所有人自说自话的结果是人类成为一盘散沙，无法完成宏伟的工程、无法实现共同的目标。另外，互联网组织和交流信息的有力工具也在一定程度上侵蚀着现代民主社会的基石。这与西方社会一直以来对于理性与民主社会的看法是一脉相承的。传统上许多西方学者倾向于认为：印刷出版物以其稳定的白纸黑字、系统有序的文字表达以及线性的句子排列，一方面提升文本将作者造就成权威；另一方面通过留给读者独立思考的空间将其造就成批评家。但新媒体技术带来的交互功能的广泛应用，一方面颠覆了作者与读者之间的身份区分；另一方面也使阅读成为一种“不断接续，不断枝节蔓生，不断联结”③的无中心、不定向混沌过程，从而不利于人类理性的形成。

显然，在“信息爆炸”时代真正需要的是经过科学选择、整理与归纳，有针对性的真实信息。就像管理学家赫伯特·亚历山大·西蒙(Herbert Alexander Simon)等人认为的那样，今天的稀有资源不是信息，而是处理信息的能力。在使信息有序化的过程中，以信息、内容为处理对象的个人、组织和机构仍然将发挥不可替代的重要作用。出版企业作为其中重要的一环，也将一直在其中扮演重要角色。因为传统上，出版机构就一直致力于组织、包装和分配信息、知识等内容的工作。在长期的历史发展过程中，他们发展出了包括甄选、编辑加工、质量控制以及各种营销、促销活动在内的一整套行之有效的技巧、工作方法和业务流程，向尽可能多的读者传播高度组织化和相当可信的内容。这些活动既满足了用户的信息需求，也使基于一定国家、民族的文化、规范和价值得以形成并延续。比如，像国内的商务印书馆、中华书局等出版社和国外的牛津大学出版社(Oxford University Press)等，都曾在各自国家中发挥着此类作用，并由是获得崇高声誉和在一国精神生活中举足轻重的影响力。因此，在信息泛滥和无政府主义滋生的网络环境中，出版企业作为重要的信息知识处理部门和文化组织，通过数字出版来整合信息并继续在创造精神财富、塑造价值观念和文化规范的过程中发挥作用，既是社会公众对出版企业的期待，同时也是出版企业不可回避的历史责任。对出版企业自身来说，其社会地位和影响力在履行这一历史使命的过程中必将得到进一步巩固和提高；同时，这一过程之中也蕴藏着极佳的商业机会。

---

① 马费成等著. 信息经济学[M]. 武汉：武汉大学出版社，1997：206.

② Barry Fast. Books in the Digital World[J]. Library Collections, Acquisitions & Technical Service, 1999(2)：163-167.

③ 钟洁雄，危丁明. 数码时代的文化现象与出版[J]. 编辑学刊，2001(1)：10-12.

1.1.2.2 多元的媒体选择

当印刷媒体在社会上占据主流地位时，大部分人在传播系统中拥有一个较为确定的身份，那就是读者。这意味着人们主要通过大脑诠释所看到的文字来了解信息所负载的意义。但是，新媒介的普及逐渐改变了这一点：现在人们用听觉来获得的信息比以往任何时候都多，通过视觉获得的也不再局限于文字，而包括更多图片甚至活动影像。因此，似乎选择的媒介与产品形式不同，读者可能是观众(电影、电视、VCD等)、听众(无线电广播、CD、磁带等)、受众、用户(软件等)，甚至同时兼多种身份于一身(如应用程序的用户)。而这些在潜移默化中重新塑造着读者：首先他们比以前更希望能够从文字以外的媒介符号如声音、视频等来获取信息；其次，他们对于能够自由地在不同媒介间切换、跳转的期望较从前为高。简言之，用户期望有更多媒体选择、更自由的媒介切换能力和更加优质的媒体内容产品及服务。

媒介发展的历史表明，媒体和用户从来没有停止过对彼此的塑造。因此不难理解，用户身份的变化反过来又会促成现有媒体的改良甚至根本性变革。比如影视媒介熏陶出来的人们对于图像的爱好，迫使纸介质出版物采用更多图片，甚至到了无图不书(报、刊)，以及举凡动物植物、宇宙自然、衣食住行、饮食男女、理论思潮莫不可以用图表现的地步；因此，印刷出版时代的晚期实质上也是一个"读图时代"。而不能或者不想劳动眼睛的读者，则使小说、诗歌、人物传记等文本以磁带、光碟、电波、声波等形式流传于世。然而，对于旧媒介的改造总是有个限度，人们不能指望从传统印刷版图书中看到真正多媒体的表现。数字出版却几乎可以完美地满足人们对于媒体的新要求。而且不仅如此，数字出版还给用户带来更多附加价值：它使读者跨越时空获得信息的能力又一次得到空前提高，同时使读者与传播者、读者与读者之间的交流变得极为便利。新媒体的成功从根本上来说是因为向受众提供了以前旧媒体无法提供的功能。

另一个有关读者的变化是其获取信息的技能改变了，从而导致对相应媒体形式的需求增长。可以说，一种媒体的发展与人们使用这种媒体的能力有很大关联性。比如，西方出版业自19世纪以来从出版形式到数量的大发展，就与义务教育普及使识字人口增加有莫大关系。信息与传播技术的发展，则使人们获得不同于印刷时代的新"读写能力"或者说信息素养(information literacy)。有人把这一人类技能的演化与19世纪工业革命以后，蒸汽轮转印刷机发明、铁路出现、光学发展使人们得以大规模制造眼镜等力量导致的那次人类读写能力从性质到范围的深刻变化相提并论。如今越来越多的人掌握了基本信息技能。这可以从互联网相关数据中反映出来：截至2021年1月，全球手机用户数量为52.2亿，互联网用户数量为46.6亿①。与之相关的一个必然结果，就是人们重新分配用于各种媒体的时

① Hootsuite. Digital 2021: Global Overview Report[R/OL]. [2021-09-27]. https://datareportal.com/reports/digital-2021-global-overview-report.

间。或者更确切地说，人们会把相当一部分时间花在数字媒介如社交媒体平台上。2020年，全球社交媒体用户数量增加 13%以上，平均每天有超过 130 万新用户加入社交媒体，相当于每秒钟约有 15.5 万新用户。到 2021 年初，全球新增用户近 5 亿，使全球社交媒体用户总数达到近 42 亿①。

随着用户的媒体选择越来越多元化，媒体之间的竞争也越来越激烈。高海伯(M. Goldhaber)提出的"注意力经济"概念，可以帮助人们深刻地理解新一轮媒体竞争。其核心思想是：时间是最终的稀缺资源，人们注意此就不能注意彼。因此，所有争夺人们注意力的行业、产品和服务，其实追逐的是人们有限的时间资源。这使得内容产业内部变得十分拥挤；出版企业也必然会面临比以往更加激烈的竞争。现实中，媒体在广告收入、订阅费用收入、内容产品销售收入和服务收入上的全面竞争，也很好地证明了这一点。而显然地，数字出版势必成为包括出版企业在内的新旧媒体企业的主要战场之一。

1.1.3　媒介融合及其影响②

破坏性创新技术的出现，往往导致媒介领域乃至整个人类社会的巨大变革。如曾经作为变革动因的印刷机，不仅革新了媒介出版技术，而且由此导致的传播革命对现代欧洲史和早期近代科学革命都产生了巨大影响③。20 世纪中后期，随着数字技术尤其是互联网的迅速发展和广泛应用，媒介融合渐次展开。在媒介层面发生的融合使知识、工具和所有相关人类活动得以深度集成；出版作为媒介产业的重要组成部分也因而能够回答和解决新的问题。2014 年 8 月中央深改组第四次会议审议通过《关于推动传统媒体和新兴媒体融合发展的指导意见》，开启了"中国媒体融合元年"；中共中央办公厅、国务院办公厅印发了《关于加快推进媒体深度融合发展的意见》作为又一个关于我国媒体融合发展的纲领性文件，是习近平总书记和党中央在媒体融合发展处在攻坚冲刺和质变发展关键时刻所作的战略部署和顶层设计，必将开创我国媒体深度融合发展新局面。

1.1.3.1　媒介融合概述

媒介融合是人类社会的一种出版传播现象，如同开花是一种自然现象，产业集聚是一种经济现象。它是一个发展过程，指达到"融合后那种状态"的途径、方式，如通常所谓媒介技术融合、媒介产品和服务形态融合、媒介产业融合，等等。作为"行进中"的动态过程，它在具体的媒介产品、媒介活动或媒介机构中可以体现为不同层面、维度、水平、阶段的融合。这就使得把握这个概念变得十分困难。为此，需要回到原点去探究何为"媒

---

① Hootsuite. Digital 2021：Global Overview Report[R/OL].[2021-09-27]. https://datareportal.com/reports/digital-2021-global-overview-report.

② 本小节内容改写自本书作者论文，参见：徐丽芳，陈铭. 媒介融合与出版进路[J]. 出版发行研究，2020(12)：20-30.

③ 伊丽莎白·爱森斯坦. 作为变革动因的印刷机[M]. 何道宽，译. 北京：北京大学出版社，2010.

介”。

(1)作为嵌套系统的媒介

媒介本身是一个复杂概念。作为原意的“中介”这一过于泛化的义项姑置不论，本书重点考察出版和传播语境下的“媒介”，尤其是“大众传播媒介”。《牛津字典》(*Oxford Dictionary*)将单数和复数的“媒介”(medium/media)定义为主要大众传播方式(广播、出版、互联网等)或其集合①。《辞海》将媒介定义为介于传播者与受传者之间用于负载、传递、延伸特定符号和信息的物质介质，如报纸、期刊、书籍、广播、电视、互联网等；亦指在信息传递过程中负载、传递、延伸特定符号和信息的实体工具或平台②。而经典的传播学教科书往往将图书、期刊、报纸、电报/电话、电台、电视、电影等视为主要的大众传播媒介类型——它们共同构成人类社会的大众传播系统。因此，这里探讨的媒介实质上是在人与人之间、人类社会实体与实体之间、机器与机器之间传递信息和意义的层层嵌套的复合系统(见图1-3)，它由自身又可能反复嵌套的“内容”(可视为广义的“信息”)和“载体”子系统构成。媒介就像洋葱，或者说“中国盒子”，打开一层还有一层。以一本虚构类图书如小说为例，作者想要通过它传达给读者的意义、意图可视为“内容”，则须首先借助文字符号这种载体；而两者一旦结合就成为新的“内容”，须借助纸张等载体加以表现；印了字的纸张又要放在“图书”外壳(载体形式)之中，于是才成就一本小说书。不过，与洋葱不同，媒介系统及其子系统的各层往往是异质的，而非仅有大小、位置的差异；而系统或子系统每下伸或上溯一层，在“传”“受”这一对互逆过程中，都要经过一定程度上对称的“编码”“解码”过程。

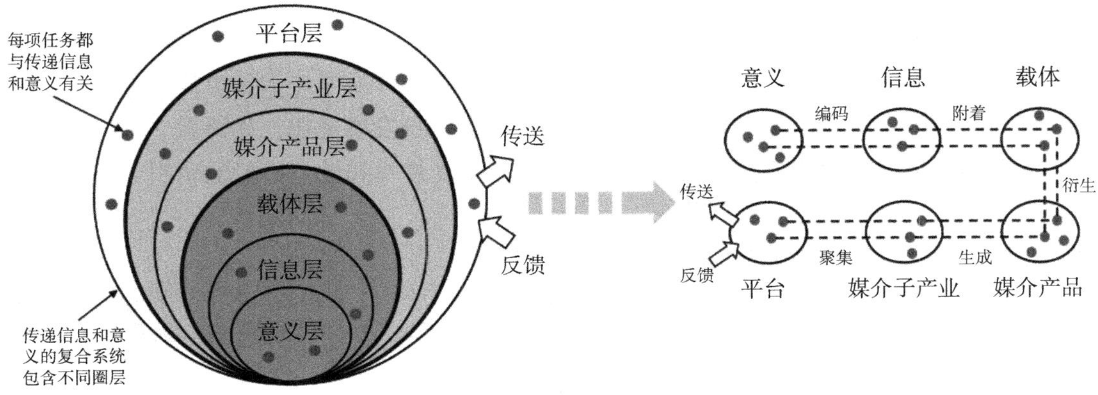

图1-3　信息和意义传递的复合系统及其运作机制

① Lexico. Media[EB/OL]. [2020-09-28]. https://www.lexico.com/en/definition/media.

② 大辞海. 媒介[EB/OL]. [2020-09-28]. http://www.dacihai.com.cn/search_index.html?_st=1&keyWord=%E5%AA%92%E4%BB%8B.

意义层和信息层。媒介的核心功能亦即其所以存在、发展的原因，在于实现了人与人之间信息和意义的有效沟通和传播。① 其中，“意义”(包括但不限于念头、意思、想法、思想)是媒介系统运行的出发点和归宿，也是最核心的“内容”；但是，其沟通不能通过“心有灵犀”这样超现实、纯精神的方式进行，而需要适当的中介。为此，首先它需要编码为人类(晚近则可以是机器)可以理解和传递的符号或信号(可视为窄义的“信息”)；也就是说，“意义”须以“符号”“信号”等“信息”为载体，构成第二层“内容”——“信息”一词有各种定义，此处将意义外显后的第一层“中国盒子”，即文、图等称为“信息”。口头传播阶段以后的人类社会，主要通过文(包括数字、数据等)、图、声音、活动影像及其排列组合实现意义的传达。②

载体层和狭义媒介层。作为独立于“物质”“能量”之外的“世界三”③，信息需要借助一定的物质和能量，也就是它的载体系统，以便被人类感官所感知，如被看见、被听到等。信息所赖以附着之物主要表现为光波信号、声波信号。然后，这些荷载信息的能量形式须再与适当的物质结合，并引发其可被人类或机器感知的改变，以形成狭义的媒介系统。要之，狭义媒介由狭义“信息”及其载体系统构成；其中载体使得信息的显示、保存和传受成为可能。根据信息主要荷载于光波信号或声波信号，媒介可分为视觉媒介家族、听觉媒介家族或视听媒介家族；而根据物质载体类型的差异，媒介可分为纸媒介家族和磁光电媒介家族。其中，载体系统的物理特点和性能决定了该媒介可被编码的信息类型和形式——这被称为媒介的可供性(media affordances)④。以传统纸媒介为例，它只能荷载二维文字、图表、图像信息，并主要表现为各类文章和图片等形式；而电台广播只支持声音信号，并发展出新闻播报、访谈节目、音乐节目、广播剧等形式。

媒介产品层。媒介产业关于意义的表达、传播终究要通过媒介产品来实现。而近现代媒介产业的一个突出特点是根据特定的受众需求，形成针对目标市场的媒介产品类型(genres)。如电影可以分为纪录片、剧情片等；剧情片又有惊悚片、言情片、喜剧片、歌舞片等子类型。而媒介产品的类型分化，既遵循内容本身发展规律，如诗歌、散文、小说等体裁和产品类型陆续出现；同时，也受到出版、传受效率和效益指标的牵引。类型化媒

---

① 注：“信息”“意义”虽然此处并用，两者并非同一层面的东西。美国哈佛大学的研究小组曾经提出著名的“资源三角形”理论：没有物质，什么都不存在；没有能量，什么都不会发生；没有信息，任何事物都没有意义。从这个角度来看，“信息”是“意义”的载体。

② 注：这个编码过程至少还涉及一个思维过程，从传播角度看也是一个人内传播过程，意义首先表达为语言；以及一个行为过程(如书写、发声等)。为陈述清晰起见，此处不赘述。

③ 卡尔·波普尔. 客观知识[M]. 舒炜光，等译. 上海：上海译文出版社，2001：78.

④ 注：在数字媒体领域，至今最被接受的媒介可供性定义从唐纳德·诺曼(Donald Norman)的感知可供性理论出发，指决定媒介被使用方式的真实属性和感知属性，并强调其可由用户形成，设计人员应关注人机如何交互，以促成或约束用户的媒介行为。而本书对媒介可供性的定义与玛丽-劳尔·瑞安(Marie-Laure Ryan，参见：Ryan Marie Laure. Avatars of Story [M]. London：University of Minnesota Press，2006)较为一致，指媒介属性指向的规定性，即其可荷载何种内容，允许何种用户行为。

介产品通过关闭部分媒介可供性以实现优化并提升传播效率①。这一做法显然合于媒介产业内在发展理路，所以类型化媒介产品如类型小说、类型电影等在工业革命以后大行其道也就是情理中事了。

媒介(子)产业层。在上述狭义媒介可供性、特定时空受众需求和产业绩效要求的约束下，以效益尤其是投入-产出经济效益为主要导向，形成具有产业经济价值的媒介子产业，如图书出版业、电影工业等——它们共同构成整个媒介产业。媒介子产业往往体现为特定媒介产品和服务类型，背后则各有一套生产、运作和传播方式。如图文信息与传统印刷载体系统相结合，产生图书、期刊和报纸等媒介类型及相关子产业；音像信息与磁光电载体结合，形成电报、电话、录音带/唱片、电台、电视、电影等媒介类型及相关子产业。媒介产业作为整体当然尤其共性；而基于媒介类型的分化很大程度上是人为的，和劳动分工一样有助于提高经济效益/效率。其特点是，把利用媒介的某个特征以满足某种特定需求做到极致，为此不惜以放大媒介的某个相对次要的局限性作为交换，从而达成总体效率和效益最优化。以纸张媒介家族的图书、期刊和报纸为例：图书以长周期换来内容深度、准确度；期刊放弃对规模经济的追求，以高度细分的目标市场和周期发行方式来满足人们对特定信息的持续需求；报纸以廉价纸张换来极为丰富、便宜的时效信息集合。不妨认为不同媒介类型都具有可供性，但其于载体系统物理特性所指示的可能与约束外，又增加了效益尤其是经济效益维度的规定性。这是几乎没有出现 1 万页的图书、无限时长的电影等现象的核心原因；虽然技术上那是可以实现的。

渠道或平台层。媒介产品要从生产者端到达接受者端，往往需要聚集大量同类产品和服务的渠道或平台系统，以高效完成分发、发行和传播功能。这种渠道或平台系统可以是实体的，也可以是虚拟网络的。如图书代理商、批发商、实体书店、网络书店共同构成图书业渠道和平台层；院线、DVD、视频流媒体平台构成电影分发渠道和平台系统；磁带、唱片、广播台和音频流媒体平台等则构建音乐产品渠道和分发平台，等等。媒介融合无疑会打破围绕原有不同媒介类型建成的传播渠道和平台，而出现综合性平台，如亚马逊上可以同时流通电子书报刊、影音产品和流媒体音视频等。而从更大范围来看，网际网络或者说互联网正是多重融合的平台：它既荷载内容，也显示内容、传递内容和保存内容；它既是信息内容的生产空间，也是传播空间、消费空间、使用空间和保存空间。然而，融合也并非终点，在媒介融合基础上必将产生新的分化。站在当前时点观察，仅我国视频类产品和服务已经分化为网络视频、直播和短视频等专门平台。

(2)媒介融合的表现

媒介融合意味着原先媒介内部是分化的。这种分化，一方面是平行的各种媒介类型在物理形状、所荷载符号和意义系统上的差异化和分工；另一方面，则是媒介生产子系统、分销子系统、传播子系统之间的条状分割。在口头传播时代和抄本文献传播时代，媒介从

① Ryan Marie Laure. Avatars of Story [M]. London: University of Minnesota Press, 2006: 27.

传播的信息类型、载体形式和系统运行方式来看都相对单一和统一。印刷媒介进入大机器生产阶段，并推动人类社会进入大众传媒时代以后，这种条块分割的格局遂日益明显。如果说印刷媒介开启了媒介分化过程；那么在分化达到阶段性高峰的电子媒介时代初期，就已经开始出现一波融合。1983年，美国麻省理工学院伊契尔·德·索勒·普尔(Ithiel De Sola Pool)教授提出所谓传播“模式融合”(convergence of modes)①：

> 这一过程正在模糊媒介之间，甚至是邮递、电话、电报等点对点媒介形式和新闻出版、电台、电视等大众传播媒介形式之间的界限。电报、电缆或无线电波等单一物理渠道可以提供过去通过不同方式供给的服务。而反过来，过去由广播、新闻出版、电话等单一媒介形式提供的服务，可以通过好几种物理渠道供应。

这一说法指出了互联网兴起之前，因磁光电载体或者说电子媒介初兴而导致的那一波传播融合。如从1977年开始，一则报纸新闻既可以通过无线电广播播送，也可以送入图文电视(teletext)或可视图文系统(Videotex)播放。如前所述，英国的图文电视系统曾经取得巨大成果；而法国基于可视图文技术的Minitel在全国的终端设备安装量达到900万台，用户2500万人，提供2.6万项服务如发表作品、搜索信息、玩游戏、发邮件等。一种传播渠道可以传送不同的媒介产品类型；而同一类型的媒介内容也可以通过不同渠道传播——这对观察、思考当下的媒介融合状况也是有启发的。

《不列颠大百科全书》学术版(*Britannica Academic*)对“媒介融合”的阐述如下②。

> 媒介融合，这一现象涉及信息传播技术(ICT)、电脑网络和媒介内容的互联。它汇集“3C”，即计算、传播和内容(computing, communication, and content)，是媒介内容数字化和互联网普及的直接结果。媒介融合改变了既有的产业、服务、工作惯例，导致新内容形式的出现。它侵蚀久已确立的媒介产业和内容“筒仓”，日益让内容与特定设备脱钩，而这个反过来对公共政策和规制提出了巨大挑战。

这一说法指出了媒介融合的本质特点：一是特定信息内容与特定信息载体解耦；二是媒介融合和媒介产业运营密切相关。传统媒介类型虽然都有传播信息和意义的功能，但是具体产品、服务形态及其背后的产业运作方式是泾渭分明的。以计算机、互联网为代表的数字技术则通过提供统一、包罗万象的新载体系统，打破不同媒介类型甚至媒介家族之间的界限，使得媒介领域渐次呈现一种趋同乃至统一的局面，具体体现在以下几个方面：①

① de Sola Pool I. Technologies of freedom[M]. Belknap Press, 1983: 23.

② Britannica Academic. Media Convergence [EB/OL]. [2020-07-28]. http://academic.eb.cnpeak.com/? target=%2Flevels%2Fcollegiate%2Farticle%2Fmedia-convergence%2F439212+Introduction%C3%AF%C2%BC%C2%8Caccessed+7%2F10%2F2020.

底层编码系统和载体系统的融合。媒介产品、服务以及因应新媒体特性涌现的新型媒介，其信息和内容无一例外地可以“0”“1”二进制编码形式在数字媒介中保存和传输①。这是媒介融合的基础、动因和表现形式。②不同媒介类型的融合。指数字媒介可完美复现几乎所有媒介产品和服务，除了某些次要功能的损失，如传统读书人所要求的“书香”——但这个更加是文化心理而非实际功能上的。当然，原有媒介类型并不一定消失，尤其不会一起消失；而且，媒介融合后新型数字媒介类型或媒介产品将不断涌现、衍变、淘汰或定型。③产业层面的融合。它体现为媒介产制、分发、显示、使用和保存，或者说媒介信息层、载体层、媒介产品层、媒介(子)产业层、渠道和平台层的交叉融合。各种数字媒介产品和服务类型可以共用、共享产业基础设施，生产运营机构、设施、方法乃至人力资源队伍，产品和服务形态，发行传播渠道和平台等；并且，由此获致数字媒介产业的规模经济和/或范围经济效应。这是媒介融合的经济动因，也是推动和实现融合的重要路径。

1.1.3.2 出版业—传播业—内容产业三级演进

那么，在媒介融合视角下的出版还是出版吗？媒介融合给出版带来了什么影响？总的看来，在媒介融合过程中，出版发生了从“出版业—传播业—内容产业”的三级演进。

出版是一个古老而历久弥新的行业，人们对它的认知常常由于媒介技术进步和社会发展而不得不做出修正，但是几乎每一次调整都为出版打开一扇新的窗口：一方面为它提供更为广阔的驰骋疆域；另一方面促使人们从更宏观的社会系统的角度来重新认识它。

农业社会的出版是一种小范围活动，仅涉及神职人员、贵族和学者等少数人；进入工业社会以后，随着技术发展和社会需求变化，出版经历了一个成长、分蘖的上升和外扩过程。从载体形态来看，出版物由原来的泥板、纸莎草纸、龟甲、兽骨、羊皮等天然材料发展成为越来越精良、便携的人工造纸；从生产过程来看，从小规模作坊式手工生产发展到大规模机械化生产；从出版物内容来看，从主要服务于祭祀、占卜等宗教需求发展到举凡人类自然科学、社会科学、人文科学的系统知识以及各种娱乐性、消遣性和即时性内容无所不包；从出版门类来看，则从单一图书发展到图书、报纸、杂志三分天下的格局，而且这种格局一直延续到最近；最后，从它所涉及人类生活的广度来说，它已经在世界上绝大多数人的日常生活中占有一席之地。总的来说，这一时期的出版更像是一个自组织系统，通过本身发展和进化来满足人类不断变化的认知、娱乐和交流需要。比如，文艺复兴兴起和大学兴盛导致欧洲对文本的需求迅速增加，开始超越当时修道院缮写室的能力；出版业的因应之道是改进生产技术，利用机械印刷来满足“抄写社会对文本的未被满足的需要”②。

---

① 注：数字技术也可以采用三进制或多进制。此处“数字媒介”也被称为第五媒介，是相对于报纸、杂志、广播、电视四大传统媒体而言的。实际上，媒介融合并不是传统媒介和新媒介类型之间的差异和界限凭空消失并合而为一，而是说第五媒介可以统一地荷载此前几乎所有媒介类型的信息和内容形式。

② Anthony Smith. Goodbye Gutenberg：The Newspaper Revolution of the 1980s[M]. New York：Oxford University Press，1980：8-9.

19世纪一些国家的产业革命完成以后，城市兴起、教育普及，但是许多普通市民工作单调、生活沉闷，他们渴望寻求刺激和新鲜；于是报纸顺利地成长为重要的大众媒介。

但是，在一定技术条件之下，人类对于传播无尽的渴求超越了当时以印刷为手段的出版发展的极限；或者说在当时，出版已无力通过自身发展与完善来满足人们希望通过文字以外的符号系统来获取信息与知识的新要求。于是出版业见证了电影、无线电广播、电视等新型媒体的出现和发展。然而迄今为止，并没有出现完全的替代效应。不同媒体充分竞争的结果，是在跨时空传播这一目的之下集结了多种手段，不同读者可以选择不同的媒体以了解同一事物。印刷出版物与其他媒介一起共同履行传播职责；出版企业也不再仅仅与其他出版商展开直接竞争，而必须同时考虑其他媒体企业的发展状况和业务动作。也就是说，出版企业必须在传播产业和内容产业这样的产业框架内考虑问题。

不过在数字媒介技术获得广泛应用之前，产业内部各个子系统除了终极目的一致之外，彼此的差异性似乎更大于共性。毕竟出版、广播、录音和电影业在历史上分别演进，形成了各自成熟的文化、规范、伦理、支持系统、技术技巧和分销渠道。最重要的是，这些行业各自提供看起来毫不相同的产品：印刷出版物几乎可等同于纸张和油墨，电影跟胶片联系在一起，电视节目则与屏幕密不可分；而以它们使用的符号系统来说，书报刊使用文字和静止图片，无线电广播放送声音，电影和电视则传送声音和活动影像。因此，尽管由于这些部门之间存在天然联系，内容可以在各个媒介之间流动，比如小说灌录成有声读物，电影在电视上重放等，但普通人很难把它们看成同一种东西。

然而人类似乎追求更加随心所欲的传播境界。因为尽管拥有了极为丰富的媒体选择，但一切毕竟是由各个媒体企业预设产品最终形态。如果《西游记》只出版图书的话，人们无法在眼睛疲倦的时候用“听”来代替“看”；同样的，在互联网兴起之前如果《星球大战》(Star Wars)没有出版录像带或光碟，人们就只能跑到电影院去欣赏它了。以计算机为核心的信息传播技术(Information and Communication Technologies，ICT)的发展使多种媒介融合成为可能；而且，它还提供了双向互动交流的功能。也就是说，单从理论上考虑，只要发出信息的一方没有从这个世界上消失，接收信息的一方就有可能与之就已发出的信息和其他内容作点对点实时交流。原来各自为政的媒体企业从载体的束缚中被解放出来。这使它们能够看到彼此之间更多共同点：以内容为最主要资产，以比特为共同手段，以注意力为追逐对象……一些全球性媒介公司早在20世纪就开始修正自己的定位，如默多克的新闻集团(News Corporation)、德国的贝塔斯曼(Bertelsmann SE & Co. KGaA)、美国的时代华纳(Time Warner Inc.)等都开始大举收购各种类型的内容资源，并尝试用全电子开发系统包装和分配它们。而冲突、混乱和成长的状况显然并不限于提供内容的媒体公司，许多传统技术公司在提供技术支持之外，也开始插足内容包装和生产。比如日本消费类电子公司索尼(Sony)从20世纪90年代开始收购内容公司，一方面希望借此获得进入内容产业的入口，另一方面希望通过控制软件以促销其日益成为无差别商品的硬件。尽管事实最终证明，它在这方面的步子迈得还不够大。微软除了曾经出版《微软书架》(Microsoft Bookshelf)、《微软电影》(Microsoft

Cinemania)，电子百科全书《因卡塔》(Encarta)等，还曾涉足网络杂志如《石板》(*Slate*)的出版。所有这些使人们意识到，一个更加庞大的产业群——内容产业已经呼之欲出。

内容产业在技术融合导致20世纪90年代产业融合的背景下产生，是一个庞大的产业群。它涵盖为特定的用户群创作和分销模拟的或者数字的文本、图像、视频、音频产品和服务以创造价值的所有业务；它包括原来的媒体、电信和计算机业。早在1997年，欧盟资助的一项研究报告即指出：以内容为核心和结合点，原来独立的、分属于不同行业的机构和企业将会集合起来，共同为用户提供基于信息和内容的互动数字服务，而数字出版将在其中扮演重要角色。欧盟"Info2000计划"对内容产业的定义是：那些制造、开发、包装和销售信息产品及服务的企业。这与"北美产业分类标准"(North American Industry Classification System，NAICS)中"信息业"这个二级产业基本吻合，即包括出版业(含软件出版)、电影业、录音业、广播和通信业、信息服务和数据处理服务业。显然，出版已经又一次置身于一个宽广的竞争领域之中。

总的看来，在媒介融合影响下，出版领域所发生的变化是深刻和多样的，并且将继续处于动态变化之中。目前，各传统出版企业纷纷构建新兴商业模式。因行业、领域和发展目标不同，它们采取的发展路径也有所不同。在大众出版领域，互联网企业和传统出版企业共同部署市场，基于数字阅读和网络文学的IP全产业链运营成为发展重点；在教育出版领域，面向基础教育、高等教育、职业培训等领域的各类数字教育产品和服务大量涌现，初步形成面向多层次需求的发展模式；在专业出版领域，出版企业以知识服务为突破口，在特色资源数据库、知识服务平台等产品和服务模式上取得了较大突破①。但是，媒介融合并不意味着出版只要参与就能分到一杯羹，因为除了融合还有分层。产业链条中利润丰厚和薄弱的环节并存，对毫无准备就进入市场的企业而言，媒介融合将更是一种破坏性力量和威胁。因此，出版机构必须明确在媒介融合背景下的各种"变"与"不变"，遵循数字时代的服务逻辑和自身价值主张，在媒介融合重新界定的数字内容产业的广阔版图中把握机会，找到立足之地。

1.2　数字出版概念界定

数字出版作为新兴事物，是一个不断发展的概念。为了准确界定和把握这一概念，本节先对出版概念的演变进行梳理。此外，在数字出版发展历程中，电子出版(Electronic Publishing)、网络出版(Net Publishing，Web Publishing，Internet Publishing)、在线出版(Publishing Online)、离线出版(Publishing Offline)、无线出版(Wireless Publishing)、移动/手机出版(Mobile Publishing)、跨/多/富/全媒体出版(Cross Media Publishing，Multi-media Publishing，Rich Media Publishing，All-media Publishing)等相近或相似术语的存在和不断涌

① 李婧璇. 出版融合转型：六大成果和五大问题[N]. 中国新闻出版广电报，2019-06-17(004).

现，无疑加剧了在“数字出版”这一术语理解和使用上的多元甚至混乱局面。仔细考察上述名词，“电子出版”“数字出版”“网络出版”是其中使用范围广而且内涵和外延最接近者，也最容易被混用。

1.2.1 出版概念衍变①

与“出版”对应的英文词主要是“publish”“publishing”“publication”等。据《牛津英语词典》(*Oxford English Dictionary*, OED)：英文动词“publish”出自法文“poeplier, publier”，原意是“以正式或官方方式宣布”，因此也有公告、发布、颁布等义；其在英文中的使用最早见于大约1325年的文献。“Publishing”是publish的派生词。英文名词Publication指“出版”；或者，书、报、刊、电子书等“出版物”。从词源来看，它部分借自法文“pupplicacioun, publication”，部分借自拉丁文“pūblicātiōn-, pūblicātiō”；而拉丁文和法文之间本来有渊源关系。“publishing”“publication”原初的意义都是“让公众知晓某事的行为”。这个意义的两个词在谷登堡活字印刷术发明之前即已使用。OED提供了大约1387年和1429年包含“publication”一词的例句；以及大约1450年包含“publishing”一词的文献。两词较晚出的引申义是“书报刊或其他印刷品通过销售方式向公众发行”，或“把电子形式的材料让公众接近、获取的行为”。其中，这一义的“publication”，最早的例句出自1576年的文献；“publishing”则最早见于大约1454年的文献。②

而汉文文献中原无“出版”一词，而只有意义相近、相关的词语如“雕版”“镂版”“板印”“镌印”“刻印”“开板”“开版”“上梓”“梓行”“活版”“刊刻”“刊行”“印刷”，等等。据胡国祥《“出版”概念考》：高名凯、刘正埮所著《现代汉语外来词研究》认为，“出版”系日本人以汉字“出”“版”去意译英文“publish”一词而产生；或如意大利语言学家费德里克·马西尼(Federico Masini)在《现代汉语词汇的形成——十九世纪汉语外来词研究》中所说：“出版……双音节词，动宾结构，来自日语的原语汉字借词”③。又据林穗芳《明确“出版”概念 加强出版学研究》一文，1756年“出板”一词已见于日本文献；后其为“出版”一词所取代，并首见于明治2年(1869年)颁布的日文《出版条例》④。较早用“出版”一词的中文文献，则有1879年黄遵宪与日本友人龟谷省轩的笔谈，“今日内务府出版之书，层出不穷，无一人为此事，亦一大憾事”⑤；1899年梁启超在日本写的《自由书·序言》称：“西

① 本小节内容改写自本书作者论文，参见：徐丽芳，陈铭. 媒介融合与出版进路[J]. 出版发行研究，2020(12)：20-30.

② 注：“牛津”系列英语词典的特点是注明词条进入英语的确切时期，标明单词起源与初入英语时的原始拼写形式，给出意义变化较大的词条在不同阶段的简明释义，标明每一词条的归属类别。此处相关释义参见《牛津英语字典》在线版：OED：Oxford English Dictionary[EB/OL]. [2020-07-28]. https://www.oed.com/view/Entry/154060? redirectedFrom=publication#eid.

③ 胡国祥.“出版”概念考辨[J]. 武汉大学学报(哲学社会科学版)，2008(3)：437-442.

④ 林穗芳. 明确“出版”概念 加强出版学研究[J]. 出版发行研究，1990(6)：13-20，1，12.

⑤ 吉少甫.“出版”考(续)[J]. 出版发行研究，1991(5)：66.

儒约翰·弥勒曰：‘人群之进化，莫要于思想自由、言论自由、出版自由。’三大自由，皆备于我焉，以名吾书。”

综上所述，英文之“出版”从起源、原义到目前用法，都不局限于印刷出版。如《不列颠大百科全书》第14版“出版”条所言：“出版是对书写的著作物的选择、复制和发行。尽管它在现代已变得依赖于印刷和纸张，但它的产生比这两者都要早。”①而在受汉字文化影响的东方国家如日本、朝鲜、越南等，从“出版”一词的渊源、流变和传统解释来看，基本都包含“印刷”的意思②。但是，如果认可“活字印刷出版”是“雕版印刷出版”“手抄出版”的赓续，则究其实，“佣书”“镌印”“上梓”“出板”“出版”等，都无非是“把信息向大众传播”③这样一种人类活动的不同发展阶段。人们固然可以给每个阶段一个贴切的新名称，但是要总括这样一种有源、有流、有传承的人类活动，以“出版”名之恐怕仍是迄今为止的不二之选。只是须适度脱开“出版”二字的本义或字面意义，而在“把信息向公众传播”这样一种意义框架中，将其视为一个适度流动、开放的概念。

1.2.2　电子出版定义

电子出版起源于20世纪50年代末60年代初把计算机技术用于科技期刊的编辑出版，在英语中首见于1977年。“电子出版”一词是出现最早同时也是迄今被正式认可程度最高的用语。它主要指使用电子计算机技术进行出版物的印前编辑工作，写作、编辑、排版、制作、传输、读取都依靠电子技术进行，最终产品为电子出版物，但出版过程并未全部数字化。

《不列颠百科全书》(*Encyclopedia Britannica*)认为电子出版是：“计算机网络或磁盘上的出版。指以计算机可读的形式生产文献，并通过计算机网络或者其他载体如CD-ROM等发行”。从这个定义可以看出，电子出版指向封装型和网络型两种电子出版物；而且这种出版从生产到发行都是电子化的。

《韦氏字典》(*Merriam-Webster Dictionary*)将电子出版定义为信息通过计算机网络传播或信息以计算机可读格式生产。

2009年第2版《中国大百科全书》的“电子出版”词条是：大众文化传播活动的一种。利用计算机技术将图、文、声、像、影以及动画等内容信息经过编辑加工后，通过编程或多媒体著作工具，按特定的数据结构和相应的控制信息组织起来，以数字代码的形式存储在磁、光、电等载体上，通过计算机或者具有类似功能设备的内嵌解码器交互式回放，以记载、传播、积累和普及科学文化知识，进行思想和信息交流。

2010年第6版《辞海》只定义了“电子出版物”：现代出版物主要种类之一。以数字代

① 转引自：林穗芳. 明确“出版”概念　加强出版学研究[J]. 出版发行研究，1990(6)：13-20，1，12.

② 林穗芳. 明确“出版”概念　加强出版学研究[J]. 出版发行研究，1990(6)：13-20，1，12.

③ 注：Bing词典提供的“publication”的释义为“the communication of information to the public”，即把信息向大众传播。参见：Bing. Publication[EB/OL]. [2020-09-28]. https://cn.bing.com/dict/search? q=publication & FORM=BDVSP6 & mkt=zh-cn.

码方式，将图、文、声、像等信息编辑加工后，存储在电、光、磁介质的载体上，通过计算机或具有类似功能的设备读取使用的出版物。这个定义已经非常接近对于“数字出版”的定义了，但是没有强调网络的作用。

2016年，为规范电子出版物出版、制作活动，原国家新闻出版广电总局根据《出版管理条例》及有关法律法规起草《电子出版物出版管理规定(修订征求意见稿)》，将电子出版物定义为：“以数字代码方式将图文声像等信息编辑后封装存储到磁、光、电等记录介质上，通过内置在计算机、智能终端、电子阅读设备、电子显示设备、数字音/视频播放设备、电子游戏机、导航仪以及其他具有类似功能的设备上读取使用，能够表达思想、普及知识、积累文化的大众传播媒体。”意见稿中明确指出，电子出版物的载体形态包括只读光盘(CD-ROM、DVD-ROM、HD-DVD ROM、BD-ROM等)、一次写入式光盘(CD-R、DVD-R、HDDVD-R和BD-R等)、可擦写光盘(CD-RW、DVD-RW、HDDVD-RW和BD-RW等)、磁光盘(MO)、软磁盘(FD)、硬磁盘(HD)、集成电路卡(SD卡、CF卡等)以及国家新闻出版广电总局认定的其他媒体形态，并将电子出版物的产品形式分为非连续型电子出版物和连续型电子出版物两类，具体形式包括电子图书、电子词典、电子地图、电子游戏、电子数据库以及电子期刊等。

1.2.3 网络出版定义

关于网络出版的定义，争议焦点主要还是“口径”问题，即在多宽的范围内认可网络出版。这种争议也延续到稍晚出现的“数字出版”一词，即数字出版究竟只是一种数字化的出版，还是可等同于数字传播。大致说来，清华大学熊澄宇教授和北京大学谢新洲教授的意见可以代表在这个问题上的两种不同倾向①。

熊澄宇认为，网络出版尽管有不同于传统出版的新特点，如可以人机交互、即时更新、海量存储等，但在出版内涵上并没有发生实质变化，并强调网络出版不等于网络信息传播。持类似观点的人，通常把网络出版看作是传统出版过程虚拟化和传统出版物网络化的结合，因此很自然地要求网络出版具备传统出版的诸多要素，比如原有的工作环节、业务部门、管理机构甚至整个业务流程等。此外，通常还强调网络出版的主体合法性。例如：“网络出版应包括网络选题、网络组稿、网络审稿、网络编辑加工、网络发行和网络出版管理等环节”②；“网络出版(Web Publishing)是利用计算机网络，特别是因特网传播信息的出版行为。凡出版行为都有出版管理部门、作者群、编辑出版部门、发行部门、读者群等基本要素，缺一不可”③。

而谢新洲则认为：“信息通过互联网向大众传播的过程都可以叫作网络出版”“要跳出

① 陈玲. 网络出版：从概念到行动[J]. 中华读书报，2005-05-10(17).

② 李斌. 未来出版……无“网”而不胜[J]. 电子出版. 1996(9)：8-10.

③ 王越. 网络出版：目前能成为一种独立的出版方式吗？[J]. 河南示范大学学报(哲社版)，1999(5)：109-111.

传统出版的概念，把网络出版看成一个全新的事物，一种新的信息传播方式”。持类似观点的人较少用传统概念与规则对网络出版加以限制和规范。具体如：“网络出版就是利用因特网的各种技术来实现信息在网上的快速、大量、广泛和所谓自由的传播”①；“所谓网络信息出版，是一种借助计算机网络而实施的信息传播方式，由某个或某些个人或组织，出于一定的社会目的，把一些特定的信息收集并进行整理、编辑，定期并较长期地放在比较固定的赛博空间(Cyberspace)中某个地方或传给需要者，供人阅读浏览”②；“网络出版就是运用计算机网络进行发表、记录、存储、阅读的信息传播方式”③。

在我国官方文件中，网络出版一般指具有一定资质、经出版行政主管部门审批许可的信息网络服务提供者，在批准的业务范围内将自己创作或他人创作的作品经过选择和编辑加工，发布在信息网络上或者通过网络发送到用户端，供公众浏览、阅读、使用或者下载的在线行为。2016年3月10日，由原国家新闻出版广电总局、工业和信息化部颁布的《网络出版服务管理规定》正式施行。该规定对“网络出版服务”作了界定，即“通过信息网络向公众提供网络出版物”，明确了从“互联网出版活动”到“网络出版服务”的转变，增加了手机、平板电脑等智能终端的网络出版服务范围。并将“网络出版物”界定为“通过信息网络向公众提供的，具有编辑、制作、加工等出版特征的数字化作品”。该规定对从事网络出版服务的单位资格和网络出版物范围作了进一步限定。随着数字出版活动在信息网络中的进一步发展，出现了“网络出版单位”“手机出版”“移动出版”等相关概念。

“出版-传播”范围之争也延续到了后来的数字出版定义之中。我们主张为实践和研究方便计，管理工作中可以有工作定义、研究工作中可以界定操作定义，至于相对抽象的科学定义，因为对象尚在发展演化之中，内涵外延的宽窄还未到可以最后论定的时刻。

1.2.4　数字出版定义

关于数字出版，主流意见相对统一。2010年新闻出版总署发布的《关于加快我国数字出版产业发展的若干意见》认为：“数字出版是指利用数字技术进行内容编辑加工，并通过网络传播数字内容产品的一种新型出版方式，其主要特征为内容生产数字化、管理过程数字化、产品形态数字化和传播渠道网络化。目前数字出版产品形态主要包括电子图书、数字期刊、数字报纸、数字音乐、网络动漫、网络游戏、网络原创文学、网络地图、网络教育出版物、数据库出版物、手机出版物(彩信、彩铃、手机报纸、手机期刊、手机小说、手机游戏)等。”这与早前一些研究者关于数字出版的定义，尤其在内涵的界定上是基本相符的。如谢新洲认为“所谓数字出版，是指在整个出版过程中，从编辑、制作到发，所有信息都以统一的二进制代码的数字化形式存储于光、磁等介质中，信息的处理与传递必须

---

① 杨祖彬. 高科技条件下出版业的发展. 渝州大学学报[J]，2000(2)：124-126.
② 杨志锋. 网络出版的形式、特征及管理分析[J]. 中国出版，2000(1)：60-62.
③ 高明星. 出版业的网络化革命[J]. 出版发行研究. 2000(10)：19-20.

借助计算机或类似设备来进行的一种出版形式”①；徐丽芳认为“数字出版，就是指从编辑加工、制作生产到发行传播过程中的所有信息都以二进制代码的形式存储于光、磁、电等介质中，必须借助计算机或类似设备来使用和传递信息的出版”②；张立认为“数字出版是指用数字化的技术从事的出版活动”“广义上说，只要是用二进制这种技术手段对出版的任何环节进行的操作，都是数字出版的一部分。它包括原创作品的数字化、编辑加工的数字化、印刷复制的数字化、发行销售的数字化和阅读消费的数字化。数字出版在这里强调的不只是介质，还包括出版流程”“所以，数字出版既包括了新兴媒体的出版，也包括了传统媒体的出版”③。

在界定数字出版之前，不妨先逐项检视“出版”存在的前提条件：一是“公之于众”。这是出版的必要条件，通常体现为出版物的发行、发售等传播形式。如果是写了日记压箱底，或者印几本自己保存，都不是“出版”。二是数据、信息、知识等内容须通过适当编码形式与实物载体相结合，形成书、报、刊、软件、电子游戏等媒介产品或出版物。据此，在集会上发表演讲就不能算是“出版”。这一过程，一般来说会涉及编辑加工和“定稿”“母版”的制作——但无论是中国还是西方，编辑在出版中都是比较晚出的构成要素。它在中国是雕版印刷业发展到一定阶段的产物；在西方则是18世纪大工业生产后才成为出版业组成部分的。至于出版物形式，依据不同分类标准和情境，可以横跨前文所讨论的媒介产品类型(如网络小说、网络游戏托)、媒介家族(如印刷出版物与磁光电出版物)、媒介产业(如图书业、杂志业等)等层级。三是须伴随大规模复制，不一定是印刷，可以是手抄、翻刻或数字化拷贝等方式，以形成媒介产品、内容产品或曰“出版物”。林穗芳、王勇安等研究者都提到“成批复制”“规制化复制”是出版的必要因素或基本矛盾。④⑤ 四是建制化(institutionalization)。就出版业而言，它不是个人即兴行为，而是有组织、有规范、有序的人类活动。它可以是意识形态和文化导向的“事业”，如我国古代的官刻、家刻，欧洲中世纪修道院的缮写室(scriptorium)系统。但是在人类历史的大部分时期，它同时是一门生意，一个行业、产业或职业。其历史至少可以上溯至西汉扬雄所称“书肆”，古罗马阿提库斯(Titus Pomponius Atticus)规模庞大的抄书坊⑥等。《不列颠大百科全书》学术版在“出版史”(history of publishing)词条中提到⑦：出版始于神职人员对书写(writing)的垄断被打破之后，而且与书写商业价值的开发有关。而无论是事业还是产业，背后都有整套的价值

---

① 谢新洲. 数字出版技术[M]. 北京：北京大学出版社，2002：12-13.

② 徐丽芳. 数字出版：概念与形态[J]. 出版发行研究，2005(7)：5-12.

③ 张立. 数字出版相关概念的比较分析[J]. 中国出版，(12)：4.

④ 林穗芳. 明确“出版”概念　加强出版学研究[J]. 出版发行研究，1990(6)：13-20，1，12.

⑤ 王勇安，成云. 融合出版环境下对“出版”概念表述的再思考[J]. 出版发行研究，2017(1)：13-17.

⑥ 王以铸. 谈谈古代罗马的“书籍”“出版”事业[J]. 读书，1981(12)：135-140.

⑦ Britannica Academic. history of publishing [EB/OL]. [2020-07-28]. http://academic.eb.cnpeak.com/levels/collegiate/article/history-of-publishing/109461.

观、专(职)业规范或运营惯例(work practices)。可以有少量出于爱好的出版活动，如近代以来的同人出版等；然其虽可视为出版的组成部分，对出版多样性尤有特殊价值，不过从各方面来看都不是出版主流。一些研究者，如王勇安"规制化复制""规制化知识信息生产"，吴赟"包含一种社会规制性"的说法都涉及此点。

因此，所谓"出版"是指对适当编码的数据、信息、知识、作品等内容进行选择、加工等编校处理，基于特定载体制作生产媒介产品(出版物)，向公众发行、传播的建制化人类活动。而所谓"数字出版"，不是说在"出版"之外还有"数字出版"这回事；而是如同抄写出版、印刷出版、电子出版均为"出版"不同发展阶段，"数字出版"是出版迄今为止最新的发展阶段。媒介融合将导致大的数字内容产业诞生；而数字出版将成为数字内容产业的重要组成部分。数字出版仍处在"襁褓期"：一方面，它将持续吸纳此前的出版成果，即将印刷出版、抄写出版甚至古文献时期的出版物做系统的数字化迁移；另一方面，如在线游戏、互动小说、手机小说、博客、短视频、在线音乐、VR 出版物等原生型数字出版物将不断涌现，并经历大浪淘沙的过程。如果说从前出版与大众日常生活相结合，形成了日历、手账出版等实用出版(utility publishing)类型；与大众一般精神文化生活相结合，形成大众出版类型；与学习目的结合形成教育出版类型；与特定专业、职业活动结合形成 STM (Scientific, Technological and Medical，科学、技术和医学)出版、学术出版等专业出版类型；与一般行业结合形成客户出版(custom publishing)、行业杂志(trade magazine)等类型，数字出版的发展恐怕也大概率如此。尚无法预知，未来究竟会有怎样的数字出版产品和服务业类，可以像书、报、刊一样在相当长的历史时期内独立于世。但数字化时代出版业的愿景是清晰的，那就是利用数字技术使数据、信息、知识和作品等出版内容像水和空气一样无缝地进入人类生活、学习、工作的方方面面；要让用户像打开开关用电、拧开水龙头取水一样，毫不费力地取用数据、信息、知识、作品等内容。但是命名，也就是说媒介融合之后，出版还叫不叫"数字出版"甚至"出版"？或者新增部分将以新名称成为内容产业、传媒产业、文化产业或信息产业的组成部分，而"出版""数字出版"将仅仅涉及传统出版及其简单数字化的部分？这是存在变数的。因为命名是利益相关者以及更广泛的技术、社会因素博弈、互动的结果，其间既有话语权争夺和力量比拼，同时也不乏许多随机因素的作用。

基于上述意见，我们采用属加种差之定义方法来界定数字出版，即所谓数字出版是利用数字技术进行内容的编辑加工、复制和发行，出版物内容(母版)以二进制数字代码形式存在且没有物理形态复制品存货的出版活动。其中数字技术(Digital Technology)是与电子计算机相伴相生的科学技术，它是指借助一定的设备将图、文、声、像等各种信息转化为电子计算机能够识别的二进制数字"0"和"1"后进行运算、加工、存储、传送、传播、还原的技术。数字技术如只用于出版的某些业务环节，那么与其称之为数字出版不如称之为出版的数字化更为合适。而数字出版作为数字内容产业的重要组成部分，须满足下列条件：第一，须公之于众，往往通过数字化方式。其次，将数据、信息、知识、作品等内容进行选择、加工等编校处理，然后当前主要以二进制编码形式与计算机、手机、网络等载体相结合，提供不同类型的知识、信息产品和服务。融合后新的媒介类型、媒介产品和服务将随着数字技术和其他社会因素的影响不断推陈出新；并围绕新的产品和服务形态形成(子)产业领域。从理论上来说，这种内容产品须具备可反复调用和存储的功能。第二，大规模复制。数字出版的复制有其自身特点。那就是复制虽仍属必要，但从时间和流程来看已蜕变为生产制作的伴随动作，可轻巧地由个人轻动指尖完成。因此，它相对于生产制作的独立性尤其是经济意义和价值消失了，一般不需要成本；而且，很多情况下复制与数字出版的用户使用行为同步发生。第三，规制化。新的价值主张、规范、规则、标准、秩序正在形成中；但有一点可以肯定，即文化逻辑和商业逻辑，尤其是产业逻辑仍将是数字出版最重要的主导逻辑。从个人兴趣出发的 UGC 创作者，其中相当一部分正以产销者(prosumer)身份被吸纳、整合进新的数字经济体系，就是很好的例证。

1.2.5　相关概念辨析

电子出版、数字出版与网络出版是3个最常用，但又经常被混用的术语，但是如果仔细分析，它们之间还是有区别的。

首先，这3个术语出现和流行的时间有先后。《韦氏字典》将“电子出版”正式使用时间定为1977年。这一术语也一直沿用至今。20世纪90年代中期开始，随着互联网的兴盛及其应用普及，“网络出版”成为国内媒体乃至学术论文中的常用术语。但是光盘出版物、主机游戏等电子出版物似乎溢出了网络出版物的范畴之外，于是开始启用“数字出版”这一术语。它出现的确切时间很难考证，不过通过查找中国知网，发现大约2000年在一些中文论文甚至论文题目中开始出现这个词语①。2005年7月，第一届中国数字出版博览会在北京召开。似乎是在此前后，“数字出版”这个术语开始被媒体和研究文献广泛采用了。

其次，这3个术语的适用范围也有差异。电子出版和数字出版都可以用来指印刷出版的印前部分②，涵盖利用计算机进行的编辑加工、排版印刷等活动，网络出版则没有这一用法。尽管从严格意义上讲，称其为出版的电子化或者数字化也许更加准确。这方面的发展最早出现于20世纪50年代，美国的光学机械式第二代照排机就利用计算机来控制字盘或者鼓上的字符。1965年德国推出阴极射线管式第三代照排机，所有字模都以数字化形式存储在计算机内。20世纪80年代中期，通过个人计算机进行文字图像综合处理的整页拼版系统——桌面出版系统(Desk-top Publishing，DTP)问世，电子编辑和电子排版技术在出版领域从此日益普及。随后，数码打样、计算机直接制版(Computer to Plate，CTP)、数字印刷等技术都极大地推动了印前乃至印刷数字化的发展。时至今日，致力于实现印前、印刷及印后工作流程综合数字化(digital workflow)的CIP3(Computer Integrated of Prepress，Press，Postpress)乃至CIP4(加入“Process”一词)也已成为现实。

---

① 张春. 网络环境与数字出版[J]. 科技与出版，2000(5)：4-6.

② 辛广伟. 台湾出版史[M]. 石家庄：河北教育出版社，2000.

再次，这3个术语的内涵和外延虽然相近，但也有差异(见图1-4)。电子技术既包括数字电子技术，也包括模拟电子技术。以激光视盘(LCD)为例，它是运用电子技术制作的电子出版物，但是它记录的是模拟信号。正是在这个意义上，艾尤·阿米仁(Eyal Amiran)认为：数字出版是两个传统概念的结合，即数字化和电子出版①。但是，随着磁带、黑胶唱片等模拟电子出版物被逐渐淘汰，数字出版和电子出版无论从内涵还是外延来看都逐渐趋同。至于网络出版，显然它不包括封装型电子出版物或数字出版物，因此可算作后两者的下位类概念。但是。随着CD-ROM等封装型载体被认为是一种过渡型产品而在世界出版舞台上风光不再，“数字出版”“电子出版”和“网络出版”的内涵和外延事实上是趋同的。

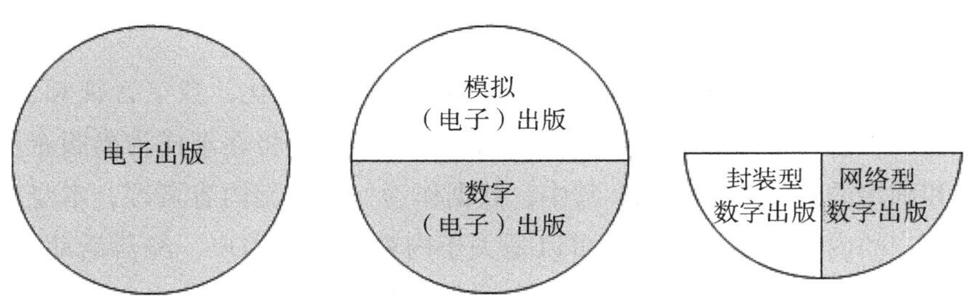

图1-4　电子出版、数字出版与网络出版

1.3　数字出版进路分析②

出版进路，实质上是数字出版产业的发展；而产业发展，则取决于其中的企业。数字出版产业的发展壮大将为无数大小、能力不一的新进入者创造巨大机会；但是对于传统出版企业而言，只有完成转型升级和融合发展任务，才有望成为数字出版甚至更大的数字内容产业的组成部分。不过，新老出版企业要解决的问题是一样的，即在洞察顾客对于数字内容产品和服务根本性需求的基础上，整合资源、做好经营管理、获取竞争优势，以保障企业的生存和发展。

1.3.1　资源的进路

资源是企业参与生产和分配的关键要素；出版企业的发展离不开资源的获取、配置和使用。企业由于整合的资源不同，在产业链中占据着不同的分工位势；而不同位势的企

① Eyal Amiran. Electronic Time and the Serials Revolution[J]. The Yale Journal of Criticism, 1997, 10(2): 445-454.

② 本节内容改写自本书作者论文，参见：徐丽芳，陈铭. 媒介融合与出版进路[J]. 出版发行研究, 2020(12): 20-30.

业，利润丰厚程度不同。根据资源位理论①，产业所需资源可分为软资源和硬资源。在媒介融合的大背景下，设备、场地等边界清晰的静态有形资源，即硬资源回报率日益降低；而内容、渠道和技术等软资源将成为财富的主要来源。因此，占有、整合和调配真正能产生价值的资源是出版企业今后面临的头等大事。

1.3.1.1 内容资源

出版业终究要通过内容体现行业价值。古今中外所有重要的出版业务、经营和组织活动都是围绕"满足读者精神文化需求的内容"展开的，亦即所谓"内容为王"。今后无论传播媒介和外部环境如何变动，数据、信息、知识、作品等内容资源都将居于出版业的核心地位。不过，媒介融合革新了出版领域内容资料来源、类型以及出版机构与内容资源的关系。

从内容资源类型看，媒介融合使资源形态和应用不断变化，数字音视频、数字图像、数字人文资料、数据、开放教育资源乃至虚拟现实内容等都将逐渐成为出版企业进行开发制作、传播和利用的常规资源形态。其中，数据作为一种新型内容资源，本身可以加工成服务于最终用户的内容产品；同时还可以是关于内容产品、用户、经营活动的数据资源，以服务形式嵌入各行各业，成为促进行业发展的潜在力量。以科技出版为例，早在20世纪70年代联合国教科文组织提出的UNISIST科学交流模型②就已极富预见性地指出数据出版的意义与价值③；只是囿于彼时的计算能力，这一出版业类远远达不到规模发展的地步。时至今日，就像吉姆·格雷(Jim Gray)指出的，科学研究已经发展到"第四范式"即数据密集型科研④；数据的出版、存储、复用等将成为科学探索的关键。而事实上，数据出版的发展空间和潜力还要远超出科技出版之外。国内外大众、教育、学术和专业出版领域许多有基础、有条件的出版机构，都可以利用自身在细分领域的积累开展相应的数据出版工作。

从内容资料来源看，互联网出现之前内容生产主要以PGC(Professional Generated Content，专业工作人员生产内容)模式为主；而互联网技术与移动通信技术的应用普及，赋予了个体内容表达、传播和价值创造的能力，UGC(User Generated Content，用户生成的

---

① 注：资源位是广义资源空间中，能够被某经济系统(经济主体)实际和潜在利用、占据或适应的部分，就成为该经济系统的资源位。参见：昝廷全．资源位理论及其政策启示[J]．中国工业经济，2000(9)：19-22.

② 注："UNISIST"不是一个正式的缩略词，而是希望从发音上强调联合国教科文组织(UNESCO)在促进通用科技情报系统建设上应发挥的作用。参见：Rose J B. The UNESCO General Information Programme and Its Role in the Development of Regional Co-operative Networks[J]. Journal of Clinical Endocrinology & Metabolism，2012，34(6)：1085-6.

③ 徐丽芳．数字科学信息交流研究[M]．武汉：武汉大学出版社，2008：108-112.

④ Tony Hey，Stewart Tansley，Kristin Tolle. The Fourth Paradigm：Data-Intensive Scientific Discovery[J]. Seattle：Microsoft Research，2009.

内容)等碎片化内容资源成为不可忽视的重要内容来源。此外，随着智能技术的发展，海量 MGC(Machine Generated Content，机器生产内容)也在涌现中，如许多新闻网站都在使用机器学习工具自动生产文章。但是，考虑到汲取内容资源的能力和水平，许多传统出版企业与其费力去整合海量但是质量参差不齐的 UGC、PGC 内容，不如将 PGC 做到极致。例如，随着 IP(Intellectual Property，知识产权)多元价值开发在内容产业中日益盛行，磨铁面向全行业开放自己的 IP 池，并通过上线版权管理系统以及与影视版权交易平台合作等方式，让 IP 获得全产业链运营能力和更长的生命周期①。

从出版机构与内容资源的关系看，以往主要是版权所有者授权出版企业基于其作品出版、发行出版物，而且在一些国家和地区这种关系还得到专有出版权的保障。现在除此之外，一种可能的发展路径是免费提供平台、渠道和相关服务来换取 UGC 以及其他机构的 PGC 产品，或者自行生产 MGC 产品，然后平台或渠道系统通过打包并海量传播内容资源来获取收益，最后各方分成。但是，这条路径往往只有技术和资金实力很强的企业才可以尝试；对于大多数传统出版企业在内的中小规模企业而言，则可以探索在垂直领域、细分市场上培育原创资源，或为新的内容资料来源提供接口。这不仅能满足信息爆炸时代对内容生产能力和质量提出的高要求，还可以发挥出版专业人员的把关人效用，促进 PGC、UGC 生产模式良性交融。

1.3.1.2 渠道资源

数字技术应用导致基础设施、专业业务技能以及产品和服务传播、呈现、存储形态趋近。互联网行业曾经催生很多致力于连接端，亦即搭建传播渠道和分发平台的企业。以电子书为例，如亚马逊的 Kindle、苹果的 iBook、当当云阅读、多看阅读等；以流媒体为例，如奈飞(Netflix)、亚马逊 Prime Video、苹果 Apple TV+、腾讯、爱奇艺、芒果 tv 等；以在线教育为例，如可汗学院、麦格希 Alex、纽顿(Knewton)、新东方、好未来、网易云课堂等。

早期很多出版企业也试图效仿建立自己的数字传播平台，希望通过连接端的成功带动内容发展；但是，结果往往是费力做了很多新媒介平台，却很难和用户产生真正的对话。不只出版企业，互联网中无数大大小小的败局，都因疲于既做内容又做渠道的两头作战②。对于出版企业而言，今后自建综合性渠道和平台几乎不可能获得成功。其在渠道资源上最好的出路是将产品和服务有针对性地“接入”强大的传播渠道中，借助现有互联网平台的成熟技术手段、运营理念、用户留存等基础，推送自己的内容、建设和经营自己的社群。尤其在 5G 高速发展和短视频兴起的热潮下，出版企业可以在各大连接平台上低成本实现社群快速扩张。如 2020 年以来，人民文学出版社抖音号粉丝增长近 20 万；今日头条

---

① 沈浩波. 磨铁 10 年，从畅销书制造者到 IP 运营企业[EB/OL]. [2020-09-28]. 中国出版传媒网. http://cbbr.com.cn/article/114786.html.

② 亿欧. 吴晓波：我所理解的社群经济[EB/OL]. [2020-07-28]. https://www.iyiou.com/p/24390.html.

号粉丝多达 40 万，并形成以豆瓣、微信、抖音等多个社交平台组成的新媒体矩阵。入驻社交媒体平台是大众出版企业为激活垂直细分领域的传播活力采取的主要方式；而对于用户群体相对集中的教育出版和专业出版企业而言，尤其是一些龙头企业，可以考虑自建平台以集成针对目标市场的内容资源，形成范围经济效应。

1.3.1.3　技术资源

20 世纪 90 年代以来，互联网、移动通信技术以及随后大数据、人工智能、云计算等前沿技术极大地影响了经济结构甚至社会发展的基本逻辑以及人们的生活方式。而媒介融合正是这些技术共同作用的结果。因此，对出版等传媒内容产业而言，掌握技术资源是在媒介融合背景下必须解决的首要问题。

对于传统出版企业而言，所谓掌握既可以是"拥有"——企业以技术员工、专利所有权等方式拥有技术；也可以是"使用"——企业通过合作或外包方式利用技术①。为此，出版企业可以通过收购技术企业，弥补自身不足。如在 1999—2017 年，培生集团耗资 67 亿美元完成 30 余个并购，获得以数字服务、专利等形式存在的技术。但如收购成本过于昂贵，出版企业也可以通过外部合作提升技术创新能力。此外，技术资源的掌握与从业人员结构的转变和改善息息相关。多元化、多层次技术人才的培养可推动出版企业持续发展。如拥有 140 余年的学术出版巨头爱思唯尔(Elsevier)在转型为信息分析服务提供商的过程中不断调整人才结构，扩充技术人员比例。如今，其旗下有 ScienceDirect、SciVal、Scopus 等多个信息分析产品和解决方案；在其员工队伍中，则每 7 个人中就有 1 名技术人员②。

除了掌握常规技术，出版企业还应保持对新技术应用的敏感性。近几年 5G 出现扫除了信息处理和数据传输等基础设施层面的难题，帮助 AI、VR、区块链等技术走出实验室并在各行各业获得广泛应用，从而催生新业态和新的用户媒介偏好。其中因从前移动网络计算能力不足而未能在移动场景中普及的 VR 技术，有望成为 5G 的第一波"杀手级"应用和下一代媒介平台。因此，对出版而言 VR 出版将成为 5G 时代最具想象空间的发展领域和颠覆性进路之一③。又如，区块链由于具备去中心化、不可篡改、可追溯性等特征，将成为引发新一轮出版革命的核心技术，内容生产、版权保护以及数字资产管理等都将是该技术的应用场景。出版企业须密切关注并把握这些技术在出版领域的发展方向，才有可能及时跟进，满足新的市场需求。

1.3.2　价值主张的进路

在印刷媒介的黄金时代，出版企业追求的是规模经济——通过对专家能力(内容资

---

① 徐丽芳，王心雨，张慧. 国外教育出版数字化发展对我国的启示——以培生集团为例[J]. 出版广角，2019(1)：11-15，32.

② 搜狐. 2020 年，全球学术出版业将走向何方？[EB/OL]. [2020-07-28]. https://www.sohu.com/a/367546865_721765.

③ 徐丽芳，陈铭 .5G 时代的虚拟现实出版[J]. 中国出版，2019(18)：3-9.

源)、技术能力和业务组织进行整合，使市场销量增加和总成本下降，从而获取经济利益。随着技术创新和媒介融合加速，新进入者带着对客户需求的洞察和全新的技能开启了数字出版新纪元。面对客户需求和竞争对手的巨大变化，明确或调整价值主张(value proposition)，是数字出版企业高效地定位和整合资源的依据，也是有效开展创新的前提。

价值主张是企业面对未知的顾客和市场开展新业务、设计新商业模式时，对潜在顾客根本性需求的洞察，以及如何运作才能满足这种需求的假设①。具体而言包括：第一，洞见目标用户及其根本需求，即准确、深刻地理解目标用户的某项需求或解决用户的某个问题；第二，明确企业的交付物，即提供何种满足用户需求或解决用户问题的产品或服务②③。在媒介融合背景下，数字出版用户对内容产品和服务的根本诉求还是解决生活中的精神文化需求和学习、工作中的信息、知识需求，但是具体到需求类型、形式和交付时空等要求，则还是有些根本变化：(1)用户，包括个人用户和机构用户，对于媒体的需求不再局限于消费其中的内容，而同时包括生产媒介内容甚至运营媒体。这种需求广泛地体现为在公益性或商业性网站创作并传播文字、图片或音视频形式的各种评论、网络小说、有声读物、短视频等。媒介产业的任务之一是通过提供服务，将供给侧出现的大量UGC整合成为整个产业不可分割的组成部分④。(2)在新型用户与媒体的关系中，认同(identification)和区隔(differentiation)的需要同时并存。一方面，基于不同目标、任务、兴趣或偏好等，用户形成了诸多媒介社区共同体；这些共同体之间存在巨大差异。另一方面，认同需求广泛地存在于面向生活、学习和工作的媒介消费及使用过程中，体现为这些社区内部群体意识强、互动紧密。例如全球二次元文化爱好者都集结在插画社区网站Pixiv、动漫社交平台Kitsu、欧美动漫评分网站MyAnimeList这样的平台中。(3)用户内容需求变得无处不在(ubiquitous)。移动数字平台使用户消费场景不需要根据有形地点来定义。在移动技术支持下，场景得以延展到更广阔的情境中——人们在移动状态下面临的不同环境，都将成为数字出版企业理解和认识用户行为和需求的出发点。(5)用户对内容产品和服务的便捷性、易用性和高效性提出更高要求。技术驱动新媒体不断发展和增强服务能力，数字出版企业需要紧跟大数据、人工智能、区块链、混合现实等前沿技术，在其辅助下有针对性地为用户提供高质量的内容和服务。

除了上述对用户根本性需求的洞察，价值主张还要在此基础上解决企业提供物的战略设计问题。其中主要包括提供何种数字出版产品和服务；产品和服务如何定价；如何实现

① 王雪冬，冯雪飞，董大海. “价值主张”概念解析与未来展望[J]. 当代经济管理，2014，36(1)：13-19.

② Johnson M W，Christensen C C，Kagermann H. Reinventing your business model[J]. Harvard Business Review，2008，35(12)：52-60.

③ Kaplan Robert S，Norton David P Norton. Strategy Maps：Converting Intangible Assets into Tangible Outcomes[M]. Boston：Harvard Business School Press，2004：10.

④ 彭兰. 新媒体用户研究[M]. 北京：中国人民大学出版社，2020：246-248.

与竞争对手提供物的差异化，即企业获取竞争优势的来源是什么。因此，价值主张亦可视为企业商业模式的源头、出发点和灵魂①②。它决定如何利用可用资源为客户生产符合需求的数字出版产品和服务(创造价值)，以及如何将产品和服务传递给用户(传递价值)并收取费用(获取价值)。在此过程中，数字出版企业需要深刻地理解和认识与竞争对手在产品、服务上的差异，同时兼顾价值创造伙伴等其他利益相关者的价值诉求③(见图 1-5)。如索尼虽然是 20 世纪八九十年代世界消费电子领域无可匹敌的巨头，但却未能像苹果一样成功进军数字内容产业。根本原因在于它未意识到数字时代的价值主张、战略逻辑与工业时代有所不同，而仍只将资源专注于制作质量更高、更出色的音乐播放设备，忽视了通过软件、内容服务为用户提供差异化情感体验；而苹果则通过"iPod+iTunes"硬件、软件并行模式打造用户体验良好的内容分发系统和生态，使硬件生产商、软件开发商、内容提供商和用户都能从中受益④。

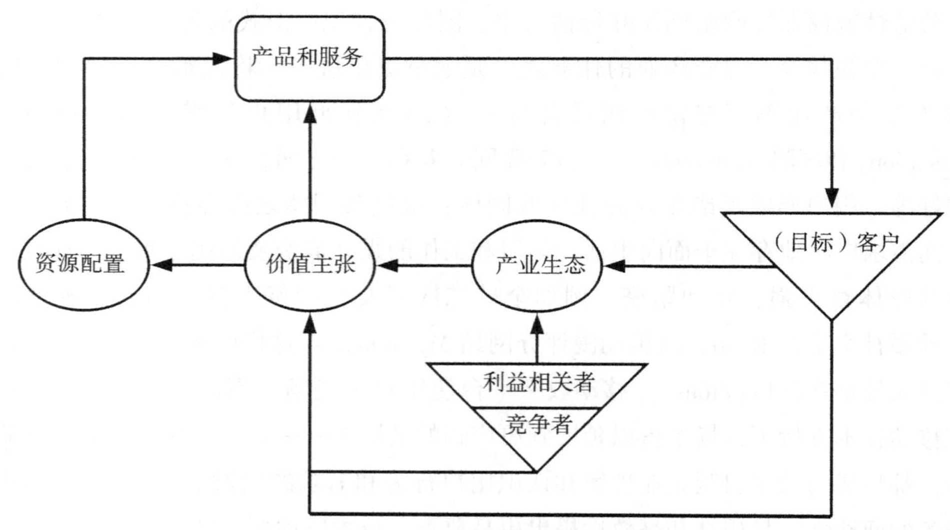

图 1-5　基于价值主张的商业模式概念模型

1.3.3　产业的进路

数字化阶段的出版产业，产业生态是由产业链条上不同类别的参与者以及产业发展所

① Teece D J. Business Strategy and Innovation[J]. Long Range Planning, 2010, 43(2-3): 172-194.

② Johnson M W, Christensen C C, Kagermann H. Reinventing your business model [J]. Harvard Business Review, 2008, 35(12): 52-60.

③ 张敬伟，王迎军. 基于价值三角形逻辑的商业模式概念模型研究[J]. 外国经济与管理，2010，32(6): 1-8.

④ 胡泳. 前浪索尼，后浪苹果(上)[EB/OL]. [2020-09-28]. https://card.weibo.com/article/m/show/id/2309404538130626904277?_wb_client_=1.

需的各类资源、外部环境等共同构成的有机系统。由于内容生产与发布技术更为多样、复杂，囿于传统生产流程的出版企业无法承担所有的生产经营工作，因此必须与来自行业外的基础设施提供商、技术提供商甚至内容提供商紧密结合、分工协作才能更高效地创造市场价值。总的看来，数字出版产业将以一种集群模式实现产业转型，其中产业组织呈现出模块化发展的趋势。

产业模块化是指产业的价值链结构逐步裂解成独立的价值节点，然后伴随价值节点的横向集中、整合以及功能的增强，形成多个相对独立运营的价值模块制造者以及若干模块规则设计、集成者的产业内动态分化与整合过程①。具体到出版产业，则是将出版价值链上的不同节点重新进行横向块分割和纵向条切割，使各个业务能力关键要素(内容开发、技术加工、内容分发、软件开发、硬件开发等)和不同业务(电子书、有声书、在线教育等)独立出来；甚至于在业务内部，将原本属于出版企业的选题、策划、排版等职能分离出来，成为既分工、又合作的独立企业。在此过程中，出版产业新进入者和传统出版企业有可能基于价值增值目的组成企业联盟。这种联盟实际上是介于出版企业和市场之间的“中间性组织”②。从组织架构角度看，每一个企业联盟都由拥有不同种类和等级资源的企业组成；它们根据资源差异居于不同层级并分工协作(见表 1-1)③。从价值创造角度看，由于最终产品和服务的变现是由联盟中的各企业协作完成的，因此总价值也会在这些企业之间进行分配，而价值会流向拥有关键资源的企业。如伴随 Facebook、亚马逊、苹果、奈飞等从事内容集成和分发业务的互联网企业的兴起，美国媒体经济重镇就从书报刊、电影、电视等原创内容生产商聚集的纽约、洛杉矶、好莱坞转移到数字内容集成和分发商所在的硅谷和西雅图④。

表 1-1 产业生态中不同企业拥有的不同资源⑤

资源等级	初级	中级	高级
资源类型	资本、制造技术	知识、设计技术	品牌、技术、规模、客户关系和社会资本
资源特性	价值性	价值性、稀缺性	价值性、稀缺性、难以模仿

① 梁军. 组织重构：产业模块化下企业应对策略研究[J]. 经济与管理研究，2008(7)：87-91.

② 徐丽芳. 出版产业链价值分析[J]. 出版科学，2008，16(4)：17-19.

③ Baldwin C Y, Clark K B. Managing in an age of modularity[J]. Harvard Business Review, 1997, 75(5): 84-93.

④ Dominick Joseph R. The Dynamics of Mass Communication: Media in Transition[M]. McGraw-Hill, 12th Edition, 2012: 90-91.

⑤ 于茂荐. 基于资源位的产业模块化下企业应对战略研究[J]. 华东经济管理，2010，24(9)：106-109.

麦肯锡曾指出，未来商业生态系统中会形成鲸鱼、布谷鸟和益生菌并存的局面，即商业系统中将既存在巨头式平台、小型新生代机构，也存在介乎两者之间的企业。在企业联盟模式中，具有品牌、规模和技术资源优势的企业作为“龙头”企业，将为产业提供相对稳定的标准体系，包括生产规则、消费规则和商务规则等。这类企业由于具备的资源相对关键且难以复制，通常充当系统集成商和内容分发商的角色，如亚马逊、苹果、腾讯等。而有的企业由于只具备初、中级内容和技术资源，因此将在龙头企业制定的规则下，完成某类具体产品、服务的研发、加工、制造和检测等环节。但现实中，出版产业生态远远不是这样简单地划分就可以全部概括的。有的企业并不固着于某一价值点，而会从事不同垂直领域的价值活动，在不同业务板块有不同的表现形态；而同一垂直领域的企业也会因为在资源优势上的不同而存在高低之分。如苹果公司，它既是IOS或MacOS操作系统的开发商，又是基于其上的应用商店iTunes Store的集成商，同时还是涵盖硬件、软件、内容等产业链环节的商业生态。就程度而言，苹果和中国知网、抖音、喜马拉雅等某一垂直领域的平台集成商相比，在出版价值链的控制范围和盈利能力上有显著差距；尽管中国知网等平台在其领域内相较于其他平台，也是头部集成商，可囊括大部分垂直市场份额。由此可见，低位阶企业在产业内获得竞争优势和价值份额的空间会更加逼仄。

因此，由于拥有的资源优势参差不齐，出版企业在企业联盟中可采取的应对策略不尽相同。一方面，对于只拥有初级资源、自身局限性较大的企业而言，最重要的是把自己放在更广泛的生态系统中考虑如何在利基市场上做到不可替代，进而巩固乃至提升在企业联盟中的层级。以多数大众出版企业为例，其中有很多无法成为平台型企业；但即使它们也要以平台生态系统的思维方式思考和行动①，即借助互联网企业的数字化平台和渠道，选择适当的价值节点，专注于某一垂直领域或几个垂直领域，在取得成本优势和价值提升后不断拓展生存空间。例如，华纳传媒近年在收缩业务上持续作为，舍弃音乐、图书出版等与转型方向相悖、市场表现较差的业务，集中力量发展影视娱乐这一主业务路线，从而表现更加突出。至于具有一定高级资源的出版企业，则可对资源进行更广泛、深入的整合开发，不断追加出版产品和服务价值。在能力足够时，可尝试将企业组织转化为可接入多价值节点的新平台。如爱思唯尔等学术出版巨头，由于拥有知识、技术、品牌等高级资源，因此既具备做深纵向产品服务线的能力，开发不同的学术出版产品和服务；又可以完成横向系统集成与升级，不断吸收外界优质资源，将一些从价值节点上冒出来的有潜力的小型企业收入囊中。如它收购学术社交平台Mendeley、投审稿系统Aries等，将其嵌入自身搭建的学术出版和科研服务生态系统中。

总的来说，无论是数字出版产业中的大型企业还是小型企业，在企业联盟中的层级和发展路径均由其自身资源和价值主张决定，并将随着产业环境和市场需求的变化不断修正。

---

① 胡泳．数字位移——重新思考数字化[M]．北京：中国人民大学出版社，2020：100-102.

本章关键术语

信息茧房	信息素养	注意力经济
媒介	媒介融合	媒介的可供性
内容产业	信息传播技术	出版
电子出版	数字出版	网络出版
移动出版	网络出版物	网络出版服务
STM 出版	产销者	软资源
价值主张	产业模块化	

简答题

1. 在信息化时代，人类面临的信息困境有哪些？
2. 简述推动数字出版发展的几大要素。
3. 简述数字出版、电子出版和网络出版这 3 个概念的关系。
4. 简述传统出版的数字化历程。

思考题

1. 技术的发展在相当大程度上影响了出版发展的速度甚至走向，你认为不同技术对出版发展的影响有何不同？未来，VR/AR、人工智能、区块链等新技术的发展和普及又会给数字出版带来什么样的变革？

2. 目前数字出版领域中既有巨头式平台、小型新生代机构，也存在介乎两者之间的企业。请结合一些实例说明这些不同类型企业都是如何整合资源的，在价值主张上有何不同？

《自觉承担起新形势下宣传思想工作的使命任务》习近平在全国宣传思想工作会议上的讲话要点

《自主创新推进网络强国建设》

《牢牢掌握意识形态工作领导权和话语权》

《致首届数字中国建设峰会的贺信》

《加快推进理论创新、制度创新、科技创新、文化创新等各方面创新》

第 2 章　数字出版技术

Dynamic Host Configuration Protocol

GB/T 7714-2015

HTTP Live Streaming

Information technology-Data interchange on read-only 120 mm optical data disks(CD-ROM)

Internet Protocol

IPv6 Specification

习近平总书记在二十大报告中明确指出要完善科技创新体系，坚持创新在我国现代化建设全局中的核心地位。数字出版技术的发展，对于满足人民的精神文化需求，提高文化传播效率和范围，推动文化产业发展都具有重要作用。因此，必须把握好当前的发展机遇，积极应对挑战，推动数字出版技术的发展。所谓数字出版技术，指的是传统出版单位在数字出版转型过程中使用到的技术，以及新兴数字媒体发展中应用到的技术的总和①。本章主要从技术基础、内容组织技术、多媒体技术和综合技术 4 个方面介绍目前数字出版领域的关键技术，并对未来的发展做出展望。

2.1　计算机与网络技术

数字出版的发展建立在一系列数字技术的基础上，脱离了这些"基础设施"，数字出版就无从谈起。具体而言，包括计算机基础架构、互联网环境和相关存储设备等，本节就从这 3 个方面对数字出版的技术基础进行介绍。

2.1.1　计算机技术

计算机是能够高速、精确、主动地进行科学计算和信息处理的现代电子设备，计算机技术指计算机领域中所运用的技术方法和手段②。硬件和软件是计算机运行中不可缺少的两大组成部分。计算机软件随着硬件技术的发展而不断升级，而软件技术的完善又反过来促

① 郝振省编著. 2007—2008 中国数字出版产业年度报告[M]. 北京：中国书籍出版社，2008：3.

② 宋广军，高禹，顾沈明等. 计算机基础[M]. 第 5 版. 北京：清华大学出版社，2019：9.

进硬件技术的提升。当下的数字出版乃至整个出版业的发展都建立在计算机技术基础之上。从出版流程看，稿件录入、编辑加工、图文编排、校对等各个环节都需要各种软件支持；从企业运营角度看，内容管理、数字资产管理、客户关系管理等都需要专业系统软件的支撑。

Transmission Control Protocol

新闻出版数字资源唯一标识符

2.1.1.1 硬件技术

计算机硬件是计算机系统中所有实体部件和设备的总称。硬件架构最早由德国科学家约翰·冯·诺依曼(John von Neumann)提出，主要包含运算器、控制器、存储器、输入设备与输出设备5大部分。到目前为止，大多数计算机仍然沿用诺依曼的体系架构。

一般所说的电脑主机主要涵盖运算器、控制器和存储器3个主要部分。其中运算器与控制器组成中央处理器(Central Processing Unit，CPU)，可以将其视作计算机系统的指挥官。它用于控制和管理整个机器的运行，并执行计算任务。衡量中央处理器运行效率的关键指标是计算机主频率(Computer Master Frequency)，指的是中央处理器内核工作的时钟频率(CPU Clock Speed)，表示中央处理器内数字脉冲信号振荡的速度，通常以兆赫(MHz)为单位。尽管CPU的运算速度并不单纯取决于CPU主频，还要结合CPU流水线上的缓存、指令集、CPU位数等多个指标，但提高主频对于提高CPU的整体运行速度起到至关重要的作用。主机中另一个重要部件是内存储器(Memory/Storage Unit)，简称内存，用来存放计算机运行时所需的程序和数据。内存容量直接影响计算机性能。早期个人计算机的内存容量仅有640KB。随着技术不断发展，目前主流计算机的内存配置水平不断提升。内存储器一般分为随机存储器和只读存储器。随机存储器(Random Access Memory，RAM)中存储的信息允许用户对其进行修改，但关闭计算机电源后其中存储的信息将全部消失；只读存储器(Read-Only Memory，ROM)中存储的信息由计算机厂家写入，用户只能读取，不能更改，断电后信息不会丢失。除了中央处理器与内存储器之外，还有连接计算机各个部件的一组公共信号线，一般被称为总线，主要用来传送数据、地址和控制信号。

计算机输入设备(Input Device)是用户向计算机输入数据和信息的设备，是人机之间相互联系的重要桥梁。常规输入设备包括键盘和鼠标：前者通过检测使用者的击键动作，把机械位移转换成电信号输入计算机；后者借助机械式、光电式和机械光电式3种主要方式将使用者的动作方向和距离信号传输到计算机中。随着技术不断提升，摄像头、扫描仪、光笔、手写输入板、游戏杆、语音输入等输入装置都已经非常普遍。如今多元化的输入设备为数字内容创作，尤其是用户生成内容(User Generated Content，UGC)提供了重要的技术支持。譬如许多网友通过摄像头和语音输入装置创作个性化的微电影，并发布到社交网络平台上，实现个性化传播。

输出设备(Output Device)是计算机的终端设备，用于计算机数据的输出显示、打印、声音、控制外围设备操作等，作用是将计算机中存储的各种结果数据和信息以数字、字符、图像、视频、音频等形式展现出来。常见的输出设备包括显示器、打印机、绘图仪、影像输出系统、语音输出系统等。显示器主要由监视器(Monitor)、显示适配器(Display Adapter)及有关电路和软件组成。其中监视器是监控系统的标准输出部件，只有通过监视器才能观看来自前端的图像。显示器经历了早期以阴极射线管(Cathode-ray Tube，CRT)为主要显示部件的时代，目前主流显示器是液晶显示器(Liquid Crystal Display，LCD)。从图像频闪到逼真不闪烁的显示效果，显示器的升级为多媒体数字传播的快速发展提供强劲动力。显示适配器包含像素处理器、显示处理器、半导体读写存储器(显存)、只读存储器和接口电路等部件。这些部件被组装成一块显示卡，可直接插在计算机主板上使用。由于分辨率高的彩色动态图像数据量很大，所以对显存的容量要求越来越高，目前主流显存达到GB水平。打印机是计算机系统中重要的输出设备，可以把计算机处理结果在不同类型的纸张上打印出来。打印设备已由传统的针式打印机(Wire Printer)、喷墨式打印机(Ink-jet Printer)，变成激光打印机(Laser Printer)。而随着数字技术的发展，以按需印刷为代表的印刷模式已经逐步渗透到出版领域，并广泛地用于不同的出版业务环节。随着云计算技术的成熟，柯达、惠普、谷歌等一些老牌影像服务企业和新兴IT企业开始打造“云打印”(Cloud Printing)系统。在这种系统中，用户只需将打印文档通过邮件或客户端上传到网络服务器，就可以利用联网的打印设备随时随地打印文档。

2.1.1.2　软件技术

软件是相对于硬件而言的，主要指一系列按照特定顺序组织的计算机数据和指令集合，不仅包括在计算机上运行的程序，还包括与这些程序相关的文档资料。若按照软件所执行的功能来区分，大致可分为系统软件与应用软件。前者指管理、控制和维护计算机及其外部设备，支持应用软件开发和运行的系统；后者指直接针对个人或单位具体任务的应用程序。

(1)系统软件

系统软件负责管理计算机系统各种独立硬件，使其相互协调并能够按照用户要求完成任务。具体来看，系统软件主要分为操作系统、数据库管理系统以及系统辅助处理程序。

①操作系统(Operating System，OS)是计算机系统的控制与管理中心，主要管理计算机硬件资源与相关的程序和数据，支持计算机各种硬件和软件之间的运行和相互通信；其他软件都建立在操作系统基础之上。目前常用操作系统有微软的Windows系列操作系统、Unix操作系统和苹果Mac OS操作系统等，移动操作系统有安卓(Android)、苹果的iOS系统等。

Windows 操作系统是由美国微软公司开发的窗口式操作系统，最早版本 Windows 1.0 于 1985 年发布，但在当时并没有引起太大关注。1990 年，微软推出 Windows 3.0，在操作界面和内存管理等方面做出了巨大改进，也因此奠定公司在个人电脑操作系统领域的领先地位。此后，Windows 系列基本延续 Windows 3.0 确定的窗口界面样式。1995 年，一款基于 Intel 80 * 86 系列 32 位微处理器的操作系统即 Windows 95 诞生。它在图形用户界面和底层设计方面又一次实现重大突破，并且将网络浏览软件 Internet Explore 3 整合到操作系统中，为用户带来了更好的使用体验。此后，微软陆续推出 Windows 98、Windows 2000 和 Windows ME，Windows XP、Windows Vista、Windows 7/8/10 等操作系统，并针对家庭用户与企业用户的不同需求推出家用版和企业版。除了在传统性能和易用性方面的持续改进，安全性、高级网络服务等新的功能需求也逐步整合到 Windows 操作系统中。

Linux 是一款类 Unix 的操作系统，由林纳斯·托瓦兹(Linus Torvalds)在 20 世纪 90 年代初创建。作为一种自由和开放源代码的操作系统，Linux 的应用目标更多地面向网络。任何人只要遵守 GNU 通用公共许可证(GNU General Public License，GNU-GPL)，都可以自由地使用 Linux 底层代码，并且对其进行修改和再发布。由于系统的开放性，许多大中型企业和政府投入更多资源开发 Linux。当然，相较于 Windows 操作系统，Linux 系统在商业应用方面并不理想。这主要是由于该系统一直缺少强有力的主导厂商，同时对 Windows 等主流系统上的应用程序支持不够所造成的。

苹果 Macintosh 系列电脑的 Mac OS 也是目前颇具影响力的操作系统。它是苹果自行开发的基于 Unix 内核的图形化操作系统。由于该系统和苹果的硬件产品相互绑定，因此在普通 PC 机上无法安装。随着苹果公司在全球市场的卓越表现，使用 Mac OS 系统的消费者逐渐增多。

苹果 iOS 是苹果公司开发的移动设备操作系统。同 Mac OS 一样，封闭性是 iOS 最大的特点，这使它只能运行于 iPhone、iPad 等苹果的手持设备上，在 iOS 系统上合法运行的程序都必须来自苹果的应用商店。此外，间接的 UI 设计和高速而稳定的运行性能也是它的亮点，即便在同时处理同项任务时也不会消耗过多电力。

安卓(Android)是谷歌于 2007 年 11 月发布的一个基于 Linux 平台的手机操作系统，采用软件堆层(Software Stack)架构，由操作系统、中间件、用户界面和应用软件组成。为了推广这一系统，谷歌与摩托罗拉(Motorola)、英特尔(Intel)、英伟达(NVIDIA)、三星(Samsung)等知名手机相关企业组成开放手机联盟(Open Handset Alliance，OHA)。相对于苹果打造的"封闭应用生态系统"，安卓系统的开源性和较低的技术门槛使其迅速得到了广泛开发，是名副其实的"用户为用户开发应用"。

②数据库管理系统(Database Management System，DBMS)是对数据库[①]建立、运行和

① 注：数据库(database)是为了满足一定范围内许多用户的需要，在计算机内建立的一组互相关联的数据集合，它可以提供各种用户共享，具有最小冗余度和较高数据独立性。如学校中学生的个人信息数据就可以建成一个学生信息数据库，供不同部门使用。

维护提供统一管理、统一控制的大型软件，是数据库系统的核心构件。具体功能包括定义数据库结构及数据格式，规定数据在外存储器的存储安排方式，负责各种与数据有关的控制和管理任务。用户通过数据库管理系统的支持来访问数据库中的数据。目前主流的数据库管理系统有 Access、SQLServer、Oracle 等。

③系统辅助处理程序又称工具软件，是为了维护计算机系统的正常运行或支持系统开发所配置的程序，如系统诊断程序、调试程序、排错程序等①。

(2)应用软件

应用软件(Application)是为满足用户不同领域、不同问题的应用需求而提供的软件，它是各种程序设计语言以及用程序设计语言编制的应用程序的集合。其发展大致经历了以下 4 个阶段。

程序设计阶段(20 世纪 40 年代中期—20 世纪 50 年代中期)。这一阶段的主要特点是尚无明确的软件概念，程序设计围绕硬件展开；一般采取个人开发方式，没有明确分工；编程方式简单，没有文档资料。

程序系统阶段(20 世纪 50 年代中期—20 世纪 60 年代末期)。这一阶段的主要特点是硬件环境相对稳定，出现独立的软件产品形态，形成“软件”概念；系统规模逐步扩大，高级编程语言不断涌现。这一时期的软件生产方式还无法满足迅速增长的计算机软件需求，在软件开发与维护过程中出现了一系列问题，史称“软件危机”。

传统软件工程阶段(20 世纪 60 年代末期—20 世纪 80 年代末)。当时的硬件已呈现出巨型化、微型化、网络化、智能化发展趋势。为了应对日益严重的软件危机，人们开始寻求新的软件开发与管理手段；软件工程学科体系逐渐形成并发展成熟。软件工程(Software Engineering，SE)主要研究如何以系统性、规范化、可定量的过程化方法开发和维护软件，以及如何把经过实践证明是正确的管理技术和当前最好的软件技术方法结合起来；目标是在给定成本和进度的前提下，提高软件产品质量和开发效率，尽可能减少维护难度②。

现代软件工程阶段(20 世纪 80 年代末至今)。随着应用软件涉及领域进一步扩大，传统程序设计方法受到挑战，新的面向对象的技术方法逐渐形成。与传统结构化设计方法最大的不同是，面向对象的软件开发不是以客体的具体功能为目标，而是直接以客体为目标，近似地反映应用领域内实体之间的关系。从本质上讲，这更接近于人类认知事物的方法。现有应用软件大多采用面向对象的技术；与此同时，网络技术不断成熟并在软件工程领域得到广泛应用。21 世纪兴起的创新软件应用模式“软件即服务”(Software as a service，SaaS)就是这一阶段的典型代表。厂商一般将应用软件统一部署在自己的服务器上，客户可以根据实际需求，通过互联网向厂商租用所需应用软件服务，按定购的服务类型与时间向厂商支付费用，无须承担软件维护更新等烦琐工作。

---

① 宋广军主编. 计算机基础[M]. 北京：清华大学出版社，2019：28.

② 鲁星，钱小红，曾丹主编. 软件工程导论[M]. 武汉：华中科技大学出版社，2019：8.

2.1.2 网络技术

计算机网络技术对于数字出版的影响是巨大的，但是我们对于这种影响的认识却是一个渐进和逐步深化的过程。所谓计算机网络技术，是将位于不同地理位置并具有独立功能的多个计算机系统通过通信设备和线路系统连接起来，并配以完善的网络软件(网络协议，信息交换方式及网络操作系统等)来实现网络通信和软硬件资源共享的技术①。

2.1.2.1 概述

计算机网络(Computer Network)一般是指众多不同位置且具有独立功能的计算机借助通信设备与线路相互连接，实现信息传输与资源共享的计算机系统。有几个经常容易混淆的计算机网络概念：网络(net/network)、互联网(internet)、因特网(Internet)与万维网(World Wide Web，WWW)。网络是一个相对抽象的概念，它由若干节点(node)和连接这些节点的链接(link)组成，其中的节点既可能是计算机，也可能是集线器、交换机或路由器②。通过路由器将不同的网络互连起来，就构成一个覆盖范围更大的网络，一般称为互联网。当今世界上最大的国际性计算机互联网是因特网。它起源于1969年美国国防部创建的第一个分组交换网阿帕网(Advanced Research Projects Agency Network，ARPAnet)，最初只是单个的分组交换网。20世纪70年代，网络互联技术的出现为网络之间的互联奠定了基础。1983年，TCP/IP协议作为APPANet的标准协议正式发布，因特网才成为真正意义上的互联网。一般人们将互联网或互联网作为通用名词，泛指多个计算机网络互联而成的网络；而将因特网(Internet)作为专有名词，专指全球最大并采用TCP/IP协议族的特定计算机网络。万维网则是建立在因特网之上的概念，也称环球信息网，发明者是20世纪90年代供职于欧洲原子核研究组织(Conseil Europeen pour la Recherche Nucleaire，CERN)的蒂姆·伯纳斯·李(Tim Berners-Lee)。他在TCP基础上开发了超文本传输协议HTTP与超文本标注语言HTML，帮助广大用户以网页形式获取并查看因特网上的内容资源。自此以后，因特网的站点数呈指数增长态势，使互联网从狭小的专业人群走向庞大的非专业人员，改变了全球经济与文化交流的整体面貌，并带来新一波的人类社会繁荣。

此外，根据网络节点分布的地理范围，计算机网络可分为广域网(Wide Area Network，WAN)与局域网(Local Area Network，LAN)。广域网的通信范围通常为几十到上千公里，目标是通过长距离运送主机所发送的数据，一般需要高速链路连接各节点。局域网的通信范围在几公里之内，主要用来构造单位的内部网，在一些高校和企业中应用较为普遍。

2.1.2.2 计算机网络体系结构

计算机网络是非常复杂的系统，为了实现网络中不同计算机之间的信息和文件传输，

① 林勇升主编. 计算机网络技术[M]. 北京：北京理工大学出版社，2018：1.

② 谢希仁. 计算机网络[M]. 第5版. 北京：清华大学出版社，2017：4.

必须建立起合理的分层体系架构，并按照事先约定好的规则来完成。协议(protocol)是为网络数据交换而建立的规则和标准，由语法、语义和同步 3 个部分组成。其中，语法表示数据与控制信息的格式；语义指需要发出的控制信息、完成的动作以及回应；同步则指关于事件实现顺序的详细说明。计算机网络中各层及其协议的集合，被称为体系结构(architecture)。这种体系结构是抽象的架构概念，它的实现依赖于相应的硬件和软件。

网络体系结构在理论层面与实际应用层面存在一定不同。国际标准化组织 ISO 提出的开放系统互连(Open System Interconnection，OSI)参考模型是七层协议体系的架构，包含物理层、数据链路层、网络层、运输层、会话层、表示层、应用层。该模型虽然理论上较为完备，但由于体系结构太过复杂，并没有被广泛接受。而由于因特网的大范围普及，其所用 TCP/IP 的四层协议架构成为事实上的国际标准。它包含网络接口层、网际层 IP、运输层和应用层。为了更好地理解计算机网络体系结构，这里采纳部分学者提出的五层体系架构①，对计算机网络的体系架构进行简要介绍。

物理层(physical layer)。它是信息交换的物理连接。由于物理层传输的数据单位是比特，因此物理层的任务就是透明地传送比特流。

数据链路层(data link layer)。计算机网络上的数据传输是通过一段段链路实现的。在相邻节点之间，数据以“帧”(frame)为单位直接传送，每一帧包括数据和必要的控制信息。

网络层(network layer)。在数据链路层提供的在两个相邻端点之间传送数据帧的功能之上，它进一步管理网络中的数据通信，设法将数据从源端经过若干中间节点传送到目的端，从而向运输层提供最基本的端到端数据传送服务。该层所使用的是网络互连协议(Internet Protocol，IP)。

传输层(transport layer)。根据通信子网的特性，它利用网络资源负责向两个主机进程之间的通信提供服务。该层所使用的两个协议分别是传输控制协议(Transmission Control Protocol，TCP)和用户数据报协议(User Datagram Protocol，UDP)。

应用层(application layer)。它是体系结构的最高层，直接为用户应用程序提供服务。常见的超文本传送协议(Hypertext Transport Protocol，HTTP)、文件传输协议(File Transfer Protocol，FTP)、简单邮件传输协议(Simple Mail Transfer Protocol，SMTP)都是应用层的相关协议。

这个五层架构统称为 TCP/IP 协议族架构，其中 TCP 和 IP 协议在一起协同工作。前者负责应用软件(如浏览器)和网络软件之间的通信，将数据分割并装入 IP 包；后者负责计算机之间的通信，在 IP 包到达接受者那里时重新对其进行组合。时至今日，这一整套网络体系架构依然是信息交互传输的重要基础。

2.1.2.3　发展趋势

面对互联网产业的迅猛发展，全球网络地址资源日益紧张，于是新一代互联网协议

① 谢希仁. 计算机网络教程[M]，北京：清华大学出版社，2002：23.

IPv6(Internet Protocol version 6)应运而生，以逐步取代目前所使用的IPv4(Internet Protocol version 4)，实现互联网地址容量的大规模扩充。此外，以Web 2.0、Web 3.0为代表的应用创新，则使互联网从单纯的信息交互空间转变为一种社会化网络，进而走向知识网络。尽管这些技术仍处在不断发展阶段，有许多不完善的地方，但可以预见它们将为数字出版的长远发展带来更广阔的空间。

(1)IPv6。IP协议是TCP/IP协议族中的网络层协议，也是其中的核心协议。IP地址是给因特网上每一个主机的每一个接口分配的全世界唯一的32位标识符，由因特网名称与号码指派公司(Internet Corporation for Assigned Names and Numbers，ICANN)进行分配。IPv6是下一代互联网协议，用于取代全球使用的现行版本IPv4。目前IPv4协议最大的问题在于地址资源有限，仅可提供约40亿个IP地址，而且其中大部分归北美尤其是美国所有。中国等许多国家IP地址非常匮乏，严重影响了这些国家互联网的进一步发展。为此，我国从2003年开始启动下一代互联网示范工程，现已覆盖20个城市，是世界上最大的IPv6骨干网①。但我国IPv6的发展起步较晚，地址资源仍落后于欧美、巴西和日本等国家和地区。2012年6月6日，全球IPv6网络正式启动，谷歌、Facebook和雅虎等多家国际知名互联网公司开始永久性支持IPv6访问。2017年，中共中央办公厅和国务院办公厅印发《推进互联网协议第六版(IPv6)规模部署行动计划》，以加快我国IPv6网络的部署②。2018年，我国三大电信运营商联合阿里云宣布面向社会提供IPv6服务③。8月，工信部通信司宣布将分段有序地推进规模建设IPv6网络，实现下一代互联网与各领域的深度融合。

IPv6具有以下优势④：①更大的地址空间。IPv6的IP地址长度为128位，而IPv4仅有32位。②更小的路由表。IPv6的地址分配遵循聚类原则。这使得路由器能在路由表中用一条记录表示一片子网，减少了路由器中路由表的长度，提高了路由器转发数据包的速度。③增强的组播(Multicast)支持以及对流的控制(Flow-Control)，为网络多媒体的发展提供了机会，为服务质量控制提供了良好的网络平台。④加入对自动配置的支持。这是对DHCP协议(动态主机配置协议)的改进和扩展，使网络管理更加方便迅捷。⑤更好的安全性。使用IPv6的用户可以对网络层数据进行加密，并对IP报文进行校验，大大增强了网络安全。借助IPv6，物联网、云计算、三网融合等先进技术将获得真正的用武之地。其中物联网技术是互联网架构的重要延伸，可将用户端拓展到各种物品上，实现泛在化的信息交换和通信。云计算则将计算任务分布到大量计算机构成的资源池，使各种应用系统能够

---

① 吴彦鹏. 中国日报网评：IPv4地址耗尽 中国未雨绸缪赢得主权[EB/OL]. [2021-08-18]. https://cn.chinadaily.com.cn/a/201911/29/WS5de0d9d8a31099ab995eecc7.html.

② 中国工业和信息化部. 工业和信息化部关于贯彻落实《推进互联网协议第六版(IPv6)规模部署行动计划》的通知[EB/OL]. [2021-08-18]. http://www.gov.cn/xinwen/2018-05/03/content_5287654.htm.

③ 孟哲. 阿里云联合三大运营商全面提供IPv6服务[EB/OL]. [2021-08-18]. http://it.people.com.cn/n1/2018/0621/c1009-30070477.html.

④ 匡文波. 手机媒体概论[M]. 北京：中国人民大学出版社，2006：243.

根据需要获取计算力，为互联网企业发展提供重要保障。

(2)物联网(Internet of Things，IoT)。它是通过射频识别(Radio Frequency Identification，RFID)、红外感应器、全球定位系统(Global Positioning System，GPS)、激光扫描器等信息传感设备，按照约定协议将任何物品与互联网相连接，进行信息交换和通信，以实现对物品的智能化识别、定位、跟踪、监控和管理的一种网络①。作为新一代信息技术的重要组成部分，各个国家都对物联网建设投入巨大精力，如日本与韩国政府分别提出“U-Japan”和“U-Korea”战略。IBM 公司则提出“智慧地球”(Smarter Planet)概念②。这是基于设备之间互联互通的全新理念，强调通过利用新一代信息技术来改变政府、公司和人们交互的方式，以提高交互的明确性、效率、灵活性和响应速度。我国移动、联通、电信 3 大运营商也成立各自的物联网研究中心，以占领市场高地。

从体系结构上看，物联网一般分为 3 个层次。最底层是用来感知数据的感知层，主要包括传感器等感知设备，如安装在设备上的 RFID 标签以及用来识别 RFID 信息的扫描仪。第二层是实现数据传输的网络层，建立在现有互联网基础上，通过将各种设备与互联网相连，对感知数据进行管理和处理；其中，云计算平台作为海量感知数据的存储和分析平台，是网络层的重要组成部分。最上层是应用层，主要利用经过分析处理的感知数据，为用户提供丰富的服务，包括物流监控、远程医疗、智能家居等。

物联网在出版领域的应用前景同样值得期待。2010 年，上海新闻出版局开展《无线射频识别(RFID)在新闻出版领域的产业化应用》课题，探讨将物联网技术引入新闻出版领域，采用 RFID 电子标签替代图书、音像制品等出版物的条形码③。该技术可为出版物流和销售环节信息系统的互联互通以及实现整个出版产业的高效运行提供有力支持。

(3)云计算(Cloud Computing)。这是网格计算(Grid Computing)、分布式计算(Distributed Computing)、并行计算(Parallel Computing)等传统网络技术发展融合的产物，主要指将计算分布到大量分布式计算机而非本地计算机或远程服务器中。它使企业能够将资源切换到迫切需要的应用上，并能根据需求访问计算机和存储系统。所谓“云”由一组相互连接且数量众多的计算机组成。这种计算机云是跨企业、跨平台的。任何授权用户都可以从任一计算机接入因特网享受云服务，包括文档处理、大规模计算以及各种应用程序等。从开发人员的角度看，云计算为他们提供了强大的信息获取、数据处理和存储能力。这使得开发者不再受到物理资源和硬件配置的约束。从终端用户的角度看，他们能够随时随地通过各种终端设备获取个性化服务，处理个人事务和信息存储等工作，并可满足协同计算的需求。

---

① 王雷，魏焕新，聂清彬主编. 计算机网络原理基础教程[M]. 北京：北京理工大学出版社，2016：230.

② 王志乐主编，许丽丽副主编. 2010 跨国公司中国报告[M]. 北京：中国经济出版社，2010：166.

③ 中关村在线. 物联网时代：出版物条形码被电子标签取代[EB/OL]. [2021-08-18]. http://www.gz-hexin.com/service/news/rfid20110802.html.

当前，全球云计算市场规模呈现出较为稳定的增长态势和竞争格局。根据国际知名 IT 咨询公司加特纳(Gartner)的数据，2020 年全球 IaaS 公有云服务市场增长 40.7%，达到 643 亿美元；市场集中性日益增强，亚马逊(Amazon)、微软 Azure、阿里云(Alibaba Cloud) 和谷歌四家企业占据了近 80% 的市场份额①。其中，“亚马逊网络服务”(Amazon Web Services，AWS)是全球最全面、应用最广泛的云平台，可供客户集成电子邮件托管、企业文档存储和共享、电话会议、成本分析和控制等企业管理应用，部署面向客户的前段和移动应用程序以增强个性化用户参与，同时还能提供媒体转码、直播托管、视频分发和包装等媒体服务②。阿里云是亚太地区唯一进入前三名的 IT 企业，与其他 3 家企业一样致力让云计算技术能够更广泛和深入地惠及社会。在 2020 年加特纳主持的云计算产品性能评估中，阿里云的云计算和“基础设施即服务”(Infrastructure as a Service，IaaS)能力超过亚马逊位列世界第一，云安全排在第二位③。在阿里云取得世界级成就的同时，我国云计算技术和市场规模亦经历了突飞猛进的发展——根据中国信通院《云计算发展白皮书(2020 年)》，2019 年我国云计算市场规模已达到 1334 亿元，预计未来还会保持较高的增速，在“平台即服务”(Platform as a Service，PaaS)和“软件即服务”(Software as a Service，SaaS)方面会有更大的突破。

随着云计算技术的进一步发展，它与数字出版的深度结合也成为业界关注的焦点。2012 年中国云计算大会专门设立数字出版云专场④。所谓“数字出版云”(Digital Publishing Cloud)，指利用互联网、云计算技术为数字出版领域提供数字内容管理、在线阅读、在线教育、数字图书馆、电子商务等产品与服务。该技术有助于解决长期困扰数字出版产业发展的内容、版权和运营等问题。

(4)三网融合(Tri-networks Integration)。所谓“三网”是指电信网络、有线电视网络和计算机网络。传统上它们分别为用户提供不同的服务：电信网络(Telecommunication Network)支持用户电话、电报及传真服务；有线电视网络(Cable TV Networks)为用户接入各种电视节目；计算机网络则专门满足用户传送数据文件，查找各种文本、图像及视频资料的需求。随着技术不断进步，电信网络与有线电视网络逐步融入现代计算机网络；三者在网络层实现互联互通，业务上互相渗透和交叉，渐渐形成所谓的“三网融合”。

严格来讲，三网融合并非一项技术，而是涉及技术融合、业务融合、媒介融合的整体性网络融合趋势。正如美国麻省理工学院媒介实验室的尼古拉斯·尼葛洛庞帝(Nicholas

① Gartner. 2020 年全球 IaaS 公有云服务市场增长 40.7%：亚马逊、微软和阿里巴巴引领 2020 年云竞赛[EB/OL]. [2021-08-18]. https://www.gartner.com/cn/newsroom/press-releases/gartner_2020_iaas40-7-.

② 亚马逊 AWS 服务介绍[EB/OL]. [2021-08-04]. https://aws.amazon.com/cn/.

③ Gartner. Alibaba Cloud Ranks First in Cloud Computing[EB/OL]. [2021-08-04]. https://equalocean.com/briefing/20200817230003261.

④ 毛振华. 国内首家数字出版云计算中心将发布“数字出版云”[EB/OL]. [2021-08-18]. http://www.gov.cn/jrzg/2012-05/14/content_2136467.htm.

Negroponte)在1978年指出的，数字技术将会导致各媒介产业的融合①。传统上相互区隔的移动通信、互联网、广播电视在数字技术的作用下走向融合。从技术上看，有线电视网络通过数字化与双向升级改造提高业务承载和支撑能力；电信则加强宽带网络建设，推进城镇光纤到户，扩大农村地区宽带网络覆盖范围。从业务上看，广电和电信运营商可以相互进入各自传统的经营领域，最终实现移动多媒体广播电视、手机电视、数字电视宽带上网等业务，并可按照国家统一标准拓展相关业务。为此，2010年国务院常务会议提出推进三网融合的阶段性目标②。2015年，试点阶段各项任务基本完成后，国务院颁布《三网融合推广方案》以全面推进三网融合，进一步提升网络承载和技术创新能力，加快发展融合业务和网络产业，基本建立科学有效的监管体制机制，显著提高安全保证能力以及促进信息消费快速增长③。

在三网融合的大背景下，以手机为主要终端的移动互联网迎来重大机遇期。中国互联网信息中心(China Internet Network Information Center，CNNIC)发布的《第47次中国互联网络发展状况统计报告》显示，截至2020年12月，中国手机网民规模已近乎9.86亿人，在网民总体中所占的比例达到99.7%④。随着智能手机日趋普及，5G网络技术不断成熟，移动互联网应用愈加丰富，该领域已经成为IT业以及数字出版企业关注的焦点。目前，国内外已有不少出版企业针对移动终端平台开发相关应用软件，以满足移动互联网环境下消费者的阅读和娱乐需求。

(5)Web 2.0/Web 3.0。Web 2.0最早由2004年奥雷利媒介公司(O'Reilly Media)的戴尔·多尔蒂(Dale Dougherty)和梅地亚莱芙公司(MediaLive)的克雷格·克莱恩(Craig Cline)在一次交流中由后者提出。Web 2.0实际上并不是某一个具体技术，而是一类技术和产品的总称，也是一种从理念到应用的全方位创新——除了机器与机器、内容与内容之间的连接，更实现了人与人的连接，让网络个体能够通过网络建立"关系"，组建虚拟网络社群，开展跨越时空的社交、交易和内容传播活动⑤。相比于Web 1.0延续的纸媒时代单向的大众传播模式，Web 2.0为个体提供了以自我为中心传播信息和与他人进行"点对点"沟通的机会，促成和强化了创作者和用户的双向互动与身份转变。这一转变为数字出版带来了新的发展空间。譬如博客(Blog)作者可以按照自己的意愿选题、组稿和发布，在积累了一定网络知名度的读者基础后，还可将已发表的博客内容集合成图书出版，或是进一步开发主

---

① 周志平. 媒介融合背景下数字内容产业创新发展研究[M]. 杭州：浙江工商大学出版社，2015：227.

② 人民网. 国务院常务会决定推进三网融合 提出阶段性目标[EB/OL]. [2021-08-18]. http://www.scio.gov.cn/zggk/gqbg/2010/Document/521141/521141.htm.

③ 国务院办公厅. 关于印发三网融合推广方案的通知[EB/OL]. [2021-08-18]. http://www.gov.cn/zhengce/content/2015-09/04/content_10135.htm.

④ 中国互联网络信息中心. 第47次《中国互联网络发展状况统计报告》[EB/OL]. [2021-08-04]. http://www.gov.cn/xinwen/2020-09/29/content_5548175.

⑤ 彭兰. "链接"的演进——互联网的基本逻辑[J]. 国际新闻界，2013，12：6-19.

题相近或系列选题。Web 2.0 还促成了众包出版(Crowdsourcing Publishing)的发展，即利用网络平台将创作者、出版商、内容分销商、读者等利益相关者连接起来，借助网络大众的力量为出版项目资金筹措，完成内容创作、编辑、翻译、校对等环节的工作①。维基百科(Wikipedia)便是众包出版模式的开先河者，截至 2020 年 3 月，维基百科已能提供超过 626 万英文词条和 118 万中文词条②，规模远远超出网络版《大不列颠百科全书》(*Encyclopedia Britannica*)。维基百科的成功背后蕴含着社会知识生产和传播方式的深刻变革——在新型网络技术的支持下，群体智慧如果引导和组织得当，不仅可以提升社会知识的生产速度、体量和传播范围，更有可能协同过滤不断涌现的知识信息，为读者筛选出正确的、有价值的部分，并使其沉淀为人类共有的知识财富。而要实现这种协同过滤，除了建立内容把关机制以从源头上鼓励创作者进行自我审查和平台用户相互监督和修正，还可能是通过“点击/标签投票”(Voting by click/tag)这种更为隐蔽的方式，用户在 Web 2.0 平台上的每一次点击操作，如转发或点赞一条微博，为某本图书贴上标签，都代表了个人的某种认知和倾向性，平台可以统计和分析这些自发行为数据，绘制用户行为画像，以实现内容的个人化定制和推送。这些信息也可以从用户的评论中提炼而来，国内外许多图书信息和阅读网站，如 Goodreads、DailyLit、豆瓣和掌阅都为读者提供了新书推荐、分享、评价交流功能，不仅能直接引导其他用户选择图书，还能方便网站自身搜集和挖掘用户的阅读行为数据，实现更高质量的阅读推荐服务。这些图书网站虽然开辟了传统的“编辑荐书”栏目，但是也深谙用户社群与圈层在信息过滤、网站治理、商业营销等方面的价值。

总而言之，在 Web 2.0 环境中，图书产品的显示度与可发现性变得愈加重要，简单地将纸质书交由电子商务网站销售或者只是单纯完成数字化并不能为出版企业带来理想的回报。当社交网络出现后，所谓的“虚拟社会”已经与人类社会高度重叠，读者的个性化需求有了更多表达方式，并由此形成一套基于网络的信息获取、传播和分享模式。这时就要求出版企业转变过去单向传播的思维方式，重新思考支撑出版企业存在与发展的核心价值，并将其与 Web 2.0 环境下的用户需求进行适配，努力实现真正的“数字化生存”。

在 Web 2.0 出现不久便出现了 Web 3.0。关于 Web 3.0 概念同样有多种解释，其中比较有影响的来自瑞达网络公司(Radar Net Work，RNW)的诺瓦·斯皮瓦克(Nova Spivack)，他指出 Web 3.0 实际上就是语义网(Semantic Web)，通过规范的语言，如资源描述框架(Resources Description Framework，RDF)和网络本体语言(Web Ontology Language)对数据结构进行定义，发布数据集并实现彼此的映射和检索，从而将数据网络推向前进③。虽然上

① 袁甜阳子，沈阳. 众包出版：新兴出版模式探析[J]. 科技与出版，2015(12)：72-76.

② 尤肖虎，潘志文，高西奇等 .5G 移动通信发展趋势与若干关键技术[J]. 中国科学：信息科学，2014，44：551-563.

③ Nova Spivack. Web 3.0—The Best Official Definition Imaginable[EB/OL]. [2021-08-18]. http://www.novaspivack.com/technology/web-3-0-the-best-official-definition-imaginable.

述定义难称完美，但至少说明了 Web 3.0 和语义网之间千丝万缕的联系。而语义出版作为语义网技术的典型应用，已经成为数字出版领域的重要发展趋势。2011 年 5 月，世界语义网大会首次开设语义出版研讨会，并就语义网技术对出版业未来的影响以及如何建立语义对象模块等话题展开讨论①。国际上爱思唯尔(Elsevier)、汤森路透(Thomson Reuters)等跨国出版集团纷纷采取行动开拓语义出版新业务。

(6)5G 技术。5G 是在 4G 长期演进技术(Long Term Evolution，LTE)蜂窝网络之上延伸的最新一代蜂窝移动通信技术；其性能目标包括高数据速率、低延迟、大业务容量和大规模设备连接等，均较 4G 有显著增强。它在现有无线接入技术(包括 2G、3G、4G 和 Wi-fi)基础上增添补充性无线接入技术后演进而成，将是真正意义上的融合网络。尤其地，它将在无线传输技术和网络技术方面有所突破，从而提升对媒体业务的支撑能力。关键传输技术包括 M2M 通信技术、基于滤波器组的多载波技术、全双工技术、5G 网络切片技术等；关键网络技术包括超密集异构网络技术、自组织网络技术、内容分发网络技术和信息中心网络技术等②。5G 技术与人工智能技术(Artificial Intelligence，AI)、流媒体技术(Streaming Media)、虚拟现实/增强现实(Virutal/Augemented Reality，VR/AR)等新兴技术相结合，不仅将带来全新的媒体体验，也将为数字出版带来新的发展机遇和挑战。

5G+AI。5G 与人工智能技术相辅相成，相互促进，有助于从融媒体向智能媒体的转型升级③④。一是 5G 的边缘计算(Edge Computing)技术有助于提升 AI 的可计算性；二是两者能相互促进相关应用落地。5G 为 AI 提供基础设施，促进人工智能应用；反之，AI 能为 5G 带来更多应用场景。2019 年全国“两会”期间，深圳卫视《正午 30 分》率先以新技术创新报道形式，进行长达 13 天的《全媒体看两会 5G+AI 联动大直播》，利用 5G 高速传输、AI 人工智能互动，对各类新技术下衍生的报道形态进行了一次实战演练⑤。

5G+流媒体。我国网络视听产业规模持续增长，网络视频成为网民娱乐消费刚需和网络娱乐产业的核心支柱，其中以网络短视频的发展尤为突出⑥。2019 年 3 月，工信部、国家新闻出版广电总局和中央广播总台联合印发《超高清视频产业发展行动计划(2019—2022 年)》⑦。4K 和 8K 视频将成为网络视听行业下一个增长点，这对媒体传输提出了新的技术

---

① Anita De Waard，Alexander García Castro，Christoph Lange，and Evan Sandhaus. Proceedings of the First Workshop on Semantic Publication[EB/OL]. [2021-08-04]. http://ceur-ws.org/Vol-721/sepublica2011-complete.pdf.

② 郭全中 .5G 技术与我国传媒业发展[J]. 新闻与写作，2019(6)：63-68.

③ 杨建民 .5G 时代下从“融媒”向“智媒”转变的探究与思考[J]. 传媒论坛，2019(16)：11+13.

④ 曾祥敏，齐虹翕 .5G 技术背景下智能媒体发展初探[J]. 电视研究，2019(6)：14-17.

⑤ 杨烨. 全媒体时代 5G+AI 让时政报道更出彩——以深圳卫视《正午 30 分》2019 年全国两会报道为例[J]. 视听，2019(8)：71-72.

⑥ 中国网络视听发展研究会.《2018 年中国网络视听发展研究报告》[EB/OL]. [2021-08-04]. http://www.199it.com/archives/802136.html.

⑦ 工信部电子信息司.《超高清视频产业发展行动计划(2019—2022 年)》解读[EB/OL]. [2021-08-04]. http://www.scio.gov.cn/xwfbh/gbwxwfbh/xwfbh/gyhxxhb/Document/1649178/1649178.htm (scio.gov.cn).

性要求。流媒体技术对网络视频的观看体验至关重要，也是5G网络应用研究的重点之一。5G网络有利于提升流媒体的传输性能，从而为用户带来更为高清流畅的视听体验。

5G+VR/AR。VR/AR是5G应用市场的重要组成部分①。滞后的网络传输水平一度被视为制约VR/AR发展的瓶颈。5G技术有望改进这一问题，加快VR/AR产业的发展。高清VR视频和VR直播是重点探索领域。2017年，中国移动和诺基亚贝尔在中国国际信息展览会上联合展示首个基于5G的端到端VR直播解决方案，使用PoC概念验证设备将VR直播视频流以3.5GHz的频率进行分发，并与观众进行实时互动②。2019年，中央广播电视总台联合中国联通、华为公司在吉林长春成功实现我国首次5G网络VR实时制作传输测试③；江西广播电视台则推出了首个基于5G网络的超清全景VR春晚④。华为、中兴通讯和中国移动等通信技术企业和电信运营商加快面向VR的5G网络部署，重点发展VR云技术平台，提供云VR解决方案和VR网络传输方案，以此来帮助客户快速进行VR服务器部署，对VR内容进行云端渲染，提升VR内容传输效率，以推动基于VR的OTT业务⑤。华为发布《Cloud X：CG类Cloud VR技术规范(草案修订第一稿)》，并在2019年世界移动大会上完成首个基于此技术规范的5G云VR概念验证⑥。垂直领域方面，VR游戏和教育类应用，尤其是移动类VR应用将得到广泛关注⑦。

2.1.3 存储技术

存储指通过合理、安全、有效的方式将数据保存到某些介质并能保证有效的获取和访问。数据存储组织方式因存储介质而异。如在磁带上数据按顺序文件方式存取；在磁盘上可根据使用要求，采用顺序存取或直接存取方式。数据存储方式与数据文件组织密切相关，关键在于建立记录的逻辑与物理顺序间的对应关系，确定存储地址，以提高数据存取速度。随着时代发展，磁带、软磁盘、光盘等传统存储介质已逐步退出市场，取而代之的是移动硬盘、SD卡等存储介质。

2.1.3.1 光盘

光盘(Compact Disc，CD)，也称激光盘，采用不同于磁性载体的光学存储介质，通过

---

① 刁兴玲. 高通侯纪磊：VR将是拉动5G的重要应用[J]. 通信世界，2016(11)：27.

② 诺基亚贝尔携手中国移动展示业界首个基于5G的端到端VR直播解决方案[J]. 电信网技术，2017(10)：96.

③ 谭阳. 基于5G+VR技术的直播系统设计及应用实践探讨[J]. 现代电视技术，2019(5)：81-85.

④ 孙春华. 江西广电：首个基于5G网络的超清全景VR春晚开启5G探索之旅[J]. 影视制作，2019，25(5)：26-29.

⑤ 华为. 云VR解决方案[EB/OL]. [2021-08-04]. https://www.huaweicloud.com/solution/cloudvr/.

⑥ 中国电子报. 互动是VR大方向，5G云引擎正在路上[EB/OL]. [2021-08-04]. http://epaper.cena.com.cn/content/1/2018-03/30/06/2018033006_pdf.pdf.

⑦ 中兴通讯携手中国移动演示基于5G MEC的VR云游戏[J]. 电信网技术，2017(12)：40.

激光束进行信息的存储和再生。光盘分为不可擦写光盘和可擦写光盘2类：前者如CD-ROM、DVD-ROM等；后者如CD-RW、DVD-RAM等。

(1)CD-ROM(Compact Disc Read-Only Memory)，即光盘只读存储器。它是一种能够存储大量数据的外部存储媒体。一张压缩光盘直径大约4.5英寸、厚1/8英寸，能容纳约660兆字节的数据。所有CD-ROM盘都是用一张母盘压制而成的，然后封装到聚碳酸酯保护外壳中。记录在母盘上的数据呈螺旋状，由中心向外散开。磁盘表面有许多微小的坑，就是记录的数字信息。读取CD-ROM上的数据，是利用激光束扫描光盘，根据激光在小坑上的反射变化得到数字信息，盘中的信息存储在螺旋形光道中。CD格式最初是为音乐存储和回放设计的。1985年，由索尼(Sony)和飞利浦(Phillip)制定的黄皮书标准使得这种格式能够适应各种二进制数据。

(2)DVD-ROM(Digital Video Disc-Read Only Memory)，即数字视盘。从严格的分类角度讲，DVD应该被称作DVD-Video，即一种只读型DVD视盘，必须由专用视盘机播放。随着技术不断发展及革新，DVD如今已不再局限于数字视盘这个范畴，而演变成为数字多功能光盘(Digital Versatile Disc，DVD)。DVD采用MPEG-2标准，每张盘可储存容量达4.7GB，是CD-ROM光盘容量的7倍左右，而且播放质量远高于后者。因为相对较大的容量和出众的播放性能，其在影视、电脑游戏和数据存储领域都产生过重大影响。

(3)CD-RW(Rewritable Compact Disk)，即可擦写光盘。盘片采用相变记录技术，使得用户不仅可以读取光盘数据，还能在适当的驱动器下写入数据；其中R代表“可读”(Readable)，W代表“可写”(Writable)。1996年初，理光(Ricoh)、飞利浦、索尼、雅马哈(Yamaha)、休利特-帕卡德(Hewlett-Packard)以及三菱(Mitsubishi)等公司创建了一个工业论坛发布CD-RW格式标准，同年推出业界第一款CD-RW驱动器，型号为MP6200S。

(4)DVD-RAM(DVD-Random Access Memory)，即DVD随机存取器。它由DVD标准争夺战中处于优势的3家公司，即松下(Panasonic)、日立(Panasonic)与东芝(Toshiba)联合开发。业界将其定义为可重写DVD(Re-Writable DVD)。其他采用的技术主要源于松下公司的双相变(Phase-change Dual)光盘技术，并结合硬盘、磁光盘等存储技术针对数据存储应用而开发。

2.1.3.2 硬盘

硬盘(Hard Disc，HD)是电脑主要的存储介质之一，由一个或多个铝制或者玻璃制碟片组成。一般这些碟片外部都覆盖铁磁性材料，根据可移动程度分为固定硬盘和移动硬盘。前者通常永久性地安装在计算机中，其特点是可存储大量数据，并支持高速数据传输；后者强调便携性，具有数据备份、节省主机硬盘空间等功能。无论固定硬盘还是移动硬盘，一般都有如下一些常规技术参数。

(1)容量。硬盘容量常以十亿字节(GB)和万亿字节(TB)为单位。作为计算机的数据存储器，硬盘容量所受的限制一方面来自厂家的硬盘开发能力，另一方面则来自用户自身的实际工作需要和经济承受能力。随着硬盘技术不断成熟，硬盘容量不断扩大。

(2)数据传输率。数据传输率是衡量硬盘速度的一个重要参数，指计算机从硬盘中准确找到相应数据并传输到内存的速率，一般以每秒可传输多少兆字节来衡量(MB/s)。数据传输率通常会受到总线速度、硬盘接口等因素的影响，其中硬盘磁头的读写速度对数据传输总体速率影响最大。

(3)平均寻道时间(Average Seek Time，AST)。平均寻道时间是指计算机在发出一个寻址命令到相应目标数据被找到所需的时间，常以它来描述硬盘读取数据的能力，单位为毫秒(ms)。不同品牌、不同型号产品的平均寻道时间不同。平均寻道时间越少，硬盘运行速率越快。现今主流硬盘产品的平均寻道时间在 9ms 左右。

(4)硬盘高速缓存(Cache Memory)。这是硬盘控制器上的一块内存芯片，具有极快的存取速度。它是硬盘内部存储和外界接口之间的缓冲器；为了提高运行速度，硬盘将数据暂存其中。硬盘高速缓存可大幅度提高硬盘存取速度。由于目前硬盘的主要读写方式是机械式的，真正完成一个读取动作大约需要 10 毫秒(ms)以上；而高速缓存中的读取是电子式的，完成一个读取动作大约只需 50 毫微秒(ns)。因此，高速缓存对提高硬盘速度有重要意义。

2.1.3.3 其他

除了光盘与硬盘之外，还有很多不同类型的存储介质，如闪存记忆卡(Compact Flash Memory Card，CF 卡)、安全数码记忆卡(Secure Digital Memory Card，SD 卡)、多媒体存储卡(MultiMedia Card，MMC)等。CF 卡 1994 年由美国晟碟(SanDisk)公司推出。它遵守个人计算机存储卡国际协会的高容量固体闪存产品标准(PCMCIA-ATA)，重量只有 14 克，约为火柴盒般大小。它采用闪存(Flash)技术，是一种稳定的存储解决方案。SD 卡是基于半导体快闪记忆器的新一代记忆设备。它由松下(Panasonic)、东芝(Toshiba)及晟碟公司于 1999 年 8 月共同研制开发，规格近似一张邮票大小，重量大约 2 克，但拥有高记忆容量、快速数据传输率、极大的移动灵活性以及很好的安全性。MMC 由晟碟和西门子公司(Siemens)在 1997 年发布，尺寸更加微缩，只有 CF 卡尺寸的 1/5 左右，重量不超过 2 克，是世界上最小的半导体移动存储卡。随着数码相机、智能手机等移动设备的快速普及，这些新的存储设备也成为当下的主流。

2.2 媒体技术

由于信息传播技术的快速发展，传输和接受信息的媒体已发生了天翻地覆的变化。人们也早已不再局限于单一的文本阅读，而习惯了多种媒体并存的综合信息获取方式。媒体技术也因此成为数字出版领域关注的焦点。根据信息被人们感觉、表示、呈现、存储或进行传送的载体不同，媒体可分为感知媒体、表示媒体、呈现媒体、存储媒体和传输媒体 5 类①。

① 牛又奇，王晋主编. 多媒体技术及应用[M]. 北京：中国农业出版社，2005：2.

其中，感知媒体指人的感觉器官所能感觉到的信息的自然种类，如声音、图形、图像和文本等。从感知媒体角度对媒体技术进行界定，它是指借助计算机及相关硬件设备与软件工具，对文本、声音、图像和动画等多种媒体进行数字化采集、获取、压缩、加工处理、存储和传输的综合技术。因此，以下就从文本技术、图像技术、音视频技术以及动画技术等方面对多媒体技术进行介绍。

2.2.1　数字文本技术

文字的编辑与处理是出版工作最基本和重要环节。技术的进步让文字处理系统的生产成本不断降低。现如今，在所有计算机应用程序中，文字处理是最常见的功能，并且大多数文字处理开始提供云服务，让用户能随时随地在 PC 端和移动设备上开展文字处理工作。

2.2.1.1　文字处理技术

文字处理(Word Prcoessing)是将书面、口头或记录的信息转变为打字或印刷形式的操作①。现代文字处理系统的前身是一种由自动打字机组成，使用打孔纸带作为存储介质的机械设备。1964 年 IBM 公司突出的 MT/S(Magnetic Tap/Selectric Typewriter)打印机改用磁带作为存储介质，以电驱动换行，提高了打字速度和效率②。文字处理由此被重新定义为“以电子化手段处理书面文件的撰写、修改、打印和归档”③。一个完整的文字处理系统通常包括一台与计算机相连的激光打印机，输入终端包括一个字母数字键盘和一个 CRT 显示器，使键盘操作者能够输入、检查和修改要输入的信息，文本及所有处理操作都由计算机记录，最终稿形成后可根据需要打印文件副本，软件方面则主要采用图形用户界面(Graphical User Interface，GUI)。目前使用较多的文字处理软件除了 Microsoft Office 套件之外，还有加拿大克雷尔公司(Corel Corporation)的 Word Perfect，德国 Softmaker Software 的 TextMaker，谷歌的 Google Docs 和我国金山软件有限公司研发的 WPS 办公套件等。这些软件都可供作者和编辑进行内容编辑和格式加工处理。

2.2.1.2　常见格式

文本是数字内容传播中最基本的媒体类型，它由若干行字符构成。一般常见的文本文

---

① Britannica. Word Processing [EB/OL]. [2021-08-04]. https://webvpn. whu. edu. cn/http/77726476706e69737468656265737421f1f44098223d6153300d8be29b5b3330333. 8ed7d1082/levels/collegiate/article/word-processing/77466.

② IBM. 打印机档案[EB/OL]. [2021-08-04]. https://www. ibm. com/ibm/history/exhibits/modelb/modelb_milestone.html.

③ Brian Kunde. A Brief History of Word Processing[EB/OL]. [2021-08-04]. https://web. stanford. edu/~bkunde/fb-press/articles/wdprhist.html#BL.

件格式包括 TXT、DOC、RTF 等。

(1)TXT 格式。纯文本文件格式(TXT)是微软操作系统上最常见的文件格式，几乎只能存放文字信息，一般使用记事本程序记录和保存。TXT 具有体积小、存储简单的特点，适用于各种电脑和移动终端，因此成为电子书领域最为普及的文件格式。当然，由于它只能存储纯文字信息，无法支持图像和视频内容，因此使用范围仅局限于单一的文字内容传播。

(2)DOC 格式。该格式是基于微软公司的文字处理软件 Microsoft Word 生成的文件格式。它最初主要针对纯文字文件，一般用于计算机中的软硬件说明书。随着 20 世纪 90 年代微软办公软件(Microsoft Office)系列的推出，文字处理软件 Microsoft Word 获得用户普遍认可；DOC 格式也由此成为事实上的通用标准，被广泛用于各类文档的写作与传输。DOC 格式作为微软公司开发的专属格式，尽管获得广泛使用，但兼容性较低，甚至存在新版格式文件不能被旧版程序读取的问题。

(3)RTF 格式。富文本格式(Rich Text Format，RTF)是微软公司开发的跨平台文档格式。相较于 WORD 文件，RTF 文件具有更好的兼容性，能够被许多文字处理软件读取和保存。对一般用户而言，RTF 格式还是一个良好的文件格式转换工具，能够在不同应用程序之间进行格式化文本文档的传送。

2.2.2 数字图像技术

图像是人类用来描绘世界的工具。从坚硬的泥板、蜡版、岩石到轻软的纸张，从刻刀到画笔，人们用各式各样的工具绘制图像以记录信息、讲述故事和抒发情感。在数字出版和网络传播中，图形和图像是必不可少的媒体类型。只不过数字媒体的出现再一次改变了人们创建、存储和处理图像的方式。数字图像技术具有良好的再现性、灵活性和处理精度，被广泛应用于摄影、工业设计、插画设计、书籍排版和装帧设计等各个领域。

2.2.2.1 基本类型

数字图像是利用计算机对图像进行处理，使其更适合人眼或仪器分辨，以传达特定信息的技术①。按照图像的表达方法，数字图像可分为矢量图和位图。矢量图(Vector-based image)通过数学公式和计算机指令，以线段和曲线等形式对图像进行描述和呈现，一般用于表示文字、标识(logo)等简单图像，占用存储空间较小，可以任意放大和缩小而不变形。位图(Bit Mapped Image)将图像分割成微小的像素，通过二进制数值规定像素的颜色、亮度等属性，能够表现复杂细腻的视觉信息，但是占用存储空间通常较大，放大图像时会出现马赛克和边缘锯齿现象。矢量图和位图之间可以进行转换：矢量图可以轻松转换成位图；但是，要将位图转换成矢量图需要经过庞杂的数据计算，且生成的图像质量也会与原

① 杨东慧，殷爱华，高璐. 多媒体技术与应用项目教程[M]. 北京：航空工业出版社，2018：9.

图有所出入。如表 2-1 所示，矢量图和位图分别对应了不同的存储格式。

表 2-1　数字图像主流格式

	格式	简　介
矢量图	SVG	万维网联盟开发的矢量图标准，全称是可伸缩矢量图形(Scalable Vector Graphics)，是一种基于可扩展标记语言(XML)的矢量图格式
	CDR	平面设计软件 CorelDraw 专有的矢量图源文件保存格式
	DWG	电脑辅助设计软件 AutoCAD 专有的矢量图源文件保存格式
位图	BMP	Windows 系统的标准图像格式，采用位映射存储格式。除图像深度可选以外，不采用其他任何压缩，因此占用空间较大
	JPEG	联合图像专家组(Joint Photographic ExPerts Group，JPEG)开发，独立于平台的图像编码格式，采用有损压缩方式。根据呈现方式，JPEG 格式可分为 3 类，分别是标准 JPEG、渐进式 JPEG 和 JPEG2000
	GIF	一种针对网络带宽限制推出的图像格式，采用连续色调无损压缩，适用于 Windows、Macintosh 等主流系统，在 HTML 网页中十分普及
	TIFF	一种非失真压缩格式，能够保存原有图像的颜色及层次，但是占用空间较大，常被用于书籍出版、海报等较为专业的用途，较少用于互联网

按照色彩的表现方式可将数字图像分为彩色图和灰度图。彩色图指每个像素都包含色彩信息的图像，而灰度图(Gray-Scale Image)是只包含和量化灰度明暗信息而不含色彩信息的图像，每个像素可以是 0(黑色)到 255(白色)之间任何一个等级的亮度值。只有黑白两种颜色的灰度图被称为单色图像或二值图像①。

2.2.2.2　技术指标

数字图像的常见技术指标包括分辨率、像素深度和色彩模式 3 个。

(1)分辨率(Resolution Ratio)，指图像在水平和垂直方向上所能容纳的最大的像素点数目。在呈现面积不变的情况下，图像分辨率越高，图像呈现得越精细。分辨率主要有显示分辨率、图像分辨率、扫描分辨率和印刷分辨率 4 种。显示分辨率指显示器屏幕的水平和垂直方向上的最大像素点数目，反映的是屏幕能够按照原始尺寸显示的图片大小。图像分辨率指原始图像本身在水平和垂直方向上的最大像素点数目。这两个分辨率影响图像在屏幕上的显示效果。扫描分辨率，顾名思义是用扫描设备对图像进行扫描时所选择

① 林福宗. 多媒体技术基础[M]. 第 2 版. 北京：清华大学出版社，2002：399.

的精度，直接影响扫描所得图像的质量。印刷分辨率则是图像打印出来后每单位面积内可识别的点数。扫描分辨率和印刷分辨率一般以 DPI(Dots Per Inch，每英寸点数)为单位。

(2)像素深度(Bits Per Pixel)，指存储每个像素所用的位数，它决定了彩色图像每个像素可能有的颜色数，灰度图像每个像素可能有的灰度级数①。一般而言，一幅彩色图像的每个像素用 R，G，B 三种颜色分量表示，每个分量分配 8 位，这个像素的深度便为 24，每个像素的颜色可以是 2^{24}种颜色中的一种。一个像素的位数越多，能表达的颜色和灰度变化越丰富和细腻，但也会占用更大的存储空间。出于硬件设备和人眼分辨率的双重限制，一般不用追求过高的图像深度。

(3)色彩模式，主要有包括 RGB、CMYK 和 HSB。RGB 是计算机系统彩色显示器所采用的颜色模型。这是一种加色模型，即任意颜色都由红(Red)、绿(Green)、蓝(Blue)3 种颜色叠加而成。CMYK 颜色模型是一种反映油墨打印在纸上的光线吸收特性的减色模型，它定义了颜料的 3 种基本颜色，即青色(Cyan)、品红(Magenta)和黄色(Yellow)。由于打印油墨包含一些杂质，故需要加入一些黑色油墨才能生成真正的黑色。为了不与蓝色(Blue)混淆，于是用英文单词“黑色”的末个字母“K”表示黑色油墨(如图 2-1 所示)。HSB 是面向用户的颜色模型，根据人眼对颜色的感知特征进行颜色编码。其中 H 为色相(Hue)，代表色彩的种类和名称，是颜色的首要特征。S 为饱和度(Saturation)，反映的是颜色的纯度。当一种颜色掺入黑、白或其他颜色时，纯度便会降低。B 为亮度(Brightness)，反映颜色的明暗深浅程度。由于数字图像从生产到输出往往会使用不同的设备和软件，软硬件之间进行色彩数据交换时容易出现不兼容以致色彩显示不统一的状况，因此需要对数字图像进行统一的色彩管理，即在数字图像、图形的采集、显示、制作和输出时精确控制色彩②。

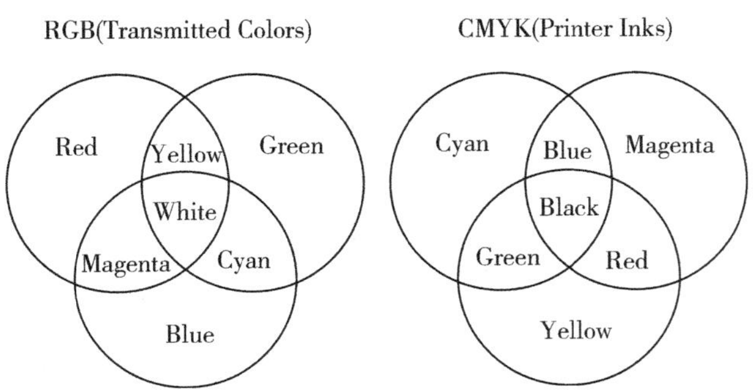

图 2-1 RGB 和 CMYK 色彩模型对比

① 林福宗. 多媒体技术基础[M]. 第 2 版. 北京：清华大学出版社，2002：68.

② 莫春锦. 色彩管理：概念、内容及其创新发展[J]. 印刷杂志，2009(12)：9-12.

2.2.2.3　数字图像获取与加工

硬件方面，常见的数字图像获取设备包括扫描仪、数码相机和数位绘图板等。随着移动设备的发展，带有摄影和图像处理功能的平板电脑和手机也越来越多地被用于数字图像的获取和加工。这些自带相机和触屏的移动设备往往兼具数码相机和数位绘图板的功能。

软件方面，美国 Adobe 公司推出的 Photoshop 是一款功能强大的平面图形、图像处理软件，被广泛应用于位图的设计与加工。CorelDraw 和 Illustrator 是 2 款主流矢量图软件。图文排版方面有 Adobe 公司的 Indesign、方正公司的飞腾排版、LATEX 和微软公司的 Publisher、CorelDraw 等。随着微信、微博等社交媒体的兴起，还出现了一些基于 Web 的轻量级图文排版工具如秀米、135 编辑器等。这些编辑器不仅能提供大量样式模板以简化排版工作，还能够实现编辑器与社交媒体的版式同步，甚至能够实现一键多平台发布。此外还有针对特定专业领域或用途的软件，如摄影后期软件 Lightroom，插画软件 Sai、Painter 等。通常完成一张图片的加工处理往往需要同时用到多种软件。比如，在 Illustrator 中完成基础图形绘制和填色后，在 Photoshop、Lightroom 等软件中进行后期调色和效果合成，抑或放到 Indesign 这样的排版软件中进行排版，最后输出目标图像文件。

2.2.3　数字音频技术

数字音频技术给传统唱片业带来巨大冲击，与有声书和数字音乐两大数字出版领域关系密切。作为数字阅读的延伸，有声书提高了读者对碎片化时间的利用，表现出强大的市场潜力，2019 年我国有声书行业市场规模达 63.6 亿元，持续三年增速高于 30%①。因此，掌握音频文件格式与基本技术原理，对于更好地理解数字媒体出版有着重要意义。

2.2.3.1　技术原理

数字音频（Digital Audio）是一种利用数字化手段对声音进行录制、存放、编辑、压缩或播放的技术，是随着数字信号处理技术、计算机技术、多媒体技术的发展而形成的一种全新的声音处理手段②。声音由物体机械振动或气流扰动引起弹性媒介发生波动产生的。声波（Sound Wave）有频率、振幅和相位 3 种物理特性。声波的频率即声源振动的频率；振幅是振动物体离开平衡位置的最大距离；相位一般指声音放送源左右声道的音响相位。此外，声音还有音调、响度和音色 3 种心理特性。声波的振频决定音调；振幅决定了声音的

① 艾媒咨询. 2020 年中国有声书行业发展趋势研究报告[EB/OL]. [2021-08-04]. https://www.iimedia.cn/c400/75882.html.

② 安栋，杨杰. 数字音频基础[M]. 上海：上海音乐学院出版社，2011：79.

响度。模拟音频技术将声波信号转换成连续的电信号，用模拟电压的幅度表示声音的强弱。数字音频技术则将模拟音频信号转换成数字信号。首先用模/数(A/D)转换器每隔一个单位时间截取模拟声波一瞬间的振幅值(通常为电压值)，将连续的波形离散化处理成便于量化和编码的脉冲序列；其次按照一定精度将采样所得的脉冲序列量化成二进制数据流；最后对音频数据流进行编码和文件封装(如图 2-2 所示)。

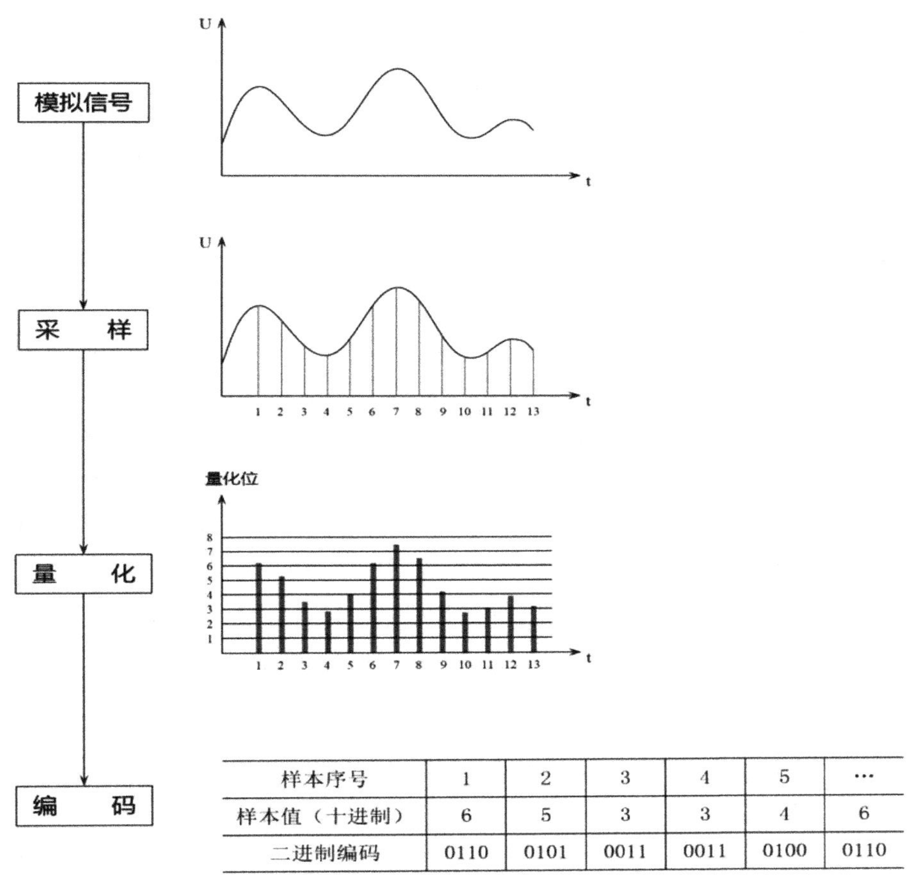

样本序号	1	2	3	4	5	…
样本值（十进制）	6	5	3	3	4	6
二进制编码	0110	0101	0011	0011	0100	0110

图 2-2　音频数字化过程

2.2.3.2　技术指标

数字音频有以下 4 项常见的技术指标。

(1)声道数，指音频录制时所采集到的或是回放音频时所产生的声波数量，可基本等同于音频录制时的音源数量或是回放时的扬声器数量。从声道数的角度来看，要想营造具有沉浸感的“立体声”，既可以在音频录制的时候进行声音的立体采集和合成，也可以用布置多个相位不同的扬声器来实现，比如采用四声环绕、5.1 声道和 7.1 声道的声场布置。

(2)采样率，指单位时间内对声音信号的采样次数，单位为“千赫兹”(kHz)。音频采样率越高，对声音的还原度越高。

(3)量化位数，又称量化精度或采样位数，也是衡量数字音频质量的重要指标。量化位数简单来讲就是音频数据的二进制位数。在采样分辨率一定的情况下，数字音频的量化位数越高，数字音频的质量越好。

(4)音频码率，指经过编码的数字音频在单位时间内能够传送的数据位数，一般以“千位每秒”(kbps)为单位。音频码率是用来描述单位时间长度数字音频所需占用的存储空间的量度。所有数字音频编码方式所追求的是以最小码率实现最低失真率。

2.2.3.3　常见格式

数字音频的格式可分为一般音频格式(如 WAV 和 MP3)、流媒体音频格式(RMX、WNA 等)、合成音频格式(MIDI 等)3 种。

(1)WAV 是微软 Windows 系统自带的音频格式，可用 Windows 播放器播放。由于微软的影响力，该格式已经成为通用音频格式之一。目前所有音频播放软件和编辑软件都支持 WAV 格式，并将其作为默认音频文件保存格式。标准的 WAV 音频文件采用 44.1kHz 采样率和 16 位量化位数，具有良好的声音再现性，但是需要占据较大存储空间。

(2)MP3 全称是“动态影像专家压缩标准音频层 3”(Moving Picture Experts Group Audio Layer III)，于 1991 年由位于德国埃尔朗根的研究组织霍夫工研院(Fraunhofer-Gesellschaft)开发并标准化。MPEG 格式是由运动图像专家组(Moving Pictures Experts Group)针对视频呈现而开发的有损压缩格式，根据压缩质量分为 MP1、MP2 和 MP3。其中 MP1、MP2 的压缩比分别为 4 : 1、6 : 1，而 MP3 可以达到 10 : 1 至 12 : 1。尽管有如此高的压缩率，但对非专业音乐用户来说，音频质量的减损还是非常小的。其原理主要是利用人耳对高频声音信号不敏感的特性，将时域波形信号转换成频域信号，并划分成多个频段，对不同频段采取不同的压缩率：对高频段提高压缩率；对低频信号则用较小的压缩率，从而在整体上保证信号不失真。目前，MP3 文件已成为互最为普及的网络音频播放文件之一。

(3)MIDI(乐器数字接口格式，Musical Instrument Digital Interface)，是 20 世纪 80 年代初为解决电声乐器之间的通信问题而提出的文件格式。该格式具有很强的伸缩性，从简单的音乐制作到复杂专业的音乐创作都适用。MIDI 传输的不是声音信号，而是一系列可被 PC 声卡解析的数字音乐指令。它指示 MIDI 设备要做什么、怎么做，如演奏哪个音符、多大音量等。由于 MIDI 文件只包含相应的指令，它的容量可以非常小，比如 30K 大小的 MIDI 文件可以播放长达 5 分钟的音乐。该格式已获得许多主流平台和因特网浏览器的支持。

(4)AIFF(音频交换文件格式，Audio Interchange File Format)是苹果公司开发的声音文件格式，被麦金塔(Macintosh)平台及其应用程序支持。此外，许多 Windows 平台上的音频软件也都对 AIFF 格式文件有较好的支持。AIFF 支持 ACE2、ACE8、MAC3 和 MAC6 压缩，支持 16 位 44.1kHz 立体声。

2.2.3.4 数字音频采编

常见的数字音频录制和采编设备包括以下几种。

(1)MIDI 键盘，指能够输出 MIDI 信号的键盘。其外观与电子琴相似，但它不是音源，所传送的是计算机能够理解的指令信号，而非声音信号。将 MIDI 键盘与计算机相连，每按下一个键，MIDI 键盘便会向计算机发送传递键位、按键粒度等信息，计算机接收信号之后将其记录下来。

(2)话筒，学名扬声器，是将声音信号转换为电信号的能量转换器件。按照工作原理可分为电动式和电容式 2 种：电动式话筒又称动圈式传声器，它的敏感元件是一个球顶形的振动膜，声波震动时能带动音圈在永久磁体形成的均匀磁场中作切割磁感线运动，使音圈内产生与声波频率同步的电流；电容式话筒靠声波震动使电容两级距离发生改变，形成电压差①。按话筒的方向灵敏度可分为全指向性、双指向性和单指向性 3 种：全指向性指话筒对任何方向传来的声音的感应灵敏度都一样；双指向性指对前后方的声音响应较为敏感，对左右两端感应较弱；单指向性指对正面声音有很高的灵敏度；此外还有锐心形、超心形等指向性。此外，话筒按照传递方式可分为有线话筒和无线话筒；按声道数量分为单声道话筒和立体声话筒；按音频信号类型分为模拟话筒、数字话筒。

(3)声卡，也称音频卡、声效卡，是计算机用来处理声音的接口卡，其工作需要有驱动程序、混频程序和音频播放程序等软件支撑。接口一般包括线性输入接口、线性输出接口、话筒输入端口、扬声器输出端口、MIDI 及游戏摇杆接口等。声卡有 3 个基本功能：一是音乐的合成与发音功能；二是混音和数字声音效果处理功能；三是模拟声音信号的输入和输出。声卡有集成声卡和独立声卡之分。早期技术限制导致计算机发声需要通过独立声卡来实现。随着主板整合程度和 CPU 性能的提升，集成声卡的使用逐渐增多。

(4)调音台，也被称作混音器、混音台等，是能够将多路音频输入信号进行放大、修音、音效加工、放大和混合的设备。调音台按功能可分为录音调音台、扩声调音台和返送调音台等；按照处理的信号类型可分为模拟调音台、数字调音台；按控制方式可分为自动式数码调音台和非自动调音台等。

(5)耳机和音箱，学名统称扬声器，是能够将音频信号转换成声音的电声换能器件。音箱本质上就是放置了扬声器的盒子。扬声器分很多种，按换能元件可分为动圈式、双纸盆式和晶体式；按声音辐射材料可分为纸盆式、号筒式和膜片式；按声音频率可分为低音、中音和高音扬声器；按音圈阻抗分为低阻抗和高阻抗扬声器。

数字音频的制作、编辑加工除了硬件之外，也少不了软件支持。常见的数字音频加工软件有 Adobe Audition、Pro Tools、Cubase、WavLab、Sonar 等。

---

① 李科杰主编. 新编传感器技术手册[M]. 北京：国防工业出版社，2002：808-810.

2.2.4　数字视频技术

长期以来，电影和电视一直作为两个相对独立的系统向观众提供视听服务。电视比电影晚诞生 30 年；两者在摄像原理、载体介质、传输和处理方式上不尽相同。以数字视频技术为代表的数字技术不仅提升了这两种视听媒体的服务质量和用户体验，还促进了它们在传播渠道上的融合，并逐渐形成更为综合的数字视频内容产业。交互式网络电视(IPTV)的出现一改传统电视线性播放方式，集成了 IP 电话、电子邮件、娱乐和教育等各色功能，为电视观众提供更加丰富、更具选择性的信息和媒体服务。

2.2.4.1　技术原理

无论是视频还是动画技术，都是利用了人眼的视觉暂留原理(Visual Staying Phenomenon)——物体在快速运动时，物体消失过后人眼能够保留 0.1～0.4 秒的物体影像，其本质上是因为人眼的视觉神经有 1/16 秒的反应速度，而对不同频率光的保留时间也有所差别——而将静态画面按照一定速率顺序播放以达到动态的视觉效果。电视和电影作为视频的两大支柱形式，其技术重点各有不同：电视技术的侧重点利用无线电实现图像的异地、远距离传输，电影在于摄像技术和投影技术的结合。计算机硬件与互联网的发展则让我们可以通过同一设备观看电视、电影、游戏、广告等内容，形成了独具一格的网络视频系统。

(1)数字电视(Digital Television)利用光学镜头将现实景象转化成光学图像，在 CCD 或 MOS 图像传感器的光敏面上转化成离散的电荷图像，用电子扫描技术摄取电视信号，将其按顺序传输出去，再由接收端的电子显像器件将其还原成光学图像。与传统模拟电视线爱你隔壁，数字电视的画面质量更优，并且能够通过电子通信、互联网等多个通信网络传播。一个完整的数字电视系统由数字信号源、信源编码器、传输流复用器、信道编码器、数字调制器和数字接收机等逻辑构件组成，具体的工作流程是：利用数字摄像机、非线性编辑器等工具拍摄和制作数字电视内容，对音视频控制与服务、付费密钥、条件接收等控制信息进行数据编码，而后根据传播信道对经过传输流复用器整合的多源电视信号进行纠错编码以降低误码率(error rate)，最后通过数字调制将之转化到相应的频谱带，经由各路传输网抵达电视机顶盒(TV Set-top Box)进行解调和解码①。电视机顶盒是一种将数字电视信号转化为模拟电视信号，扩展电视功能的附加装置，通常包含数字电视信号接收解调、传输流解复用、信源解码 3 大逻辑组件。为了使其能够同时接收和调节不同传输网络的数字电视信号，通常会在一个机顶盒上搭载不同的解调调谐器，常见的组合方案包括 MB87L2250 方案、STi5518 方案、LSI SC2005 方案等。

① 谈新权等. 数字视频技术基础[M]. 武汉：华中科技大学出版社，2009：2-3.

（2）数字电影（Digital Film）利用数字技术完成前期拍摄、后期制作、发行存储和放映。如图2-3中所示，它以光电成像取代化学成像，将现实场景通过光电转化和电子扫描对图像进行固定、分解和顺序传送。电影拍摄可以是现场数字拍摄，也可以先以胶片拍摄后转为数字文件，还可以直接由计算机生成虚拟影像。电影剪辑和后期制作也全部在计算机上完成，最终输出一个数字电影源母版（Digital Source Master，DSM）。发行时会先将之进行图像压缩、加密和打包处理，形成数字影院发行母版（Digital Cinema Distribution Master，DCDM）。其中，数字电影的图像压缩通常采用JPEG 2000格式，加密采用美国标准与技术研究所（National Institute of Standard and Technology，NIST）研制的高级加密标准（The Advanced Encryption Standard，AES）①，封装采用MXF素材交换格式和XML标记语言，由此形成的数字电影包（Digital Cinema Package，DCP）可以像传统胶片电影一样以硬件拷贝的形式送到电影院放映，也可通过卫星通信、互联网等渠道传输。对应地，数字电影院会配备带有网络通信接口的数字电影服务器（通常是一台专用计算机）用于下载和存储数字电影文件，电影放映主要采用"数字光处理"（Digital Light Processing，DLP）投影技术②。

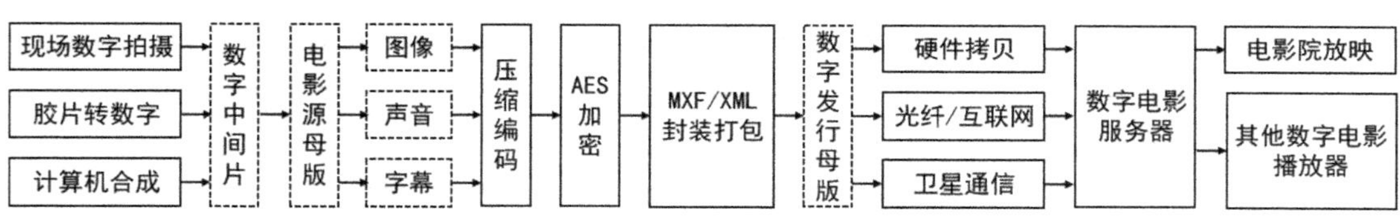

图2-3　数字电影系统工作流程

（3）网络视频（Internet Video），严格来讲属于广义上的数字电视，即利用互联网实现电视剧、电影、广告、游戏等视频内容的异地传输。一个完整的网络视频系统主要由视频服务端、通信网络、视频客户端3个部分构成。视频服务器（video server）是视频服务端的核心构件，是一种用来对音视频数据进行处理、存储、和传输的嵌入式专用计算机设备，上面载有音视频压缩编码设备、大容量存储设备、音视频监视接口和交叉点矩阵、网络通信串行接口以及用来进行视频组网与共享的网络接口③。当客户端请求视频服务时，视频服务器将根据网络带宽、内存大小、CPU使用率等系统资源使用情况决定是否响应此请求，视频编码一般采用MPEG格式。为了应对大规模的视频请求，网络视频服务端还会配备后备存储服务器、信息服务器、管理工作站等逻辑构件，以保障视频信号

① 注：一种分组对称加密方法，将原始数据拆分成独立的数据块，每个数据块的长度为16个字节，数据的加密和解密使用同一套密钥，为了提高计算速度和节约内存，数字电影一般采用128位密钥。

② 李念芦．影视技术概论（修订版）[M]．北京：中国电影出版社，2006：307-313.

③ 詹青龙主编．网络视频技术及应用[M]．西安：西安电子科技大学出版社，2004：6-9.

的有序与准确发送。网络视频传输依赖的通信系统包括与前端系统相连的公共网络和视频用户的接入网络两个部分。网络客户端即网络视频用户使用的终端设备，可以是安装了数据解码和媒体播放功能的计算机系统，或者装有数字机顶盒的电视系统。总的来看，网络视频系统主要有单播(Unicast)、组播(Multicast)、广播(Station)3 种工作方式(如表 2-2 所示)。

表 2-2　网络视频系统工作方式①

方式	工作原理
单播	在每个客户端和视频服务器之间建立单独的数据通道，视频源与传送目的地采用“一一对应”的通信方式。如果一个节点要发送相同的视频数据给多个客户机，必须给每个客户机单独发送完全相同的视频拷贝
广播	是与单播对应的网络视频传输方式，视频源与目的地采用的是“一对所有”的通信方式。这种方式将视频数据包发送给网络上的所有用户，而不管其是否发出请求，用户也不能控制视频的播放
组播	也称多址广播或多播，该方式允许路由器一次将数据包复制到多个传输通道上，媒体服务器只需要发送一个视频数据包便可让所有发出请求的客户端接收到对应的视频内容。视频源和传送目的地呈现一对多的关系，并且这种关系只能在同一个视频接收组内建立，组外的客户机无法接收视频，能够较好地控制广播范围

(4)全景视频(Panoramic Video)利用空间投影与拼接技术将全景视频拍摄的多角度画面逐帧拼接到立体的球面空间，让用户可以自由变化视角进行观看，在虚拟现实、安全监控、远程医疗等领域具有广泛的应用前景。全景视频的拼接是在图像拼接的技术上完成的，其中涉及对视频关键帧的抽取以及关键特征点的提取、描述和匹配，以及动态画面视差、残影等问题的处理。此外，全景视频由于其而无法进行直接编码，需要先将其投影到2D 平面再进行编码。较为主流的投影方式包括立方体投影(CubeMap Projection，CMP)、等距柱状投影(Equi-Rectangular Projection)等②。全景视频的网络传输则越来越倾向于基于视点的自适应传输，即将全景视野划分为若干视角分别形成视频文件，视频终端根据用户的视角、姿态和位置实时地向服务器请求对应视角和分辨率的视频文件，视角内请求高分辨率视频画面，视角外请求低分辨率。与传统全视角的传输方式相比，这种传输方式能够大大减小视频文件大小和计算量，提高视频的加载速度。

---

① 詹青龙主编. 网络视频技术及应用[M]. 西安：西安电子科技大学出版社，2004：3-4.

② 皮金勇. 全景视频投影及编码优化算法[D]. 深圳：中国科学院大学(中国科学院深圳先进技术研究院)，2021：4.

2.2.4.2 技术指标

数字视频有分辨率、码率和帧率3项基本的技术指标。

(1)分辨率，指每一帧视频画面在水平和垂直方向上所能容纳的最大像素数量。和静态数字图像一样，数字视频的分辨率也有画面分辨率和显示分辨率之分。画面分辨率是指画面拍摄时的分辨率；而显示分辨率则指播放数字视频所用显示器能够显示的像素数量。在其他条件一定的情况下，视频播放屏幕的显示分辨率越高，视频画面越清晰。

(2)码率(Bit per Second)，又称比特率，指数字视频平均每秒传送的数据总量，常用单位为“千位每秒”(kbps)，其中的“b”对应的是“0”和“1”所占据的“数位”(bit)，而非“字节”(byte)。和数字音频的码率一样，数字视频的码率是用来描述单位时间长度数字视频所需占用存储空间的量度。由于视频源文件往往太大，需要对视频进行压缩编码处理。这个过程会损失部分细节数据，导致视频画面失真。码率便是用来反映具体失真程度的参数，是除了分辨率之外又一影响画面清晰度的特征属性。在码率一定的情况下，分辨率与清晰度成反比关系：分辨率越高，图像越不清晰。在分辨率一定的情况下，视频码率越高，视频画面质量越好，但同时视频文件所占存储空间也越大。

(3)帧率(Frame per Second)，是用于测量视频显示帧数的量度，指数字视频每秒传输的帧数，也可指图形处理器每秒钟更新画面的次数，常用单位为“帧每秒”(fps)。与数字音频不同，每个视频帧对应一个视频采样，因此数字视频帧率也就等同于采样率。一般而言，数字视频的帧率越大，视频画面越流畅；帧率越小，画面跳动感越明显。根据人眼视觉暂留原理，当画面帧率高于16fps时画面效果是连贯的。随着数字技术和硬件设备的发展，数字视频的帧率水平不断提升。以电影为例，它最初使用手摇式摄影装置，帧率并无统一标准。比如卢米埃尔兄弟的电影为16fps，爱迪生则采用40fps的帧率。有声电影时代，同期录音技术能够将画面和声音同时录制到胶片上；24fps因为能够保持最好的声音清晰度而成为电影拍摄的标准帧率。高帧率能够有效解决电影拍摄过程中的频闪和晃动问题，使动态画面更为流畅。尽管有24fps的标准帧率，电影业对高帧率的追求也从未停止。1992年第一部使用IMAX HD技术拍摄的电影《势头》(*Momentum*)的帧率达到48fps。《星球大战》特效导演道格拉斯·特鲁姆布(Douglas Trumbull)创办的视觉工作室Showscan致力于70mm/60fps拍摄技术。然而高帧率也会带来一些负面影响。有些人认为电影画面过于清晰会丧失传统电影所具有的美感。此外，高帧率电影的发展也受到放映设备因素的影响。Maxvision48技术便因大多数影院只有24fps规格的放映设备而没有得到广泛投入与使用。

2.2.4.3 格式与标准

常见的数字视频格式主要有MP4、AVI、MOV等。

(1)MP4是MPEG格式中的一种。运动图像专家组于1999年2月正式公布MPEG 4第一版，2000年初它成为国际标准。该格式主要针对一定比率下的视频和音频编码，同时注重多媒体系统的交互性和灵活性。作为新一代基于内容的多媒体数据压缩编码国际标准，MPEG 4 与传统视频编码标准最大的不同在于采用基于内容的压缩编码以实现数字视音频、图形合成应用及交互式多媒体的集成。它充分利用人眼的视觉特性，抓住图像信息传输的本质，从轮廓、纹理的思路出发，支持基于视觉内容的交互功能，适应了基于内容访问、检索及操作的发展趋势。因此，MPEG 系列标准对视听消费电子、数字电视和高清晰度电视、多媒体通信等信息产业的发展产生了巨大而深远的影响。

(2)AVI(音频视频交错格式，Audio Video Interleave)是 1992 年由微软公司开发的符合 RIFF 文件规范的数字音频和视频文件格式。所谓“音频视频交错”主要指音频与视频交织在一起同步播放。AVI 格式可以在多个平台使用，但未限定相应的压缩标准。这往往造成播放器与视频文件不兼容的问题。遇到这类问题，用户需自行下载相应解码器以实现版本同步。AVI 文件主要包括 3 部分，分别是文件头、数据块和索引块。文件头包含文件的通用信息，对数据格式、压缩算法等参数进行定义；数据块包含图像和声音序列数据，是决定文件大小的主要部分；索引块包含数据块列表及其在文件中的位置，实现文件内数据随机存取。

(3)MOV，即 QuickTime 影片格式，是苹果公司推出的数字音频和视频文件格式。它可以采用不压缩与压缩两种方式。压缩算法包括 Cinepak、Intel Indeo Video R3. 2 和 Video 编码。其中 Cinepak 和 Intel Indeo Video R3. 2 算法的应用效果与 AVI 格式类似；Video 编码则更加适合采集和压缩模拟视频，用户可以从硬盘平台上高质量回放。该格式支持 16 位图像深度的帧内压缩和帧间压缩，帧率可达每秒 10 帧以上。目前，MOV 格式不仅被苹果系统采用，也得到 Windows XP 等主流操作系统的支持。

2. 2. 5　数字动画技术

数字动画技术往往能够呈现一些实景拍摄无法完成的特殊效果，具有想象力丰富、呈现风格多样等优点。除了用于制作《大闹天宫》《疯狂动物城》这样的动画影视作品，它还被广泛应用于数字游戏、数字展览和数字化教学等领域。

2. 2. 5. 1　二维动画技术

帧(Frame)是二维动画的最小单元。按照帧的使用方式不同，Flash 动画可分为逐帧动画和渐变动画。逐帧动画比较烦琐，制作者需要将动态部分分解成一个个动作；每一帧都是关键帧，逐帧制作。渐变动画只有不同状态的关键帧，两个关键帧之间的所有帧画面都由 Flash 自动完成。变化方式分为移动渐变和形状渐变：前者主要使事例、群组等发生位置变化、尺寸缩放和颜色渐变等；后者则是由一个图像变成另一个图像。

Flash 是 Macromedia 公司推出的一款矢量动画编辑软件。1996 年推出第一个版本，即 Macromedia Flash 1. 0。Flash 4. 0 版本新加入的 ActionScript 功能使用户能够在动画中实现更多交互形式。2007 年，Macromedia 公司被 Adobe 公司收购，Flash 也正式进入 Adobe 大家族。目前最新版本是 2012 年 4 月发布的 Adobe Flash CS6 Professional。Flash 特别适用于创建在互联网上传输的内容，因为它是基于矢量的图形系统，只需利用少量向量数据就可以描述复杂对象，并生成后缀名为 SWF 的动画文件。Flash 可以最大限度地承载各种媒体元素，包括音乐、动画、声音、视频等。新版本支持 MP3 文件，这使其真正成为名副其实的富媒体应用。然而，由于 Flash Player 在安全和性能方面遭遇越来越多的批评，苹果、谷歌、微软等主流浏览器厂商开始 HTML5、WebGL 和 Web Assembly 等日益成熟的开放标准代替 Flash Player。面对此情景，Adobe 公司于 2020 年 12 月 31 日宣布不再支持 Flash 播放器的更新，2021 年 1 月 12 日开始组织 Flash 内容在 Flash Player 中运行，并建议所以用户立即卸载 Flash Player 以保护自己的系统，Flash 由此退出历史的舞台①。

2.2.5.2 三维动画技术

相对于二维动画，三维动画的画面立体且视角多样，能够实现更具沉浸感的观看体验。随着计算机图形技术的发展，三维动画技术呼之欲出。它主要包括三维建模、模型贴图与灯光、骨架动画和动作捕捉、三维渲染等技术。

(1)三维建模技术，主要有曲面建模、多边形建模两种。曲面建模也称非均匀有理 B 样条(Non-Uniform Rational B-Splines，NURBS)建模，本质上是用数学函数对模型中的曲线与曲面进行描述，最大的优势是可以依靠参数设置进行精准建模②。多边形建模也称基础建模通过添加和控制点、线、面来进行模型创建和塑形，比曲面建模更为直观，但是无法实现精准的模型参数控制。由此在实际操作过程中往往是两种建模方式交替进行③。

(2)贴图与灯光技术。创建完几何模型之后，需要赋予模型颜色、图案纹理和质地等视觉效果，这需要通过模型贴图和打光实现。模型贴图一般分为 2 种：一种是材质贴图，用来表现物体的颜色、质地、透明度和光泽；另一种是纹理贴图，用来表现凹凸、刮痕等模型细节。两种贴图可以叠加使用，以达到更加逼真的视觉效果。三维灯光技术通过设计与调整场景灯光的位置布局、光源属性和光照参数来实现预期光照效果，强化模型与场景的明暗变化。

(3)骨骼动画技术。为了让角色活动起来，骨骼动画技术为角色模型搭建和绑定骨骼系统，逐帧或在关键帧设定骨节位置来实现角色的肢体运动和面部表情(如图 2-4 所示)。在条件允许的情况下也可采用动作捕捉技术，在动作演员身上设定多个采样点并记录其运动轨迹，使用专业软件对轨迹数据进行处理，再映射到角色模型上，为角色赋予更加流畅和生动细腻的动作与面部表情(如图 2-5 所示)。

---

① Adobe Flash Player EOL General Information Page[EB/OL]. [2021-08-04]. https://www.adobe.com/in/products/flashplayer/end-of-life.html.

② 吴家铸，党岗，刘华峰等. 视景仿真技术及应用[M]. 西安：西安电子科技大学出版社，2001：136-149.

③ 吴家铸，党岗，刘华峰等. 视景仿真技术及应用[M]. 西安：西安电子科技大学出版社，2001：114-135.

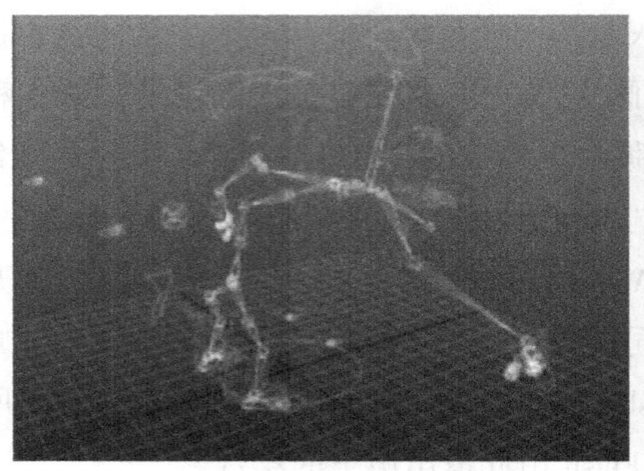

图 2-4　动画角色骨骼绑定

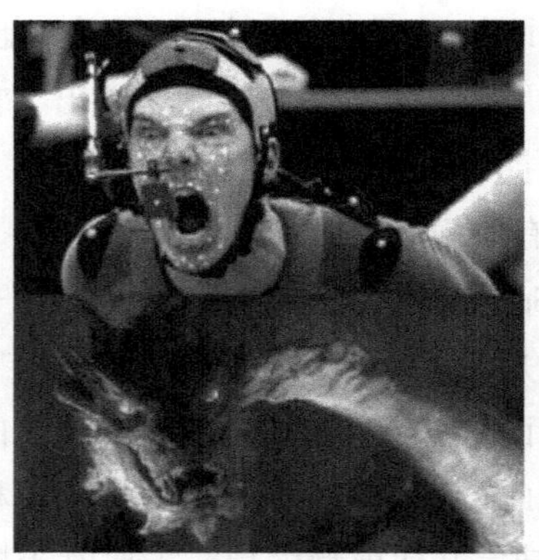

图 2-5　用动作捕捉系统为动画角色赋予生动的表情

(4)三维动力学技术。为了更好地模拟真实的物理世界，Maya 等三维动画软件创建了强大的动力学粒子系统，用于模拟物理碰撞和流体效果。物理碰撞能够使场景中的物体的运动表征更加符合物理规律。流体效果则是为了能够更好地模拟无固定形状物体的运动状态，比如云雾、火焰、江河湖海等。

(5)三维渲染技术。所谓渲染指将三维场景投影到二维平面，输出图像或视频的过程，主要有扫描线渲染、光线跟踪渲染和热辐射渲染 3 种。扫描线渲染顾名思义指一行一行地扫过画面进行渲染，是最早也是目前发展最为成熟的渲染技术。光线跟踪渲染可实现逼真的光反射和光折射效果，热辐射渲染则是基于热能在物体表面间的能量传递规律和能量守恒定律让光线在物体之间不停地发生漫反射，直至能量耗尽，能够实现更为逼真的漫反射效果。后两种技术由于需要进行大量计算，渲染速度都要比扫描线渲染更慢一些。

2.2.6　流媒体传输技术

互联网应用的普及带给用户更多的媒体内容，但在获取优质内容的过程中却依然面临一个关键障碍，就是传输效率问题。传统网络音视频资源都采取先下载后播放的方式，为此用户往往需要花费数十分钟甚至几小时时间。流媒体技术的出现很大程度上缓解了这一问题。所谓流媒体技术，是指把连续的声音和图像信息经过压缩处理后放到网站服务器上，让用户一边下载一边收听观看，而不需要等待整个文件下载到自己的机器后才观看的网络传输技术。这种传输方式也被称作流式传输。当采用流式传输时，声音、图像或动画等时基媒体由音视频服务器向用户计算机连续、实时传送，用户只需经过几秒或数十秒启动时延即可观看、收听。用户在客户端播放媒体文件时，文件的剩余部分仍然在后台服务器继续下载，有效保障用户的连贯性。

根据传输方式和效果，流式传输可分为实时流式传输(Real-time Streaming Transport)和顺序流式传输(Progressive Streaming Transport)。前者主要指多媒体内容实时传送，用户可自行选择观看哪一部分内容，前提是需要借助专用流媒体服务器与传输协议。这种传输方式对网络带宽要求较高，如果以调制解调器的速度连接网络，整个图像、声音的效果都不是很理想。后者是一种顺序下载方式。用户一般只能观看之前已下载到客户机上的多媒体内容，不能任意跳跃到未下载部分。一般只需采用标准的 HTTP 服务器即可进行多媒体文件的顺序流式传输。目前，基于 HTTP 流媒体传输目前有 2 种主流技术标准：一种是由动态画面专家组制定的 MPEG-DASH，它利用现有的 HTTP Web 服务器设施进行媒体传输，并且能够支持 H. 265、H. 264、VP9 等任何编解码器进行编码，具有较好的兼容性。2012 年，MPEG-DASH 正式由 ISO/IEC 颁布为国际标准，并得到微软、网飞(Netflix)、Adobe 等知名计算机软件和媒体公司的支持。另一种则是由苹果公司推出的 HLS(HTTP Live Streaming，网络直播流)流媒体通信协议，是 Quick Time X 和 iPhone 软件系统的一部分。

2.3 内容标引技术

从近几年数字出版尤其是数字科技出版的发展情况来看，数字内容的揭示和利用已成为人们关注的焦点；而其核心是内容的标注和指引。所谓标引技术，指的是利用一定标识符号，按照一定方法和规则对文献资料中的主题内容和具有检索意义的内部特征进行分析、描述和著录的技术①。目前标引技术主要包括标记语言、标识符、元数据等。

2.3.1 标记语言

标记语言指利用一组特定内容来识别和描述文件的组成部分和特征，分为程序性标记(Procedural Markup)与描述性标记(Descriptive Markup)2 种。前者主要针对单一文件，用于识别和描述文件的外在格式。因此，如果同一内容需要以不同外观形式再利用，必须移

① 翟云，许增棋. 苏联科技情报工作教程[M]. 王素闰，等译. 北京：科学技术文献出版社，1988：208.

除原有标记而代之以新标记。后者也称为通用标记(Generic Markup)，主要用来识别和描述文件的内容和结构，强调与显示信息分开。SGML 与 XML 是典型的描述性标记语言。HTML 相对特殊，是以描述性标记的方式来控制文件的呈现外观，因此在作用上与程序性标记有些类似。

2.3.1.1　SGML

标准通用标记语言(Standard Generalized Markup Language，SGML)是国际标准化组织于 1986 年发布的国际标准(ISO8879)。在 SGML 出现之前，所有编码都依赖具体的设备和系统。不同硬件和软件环境下进行数据转换往往会造成大量数据丢失。而一旦某类设备被淘汰，其中存储的一些重要数据就无法被提取保存。SGML 正是为了解决文本交换中的这一问题而开发的。它由 SGML 声明(SGML Declaration)、文件类型定义(Document Type Definition，DTD)和文件实例(Document Instance)3 部分组成。其中 SGML 声明用于定义字符信息、具体的语法规则、可选特征及容量要求等；DTD 用来定义文件结构和文件信息的标记规则；文件实例则用于承载文件内容及相关标记。它通过采用文内标识符(Tag in Text)来识别信息的组成部分，建立文件模型来规定各种结构，通过计算机程序检查各种标识符与数据之间的关系，并将排版、版面格式与加有标识符的信息区分开来。这样，对于同样一篇文献可以根据需要采取多种标记方式，最终产生多种版式，避免过去由于编码依赖特定软件而需要反复输入的问题。

正是由于上述优点，SGML 在数字出版、航空、远程通信、国防等多个领域都起过巨大作用。1998 年 10 月，美国气象学会(American Meteorological Society，AMS)借助 SGML 将期刊文章发布到网上，并采取多媒体形式展示。不过，由于 SGML 规则过于庞杂，其应用范围还是受到客观限制。此后，HTML 作为 SGML 的应用标准推动了互联网的快速发展；而作为 SGML 子集的 XML 更成为语义网架构的底层编码基础。

2.3.1.2　HTML

超文本标记语言(Hyper Text Markup Language，HTML)由互联网创始人蒂姆·伯纳斯·李(Tim Berners-Lee)于 1989 年专门针对万维网网页显示和浏览而创建，是用来制作超文本文件的标记语言。超文本(Hybertext)指通过链接方式内嵌在网页中的文本。1993 年互联网工程工作小组(Internet Engineering Task Force，IETF)发布的工作草案被视作 HTML 1.0，但非严格意义上的标准。随着互联网不断发展，HTML 日趋完善，已更新至 HTML 5.0 版本。

使用 HTML 语言编写的超文本文件称为 HTML 文件，一般以".html"或".htm"后缀结尾。由于 HTML 是面向网页的，所以一般通过专门浏览器显示，如微软的 Internet Explore 等。用户可以通过它们直观地看到文字、图片、音频、视频、表格、链接等多种信息。HTML 文件的编辑可以使用最简单的纯文本编辑器，也可以利用 Dreamweaver、

Frontpage 等工具。HTML 文档及其元素是通过 HTML 标签进行标记的。因此，理解 HTML，最重要的是认识相关标签。标签由开始标签和结束标签组成，也称开启标签(Open Tag)和闭合标签(Closing Tag)。其中 HTML 的标题(Heading)可以通过 <h1> <h6> 等标签进行定义。如“<h1>come to HTML</h1>”标记了一级标题“come to HTML”；HTML 段落通过<p>标签进行定义，如“<p>This is a paragraph</p>”标记了一个段落；HTML 链接则通过<a>标签进行定义，如“<a href="http://www.w3school.com.cn">This is a link</a>”标记了一个链接。HTML 元素指的是从开始标签到结束标签的所有代码；一对标签之间的内容被称为元素内容。HTML 标签可以拥有属性，提供有关 HTML 元素的更多信息，如“<h1 align="center">”表明居中对齐的附加信息。

在 HTML 发展过程中，由于 Netscape、Internet Explorer 两种浏览器不断地将新标签和属性添加到 HTML 规范中，导致文档内容难以独立于文档表现层。为了解决这个问题，万维网联盟(W3C)在 HTML4.0 之外创造出样式(Style)功能。其中一种方式是通过使用 Style 属性直接将样式添加到 HTML 元素中。以下这段代码，就通过 background-color 属性为元素定义了背景颜色。

```
<html>
<body style="background- color:yellow">
<h2 style="background- color:red">This is a heading</h2>
<p style="background- color:green">This is a paragraph.</p>
</body>
</html>
```

另一种间接方式则是在独立的层叠样式表(Cascading Style Sheets, CSS)中进行定义，将样式添加到 HTML4.0 中，目的是解决内容与表现分离的问题。由于外部样式表存储在 CSS 文件中，这极大地提高了 HTML 的运行效率。样式表允许以多种方式规定样式信息：可以在单个 HTML 元素中；或在一个外部 CSS 文件中；甚至可以在同一个 HTML 文档内部引用多个外部样式表，其中在 HTML 元素内部的内联样式拥有最高优先权。

2.3.1.3 XML

互联网发展初期，人们追求的目标仅是完整地将信息呈现在网上。随着信息之间交互利用的需求不断提高，HTML 的缺陷逐渐暴露出来。其中最主要的问题是 HTML 文件中，信息内容与显示外观结合在一起；因此，如果要针对新平台推出同样的内容，必须改动原始文件内容。这将耗费大量人力和物力。XML 虽然也是由一系列标记组成，但是更侧重于内容的结构化表达，它允许用户定义标签，为用户提供了描述文档信息结构的能力，以便其调整和更新内容信息。

（1）XML 特点

可扩展标记语言（eXtensible Markup Language，XML）是一种数字环境下用于描述、交换和管理数据的新技术标准，由 W3C 制定。最初版本于 1996 年公布；1998 年 2 月正式成为 W3C 的推荐标准。XML 文件是一种独立于软件和硬件的信息传输工具。它和 HTML 各自执行不同的功能：前者专注于数据传输；后者则用于格式化并显示数据。与 HTML 普遍采用预定义标签不同，XML 具有较强的可扩展性，允许文档创建者自定义标签，如<to>、<from> 等。正因如此，XML 应用已扩展到诸多领域，像描述数学公式的 Math ML（Mathmatical Markup Language）和描述化学分子式的 CML（Chemical Markup Language）等。此外，XML 代码编写采用树状结构，必须包含根元素；它是所有其他元素的父元素，其下含有相应的子元素与文本内容。从下面这个实例中可以看到 XML 文件层次分明的语法结构。

```
<bookstore>
<book category="COOKING">
  <title lang="en">Everyday Italian</title>
  <author>Giada De Laurentiis</author>
  <year>2005</year>
  <price>30.00</price>
</book>
<book category="CHILDREN">
  <title lang="en">Harry Potter</title>
  <author>J. K. Rowling</author>
  <year>2005</year>
  <price>29.99</price>
</book>
<book category="WEB">
  <title lang="en">Learning XML</title>
  <author>Erik T. Ray</author>
  <year>2003</year>
  <price>39.95</price>
</book>
```

对上述代码进行抽象可视化，可以看到一幅典型的树状图（如图 2-6 所示）。其中 <bookstore> 是根元素；<book>是其子元素；<title>、<author>、<year>、<price>则是<book>的子元素，四者属于同级关系，其下有文本内容。在这个实例中，<book>与<title>拥有属性，分别是“lang”与“category”。

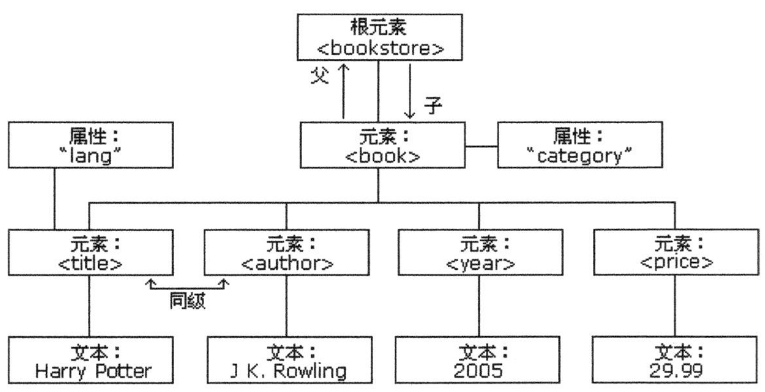

图 2-6　XML 语言树状图

值得注意的是，在很多情况下某些信息既可以作为子元素，也可以作为某个元素的属性。比如下面这两个实例(如图 2-7 所示)：左边实例将 sex 作为一个属性处理；右边实例则将其作为一个子元素。这里两者所表达的语义没有任何区别。但考虑到元素具有较强的可扩展性，一般建议将数据的数据即元数据作属性处理，而将数据本身存储为元素①。

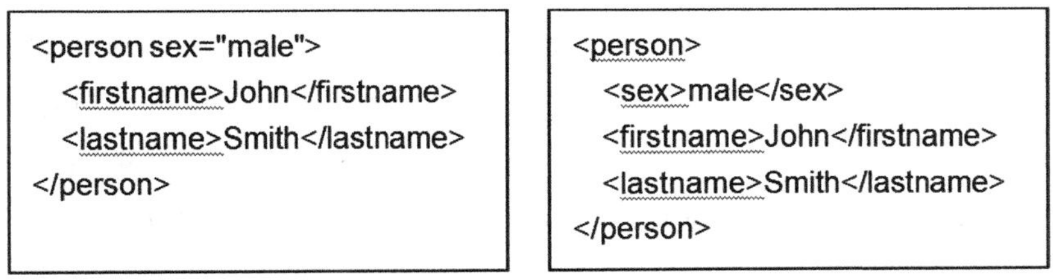

```
<person sex="male">
  <firstname>John</firstname>
  <lastname>Smith</lastname>
</person>
```

```
<person>
  <sex>male</sex>
  <firstname>John</firstname>
  <lastname>Smith</lastname>
</person>
```

图 2-7　XML 语句对比

(2) XML 语法规范

XML 之所以在数字出版和信息交流领域有如此广泛的应用，与其统一规范的存储格式密不可分。XML 文件必须符合两点要求，即结构良好(well formed)和有效性(valid)。所谓结构良好，指 XML 文件必须达到计算机读取的一些基本要求，比如文档名称不能以数字或标点符号、字符“XML”开始，并且不能含有空格；文档中必须含有根元素，同时要有闭合标签，属性必须添加引号，等等。有效性则是在结构良好的基础上遵守一些语法规范，具体包括 DTD 和 XML Schema。

DTD 指文档类型定义(Document Type Definition)，是一套定义文件标记语法的规则，

① W3school. XML 属性[EB/OL]. [2021-08-04]. http://www.w3school.com.cn/xml/xml_attributes.asp.

具体包含元素、属性和实体3部分，用于确认XML文件中使用哪些标签，标签的级别、出现顺序等。DTD可以成行地声明于XML文档中。从下面实例可以看到：第二行代码定义该文档是note类型的文档；第三行表示note元素中包含to和from两个子元素；第四、第五行分别说明定义to和from为"#PCDATA"类型。

```
<? xml version="1.0"? >
<! DOCTYPE note [
  <! ELEMENT note (to,from)>
  <! ELEMENT to            (#PCDATA)>
  <! ELEMENT from          (#PCDATA)>
]>
```

DTD也可以作为单独的外部文件，存储为后缀名为". dtd"的文件；而在XML文档中则采取类似"<! DOCTYPE note SYSTEM "note. dtd">"的语句说明调用情况。但是，DTD的语法规则与XML文件不同，不支持命名空间(Namespace)，所提供的数据类型比较有限。为此，W3C提出了XML Schema来弥补DTD文件的不足。

XML Schema同样是定义XML文件的合法构建模块，2001年5月2日正式成为W3C的推荐标准。它的最大特点是对数据类型的支持，并可实现在不同数据类型间转换数据。某些日期数据在不同国家有不同意思，比如"03-11-2012"，在某些国家被解释为11月3日，而在另一些国家被当作3月11日。带有数据类型的XML文件可以避免这样的误会。它采用如下语句："<date type="date">2004-03-11</date>"。其中"日期"(date)这一数据类型的格式被要求为"年-月-日"。XML Schema支持命名空间，可以在一个XML文件中使用其他XML文件的通用定义而不会产生语义上的冲突。

(3) XML显示和转换

尽管XML以传输数据为主要目的，但很多情况下还是需要一定的显示机制来帮助普通用户直接读取内容。它一般采用样式表文件如CSS和XSL等。

1996年12月17日，W3C发布CSS推荐标准。最开始它为HTML文件服务，目的是将有关样式的信息从HTML中分离出来。但是，使用CSS同样可以对XML进行格式化处理，如在XML文件中补充"<? xml-stylesheet type="text/css" href="cd_ catalog. css"？>"这一语句，即可将CD目录的XML文件链接到相应的CSS文件。当然，由于XML文件具有自定义标签功能，相应的标签意义不容易被CSS文件理解。譬如<h1>在HTML文件中是有明确含义的，而在XML文件中则可能有完全不同的意义。因此用CSS对XML文件进行格式化处理并不是很合适的方法，W3C推荐使用XSL。

扩展样式表语言(Extensible Stylesheet Language，XSL)作为显示XML文件的标准语言，于1998年12月发布1.0版草案，随后在2001年10月15日正式发布建议标准。具体包括

3个部分：XSLT、XPath 和 XSL-FO(Formating Object)。一般在对 XML 文件进行转换时，首先以树状结构建立 XML 文件的源树(Source Tree)；然后根据 XSLT 将 XML 源树转换成可显示的结果树(Result Tree)；最后通过 XML-FO 显示输出。其中 XSLT 用于将 XML 文档转换为其他语言的文档如 HTML 和 XHTML；XPath 是在 XML 文档中查找信息的语言，一般使用路径表达式在 XML 文档中进行导航；XSL-FO 则用于描述向屏幕、纸或者其他媒介输出 XML 数据的格式化信息。目前，一些浏览器普遍支持 XML/XSLT，如 Internet Explore 从版本 6 开始支持 XML、命名空间、CSS、XSLT 以及 XPath；其他支持的浏览器还包括 Firefox、Netspace、Mozilla、Opera 等。通常，在建立相应的 XSL 文档后，只需在 XML 源文档中加入如下一条语句，即可实现转换：

```
<xsl:stylesheet version = "1.0"
xmlns:xsl = "http://www.w3.org/1999/XSL/Transform">
```

(4)XML 的应用

由于具有上述特点，XML 在数字内容深度揭示与结构化文档创作方面起到重要作用；在内容数量和规模较大、结构化程度较高、知识单元可重用性较强的数字出版领域尤其如此。其典型应用包括达尔文信息分类体系结构(Darwin Information Typing Architecture, DITA)和 DocBook 等。

达尔文信息分类体系结构(DITA)是 20 世纪末 IBM 公司为解决数量庞大的技术文档组织与管理难题所提出的一套信息类型架构，重点解决内容生产发布整个流程中文档的创作、描述、存储、共享与利用问题。该技术是一套基于 XML 的面向主题的数字内容结构化写作与发布方案①。它对文档进行结构化处理，具体处理方法是解构为合适粒度的主题模块(Topic)存储在主题仓储中，并通过映射从仓储中调取相关主题，再组装成特定产品样式输出。作为一种新兴信息组织方式，DITA 主要适用于技术领域的数字内容创作与发布。它面向主题的结构化组织思路对目前的数字资源管理工作具有重要价值。目前，DITA 由结构化信息标准组织(Organization For The Advancement Of Structured Information Standards, OASIS)的 DITA 技术委员会负责管理维护。

DocBook 则是一套基于 SGML/XML、面向结构的文档类型定义②。它的内容是以段落(Section)方式进行组织的。相较于 DITA，DocBook 更适用于通用型出版物，比较容易进行组织和排版。当然，由于它不具备 DITA 的内容映射机制，因此无法实现基于主题的细粒度内容切分和重组。一般 DocBook 的交付格式为 PDF 与 HTML，其他类型文档的浏览和显

① 范炜. 达尔文信息类型架构 DITA 研究[J]. 情报杂志，2009(11)：172-175.

② Worldhello. 什么是 Docbook? [EB/OL]. [2021-08-04]. http://www.worldhello.net/doc/docbook_howto/what-docbook.html.

示需要借助 CSS、DSSSL、XSL 等样式表完成。目前，DocBook 由结构化信息标准组织旗下的 DocBook 技术委员会负责维护。

2.3.2 标识符

标识符，顾名思义是用于识别目的的符号。国家标准书号(International Standard Book Number，ISBN)、国际标准刊号(International Standard Serial Number，ISSN)和国际标准音像制品编码(International Standard Recording Code，ISRC)对图书、期刊与音像制品等出版物的标记和识别起到了重要作用。随着互联网产业快速发展，信息数据的传输和流通方式与以往相比发生了较大变化。这对数字内容的识别和管理提出了新的挑战。国外数字文献生产商较早采用唯一标识符来标识其出版的电子文献，并形成了很多可用于不同环境的标识符方案。其中包括图书及图书内容片段唯一标识符 BICI(Book Item and Contribution Identifier)、连续出版物及其单篇文献标识符 SICI(Serial Item and Contribution Identifier)等。但是，大多数标识符方案仅仅定义了标识符名称空间及标识符构成机制，尚未构建完整的包含解析系统的标识符系统。美国出版商协会(The Association of America Publishers，AAP)主导建立的数字对象标识(Digital Object Identifier，DOI)较好地解决了上述问题。

与国外相比，国内数字出版标识符建设仍处在发展初期。《新闻出版业“十一五”发展规划》曾明确指出要“加强新闻出版标准化体系建设。完成新闻出版信息化标准体系等标准的制定，研究、制定网络出版、数字出版等前沿标准”。2009 年 8 月 6 日，国家新闻出版总署科技与数字出版司立项制定《新闻出版数字资源唯一标识符编码结构》《新闻出版数字资源唯一标识符编码规则》及《新闻出版数字资源唯一标识符管理规范》3 项行业标准，委托全国信息与文献标准化技术委员会出版物格式分技术委员会组织标准制定工作。2010 年 11 月，多媒体印刷读物(Multimedia Print Reader，MPR)国家标准通过专家审查批准发布，以此为基础的《国际标准文档关联编码》(International Standard Link Identifier，ISLI)由中国国家标准化管理委员会提交国际标准化组织文献识别与描述技术委员会(ISO/TC46/SC9)秘书处，标志着《国际标准文档关联编码》国际标准申报取得新进展，并填补了国际文献著录方面标识符标准的空白①。以下主要介绍当前国内外广泛应用的主流标识符。

2.3.2.1 连续出版物及单篇文献标识符

连续出版物及单篇文献标识(Serial Item and Contribution Identifiers，SICI)是期刊行业系统咨询委员会(Serials Industry Systems Advisory Committee，SISAC)于 1983 年发起制定的期刊内容唯一识别码，1991 年被美国国家标准协会(American National Standards Institute)与美国国家信息标准协会(National Information Standards Organization，NISO)正式定义为国

① 蔡逊. 国际标准关联标识符(ISLI)与新闻出版产业创新[J]. 出版参考，2016(8)：5-8.

家标准 Z39. 56-1991①，其目的主要是为期刊与期刊内部元素提供唯一标识符。

SICI 是一种有效识别期刊结构类型的方法，人类可读，同时也适用于机器自动解析。它对期刊层级与期刊内部文献层级做了区分，并提供相应的扩展功能；同时标明期刊内容的载体类型如纸本、缩微印刷品和电子版等；此外对于期刊目录、索引以及文章摘要等派生内容也提供相应标识符。SICI 的基本结构主要由 3 部分组成(如图 2-8 所示)，分别是期刊标识段(Item Segment)、内容标识段(Contribution Item)和控制段(Control Item)。

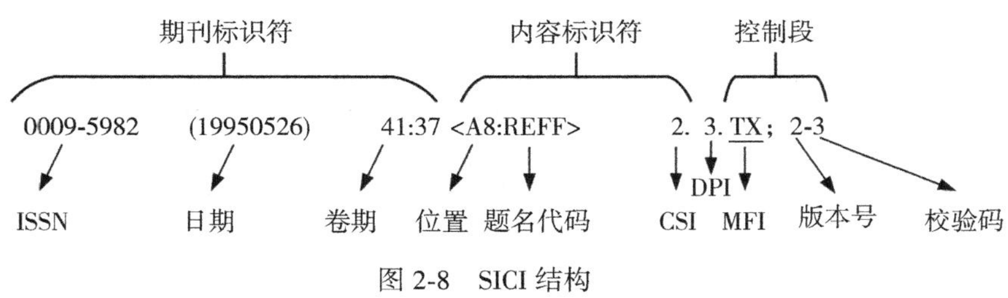

图 2-8　SICI 结构

期刊标识段：描述期刊物件的数据元素，如 ISSN、日期和卷期等。

内容标识段：识别期刊内部文献的数据元素，如位置、标题码以及其他编码方案。内容记录在“< >”中。

控制段：记录管理信息的数据元素，如代码结构标识符(Code Structure Identifier, CSI)、派生部分标识符(Derivative Part Identifier, DPI)、媒体/格式标识符(Medium/Format Identifier, MFI)、版本号(Standard Version Number, SVN)与校验码(Check character)。

CSI 作为定义期刊内容的标识符，又根据取值不同区分为 3 种。当 CSI=1 时，SICI 定义的是某一期刊的标识符，此时内容标识段为空；当 CSI=2 时，SICI 定义的是期刊中某篇文献或其他内容的标识符，内容标识段中填的是文献的位置与代码；当 CSI=3 时，SICI 定义的是对本地分配内容的标识符，内容标识段中填写的也是本地分配的标识符。DPI 作为派生部分的标识符，也有不同的取值含义：当 DPI=0 时，表示期刊本身或者整个期刊内容；当 DPI=1 时，表示期刊的目录；当 DPI=2 时，表示期刊的索引；当 DPI=3 时，表示期刊中某篇文献的摘要。

2.3.2.2　图书及图书内容标识符

图书及图书内容标识符(Book Item and Component Identifier, BICI)是参照 SICI 提出的用以标识图书及图书具体内容的唯一标识符，同样由美国国家信息标准协会提出。

与 SICI 类似，BICI 的结构也分为 3 部分，分别是图书标识段(Book Item)、内容标识

① 曾燕，张建勇. SICI 标准及其应用[J]. 图书情报工作，2003(1)：27-30.

段(Component Item)与控制段(Control Item)。相较于 SICI 控制段中的派生部分标识符，BICI 中的内容类型标识符(Component Type Identifier，CTI)取值范围更大：其中 CTI=0 表示标识整本图书；CTI=1 标识前言部分；CTI=2 标识正文内容；CTI=3 标识图书中插图、表格等内容元素；CTI=4 标识附录部分；CTI=5 标识修订表、光盘等附加材料部分。此外，BICI 的内容标识段以“( )”与图书标识段和控制段隔开。其他方面 BICI 和 SICI 两者基本相同。以下是一段 BICI 结构，它所对应的书目信息是“Chapter 10：‘English as a World Language’ in *The English Language*：*A Historical Introduction*，1993 pp. 234-261 ISBN 0-521-41620-5”(如图 2-9 所示)。

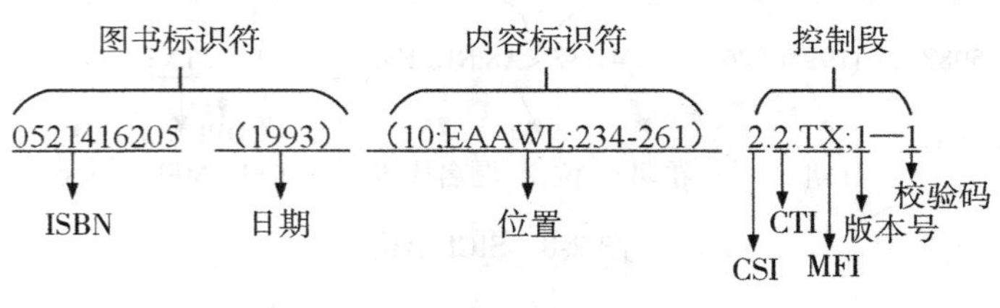

图 2-9　BICI 结构

2.3.2.3　DOI

随着数字出版的基础环境逐步转移到动态互联网上，基于物理位置的统一资源标识符(Uniform Resource Locator，URL)已无法适应新的数字融合趋势。正是在这种情况下，适应大量分布式异构信息资源的数字对象标识符(Digital Objects Identifier，DOI)应运而生。DOI 由国际出版商协会(International Publishers Association，IPA)、国际科学协会(International Association of Scientific，IAS)与美国出版商协会(Association of American Publishers，AAP)3 家出版领域的行业协会联合发起，最早在 1997 年法兰克福书展上发布。同年，国际数字对象标识基金会(International DOI® Foundation，IDF)成立，主要职责是开发和管理 DOI 系统。该系统采用美国国家研究创新机构(Corporation for National Research Initiatives，CNRI)研发的句柄(Handle)系统，针对唯一的永久标识符提供高效、可扩展、安全的解析服务。2000 年，在 CrossRef 电子期刊文章的引文链接中首次应用 DOI 系统。2010 年，DOI 系统被正式批准为 ISO 标准，成为数字环境中内容识别与管理的通用框架。

(1) DOI 结构与特点

DOI 系统提供一种即时可用的封装系统，具体包含 4 个部分：DOI 编码(Numbering)、DOI 解析(Resolution)、DOI 数据模型(Data Model)与 DOI 实施机制(Implementation Mechanism)。其中 DOI 编码规定了数字对象标识符的命名要素和语法，主要由前缀和后缀组成，中间由“/”分隔。前缀表示唯一的命名权限，由目录代码(Directory Code)和注册人代码(Registrant Code)构成。其中目录代码是句柄系统赋予的特定代码，注册人代码是 IDF

分配给注册者的特定字符串。后缀是由注册者自行选择的身份字符串，既可以是一串序列号，也可以结合 ISAN、ISBN、ISSN 等已有的标识符信息。DOI 在命名长度上没有限制。

以下是《自然》电子版杂志的 DOI 编码①：

10. 1038/issn. 1476-4687

其中 10 是它的目录代码；1038 是其注册人代码；该 DOI 后缀采用 ISSN，用小写“issn”表示；最后是该杂志的 ISSN 号“1476-4687”。

（2）DOI 运行

DOI 系统的实施主要依靠句柄系统（Handle System®）和电子商务数据互操作框架（Interoperability of Data in E-commerce Systems Framework，indecs）。句柄系统是 DOI 系统得以运行的关键，是一种通用型全球域名服务技术，为独立永久的数字对象标识符提供高效、安全、可扩展的域名解析服务②。该系统包含一系列开放协议以及与协议相关的命名空间（Namespace）和参考实施（Reference implementation）组成。其中开放协议利用分布式计算机系统存储句柄，保证被标识的资源在位置或相关信息发生变化时标识符维持不变③。<indecs>主要针对数字资源元数据的语义互操作分析，解决不同计算机系统中术语的互操作问题④。这两项技术为 DOI 运行提供了重要保障。

数字资源拥有者将 DOI 和元数据交至 DOI 注册代理机构，完成注册工作；然后所有元数据内容传送到 DOI 元数据库进行管理，其中一些索引、摘要等元数据可供增值经销商开发；与此同时，所有 DOI 句柄数据进入 DOI 目录库。当网络服务接收到 DOI 码时，通过句柄解析系统对它进行解析，并自动转到该数字资源的有效地址，方便用户及时获取信息（如图 2-10 所示）。

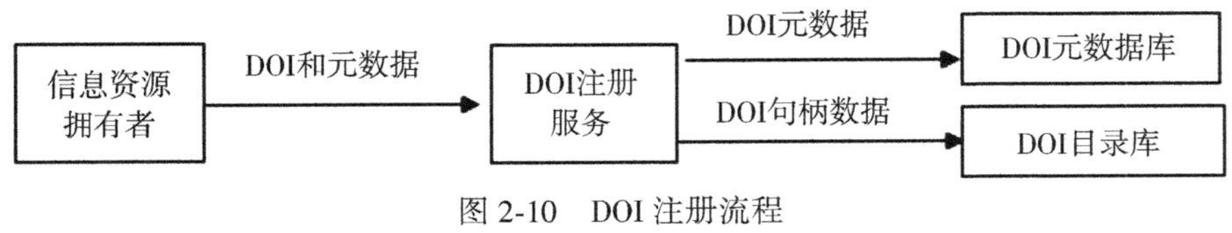

图 2-10　DOI 注册流程

（3）DOI 应用

目前，DOI 在全球拥有 9 个注册代理机构，覆盖北美、欧洲、亚洲等多个区域。不同

① 国际 DOI 基金会. 编号[EB/OL]. [2021-08-04]. http://www.doi.org/doi_handbook/2_Numbering.html.

② 国际 DOI 基金会. DOI 简介[EB/OL]. [2021-08-04]. http://www.doi.org/doi_handbook/1_Introduction.html#1.6.1.

③ Handle. Net Registry(HNR). HDL. NET Information Services[EB/OL]. [2021-08-04]. http://www.handle.net/.

④ 国际 DOI 基金会. The Indecs Framework[EB/OL]. [2021-08-04]. http://www.doi.org/factsheets/indecs_factsheet.html.

注册机构的业务侧重点各有不同(如表 2-3 所示)。中国科学技术信息研究所和北京万方数据股份有限公司于 2017 年联合申请并取得了中文领域的 DOI 注册与管理权，成为首家 IDF 授权的中国 DOI 注册机构①。2013 年同方知网(北京)技术有限公司也正式加入了 IDF，与中国学术期刊(光盘版)电子杂志社联合成立“国际 DOI 中国出版物注册与服务分中心”，致力于通过提供中国出版物数字资源的 DOI 注册与解析服务，实现全球数字资源标准化、规范化传播，并与其他 IDF 授权代理机构的元数据信息平台统一对接，实现 DOI 代码与网址双向解析，同时围绕 DOI 推广和国际化传播开展学术交流活动②。

表 2-3　DOI 注册机构及其业务范围③

机构名称	内容与业务范围
Airiti	繁体中文材料
中国知网	基于中国的信息资源，包括中国政治、经济、人文、社会科学与科技等；中国知网出版的电子期刊、报纸、论文、论文集、年鉴、参考文献等数据库
中国科学与信息技术研究所	开发中国期刊、学位论文、图书、会议录等文献资源的链接服务，管理中国的科学数据集、音视频等多媒体资源
CrossRef	学术和专业内容；期刊文章、书籍、会议记录等；参考资料文献和可搜索的元数据数据库
DataCite	为研究数据和所有其他研究成果提供 DOI。通过指定 DataCite 的 DOI 可以扩大研究成果的可见性，向科研社区提供相关元数据。此外还开发了其他服务，目的是让研究产于与更广泛的生态系统联系起来并进行共享，并对使用情况进行评估
日本链接中心(Japan Link Center，JaLC)	致力于促进日本科学和技术的公共信息服务，与 CrossRef 合作在日本进行英文期刊的 DOI 注册。注册内容来自国家研究所、大学、日本科技厅、国家信息学研究所、国会图书馆和国家材料科学研究所和其他政府组织、商业出版商
韩国科学和技术信息研究所(Korea Institute of Science and Technology Information，KISTI)	存放与分享韩国的科学数据，提供访问功能。具体包括期刊文章、论文集、政府官方文件、韩国专利信息、研究报告和韩国传统知识

① 中国科学技术信息研究所. 中文 DOI 的起源[EB/OL]. [2021-08-04]. http://www.chinadoi.cn/portal/newsAction! about.action? type=1.

② 中国知网(CNKI). 国际 DOI 中国出版物注册与服务中心学术期刊会员制服务章程(试行)[EB/OL]. [2021-08-04]. http://doi.cnki.net/.

③ 国际 DOI 基金会. DOI 注册机构[EB/OL]. [2021-08-04]. https://www. doi. org/registration_agencies.html.

续表

机构名称	内容与业务范围
欧洲多语言 DOI 注册机构(Multilingual European DOI Registration Agence, mEDRA)	利用 DOI 打造稳定持久的互联网资源引用系统，实现知识产权实体之间的关系追踪，提供数字资源的时间戳、数字签名等资源交存认证(Voluntary Doposit)服务
欧盟出版办公室(Publications Office of the European Union, OP)	该机构是欧盟各机构与办事处的官方出版商，负责代表这些客户分配 DOI，覆盖所有欧盟专著、官方期刊、个别法案和一些科学文章

DOI 的建设对于数字出版领域各利益相关者的影响是深远的。对于出版商来说，借助 DOI 系统可以实现引文到全文的链接，为用户提供一站式高效服务；对于二次文献服务商来说，通过将二次文献数据库与全文数据库链接，可直接引导用户获取相关文献；对于图书馆来说，通过在本地导入 DOI 并与 OpenURL 结合，可为用户提供访问更多全文文献的机会。此外，政府机构通过 DOI 的推广和应用，能够对学术信息资源进行有效管理，从标识体系上实现科技文献和科学数据的资源整合，从而有助于建立一个基于分布环境的一站式科技信息基础服务平台。

2.3.2.4 国际标准关联标识符

国际标准关联标识符(International Standard Link Indentifier, ISLI)标准的全称是《ISO17316：2015 信息与文献——国际标准关联标识符》。它是国际标准化信息与文献标准化技术委员会标识与描述分技术委员会组织制定并发布的第 11 项标识符国际标准①；规定信息与文献中可被唯一识别的实体之间关联的标识符。这些实体包括但不限于承载或附有信息的实物实体、电子文件、媒体资源、数据以及人或其他抽象事物。实体中定义的片段本身也是一种实体，而 ISLI 并不改变这些实体的内容、所有权、访问权或已有标识。ISLI 与 ISBN、ISSN 和 ISRC 的区别在于，后三者的适用范围是按照内容性质和载体形态进行划分的，所标识的是固定类型的对象，而 ISLI 是要将不同类型的对象“关联”起来(如图 2-11 所示)。

图 2-11　ISLI 关联模型图

ISLI 编码由服务字段、关联字段和校验总段 3 个部分组成。服务字段包含服务编码，

① 刘颖丽. ISLI 在数字教育出版的应用探析[J]. 科技与出版，2016(11)：44-47.

由注册机构分配，并设有容量扩充机制。关联字段包含定义源和目标之间关联的关联编码，由注册机构分配并根据应用需要对其长度进行定义。检验字段用于防止出现错误；校验字段的数值，即校验码，按照一定规则自动计算得出。ISLI 是一种机读编码，如果需要在屏幕上现实 ISLI 编码或将其打印出来，应在各字段间加上连字符“-”进行分隔，并在数字编码前加上“ISLI”，ISLI 与数字编码之间加半个汉字符空格，连字符“-”“SILI”不构成标识符的组成部分(如图 2-12 所示)。

ISLI 116063-452008629379147342644 3001-9

图 2-12　ISLI 编码实例

2.3.3　元数据

根据《全国科学技术名词审定委员会》的定义，元数据(Metadata)用于描述要素、数据集或数据集系列的内容、覆盖范围、质量、管理方式、数据所有者、数据提供方式等有关信息，简单说就是“关于数据的数据”。按照元数据执行功能的不同，可分为以下几种类型：①描述型元数据，指那些用来描述和识别信息资源特征的元数据，包括题名、作者、主题词等信息，主要与事物的本质相关。②管理型元数据，指用来管理和维护信息资源的元数据，包括版本信息、使用权限、历史保存信息等内容，主要与事务处理方式有关。③结构型元数据，一般也被称作技术型元数据或使用型元数据，指不同文件如何组合对象、如何在各种系统间显示并正常发挥功能的技术性信息。

具体到出版领域，元数据是与一本图书及用于创作、出版、发行、营销、推广和销售这本书相关的所有信息的集合。在数字出版环境下，元数据变得愈加重要。只有正确编制图书的每一个元数据，包括关键词、内容简介等涉及图书主题的信息，读者才有可能通过搜索引擎准确快速地查找到目标内容。此外，元数据对整个数字出版产业链不同环节之间的信息交互、数字内容版权保护等都起着重要作用。2011 年，法兰克福书展上专门召开元数据展望会议(Metadata Perspectives 2011)，讨论出版领域元数据的相关问题①。作为一种基础性业务数据，元数据开发、使用工作的完善与否直接关系到数字出版产业的发展潜力。以下列举和数字出版关系较为紧密的元数据方案。

2.3.3.1　都柏林核心元数据

作为通用描述性元数据，都柏林核心元数据(Dublin Core，DC)于 1995 年由联机计算机图书馆中心(Online Computer Library Center，OCLC)和国家超级计算机应用中心(National

① 爱德华·纳沃特卡著．元数据何以对出版商的数字未来如此重要[EB/OL]．[2021-08-04]．郑珍宇，译．http://www.bookdao.com/article/26159/.

Center for Supercomputer Applications, NCSA)联合发起，52 位来自图书馆界、电脑网络领域的专家共同研究产生。它是专为数字信息资源而制定的著录格式，旨在实现数字信息的检索和获取，目前由都柏林元数据倡议组织(Dublin Core Metadata Initiative, DCMI)来维护。每个元数据集本质上是一种数据结构标准，通过一套编码规则将来源各异的数字资源归纳到一个标准体系中。它由多个按照既定编码语言和编码方式对信息资源属性进行特征描述的元素组成，而所谓“核心”元数据，就是各个不同的元数据词汇表中都含有的元数据元素。相比传统的机读目录格式①，DC 是一种简洁而灵活的资源描述方式。它的著录项目只有 15 个基本元素，并且只要确定最低限度的 7 个元素，即题名、主题、出版者、日期、类型、形式、标识符就可著录(如表 2-4 所示)。由于 DC 是专为数字资源编制的，具有可扩展性、可重复性、可修饰性的特征。它一般以遵循 XML 句法，著录数据与著录对象存在于不同文件中。这有利于揭示数字图书的内容和其他特征。

表 2-4　都柏林核心元数据元素集②

元素名	标签	定义	注　释
Title	名称	赋予资源的名称	一般指资源正式公开的名称
Creator	创建者	创建资源的主要责任者	创建者包括个人、组织或某项服务，通常用创建者的名称来标识这一条目
Subject	主题	资源的主题	一般采用关键词、关键词短语或分类号来描述。建议使用受控词表。描述资源的时间或空间主体应采用“时空范围(coverage)”元素
Description	描述	资源的说明解释	描述可以包括但不限于一下内容：文摘、目录、图形图像表示，或者关于资源的文本描述
Publisher	出版者	使资源可以获得和利用的责任实体	出版者包括个人、组织或某项服务，通常用出版者的名称来标识这一条目
Contributor	其他责任者	对资源作出贡献的其他责任实体	其他责任者包括个人、组织或某项服务。通常用其他责任者的名称来标识这一条目
Date	日期	与资源生命周期中的一个事件相关的时刻或一段时间	日期可以用来表达任何级别粒度的时间信息。建议采用一个编码体系，例如 ISO8601[W3CDTF]的 W3CDTF

① 注：机读目录格式(MAchine-Readable Cataloging, MARC)是一种图书管理的通信格式标准，主要用于图书馆之间目录信息交换，最初由美国国会图书馆于 20 世纪 70 年代开发。

② 信息与文献　都柏林核心元数据元素集(GB/T 25100-2010)[S].

续表

元素名	标签	定义	注　释
Type	类型	资源的特征或类型	类型包括描述资源内容的一般范畴、功能、属性或聚类层次的术语。建议采用受控词表，如 DCMI 资源类型表(DCMITYPE)。要描述资源的文件格式、物理媒体或尺寸规格应使用“格式”(format)元素
Format	格式	资源的文件格式、物理媒体或尺寸规格	格式可以包括资源的媒体类型或资源的大小，格式元素可以用来标识展示或操作资源所需的软硬件或其他相应设备。如尺寸规格可以是大小尺寸或持续时间。建议采用受控词表，例如因特网媒体类型[MIME]定义的计算机媒体格式表
Identifier	标识符	在特定上下文环境中给予资源的一个明确标识	建议采用符合正式标识体系的字符串进行标识。正式的标识体系包括但不限于统一资源标识符(URI)、数字对象标识符(DOI)和国家标准书号(ISBN)等
Source	来源	对当前资料来源的参照	当前资源可能部分或全部源自该元素所标识的资源，建议对这一资源的标识采用一个符合正式表示系统的字串及数字组合
Language	语种	描述资源知识内容的语种	建议本元素的值采用 3066[RFC3066]，该标准与 ISO 639[ISO639]一起定义了由两个或三个英文字母组成的主标签和可选的子标签来标识语种。例如用“en”或“eng”来标识 English
Relation	关联	对相关资源的参照	建议最好使用符合规范标识体系的字符串或数字来标识所要参照的资源
Coverage	覆盖范围	资源内容所涉及的外延与覆盖范围	覆盖范围一般指空间位置(一个地名或地理坐标)、时间区间(一个时间标签，日期或一个日期范围)或者行政辖区的范围(比如指定的一个行政实体)。推荐覆盖范围最好是取自一个受控词表，如地理名称叙词表[TGN]，并应尽可能地使用由数字表示的组表或日期区间来描述地名与时间段
Rights	权限	有关资源本身所有的或被赋予的权限信息	一般而言，权限元素应包括一个对资源的权限声明，或者是对提供这一信息的服务的参照。权限一般包括知识产权(IPR)，版权或其他各种各样的产权。如果没有权限元素的标注，不可以对与资源相关的上述或其他权力的情况作出任何假定

由于缺乏较为严格的规范控制，DC 的字段定义趋于模糊，容易造成理解和操作上的不一致。同时，DC 仅有 15 个元素，难以满足不同领域精确描述数字文献资源的需求。DCMI 采取的做法是以 15 个核心元素为基础，开发各领域的应用纲要(Application Profiles)，以使其语义更加精确，主要包括都柏林核心元数据政府应用协议(DC-Government Application Profiles，DC-Gov)、都柏林核心元数据教育应用协议(DC-Education Application Profiles，DC-Ed)，都柏林核心元数据图书馆应用协议(DC-Library Application Profiles，DC-Lib)等。

2.3.3.2 元数据对象描述框架

元数据对象描述框架(Metadata Object Description Schema，MODS)由美国国会图书馆于 2002 年开发。它是以 MARC 21 的元素为基础，用 XML 语言描述的一套文献编目元数据，旨在增强对传统资源与数字资源的描述，主要应用于数字图书馆。

MODS 是 MARC 的标准子集，继承 MARC 格式里相同数据的语义，由元素、子元素和属性 3 层结构组成，即每个元素由若干子元素组成，元素都有元素属性。相较于 MARC，MODS 结构简洁。它将 MARC 的数据元素进行重组合并，形成 20 个顶级元素，分别是题名信息(title Info)、名称(name)、资源类型(type of Resource)、体裁形式(genre)、出版信息(publication Info)、语种(language)、载体形态描述(physical Description)、文摘(abstract)、目次(table of Contents)、读者对象(target Audience)、附注(note)、来源信息(origin Info)、主题(subject)、分类(classification)、相关文献(related Item)、标识符(identifier)、馆藏位置(location)、检索环境(access Conditins)、扩展(extension)、记录信息(record Info)。所有上述元素及其子元素都可重复；除了顶级元素“题名信息”与子元素“名称”是 MODS 的必备元素，其他元素及其属性均是可选的。

由于 MODS 元素以 MARC 格式为基础，MODS 元素及其子元素基本都能在 MARC 字段中找到对应项，因此在两者转换过程中信息丢失较少。这有助于解决图书馆大量传统 MARC 编目数据的转换问题。另外，MODS 采用 W3C 的 XML Schema 语言、XML 句法及规则，能根据需要选择标记名称和含义，或按特定目录规则来编目，从而体现出较强的灵活性与可扩展性。

2.3.3.3 资源描述框架

资源描述框架(Resource Description Framework，RDF)是通过 XML 语言描述万维网信息资源的通用机制，以实现各种元数据之间的互操作。它在 2004 年 2 月成为 W3C 组织的正式标准。RDF 主要由 RDF 模型(RDF Data Model)、RDF 语法(RDF Syntax)和 RDF 基模(RDF Schema)组成。其中 RDF 模型由资源、属性和属性值 3 类对象组成：资源(Resource)指由 RDF 描述的任何事物，可以是一本电子书或一个网页，一般都有统一资源标识符(URL)；属性(Propertities)描述资源的某一特征，如创建者；属性值(Value)表示一个被定义的属性的值，也可以是另一个新资源。这三者的完整组合形成一组陈述(Statement)，近似于一般语言中的主语、谓词和宾语组合而成的句子。下面是一条 RDF 实例。

```
<? xml version = "1.0"? >
<rdf:RDF
xmlns:rdf = "http://www.w3.org/1999/02/22- rdf- syntax- ns#"
xmlns:audio cd = "http://www.amazon.com/audio cd#">
<rdf:Description
  rdf:about = "http://www.amazon.com/audio cd/ The Hunger Games ">
   <audio cd:author> Suzanne Collins </audio cd:author>
   <audio cd:country>USA</audio cd:country>
   <audio cd:language>English</audio cd:language>
   <audio cd:price>23.36</audio cd:price>
   <audio cd:year>2008</audio cd:year>
</rdf:Description>
</rdf:RDF>
```

这段代码中，首行是常规 XML 声明；第二行是 RDF 根元素<rdf：RDF>；第三行与第四行则分别代表 rdf 与 audio cd 元素所来自的命名空间；第五行<rdf：Description>元素具体包含了由 rdf：about 属性标识的资源 http://www.amazon.com/audio cd/ The Hunger Games 的相关描述，其中<audio cd：author><audio cd：language><audio cd：company>都是该资源的相关属性。因此，在上述案例中资源是 http://www.amazon.com/audio cd/ The Hunger Games，属性是 author，属性值是 Suzanne Collins，陈述则是"The author of http://www.amazon.com/audio cd/ The Hunger Games is Suzanne Collins"。

目前大多数元数据方案都是针对不同目标开发的，彼此兼容性较弱；而 RDF 作为一种资源描述框架，采用"资源、属性、属性值"的三元组描述方式，并不直接定义具体属性，在兼容各类元数据方面具有明显优势。如以下这段代码，都柏林核心元数据就在 RDF 中得以完美展现。

```
"<? xml version = "1.0"? >
<rdf:RDF
xmlns:rdf = "http://www.w3.org/1999/02/22- rdf- syntax- ns#"
xmlns:dc =  "http://purl.org/dc/elements/1.1/">
<rdf:Description rdf:about = "http://www.w3school.com.cn">
```

```
    <dc:title>D- Lib Program</dc:title>
    <dc:description>W3School - Free tutorial</dc:description>
    <dc:publisher>w3school Data as</dc:publisher>
    <dc:date>2008- 01- 01</dc:date>
    <dc:type>Web Development</dc:type>
    <dc:format>text/html</dc:format>
    <dc:language>en</dc:language>
  </rdf:Description>
  </rdf:RDF>
  </rdf:RDF>
```

RDF 采用三段式描述方式类似于人类语言中的“主谓宾”结构。在传统相对封闭的状态下，这种方式并没有太大优势。可一旦进入开放的网络环境，借助它可以实现所有人物、地点、组织、事件、统计资料甚至基因数据之间的相互联通。更重要的，这种关联不是简单的文本之间的链接，而是格式化数据的相连。因此通过对机器可理解数据进行不断再利用，无疑为从信息组织向知识组织的大跨越提供了有利条件。

2.3.4 技术应用：CrossRef 系统

CrossRef 是一个由爱思唯尔、施普林格·自然、IEEE、牛津大学出版社等 12 个著名学术出版商发起的非营利组织，其宗旨是通过促进一套可持续基础设施的合作开发与利用实现可靠电子文献的简易识别和利用，让学术成果更易于查找、引用、链接、评估和重复使用，促进和辅助学术研究。作为学术参考信息链接的中转站，CrossRef 系统利用 DOI 链接帮助科研工作者实现资源的发现和利用。截至 2019 年 10 月，CrossRef 系统中内容项目登记总数已达 109 440 179 项，其中期刊 72 149 种，期刊论文 79 777 806 篇，图书 1 380 292 本，ORCID 注册总数达 1 949 455 个①。

2.3.4.1 功能与服务

CrossRef 系统是一个基于 DOI 技术的开放式参考文献链接系统，它虽不提供文献全文，但能让用户在引用时从一篇论文跳转至另一篇论文而不用顾虑文献是否出自同一个出版商。如果是已经获得授权或者按次付费的用户，只需点击 CrossRef 中的链接便可自动获得全文。由于出版商为电子文献分配的 URL 地址不总是固定的，一旦链接发生变化科研人员便需要重新查找，给科研造成极大不便。为弥补这一缺陷，CrossRef 系统允许出版商

① CrossRef. CrossRef 2018-2019 年报[EB/OL]. [2021-08-04]. https://www.crossref.org/pdfs/annual-report-factfile-2018-19.pdf.

进入 DOI 数据库及时修改 URL，使研究人员能够始终可以通过更为稳定的 DOI 链接查找和索引文献(图 2-13 所示)。基于强大的文献链接数据库，CrossRef 系统除了基本的内容注册、电子文献搜索、元数据搜索，还提供引用追踪(Cited-by)、相似检验(Similarity Check)、交叉标记(CrossMark)等学术增值服务。CrossRef 统计了每一篇文献的引用情况，用户可通过其提供的公共 ABI 接口进行查看和引用数，更快地筛选和缩小文献范围。相似检验是 CrossRef 联合技术商 iThenticate 推出的查重服务，后者长期专注于学术剽窃探测软件的研发，所构建的文献数据库规模超过 7800 万篇，CrossRef 强大的文献链接网络有助于提高文献探测和比对的效率。交叉标记使用户得以快速查看文献内容的更新或收回状态，如文献发布者新添的元数据等，它可以直接嵌入 PDF 中，使用户在阅读文献时可查看文献下载后又发生了哪些变化。

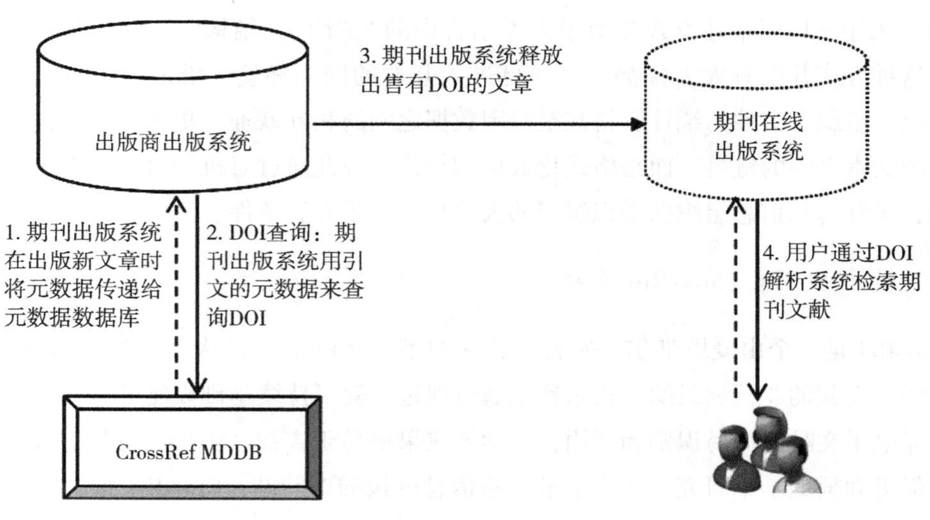

图 2-13　CrossRef 运作机制

2.3.4.2　与其他系统的集成应用

不同用户使用 CrossRef 系统的目标与侧重点各有不同。对于科研人员而言，它无疑提供了一个更为稳定、便捷的跨平台文献搜索渠道。出版商可借此提高其内容的发现和销售，图书馆等馆藏机构除了提升馆藏曝光率之外，还可为其用户提供更多非自由内容的访问机会。鉴于许多图书馆采用的 SFX 系统是一种基于开放式链接(OpenURL)的文献搜索技术，与 CrossRef 集成能向搜索源中补充更丰富的元数据和相对稳定的文献链接。图书馆领域因此出现了许多 SFX 和 CrossRef 的集成应用，利用 OpenURL 和 DOI 来完成开放式匹配、链接和数据传送功能——SFX 链接服务器根据接收的 OpenURL 信息到 CrossRef 系统中查询相关元数据以提供扩展的连接服务(如图 2-14 所示)。

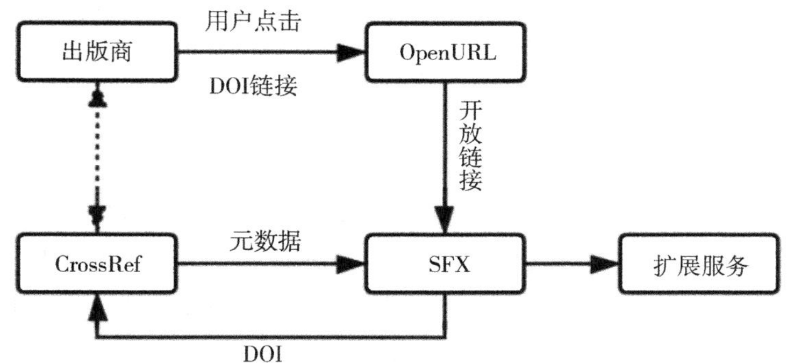

图 2-14 CrossRef 与 OpenURL，SFX 系统集成与互动机制

2.4 综合技术

数字出版领域还涉及一些需要综合运用多领域基础性技术的综合性技术。其中，数字游戏技术和虚拟现实技术利用脚本和引擎技术，集合多种媒体形式以营造各具特色的视听与交互体验。区块链技术结合数据库、计算机网络、不对称加密等技术对数字内容实施安全性更高的去中心化管理，在知识产权管理、学术出版信任与诚信等方面具有巨大的应用潜能。人工智能的发展催生了新的数字出版产品与服务形态，能够对数字出版进行全流程、全方位的重塑，背后则可能涉及机器学习、自然语言处理、知识图谱、人机交互技术、计算机视觉和生物特征识别等多项技术。

2.4.1 数字游戏技术

数字游戏(Digital Game)即以数字技术为手段研发设计，在数字化设备上运行的各种游戏。它集合了文本、音视频、动画等多种媒体形式，技术上的独特之处集中体现在游戏引擎上。所谓游戏引擎(Game Engine)本质上是将游戏程序设计中最核心与最常用的功能集成为一个游戏开发平台或集成环境，是一个由图像系统、声音系统、输入系统、时间系统、渲染引擎、控制台、游戏界面等多个子系统架构而来的复杂实时系统①。按照不同的标准分为开源和商业游戏引擎，2D/3D 游戏引擎以及面向 Windows，安卓，iOS，Linux 等不同操作系统的游戏引擎等。从功能上看，一个完整的游戏引擎通常包括图像绘制、电脑动画、物理模拟、光照、音效、交互控制、人工智能、场景管理等多个组件，可供游戏开发人员直接使用。目前使用较广的游戏引擎包括 Cocos2d、虚幻引擎(Unreal Engine)、Unity 3D 等。这些游戏引擎除了能实现完整的游戏功能，还配置了功能强大的图形编辑器和第三方插件，以便从 Maya、3D Max 等第三方软件导入模型，对游戏场景和动画进行设

① 张文俊等编著. 数字媒体技术基础[M]. 上海：上海大学出版社，2007：312-314.

计和调整；简洁有效的软件开发工具包(Software Development Kit，SDK)接口和网络部署、数据库等辅助功能均有助于游戏研发人员迅速上手，提升游戏的设计效果与运行性能。

(1)Cocos2d系列。这是发布于2008年的开源2D游戏引擎，最初用Python语言进行基本架构，后逐渐移植到C#、Java等多个语言和平台，以方便游戏研发人员进行多种程序语言和跨平台的游戏研发。它的最大优势在于它免费，扩展性较好，并且有较为庞大的社区支持。两款主推产品中，Cocos Creator是以内容创作为核心的游戏开发工具，也是覆盖设计、开发、预览、调试和发布等游戏开发全流程的一体化解决方案，支持Web、iOS、安卓和PC客户端等各类平台，能够实现"一次开发，全平台运行"。Cocos2d-X则是专门针对移动端的游戏引擎，立足C#语言的同时支持Java、Lunix语言的开发，并且支持移动端的跨平台部署。Disney Mobile、Wooga等知名游戏公司都使用Cocos2d-X进行移动游戏研发和部署(见图2-15)。

图2-15　Cocos2d-X标识

(2)虚幻引擎(Unreal Engine)。它是美国EPIC游戏公司研发的最为人所知所用的游戏引擎，EPIC游戏通过虚幻引擎开发了《战争机器》(*Gears of War*)、《堡垒之夜》(*Fortnite*)等经典游戏。虚幻引擎是一个用C#语言编写的游戏引擎，可免费使用并开放源代码。它采用最新的即时光迹追踪、高清光照、虚拟位移等新技术，可实时运算出电影级别的游戏画面。虚幻引擎目前正大力投入移动端游戏的发展，支持安卓、iOS等多种系统。此外，它还率先将目光投向VR/AR技术，通过提供VR模式编辑器来为VR游戏研发提供引擎支撑(见图2-16)。

图2-16　虚幻引擎的标识

(3)Unity 3D。这款跨平台游戏引擎由优美缔(Unity)游戏技术公司研发，可用于开发Windows、MacOS和Linux平台的单机游戏，PlayStation、XBox等游戏主机平台的视频游戏，iOS和安卓等移动设备游戏，甚至还能够支持基于WebGL和HTML5的网页游戏和AR/VR游戏。除了被用于游戏研发，Unity还被广泛用于建筑可视化、实时三维动画等交互内容的创作(见图2-17)。

图2-17 Unity引擎标识

2.4.2 区块链技术

区块链技术(Blockchain)是一种将数据区块按照时间顺序串联成链状数据结构，并利用密码学保证其不被伪造和篡改的数据库技术，最早被用来搭建数字货币系统以便进行数字资产的管理。去中心化和开放共享是区块链最突出的特征。理论上，任何组织和个人一旦获得授权便可前往区块链读写数据，成为其中一个节点；区块链各节点间权利义务对等，各自按照区块链协议进行数据录入和验证，而不依赖于特定的管理组织或个人。按此2个特征标准可将区块链分为公有链、联盟链和私有链3种。公有链是完全去中心化的区块链，允许任何节点加入和使用。联盟链也称行业链或联合区块链，是部分中心化的区块链，关键节点掌握在特定组织和个人手中。私有链的所有节点均掌握在某一组织或个人受众，杜绝外部写入数据。区块链的搭建涉及数据层和网络层2个部分。数据层的任务是将时间戳、交易数据等信息封装于数据区块之中，再将其串联成单向链式的数据结构。网络层的任务主要是实现数据的广播与验证，在数据结点之间建立共识机制。其中涉及的核心技术主要包括以下5种。

(1)安全哈希算法(Secure Hash Algorithm，SHA)。是一种能够将任何长度的二进制值映射为长度固定且唯一值的数据存储和查询算法，原始数据一旦发生变动也会跟着生成新的哈希值，因而被广泛用于鉴权、认证、加密和索引等用途①。区块链主要通过它检验文本摘要、时间戳等信息的完整性。

(2)非对称加密(Asymmetric Encryption)，又称公开密钥加密。使用一个数学相关的密钥(公钥/密钥)对进行信息加密，其中公钥(public key)用于信息发送端加密，私钥(private key)用于用户端解密②。非对称加密虽然会比对称加密占用更多CPU资源，但是

① 冯晖，来风琪，王绍银等. 计算机密码学[M]. 北京：中国铁道出版社：185.

② 尹淑玲主编. 网络安全技术教程[M]. 武汉：武汉大学出版社，2014：172.

安全性也更高，因此被用来保障区块链数据的传输安全。

(3)P2P 对等网络(Peer-to-peer network)，以互联网为基础将若干对等节点通过某种软件协作机制相互连接而形成的逻辑网络，以此来实现对等节点之间的资源共享；所谓"对等"，指网络节点之间没有服务器和客户端之分，每个节点都可为其他节点服务，同时也可享受其他节点的服务①。区块链用此网络进行数据的验证和广播，一个节点上生成的新数据通过网络就近传播，验证通过后再向外传播，直到全网接收。

(4)工作量证明机制(Proof of Work，PoW)。当区块链的数据层和网络层建立起来之后，还需建立共识机制以确认交易的完成情况，并保障区块链数据的一致性，防止去中心化的节点之间因缺乏信任而发生冲突。PoW 是最常见的共识算法，依据节点为确认交易付出的工作量进行奖励，算力越强的节点获得的奖励最多。

(5)智能合约(Smart Contract)是一种以信息化方式传播、验证或执行合同的计算机协议，允许在没有第三方的情况下进行可信交易，并且这些交易都是可追踪且不可逆转的。当有交易发生自动触发合约时，区块链系统根据合约条款进行自动结算。

随着区块链被应用于金融、医疗、教育等领域，区块链逐渐指向一种可用于支持数据生成、存储、更新、验证、传输和编程操作，保障数据安全的分布式基础架构和计算范式，朝着"区块链即服务"(Blockchain as a Service，BaaS)的方向发展，即以区块链为基础设施，在上面搭建各种满足用户需求的应用和区块链管理与运维系统，区块链技术也由此开始泛指用于建设、维护和应用这一架构的技术的集合(见图 2-18)。

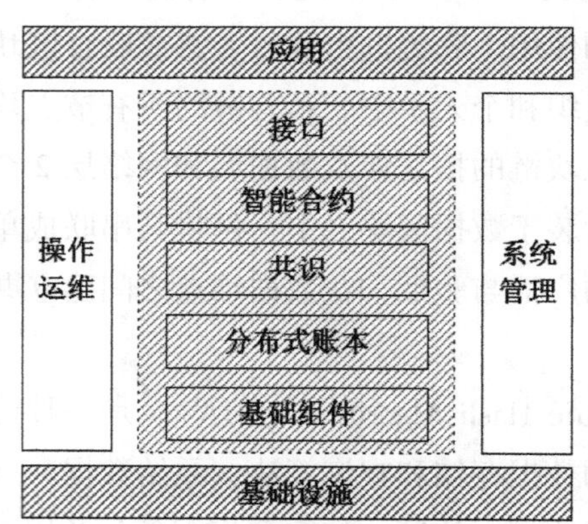

图 2-18　区块链技术应用框架②

在数字出版领域，区块链技术率先被认为在版权管理方面大有用途。官方版权管理机构或数字内容平台可以构建一个公有链或联盟链，利用时间戳工具和区块链通证来为创作

① 徐雅斌，周维真，施运梅编著. 计算机网络[M]. 西安：西安交通大学出版社，2011：337.

② 注：图片源自中国信通院。

者提供版权存证，打击盗版行为。区块链通证(blockchain token)指利用区块链技术在区块链上记录数字资产形成、流通和使用过程的数字资产权益证明①，版权所属人可用于版权登记和声明。2019 年 3 月，中国版权保护中心发布中国数字版权唯一标识(Digital Copyright Identifier，DCI)标准联盟链，通过嵌入式技术实现数字版权的线上确权和维权，DCI 联盟链是该体系的升级应用，是唯一以国家版权登记制度为支撑的版权领域的联盟链②。类似地，区块链也可为科研成果的复证检验提供有效物证，协助探查学术端、同行评审造假等行为，使学术出版能够更好地发挥把关功能。譬如“科学区块链”(Blockchain for Science)联合大学、开放研究者和贡献者唯一标识(Open Research and Contributor ID，ORCID)等“身份银行”(Identity Bank)进行专家身份搜集和确认③。Orvium 则通过让所有论文投稿、同行评审、版权授权、数据贡献和期刊管理等学术出版活动都使用 Orvium 令牌，借此来促进整个学术出版过程的公开、透明④。

2.4.3 人工智能技术

人工智能(Artificial Intelligence，AI)指利用数字计算机或数字计算机控制的机器模拟、延伸和扩展人类智能，感知环境、获取知识并使用知识获得最佳结果的理论、方法、技术及应用系统⑤。现如今，人工智能技术在数字出版领域的应用方兴未艾，被认为将重塑数字出版流程，促成更多新的数字出版产品形态。譬如机器创作虽然一时无法完全取代人类创作，但是已经越来越多地应用于新闻、数据报告、商品文案等易于模式化的文本创作。智能语音技术的发展使读者能够通过说话控制图文翻页与滚动，让出版商能够将读者的声音与指令作为创作元素加入有声书互动当中。这些都离不开人工智能的进步与普及，其实现则需要结合机器学习、自然语言处理、知识图谱等多项技术。

机器学习(Machine Learning)旨在让机器观测和模拟人类的学习行为以获取知识技能，是人工智能的核心技术。按照机器观测和学习的数据集，即训练样本是否标记，机器学习可分为监督学习(Supervised Learning)和无监督学习(Unsupervised Learning)。前者利用全部标记的有限数据集建立某种学习模型，来对新数据进行标记分类，无监督学习则致力于描述和挖掘隐藏未标记数据中的结构与规律。在没有充足的训练样本时，机器学习可利用已有的学习经历进行强化学习(Reinforcement Learning)或者利用与其他领域的数据关系进

---

① 孟岩. 通证经济与语言服务[N]. 中国出版传媒商报，2019-12-03(12).

② 网视洞察. 中国数字版权唯一标识(DCI)标准联盟链正式落地[EB/OL]. [2021-08-04]. https://baijiahao.baidu.com/s? id=1629473376602483029 & wfr=spider & for=pc.

③ 刘佳，夏晓蕾，王姝，等. 科技资源标识服务系统及创新应用[J]. 数据与计算发展前沿，2020，2(6)：62-73.

④ 治丹丹. 区块链技术支持的科技论文出版平台 Orvium 特色服务运营模式及启示[J]. 科技与出版，2021(5)：85-92.

⑤ 中国电子技术标准化研究院. 人工智能标准化白皮书(2018)[EB/OL]. [2021-08-04]. https://www.sohu.com/a/217738059_756411.

行迁移学习(Transfer Learning)。此外，深度学习(Deep Learning)借助深度置信网络(Deep Belief Network，DBN)、卷积神经网络(Convolutional Neural Networks，CNN)、循环神经网络(Recurrent Neural Network，RNN)等神经网络算法模拟人类大脑处理外部刺激和信息输入的机制，将要学习的事物以嵌套的概念层次进行表示，概念的定义通过与更简单概念的关联进行，更抽象的表示以不甚抽象的方式计算，特别适合复杂模式的识别和推理①。

自然语言处理(Natural Language Processing，NLP)技术本质上是机器学习和语言学的交叉应用，能够帮助我们更好地进行文本处理与挖掘。其核心原理是基于一定规模的语料库和语言模型对文本进行分词处理，文本中的实体进行识别、命名、词性标注，并展开语法和语义分析，以便进行语音识别和自然语言的理解与生成，进而实现文本分类、信息抽取，语法检查、机器翻译、情感分析等功能②。以机器翻译为例，传统的机器翻译模型包括统计机器翻译(Statistic-based Machine Translation)和实例机器翻译(Example-based Machine Translation)。统计机器翻译将目标句子切分为短语序列，依据从语料库中抽取出来的翻译规则逐一进行翻译，最后借助反向转录文法等调序模型调整短语顺序。实例机器翻译利用翻译实例引导推理，将目标语句与双语翻译实例库中的源语言语句进行比较，找出与目标语句最相似的句子，模拟对应的译文进行翻译(如图 2-19 所示)。深度学习的发展促成了神经翻译技术的诞生，能够改进传统机器翻译的诸多不足，翻译性能在很多语种和应用场景中已经超越了后者③。这不仅有助于提升作品的翻译质量和效率，还能够更好

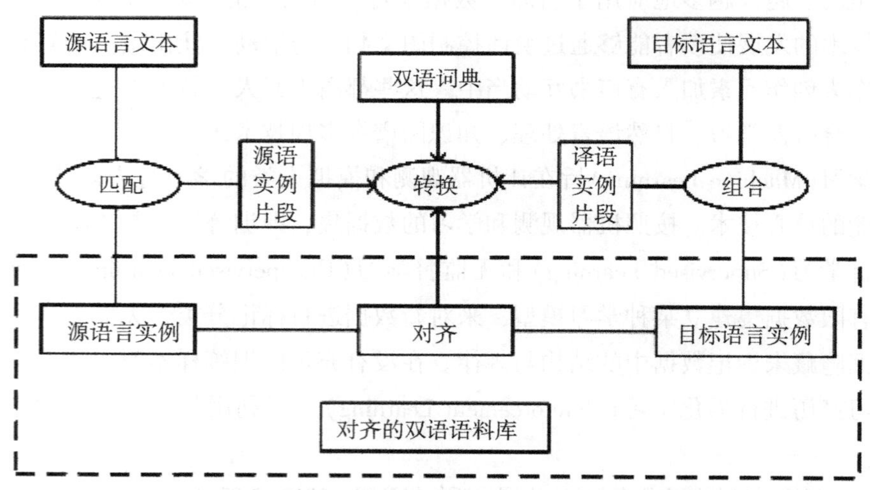

图 2-19　实例机器翻译模型

① Ian Goodfellow，Yoshua Bengio and Aaron Courville. Deep Learning[EB/OL]. [2021-08-18]. http://www.deeplearningbook.org/contents/intro.html.

② 宗成庆. 统计自然语言处理[M]. 北京：清华大学出版社，2013：1-9.

③ 清华-中国工程院知识智能联合实验室. 2018 人工智能之机器翻译研究报告[EB/OL]. [2021-08-04]. https://cloud.tencent.com/developer/news/296492.

地解决国际版权贸易与跨文化交流中的语言问题。

基于大数据的机器学习是实现现代化智能的必经之路，知识图谱(Knowledge Graph，KG)以结构化形式描述客观世界中的概念、实体和关系，能够帮助我们更好展开数据处理和挖掘工作。它与机器学习、自然语言处理等 AI 技术的结合更是将促进数据与知识间的链接、融合与迭代，进而向智能化知识系统演进。提供优质的知识服务本身也是数字出版的应有之义，知识图谱的发展将从根本上改变数字出版组织和利用知识信息的形式。如图 2-20 中所示，知识图谱的构建首先要通过知识表示与建模将现实世界的知识以方便计算机存储和计算的形式表达出来，主要有两种思路：一是基于离散符号的知识表示，以“实体-关系-实体”三元组的形式将数据组织起来，常用技术包括资源描述框架(Resource Description Framework，RDF)和本体描述语言(Web Ontology Language，OWL)等；二是源生于 NLP 技术的词向量嵌入法，即以连续向量的形式对知识进行约束，使之更有便于推理，常见技术包括 one-hot 向量、Word2Vec 模型等。其次，知识图谱构建是一个动态发展的过程，需要不断从数据信息中识别和抽取新的实体，并将之与旧知识链接起来。传统的知识图谱构建往往需要耗费大量人力完成这一工作，随着机器学习的普及与性能提升，人们开始尝试用之实现知识图谱的半自动构建，即训练机器学会知识表示、实体与关系抽取、语义标注等技能，以减轻人工构建的工作量，将人力用于更加复杂的知识图谱构建任务中。知识图谱构建起来之后不出意外会以图数据库(Graph Database)的形式进行存储和查询，常见数据库工具有 Neo4j、Janus 等。知识图谱的推理主要围绕实体间的关系展开，即基于图谱中已有的实施或关系推断出未知的事实和关系，主要有逻辑规则推理、图结构推理、分布式表示学习推理和神经网络推理等 4 种推理方法。

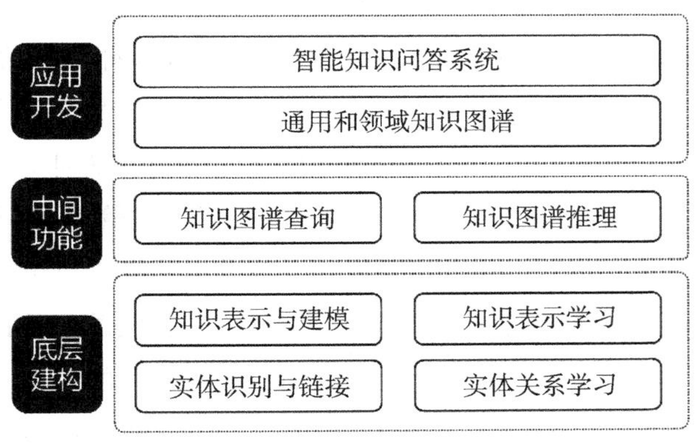

图 2-20 知识图谱技术架构

2.4.4 虚拟现实技术

虚拟现实(Virtual Reality，VR)通过计算机仿真作用于用户的视觉、听觉、触觉等多重感官，使用户在多维度的感知交互中产生身临其境的感觉，具有交互性(Interactivity)、沉浸性(Immersion)、构想性(Imagination)3个重要特性，简称3I特性①。其中，虚拟现实的交互是一种多维交互，用户可通过键盘、鼠标、立体眼镜、数据手套等多种设备进行操作，VR系统也能根据用户的肢体动作和语言调整将要呈现的虚拟环境信息；沉浸感又称临场感，指用户感到作为主角存在于虚拟环境中的真实程度②；构想性指用户根据获得的信息和自身的行为对虚拟现实环境进行联想和推理。

按照硬件部署和在沉浸感、交互性等特征上的差异，VR系统大致可分为以下4类。

(1)沉浸式虚拟现实(Immersive VR)利用头盔、数据手套等手段排除外界干扰，使用户全身心投入到虚拟现实世界当中，一般采用高性能的图形工作站捕捉用户行为，具有高度的实时性和逼真性，对设备要求较高，系统造价往往也更为昂贵。

(2)增强现实(Augemented Reality，AR)将利用立体现实、注册追踪、实时计算、场景融合等技术生成虚拟物体或情境，并将之与真实环境实时地叠加到同一空间或画面中，使用户在互动中获得超越现实的感官体验。与沉浸式VR最大的区别是它致力于将虚拟世界与现实世界融为一体。

(3)桌面虚拟现实(Desktop VR)是利用个人计算机和常规交互设备打造的小型VR系统，通过计算机屏幕将虚拟世界呈现给用，用户使用键盘、鼠标等设备与之互动。尽管沉浸效果不如沉浸式VR，但却是一种结构简单、成本低廉，更容易实现的VR系统。

(4)分布式虚拟现实(Distributed VR)利用专有网络将多个异地的VR系统连接起来，以便多人同时进行互动协作，共享虚拟环境和任务信息，多见于专业的军事、医疗训练。

无论是何种VR，本质上都是基于计算机图形学原理，借助3D建模、立体显示、人机交互、三维模拟声效等技术生成虚拟环境，打造动态而立体视听效果。VR系统的良好运行离不开软件和硬件两方面的支持。VR软件系统主要由应用系统与数据库组成。VR应用系统的任务是根据用户需求组织和呈现虚拟仿真内容，处理虚拟仿真的动态逻辑以及虚拟仿真对象与用户之间的交互关系。由于虚拟世界完全由各种场景与信息模型构成，当用户与虚拟世界进行交互时要根据用户操作进行场景的实时绘制，随时更新和调用大量的虚拟对象。因此必须使用数据库对这些虚拟对象和模型进行分类管理③。硬件方面，由于VR主要还是以视觉呈现为主，因而立体现实设备可谓是VR系统中最重要的硬件，包括头戴显示器、固定立体投影设备和全息投影设备等。除此之外，跟踪定位设备能够检测用户的方位，并将数据传送给VR系统，有助于提供更加自然、实时的人机互动，主要包括三维跟踪设备、手部姿势跟踪设备和身体运动跟踪设备3种。三维跟踪设备根据用户的头部位置确定其方位与视点，根据所在的位置输出虚拟图像。手部姿势跟踪设备包括手柄和数据手套，前者通过触动交互键来与虚拟世界互动，数据手套上带有多个传感器，可以将各种

① 张古龙，罗辞勇，何为. 虚拟仿真现实技术概述. 计算机仿真[J]. 2005，22(3)：1-3.

② 陈雁飞，马建民，高丽. 虚拟现实技术综述. 机械制造与自动化[J]. 2004，33(5)：5-7.

③ 杨欢，刘小玲. 虚拟现实系统综述. 软件导刊[J]. 2016，15(4)：35-38.

手部姿势信息转换为数字信号发送给计算机，实现基于手势的 VR 互动。身体运动跟踪设备也叫人体运动捕捉设备，它将大量传感器安装在“数据外套”上，能够全方位地探测各种动作姿态。最后，听觉感知设备将计算机合成的虚拟场景声效传递给用户，配合立体显示器输出的画面打造富有空间感的立体音效，同时减轻视听失调引发的疲劳感。

作为一种新兴的多媒体技术，虚拟现实能够为数字出版提供新的内容呈现与交互方式，已得到了广泛的关注与应用。在教育出版领域，VR/AR 技术与许多学科的课堂教学进行了深度结合，譬如谷歌远征项目的 VR 教室能够让学生进入虚拟的太空、海洋进行探险，SimforHealth 提供一种沉浸式、交互式、协同式的方法来实现医疗专业人员的 VR 培训。在大众出版领域，专业旅游图书创办团队京版梅尔杜蒙公司打造的纪录片同名出版物《奇遇》是国内首部 VR 旅游图书。VR 漫画利用 VR 设备将平面漫画转为 3D 场景，并融入叙事情节。2016 年 9 月，以全球历史上首部 VR 漫画《磁》的出版(Magnetique)为开端，国外众多出版商将 VR 漫画的出版提上日程，如“光”计划(Project Hikari)、《哆啦 A 梦》等①。

2.5 小　结

近年来，国内外数字出版领域呈现高速发展态势。大批 IT 企业如谷歌、苹果、亚马逊等进入数字出版领域，成为传统出版企业强有力的竞争者。这一现象背后的根本原因则是数字出版实际上是由密集技术尤其是信息传播技术(Information Communication Technology，ICT)驱动的人类出版活动发展的新阶段。因此，拥有技术优势的企业在发展初期占尽先机是不足为奇的。从长远发展来看，新进入者搅动了稳定甚至有些固化的传统出版格局，一些传统出版企业将面临这股破坏性创新力量的严峻挑战；另一方面，新进入者和幸存下来的传统出版机构在更高层次上的竞合完全有可能拓展出版的疆域。

尽管数字出版仍处于其“襁褓期”，但它终究将是须平衡文化、商业和技术要素的事业或产业。所有数字出版企业都不能无视技术的产生和发展，错失通过技术升级提升企业竞争优势的重要机会。除了丰富作品的表现与互动形式外，还应重视利用 ICT 技术对出版流程与工作方式加以改造，以提升内容生产和传播的效率与质量，为内容消费者创造更大的价值，在日益激烈的市场竞争中占得一席之地。此外，在尽力把握技术发展带来的机遇之时，数字出版企业也需对技术的潜在破坏性加以警醒，以积极的防御策略做好技术治理工作，将技术应用的风险降至最低。出版企业只有现实地分析自身的资源配置情况，包括企业既有的价值观与运营模式，将其与当前技术环境和特定技术进行适配，才能使企业在未来的发展中立于不败之地。

① 方堃. 论技术革新视野下的 VR 漫画出版. 编辑之友[J]. 2017(2)：21-24.

本章关键术语

计算机网络	物联网	体系结构
云计算	三网融合	Web 2.0
Web 3.0	文字处理	分辨率
组播	广播	全景视频
流媒体技术	标记语言	SGML 声明
超文本	数字对象标识符	国际标准关联标识符
元数据	元数据对象描述框架	资源描述框架
自然语言处理	知识图谱	虚拟现实

简答题

1. 简述 Web 2.0 技术在数字出版领域的应用及影响。
2. 简述数字视频的技术原理。
3. 简述 XML 语言的特点和语法规范。
4. 简述 4 种数字出版常用标识符的用途和结构特征。

思考题

1. 假如你现在是一名编辑，你将如何为你的数字出版项目选择合适的数字出版技术？如何评价技术使用效果？

2. 人工智能的应用除了给人们的生活带来诸多便利之外，也造成了算法歧视、隐私安全、人工失业等诸多现实问题。你认为人工智能在数字出版领域的应用是否会带来哪些负面影响？如有，我们应该注意防范和警惕哪些事项？

《致第 39 届国际标准化组织大会的贺信》

《网络安全和信息化是相辅相成的》

《建设网络良好生态，发挥网络引导舆论，反映民意的作用》习近平在网络安全和信息化工作座谈会上讲话的一部分

《共建网上美好精神家园》

《使网络空间清朗起来》

第 3 章　数字出版产品与服务

产品与服务，两者并不是同一层次的并列概念，从所体现的社会关系来看，服务较产品具有更为本质的特性。1994 年美国市场营销专家菲利浦·科特勒在《市场管理：分析、计划、执行与控制》专著修订版中将产品概念的内涵由 3 层次结构说扩展为 5 层次结构说，即包括核心利益(Core Benefit)、一般产品（Generic Product）、期望产品(Expected Product)、附加产品（Augmented Product）和潜在产品(Potential Product)。所谓的核心利益，其本质乃是生产者为满足消费者的需要所提供的产品基本效用和利益，也是消费者真正要购买的利益和服务。一般产品只是这种服务的表现形式，为服务的基本内容提供识别、评价的依据；期望产品是消费者购买产品时期望得到的服务；附加产品是服务在内容上的延伸和扩展；潜在产品是产品在未来将最终经历的所有附加过程和改造过程。所以，不仅附加产品是服务，其他 4 个层次都是服务的组成部分。

《布达佩斯开放获取倡议》(Budapest Open Access Initiative，BOAI)

A European strategy for data

DOD DATA STRATEGY

GB/T 32626-2016 信息技术 网络游戏 术语

3.1　概　　述

习近平总书记在多次讲话和报告中都强调了满足人民日益增长的精神文化需求的重要性。在二十大报告中，习近平总书记明确提出要“坚持把实现人民对美好生活的向往作为现代化建设的出发点和落脚点”。数字出版产品和服务可以提供丰富多样的内容，满足人民的多元化需求；可以提供更加便捷的获取方式，人们可以随时随地获取到自己感兴趣的内容，无需受到时间和地点的限制；可以通过互动、个性化的方式，提高人们的参与感和满足感。在这样的时代背景下，数字出版产品和服务完全能够也应该承担起满足人民精神文化生活需求的重要任务。

国家新闻出版署关于防止未成年人沉迷网络游戏的通知

国务院办公厅关于印发《科学数据管理办法》的通知

未成年人网络保护条例

文化部关于出版社兼办自费出版业务有关事项的通知_失效废止

中共中央、国务院关于构建更加完善的要素市场化配置体制机制的意见

中华人民共和国未成年人保护法(2020 修订)

在出版学框架下进行讨论，数字出版产品与服务，既包括内容产品，这是数字出版的核心和基础；也包括有形产品，比如电子书阅读器、点读笔等电子产品；还包括无形的数字出版服务，比如数字教育出版领域的教学服务，以及数字学术出版领域的学术服务等。①数字出版产品与服务并不是割裂开的——数字出版产品是数字出版服务的载体，数字出版服务是数字出版产品的本质。②

按照不同的分类标准，数字出版物可以归入不同的类别。如按照载体类型，数字出版物可分为磁盘出版物(软磁盘、硬盘)、光盘出版物(只读光盘、交互式光盘(CD-I)、照片光盘出版物(Photo-CD)、高密度只读光盘出版物(DVD-ROM)、集成电路卡出版物(IC Card))、网络出版物(互联网、无线网和卫星网出版物)等；按照媒体信息类型，数字出版物可以分为文本型、图像型、音频型、视频型和多媒体型等；按照受众对象和媒体内容的不同，数字出版物可以分为数字大众出版物、数字教育出版物和数字专业出版物，等等。对于数字出版物来说，由于目前还处在发展的初期阶段，尚无法预知其演进的最终形式。因此本书未根据严格的科学分类标准来划分数字出版物类型并分别加以考察，而将检视在实际生活中应用、流布较为广泛且具有一定产业意义的各种数字出版和数字出版物形态。

3.2　数字书报刊

在模仿中演进，实现升级换代，直至完成“质”的飞跃。这是人类社会及其产物发展的基本路线之一。因此，早期的数字出版物往往是传统出版物的直接数字化；或是借用传统出版物并承袭其核心特点的数字出版物，如数字书报刊等。

3.2.1　电子书

1971 年，迈克尔·哈特(Michael Hart)开创了“谷登堡计划”(Project Gutenberg，PG)。这是一项基于互联网的协作计划，该计划以自由的和电子化的形式，提供大量版权过期而进入公有领域的书籍。

① 曾元祥. 数字出版产业链的构造与运行研究[D]. 武汉：武汉大学，2015：79-80.

② 卿志琼. 产品与服务关系探析[J]. 经济论坛，1999，000(17)：18-18.

它是世界上第一个数字图书馆，所有书籍的输入都是由志愿者完成，并将这些书籍文本化。① 自此以后，全球电子书(e-Book)出版实践和相关研究都有了长足发展。电子书是以二进制代码形式存储于硬盘、闪存(Flash Memory)、软盘、光盘、网络及其他计算机存储介质上的图书。百道新出版研究院的《2011中国电子书产业研究报告》根据电子书呈现形式的不同以及其与传统出版之间的关系，将电子书分为3种基本类型：电子书1.0即传统印刷图书对应的电子版，通常是先有纸质书再出电子书，或同时推出；电子书2.0指从生产到发布都只有数字化形态的电子读物，不一定源于传统纸质书，通常是只有数字版或先出数字版；电子书3.0指除了文字、图、表等平面静态阅读要素以外，集成了声音、视频、动画、实时变化模块(如嵌入的网页等)、交互模块等要素的多媒体读物。

常见存储格式有hlp、chm、pdf、exe、epub等。尽管这里讲的是电子书，其实数字报刊发展轨迹和态势也颇为相似。

电子书的发展经历了从封装型、网络型向增强型(也称为“电子书应用”“电子书3.0”)迁移的轨迹。20世纪90年代中晚期以前，以软磁盘和光盘为载体的电子书占据主流地位。创始于1992年的莫比斯国际多媒体光盘大奖赛从一个侧面见证了该类型电子书由盛而衰的发展历程。世纪之交，电子书主要是以“火箭书”(Rocket eBook)、“软书”(SoftBook)为代表的第一代手持式阅读器(见图3-1)。这些便携式设备使用起来非常复杂，并且不适合长时间阅读。2004年，索尼公司推出自己的电子书阅读器(Sony Reader)，采用电子墨水(E Ink)技术，为大众市场引入了创新的类纸显示屏。2004—2013年，索尼每年都会发布新版本的电子书阅读器，其中包括袖珍版PRS-300、日常版PRS-950等不同版本。但因为电子书业务阻滞，2014年索尼宣布不再开发新的电子书阅读器，PRS-T3成为索尼最后一代电子书阅读器，标志着索尼彻底退出电子阅读硬件设备市场。在索尼推出Sony Reader的3年后，亚马逊发布Kindle电子书阅读器，并推出大量热门书目，迅速占领电子书市场②。截至2021年4月，Kindle已发展到第十代，其中包括Kindle Paperwhite 4、Kindle 10、Kindle Oasis 3等多款产品。图书出版平台PublishDrive的数据显示，2019年亚马逊在全球电子书市场的份额达到53%，亚马逊在Kindle加持下成为全球最大的电子书终端供应商③。亚马逊之后，Nook电子书阅读器、Kobo电子书阅读器(Kobo eReader)等产品也先后加入战场，为用户提供电子书阅读服务。不过，巴诺书店(Barnes & Noble)因为业绩惨淡于2013年停止生产Nook设备，退出竞争。而Kobo自2010年推出第一款产品以来，一直在陆续发布新版本的阅读设备，最新一代电子书阅读器是2020年7月发布的

① 谢琳. 从Google网络图书馆计划看数字图书馆建设面临的机遇和挑战[J]. 上海高校图书情报工作研究，2005(2)：18-20.

② DigitalPublishing101. A very short history of ebooks [EB/OL]. [2021-02-03]. https://digitalpublishing101.com/digital-publishing-101/digital-publishing-basics/a-very-short-history/.

③ PublishDrive. Amazon's Ebook Market Share 2019-2020 | Quick Review[EB/OL]. [2021-04-27]. https://publishdrive.com/amazon-ebook-market-share.html.

KoBo Nia。国内电子书阅读器市场是在 2008—2009 年亚马逊 Kindle 电子书阅读器在市场上取得巨大成功的刺激下催生的，加上 2009 年汉王电纸书的高调回归，中国电子书阅读器市场出现巨大波动。① 目前，亚马逊 Kindle 在中国电子书阅读器市场上占据主要地位，其他电子书阅读器品牌如京东、国文、当当等总市场占有率较低，国内市场呈现"一超多强"的局面②。时至今日，电子书可通过互联网、移动网络、卫星网络等不同渠道免费或付费传送，读者则可利用电脑、阅读器、智能手机或个人数字助理(personal digital assistant，PDA)等多种阅读终端阅读使用。电子书内容也不再只是纸质图书的简单数字化，近 10 年来随大量平板电脑和智能手机的广泛应用，包括动画、音视频、VR/AR 等富媒体特色的增强型电子书发展迅速，与读者的交互功能也有了很大提高。

图 3-1　火箭书(1998)、索尼电子书阅读器(2004)和亚马逊的 Kindle(2007)③

美国和中国是当今两个非常有特色的电子书市场。美国电子书市场真正启动是在 2007 年底亚马逊的 Kindle 阅读器上市之后。时至今日，它已经成为全球最具活力的电子书市场。根据美国出版商协会(Association of American Publishers，AAP)和书业研究集团(Book Industry Study Group，BISG)的统计报告，2011 年美国电子书销售额是上年的 2 倍多，在整个图书市场中的份额从上年的 6%增加到 15%。④ 而 2020 年 10 月与上年同期相比，美国电子书收入增长了 20.4%，总计达到了 9690 万美元。⑤ 专业咨询公司 Mordor Intelligence 的预测报告指出，全球电子书市场在分布上较为零散，有许多独立的作者和出版商，部分

---

① 肖洋，张志强. 从亚马逊模式看国内电子阅读器的现状与发展趋势[J]. 出版发行研究，2011(5)：39-42.

② 科技前沿解读. 电子书阅读器市场份额排名：kindle 稳占第一，国产品牌还有很长的路要走[EB/OL]. [2021-04-27]. https://www.jianshu.com/p/f3dcb84c29fc.

③ 注：图源自 https://digitalpublishing101.com/digital-publishing-101/digital-publishing-basics/a-very-short-history/.

④ Laura Owen. Ebook sales way up in 2011; overall trade book sales roughly flat[EB/OL]. [2021-02-05]. https://gigaom.com/2012/07/17/ebooks-are-now-the-most-popular-format-for-adult-fiction/.

⑤ Michael Kozlowski. ebook sales in the US were up 20.4% in October[EB/OL]. [2021-02-03]. https://goodereader.com/blog/e-book-news/ebook-sales-in-the-us-were-up-20-4-in-october.

企业则占据了市场的大部分份额。美国电子书市场的主要参与者是亚马逊、乐天、苹果、巴诺书店和斯马史沃兹(Smashwords)，他们采取诸如与小型和区域性出版商建立合资企业和伙伴关系等战略，以获得更高的市场份额①。中国电子书市场是依靠图书馆等机构用户起步的。2009年，电子书读者总数首次破亿，达到1.01亿。截至2017年的数据，电子书市场收入达到54.00亿元(见表3-1)。2019年中国线上图书用户在不同阅读形式中，电子书占94.1%，用户看电子书的时间占比已达到47.9%，而“纸电同步”销售的品种占比已经超过35%。② 随着电子图书馆市场日趋饱和，个人付费阅读习惯的养成，中国电子书产业的增长动力逐步被大众阅读市场所取代。各方力量积极介入这一领域，其中连接内容与读者资源的平台商发挥了重要作用。目前，国内数字阅读平台根据建设主体可分为以下5类：电商平台、电信运营商平台、内容商平台、社交网站平台和图书馆自建的数字阅读平台。③ 当当、京东、淘宝、苏宁等电商主要是通过自身平台搭建与数字阅读的接口。例如，2011年12月，当当上线电子书平台；京东商城集团于2012年正式启动电子书刊业务，开通了“读书频道”“京东阅读”。除了上述几家传统电商外，提供阅读服务的门户网站也进行了电商化的探索，如网易的“云阅读”。电信运营商平台实质是电信运营商将电子书作为增值服务的一种，为用户提供电子书阅读服务。目前3大运营商的数字阅读平台分别是电信天翼手机阅读基地、移动咪咕阅读和联通沃阅读基地。它们的上线时间、发展历程、经营模式、定位等都极为相似。内容商平台是指擅长内容生产和加工的企业搭建的数字阅读平台，其中最具代表性的是多看阅读、掌阅书城等。社交网站平台是指原本为社会化媒体的企业搭建数字阅读平台尝试付费阅读的商业运作，如社交平台豆瓣推出的豆瓣阅读、腾讯公司推出的微信读书、QQ阅读等。而图书馆自建的数字阅读平台主要有2类：一类是由专门为图书馆提供电子书服务的供应商所建立的平台，如超星、书生、方正Apabi；另一类是图书馆自身根据需要开发上线的平台，目前做得最好的是上海图书馆“市民数字阅读网站”，整合了馆藏的千种报纸、万种期刊、百万种图书的数字资源，支持电子书阅读器、平板电脑以及手机等各类移动设备的智能识别。

表3-1 2010—2017年度电子书市场营业收入(亿元)④

2010	2011	2012	2013	2014	2015	2016	2017
24.80	16.50	31.00	38.00	45.00	49.00	52.00	54.00

① Mordor Intelligence. E-Book Market-Growth, Trends, CoVID-19 Impact, and Forecasts (2021-2026) [EB/OL]. [2021-02-03]. https://www.mordorintelligence.com/industry-reports/e-book-market.

② 艾瑞咨询. 2019中国图书市场报告[EB/OL]. [2021-02-02]. http://www.199it.com/archives/987654.html.

③ 陈桐利，倪洁. 国内数字阅读平台比较研究[J]. 大学图书情报学刊，2017，35(2)：23-28.

④ 中国出版年鉴. 近年书报刊数字化渗透率，数字出版营业收入(电子书)[R/OL]. https://data.cnki.net/DownLoad/Excel? filecode=N2020050305001060.

3.2.2　有声书

有声书(Audio books)，又称有声读物、有声出版物，是一种用声音来表达文字内容的出版物，既属于音像制品又属于图书范畴。《辞海》将有声书定义为“录制在磁带中的出版物”。美国有声读物出版协会定义有声书为“包含不低于 51%的文字内容，复制和包装成磁带、高密度光盘或纯数字文件等形式进行销售的录音制品”。① 有声书兴起于 20 世纪 30 年代的美国，起初是为特殊人群服务的，如盲人、文盲和缺乏文本阅读能力的儿童等，带有一定的公益性和补偿性；其最初的主要用户群为在世界大战中眼睛不幸受伤的美国士兵。美国有声书销售商通常把有声书分为 5 类：有声纸书、有声杂志、有声报纸、广播节目和名人演讲。这是广义上的有声书；狭义上的有声书则特指第一种②。有声出版则是一种区别于传统纸质书出版和电子书出版的新型出版形式，它通常以手机、Pad 等移动介质为载体，通过声音表演者、录制者和后期制作人员的合作，将文字内容加工处理为音频内容，实现文字内容的有声化，为用户提供有声阅读服务。③ 时至今日，中外有声书平台上的产品已不限于书报刊的有声版、广播节目、名人演讲录音，而是包罗了几乎所有传统出版物的音频版以及各种原生型(born digital)音频制品；朗读、演播和制作人员也不再仅囿于专业人士的圈子，而是从业余爱好者到普通读者都可参与有声书制作、发布。从这个意义上来讲，用“音频出版”“音频出版物”取代“有声出版”“有声书”等概念，也许更能反映概念的严谨性。

经过近 100 年的发展，有声书制作技术不断进化，经历了由唱片式有声书、磁带有声书、CD 有声书到流媒体有声书等载体形式的变迁。目前主流有声书作为存储在云端供用户下载，并依托计算机、移动播放器等进行播放的编码文件，其形式也由实物转化为虚拟形式。有声书文件的格式主要包括 MP3 格式、AAC 格式(Advanced Audio Coding，高级音频编码)、WMA 格式(Windows Media Audio，Windows 媒体音频)等④。技术的不断演进使得有声书对用户的友好性不断凸显，其突破时间、地点等外部因素限制的特性较好地适应了当今社会碎片化阅读、移动阅读的现实需要。随着产品内容不断丰富、制作流程不断完善、市场发育的不断成熟，有声书已经不再是印刷书籍的简单补充。其扩展了阅读的感官维度，正在逐步挑战视觉阅读的强势地位。

美国是全球最大的有声书市场。据美国音频出版商协会(Audio Publishers Association，APA)于 2020 年 6 月 18 日发布的年度销售调查结果，2019 年美国有声读物的销售总额为 12 亿美元⑤，同比增长 16%，销量也有相应增长。连续 8 年保持两位数收入增长势头。全

---

① 孟小尚，徐丽芳．美国有声书发展新气象[J]．出版参考，2015(14)：14-15.

② 王永杰．美国有声书业纵览[J]．中国出版，2007(3)：56-58.

③ 高迪．基于五力分析模型的喜马拉雅 FM 数字有声出版竞争战略研究[D]．西安：陕西师范大学，2018：10.

④ 张卫．我国有声书出版盈利模式研究[D]．湘潭：湘潭大学，2017：7.

⑤ 注：APA 于 2019 年改变了报告的市场规模统计方式，从预估消费者数据转为统计对应出版商收据。

年共计生产有声读物60303种，生产量较前一年增长了18%。其中成人有声读物收入占总收入的90.9%，与前几年基本持平。目前，美国有声读物的消费渗透率已经超过50%，高于2018年的44%，消费群体以年轻读者为主。超过40%的有声读物听众认为有声读物能帮助他们读完更多的书，56%的听众认为有声读物是快速阅读书籍的首选方式。随着家用汽车和智能扬声器的普及，听众更喜欢在车内听有声读物，汽车跃升为排名第一的有声读物听力场所。此外，调查表明惊悚悬疑类读物仍然是美国有声读物消费者的首选，其次是历史、传记和回忆录①。2008年，亚马逊收购有声书公司Audible，根据受众研究公司Codex Group Research的调查，在之后的十年间，亚马逊通过其子公司Audible控制了整个美国有声读物市场的41%以上，几乎垄断了市场。② 目前在欧美有声书市场中，Audible屡屡创新并始终走在行业前列；Audiobooks和Downpour等早期上线的有声书平台凭借多年经营逐渐站稳脚跟；Playster虽成立较晚，但其综合性和无限订阅的特点也吸引了大批用户。为保持竞争力，在2019年初重组了公司团队，将工作重心转向人工智能、深度学习等新技术，以期为用户创造更佳的个性化体验。近年来，随着Kobo、谷歌和沃尔玛等公司纷纷将有声书加入线上销售业务，欧美有声书市场的竞争益发激烈，老牌有声书平台面临的竞争压力越来越大。③ 目前，欧美有声书出版模式主要有3种：一是传统出版商出版模式，即出版商凭借版权优势，主导制作和发行有声书的各个环节；二是第三方平台出版模式，即第三方与传统出版商、作者进行合作，或者通过购买版权的方式获得有声书制作许可，再利用自身的制作技术出版有声书；三是自助出版模式，即作者或版权人参与到有声书从出版到销售的整个过程，借助网络来发行有声书作品。④

我国有声书市场起步较晚，但发展迅速，市场潜力巨大。用户知识付费习惯的逐步确立、人们版权意识的不断加强、移动设备的相对普及、汽车保有量的日益增长都为我国有声书市场的发展创设了有利条件。我国有声书平台的发展大致可划分为2个阶段：第一阶段是在移动设备普及之前，以PC端为主要接收端的有声书网站阶段，主要有听书网、静雅思听、天方听书网等；第二阶段是在移动设备普及之后，以移动端为主要接收端的有声书应用程序(APP)，主要代表有喜马拉雅FM、蜻蜓FM、懒人听书、荔枝FM等。有声书具备休闲娱乐和教育学习的双重功能，能够满足当下大众的不同收听诉求。根据艾媒咨询(iiMedia Research)于2020年12月发布的《2020年中国有声书行业发展趋势研究报告》，2019年我国有声书市场规模达63.6亿元，持续3年增速高于30%。有声书用户规模达4.8亿人，同比上升19.0%。其中男性听众占比56.6%，女性听众占比43.4%。⑤ 我国有

① Audio Publishers Association. 2020 Consumer & 2019 Sales Surveys Announcement[EB/OL]. [2021-02-02]. https://www.audiopub.org/uploads/pdf/Consumer-Survey-Press-Release-2019-FINAL.pdf.

② Michael Kozlowski. Amazon Controls 41% of the US Audiobook Market[EB/OL]. [2021-02-02]. https://goodereader.com/blog/audiobooks/amazon-controls-41-of-the-us-audiobook-market.

③ 徐丽芳，周伊. 欧美有声书平台比较研究[J]. 出版参考，2019(4)：26-30.

④ 梁思浩. 美国有声书运营策略研究[D]. 石家庄：河北大学，2019：15-18.

⑤ 艾媒咨询. 2020年中国有声书行业发展趋势研究报告[EB/OL]. [2021-02-02]. https://www.iimedia.cn/c400/75882.html.

声书平台可大致分为2类：一类是以喜马拉雅FM和蜻蜓FM为主要代表的综合在线音频平台；另一类是以懒人听书为主要代表的垂直听书类平台。综合类平台的平均月活量，即每个月活跃用户人数的平均数，高于垂直类平台，具有更强的引流能力；但此类平台也受到业务种类繁多和资源分散的困扰。稍具实力的有声书平台普遍采用PUGC内容生产模式（Professional User Generated Content，专业用户生成的内容），即专业生产和用户生产并存。当前我国有声书发展也存在一些问题，如优质内容产出不足、平台同质化现象严重、用户对深度内容的需求难以满足、版权侵权问题难以避免等。就版权侵权问题而言，有声书制作可能涉及的版权主体包括纸质书作品作者、纸质书音频制作者、有声书渠道商以及传播平台等，其所需多层授权不仅使有声书难以进行深度开发，也让确权难度大大增加。有声书市场因此成为版权侵权问题的重灾区。经历粗放式发展阶段以后，未来我国有声书市场的发展有望进入精细化内容主导的内容竞争阶段。

3.2.3 数字期刊

广义地讲，数字期刊可以定义为利用数字技术出版、传播和发行的杂志、快报、通讯、讨论组（Discussion List）等。2019年，我国互联网期刊收入达到23.08亿元。① 从全球范围来看，目前有两类数字期刊颇成规模，不过发展态势略有不同。其中数字学术期刊是最早解决营利模式问题的数字出版物，也是目前发展得最好的数字期刊门类；大众类期刊的数字化道路虽已开启，但发展过程中波折不断。

3.2.3.1 数字学术期刊

国际上许多主要的学术期刊出版商和学会、协会等机构都通过数据库方式提供数字化全文期刊的集成服务。在出版商方面，爱思唯尔（Elsevier）的ScienceDirect数据库收录了2500多种同行评议的电子期刊和1600万篇论文②；施普林格·自然（Springer Nature）通过SpringerLink系统提供2900种数字学术期刊和7434485篇论文③；威利（Wiley）通过Wiley Online Library提供1600多种数字化同行评议期刊④。在学会和协会机构方面，美国电气与电子工程师协会（Institute of Electrical and Electronics Engineers，IEEE）通过网络门户Xplore向读者提供该机构出版的293种期刊，总文献量达到5229357条⑤；英国皇家化学学会（Royal Society of Chemistry，RSC）通过自己的出版机构提供44种数字期刊和2000

① 中国数字出版产业年度报告课题组，张立，王飚，李广宇. 步入高质量发展的中国数字出版——2019—2020年中国数字出版产业年度报告[J]. 出版发行研究，2020(11)：20-25.

② ELSEVIER. ScienceDirect. [EB/OL]. [2021-02-01]. http://iras.lib.whu.edu.cn:8080/rwt/ELSEVIER/https/P75YPLUFNS3XK7UJMW3C6Z5QNF/solutions/sciencedirect.

③ SpringerLink[EB/OL]. [2021-02-01]. https://link.springer.com/.

④ Wiley Online Library: About us[EB/OL]. [2021-02-01]. http://iras.lib.whu.edu.cn:8080/rwt/WILEY/https/N7YGZ4LPMWXGTZUTMF3HTLUYNFXGK8JPMNYXN/.

⑤ IEEE Xplore[EB/OL]. [2021-02-02]. http://ieeexplore.ieee.org/Xplore/guesthome.jsp.

余种电子书①。还有一些大型期刊则单独建立自己的网站以方便读者上网浏览和检索，如《科学》(*Science*)、《自然》(*Nature*)等。

国内随着清华大学《中国学术期刊(光盘版)》于1996年1月问世，学术类电子期刊也逐渐进入系统化、规范化和实用化发展阶段。同年，科技部启动国家“九五”科技重点攻关项目——科技期刊网络服务系统，实行科技期刊集中上网工程。经过20多年发展，我国在迈入21世纪之际初步形成了以清华同方、万方数据和重庆维普等3家信息服务提供商为主体的科技期刊网络出版格局，其数据库产品收录七八千种杂志不等，通过光盘、网站和镜像站点等方式提供给图书馆和学术机构的用户使用，在学术阅读领域有逐渐取代印刷本期刊的趋势。② 截至2021年2月，万方收录国内出版的各类期刊8千余种，其中核心期刊3300余种，年增300万篇③；清华同方的中国学术期刊网络出版总库收录国内学术期刊9473种；④ 维普的中文科技期刊数据库收录中文期刊9000多种⑤。从严格意义上看，这些机构与其说是数字学术期刊出版商，不如称其为数字学术期刊集成商。在这一点上，我国与发达国家在数字学术期刊出版领域的格局存在明显差异。大型跨国科技出版集团差不多均已完成数字化转型工作，并在数字学术期刊出版中发挥着中流砥柱的作用；其他平台商、集成商则担当补充和服务的角色。在我国，则迄今为止技术背景的内容集成公司一直在数字学术期刊出版产业链条中扮演最重要的角色。主要原因是我国传统学术出版尤其是学术期刊出版十分分散，出版机构经济、技术力量薄弱，而且版权经营意识也不到位，因此无力也无意独立经营数字学术期刊。

数字学术期刊领域一个不容忽视的现象是自20世纪90年代以来，开放存取期刊风靡全球，成为学术出版领域的亮点。截至2021年2月，仅《开放存取期刊目录》(Directory of Open Access Journals)收录的全球开放存取期刊已达15827种，其中中国大陆地区134种，期刊数量居第25位。⑥ 所谓开放存取(Open Access，OA)，是指论文可以在公共网络(Public Internet)中免费获取，它允许所有用户不受经济、法律和技术限制地阅读、下载、复制、散发、打印、搜索或超链接论文全文，允许自动搜索软件遍历全文并为其编制索

---

① Royal Society of Chemistry. Journals，Books and Databases[EB/OL]. [2021-02-01]. http://iras.lib.whu.edu.cn:8080/rwt/RSC/https/PB4XE63PPJ3XGLUQPJUB/.

② 曾建勋，赵捷，屈海燕，王星. 科技期刊网络化合作模式及其发展态势[J]. 中国科技期刊研究，2008，19(2)：167-170.

③ 万方数据知识服务平台[EB/OL]. [2021-02-01]. http://c.wanfangdata.com.cn/periodical.

④ 中国知网. 中国知网 CNKI 2.0 知识创新服务运行模式[EB/OL]. [2021-02-01]. https://www.cnki.net/gycnki/daobao/cnkidaobao37/%E7%AC%AC5%E7%89%88.pdf.

⑤ 维普资讯. 期刊导航[EB/OL]. [2021-02-01]. http://iras.lib.whu.edu.cn:8080/rwt/325/http/PFVXXZLPF3SYC7UJPAYGG55N/Qikan/Journal/JournalGuid?from=rwt_325_http_PFVXXZLPF3SYC7UJPAYGG55N_qikan_webcontrol_about.

⑥ DOAJ. Journals [EB/OL]. [2021-02-01]. https://doaj.org/search/journals?source=%7B%22query%22%3A%7B%22match_all%22%3A%7B%7D%7D%2C%22size%22%3A50%2C%22sort%22%3A%5B%7B%22created_date%22%3A%7B%22order%22%3A%22desc%22%7D%7D%5D%7D.

引，允许将其作为软件的输入数据，允许有关它的任何其他合法用途，除非登录、使用互联网本身有障碍。① 芬兰学者 Bo-Christer Björk（博-克里斯特·比约克）将开放存取总结为实施同行评审的电子期刊、主题仓储（subject-specific repositories）、机构仓储（institutional repositories）以及作者个人主页等4种形式。根据《布达佩斯开放存取倡议》（Budapest Open Access Initiative，BOAI）对自行典藏的描述，后3者恰好是迄今为止出现过的自行典藏形式。

开放存取期刊是供读者免费在线使用，只要能上网就没有任何经济、法律或技术障碍可供使用的学术期刊，包括对科技信息进行过滤、甄选、验证和包装等价值功能等。② 截至2021年2月，新兴的OA期刊出版者，如Bio Med Central出版300多种OA期刊③，OMICS集团出版700多种OA期刊④，等等。除了新兴的OA出版者，传统期刊出版商，例如爱思唯尔、施普林格·自然、英国皇家学会等也纷纷转而支持开放存取出版，主要有新创OA期刊和在传统付费期刊里提供作者发表OA论文的选择两种形式。⑤

20世纪90年代初，出现了旨在让全世界读者能够免费地、尽快地存取某一学科领域科研成果的电子预印本服务器（e-print servers）。这些服务器也叫作“仓储”（repositories）或“档案库”（archives）。它们成为传播初步的科研成果和未经同行评议的文献的非正式交流平台。经过10余年的发展，这种按学科和主题聚集文献的主题仓储变得日益重要，其所收录的数字资源已不限于论文预印本，应用范围也从原来的物理学等领域扩展到了认知科学、卫生保健乃至人文社会科学等更为广阔的学科领域，典型的如物理学领域的电子印本仓储arXiv和认知科学领域的Cogprints等。

机构仓储又称机构资料库、机构信息库、机构知识库、机构典藏库等，是在数字化、网络化环境中，为方便学术资源存取、促进学术交流而产生的数字信息组织方式，是获取、长久保存以及管理来自一个或多个学术机构的知识产品并将其提供给用户访问的一种数字化信息及其服务的集合⑥，例如荷兰Narcis联合仓储、康奈尔大学ArXiv印本仓储和剑桥大学DSpace @ Cambridge等⑦。

作者个人主页则是一些专家学者在互联网上开设自己的个人主页，主要介绍自己的学术经历、学术合作伙伴，展示自己的学术成果等。在学术成果介绍中，作者通常会将自己的专著和论文的题录或文摘甚至全文放在网页上；也有一些专家将他所掌握的文献信息包括文章、网页、会议文献、教学课件及研究协会或组织的网址等发布在网上。读者若知道

---

① 徐丽芳. 数字科学信息交流研究[M]. 武汉：武汉大学出版社，2008：48.

② 周金娉. 开放存取期刊学术影响力研究[D]. 长春：吉林大学，2013：43.

③ BMC. About BMC [EB/OL]. [2021-02-02]. https://www.biomedcentral.com/about.

④ OMICS International. About US[EB/OL]. [2021-02-02]. https://www.omicsonline.org/about.php.

⑤ 王应宽，王元杰，季方，信世强. 国外开放存取出版最新研究进展与发展动态[J]. 中国科技期刊研究，2015，26(10)：1054-1064.

⑥ 徐丽芳. 数字科学信息交流研究[M]. 武汉：武汉大学出版社，2008：255.

⑦ 陈晶. 关于国内外机构仓储服务的研究[D]. 长春：东北师范大学，2012：18-22.

所查文献的作者，可直接查询作者的个人主页，免费获得相关文献信息。这种类型的网站在国外比较多，例如美国科学情报研究所的教授尤金·加菲尔德(Eugene Garfield)是《科学引文索引》的创建者，在他的个人主页上有很多他撰写的关于引文索引和引文分析的文章①。

国内开放存取期刊平台与发达国家相比，还相对薄弱和落后。目前国内比较有影响的开放存取平台有：中国科学院科技期刊开放存取平台、中国教育图书进出口公司开发的Socolar学术资源平台和教育部科技发展中心主办的中国科技论文在线②。此外，在开放存取仓储方面，截止到2021年2月2日，我国在开放存取知识库目录(Directory of Open Access Repositories，Open DOAR)上登记的开放获取仓储数量达到120个。其中116个为学校或科研机构建设的机构仓储，剩下的包括1个学科仓储——图书馆学系机构库(Library and Information Science Institutional Repository，LISIR)、1个政府仓储——中国科学院文献情报中心机构知识库(Knowledge Commons of National Science Library)和2个整合型仓储——开放存取资源图书馆(Open Access Library)、中国科技论文在线(Sciencepaper Online)。③

3.2.3.2 数字大众期刊

1991年4月，《华夏文摘》的出版标志着世界上第一种中文大众类网络期刊的诞生④。到1996年，国内已有《中国集邮》《大众摄影》等近20家杂志上网。2003年兴起一波大众类数字杂志热潮，出现了ZCOM、POCO、Xplus等电子杂志平台。2005年，它们开始受风险资金和Web 2.0技术的推动迅速发展，在短期内聚集了庞大的阅读群体。2006年全行业吸收了1亿美元的风险投资；至年底我国网络杂志用户达4000万，占当年全国网民总数的30%⑤。但随后几年，其中的主流企业纷纷倒闭或者走到了破产边缘。这类企业的主要商业模式是通过为用户免费提供具有多媒体效果的电子杂志聚拢受众，从而获得广告收益⑥。但是，一方面这类杂志在内容上主要以网友原创为主，不能像传统杂志那样有效聚焦目标读者，因此无论在杂志销售还是广告销售上都无法实现可持续收益；另一方面，这类产品虽然具备多媒体的绚丽效果，但由于是将内容打包制作，读者需要下载阅读器才能

① 夏翠军. 学术期刊的开放存取出版研究[D]. 武汉：武汉大学，2005：25.

② 吴帆，秦长江. 国内外开放存取期刊平台对比分析[J]. 情报探索，2015(4)：23-26，30.

③ OpenDOAR. Digital Resources [EB/OL]. [2021-02-02]. https://v2.sherpa.ac.uk/view/repository_by_country/China.html.

④ 海外中文网站生存状况调查：发展之路并不顺畅[EB/OL]. [2012-08-14]. http://www.howbuy.com/news/254096.html.

⑤ 注：从内容上看，网络杂志涵盖学术研究、时事资讯、家居休闲、文化娱乐等各个领域，内容提供者既有传统出版单位，也有利用技术优势整合信息资源的IT企业；竞争中形成的若干网络杂志平台，则标志着网络杂志出版的产业集中度正在形成。

⑥ 胡祥宝. 电子杂志行业七年全军覆没 上亿元风投打水漂[EB/OL]. [2021-02-02]. http://www.techweb.com.cn/news/2010-08-04/654462.shtml.

阅读，在内容价值不高的情况下读者的使用时间成本过高。这些因素综合作用，导致这一波电子杂志热潮很快消退。

目前，数字大众期刊主要有2种类型。一是印刷期刊的数字化版本，秉承着印刷期刊的内容质量，但由于内容的时效性较差；同时，出版商往往只是将纸质期刊照搬到网络平台上，并不能很好地契合互联网的需求特性及新阅读环境；二是原生数字(born-digital)期刊，即借助计算机网络，完全以电子化、数字化形式组稿、审稿、制作、出版、发布，而没有相应纸质印刷版或其他类型电子版的，定期或不定期连续出版且每期均附有编号或日期标识的连续性电子出版物。① 其充分吸收、借鉴了互联网、多媒体技术，内容的表现形式更丰富，时效性更强，但是内容的深度性不足是其一大制约因素②。2019年国内创立的数字大众杂志 *ELLEidol* 是典型的原生数字期刊。一些实力较强的品牌期刊会建立自己的手机应用程序或独立网站，打造专业的数字期刊运营平台。这些平台可细分为单刊型和集团整合型，单刊型如《财新周刊》《摄影之友》等推出自己的单刊APP③；集团整合型如《瑞丽》杂志社建成的时尚生活垂直门户网站——瑞丽网，旗下所属的《瑞丽伊人风尚》《瑞丽服饰美容》《男人风尚》《瑞丽时尚先锋》《瑞丽家居设计》等刊物均以互动多媒体数字期刊形态提供下载。④ 国外，据杂志出版商协会(Magazine Publishers Association，MPA)统计，美国已有将近1000种期刊也推出了在各种移动终端如Android、iPad、iPhone、iPod touch、BlackBerry、Symbian、Windows Mobile等上使用的应用程序。

除了出版企业自建的期刊平台，还有以收录大众数字期刊为主的聚合平台。龙源期刊网是中国最大的人文大众期刊数字发行平台，全文在线的综合性人文大众类期刊品种达到4200多种，优质版权文章数量超过2500万篇。⑤ “VIVA畅读”“读览天下”等也是目前国内比较成功地由第三方机构开发的综合性数字大众期刊平台。国外如电子报摊(News Stand)，它实质上也是一个报刊集成平台，好比纸质报刊的报刊亭，统一展示和销售电子报刊，读者可以在电子报摊中迅速地找到想要阅读的杂志⑥。值得注意的是，国内外一些含有杂志概念的APP，例如红板报(Flipboard)、《轻芒杂志》等，它们并不是仅发布特定的单本杂志，而是一个优质文章的聚合平台。鉴于当下受众阅读兴趣的转变，这些平台目前都在积极转型，比如Flipboard从社交杂志平台向新闻聚合类媒体转变；轻芒杂志3.0将轻芒阅读和轻芒杂志进行整合，保留杂志的聚合内容和阅读的订阅内容等。

① 阮建海，郭刚. 原生数字期刊与Open Access期刊比较研究[J]. 图书情报工作，2010，54(24)：141-144.

② 曾元祥，冯明，贺欢. 超小型出版：大众消费类数字期刊出版的新路径选择[J]. 出版发行研究，2016(6)：43-45.

③ 雷阳. 移动阅读时代大众期刊App发展的困境与对策[J]. 出版科学，2016，24(2)：87-90.

④ 于春生. 论数字期刊发展的品牌策略[J]. 出版科学，2015，23(5)：63-66.

⑤ 龙源期刊网. 关于我们[EB/OL]. [2021-02-02]. http://www.qikan.com/help.html#0-0.

⑥ 邓泽辉，唐艳春. 移动终端电子期刊及其未来发展趋势[J]. 出版发行研究，2013(7)：55-58.

3.2.4 数字报纸

世界报业和新闻出版协会(The World Association of Newspapers and News Publishers)2019年发布的《世界报纸年度最新趋势报告》指出，报纸总体收入持续萎缩，但付费读者数量增加，用户对高质量新闻的需求持续增长。2018年，世界范围内日报发行量为6.4亿份，同比增加0.5%，其中数字订阅用户数量同比增加11%。尽管报业努力进行数字转型，但数字报纸仅占总收入的14%左右①。根据《2019—2020中国数字出版产业年度报告》，2019年我国报数字报纸收入8亿元，自2012年以来持续下降②。

所谓数字报纸，是指报纸的新闻稿件和图片资料以数字形式存储并提供读者使用。1977年，加拿大《多伦多环球邮报》(*Toronto Globe and Mail*)首次通过Info Globe网络提供报纸文本的自由检索。③ 1987年，美国加利福尼亚州的《圣何塞信使报》(*San Jose Mercury News*)为读者提供电子版。20世纪90年代美国众多报业集团着手经营网络媒体，以与其他网站合作的方式初步实现报纸内容的数字化。

1993年，《杭州日报》率先进行报纸数字化尝试；1994年，《中国日报》英文电子版发布。当时均未接入互联网，而是通过电话网线接入电脑进行阅读。直到1995年，邮电部开通了中国公用计算机互联网(Chinanet)，为数字报纸网络发行提供基础。随后《中国贸易报》和《人民日报》先后推出网络版，截至1998年，全国电子报刊数量达到127家。④

1999年，党中央下发关于网络新闻宣传工作的第一个指导性文件，将新闻网站发展纳入了国家发展战略。相关政策不断出台，报媒纷纷将电子版升级为报纸网站。2000年，《人民日报》推出“人民网”网络版，完成了向综合新闻网站的转型。《浙江日报》开设“浙江在线”这一地方门户网站。除了各种开设网站外，随着报业集团的发展，地方性媒体机构联合推出网站，如北京的“千龙网”、上海的“东方网”等地方性新闻网站成立。不能忽视的是，在这一阶段，新浪、搜狐、网易等商业门户网站获得新闻刊登资格，逐渐发力并后来者居上。

2005年，国家在《中国报业发展2005》中明确提出要加快向“数字报业”转型的战略构想，启动“数字报业发展战略”和“中国数字报业实验室”计划。这一阶段，数字报纸致力于还原纸质版面。浙江日报集团与北大方正合作开发数字报纸出版系统，当《浙江日报》签样付印时即可生成数字报纸。此外，手机报也开始出现，通过与移动运营商和技术服务提供商合作，采取按月订阅收费，并结合传统的广告盈利模式，实现了“订阅+广告”双重盈

---

① Dean Roper. World Press Trends 2019: The balancing act of publishers[EB/OL]. [2019-11-05]. https://wan-ifra.org/2019/11/world-press-trends-2019-the-balancing-act-of-publishers/.

② 中国数字出版产业年度报告课题组，张立，王飚，李广宇. 步入高质量发展的中国数字出版：2019—2020年中国数字出版产业年度报告[J]. 出版发行研究，2020(11)：20-25.

③ 谢新洲. 数字出版技术[M]. 北京：北京大学出版社，2002：9.

④ 唐绪军，崔保国. 中国报业四十年的改革发展之路[J]. 中国报业，2018(13)：50-55.

利模式。2004 年，《中国妇女报》推出第一份彩信手机报，此后《浙江日报》《南方日报》《南方都市报》等均开通手机报服务。

2012 年至今，移动互联网高速发展，社交媒体不断涌现，互联网与出版业不断深度交融。由于报纸偏重于新闻属性，时效性要求高，使报纸成为最易受到移动网络冲击的新闻出版领域，在数字报业的发展中出版融合更加迫切。上海报业集团打造多款移动客户端“上海观察”“澎湃新闻”“界面”等成为业内典范。《人民日报》在数字化转型和媒体整合中一马当先，开发同名 APP，以直播、短视频等新媒体内容开辟为传播新闻引导舆论的重要渠道，提供权威、优质的内容。正是传统报业的不断努力，丰富和发展了数字报纸的外延，使传统媒体保持并提高了在公众中认可度和接受度。但在激烈的内容行业竞争中，数字报纸仍面临着内容同质化、发展不平衡、盈利能力不足等问题。

历经二十多年对新发展模式的探索，报业集团坚守以内容为核心的转型战略取得了成功，打破了曾经的“报纸衰亡论”。在盈利模式上，广告依旧是主要来源。在内容技术手段的创新上，应用人工智能助力新闻写作的案例已屡见不鲜。数字报纸发挥传统新闻媒体高速传递、内容优质的优势，将新闻以全新的内容形态呈现给大众。报业机构通过自建渠道和依托第三方平台，全方位渗透互联网媒体。

由于起步较晚的缘故，传统报纸经历了一段从被动适应到主动把握新媒体传播规则的时期。其一，注册账号入驻流量庞大的第三方新闻平台，例如，腾讯新闻、今日头条等资讯平台，与其他自媒体进行流量竞争。其二，以媒体身份进行认证，基于主流媒体的专业背景，更便捷地争取到平台“白名单”的权限优势，获得推荐的流量扶持。数字报纸需要适应不同平台方的流量扶持规则，在与新媒体的竞争中稳固主流媒体的地位。其三，通过建立平台，集中区域内中小型媒体资源，建设大型媒体平台，例如《江西日报》的“赣鄱云”、新华社全媒体平台、湖北广电的“长江云平台”、河南广电“大象融媒”组建的“中原云”等，整合各媒体组织采编、报道的资源，实现平台资源共享、用户共享。

数字报纸依旧是新闻内容的重要生产者，是内容和信息的提供者，同时作为政务信息的传递窗口，充当政府和民众间沟通的桥梁。数字报纸具有专业性、准确性、优质性的内容优势，应保持权威信息媒体提供商的定位；通过社交媒体抵达更大规模的受众，在信息互动中培养用户的新闻阅读习惯，发挥主流媒体的有效影响力和社会公益性。

3.3　数据与数据库

互联网技术的高度发展催生了庞大的数据资源，海量数据及由此伴生的相关技术深深影响着各行各业。随着商业和科学创新活动越来越依赖于数据的挖掘、分析和综合利用，许多国家和地区都已明确将数据纳入国家和地区发展战略，以数据为关键要素的出版模式也正逐渐兴起。而数据库是较早出现的出版形式，并一直保持着蓬勃的发展势头，早就渗透于各种形态的数字出版之中。

3.3.1 数据出版物

2020年4月，我国中共中央国务院发布《关于构建更加完善的要素市场化配置体制机制的意见》(下文简称《意见》)。《意见》在传统的土地、劳动力、资本、技术要素外新增了数据要素，将数据作为第五大要素提出。2020年2月，欧盟发布《欧洲数据战略》(A European Strategy for data)，指引欧盟保持在数据管理的前沿。2020年10月，美国发布首份《国防部数据战略》(DoD Data Strategy)，要求相关部门据此制订可衡量的数据战略实施计划。在大数据管理的趋势下，数据毋庸置疑地成为以内容生产为己任的新闻出版业的发展力量。

其实，早在大数据兴起之际，新闻出版领域就开始逐步构建以数据为关键要素的出版模式。目前，比较主流的数据出版形式包括数据新闻、科学数据集。

3.3.1.1 数据新闻

数据新闻(data journalism)是伴随大数据时代到来的一种新型报道形态，通过对数据集进行收集、过滤、分析，发现数据之间错综复杂的联系，从而挖掘出有价值的新闻主题，并采取可视化技术加以呈现。在数据技术的加持下，数据新闻具备客观准确的新闻品质特点，这一特征许多学者认为可追溯至20世纪60年代出现的精确新闻学(precision journalism)。但其实二者之间又有所区别——精确新闻学中所运用的资料收集及处理的方法是加强新闻报道的一种调查研究方法；而数据新闻更注重数据本身，数据处理贯穿其整个新闻工作流程，而不是将数据作为一种辅助手段。欧洲新闻学中心(European Journalism Centre)和开放知识基金会(Open Knowledge Foundation)共同编写的《数据新闻学手册》(The Data Journalism Handbook)认为："数据新闻将传统的新闻敏感性和说服力极强的叙事能力，与海量数据相结合，并以此创造新的可能。"①对于身处数据时代的新闻工作者而言，当下比以往任何时候都更能利用数据和数据技术的力量改造新闻出版形式。目前，国内外已有多家新闻机构在数据新闻制作上积累了丰富经验。以新冠肺炎疫情这一重大公共卫生事件为例，中国财新网"数字说"栏目借助世界卫生组织、国家统计局等政府类组织的数据分析了由疫情引发的社会与经济问题，发表了《疫情下留学生开学难，海外大学财政告急》《疫情冲击就业市场，艰难时刻如何度过》等数据报道；《纽约时报》(New York Times)的"UpShot"栏目则是大量引用了美国国家劳动局、美国国家健康统计中心等政府类组织的数据，发表了《132名流行病学家是如何决定何时送孩子上学的》《失业率大概在13%左右》等文章。此外，两个栏目都通过统计图表、交互地图、交互游戏等不同的可视化手段诠释数据。

---

① O'Reilly Media. The Data Journalism Handbook [EB/OL]. [2021-02-01]. https://datajournalism.com/#.

3.3.1.2　科学数据集

早在20世纪70年代，联合国教科文组织提出的UNISIST科学交流模型就已极富预见性地指出科学数据出版的意义与价值①；只是囿于彼时的计算能力，科学数据出版远远达不到规模发展的地步。时至今日，随着互联网技术的高速进步，科学数据出版的相关实践和研究在开放与共享科学的背景下渐次展开。目前，科学研究已发展到“第四范式”，即数据密集型科研②；科学数据的出版、存储、复用等将成为科学探索的关键。据爱思唯尔(Elsevier)统计数据显示，2000—2019年，科学数据被重复使用和链接的规模越来越大③，其地位逐渐从科研活动的产物转变为开展科研活动的基础设施，科学数据出版也日益成为新科研范式下驱动科技创新的国际通行经验和全球趋势。

在学术传播语境下，科学数据出版普遍被认为是管护、记录和评审科学数据、相关元数据、随附文档和软件代码(在原始数据被处理或操纵的情况下)的手段，使科学数据等能以一种在互联网上可被发现、被标识、被引用的方式进行发表。④ 在出版过程中，学术期刊机构和数据存储库等相关主体通过独立组织或合作组织方式对科学数据集进行一系列正式的技术性(针对格式、元数据等)或基于内容性质(例如数据是否准确)的检查。⑤ 只有符合这些标准，科学数据集才能被归档为数据出版物进行出版，成为稳定、完整、永久和高质量的长期资源。

就出版主体而言，由于科学数据出版与论文出版相比，出版主体更加多元化。在具体实践中，包括期刊出版商、高校、研究所以及相关学会等学术机构和科研人员都参与到科学数据出版当中。如施普林格·自然(Springer Nature)集团推出以数据论文为主导的综合性开放获取期刊《科学数据》(*Science Data*)；威利(Wiley)出版集团和皇家气象学会联合创办了《地球科学数据期刊》(*Geoscience Data Journal*，GDJ)，提供了一个发表数据论文的OA平台，平台上的数据需要通过同行评议等出版标准化程序之后才能正式发布，确保数据集被充分描述、引用和发现⑥；泰勒·弗朗西斯(Taylor & Francis)旗下的F1000 Research允许数据等不同类型的研究要素公开发表，并在FAIR原则(Findability，Accessibility，

---

① 徐丽芳. 数字科学信息交流研究[M]. 武汉：武汉大学出版社，2008：108-112.

② Tony Hey，Stewart Tansley，Kristin Tolle. The Fourth Paradigm：Data-Intensive Scientific Discovery[J]. Seattle：Microsoft Research，2009.

③ 康晓伶. 开放数据的实现——有效研究数据管理，2020.

④ Lawrence B，Jones C，Matthews B，Pepler S，and Callaghan S. Citation and peer review of data：Moving towards formal data publication[EB/OL]. Int. J. Digital Curation，2011(6)：4-37. https://doi.org/10.2218/ijdc.v6i2.205.

⑤ Parsons M A，Duerr R，and Minster J B. Data citation and peer review[EB/OL]. Eos，Trans. Amer. Geophys. Union，2010(91)：297-298. https://doi.org/10.1029/2010EO340001.

⑥ RMet S. Geoscience Data Journal[EB/OL].[2021-02-01]. https://rmets.onlinelibrary.wiley.com/journal/20496060.

Interoperability，Reusability，可找寻、可访问、可交互、可再用）的指导下，要求所有作者必须提供其研究结果的基础数据与所使用软件的详细信息，使研究数据得以在更广泛的社区重复使用。① 近年来，由多类学术机构组成的科学数据联盟（Research Data Alliance，RDA）一直致力于科学数据出版物相关研究，以推动技术标准、基础设施的构建。② 总之，科学数据出版是一项由多主体共同参与、合作的出版活动。

就出版客体而言，科学数据作为客体，目前还没有一个统一的定义。在欧盟地平线2020（Horizon 2020）计划中，科学数据被定义为产生或收集后有待检查，并作为推理、讨论或计算基础的信息，尤其是事实或数字信息，如统计数据、实验结果、测量结果、实地观察记录、调查结果、访谈记录和图像等。③ 我国国务院办公厅印发的《科学数据管理办法》认为科学数据主要包括自然科学、工程技术科学等领域，通过应用研究、基础研究、试验开发等方式产生的数据；以及通过观测监测、考察调查、检验检测等方式取得并用于科学研究活动的原始数据及其衍生数据。④ 爱思唯尔旗下的 Mendeley Data 平台面向各个学科的科学数据开放，将科学数据认定为可以验证研究结论的观察结果或实验结果，涵盖一系列与研究项目相关的材料——原始的或处理过的数据文件、软件、代码、模板、算法、通信协议和方法，但不包括手稿、最终发表的学术论文等。总体来看，科学数据是基于某种研究目的收集、观察、创建的事实材料，涵盖不同类别和格式；但由于研究目标、研究方法、设备、研究人员所属学科、地域性和科研环境的不同，对科学数据的理解也会发生变化。

目前，按照科学数据与主要出版物的关系，可将科学数据出版物划分为以下 3 种⑤。

（1）作为论文附件的科学数据出版物（附属于出版物的科学数据发布）。将科学数据作为论文的附件和论文一同出版，或由学术期刊网站、指定的数据知识库发表数据，并建立论文和数据之间的关联。目前，大多数传统期刊采用这一出版方式，通过实行数据政策要求作者将相关科学数据提交至期刊网站或特定数据存储库。例如从 2014 年开始，*PLoS* 期刊为了保证研究的可重复性就制定了一项数据政策，要求学术论文在提交发表时也发表数据可用性声明，其中需要提供有关如何访问论文中相关数据的详细信息。截至 2020 年第 1 季度，*PLoS* 已发表了约 124000 条带有此类声明的文章。目前，对大多数期刊机构而言，接收数据容易受大小、格式限制。其次，其他用户往往需要通过指定文章才会访问到这些数据，难以实现对数据的单独利用。再次，在同行评议过程中，评审工作可能会侧重于论

① Taylor & Francis. F1000Research：Taylor & Francis Group 旗下开放研究出版平台［EB/OL］.［2021-02-01］. https://www.sohu.com/a/407519583_120580219? _trans_=000018_mpcgame.

② Treloar A. The Research Data Alliance：globally co-ordinated action against barriers to data publishing and sharing［J］. Learned Publishing，2016，27(5)：S9-S13.

③ European Commission. Horizon 2020［EB/OL］.［2021-02-01］. http://ec. europa. eu/research/participants/data/ref/h2020/grants_ manual/hi/oa_pilot/h2020-hi-oa-pilot-guide_en.pdf.

④ 国务院办公厅. 国务院办公厅关于印发科学数据管理办法的通知［EB/OL］.［2021-02-01］. http://www.gov.cn/zhengce/content/2018-04/02/content_5279272.htm#.

⑤ 涂志芳. 科学数据出版的基础问题综述与关键问题识别［J］. 图书馆，2018(6)：86-92，100.

文评审，而忽视了科学数据的质量控制。最后，对科学数据的存储管理有一定要求，对出版商而言也会是资金和技术上的负担。

(2)独立数据出版物(不依赖于出版物的科学数据发布)。科学数据作为独立的出版对象被提交到具有合作关系的数据知识库(Data Repository，DR)中。目前，国内外可提供数据存储的大型公共数据知识库基本都可归为此类数据出版模式。一般而言，数据知识库分为针对多学科的通用型数据知识库和针对特定学科的专用型数据知识库，常用的通用型数据知识库有 Dryad、Figshare、Dataverse 等。与收录期刊论文、会议论文、学位论文和著作等文献类型的全文数据库不同，这些数据知识库属于事实性数据库。事实型数据库把大量事实、规则、概念组成的知识存储起来进行管理，既有数字表示形式，又有文字叙述形式，优势在于它提供的不是原始文献的出处，而是提供可以直接利用的原始事实性信息；该类型数据库对内容的揭示更深入细致、更灵活，检索点也更多。近年来，随着全球科研领域范式的转变，即向所谓数据密集型科研的第四范式发展，事实型数据库作为科技出版和教学交流的工具越来越受到重视。各国政府对科学数据工作极为重视，在国家层面支持科学数据共享框架建设并给予大量和持续的投入。此外，越来越多科研人员逐渐愿意在数据知识库中共享数据。有研究表明，将出版物链接到研究数据上的学术论文比未提供数据链接的论文的平均引文影响高出25%左右①，极大地鼓励了科研人员在数据开放和共享上做出转变。

(3)数据论文(科学数据作为出版物进行出版)。科学数据作为一类文本对象被正式出版。数据论文(Data Paper)是经过同行评议并且严格遵循学术发表规范的正式学术论文，但与独立数据出版物不同之处在于，数据论文的重点在以一个结构化、可读性强的格式描述科学数据本身，又被称为数据描述符。而且数据论文是包含有关数据的事实，而不是传统研究文章中基于数据的假设和论据。就学术传播功能而言，数据论文的目的在于为数据作者提供一个可带来学术信誉并可引用的期刊出版物，在传播过程中引起学术界对数据的关注。

3.3.2　数据库出版物

《辞海》将“数据库”(Database，DB)定义为存放在计算机存储器中，按一定格式事先编就的相互关联的数据集合。②《牛津字典》(*Oxford Dictionary*)将数据库定义为存储在计算机中的一组结构化数据，尤其是可以通过各种方式访问的数据。③ 当前，世界各国的数据库产业已经发展成为涉及科技、经济和文化教育等各个领域的行业。由于大量数据库并不以信息的公开发布和用户直接浏览、利用为目的，如数字出版核心支撑系统数字内容管理

---

① Colavizza G，Hrynaszkiewicz I，Staden I，et al. The citation advantage of linking publications to research data[J]. PLoS ONE，2020，15(4)：e0230416.

② 大辞海. 数据库[EB/OL]. [2021-04-26]. http://www.dacihai.com.cn/search_index.html?_st=1&keyWord=%E6%95%B0%E6%8D%AE%E5%BA%93&itemId=1541289.

③ Lexico. Database [EB/OL]. [2021-04-26]. https://www.lexico.com/definition/database.

系统(Content Management System，CMS)、数字资产管理系统(Digital Assets Management，DAM)、数字权利管理系统(Digital Rights Management，DRM)等；而且，还有许多只包含原始数据的数据库必须配备检索软件以后才能使用，因此有人认为将数据库全部归入数字出版名下是不妥当的。下面要考察的是几种较为典型的以数字出版形式出现的数据库。

书目数据库也称为索引(目录)型数据库，作为存储目录、题录和文摘等书目线索的数据库，早在20世纪60年代就大量出版了《化学题录》《科学文摘》等。目前，全球最大的书目数据库是美国图书馆网络联机计算机图书馆中心(Online Computer Library Center，OCLC)与170多个国家的72000个成员图书馆合作提供和维护的OCLC联机联合目录(OCLC Online Union Catalog)WorldCat，其中包含503870544条书目记录①。国内中文书目数据库也各具特色，其中代表性的联合编目数据库如以北京大学图书馆为核心的中国高等教育文献保障系统(China Academic Library & Information System，CALIS)的联机公共目录查询系统(Online Public Access Catalogue，OPAC)，目前包含书目记录7830623条②；以及依托于国家图书馆及各成员馆的全国图书馆联合编目中心数据库系统，等等。除了图书馆系统的书目数据库，还有一种在学术领域发挥重要作用的引文索引数据库。世界上最早的引文索引是由美国学者弗兰克·谢泼德(Frank Shepard)于1873年创立的供律师或法学家查阅法律判例及其引用情况的《谢泼德引文》(Shepard's Citation)。但真正奠定和发展引文索引思想，并大规模地付诸实践的却是美国著名情报学家尤金·加菲尔德(Eugene Garfield)。在20世纪60年代初，加菲尔德创办的美国科学情报研究所(Institute for Scientific Information，ISI)先后研制成功了《科学引文索引》(Science Citation Index，SCI)、《社会科学引文索引》(Chinese Social Sciences Citation Index，SSCI)和《艺术与人文科学引文索引》(Arts & Humanities Citation Index，A & HCI)，形成了一个多学科、国际性和综合性的引文索引体系。但仅仅以国外出版的引文索引为依据，难以对我国的人文、社会科学研究状况做出较为全面、准确的分析和评价。因此，研制和出版我国自己的引文索引工具就显得尤为重要和迫切。中国科技信息研究所从1987年开始建立了中国科技论文与引文数据库(Chinese Science and Technology Paper and Citation Database，CSTPCD)，对我国科技论文数在世界上所处的名次、我国学者、学术机构的发文数及被引数量等多项指标进行统计分析，每年举行一次新闻发布会和出版一本“年度研究报告”以公布统计分析的结果，在社会上产生了广泛影响③。截至目前，有5类专业引文数据库已在国内得到广泛应用：中国科学引文数据库(Chinese Science Citation Database，CSCD)、中文社会科学引文索引(Chinese

① OCLC. WorldCat growth Number of bibliographic records[EB/OL]. [2021-01-31]. https://www.oclc.org/en/worldcat/inside-worldcat.html.

② CALIS. CALIS联合目录公共检索系统[EB/OL]. [2021-01-31]. http://opac.calis.edu.cn/opac/simpleSearch.do.

③ 邱均平.《中文社会科学引文索引》的意义、特点与改进建议[J]. 武汉大学学报(社会科学版)，2002(2)：232-236.

Social Science Citation Index，CSSCI）、中国科技论文与引文数据库、维普中文科技期刊数据库（引文版）（Chinese Citation Database，CCD）和 CNKI 中国引文数据库（Chinese Citation Database，CCD）①。除上述 5 种类型之外，国内的引文数据库还包括中国人文社会科学引文数据库（Chinese Humanities and Social Sciences Citation Database，CHSSCD），中国警察科学引文索引数据库（Chinese Police Science Citation Index，CPSCI），中国期刊全文数据库的聚类检索（同类文献、引用文献、被引用文献）等。②

全文数据库是将一个完整信息源的全部内容转化为计算机可以识别、处理的信息单元而形成的数据集合。自 1973 年美国米德公司建成世界上第一个面向公众查询的大型全文数据库 Lexis 至今，全文数据库已经成为全球文献数据库的重要发展方向。重要的跨国科技出版集团如爱思唯尔、施普林格·自然、威利等一般都有自己的图书期刊全文数据库。国内 3 大数据库商万方、同方、维普除了二次文献数据库之外，主要提供电子报刊、学位论文、会议论文等的全文数据库；超星、书生、方正等多个电子图书商则提供电子书数据库。

多媒体数据库（Multimedia DataBase，MDB）的概念自 1983 年被提出，经历近 40 年发展，已诞生了诸多原型和产品。实际上，整个万维网（world wide web，WWW 或 3W）就是一个巨大的多媒体数据库，或者更确切地说是一个超媒体（Hypermedia）③数据库。由于可以统一存储和管理声音、图形、图像及文本，多媒体数据库能够表达的信息范围大大扩展，并可广泛用于商业、教育、科研和新闻传播等诸多领域。但多媒体数据库并非只是对现有数据进行界面上的包装，而是需要从多媒体数据与信息本身的特性出发，考虑将其引入数据库之后带来的问题，如信息媒体的多样化、多媒体数据集成或表现集成以及多媒体数据与人之间的交互性等。这将会导致许多问题，因此多媒体数据库是一种有潜力但是仍然有待发展的数据库类型。

3.4　数字游戏

数字游戏（Digital Game）是指使用计算机或其他电子设备（联网或离线）进行的游戏④。电子游戏（Electronic Game）是指使用计算机、掌上游戏机、游戏手柄、手机等数字设备进行的游戏⑤。网络游戏（Online Game）是指通过互联网或其他计算机网络进行的部分或全部的游戏⑥，独立于单独进行游戏的设备之外。数字游戏和电子游戏的概念相近，电子游戏

① 韩鹏鸣. 国内引文数据库发展现状分析[J]. 图书情报工作，2012(S2)：254-256.

② 冯昌扬，李丹阳，李新来. 中国引文索引的研究现状探析[J]. 图书馆杂志，2020，39(1)：67-75.

③ 注：超媒体被认为是一种特殊的多媒体。

④ Kamisah Osman，Ah-Nam Lay. Encyclopedia of Information Science and Technology（Fourth Edition）[M]. 2018：3248-3250.

⑤ Zarina Che Embe，Hanafizan Hussain. Encyclopedia of Information Communication Technology[M]. 2009：202-208.

⑥ Adams E. Fundamentals of Game Design[J]. Pearson Education，2014：471.

这一概念的起源于20世纪80年代中期，正是电子技术方兴未艾，数字概念尚未萌动的时期。因此，电子游戏便一直沿用至今。时至今日，电子游戏更倾向于指代基于传统电子技术下的老式游戏，而较少用来指代网络游戏、虚拟现实游戏等较新型的游戏。美国的《信息通信技术百科全书》在新版本中使用数字游戏这一更贴近当下社会习惯的表述。

根据分类标准的不同，数字游戏可以分为多种类型。如按游戏平台可划分为街机游戏、家用游戏机、电脑游戏、使用掌上游戏机的便携游戏、手机游戏等；按游戏人数可划分为单人或多人游戏、多人互动的网络游戏等；按游戏方式可划分为角色扮演游戏、冒险游戏、动作游戏、第一人称射击游戏、格斗游戏、棋牌游戏等；根据是否要连入网络，可以分为单机游戏和网络游戏。

1958年的《双人网球》是用图像显示的第一个电子游戏，由于没有进行商用并于第二年解体，影响力有限。1962年，麻省理工学院的《太空大战》(Space War!)在美国各个科学研究机构及学校之间流传，对传播及发展“电子游戏”这一概念有极大影响。二者都被视为人类历史上最早的电子游戏。如今，数字游戏的形式和方式经历了很多变化，其互动性的本质在数字时代得到了前所未有的体现。马克·沃尔夫(Mark J. P. Wolf)将数字游戏的发展分为3个阶段。①

1985年以前是初创期，家庭视频游戏和投币式的街机游戏在美国风靡，堪称街机游戏的黄金时代。家用电子游戏主机有米罗华公司推出的“奥德赛”和雅达利推出的“雅达利2600”。游戏公司雅达利(Atari)发行了《乓》《爆破彗星》等经典的早期电子游戏，占据市场龙头地位。然而，由于雅达利公司经营不善和后续产品粗制滥造，市场销售信心严重受挫，市场环境不断恶化，于1983年出现美国游戏业大萧条，市场严重萎缩，行业营收跌幅高达97%。

1985年至1994年是复兴期，任天堂“红白机”的成功发行结束了游戏产业的崩溃，市场逐渐恢复，电子游戏的中心从北美转移到日本，任天堂公司吸取雅达利的教训，严格控制游戏质量。在任天堂取得成功后，其他公司纷纷效仿，推出了新一代家用游戏机。街机游戏在与家用游戏机竞争中开始提供三维图形和新颖的界面，努力让玩家回到街机游戏中。CD-ROM等新技术的出现也帮助游戏行业的复兴。当1987年市场重新恢复活力时，市场已经是任天堂、雅达利和世嘉3家的竞争。

1995年至今是蓬勃发展期，更强大的家用游戏机崛起，索尼公司推出PlayStation(PS)游戏主机，与世嘉的“世嘉土星”和任天堂的“任天堂64”共同竞争。PS凭着优异且强大的3D表现效果，以及史克威尔的《最终幻想VII》、卡普空的《生化危机》、艾尼克斯的《勇者斗恶龙VII》等在PS主机上的游戏大卖，打破了任天堂在游戏机市场上的垄断地位。越来越多的游戏开发商崭露头角，如以PC端游戏《魔兽争霸》一举成名的暴雪公司(Blizzard)。

① The Video Game Explosion: A History from PONG to Playstation and Beyond[M]. ABC-CLIO, 2008: 17-21.

时至今日，随着移动互联网的发展和手机硬件的升级，原本需要在家用游戏机和PC端运行的游戏，正逐渐向手机端扩张。而在移动端，除了体量较大的单独的第三方应用外，搭载在其他软件上的H5小游戏也越来越多，以解决内存不足、用户使用时间碎片化的问题。2020年，全球游戏市场体量已达1593亿美元，其中，亚太地区市场2020年游戏收入达784亿美元，同比增长9.3%，占全球游戏收入近一半。全球游戏玩家数量将持续增长，预计到2023年将超过30亿。①

2020年，中国国内游戏市场实际营销总额为2786.87亿元，同比增长20.71%，与此同时游戏用户数量也保持稳定增长，规模达6.65亿，同比增长3.7%。② 2020年11月，由腾讯公司研发的《王者荣耀》，日活跃用户日均1亿，成为全球第一个日活跃用户日均“亿”量级的游戏产品。

数字游戏具有很强的两面性。一方面，它是当代社会重要的娱乐方式和文化现象，从商业角度来看也是非常成功的新兴文化产业分支，并且正在世界各国蓬勃发展；另一方面，长期以来有一种观念把电子游戏视为洪水猛兽，认为它诱使青少年沉湎其中荒废学业，导致身心发育不健全，甚至走上违法犯罪道路。为此，国家新闻出版署于2019年10月25日发布《关于防止未成年人沉迷网络游戏的通知》，提出6个方面具体举措，明确了网络游戏行业为未成年人提供服务应遵循的原则和规范。例如，为对游戏用户进行区分，要求在通知发布后两个月内，用户需实名注册才可以继续进行游戏，否则企业将停止提供游戏服务；严格限制未成年人单日网络时间为22时至次日8时，且法定节假日每日累计不得超过3小时，其他时间每日累计不得超过1.5小时。此外，为了提供更坚实有力的保障，《未成年人保护法》和《未成年人网络保护条例》的立法与修订工作准备将防止未成年人沉迷网络游戏的要求写入法律法规。同时，国家新闻出版署与公安部对接，牵头建设统一的身份识别系统，为游戏企业提供游戏用户身份识别服务，以准确验证未成年人身份信息；逐步完善和丰富身份识别系统的功能，实现跨平台使用网络游戏时间的数据互通，以掌握每一个未成年人跨平台使用游戏的总时间并予以约束。③ 此外，为更好指导游戏行业健康发展，行业标准制定步伐加快，2020年6月5日，中国音像与数字出版协会在京组织召开《网络游戏术语》团体标准送审稿评审会。

但是作为一种手段，数字游戏是发挥积极作用还是消极作用主要取决于使用者及其使用方式。英国前内阁办事处部长，知名电子游戏玩家汤姆·华森(Tom Watson)曾经指出：“统计证明电子游戏产业应受到正视。议会对电子游戏等数字产业的想法极为狭隘……数字游戏产业与游戏人口这十年来都已臻成熟。”又如，美国前总统巴拉克·奥巴马(Barack Obama)于2009年9月23日启动“培育创新”(Educate to Innovate)运动，计划

① Newzoo. 2020年全球游戏市场报告[R]. 2019.

② 张毅君. 2020年度中国游戏产业报告[R]. 2020.

③ 中华人民共和国中央人民政府. 严格控制未成年人使用网络游戏时段、时长[EB/OL]. [2021-02-01]. http://www.gov.cn/fuwu/2019-11/11/content_5450800.htm.

充分利用数字游戏的强大功能来提高美国学生的科技和数学能力。由此可见，随着人们对数字游戏的认识和利用方式日趋全面、客观和科学，数字游戏产业将拥有更加广阔的发展前景。①

在追求“IP”的内容时代，出版社与游戏公司有着多样的合作与融合方式。暴雪独立成立出版社进行出版物发行，将原先的出版业务独立出来，成立暴雪出版社(Blizzard Publishing)，并出版发行《魔兽世界》《暗黑破坏神》等数字游戏衍生出的原创平面出版物。也有游戏公司与知名的图书出版商合作，如法国出版集团阿歇特与开发《堡垒之夜》的游戏公司 Epic Games 合作推出全球书籍出版计划“堡垒之夜™”。② 企鹅兰登书屋和数字游戏业务结合的业务已经取得良好效果。其旗下的 Prima Games 公司专门出版数字游戏指南，也是世界上最大的游戏攻略提供商，主营业务是为游戏提供辅助产品。用户在玩游戏的过程中，这些数字出版产品能为其提供阅读提示，并通过视频、数字地图等形式为用户提供附加信息。数字游戏的互动性特征能够增强书籍的可读性和趣味性，出版商阿歇特从 2015 年开始就以开发移动端视频游戏为重点，通过并购英国的 Neon Play、Brainbow 公司以及法国的 IsCool 公司并成立 3 个工作室，将纸质书、视频和音频整合，进行交互式图书开发的新探索。③ 学乐出版社面向儿童虚构类书籍开发与数字游戏相结合的产品《39 条线索》《无限环》等，当读者在玩游戏时，阅读图书成为通关的重要线索。

在我国，近年来，互动解谜游戏书作为一种全新的图书品类快速崛起，主要表现为出版机构或自媒体提供创意内容，专业的游戏制作方承担设计。2018 年，故宫出版社策划出版了第一本原创本土互动解谜游戏书——《迷宫·如意琳琅图籍》，其引入实体书、道具、手机应用联合互动的阅读模式，以移动端手机应用中的叙事线为内容核心，以纸质书作为数字出版物的辅助道具，让读者从解谜游戏中获得互动阅读体验。④ 虽然这类出版物的制作周期长、技术开发难度大、维护成本高、价格高、需要长周期运营，但相信在未来，传统出版与数字游戏的结合将更加紧密，合作的领域范围更加广阔，成果更加丰富。

3.5 网络广告

网络广告，又称互联网广告，指以互联网为载体，以多媒体技术进行制作，以推广

---

① The White House. President Obama Launches “Educate to Innovate” Campaign for Excellence in Science, Technology, Engineering & Math (Stem) Education [EB/OL]. [2021-02-01]. http://www.whitehouse.gov/the-press-office/president-obama-launches-educate-innovate-campaign-excellence-science-technology-en.

② Andy Palmer. Hachette And Epic Games Partenr To Launch The Official Fortnite™ Global Book Publishing Programme [EB/OL]. [2018-11-20]. https://www.hachette.com.au/news/hachette-and-epic-games-partner-to-launch-the-official-fortnite-global-book-publishing-programme.

③ Duffer E. Hachette Has Been Strategically Acquiring Video Game Companies [EB/OL]. [2021-02-02]. https://www. forbes. com/sites/ellenduffer/2018/02/27/hachette-has-been-strategically-acquiring-video-game-companies/#5dfcfb8f5763.

④ 亢姿爽. 媒介融合背景下互动解谜游戏书的出版研究[J]. 出版广角，2020(20)：39-41.

宣传特定信息的数字产品。由于网络传播具有速度快、范围广等特点，网络广告逐渐成为主流的广告形式。随着大数据、云计算等网络技术和视听觉设计的进步，网络广告的形式和内容更加丰富，具有精准化、个性化的特点。与传统广告相比，网络广告流量大、可量化，受到越来越多广告主的青睐。《2019—2020 中国数字出版产业年度报告》显示，2019 年我国数字出版产业中，互联网广告收入 4341 亿元，自 2010 年以来持续位居第一。①

在互联网发展之初，网络广告没有脱离传统广告的形式，大多以图片形式出现在网页上，以悬窗和弹窗广告居多。后来由于流媒体技术的发展，观众转移到视频网站上观看内容，流量的转移带动新的网络广告的产生，出现了插播式、弹窗式和弹幕式广告。由于网络受众容易对广告产生逆反心理，除了直接展示产品和宣传语的“硬广”外，更多的广告主倾向于投放具有高度可读性的“软广”，即采用漫画、分享视频等形式以说故事的方式推广产品，使消费者对广告的内容不再那么反感，甚至会赞赏其出其不意的创意性。

随着互联网的发展，网络广告的投放渠道也得到了扩展，向具有大流量的应用程序聚集，在社交网络上占据很大的空间，遍布于微博、微信等社交软件及各类内容平台。而掌握着流量和用户习惯的软件提供商也推出原生广告，目的是更好贴合用户体验的同时为推广提供合适的场景。为此，依托于特定应用软件和网站的原生广告越来越多。在激烈的市场竞争环境下，精准投放原生广告并发挥意见领袖影响力去传播原生广告已成为占领不断细分的社交网络利基市场的有效途径。但在利基社交网络上，原生广告的传播还未成熟，仍存在着广告质量良莠不齐、监管不力以及隐私保护等问题亟待解决。

虚假广告、恶意广告层出不穷。这不仅降低了受众对广告的信任度，也给整个网络通信空间造成了危害。另外，广告商为满足自身利益需求大量传播广告，其中夹杂着一些低质量、无创意的广告，这也大大削弱了受众对网络广告的好感。

广告内容的可信度低以及消费者的网络权益缺乏法律保护力度等。在虚拟网络世界中，如何更好地规范广告内容和传播范围需要多方的共同努力。传统广告应摸清时代发展的脉搏，充分利用新媒体技术传播的优势，不断创新广告行业的营销传播方式，让广大受众切实体会到广告业发展的变化和特点。

3.6 其　他

互联网技术的进步和出版技术的更新扩大了出版的外延，除了上述出版产品与服务外，还有其他类型的出版产品与服务。在技术的快速变革之下，这些数字出版产品与服务或一脉相承以新的形式延续，或横空出世实现了弯道超越。

---

① 中国数字出版产业年度报告课题组，张立，王飚，李广宇. 步入高质量发展的中国数字出版：2019—2020 年中国数字出版产业年度报告[J]. 出版发行研究，2020（11）：20-25.

3.6.1 博客与微博

博客(blog)的英文全名是 Web log，是指用户在特定的网页上编辑上传内容、进行更新并与他人进行交流互动的出版方式。博客最早因 1998 年马特·德拉吉(Matt Drudge)的“德拉吉报道”而引起世人注意。2002 年“博客中国”网站创立，博客概念开始引入中国。经历了 2004—2006 年快速发展时期后，网民对博客的认知程度提高，博客用户数量和活跃博客作者数量不断提高发展。2004 年第一本博客书《恋人食谱》面世。2007 年，随着各大门户网站对博客频道的重视，用户群开始向主流门户转移，并逐步形成较为固定的博客群落。此后，脱胎于博客的书籍陆续出版，如《明朝那些事儿》。

移动互联网带动了整体互联网各类应用的发展。2014 年 7 月，CNNIC 发布第 34 次《中国互联网络发展状况统计报告》显示，网民使用手机的占比首次超越传统 PC。与此同时，博客的使用率已经从 2011 年的 62.1%降至 19.3%，用户规模为 1.22 亿，跌出了主流应用之列。报告指出，博客不能满足人们随时随地关注、发布信息的需求，逐渐被其他社交应用的功能所替代，在竞争中变成了小众应用。在此后的 CNNIC 报告中，博客的身影已被微博所取代。随着互联网由提供信息服务向提供平台服务延伸，强调即时传播、互动分享的微博(micro blog 或 micro blogging)等 Web 2.0 服务模式成为博客发展的新趋势。2006 年 3 月，博客技术先驱，blogger. com 创始人埃文·威廉姆斯(Evan Williams)创建的新兴公司 Obvious 推出微博客服务。最初阶段，这项服务只是用于向好友的手机发送文本信息；随即它发展成为基于用户关系的信息分享、传播以及获取平台，用户可以通过 WEB、WAP 以及各种客户端组建个人社区，以 140 字左右的文字更新信息，并实现即时分享。同年，多尔西(Dorsey)在推特上发布第一条推文，并于次年正式成立推特公司。推特以去中心化的、由下而上的新闻传播方式，成为民众表达自我需求、网络信息民主化的手段。由推特生态系统中的用户和开发者联合发明的“@”“#”符号功能的出现为处于混沌状态的信息提供了有效的组织方式，也是推特最重要的创新。过程中，推特经历了爆炸式增长后，因经营和管理失误，面临着用户增长缓慢，发展遇到瓶颈等一系列问题。2014 年底，推特大力推进其将社交媒体化的尝试。①

几乎是与推特同年，我国第一款微博产品“饭否”于 2007 年成立，于 2009 年因故关停，共存续 500 多天。2009 年 8 月，新浪推出“新浪微博”内测版，成为国内门户网站中第一家提供微博服务的网站，获得了部分“饭否”的转移用户，仅上线 5 个月，新浪博客就迅速获得了超过 7500 万注册用户。2010 年，国内微博像雨后春笋般崛起，四大门户网站(新浪、网易、搜狐、腾讯)均提供微博服务，开启了长达十年的相互竞争；2014 年，搜狐微博服务器故障无法访问；2020 年 9 月，腾讯微博宣布关停；2014 年，网易微博正式

① 王杰夫. 用推文告诉你 9 岁的 twitter 的发展历程[EB/OL]. [2021-02-02]. http://news.ikanchai.com/2015/0326/14018.shtml.

关闭，用户内容被迁移至旗下轻博客 LOFTER。新浪微博在产品功能和运营策略不断调整和创新，于 2020 年底稳定月活跃用户 5.23 亿，日活跃用户 2.29 亿，用户年轻化、区域下沉化、内容垂类化趋势愈加明显。

3.6.2　按需出版

按需出版(pringt on demand，POD)本质上是一种“先销售、后生产”的出版模式。按需出版是建立在数字化信息存储、和远距离传输和数字印刷技术基础上的。出版商收到订单后，通过计算机技术将数字化页面直接印制成书页，并完成折页、配页、装订等工序。

美国是应用按需印刷技术的先行者之一。该国最大的图书批发商英格拉姆公司于 1997 年创立闪电源印刷公司(Lightning Print)，最先使用 IBM 的按需印刷技术印制图书。几乎同一时期，日本、德国、法国、以色列等国家也积极从事和发展按需印刷。在国外，以按需印刷作为出口的数字出版所占比重不断增加，并成为新的盈利增长点。

在政策支持及行业组织的努力下，我国按需印刷服务由萌芽逐步走上正轨。2017 年，方正电子发起鸿雁 POD 联盟，联合产业链上下游企业共同组建的行业组织。2019 年，我国中宣部印刷发行局将推动印刷业数字化升级和一本图书印刷智能制造测试线建设列为重点工作之一。国内也已经有一些出版社尝试基于按需印刷的数字出版模式，并有一些提供按需印刷业务的印刷公司。按需出版印刷已经从零星尝试、探索发展到模式建成、广泛融入的新阶段。① 2018 年底，采用数码按需印刷方式的出版社约三百家(不含数码快印)。其中，真正意义上从新书就采用按需印刷方式的出版社占比不到 10%。② 绝大多数出版社虽然开始尝试按需印刷，但仅用于缺数补货。科学出版社、人民邮电出版社、电子工业出版社等出版社在按需出版方面做得较为出色并有引领作用，通过按需印刷实现“减库增效”。人民邮电出版社则通过部署按需印刷设备，结合大数据技术，用 3 年时间完成《基于大数据的专业出版经营模式创新示范》，提高库存周转率。印刷公司如上海同昆数码图文有限公司已形成在数字印刷领域的领先地位，曾获 2017 年“美国印制大奖”中的“班尼金奖”，开创该奖项的中国数字印刷类作品先河。

在可以预见的未来里，基于按需印刷的数字出版不会取代传统出版，但会是后者一个很好的补充，在某些情况下还将是一个有力的竞争对手。

3.6.3　自出版

自出版(self publishing)与西方所谓虚荣出版(vanity publishing)和我国的自费出版都有某些类似之处。所谓虚荣出版是指作者以高于纯印刷费用的价格出版自己的书籍，购买者

① 按需印刷时代真的来了[EB/OL].[2021-02-02].中国日报. http://www.chinapaper.net/news/show-37789.html.

② 按需印刷助力出版社转型升级[EB/OL].[2021-02-02].人民网. http://media.people.com.cn/n1/2018/1011/c14677-30335441.html.

也往往是作者自己，用于赠送他人或进行自我宣传的出版活动。相较于主流的出版作品而言，这一类型的书籍常常被主流出版社拒绝出版，即使通过虚荣出版商取得书号出版后，市场认可度也并不高。我国的自费出版是指作者提供出版费用，委托出版社进行书籍编辑、审校和印刷等出版流程的出版活动，起源于20世纪80年代，用于解决学术性强但发行面窄的图书的出版困境。1985年，文化部发布《关于出版社兼办自费出版业务有关事项的通知》，肯定“自费出版是一条补充的出书渠道”。而新兴的自出版特指借助互联网等信息传播技术，由作者主导完成作品策划、创作、编辑，发行推广的出版活动。

2018年末，全美约有168千万种自出版书籍书号书籍，其中纸质书占比约92%，电子书占比约8%。亚马逊旗下自助出版CreateSpace和电子书自助出版平台Smashwords分别专攻纸质书和电子书自出版，并位列各自领域的榜首。CreateSpace在纸质书市场堪称绝对垄断，占据了9成以上的书号，相较而言，电子书市场的垄断程度较轻，但Smashwords也占据5成左右。而Lulu、Blurb等平台则既有纸质版也有电子版。在学术出版领域，2016年11月，美国大型自助出版平台Lulu. com成立云端学术内容自出版平台Glasstree，为学术作者提供出版工具和营销工具并将学术作品分发给全球在线书店网络，其中包括一系列具有竞争力的附加服务，如翻译、同行评议、个性化编辑、文献计量跟踪和营销协助等。①

由于我国对实体出版物书号版号的管理较为严格，在国外运行并且产业化的图书自出版流程在我国一直没有形成规模化产业，但出现了愈来愈多借助互联网进行网络自出版的平台。在没有传统出版商介入的情况下，作者在豆瓣阅读、网易云阅读、快看漫画等网络自出版平台上自主进行内容创作与发布。平台不仅为作者提供了各种各样的定制服务，使作者能快速便捷地出版作品，同时读者通过平台也能第一时间阅读、下载作品，给予作者反馈②；并逐渐形成以内容付费、IP版权、软文广告相结合的多元盈利模式。网络自出版平台孕育出很多优秀的文学作品和网络文学作家，但由于自出版平台对自出版的管理控制有限，作品内容低俗、质量低下、导向错误等问题亟待解决。

3.6.4 知识服务与知识付费

在知识经济的时代背景下，大众对知识的渴求不仅仅局限于传统的出版物。越来越多的内容借助网络以新颖的发行方式实现了传达和变现，带来了知识付费的爆发。宽泛地讲，几乎所有传统书报刊都是知识付费产品，是一种为了满足消费者对知识的需求，将知识转换成为产品或服务，同时获取一定的收益的内容生产与组织方式。不过以2016年作为发展“元年”的国内这波知识服务，其特指逻辑思维工作室推出“得到”APP、“喜马拉雅FM”创办“知识付费节”“知乎”上线“知乎 live”、付费语音问答平台“分答”等综合性问答平台以及面向特定目标用户的分众知识付费平台，如针对文艺受众的“豆瓣时间”、面向新

① 徐丽芳，何珊. Glasstree：云端学术内容自出版平台[J]. 出版参考，2018（11）：25-28.

② 李静悦. 中国网络自出版平台研究[J]. 传播与版权，2017（12）：37-39.

白领的"新世相"等。时至今日，知识付费逐渐演变为知识服务，成为知识经济的一种内容生产模式，构建了新的知识传播体系。

除了受众差异，根据知识付费的内容形态，可以将知识付费产品分为付费问答、专栏订阅、直播互动以及线下咨询等形式。① 知识付费平台通过引入关键意见领袖（Key Opinion Leader，KOL）吸引用户入驻社群，或孵化专业领域的优秀内容创作者以营造良好内容社区，搭建良性互动的内容交流平台；并使用大数据和人工智能技术，精准挖掘个性化信息服务需求，完善筛选、评价及推荐机制，为用户提供有价值的知识信息。由于用户能够以付费方式获取更加个性化、专业的知识服务，知识付费成为用户寻找知识解决方案的重要途径之一。

由于知识付费内容主要源于对用户现实中遇到问题的解答，因而具有碎片化、大众化、细分化的特征；用户的学习周期短，一般将之作为体系化知识学习的补充。因此，许多知识付费平台通过延伸产品线，积极涉足"数字教育出版""电子书出版"等领域，以丰富平台盈利模式，满足用户深层次学习的需求。目前，知识付费作为为许多平台激励用户创作原创作品的有效方式得到了很大发展，但期间也出现了一些亟待解决的问题：互联网在知识生产和传播方面具有共享特性和"众筹"特质，要让习惯于免费获取信息的用户付费仍需要内容企业做出持续的努力；付费内容属于特殊的虚拟知识商品，缺少配套的法律法规为消费者和版权人双方维权，而行业这种的不规范性将严重影响用户的持续消费意愿；平台对内容的价值判断、质量控制机制和评价机制都不够完善，等等。

另一个重要的知识服务领域是传统学术出版、专业出版、科技出版的升级版，主要面向用户的专业、职业或学术生涯发展需要提供专业知识及解决方案。国际权威学术期刊出版商在知识服务方面率先进行尝试。2012 年，爱思唯尔开发 ClinicalKey 超级医学平台，将传统的 STM 出版业务与大数据技术结合，整合内外资源，包括自有的 500 多种期刊、1000 多种书籍的全文访问及 13000 多个视频等权威的内容，以及第三方资料及数据。平台能够匹配与用户搜索相关度最高的内容，为诊断治疗、预防护理、疾病管理和预测等多种临床决策提供支持。② 此外，施普林格 · 自然的 Author Mapper 平台提供基于用户地理位置的检索结果，能够实时分享学者对各类学术文章和期刊的点评和意见；Healthcare 服务整合已有的文献、专著、会议视频，主动寻找客户需求的产品形式，开发出种类繁多的系列产品。

国内同方知网、万方数据、维普等新兴出版服务公司致力于整合学术资源为行业发展提供知识服务。中国知网打造行业智库，提供产业动态、市场资讯、最新科技产业成果项目以及案例分享，以满足决策需求和创新创业的知识需求，例如"CNKI 气象科技创新知识

① 徐敬宏，程雪梅，胡世明. 知识付费发展现状、问题与趋势[J]. 编辑之友，2018（5）：13-16.

② 吴赟，孙梦如. 中国出版业发展知识服务的路径思考——从爱思唯尔 ClinicalKey 超级医学平台谈起[J]. 出版广角，2017（13）：13-16.

服务平台”“CNKI 烟草发展创新知识服务平台”等独立平台。万方数据也搭建起多个行业知识服务平台和学科知识服务平台。前者立足行业专业化建设，面向不同行业打造行业专属信息资源网站；后者面向院校师生，服务学科发展建设。此外，万方数据还面向企业升级需求、地区产业规划等决策需求提供个性化的解决方案。维普搭建面向科研院校的“机构智库”，机构智库覆盖了全国的机构院系及师生学者，提供成果展示、计量评价、长期保存、开放获取等需求；企业则可以通过“智立方·企业知识服务平台”了解本行业的发展状况和同行的水平；地方政府部门通过这套系统可以了解当地各个行业的发展势头，有效地进行政府决策。

国内专业出版社不仅提供高度专业化的知识，还提供具有高附加值的服务。通过精准定位行业需求和服务人群，人民交通出版社股份有限公司(简称“交通社”)开发数字化教育教学产品，搭建网络远程教学服务平台“车学堂”，服务考证培训、从业资格培训、继续教育培训、安全教育培训全程。① 自 2012 年起，人民法院出版社搭建“中国法律应用数字网络服务平台(法信)”，并努力从单一的数据库向纵深方向发展。为了适应现实业务场景，“法信”开放数据端口与法院审判流程系统对接，实现文书撰写智能匹配参考法律、案例及知识文献，并且上线同名微信小程序，提供类案查询和智能问答等服务。② 大学出版社与科研单位联系紧密。如上海交通大学出版社开发的“东京审判文献数据库”完整保留了东京审判的图文声像等文献资料，为国内外研究者提供全面真实的基础资料及数据处理工具。③ 机械工业出版社扎根于中国装备制造业，以相关专业的学者和学生为目标用户，提供“技工院网校”APP、“华章书院”微信小程序和“机械工业出版社教育服务网”3 种知识服务的产品，业务范围广泛，并联合政府相关部门、企业及高校举办行业内的论坛，讨论行业发展的现状与未来趋势。④

本章关键术语

数字出版产品和服务	增强型电子书	电子书阅读器
纸电同步	有声出版	PUGC 内容生产模式
开放存取	机构仓储	原生数字期刊
数字报纸	数据新闻	科学数据
数据论文	书目数据库	引文索引数据库

---

① 何亮. 专业出版社细分领域知识服务模式初探——以道路交通安全宣传教育业务为例[J]. 传播与版权，2020 (9)：91-92，104.

② 张承兵. 专业出版社知识服务平台的建设运营探索——以人民法院出版社“法信”平台为视角[J]. 科技与出版，2018 (12)：99-103.

③ 徐东. 传统出版社知识服务转型发展的实践与展望——以上海交通大学出版社“东京审判文献数据库”为例[J]. 出版广角，2017 (14)：20-22.

④ 庞博. 机械工业出版社知识付费商业模式分析与构建[D]. 北京：北京印刷学院，2019：23.

全文数据库	多媒体数据库	数字游戏
网络广告	按需出版	自出版
知识服务	关键意见领袖	知识付费

简答题

1. 简述数字出版产品与服务的分类情况。
2. 简述数字出版产品与服务的特征。
3. 简述开放存取的形式及主要内容。
4. 简述有声书出版的不同模式。

思考题

1. 目前，有声读物无限订阅模式逐渐兴起，你认为未来这种模式会成为主流吗？

2. 数据作为一种新型内容资源，逐渐成为促进行业发展的潜在力量。但目前数据出版形式仍然比较单一，你认为各个出版领域应如何构建或完善以数据为关键要素的出版模式？

《努力把我国建设成为网络强国》习近平在中央网络安全和信息化领导小组第一次会议上的讲话要点

《提高国家文化软实力》

《增强互联网企业使命感、责任感，共同促进互联网持续健康发展》习近平在网络安全和信息化工作座谈会上讲话的一部分

《致中国外文局成立70周年的贺信》

《推动我国网信事业发展，让互联网更好造福人民》习近平在网络安全和信息化工作座谈会上讲话的一部分

第 4 章　数字出版流程

从历史角度看，出版一直是一个技术驱动的行业。技术发展在相当大的程度上影响了出版发展的速度甚至走向①。而出版技术的每一次革新都使出版业乃至全世界文明、文化水平跃上一个新的发展高度：我国造纸术、活字印刷术的发明对推动世界文明的发展作出了重大贡献；德国人约翰内斯·谷登堡(Johannes Gutenberg)对印刷技术的革新开创了西方世界一个新的出版和文化纪元②；王选汉字激光照排系统的发明直接引发了我国报业和出版印刷业的变革……如今，以网络技术为代表的数字出版技术的应用再次引发了全球出版产业的巨变。

保护文学艺术作品伯尔尼公约_1971.07.24生效_20231223 下载

中华人民共和国著作权法（2020 修正）_2021. 06. 01 生效_20231223 下载

4.1　数字化与出版流程再造

数字化潮流正以不可逆转之势引领出版业的变革。国家“十四五”规划纲要中提出，积极发展对外文化贸易，开拓海外文化市场，鼓励优秀传统文化产品和影视剧、游戏等数字文化产品走出去。面临数字化对传统出版的巨大冲击，出版机构需要通过流程创新来适应数字出版的需要。

4.1.1　数字化对出版流程的影响

20 世纪中后期以来，随着计算机和网络技术在出版领域的广泛应用，出版机构的组稿方式、编校方式、生产方式、发行方式以及经营模式等发生了翻天覆地的变化。新技术改变了传统出版业务流程，使之在信息组织与生产、编辑审读与测试、生产过程与管理、传播形

① 徐丽芳. 网络出版策略研究[D]. 武汉：武汉大学，2002(4)：20.

② 于友先. 现代出版产业内涵简论[N]. 中国新闻出版报，2003-06-13：3.

式与渠道等方面更具优越性①，主要表现在以下4个方面。

4.1.1.1　对编辑环节的影响

数字化对编辑环节的影响显而易见。首先，提高了相关信息的采集速度和质量。网络信息技术的快速发展以及互联网的普及不仅为出版机构提供了更为丰富的出版信息和资源，而且为人们快速、准确地获取这些信息提供了便利的检索工具。作者在进行文稿创作时，利用网络搜索引擎、数据挖掘、网络导航等技术和手段，可以极大地提高信息搜集、整理和加工的速度，从而提升工作效率。编辑在进行选题策划时，借助网络检索工具可以快速、准确地查找与选题相关的竞争对手情况、目标市场状况等信息以进行准确判断。

其次，数字化改变了审稿流程，弱化了编辑审稿职能。具体来说，一是降低了对稿件"齐、清、定"的传统要求。出版数字化不仅能够让作者采用"创作多少、发布多少"的出版方式，而且还可以让作者和编辑人员同步、交互地对稿件进行编辑加工和修订。二是弱化或取消了编辑审稿流程。在某些数字出版模式下，作者可以无须经过编辑审稿流程将其研究成果或稿件直接出版。稿件在出版后再接受同行专家、读者或编辑人员等的在线评议；作者则可以根据相关建议对作品进行有针对性的修改。三是改变了传统编辑流程，数字出版所具有的动态出版特点要求编辑流程不再固定，因此出版机构必须对数字出版物进行全方位跟踪，并及时处理相关问题。

再次，数字化提高了编辑出版工作的效率。自动化稿件处理和编辑加工系统不仅为无纸化办公创造了条件，而且使编辑出版工作部分摒弃了传统以纸媒为核心的加工流程，缩短了出版周期，极大地提高了编辑工作效率。如Springer Nature、Taylor & Francis等出版社均采用的网络投审稿系统Editorial Manger，拉近了作者、编辑、审稿人、出版者之间的距离，有效地加强了他们之间的沟通，为缩短期刊出版周期创造了条件②。尤其是，在线同行评议系统的实施不仅突破了地理和专业限制，允许出版机构更加高效地从更宽广的范围内选择评议专家，采取互动、开放的评议方式进行评议，同时也可以缩短评议周期，提高出版速度③。另外，出版合同签订、版权贸易等工作也可以通过网络进行，不再受到时间和地点的限制。

4.1.1.2　对设计环节的影响

数字化对出版设计环节的影响主要表现在以下几个方面。在产品形态上，数字化促使出版产品形态呈现多样化发展态势，同一种内容可以制作成不同类型的数字出版物。数字出版产品的自适应、跨终端发布不再要求对出版产品进行固定的版式和开本设计，而要求运用XML标引、语义分析等先进技术对出版物内容进行结构化加工，以适应动态出版的

① 吕志军. 数字出版对传统出版业务流程的影响[J]. 大学出版，2007(2)：36-37.

② 张欣欣，张纯洁，林汉枫，翟自洋，张月红. 网络投稿与审稿系统Editorial Manger初探[J]. 中国科技期刊研究，2010(3)：331-335.

③ 刘锦宏. 网络科技出版模式研究[M]. 武汉：武汉理工大学出版社，2010：95.

需要。在印数确定方面，按需印刷技术的应用和数字发行技术的推广使得出版机构无须确定出版物首次印刷的数量。这使出版产品的零库存成为现实。在出版产品整体设计方面，数字出版改变了传统出版产品以“本”“篇”为基本单元的设计思路，取而代之的是将内容按照一定逻辑关系拆分成不同粒度并可以灵活操作的信息单元，以便根据读者需要重组和生成个性化出版产品。不过，出版物内容富媒体、可检索和可交互等特点也增加了出版产品设计的复杂性和难度，因而对产品设计提出了更高要求。

4.1.1.3 对复制环节的影响

图书、杂志、DVD、CD、磁带等出版物需要通过印刷、压制、转录等复制环节，批量生产后才可以进入市场销售。而在数字出版时代，传统复制环节受到了极大冲击。一方面，出版产品的生产、制作方式发生了变革。网络数据库、有声书、知识付费产品、短视频、网络游戏等新型数字出版产品，在制作方式上与传统出版物有明显区别。产品设计、制作完成后仅需通过“数字化拷贝”就可以实现批量生产。繁杂的印刷、压制、转录等生产环节被“数字化拷贝”所替代，不仅简化了传统出版的复制流程，而且节省了纸张等资源的消耗。另一方面，数字化降低甚至取消了出版产品的生产批量。数字化对印制环节最直接的影响是可采用“先销售，再复制”的方式，从而使零库存销售成为现实。在传统出版模式下，很多选题经常由于首次印制批量不足而无法出版，也有很多出版物由于再版印制数量不足而无法再版销售。而数字出版技术的出现，打破了以往“印数低于成本核算确定的最低印量不出版”的原则，使得许多在传统模式下会“亏本”的优质选题得以出版。

4.1.1.4 对发行环节的影响

按需印刷技术解决了一直困扰出版业的出版物库存和退货问题，但其仅是数字出版之冰山一角。数字化对发行环节的影响是具有决定性的，可以说彻底改变了传统图书发行业的生存环境。首先，网络书店的出现和快速发展影响了传统书店的生存和发展。在数字时代，“关门”“倒闭”是很多传统书店无法避开的威胁，传统书店倒闭成为一种全球性现象。根据不完全统计，在 2007—2009 年，我国有上万家民营书店倒闭①；2020 年，中国新开书店 4061 家，关闭书店 1573 家，新开数量是关闭数的 2.6 倍。而在美国这两项数据分别对应的数字为 84 家和 63 家，新开约为关闭的 1.3 倍。2020 年，中国新开书店最多的城市是北京，共计新开书店 639 家。这个数量也几乎是 2020 年美国全国新开书店总数的 8 倍。② 虽然造成传统书店“关门”“倒闭”的原因很多，但网络书店的强大竞争力是造成这一现象的主因之一。在网络书店强大的没有底线的价格挤压下，许多传统书店根本无力参与

---

① 雪球. 美国第一实体书店巴诺：迎接互联网时代的挑战[EB/OL]. [2021-08-31]. https://xueqiu.com/4043855103/20337429.

② 《2020—2021 中国实体书店产业报告》发布！2020 约有 4061 家书店面世[EB/OL]. [2021-08-31]. https://baijiahao.baidu.com/s? id=1696989623457704894 & wfr=spider & for=pc.

竞争，只能任由消费者和市场逐渐流失，进而失去生存和发展空间。同时，网络书店以及数字发行商的出现也极大地削减了传统批发商的职能，冲击着“（出版）→批发→零售”这一典型的图书发行流程。

其次，数字化改变和创新了出版物发行方式和流程。一方面，电子书阅读器、智能手机、平板电脑等移动阅读终端的普及促使越来越多的内容产品以数字化形式发行，从而形成了“作者→网络出版平台→读者”这一新型发行渠道。另一方面，读者阅读习惯、消费习惯和消费需求的改变也影响和改变了传统出版物发行方式和流程。如随着手机阅读的普及，中国移动手机阅读基地、掌阅等不仅为读者构建了全新的掌上数字阅读世界，而且打造了一种全新的无线图书发行模式①。

再次，数字化创新了出版物营销推广和服务的方式。在出版物营销推广方面，口碑营销、博客营销、互动营销、体验营销等营销模式以及网络连载、网络书评和网络广告等推广方式在创新出版物营销推广方式的同时，极大地提高了营销推广的效率。在服务方式方面，下载、升级、更新服务替代了传统出版产品的退换服务，创新了出版产品的销售和售后服务方式，有效减轻了出版机构的物流服务压力。

总之，数字化对传统出版流程的影响是全方位的，全球出版机构必须直面由此带来的冲击，改革和完善其出版流程。

4.1.2　流程再造的必要性、可行性与原则

企业的业务流程再造不是简单地移植或模仿，而是涉及信息技术、组织结构和运行机制等方面的系统再造过程。为此，须先对其必要性、可行性和原则进行分析，以便及时发现问题、化解风险，进而选择合适的方案进行科学的流程再造。

4.1.2.1　再造的必要性

迈克尔·哈默（Michael Hammer）和詹姆斯·钱辟（James Champy）认为，业务流程再造（Business Process Reengineering，BPR）是从根本上重新思考、彻底改造企业业务流程，以期在绩效上取得显著改善②。从出版业发展现状来看，传统出版流程已经越来越不适应数字时代出版业发展的需要，对其进行变革和再造势在必行。

首先，传统出版业务流程不能满足出版物跨媒体、多样化生产的需要。以网络信息技术和数字技术为代表的信息传播技术迅猛发展，直接影响出版物的生产方式和知识信息内容的表现形式，使出版物的产品形态呈现跨媒体、多样化发展态势。一方面，多元化的信息传播渠道催生了出版产品的多样性。伴随传播技术不断革新，信息传播渠道的多元化也

① 孙玉芊，周运明，何岩松. 构建掌上数字阅读世界，打造全新图书发行模式[EB/OL]. [2012-07-16]. http://labs.chinamobile.com/news/19858.

② Michael Hammer，James Champy. Reengineer the Corporation：A Manifesto for Business Revolution[M]. London：Nicholas Brealey Publishing，1993：32.

随之而来。网络、手机等成为人们获取信息的主要工具。为了满足人们从不同传播渠道获取信息的需要，出版机构必须通过资源整合，以多样化的数字产品去面对渠道革新的挑战。另一方面，技术引发的读者阅读习惯的改变，要求出版产品多样化。在线阅读、手机阅读等数字阅读习惯的兴起，要求出版机构努力调整产品供给结构，提供多样化的数字产品，以满足读者不断变化的阅读需求。而传统出版业务流程多以生产图书、期刊等单一出版物为主要目的，不能满足出版物多样化生产、跨媒体发布、多终端适用的需要，因此必须对其进行流程再造。

其次，传统出版业务流程无法最大限度地满足读者需要。在数字化出版环境中，传统出版流程在满足读者需求方面存在的问题具体表现在以下几方面：一是传统出版流程无法满足读者更为专业和深入的服务需求。诸如在线互动、信息挖掘、个性化定制、导航服务等数字时代的读者需求不仅更为深入，也更具专业性，传统出版流程无法满足这样的服务需求。二是传统出版流程无法满足读者获取信息渠道和方式的多样化需求。超链接、网络信息检索、跨媒体服务……凡此种种，传统出版流程都无法提供。三是传统出版流程无法高质量地满足读者对于快捷服务的需求。数字时代读者的基本要求是能够随时随地方便、全面、准确地获得所需内容，而传统出版流程无法满足。

再次，传统出版业务流程阻碍了出版效率和效益的提高。一是传统出版流程无法满足实现内容价值最大化的需要。一次制作，以不同产品形态通过不同媒体发布，实现内容价值最大化，是数字出版的典型要求；而传统出版业务流程却不能实现这样的要求。二是传统出版烦琐的业务流程和过长的出版时滞增加了出版成本，降低了出版效率和效益。三是传统出版业务流程数字化程度低，因此无法通过有效整合出版产业链来发挥规模效益。

综上，传统出版业务流程不能很好地适应出版业数字化发展的需要，必须对其进行重新设计或再造以提高出版效益和效率，满足出版数字化发展的需要。流程再造的目标则是通过重新设计和组织出版业务流程，使流程增值最大化，从而改善运营绩效①。

4.1.2.2 再造的可行性

对传统出版流程进行再造和优化十分必要，但如果在不具备一定条件的情况下强行再造，反而会适得其反。在仔细分析出版业及其发展环境的前提下，相关理论储备、技术发展和流程再造实践经验的积累不仅使出版业务流程再造成为可能，还会使出版业务流程再造成为必然。

首先，管理学与出版学等相关学科领域的研究为出版业务流程再造奠定了理论基础。理论不仅规范和引导人们“做什么”，而且规范和引导人们“不做什么”②。理论与实践的辩

---

① J. 佩德罗，P. 罗兰著. 业务流程再造[M]. 高俊山，译. 北京：中信出版社，1999：25.

② 孙正聿. 理论及其与实践的辩证关系[EB/OL]. [2021-08-17]. http://www.gmw.cn/01gmrb/2009-11/24/content_1012113.htm.

证关系表明，进行出版业务流程再造离不开相关理论的指导。发端于 20 世纪 90 年代的业务流程再造理论被引入我国后，一些出版机构开始加以借鉴并尝试进行出版业务流程改革与创新。如今，企业管理、组织管理、战略管理、全面质量管理、绩效管理、标杆管理、价值链管理、业务流程再造、企业再造、项目管理、出版管理等理论的传播与应用，不仅为出版业务流程再造奠定了坚实的基础，而且可为出版业务流程再造提供全面理论指导。

其次，信息传播技术等先进技术的发展和应用为业务流程再造创造了技术条件。传统出版业务流程之所以绩效低，根本原因在于这些流程都是基于经营管理中潜在的、过时的规则和基本假设而建立的。业务流程再造的首要任务，就是要彻底打破这些在现有技术条件下无效的规则，建立起与新技术条件相适应的新规则，进而在新规则框架下设计出全新的高绩效流程。① 以数字出版技术、网络传播为代表的信息技术可打破许多出版业的常规做法，为出版业务流程再造提供技术支持。例如，数字内容管理技术允许将非结构化的信息制作成图书、报刊、光盘、网页等产品，供用户以各种媒体形式阅读、检索、查询、分析和共享，从而使出版业务流程从单一介质的线性流程向跨媒体的辐射状流程转变。②

最后，国内外相关业务流程再造实践为出版业务流程再造提供了经验和借鉴。为了应对出版数字化发展的需要，爱思唯尔、施普林格·自然、高线出版社(Highwire Press)、江苏凤凰出版传媒集团、高等教育出版社、浙江大学学报编辑部、广西日报传媒集团、上海教育出版社等国内外出版机构都对传统出版流程进行了再造。广东省新闻出版局在汕头大学出版社、海天出版社、广东教育出版社有限公司、广东人民出版社有限公司实施了“图书出版流程再造工程”试点③。研究并参考国内外出版业务流程再造的成功经验，可以为我国的出版业务流程再造提供经验指导。这对进一步推动和深化我国出版产业数字化转型，创建出版新业态具有十分重要的意义。

综上所述，现阶段已经具备了对出版流程进行再造的条件，实施出版业务流程再造工作不仅必要，而且可行。

4.1.2.3　再造原则

对传统出版流程进行再造的目的是要在适应出版物产品和服务升级要求的同时降低出版成本，提高出版流程效率，增强出版企业的市场竞争能力。因此，出版流程再造的重点是明确原则，并据此剔除、简化或合并出版流程中不必要的活动或步骤。具体包括以下几点。

第一，以提高出版效率与效益为目标。业务流程再造追求通过“全新设计”或者对现有流程进行“系统化改造”来获得理想流程，以实现绩效的大幅度提高④。也就是说，在出版

① 成红，郑家祥. 业务流程再造与 IT 技术的关系[J]. 电子科技大学学报社科版，2000(1)：69-72.

② 张立. 数字内容管理与业务流程再造[J]. 出版参考，2007(6)：28.

③ 粤确立图书出版流程再造工程试点[EB/OL]. [2012-07-17]. http://www.pep.com.cn/cbck/20066xia/201012/t20101227_995172.htm.

④ J. 佩德罗，P. 罗兰著，高俊山译. 业务流程再造[M]. 北京：中信出版社，1999：20-21.

流程再造过程中，始终要把提高出版流程的效率、增强企业效益放在首位，通过对业务环节的剔除、合并和优化来构建高效的出版流程，提高企业的出版效率和效益，满足出版数字化转型的需要。

第二，以企业核心业务为基础。核心业务是企业擅长的、可以创造高收益和高附加值的、有发展潜力和市场前景的业务①。通常，很多出版企业会采用多元化经营策略，业务涉及多个领域，但其中必然有最具竞争力并能带来主要利润收入的核心业务。在进行业务流程再造时，出版企业应以核心业务为基础进行合理、科学的再造。只有这样，才能提高企业的核心竞争力，使企业在激烈的市场竞争中立于不败之地。

第三，以数字内容管理为中心。在出版流程再造过程中要以数字内容管理为核心，主要基于以下两方面考虑：一是数字出版是出版业的最新发展阶段，而对数字内容的有效管理则是数字出版成功的关键之一；二是数字内容管理既是一种资源管理方式，又是一种生产方式②。利用先进的信息传播技术对数字内容进行有效管理，不仅可以实现对数字内容的深度开发和利用，而且可以高效地实现数字内容产品的设计开发。因此，出版流程再造要围绕数字内容管理来展开。

第四，以提高读者满意度为准则。是“内容为王”还是“技术为王”，人们曾为此争论不休。实际上，利用数字技术来开发和利用内容资源，最大限度地扩大读者群及出版市场，满足读者多样化、个性化及不断提升的消费需求，才是数字出版产业正确的发展方向③。因此，出版流程再造一定要以读者满意为准则打造数字出版流程，进而推动数字出版产业快速发展。

第五，要以信息传播技术为手段。虽然出版业不是纯技术驱动型行业，但相关技术的进步对促进出版产业竞争力的提升同样具有重要意义④。因此，在数字出版时代，对出版流程再造要建立在对信息传播技术的创新应用基础之上，改造传统出版流程中不适应数字出版需要的工作环节和流程，进而提高流程效率。

总之，传统出版流程已经越来越不适应数字时代出版产业发展的需要。出版企业应在坚持上述原则的基础上，积极进行出版业务流程再造，以推动整个出版产业的数字化转型。

4.2 传统出版流程再造

以现有出版业务流程为出发点，运用信息技术增减、改革和整合原有的业务活动，以实现业务流程的局部改造，这是一种务实而有效的改造思路和方法⑤。本节将从编审、加

① 纪志坚，苏敬勤. 核心业务的识别方法分析及实证研究[J]. 大连理工大学学报(社会科学版)，2005(2)：12-16.

② 陈洁. 出版商数字内容管理平台的架构与实施[J]. 科技与出版，2009(1)：55-57.

③ 乔东亮. 数字出版时代“读者中心”论[J]. 中国出版，2010(22)：61-63.

④ 徐丽芳. 论科技出版的技术竞争力[J]. 出版发行研究，2007(11)：17-20.

⑤ 钟耕深，张爱琴. 企业并购后业务流程再造的六项原则[J]. 山东大学学报(哲学社会科学版)，200(2)：78-84.

工制作和发行 3 个环节入手，分析如何运用信息传播技术改造传统出版业务流程。

4.2.1　编审流程再造

传统编审流程数字化再造最成功的是在学术期刊出版领域。自从 20 世纪 90 年代，欧美国家大力发展在线稿件处理系统以来，Editorial Manager、Bench>Press 等系统的推广和使用不仅改变了传统编审流程，实现了编审工作数字化，还缩短了出版时滞，提高了出版效率。

4.2.1.1　在线稿件处理系统①

一般来说，在线稿件处理系统包括作者管理子系统、编辑管理子系统、评议管理子系统和行政管理子系统 4 个子系统，并具备如下基本功能。

在线投稿说明。系统向作者详细介绍出版物基本情况、在线投稿要求以及操作方法，主要包括：稿件的学术格式规范、提交稿件的文件格式要求以及稿件中图表、图片的格式要求等。一般来说，出版机构要求作者提供 PDF、Word 等格式文件上传至在线投稿系统。

自动登记和通知功能。一方面，系统应具备自动登记功能，在作者提交相关稿件后将稿件自动登记入库，并产生对应的稿件处理序列号；另一方面，系统要具备自动发送电子邮件功能，及时通知责任编辑、评议专家、作者等相关人员该稿件的目前处理情况，以便他们进一步开展相关工作。

评议专家查询与分派功能。系统应建立完善的评议专家数据库，能够提供包括联系方式、研究方向等在内的每位专家的基本资料，以方便出版机构在选择评议专家时，能够按照稿件评议的需要选择合适的评议专家。另外，系统还应具备根据稿件的学科类别、研究领域自动分派评议专家的功能。

在线评议功能。系统应能够为每份稿件提供独立的评议环境，让评议专家能够在此环境中对稿件进行评议；同时还应能及时存储评议专家的评议结果及建议，并允许作者、出版机构或读者等在线浏览评议结果、未经修改的原稿以及经过修改的全部稿件。

进度管理功能。系统应建立一个进度管理系统，让出版机构、编辑和作者等能够随时掌握稿件的处理进度和状况，以便进行时效管理；同时系统还应具备时间控制与提醒功能，及时提醒相关人员在规定时间内完成各自工作，以提高工作效率，缩短出版时滞。

接受读者在线评论功能。系统能够为出版的每份稿件提供单独的读者评论空间，供其在线评论。这样做能实现“读者—作者”双向学术交流，有利于作者进一步发现论文的不足之处并及时修改、更正，从而提高论文质量。

评议方式选择功能。系统应能提供单盲评议、双盲评议、开放式评议等多种评议方式，供出版机构或编辑选择。

稿件质量分类和提示功能。系统应具备稿件质量分类和提示功能，可将稿件按不同出

---

① 本小节内容根据《网络科技出版模式研究》一书中在线投稿系统的功能一节改写[M]//刘锦宏. 网络科技出版模式研究. 武汉：武汉理工大学出版社，2010：96-97.

版阶段分成预印版、评议版、修改版、正式出版等版本类型，并在网站上正确标示对应的质量标签，方便读者判断和正确引用。

保障系统安全功能。系统应建立相应的安全管理系统，以确保相关资料安全。

虽然在线稿件处理系统形式多样，但总体上其工作流程如图 4-1 所示，主要包括稿件提交、稿件初审、同行评议和稿件终审 4 个步骤。第一，作者必须登录后方可提交稿件。对于已经注册的用户，只需要利用注册信息登录后按照稿件提交要求提交稿件即可。对于首次提交的新用户，需要注册认证后再登录提交。第二，稿件初审。稿件提交完成后，系统自动生成编号，并通知相关编辑对稿件进行初审。若稿件没有通过初审，则会向作者进行退稿处理，结束编审流程。若稿件通过初审，则稿件将进入同行评议流程。第三，同行评议。系统根据稿件的学科分类等特点，自动选择、分配和邀请同行专家进行评议。如果同行专家接受邀请，则登录系统后对稿件进行在线评议；如果不接受邀请，则重新选择评议专家，直至符合评议人数要求。评议结束后，同行专家需要提交评议意见，以供终审之用。第四，稿件终审。编辑部或主编在收到全部评议意见后，会综合各方意见对稿件作终审处理。处理结果通常包括退稿、出版、修改后出版 3 种。如果终审意见为“出版”，则稿件直接进入下一个加工处理阶段；“退稿”意味着稿件没有达到要求，不能出版；“修改后出版”要求作者按照同行专家意见修改稿件，修改完成后提交编辑核对，符合要求后再出版。

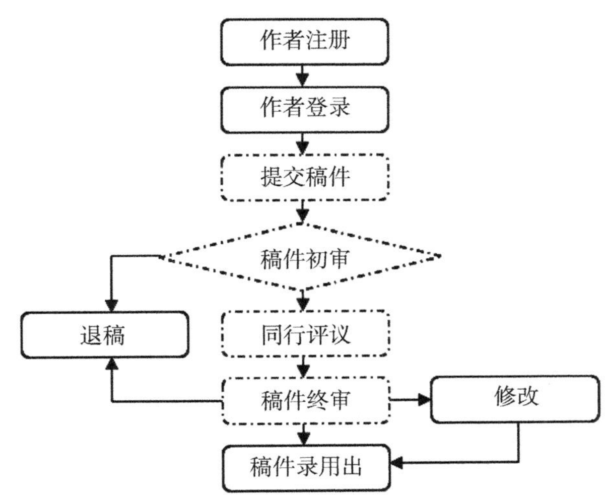

图 4-1 在线稿件处理系统工作流程

4.2.1.2 个案：Bench>Press 系统①

Bench>Press 系统是由美国斯坦福大学图书馆所属的高线出版社开发的具有在线投稿

① 本小节内容根据《网络科技出版模式研究》一书中 Bench>Press 个案研究一节改写，参见：刘锦宏. 网络科技出版模式研究[M]. 武汉：武汉理工大学出版社，2010：100-103.

和同行评议等功能的期刊在线出版系统，于 2020 年被领先的数字、内容和学习解决方案提供商 MPS Limited 收购，目前已经有国际麻醉研究协会(International Anesthesia Research Society，IARS)、剑桥大学出版社(Cambridge University Press，CUP)、哥伦比亚大学出版社(Columbia University Press，CUP)等 91 种学术期刊采用 Bench>Press 系统①。Bench>Press 系统的设计理念源于 1995 年应用于《生物化学杂志》(*The Journal of Biological Chemistry*)的一个在线投稿与编务管理系统。如同其他同类系统一样，Bench>Press 为学术期刊出版者提供了快捷的在线投稿与评议平台。它具有在线投稿、追踪、评议和出版等全部功能，不仅方便作者、编辑和评议专家之间的交流，而且能够迅速、准确地线跟踪稿件处理进度，提高期刊出版效率。

(1)Bench>Press 系统功能模块

Bench>Press 系统具备在线投稿和同行评议等全部功能，系统将这些功能划分为作者模块、评议模块、追踪模块和个人信息模块 4 个功能模块(见图 4-2)。

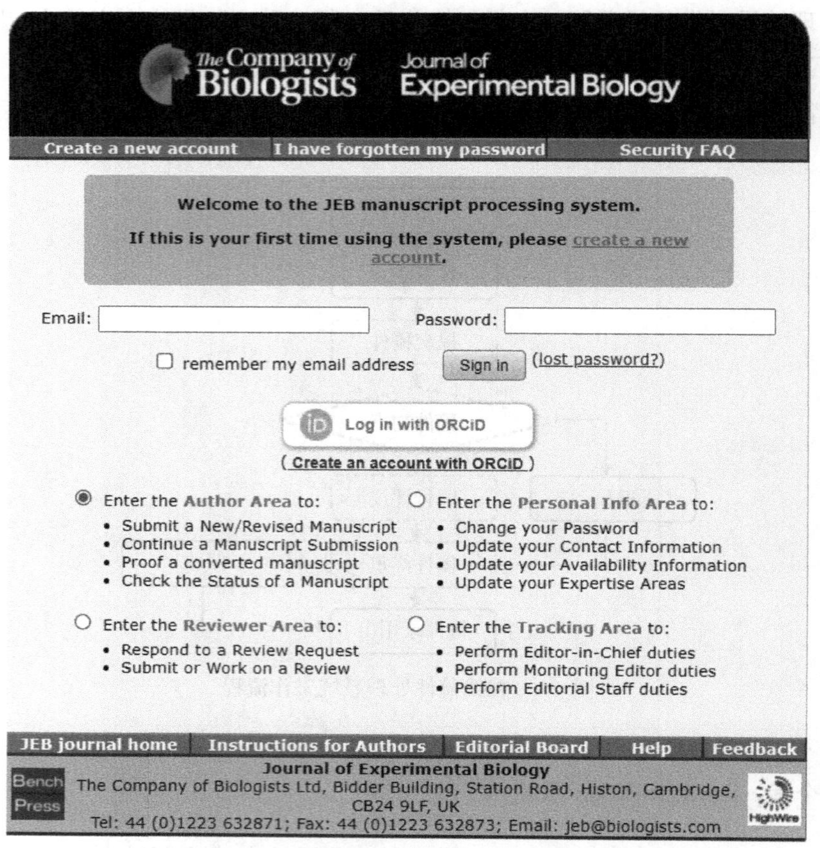

图 4-2　Bench>Press 系统功能模块示意图

① Bentch Press[EB/OL]. [2021-08-13]. https://www.highwirepress.com/solutions/highwire-benchpress/.

作者模块。该模块允许作者在线提交原稿或修订稿，验证修改稿和继续提交稿件，并允许作者检查所提交稿件的处理状态。作者登录进入该模块后，还可以查看提交稿件的数量、修订稿数量、初校样批准数量、需要作者验证稿件数量、作者以往的稿件提交情况、作者信息和作者研究领域等相关信息。

评议模块。该模块主要功能是对稿件进行同行评议，编辑和作者都可以通过该模块的专家数据库查询和选择合适的评议专家对稿件进行评议；评议专家通过该模块接收评议稿件和上传评议报告。进入该模块后，评议专家可以查看本人需要评议的稿件数量和正在进行评议的稿件数量，还可以查阅以往的稿件评议情况。

追踪模块。该模块主要为出版机构的工作人员提供服务，来在线追踪稿件的处理状态。工作人员被分成主编、副主编、特约编辑和一般编辑人员 4 个级别，不同级别的人员享有不同的对稿件处理的权利。作者也可以通过该模块查看本人稿件的处理进度。

个人信息模块。该模块主要提供作者和专家进行在线修改个人信息的功能，包括修改登录密码、更改个人联系信息、修改个人研究领域等。

通过上述 4 个模块的共同作用，Bench>Press 系统形成了一个完善、高效的在线投稿和评议系统。

(2) Bench>Press 系统工作流程①

Bench>Press 系统一般按照如下流程运作：作者登录、在线投稿、同行评议、进度追踪、报告处理结果。

作者登录。Bench>Press 系统要求所有用户必须注册后才能够使用该系统。用户需要提供用户名和电子邮箱地址进行注册，之后用户可以通过注册时的电子邮箱地址和注册密码安全登录系统。为了省去作者记忆多组账号和密码的麻烦，Bench>Press 系统允许作者采用同一组电子邮箱账号和密码申请注册多种学术期刊，以方便作者投稿；当然，系统也允许作者在同一期刊注册多个账号。

在线投稿。作者只有在注册登录后方可在线提交稿件，包括论文原稿、修改稿，或书评等特约稿件；系统可以在线检查和确认作者身份。尽管可以处理常用的各种格式的文件，但 Bench>Press 系统要求作者提交的稿件(包含全部表格和图片)最好是 Word 或 PDF 格式文件，提交的图片必须是 GIF、TIF、EPS、JPEG 格式文件。作者在提交稿件前应自行检查稿件质量，以使其符合所投期刊的投稿要求。为了提高论文评议的公平性，系统允许作者享有建议或回避某位评议专家或责任编辑的权利。

同行评议。作者提交稿件后，系统自动生成稿件处理批号并进入同行评议流程。Bench>Press 采用双盲制进行同行评议。评议专家可以通过接受或拒绝对来稿进行评议。与对作者的要求一样，评议专家也必须注册登录后方可开展评议工作。新的评议专家通过

① Journal of Experimental Biology[EB/OL]. [2021-08-13]. https://submit-jeb.biologists.org/.

电子邮箱地址和密码进行注册，并提交相关个人信息，以方便编辑检索。系统允许编辑查看评议专家过往工作的统计资料，如该专家当年参加评议稿件的数量、每份稿件的平均评议时间等。系统将保存稿件评议过程中产生的全部文件，编辑可以通过该系统查看稿件的全部评议记录。

进度追踪。稿件一旦进入该系统，就会被参照工作流程规范正确归类，不同的使用者对稿件享有不同的处理权限。Bench>Press 可以自动执行稿件处理和进度追踪工作，如自动分派稿件、选择评议专家、向专家催要评议报告、向作者催要修订稿等。作者和编辑人员可以通过关键词、作者姓名或稿件识别码等检索途径来查看稿件处理进度，并根据进度需要采取相应工作措施以加快工作进度，提高出版效率。

结果处理报告。全体编辑人员都有权接受、拒绝或在线提交评议专家的评议报告。稿件的责任编辑或主编可以根据评议专家的意见，来确定对稿件的处理结果。处理结果一般分为接受出版、拒绝出版、修改后出版、修改后再评议 4 类。其中，“接受或拒绝出版”意味着该稿件修订工作的结束；“修改后出版”要求作者根据评议专家和编辑的修改意见修改稿件，并及时提交修订稿，编辑在收到修订稿后会评阅作者的修改结果，直至符合要求；“修改后再评议”则是对稿件进行重复评议。需要说明的是，重复评议的过程和结果处理方式与稿件接受初次评议一样。系统将保存所有稿件的处理结果，供使用者查询。

作为一种数字化投审稿系统，Bench>Press 将在线投稿、评议专家选择、稿件处理流程控制、稿件评议和最终出版等每一个工作环节都纳入系统管理，不仅节省了大量时间和成本，而且极大地提高了网络学术期刊的出版效率。但是迄今为止，这类系统主要用于数字学术期刊出版。目前，国内部分出版集团如广东出版集团、湖北长江出版传媒集团、安徽出版集团等已开始尝试从顶层设计再造出版流程①，但其在引入数字化编审系统方面仍有漫长的路要走。

4.2.2　加工制作流程升级

对传统出版加工制作流程的数字化改造主要涉及排版、校对和印刷 3 个环节，并因此产生了自动化排版、自动化校对和数字印刷等全新的加工制作流程。

4.2.2.1　数字内容加工流程②

虽然已经有不少原生型数字出版物，但是电子书等数字出版物仍与传统印刷出版存在千丝万缕的联系。其间就要涉及纸质书的数字化处理，以及对由版式文档排版系统所产生的电子文件再加工的工作。下面以成立于 2001 年的知识产权出版社下属高新技术企业北

---

①　吴信根．出版流程再造亟须顶层设计[N]．中国出版传媒商报，2020-11-17.

②　本小节的内容根据中献拓方科技发展有限公司的相关业务介绍内容改写，参见：http://www.cnpod.com/tailor/http://m.cnpod.icoc.in/.

京中献拓方科技发展有限公司为例①，说明电子书内容加工流程以及复合数字出版内容加工流程。

(1)电子书内容加工流程

中献拓方的电子书内容加工包括纸版图书数字化加工和书版排版文档加工两种方式。纸版图书数字化加工流程主要分为5个步骤，分述如下(见图4-3)。

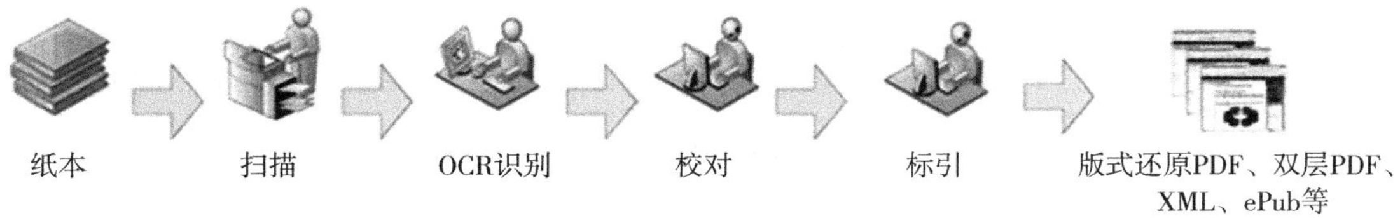

图4-3 纸版图书数字化加工流程②

首先，对纸版图书进行扫描及修图。扫描质量好坏直接影响后续加工质量，因此中献拓方选用纸张适应性优良的扫描设备，并采用多种方式对纸版文献进行扫描。为确保扫描后的图像清晰、不失真，还需要利用图像处理软件对扫描后的图像进行计算机自动处理和人工处理。

其次，利用光学字符识别技术(Optical Character Recognition, OCR)对扫描文件进行识别，依次通过识别、改字、改字检查等流程来提高识别率，保证识别差错率在万分之一以内。

再次，进行校对。经过OCR识别后形成的数字文件还需要与原书稿进行比对，通过人工校对进一步提高数字化的准确率。

复次，数据标引。在DTD文档制定完成后，依据和利用专门的图书数据标准及标引工具对数字内容进行标引等结构化处理，以便于检索和利用。

最后，进行数字化内容制作。经过结构化加工处理的数字内容可以制作成PDF、XML和ePub等格式文件用于数字出版。其中PDF格式文件包括版式还原PDF和双层PDF两种类型供选择利用。所谓双层PDF，即是有图片与文字两层结构的文件——既保留了原文件尤其是原图片的真实状态，又因为具有文本层，方便了数据管理和索引。

排版文档的数字化加工流程也包括5个步骤(见图4-4)。基本流程是在对方正书版、方正飞腾、Indesign、PageMaker等各类排版系统生成的文档进行格式分析后，利用格式转换软件将各类文档转换成标准格式文档；接着对标准文档进行内码校对以降低差错率；最

① 北京中献拓方科技发展有限公司. 关于我们[EB/OL]. [2021-08-13]. http://www.cnpod.com/tailor/http:/m.cnpod.icoc.in/tfabout_intro.jsp.

② 图片参考自“数字加工业务流程”，参见：http://www.cnpod.com/tailor/http://m.cnpod.icoc.in/tfbusiness_datapro.jsp.

后对标准文档进行标引，制作成印刷用 PDF、电子版 PDF、XML、ePub 等格式的电子书，以供后续数字出版之用。

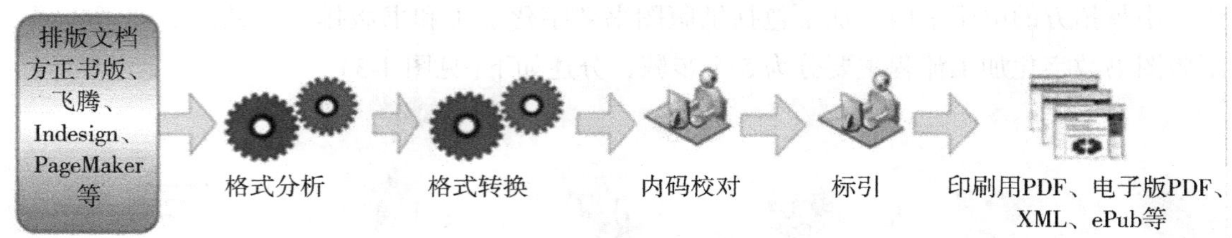

图 4-4　排版文档数字化加工流程①

(2)复合数字出版内容加工流程

为了应对复合数字出版的需要，中献拓方还开展了复合数字出版内容加工服务，其工作流程如图 4-5 所示。经过数字化加工后形成的数字文档可以满足纸质图书、ePub 电子书和 PDF 格式电子书等数字复合出版的需要。

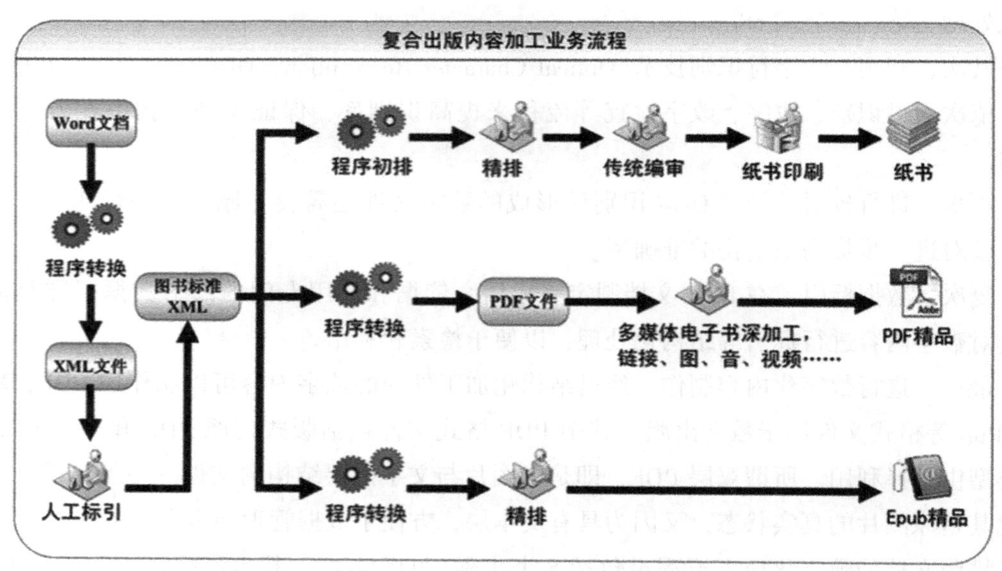

图 4-5　复合数字内容加工流程②

① 图片参见："数字加工业务流程". http://www.cnpod.com/tailor/http://m.cnpod.icoc.in/tfbusiness_datapro.jsp.

② 图片参见："复合内容出版加工". http://www.cnpod.com/tailor/http://m.cnpod.icoc.in/tfbusiness_datapro.jsp.

中献拓方复合数字出版内容加工的标准文件为 XML 格式文件。在用格式转换软件将 Word 文档转换成 XML 格式文件后，经过人工标引形成符合图书标准的文件。其后根据最终用途的不同分别进入不同的加工流程，形成不同的出版产品。

如需进行传统纸质图书出版，则 XML 格式文件在进行自动化排版软件初排、人工精排以及传统“三审三校”后，被制作成符合印刷需要的图书电子版，再经过数字印刷或胶印等印刷工艺，最后制作成纸质版图书。

如需制作 PDF 版文件，则首先利用格式转换软件将 XML 格式文件转换成 PDF 文件；在这一过程中须注意降低转换差错率。其次，对生成的 PDF 文件进行校对、修改以提高准确率。最后，利用各种加工技术对 PDF 文件进行结构化加工，包括内容拆分、内容标注以及各种超链接等，最终形成符合数字出版需要的 PDF 版电子书。

如需加工成 ePub 格式的电子书，因该格式本身是以 XML 为基础的，因此加工流程相对简单。具体做法是利用格式转换软件将 XML 格式文件转换成 ePub 格式，然后经过人工精排制作成符合电子书出版要求的 ePub 文件。

4.2.2.2 自动排版

“版”“版式”等概念源于传统书报刊出版，通常指二维平面中文字、符号、图形图像等元素的风格和安排。细究起来，网络游戏、3.0 版电子书等数字出版物也都有版面和版式问题需要处理，只不过它们通常被涵括在更具包容性的概念“用户界面设计”中了。此处仍以兼容印刷版和数字版的书报刊出版物为例，来了解自动排版系统。此类系统一般以 XML 格式描述数据，根据数据与样式分离的思想，综合应用数据库排版和可变数据排版提高排版效率，并最终产生可供出版的结果文件。下面以方正自动化排版系统为例，说明自动排版系统的基本工作流程(见图 4-6)。

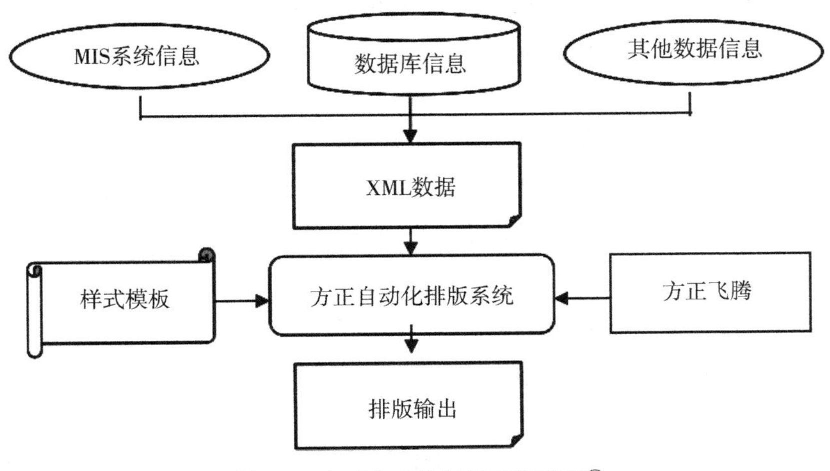

图 4-6 方正自动化排版工作流程①

① 根据“方正自动化排版解决方案”改写，参见：http://www.soft6.com/trade/7/75058.html.

首先，进行数据转换。由于 XML 标记语言具有多语言适用性、可扩展性、便于管理等特点，因而被广泛应用于数据存储和数据传输等领域。方正自动化排版系统利用数据转换技术，将信息管理系统信息、数据库信息以及其他数据信息转换为 XML 格式的数据文件，以实现自动化排版系统与不同数据之间的无缝、良好衔接。

其次，实现自动化排版。在样式模板系统以及方正飞腾等排版软件的支持下，方正自动化排版系统对 XML 格式文件进行自动排版。系统的自动排版功能不仅可以实现文字、图形、图像和表格的自动化混排，而且支持子版面无限嵌套，进行复杂样式排版。

最后，排版输出。在排版结果输出方面，方正自动化排版支持多格式输出，可以根据不同的应用系统将排版结果以 FIT、PDF、VDX、PPML、PS、WORD、FFX、DOCBOOK 等格式文件输出，极大地提高了系统的应用范围。

方正自动化排版系统在一定程度上实现了排版自动化，在提高内容制作效率的同时能够避免手工作业的错误率，尤其在须兼容书报刊印刷出版和数字出版时具有较好的应用价值。而在原生型数字出版物中，排版工作更多地依靠 Trident、EdgeHTML、Gecko 等排版引擎（Layout Engine）来实现。Trident（又称为 MSHTML），是指微软的视窗操作系统（Windows）搭载的网页浏览器 Internet Explorer 的排版引擎，目前是互联网上最流行的排版引擎之一。EdgeHTML，是微软网页浏览器 Microsoft Edge 所使用的网页排版引擎。Gecko 是套开放源代码的、以 C++编写的网页排版引擎。Gecko 是跨平台的，能在 Microsoft Windows、Linux 和 Mac OS X 等主要操作系统上运行，是最流行的排版引擎之一。

4.2.2.3　数字印刷

作为印刷技术数字化和网络技术相结合的产物，数字印刷是一种将数字化文字、图片等信息直接记录到承印材料上的印刷过程。与传统印刷流程相似，数字印刷也需要经过原稿分析与设计、图文信息处理等印前以及印刷和印后装订、裁切等环节，基本流程见图 4-7。不过，它是数字出版的可选输出环节，很多数字出版物尤其是原生型数字出版物并不需要印刷环节。

印前环节。与传统印刷流程一样，数字印刷也需要版面设计、排版、校对等印前加工工作。由于数字印刷是完全数字化的生产过程，因此经过编辑、排版等印前加工处理的稿件必须转变成可供印刷使用的数字化信息。这些信息不仅可以通过网络直接传输到数字印刷系统，而且可以通过光盘、移动存储设备等直接载入数字印刷系统。与传统印前不同的是，数字印刷印前处理所形成的数字文件或页面并不需要立即印刷输出，而是以数字方式存储在系统中或通过数字网络传输到异地，最后根据顾客订货需求印刷输出，可不受时间和地域的限制①。

印刷环节。印刷环节主要包括 RIP 处理和数字印刷两个步骤。光栅图像处理器（Raster

① 蒲嘉陵. 数字印刷技术的现状与发展趋势[J]. 印刷技术，2000(9)：69-74.

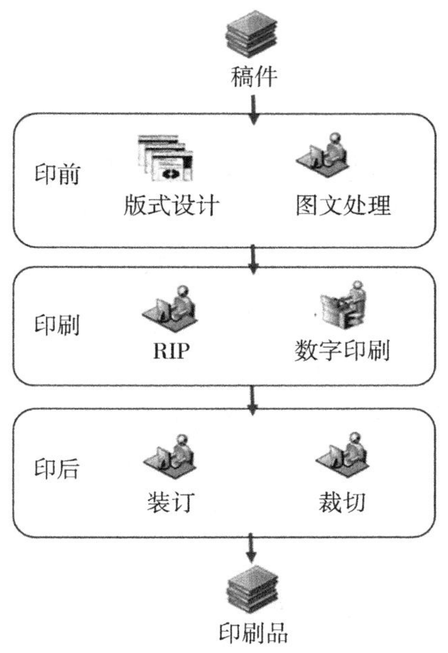

图 4-7 数字印刷流程

Image Processor, RIP)专门用于解释页面信息，将计算机制作生成的版面中的各种图像、图形和文字等解释和转化为光栅化图像或网点以便数字印刷设备印刷输出。为了提高数字印刷质量，尤其是彩色印刷或大幅面印刷的质量，印前处理的图文信息需要经过 RIP 处理。在具体方式上，可以通过 RIP 系统软件、RIP 硬件或 RIP 软硬件相结合 3 种方式对页面信息进行解释和转化。经过 RIP 处理的信息通过数字印刷设备直接印刷到纸张、皮革等各种承印材料上，实现数字印刷。印刷时，可根据印量不同选择不同的印刷设备。当印量较小时，可以采用富士(Fuji)平张纸数字印刷设备进行印刷；印量较大时，可以采用 Nipson 等卷筒纸高速数字印刷设备印刷。由于数字印刷采用全数字化设计，在印刷过程中不需要印版，因此省略了传统印刷流程中的制版环节，节省了部分制作时间和制作成本。

印后环节。内容经过数字印刷后，通常需要经过装订和裁切两个工艺才能制作成符合要求的印刷产品。数字胶订机、全自动锁线机、数控裁切机等数字化装订和裁切设备均可与数字印刷系统直接连接，实现装订和裁切等印后流程的自动化运行，从而完成全部数字印刷生产过程。

作为建立在数字化技术基础上的崭新印刷方式，数字印刷具有无版、无压和非接触等特点①。它不仅没有起印数量的限制，而且节约生产成本和生产时间，因此被广泛应用于按需印刷和按需出版业务流程之中。

① 蒲嘉陵. 谈数字印刷技术的发展与展望[EB/OL]. [2012-07-30]. http://www.chinanews.com/cul/2011/08-24/3281443.shtml.

4.2.3　发行流程改造

数字技术对发行流程的改造主要体现在两个方面：一是创新出版物发行模式；二是实现发行流程的数字化管理。以计算机网络技术为代表的新技术导致了网络书店、网络中盘商等新型发行机构的兴起。新型发行模式不仅对传统发行模式产生颠覆性影响，而且直接导致大批实体书店倒闭、消亡或难以为继。虽然数字技术给传统发行企业造成了极大威胁，但后者也在试图利用数字技术改变或应对这种威胁。在自办数字发行、发行管理数字化等众多尝试和实践中，通过流程再造实现发行流程的数字化管理是较为有效的手段之一。下面以上海复旦爱你特发行管理系统为例，详细分析发行管理系统的功能①。

上海爱你特科技成立于 2012 年，专注于文化出版发行行业，专为用户提供新一代 ERP 系统，提供一体化解决方案。从 2004 年进入图书行业，爱你特团队已服务数百家用户，包括南京师范大学出版社、上海财经大学出版社、上海钟书、尚童童书等。复旦大学出版社启用"爱你特智慧出版 ERP 管理系统"，尝试实现编辑、印制、发行、财务一体化管理，系统框架包括编辑管理、印务管理、发行管理、仓储管理、结算管理、合同管理、统计报表、基础信息和物流接口 9 个模块(见图 4-8)。

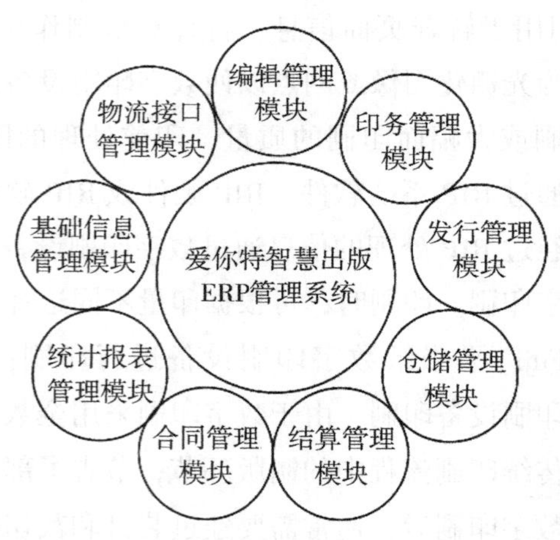

图 4-8　爱你特智慧出版 ERP 管理系统框架

编辑管理模块的功能十分全面，包括成本—业务量—利润分析、选题立项、出版计划维护、审校管理、发稿单、书号申请、封面资料、CIP 申请、印数及定价确认、印刷通知单、新书资料、美术设计单、更正流程、编辑工作量和版权登记功能；印务管理模块主要包括零活管理；发行管理模块主要是出版机构的发行业务管理工作，主要功能包括销售

---

①　关于爱你特智慧出版 ERP 管理系统的介绍，本书根据复旦大学出版社有限公司副总经理顾轩与上海爱你特科技发展有限公司的网站介绍内容修改所得，参见：http://www.wingsoft.com.cn/p11.jsp.

单、销售调整单、加印申请、结账、月度发行统计表和月度汇总表；仓储管理模块则是出版物的出库、入库和仓储管理；结算管理功能模块主要负责编务结算申请、排版结算申请、印务结算申请、发行结算申请和财务管理功能；合同管理模块包括销售合同、非格式合同和非格式销售合同的管理；统计报表模块是对发行统计报表和仓储统计报表进行管理；基础信息功能模块则是对一些基础数据进行统计和管理；物流接口管理模块包含基础物流信息、仓储信息和物流收货计划。

复旦大学出版社最初使用的是自己开发的发行管理系统天翼，系统更加稳定、兼容性强，但是存在几个弊端：(1)由于使用时间太长且没有维护团队，无法升级；(2)无法支持远程办公；(3)无法做电子数据交换(Electric Data Interchange，EDI)和经销商自主报单；(4)无法增加编辑、物流模块，不能实现出版社整体数据流的要求。因此复旦大学出版社于2021年3月1日就开始正式试运行爱你特智慧出版ERP管理系统，旨在实现出版社内数据流的全程可控和远程办公需求。数字技术对传统出版流程的局部改造和升级已经深入方方面面，并取得了丰硕成果，但是仍然有进一步发展的必要和余地，而且应新型出版物出版和服务提供需要的全数字化出版流程也已经初露端倪。

4.2.4 案例：华中科技大学出版社数字化流程再造方案设计[①]

华中科技大学出版社创办于1980年，是我国改革开放后创立的首批大学出版社之一。随着技术进步推动出版产业变革，带来生产方式、组织方式及产业价值链的重构，华中科技大学出版社(以下简称"华科社")一直致力于逐步摆脱传统图书生产模式，向数字化流程创新方向转变，但实际效果却差强人意。原因主要包括两个方面：其一，在路线选择上，华科社近年是在市场驱动下实施数字出版项目的，即通过满足用户对数字出版产品或服务的需求来创收，存在投入大、项目建设周期长、产出慢、风险高等弊端。企业在体制、人才等方面都难以匹配，成效和收益均不大。由于没有收益，难以调动各参与人员的积极性，项目往往半途而废。华科社也通过对业内同行的观察和了解，发现这条路径可行性较低。其二，在内部资源上缺乏整合。出版社的数字部门与编辑部门没有实现良性合作：作为内容生产的主体，编辑没有参与到数字出版内容的生产与运营中来；而数字部门如果要获得编辑的内容，除了取得编辑的同意外，还需要完成内容归集与格式转化等工作，资源整合效率低下。基于此，自2015年入选工程试点单位以来，华科社不断摸索、调整和优化数字化出版流程创新的思路；到了2017年，华科社启动"国家数字复合出版工程系统与云章ERP集成应用示范"项目，再次对华科社的数字化流程再造方案进行创新设计(复合出版工程技术体系如图4-9所示)。

① 本小节内容根据《基于国家数字复合出版系统工程的图书出版数字化流程创新——以华中科技大学出版社为例》一文改写，参见：余强. 基于国家数字复合出版系统工程的图书出版数字化流程创新——以华中科技大学出版社为例[J]. 出版科学，2021.

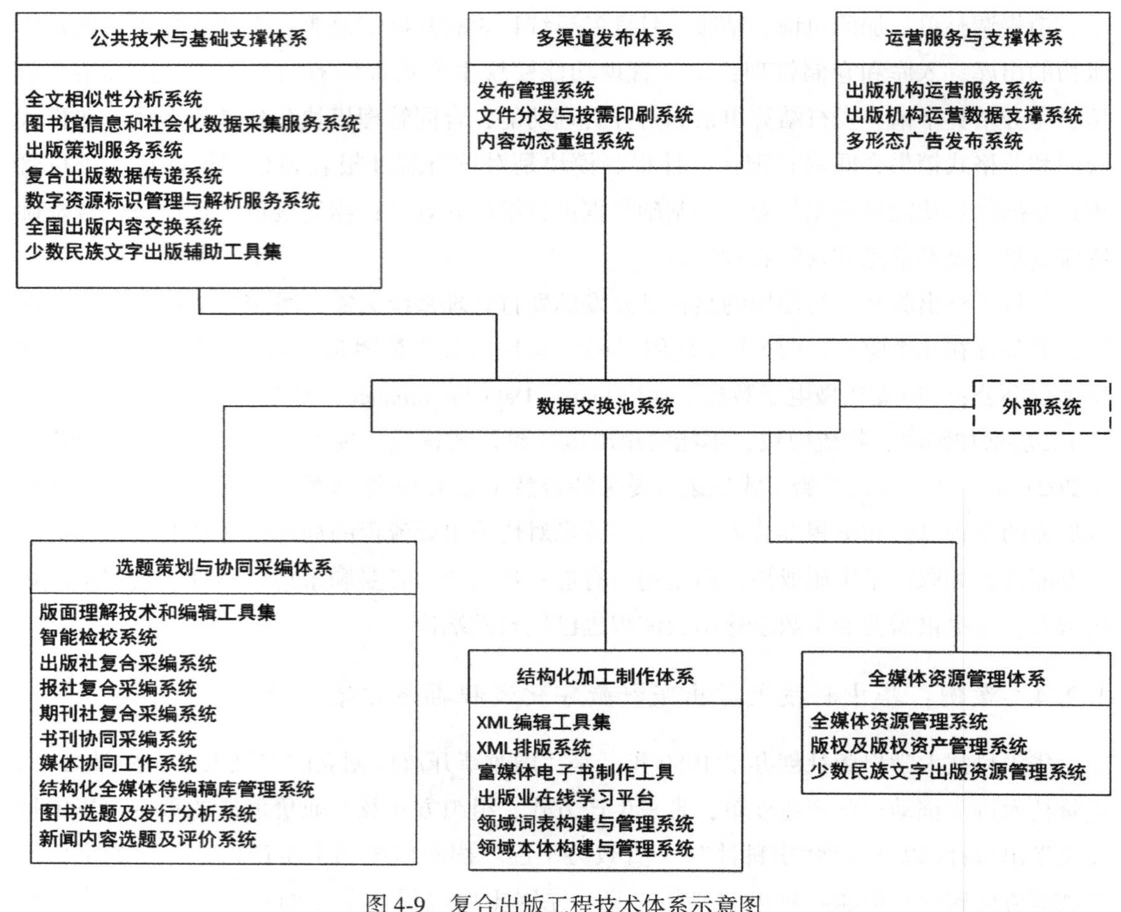

图 4-9　复合出版工程技术体系示意图

4.2.4.1　入选工程试点单位后的流程创新与发展思路

在入选工程试点单位后，华科社随着试点工作的推进，逐渐形成从供给侧数字化(生产端)推动出版转型与融合发展的思路。重点进行了以下建设。

首先，以数字化生产图书为切入点，通过数字化生产实现“二提一降”，即提升质量、提高效益、降低生产成本；并在各参与主体间进行合理分配收益，推进可持续发展。2015 年 6 月，华科社启动工程应用试点工作，致力于以复合采编系统为核心，搭建数字化生产流程；通过数字化提升生产效率，推进工程成果应用；形成流程基本走通、配套基本建立、机制初步形成、编辑基本满意的格局。

此外，积极打通数字化生产与运营。基于协编系统生产的图书，可以生产多种格式的成品文件。并且在对接发布管理系统之后，可便捷地接入各电商平台，这有效降低图书资源获取及转化成本。2020 年 4 月，在工程管理单位的支持下，华科社为了满足分社对电子书销售业务的需求，专门部署了一个运营系统。

在推进数字化生产的实践过程中，华科社发现其复合出版工程系统和出版社现有的信息化系统，由于流程不规范、数据不互通带来的编辑工作量增加、差错率提升等问题日益突出。为了解决上述问题，华科社于2016年开始策划、2018年底开始实施复合出版工程与云章ERP集成项目建设，致力于实现出版数字化与管理信息化的深度融合，基于复合出版工程成果和云章ERP，构建高效协同的出版平台。

4.2.4.2 技术架构与数字化出版流程

基于上述思路，华科社正式启动了“国家数字复合出版工程系统与云章ERP集成应用示范”项目，积极促成以ERP为核心的管理信息系统和以复合采编系统为核心的出版流程贯通、数据集成，搭建出版数字化的技术支撑体系(见图4-10)。

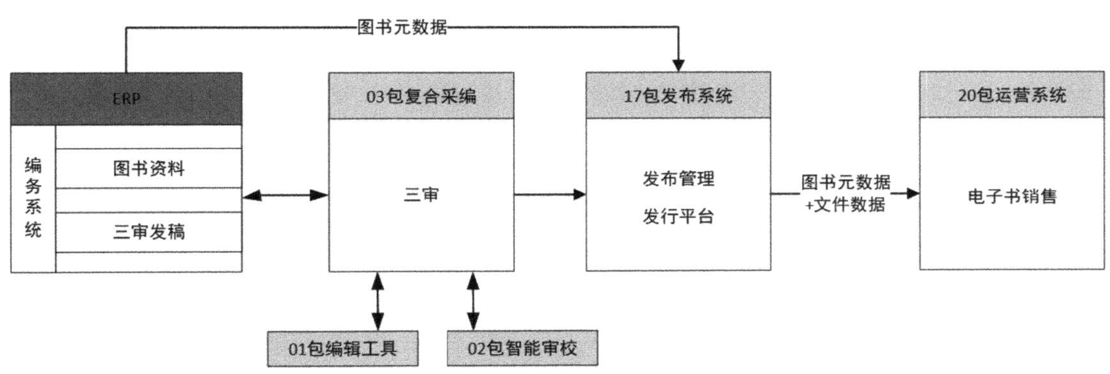

图4-10 复合出版工程与ERP集成系统技术体系示意图

华科社的数字化出版流程开始于ERP到稿验收环节，完结于复合出版工程运营系统，贯穿从内容生产到发布运营全流程，跨越ERP、复合采编、发布系统、运营系统多个业务系统，并涉及编辑工具、审校工具等多个工具。流程如图4-11所示。

选题阶段。在ERP系统中完成论证后，选题进入稿件验收流程。策划编辑验收稿件，如在“是否数字化”项上选择“是”，将由分社负责人审批通过；选题信息同步到复合采编平台。在ERP及复合采编平台中都有跳转按钮用以实现账号同步，方便不同编辑切换使用。

初审阶段。责任编辑在登录复合采编平台后，将策划编辑转交的电子稿上传到平台；并从平台下载稿件进行审核等工作。在这一过程中，编辑可调用编辑工具、批注工具、智能审校系统等进行编辑加工，加工后保存稿件到平台；平台保存不同版本的稿件，并提取出编辑加工痕迹、生成审稿记录。责编完成初审后，需要填写审稿单件表，在平台中将稿件提交给复审编辑。

复审、终审阶段。流程和初审阶段大致相似，但是由复审、终审人完成工作。

责编定稿阶段。责编(通常是初审编辑)在平台收到终审发来的稿件，对复审、终审意见进行处理，并交由作者确认后定稿。在定稿之后：①将三审意见及审稿记录表同步到

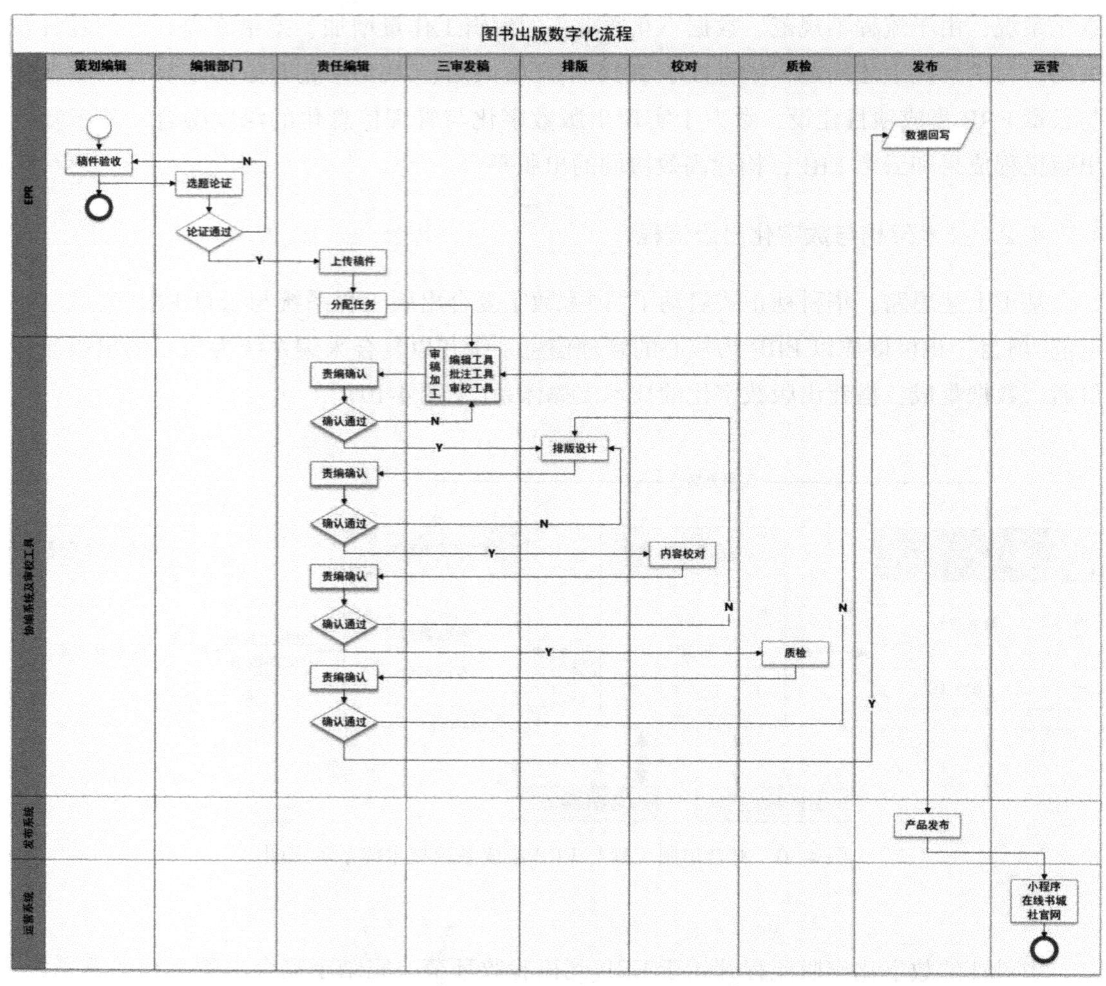

图 4-11　图书出版数字化流程

ERP，设置 ERP 中待办事项；②将定稿文件交给排版公司。

责校阶段。书稿排好后(纸质或电子档，如为电子档，责校编辑使用 03 包批注工具进行加工)，交责校统稿。

质检阶段。责校处理好的稿件交质检(纸质或电子档，如为电子档，责校编辑使用 03 包批注工具进行加工)处理。

清样核红阶段。质检处理好稿件，交责编确定后，交由排版公司改样；责编对清样核红后下厂。排版公司将成品电子文件同时提交给责任编辑；责任编辑交信息中心上传到 17 包发布平台。

数字化发布阶段。数字编辑将产品元数据及版权数据自 ERP 中提交到发布系统，文件数据由数字编辑导入到发布系统。

数字内容运营阶段。发布系统将图书文件数据及书目数据推送到“华中出版”微信小程序、华科社官网电子书城上，实现书目信息的及时展现，并支持用户进行试读及购买。同时，将各分社微信公众号与小程序关联。

4.3 全数字化出版流程

全数字化出版流程指从根本上重新考虑企业开展数字出版服务的目标与方式，并由目标开始，逐步倒推，设计能够满足要求的数字出版流程。全数字化出版流程最大的优点是提供了实现绩效飞跃的可能性，因而有越来越多的企业设计并启用全新的数字化出版流程。本节将选取当今较为成熟的全数字化出版流程个案进行阐述和分析。

4.3.1 电子书出版流程

京东与上海艾瑞市场咨询有限公司联合发布的《2020 年中国图书市场研究报告》显示，受疫情影响，2020 年用户对电子书和有声书的需求变多。而相对功能较为单一的数字阅读平台，用户更偏好使用功能更全面的综合性平台：47.6%的用户愿意使用“纸电声+知识服务+软硬件”的阅读全生态平台(其中 17.5%用户愿意优先使用)。美国出版商协会(the Association of American Publishers)发布的报告显示，2020 年 1 月至 10 月，美国电子书销售同比增长了 16.5%，金额达到 9.563 亿美元①。2019 年，意大利电子书和有声读物占市场总体份额的 5.3%，2020 年这一比例达到 7.4%，且电子书销售额达到 9700 万欧元，同比增长 37%②。

4.3.1.1 电子书出版流程简介

从电子书出版流程来看，主要包括内容数字化加工、数字内容管理和数字内容发布 3 个既相互独立但又在技术上相互衔接的环节(见图 4-12)。它们缺一不可，共同构成完整的电子书出版流程。

内容数字化加工。内容数字化加工的基本流程如下：首先，作者通过自动化审稿系统进行注册登记，并在登录后按照具体要求上传稿件。其次，出版机构在收到稿件后，组织编辑、审稿专家等相关人员对稿件进行在线审阅，以确定稿件是否符合出版要求。最后，利用相关技术对稿件进行数字化加工，实现内容数字化。内容数字化加工是电子书出版的起点和基础，加工质量的优劣对电子书质量的好坏影响巨大。因此，在这一过程中，OCR 识别技术、格式转换技术、数字内容拆分技术、数字内容标注技术、编码技术、元数据技术、XML 技术、音视频提取技术等先进数字内容加工技术以及自动化排版技术、自动化校对技术等编校技术的合理选择与应用是关键。

---

① 练小川. 美国书业 2020：最好的最坏的年代[EB/OL]. [2021-08-15]. https://www.thepaper.cn/newsDetail_forward_10496637.

② 国际出版周报. 意大利出版商协会发布《2020 年意大利和欧洲图书市场情况报告》[EB/OL]. [2021-08-15]. https://mp.weixin.qq.com/s/VXFHnGaTWwpIk_44NqvsuA.

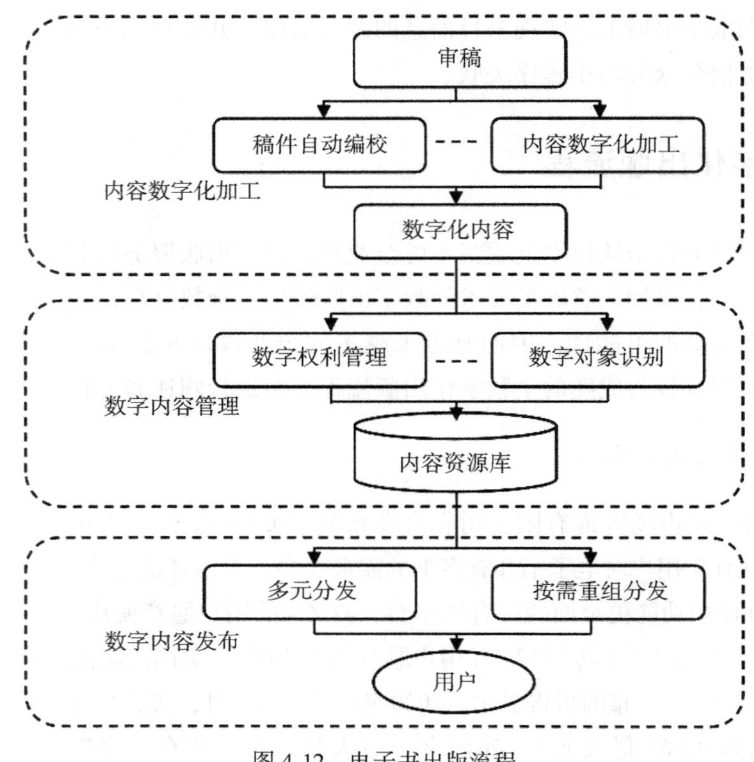

图 4-12　电子书出版流程

数字内容管理。在数字内容管理环节，主要任务是实现对数字内容的存储和权利管理等功能。首先，利用数字对象唯一标识符等数字对象标识技术，对经过数字化加工的每一个知识片段进行标识，以便提供 CrossRef Search 等附加增值服务。其次，利用数字水印、版权追踪、版权转移等数字权利管理技术对经过标识的数字内容进行权利管理，以实现数字内容的合理授权、使用和开发。最后，利用数据储存、数据备份、数据仓储等技术将经过处理的数字内容存储到内容资源库中实现对内容资源的长期保存、保护和传播。总之，对数字内容进行管理，主要目标是为了在更久或更大范围内实现数字内容的存储、分发与传播，进而实现数字内容资源价值的最大化。

数字内容分发。与传统出版流程中的发行功能相似，数字内容分发的目的也是希望通过不同的数字传播媒体和渠道实现对数字内容资源的个性化、多渠道、跨媒体发布，以扩大数字内容的传播范围，获得更多经营收入。数字内容分发通常包括多元分发和按需重组分发两种形式。多元分发是指电子书制作完成后，可以以不同版本形式(适应个人电脑、手机、平板电脑、电子书阅读器等不同终端的阅读和操作)、通过不同销售渠道和平台发布和销售，以满足读者的多样化数字阅读需要。按需重组分发是指根据用户的个性化需要，将数字内容重新组合成数字内容产品，并通过一定渠道发送给用户。其基本流程是：首先，根据用户的个性化需求，利用先进的检索技术，从内容资源库中获取作者所需要的数字内容。其次，利用按需重组技术对数字内容进行重新组合，进而形成符合用户需求的个性化数字出版产品。最后，利用数字分发技术将产品发送给用户。随着社会的进步，读者对知识的需求逐步向个性化方向发展，通过按需重组分发不仅能够更好地满足用户需要，而且能够更好地开发数字内容资源的价值，因而受到越来越多出版机构的重视。

总之，新型电子书出版流程以数字内容管理为核心，以满足用户的个性化需求为宗旨，以实现内容价值最大化为目标，满足当前数字出版产业发展的需要，在我国出版企业的数字化转型过程中颇值得尝试和实践。

4.3.1.2　个案：上海世纪数字出版流程

随着信息传播技术的快速发展以及数字阅读的普及，传统出版的数字化转型已经迫在眉睫。从出版流程看，出版业的数字化转型不仅仅是介质的变化，更是生产方式、流通方式、销售方式以及消费方式的变化①。为此，上海世纪出版股份有限公司积极地进行出版业务流程数字化再造探索，并集中力量进行技术攻关，实现出版流程的全新再造。目前，该公司初步建立了基于内容对象协同工作的数字出版业务流程，基本实现了“一次制作，多元发布”②，流程具体分为编辑加工、内容管理和多元动态发布 3 个阶段(见图 4-13)。

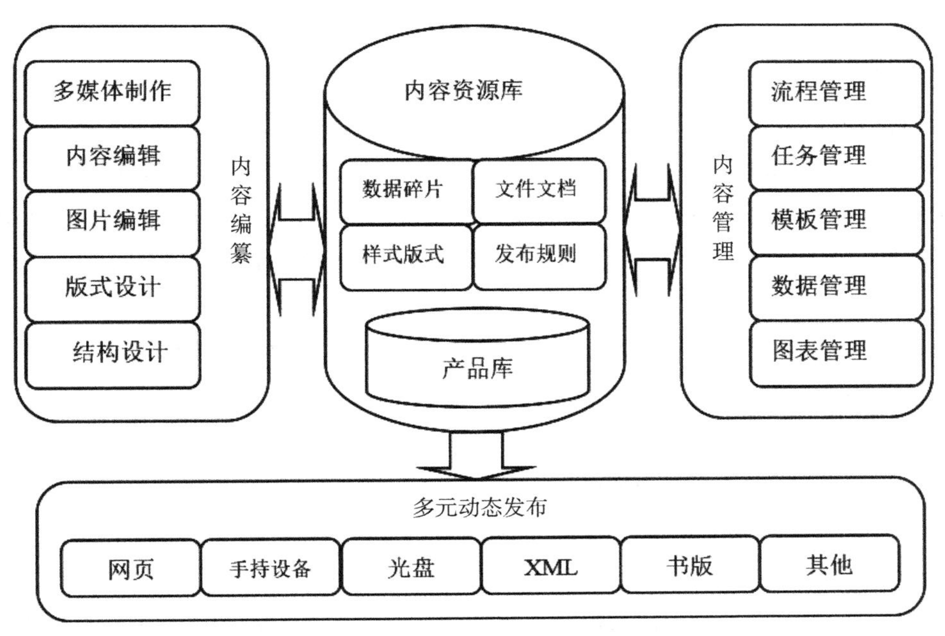

图 4-13　世纪出版股份有限公司出版流程③

① 林发源. 我国传统出版业需加快数字化转型[J]. 红旗文稿，2011(12)：18-21.

② 张莹莹，胡大卫，段学俭，张世军，周怡，章琢之，吴奔疾. 现代出版的编辑流程数字化再造[J]. 印刷杂志，2011(4)：21-25.

③ 图片来源自张莹莹，胡大卫，段学俭，张世军，周怡，章琢之，吴奔疾. 现代出版的编辑流程数字化再造[J]. 印刷杂志，2011(4)：21-25.

编辑加工阶段。内容编纂系统的主要功能是对作者稿件进行编辑、设计、加工和制作，并以产品、文件文档和数据碎片等方式储存在内容资源库中，以便于管理和发布。在这一阶段，作者、编辑、设计制作人员等可以通过内容编纂子系统交互、协同工作，完成图书的结构设计、版式设计、多媒体制作、内容编辑和图片编辑等任务。在多媒体制作过程中，作者、文字编辑、美术编辑、版面编辑、音乐编辑、动画设计人员、编创人员、多媒体制作人员等有关人员均可以提出意见，并及时与其他人员沟通交流和协调，以提高多媒体制作质量。

所有的编辑加工工作都依据相同的格式标准和规范要求在同一个系统平台上进行。这不仅提高了工作效率，而且减少了一些不必要的冗余工作。例如，在数据格式方面，系统要求内容加工、格式转换、样式加载、产品制作等全部环节都要基于 XML 标准格式开展工作，以减少后期加工和制作任务，节省出版成本。在内容结构化处理、存储和利用方面，系统结合数字出版的实际需要，在参考和借鉴都柏林核心元数据集的基础上开发独立的元数据集，用以准确描述数字内容资源，保证对数字内容资源的合理存储、管理和利用。

内容管理阶段。内容管理子系统包括流程管理、任务管理、模板管理、数据管理和图表管理等子模块，它们协同工作，共同提高数字出版的速度和质量。流程管理的主要任务是对数字出版流程进行实时跟踪和监控，以保证出版工作顺利进行。任务管理主要对各种工作任务进行监管和协调，确保各种任务按计划有序进行。模板管理主要对各类出版模板进行设计、制作和加载，以确保产品制作规范统一。数据管理是对存储在内容资源库中的各种数据、文档等数字内容资源进行管理，以实现对资源的有效收集、存储、处理和利用。图表管理则主要对数字内容资源中所涉及的图表进行科学管理，以便于检索查询和重组利用。

相较于传统出版流程，上海世纪出版股份有限公司全新的数字出版流程管理不再局限于图书这个管理对象，而是将管理重点集中于细粒度的知识信息单元。在对稿件进行数字化加工时，稿件被按照一定的标准拆分为一个个知识片段然后再进行标注，并分别以知识片段、整个产品等形式储存在内容资源库中。系统可以按照要求对这些知识片段进行检索和重组以满足个性化出版的需要，进而实现对数字内容资源的深度开发和再利用，最大限度地提高内容资源的价值。

多元动态发布阶段。世纪出版股份有限公司的多元动态发布系统采用的是适合跨媒体出版的放射状动态发布模式，具有多元和动态两个特点。多元是指同一数字内容产品可以以网页、光盘、XML、书版、手机等多种产品形态，通过不同传播渠道进行传播和发布。动态一方面指数字内容资源可以进行实时自动更新发送；另一方面是指数字内容资源可以按照读者的个性化需求按需重组成新的数字出版产品。

该系统目前可以根据读者的定制化、个性化需求，通过发布引擎便捷地生成适合数字出版的 XML 文档，并自发地选择配套发布模板以转换为各种相应的排版文件，满足纸质图书印刷、网络出版、移动出版、按需出版、电子出版等多渠道、多产品形态的发布需求，为读者提供数字内容和相关服务。另外，动态发布环节还实现了内容更新的实时性——当一个数据源发生改变时，相应内容会通过 Wi-Fi 自动实现更新①。

虽然在流程再造过程中还存在这样那样的问题，但上海世纪出版股份有限公司的数字出版流程以数字内容为对象，不仅简化了出版流程，而且提高了资源利用价值，值得其出版机构在数字化转型中参照借鉴。

4.3.2 网络学术期刊出版流程②

从印刷媒体到网络媒体，网络学术期刊的发展非常迅速。网络学术期刊包括网络化的传统纸质期刊和原生型网络期刊两种形式。前者仍然是网络学术期刊的主要来源：早期主要是将纸质期刊经过扫描等数字化加工后制作成网络期刊供读者使用；当前则有越来越多的纸质学术期刊采用了基于投审稿系统的出版流程，可兼容印刷出版和网络出版两种输出方式。原生型网络期刊是没有纸质期刊对应物，从创刊开始组稿、编辑、加工、出版等全部流程都通过网络进行，并主要以网络方式发行的网络期刊。

4.3.2.1 网络学术期刊出版流程简介

在借鉴和吸收传统学术期刊出版流程的基础上，网络学术期刊的出版流程可以结合网络出版的特点和优势，分为初审、复审、终审、出版、发行 5 个阶段(见图 4-14)。

初审阶段。初审是网络学术期刊出版的第一步，也是控制网络学术期刊质量的重要一关。作者通过在线投稿系统提交稿件后，系统自动生成一个稿件编号，并将稿件保存后以邮件等方式通知作者、责任编辑以及主编等相关人员。责任编辑收到稿件通知后，对稿件进行初审，让符合初审要求的稿件进入在线评议流程。系统会对该稿件自动生成评议编号。对不符合初审要求的稿件，系统自动发出由主编签字的退稿通知，连同稿件一并退还给作者。

复审阶段。复审阶段的主要工作是通过在线同行评议来控制论文质量，确定论文是否符合出版要求，是否需要修改。系统根据稿件的学科性质从专家库中挑选评议专家，并由主编或编委会最终确定评议专家。如果专家接受委托，系统自动将稿件发送给他们进行在线评议。评议方法可以采用匿名评议或公开评议。在专家评议过程中，系统会启动时间控制系统以控制评议时间，跟踪评议进度。在专家评议结束后，系统会将专家的评议意见汇总后发送给主编或编委会，进而进入终审阶段。

---

① 张莹莹，胡大卫，段学俭，张世军，周怡，章琢之，吴奔疾. 现代出版的编辑流程数字化再造[J]. 印刷杂志，2011(4)：21-25.

② 本小节内容根据《网络科技出版模式研究》中在线投稿系统的工作流程一节改写，参见：刘锦宏. 网络科技出版模式研究[M]. 武汉：武汉理工大学出版社，2010：96-99.

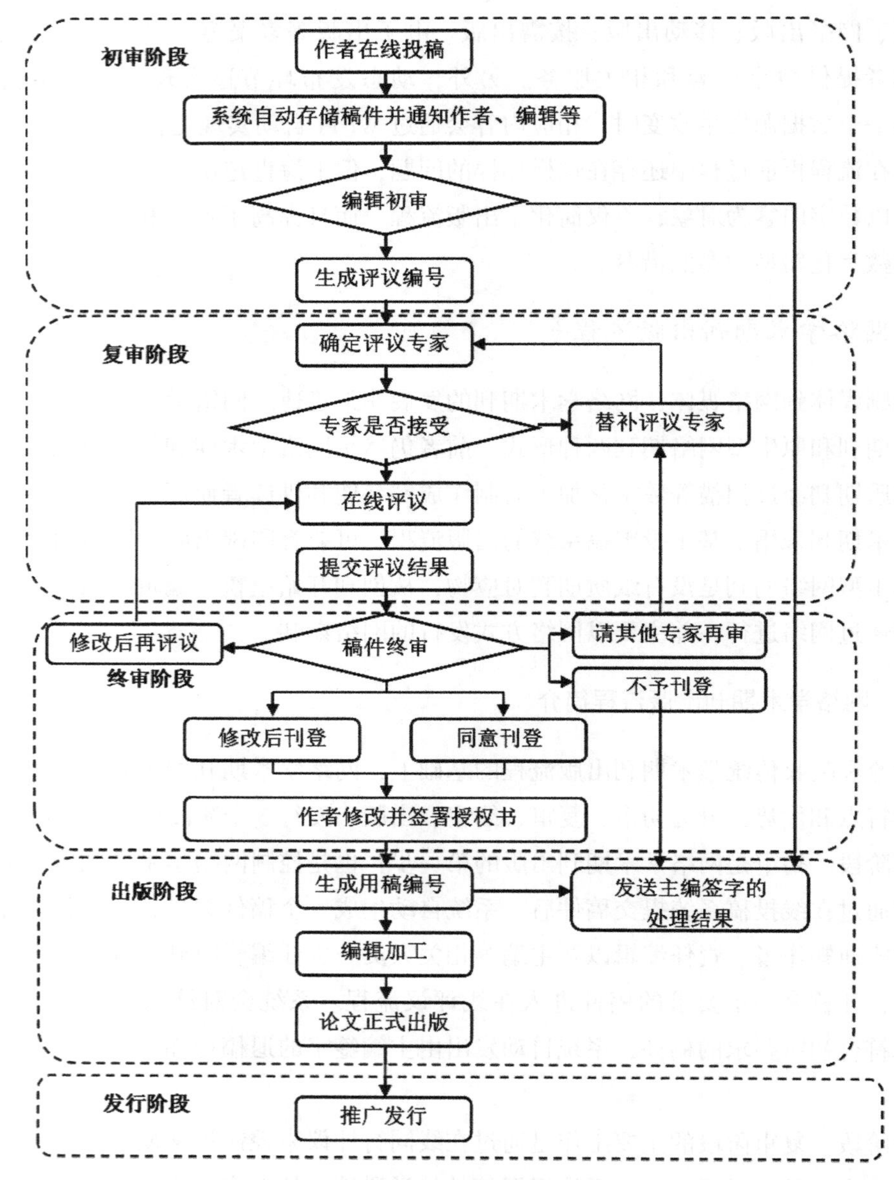

图 4-14　网络学术期刊出版流程①

终审阶段。终审阶段可以说是论文质量控制的关键阶段。在这个阶段，一篇优秀论文可能会因为某些疏忽而失去出版机会，而某些质量不好的论文反而可能顺利出版，因此主编或审稿委员会的工作责任重大。主编或编委会通常根据终审标准对稿件进行审查，处理结果一般分为 5 种情况：①不符合出版要求的稿件，将连同评议意见、主编意见一同发给

① 此图系根据邱炯友的稿件提交与评阅流程图修改而成。参见：邱炯友. 学术传播与期刊出版[M]. 台北：远流出版事业股份有限公司，2006：60-61.

作者；②对有异议的稿件聘请其他专家重新评议；③需修改后再次进行同行评议的稿件，在作者修改后进入复审流程进行同行评议；④修改后出版的稿件，在作者修改后直接进入出版阶段；⑤符合出版要求的稿件，直接进入出版流程。

出版阶段。对符合出版要求的稿件，在作者签署用稿授权书后，系统会自动生成用稿编号并连同用稿通知发送给作者。剩下的工作就是责任编辑进行编辑加工后正式出版。在编辑加工过程中，除了对论文进行润色、纠错等编校工作外，对论文进行自动分类标引、超链接处理、细粒度内容拆分、内容动态关联等结构化处理非常关键。稿件通过网络正式出版后，系统会为论文开设读者在线评议平台，供读者或其他同行专家进行再评议，以进一步提高论文的学术质量。

发行阶段。通过期刊网站或代理机构进行期刊产品推广销售。

与传统学术期刊出版流程相比，网络学术期刊出版流程不仅可以提高出版速度，缩短出版时滞，而且可以提高学术出版质量，值得大力推广使用。

4.3.2.2 个案：生物医学中心出版流程

作为重要的商业性开放存取期刊出版商之一，成立于 1999 年的生物医学中心(BioMed Center，BMC)目前已经出版了 280 多种经同行评审的开放获取学术期刊，涵盖生命科学和医学各领域，其中近 180 种期刊被 SCI 收录，175 种期刊已获得影响因子，隶属于施普林格·自然出版集团①。分析 BMC 的成功经验，可以发现科学的出版流程管理和严格的质量控制体系是其成功的关键。从总体上看，BMC 的出版流程可以划分为投稿、评审、出版和发行 4 个阶段。

期刊投稿阶段。BMC 的投稿流程如图 4-15 所示，主要包括 7 个步骤。①选择投稿期刊：作者在进入 BMC 稿件提交系统后，可从 BMC 提供的期刊列表中选择所要投稿的期刊名称，确认后进入下一个投稿人信息提交环节。②提交投稿人信息：投稿人如果已经是 BMC 注册会员，直接填写姓名、地址、联系电话等相关信息，并进入下一步流程；如果不是注册会员，则需要填写相关信息注册认证，再填写投稿人信息后进入下一环节。③提交稿件信息：在提交稿件信息时，BMC 要求投稿人填写论文所属研究领域、投稿期刊、论文类型、论文名称、论文摘要、作者数量、图表数量、附件数量等相关信息，以便于其进行分类管理。④提交说明信函：填写完上述信息后，投稿人还需要填写或上传说明性信函，向期刊编辑说明出版该论文的原因。同时，投稿人还可以向编辑部推荐该论文的 5 名同行评议专家以及 3 名需要回避的同行评议专家。⑤提交作者信息：投稿人需要提交相关作者信息，所有作者的姓名和电子邮件地址都必须提交，提交完成后选择论文处理费用的支付方式。⑥选择支付方式：不同的期刊需要支付不同的论文处理费用。如果作者所属机构是 BMC 机构会员，则在支付方式和费用折扣方面有特殊优待。欧盟作者通过信用卡支

---

① BioMed Central [EB/OL]. [2021-08-15]. https://gateways.biomedcentral.com/china/.

付需要多付 50 英镑费用。⑦上传稿件。投稿人可以选择一次性上传和分别上传两种方式上传稿件。提交的文件必须是 EPS、PDF、PNG、TIFF、JPEG、BMP、DOC、DOCX、PPT、PPTX、CDX、TGF 等文件格式，BMC 不接受其他格式文件的投稿。

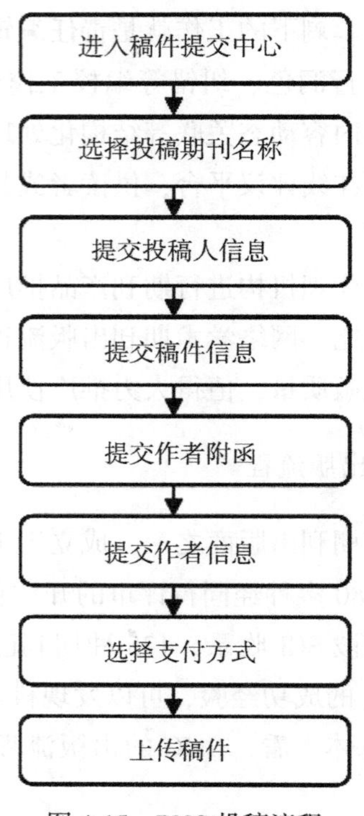

图 4-15　BMC 投稿流程

论文评审阶段。BMC 的论文评审流程如图 4-16 所示，主要流程包括以下几个环节：第一步，进行稿件资格审查。收到作者稿件后，BMC 会向投稿人发出稿件收到通知邮件。同时，BMC 编委会对稿件进行初审，以确定稿件是否有资格进入评议阶段，并对符合要求的论文进行同行评议。其中，进行学术不端检测是这一阶段的主要工作之一。BMC 利用 ithenticate 反剽窃系统对提交的论文进行检测。如果论文不能通过检测，则不予出版。第二步，进行同行评议。BMC 会邀请 3 位同行专家对论文进行评议，作者也可以推荐 5 名同行评议专家供 BMC 选择。为了保证客观公正，BMC 要求作者所推荐的评审专家近 5 年内没有与待审文章作者中任何一人合作发表过论文，且不能来自作者所属的研究机构或是编委会。通过同行评议后，如果 3 位专家一致同意出版该论文，在提交评议意见后，论文进入出版流程。如果 3 位专家不同意出版或没有达成一致意见，则由总编最终确定是否出版。第三步，主编终审。对没有达成一致出版意见的论文，主编根据期刊出版要求对论文进行终审，如果认为符合出版要求，则出版该论文，否则不予出版。对同意出版的论文，BMC 会发出论文录用通知，并在作者支付论文处理费用后进入出版阶段。

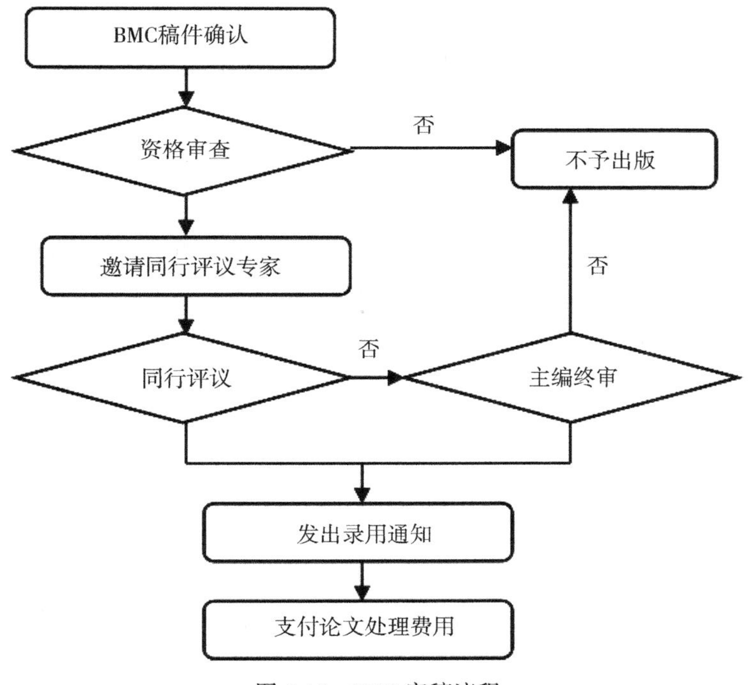

图 4-16 BMC 审稿流程

论文出版阶段。在作者支付论文处理费用后，BMC 立刻开始论文出版工作，其主要任务是对论文进行加工、编校，直至符合出版要求。在编辑加工过程中，除了对论文的学术质量等问题进行编校处理外，BMC 还对论文进行较为复杂的结构化加工处理。BMC 正式出版的论文包括 PDF 版和 XML 版两种格式。其中，PDF 版本主要进行文章内部链接和外部链接等结构化处理，如论文中涉及的表格、附件、图片可以在文章中进行超链接，参考文献、BMC 仓储中的资料可以通过外部超链接获取。与 PDF 版本相比，网络版本的结构化处理较为复杂，也更为丰富。除了有关图片、表格、附件、参考文献实现了内外部超链接而且可以下载外，BMC 文章中所涉及的视频、音频等富媒体文件还提供在线观看或下载链接。另外，为便于读者阅读和使用，BMC 还在网页左侧对论文内容结构进行展示，以方便读者快速阅读相关内容。在网页右侧，则提供读者评论、论文下载、论文推荐等服务，以扩大论文传播范围和影响力。为了让读者尽早读到论文，在正式出版前，BMC 会发布论文临时性版本供读者阅读使用，待编辑加工完成后，再出版正式版本。

论文发行阶段。在论文发行方面，BMC 除了通过自己的网站向读者提供论文免费下载服务外，还将论文典藏在 PubMed Central 等机构仓储中，供读者使用。为了扩大论文的影响力，读者还可以通过 Tweet、citeulike、Connotea、Facebook、Twitter 等社会网络分享作者的研究成果，或利用电子邮件直接将论文发送给朋友。另外，读者还可以订购论文的印刷版，具体费用根据订购数量计算。

总之，BMC 科学、合理的出版流程不仅保证了学术出版的质量，而且提高了学术出版速度，加快了学术交流进程。

4.3.3　网络自助出版流程

数字技术的发展，尤其是网络出版的盛行，打破了传统出版机构对图书出版的垄断，促进了自助出版的蓬勃发展。根据美国图书信息商鲍克公司的数据，2017—2018 年，美国的自助出版业增长了 40%，2017 年美国自助出版的图书共计 168 万册①，其中有很多图书通过 iUniverse、Amazon、Xlibris 等平台实现自助出版。在国内，也有部分机构开始尝试自助出版业务。

4.3.3.1　网络自助出版流程简介

作为一种全新的出版模式，网络自助出版不仅吸引了出版行业外机构的参与，兰登书屋、企鹅出版集团等出版行业巨头也纷纷涉足其中。通常，网络自助出版流程包含以下 6 个环节(见图 4-17)。

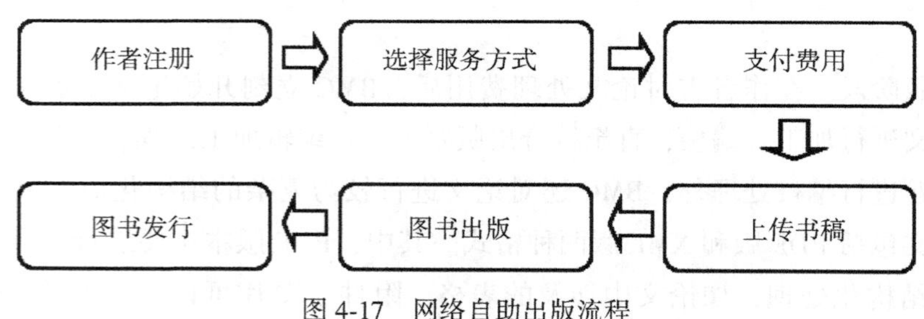

图 4-17　网络自助出版流程

一是，作者注册。作者需要注册成为会员后，方可以接受自助出版服务。

二是，选择服务方式。作者登录系统后，需要确定出版及服务方式。如图书采用哪种出版模式？图书的产品形态是什么？需要出版机构提供什么样的服务？出版机构通常会制定若干种服务套餐，供作者选择。

三是，支付费用。每一种服务套餐都有相应的服务价格；作者在确定服务方式后，需要按照出版机构的付款要求支付相关费用。

四是，上传书稿。作者需要按照出版机构的具体要求和步骤，将其创作的书稿上传到

① Bowker. Self-published books in the US grew by 40% in 2018[EB/OL]. [2021-08-15]. https://www.booksandpublishing.com.au/articles/2019/10/17/141351/self-published-books-in-the-us-grew-by-40-in-2018/.

出版机构的出版系统中。在书稿创作过程中，出版机构还会提供在线写作服务，以帮助作者完成书稿创作。

五是，图书出版。书稿上传完成后，出版机构将对书稿进行设计、审校、加工，直至完成相关出版工作，形成具体的产品形态。

六是，图书发行。出版机构将利用其自身渠道和合作伙伴渠道，对已经出版的图书进行宣传、推广，以扩大图书的知名度和发行量。

4.3.3.2 个案分析：iUniverse

由巴诺书店创办的 iUniverse 自助出版服务公司，自 1999 年成立以来已经为超过 34000 个作者提供了自助出版服务，每年出版新书超过 5000 种，2007 年被自助出版公司 Author Solutions 收购①。它的自助出版流程主要包括设定出版目标、选择服务组合、提交稿件、出版与发行 4 个步骤(如图 4-18 所示)。

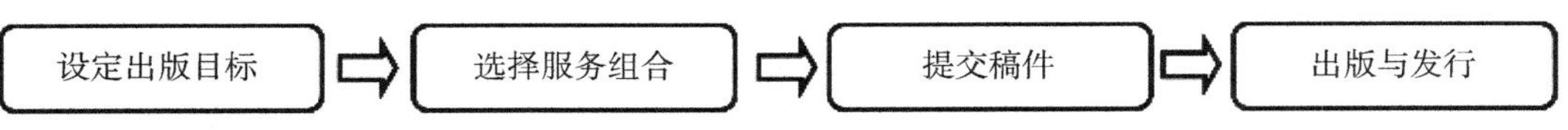

图 4-18 iUniverse 自助出版流程

第一步，设定出版目标。为了有效地制定图书出版计划，作者首先要明确出版目标。读者是谁？打算销售多少图书？是否想与家人及朋友分享成果？是否想与专业人士分享成果？回答或厘清诸如此类的问题有助于作者设定正确的出版目标，进而制定科学的出版计划。

第二步，选择服务类型。作者一旦确定了出版目标，就可以根据具体目标选择合适的服务类型以满足出版需要。为了尽可能满足作者的需要，iUniverse 设计了由不同项目组成的多个服务组合，以处理在出版过程中可能遇到的问题。目前，iUniverse 提供可选服务(Select)、优先服务(Premier)、优先专业服务(Premier Pro)、书店优先专业服务(Bookstore Premier Pro)、新书发布优先专业服务(Book Launch Premier Pro Package)、推送服务(Broadcast)、优先推送服务(Broadcast Pro)7 种服务组合②。

每种组合提供的服务不同，并需要作者支付不同的费用。在费用支付方式方面，iUniverse 鼓励作者采用在线支付方式具体费用情况参见表 4-1。

① iUniverse Build Your Book on a Foundation of Excellence[EB/OL]. [2021-08-15]. https://www.authorsolutions.com/our-imprints/iuniverse/.

② Publish a Book on a Foundation of Excellence[EB/OL]. [2021-08-15]. https://www.iuniverse.com/en/catalog.

表 4-1 iUniverse 服务组合费用

服务组合	在线支付
Select Package	$ 1099
Premier Package	$ 1799
Premier Pro Package	$ 2499
Bookstore Premier Pro Package	$ 3299
Book Launch Premier Pro Package	$ 5999
Broadcast Package	$ 6799
Broadcast Pro Package	$ 8399

第三步，提交稿件。为了高效、快捷、高质量地完成稿件排版、提交和图书出版工作，作者在支付相关服务费用后还需要了解和熟悉 iUniverse 的编辑指导、稿件提交清单、稿件格式及图表要求等帮助作者正确提交稿件的文件。虽然编辑指导不能替代专业的编辑顾问服务，但它可以帮助作者准确、高效地完成图书设计、排版等工作。稿件提交清单则清楚地说明了作者提交稿件的文件格式、文件大小等具体要求。作者在稿件提交过程中遇到任何问题，iUniverse 的出版顾问会及时提供帮助。

第四步，出版与发行。一旦作者提交的稿件被 iUniverse 接受，那么稿件将被分配一个 ISBN 号并进入产品生产流程。在生产过程中，出版服务助理(Publishing Services Associate)将会与作者合作，帮助作者解决出版过程中遇到的问题。出版服务助理还充当作者和 iUniverse 联络人的角色。在产品形态方面，iUniverse 可以为作者提供精装本、平装本和 eBook 三种类型，其中精装本和平装本通过按需印刷模式出版，其中，套餐中含 25 张或 50 张免费黑白图像或表格，超出数量每张 5 美元，精装出版含光面装订和防尘套两种选择(350 美元)。在产品发行方面，iUniverse 提供全面、多样的市场营销和宣传推广服务，以帮助作者将产品迅速打入目标市场，例如付费打造作者专属的网站(599 美元)，或在谷歌当中推送新书广告(推送服务)。

总之，在作者的网络自助出版过程中，iUniverse 从写作、编辑、加工、出版、发行等方面为作者提供全方位服务，帮助作者实现出版梦想。

4.3.4 基于按需印刷的出版流程

虽然按需印刷的产品是印刷出版物形态的，但是如果将数字出版内容视为水的话，按需印刷只是为其提供了不同的容器而并不妨碍水之为水。数字印刷技术的发展和应用，不仅推动了印刷产业的发展，而且推动了出版产业模式的革新。知识产权出版社、闪电源(Lightning Source)等国内外成功典范的引领作用，不仅推动了基于按需印刷的数字出版模式的快速发展，也吸引越来越多的机构参与按需印刷和出版。

4.3.4.1 流程概述

作为数字技术与出版产业相结合的产物，按需印刷(Print On Demand)出版可以根据用户的个性化需求，利用数字印刷技术快速地将用户购买的内容印刷、装订后交付给用户。与传统出版流程相比，按需印刷通过数码及超高速印刷技术实现对出版流程的全新改造①，突破了传统出版模式的印数限制，重新组合出版流程中的编、印、发各环节(如图4-19所示)②。

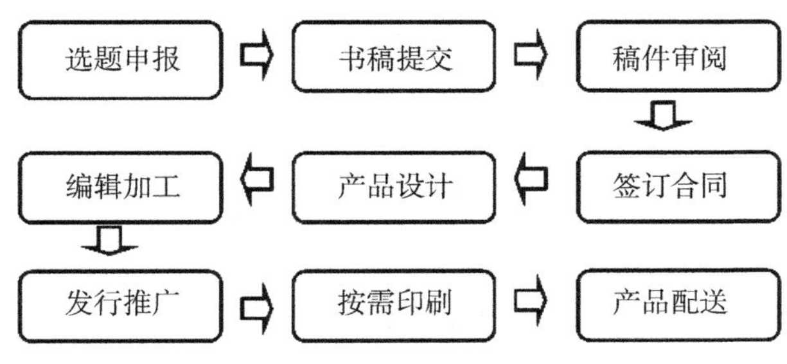

图4-19 按需印刷出版流程

按需印刷出版流程可以划分为稿件编审、设计加工、图书销售3个阶段，每个阶段完成相应任务。稿件编审阶段分为选题申报、书稿提交、稿件审阅和签订合同4个步骤，工作流程如下：首先，作者通过出版机构的在线编审系统提交选题申报信息，出版机构对选题进行资格审查；其次，当作者选题通过审查后，作者需要按照出版机构的具体要求将书稿提交给出版机构；再次，收到作者提交的书稿后，出版机构相关人员通过编审系统对稿件进行审阅等工作，直至符合出版要求；最后，出版机构与作者签订按需出版合同，约定双方的责、权、利。

设计加工阶段的主要工作是进行产品设计和编辑加工。产品设计主要涉及封面、版式、开本等设计，出版机构通常在字体、行距、开本、图表、文件格式等方面进行规范化要求，以保证产品的规范、统一。编辑加工阶段的主要工作是根据产品设计要求和出版机构的出版规范要求，对自动生成的书稿进行编校、修改，直至其符合印刷要求。书稿编辑加工完成后，将自动储存在出版机构或者按需印刷机构的内容管理系统中，以便进行管理和后续工作。

图书销售阶段主要工作包括发行推广、按需印刷和产品配送。发行推广主要是通过出版机构、发行机构的自有渠道和其他分销渠道，宣传、推广出版产品，并接受用户订单。

① 毛一国. 按需印刷及其对出版业发展的意义[J]. 浙江大学学报(人文社会科学版)，2006(2)：72.

② 李德升. 我国按需出版现状、模式与问题研究[J]. 数字图书馆论坛，2008(2)：22-27，48.

然后按照用户订单，及时、优质地完成图书的印刷、装订、包装工作。最后将印刷好的图书及时送达客户手中。

4.3.4.2　个案分析：Lightning Source

英格拉姆图书公司(Ingram Book Company)于 1997 年成立的闪电源(Lightning Source)子公司是全球最大的按需印刷出版企业之一，与 39000 家零售商和图书馆合作，包括剑桥大学出版社、哈泼·科林斯、西蒙·舒斯特等众多出版公司。目前，其数字图书馆中储存了超过 1400 万种图书的文档，大多数图书订单会在 48 小时内打印并发货①。从业务流程看，闪电源的按需印刷出版业务流程可以划分为图书提交、分销、订购、印刷和配送 5 个环节(见图 4-20)。

图 4-20　闪电源按需印刷出版流程

第一步，图书提交。闪电源仅接受供印刷用的书稿文件，不会为出版商提交的书稿进行任何编辑、校对、排版工作。所有书稿必须依照其《数字文件提交操作指南》提交，而且在印刷生产过程中不能发生任何问题的数字文件。闪电源可以为出版商的黑白印刷图书(彩色印刷图书除外)提供特殊文件编辑、修改、图片润色等服务，但出版商需要为此支付一定费用。

书稿排版用的所有字体必须是内嵌在 Acrobat 系统中的字体，非 Acrobat 字体排版的文件会被拒绝。提交的文件必须是 PDF 或 PS 格式文件(彩色印刷图书还可以接受 TIF 格式文件)，通过网络传输的文件(可以是经过压缩的文件)不能超过 250M。在编辑排版软件的兼容性方面，闪电源仅接受 QuarkXPress 7、InDesign CS3 或更新版本制作的文件，Microsoft Publisher、Adobe PageMaker、QuarkXPress 6.5(更低版本)、InDesign CS2(更低版本)、Microsoft Word 以及利用 Word 快捷方式生成的 PDF 文件均不支持。

第二步，图书分销。在图书分销服务方面，闪电源可以为出版商提供全球市场分销服务，让图书低成本、快捷、无风险地进入各种分销渠道。闪电源除了提供按需印刷服务外，还在不断增加分销合作伙伴，以提高图书市场推广力度，扩大图书市场分销范围。一方面，它利用母公司英格拉姆图书公司的销售渠道，可以让出版商的图书通过全球 100 多个国家的 39000 多家图书批发商、零售商和书商渠道进行分销；另一方面，利用分布在美国和英国的亚马逊、巴诺书店、布莱克威尔等其他分销合作伙伴，图书可以被更为广泛地推广和分销(见表 4-2)。

① Lightning Source. Print-On-Demand [EB/OL]. [2021-08-15]. https://www.ingramcontent.com/publishers/print/print-on-demand.

表 4-2 闪电源分销合作伙伴

分销机构	分销渠道	所属国家
Ingram	https://www.ingramcontent.com/	美国
Amazon. com	http://www.amazon.com/	
Barnes & Noble	https://www.barnesgroupinc.com/	
Black & Taylor	http://www.btol.com/	
NACSCORP	http://www.nacscorp.com/	
Espresso Book Machine	http://www.ondemandbooks.com/	
Adlibris. com	http://www.adlibris.com/se/	英国
Amazon. co. uk	http://www.amazon.co.uk/	
Blackwell	https://blackwells.co.uk/bookshop/home	
Book Depository	https://www.bookdepository.com/	
Gardners	http://www.gardners.com/gardners/default.aspx	
Mallory International	http://www.malloryint.co.uk/	
Paperback Shop	http://www.paperbackshop.co.uk/	
Eden Interactive Ltd.	http://www.eden.co.uk/	
I. B. S - STL U. K.	http://www.stldistribution.co.uk	

第三步，图书订购。所有通过闪电源发行的图书都实行零库存销售策略。闪电源不提供用户直接订购服务。图书馆、出版商和图书批发商等用户可以通过其任一分销渠道订购图书；订购信息由分销渠道提交给闪电源。目前，闪电源可以提供“到订购方”(Print to Order)、“到出版商”(Print to Publisher)、“到仓库”(Print to Warehouse)3 种按需印刷订购服务。用户根据订购数量不同享受不同的销售折扣。其中，“到出版商”订购模式至少需要订购 50 本方可享受折扣。

第四步，图书印刷。在图书印刷方面，闪电源可以提供数字印刷和传统胶印两种印刷方式。在生产时间方面，“到订购方”方式订购的图书可以在 12 小时之内完成按需印刷和配送；“到仓库”订单在 2 个工作日内完成。网络订购平装书在美国境内 3～5 个工作日、在英国境内 5 个工作日完成按需印刷和配送；精装书需要 5～10 个工作日。通过 Excel 或 EDI(Electronic Data Interchange，电子数据交换系统)订购平装书需要 2 天生产时间；订购精装书并在美国数字印刷需要 5～10 个工作日、在英国 10 个工作日完成按需印刷和配送①。闪电源也向出版商和批发商提供传统胶印服务，以降低成本。其中，平装书最低胶

① Lightning Source[EB/OL].[2021-08-15]. https://www.ingramcontent.com/publishers/lp/lsi/digital_print

印量为 1500 本，精装书为 750 本。

第五步，图书配送。在物流方面，闪电源生产的图书全部由母公司英格拉姆负责配送到客户手中。闪电源承诺在图书印刷完成后 12 小时完成配送。其母公司英格拉姆强大的物流体系可以保证图书被及时、准确地送达订书客户手上。

作为全球最大的按需印刷商之一，闪电源专注于印刷业务，根本不涉足或弱化编审、配送等业务。这一策略不仅简化了按需印刷出版流程，而且提高了服务质量。

4.3.5　有声书出版流程

根据美国有声读物协会对有声书概念的界定，有声书是一种市场化的录音产品，产品形式包括但不限于数字文件、光盘、盒式磁带等，其中文字内容应超过 51%。美国是音频格式出版物的最大市场，美国有声书出版商协会(Audio Publishers Association，APA)发布的报告显示，24 家公布数据的有声书出版公司的 2020 年的销售额相较 2019 年增长了 12%，达到了 13 亿美元，这已经是有声读物连续第 9 年实现收入的两位数增长。此外，有声读物出版量达到 71000 种，比上一年度增长了 39%①。2019 年中国有声书市场规模达 63.6 亿元，较 2018 年增加了 17.3 亿元，同比增长 37.4%②。

4.3.5.1　有声书出版流程简介

在电子书销售停滞后，有声书成为出版公司数字部门的“顶梁柱”，其出版优先级甚至高于纸质书。有声书出版流程包含 4 个环节(如图 4-21)③。

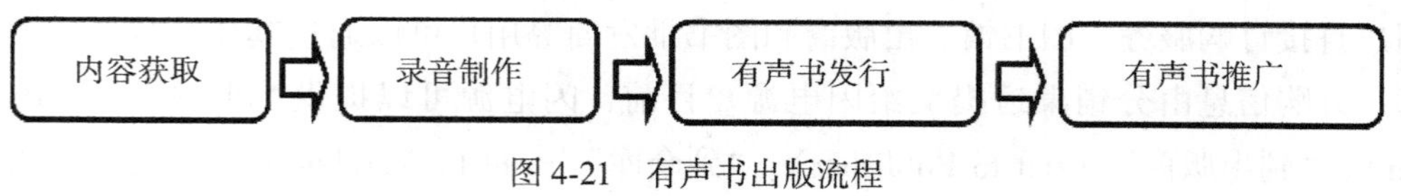

图 4-21　有声书出版流程

内容获取阶段。有声书内容来源主要有两个方面：第一，利用和转化现有的音频、文本资源。例如，将广播节目、畅销书制作成有声读物。它们既可以来自出版社、期刊社、广播公司等内容提供商，也可来源于作者、制作人等创作者本身。第二，直接开发原创内容，如作家通过有声书形式直接发表新作品。原创有声书与传统依赖文本制作而成的有声书相比，有些不同的特点：一方面，原创有声书多是专门为朗读所设计的情节，所以比较

① APA. Audiobook Listening Remains Strong In 2020 As Publishers Report Ninth Straight Year Of Double-digit Growth [EB/OL]. [2021-08-17]. https://www.audiopub.org/uploads/pdf/Consumer-and-Sales-Survey-Press-Release-2021-FINAL.pdf.

② 产业信息网. 2020 年中国有声书行业市场规模及发展前景分析[EB/OL]. [2021-08-17]. https://www.chyxx.com/industry/202102/928321.html.

③ 贺钰滢. 奥德博有声出版公司研究[J]. 出版科学，2016，24(1)：90-95.

于文本的有声书更为生动；另一方面，原创有声书注重音频的音效设计和配音质量，成本相对要高一些①。

录音制作阶段。从生产方式来看，主要是单人或多人用声音表演的形式演绎文稿内容，并录制成不同的音频格式；然后再通过剪辑、配乐等一系列后期工序制作成有声书。录音格式主要有 MP3(MPEG Audio Layer 3)格式、AAC(Advanced Audio Coding)格式、WMA(Windows Media Audio)格式等。制作优良的有声书需要一定的专业设备和制作团队等，所以许多有声书分销商多依附于第三方有声书制造商来提供有声书服务。如在美国，3M 和巴诺书店都依靠与 Findaway World(目前主要的有声书生产商之一，拥有超过 50000 种有声书，并拥有工作室和配音员)合作推出有声书。也有的有声书平台如 Overdrive，有自己的解决方案，他们直接找出版商获得有声书版权授权并自行制作有声书②。中国的喜马拉雅拥有丰富的音频内容生态，为吸引更多读者，制作方在制作时注重有声书的质量，同时也注重朗读者(narrator)的选择。为提高有声书的市场影响力，制作方有时候会选择具有明星效应的朗读者来录制有声书以促进有声书的销售。如 2013 年，企鹅兰登书屋有声书公司(Penguin Random House Audio)发布的有声童书《玛蒂尔达》(*Matilda*)就是由著名影星凯特·温丝莱特(Kate Winslet)朗读的。录音完成后，制作人需要对音频内容进行编辑，如消除杂音、渲染音效等。最后利用版权保护技术，对不同格式的有声书进行版权保护，例如使用专有文件格式、内置数字权利管理(Digital Rights Management，DRM)系统等。

有声书发行阶段。有声书发行主要有线上和线下两种，常见的线下有声书销售渠道包括书店、有声书专卖店、商场、超市、加油站以及日用品商店等。有声书线上发行又分为流媒体在线播放和下载 2 种。流媒体包括网易云音乐、QQ 音乐、虾米音乐、酷狗音乐、百度音乐、酷我音乐等流媒体音乐平台，各产品都有各自的侧重点和发展方向。下载则主要通过各出版社官网、网上书店、专业有声书网站、有声书 APP 等多种渠道。很多有声书出版商采取实体书店、联合经营的方式③。不过，线上发行渠道较于线下有天然优势；因此，线上发行渠道已经成为主流。如静雅思听与酷听采用网站与 APP 结合的模式，以网站为后台支撑，以形式新颖的 APP 吸引受众，扩大影响④。

有声书推广阶段。有声书伴随着网络数字技术和移动智能技术的发展形成多样、先进的营销推广策略，主要囊括 4 个方面：第一，充分利用社交媒体的推广功能，如开发听书 APP 社交功能、灵活运用微媒体提升有声书的影响力并扩大传播范围。第二，开发粉丝经

---

① 孟小尚，徐丽芳．美国有声书发展新气象[J]．出版参考，2015(14)：14-15.

② 本部分内容根据 Audible 有声书平台的相关业务介绍内容改写，参见：https://www.acx.com/help/authors/200484540.

③ 张卫．我国有声书出版盈利模式研究[D]．湘潭：湘潭大学，2017.

④ 陈洁，周佳．使有声书成为数字出版的中流砥柱——我国有声书产业发展现状与策略研究[J]．出版广角，2015(4)：22-26.

济，如邀请明星和著名配音演员录制有声书。第三，促进线上购买，如提升有声书素材质量和播讲音效、丰富定价策略并完善线上购买渠道等。第四，推动线下发行，如与图书馆合作推出有声书借阅服务、参与书展开辟有声书专区、整合书店资源助力平行销售等①。

4.3.5.2　个案：Audible 有声书出版流程

亚马逊旗下的 Audible 是有声书制作市场无可争议的领导者，运营着世界上最大的有声书商店。截至 2021 年 8 月，Audible 网站提供约 7 万种有声书和博客，内容覆盖英语、法语、中文等 12 种主流语言，包含艺术与娱乐、传记与回忆录、商业、童书、计算机等 23 种主题②。2011 年 5 月，Audible 的有声书创作交流(Audiobook Creation Exchange，ACX)平台在美国正式上线。通过该自助出版平台，权利人(作者、出版商)可以按版税分享或付费生产的模式来制作有声读物，也可以直接交易版权。专业人士(朗读者、制作人)可以找到录制有声书的机会，获得稳定的工作收入③。ACX 自助出版平台有声书出版流程主要由获取作品授权、作品制作、作品审核、出版发行和版税结算等环节构成④(如图 4-22 所示)。

版权审核环节。ACX 有声书出版流程根据版权所有人分为作者和出版商。一方面作者可以注册亚马逊账号登录 ACX，创建个人资料(包括专业领域)，添加图书(添加的图书必须是 Amazon. com 书店的纸质版或 Kindle 电子版)；可以自己为作品配音，也可以寻找合适的配音员制作有声书。另一方面，拥有图书音频权利的出版商也可以委托 Audible 出版有声书。系统审核版权所有人的图书版权协议，确认其拥有图书的音频权利。

寻找配音员与制作人。内容质量和合适的声音是有声书制作成功的关键。在寻找配音员与制作人之前，AXC 平台要求版权所有人创建相应的有声书档案信息，包括图书类别以及最适合的配音员类型，从而根据档案信息寻找配音员和制作人。版权所有人可以发布作品的有声版或 1~2 页的图书摘录，以寻找潜在配音员；或者通过配音员提供的音频样本进行选择。所有的作品小样都按照有声书类型、朗读者性别、语言、口音、嗓音年龄和演绎风格等进行细致的划分。版权所有人邀请感兴趣的配音员参与试音，确定后与其签订合作协议，可以按小时付费，也可以与配音员进行版税分成。

作品制作与审核环节。为保障产品质量，ACX 要求版权人和制作人对产品质量进行全程审核。在正式录制前，配音员需先录制上传 15 分钟有声书音频样本，供版权所有人审核和选择。审核通过后，配音员才能开始录制整个作品。有的配音员兼任录音与音频编辑工作，或者有自己的工作团队。单个配音员还可以通过 ACX 寻找专业制作人合作，如编辑师和音频工程师等；再利用录音设备和音频编辑器来完善有声书，如消除杂音和添加背

---

① 邱璨. 移动互联网时代我国有声读物创新发展策略研究[D]. 石家庄：河北大学，2017.

② Audible[EB/OL]. [2021-08-17]. https://www.audible.com/search/ref=a_search_c6_1_srchBC2.

③ 贺钰滢. 奥德博有声出版公司研究[J]. 出版科学，2016，24(1)：90-95.

④ ACX. About[EB/OL]. [2021-08-17]. https://www.acx.com/help/authors/200484540.

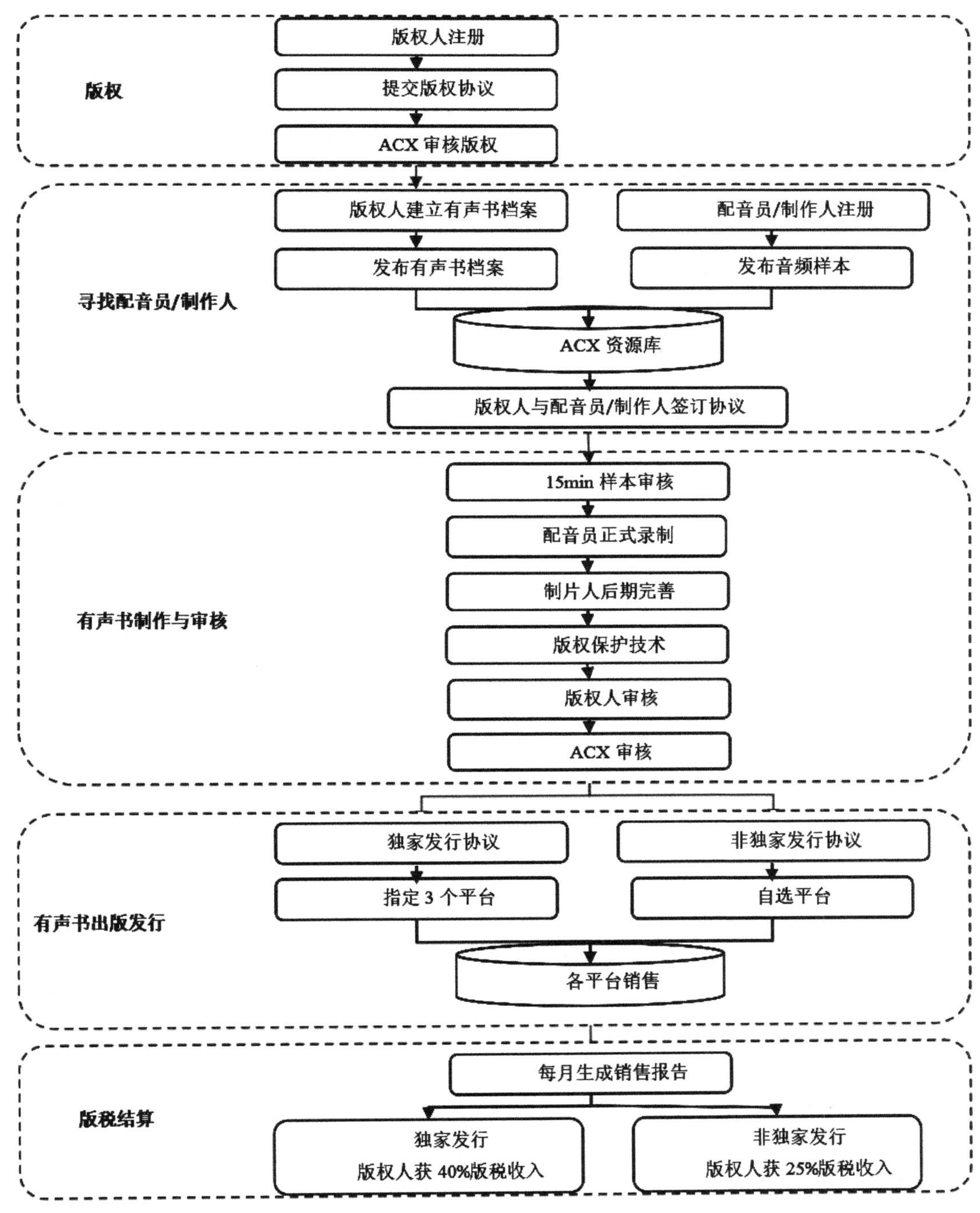

图 4-22　ACX 有声书出版流程

景音乐、渲染音效等。录制完的作品提交系统后，还要由 ACX 专门的质量控制团队对其音频文件格式、音量范围、声音效果和封面文件格式等方面进行把关。ACX 平台使用. aa 专有文件格式对有声书进行版权保护，最终成品通过审核后才能发布。版权所有人可以要求配音员对有声书进行两轮更正，且无须为修正后仍不达标的样本付费；但是，如果是在之后的录制过程中因对产品质量不满意而终止雇佣协议，就要按照已录制内容的时长进行计费。

出版发行环节。作者与 ACX 签订为期 7 年的有声书发行协议。若签订的是独家发行协议，即授予 Audible 独家经销权，那么作者将获得 40%的版税。有声书只能在 Audible、Amazon 和 iTunes 发行；若在其他渠道发行，作者只享有 25%的版税收入。Audible 的有声书销售以付费订阅模式为主，定价由版权所有人自主决定，价格高低与产品长度相关。一本长 10~20 小时的有声书售价在 20~30 美元，超出 20 小时的有声书价格要高出 5 美元。为提高有声书的销量，作者可以通过社交平台向读者推广有声书。ACX 会提供相关的推广建议；Audible 平台也会收集用户的消费数据以帮助实现个性化推广服务。新用户可以享受为期 30 天免费试听、无条件退换货等会员服务，以打造愉悦的用户体验。

版税结算环节。由于签署独家销售协议的版权人及制作人的版税收入与销售额直接挂钩，所以作者每月都会收到 ACX 发送的有声书销售信息和收入报告。若某个月收入低于 10 美元，将被延至下个月结算；若下个月仍保持同样业绩，则被延至累计收入达到 50 美元时结算。这样一来，版权人和制作人不得不重视产品的市场价值。此外，ACX 还推出赏金推荐计划(Bounty Referral Program)。通过 ACX 制作发行有声书的作者可以分享作品推荐链接。每次使用推荐链接在 Audible 注册会员并首次完成购买行为时，作者将获得 75 美元。这意味着通过吸引新听众的加入，奖金有可能超越版税成为权利人的主要收入来源。对于参与版税分享模式的制作人，ACX 按照产品时长给予符合条件的制作人每小时 100 美元的补贴，上限为 2500 美元。

此外，ACX 平台还发行自己的原创有声书，作品多集中于热门有声读物类别如科幻、推理与惊悚等。这类作品都是专门为有声读物而写，没有出过印刷版，甚至以后也不打算印刷出版。通过 ACX 平台，Audible 公司积累了丰富的内容资源和庞大的人才队伍。截至 2021 年 8 月，已有 586405 位制作人/配音员加入 ACX，有 1338 种图书可供试听，在 Audible，亚马逊和 iTunes 上累计上传 261605 种有声书①。Audible 销售的有声书约 27%是通过该平台制作的。作为我国专业制作有声书的内容生产商，“酷听听书”也建立了有声书出版发行平台 ACE(Audiobook Creation Exchange)，这与蜻蜓 FM、喜马拉雅 PUGC 模式类似。通过平台，版权所有者和播音者互相寻找，形成作品后平台进入分发环节。2015 年，酷听 ACE 中心版权库收录约 30 万部作品，样音库存储 1 万份样音。可见，这在资源聚合方面还是有效的②。不过，由于有声书制作成本高，而我国用户还未养成为有声书付费的习惯，仅靠线上下载、收听付费，盈利空间有限。加之国内盗版问题严重，制约了全版权产业链的建成，因此不能完全效仿国外的运营模式。

① ACX[EB/OL]. [2021-08-17]. https://www.acx.com/.

② 媒介杂志. 从版权方与平台方双重视角看有声书内容勃兴[EB/OL]. [2021-08-13]. https://baijiahao.baidu.com/s? id=1635435491149941055 & wfr=spider & for=pc.

4.3.6 基于区块链的数字出版流程①

在传统出版从作者、出版社、书店到消费者的链式流程中②，较多中间商的存在带来了高昂的额外成本。作者无法与读者进行直接的沟通交流，更无法掌握主导权，因此在合同签订与利益分成等方面也处于劣势。此外，在数字出版活动中，由于缺乏必要的版权登记机制，数字出版物的确权存在一定困难；在交易过程中也因无法对消费者进行动态跟踪而难以保证版权人利益，招致了频繁的版权纠纷。这些问题无疑是出版产业继续发展的障碍，而区块链技术的产生与应用则可以为以上问题的解决提供一条新路径。将区块链技术作为去中心化数字出版模式的技术突破口，以其在数字签名机制、时间戳、智能合约等方面对数字出版平台建设的技术支撑为基础③，可为解决出版流程面临的难题提供突破路径。目前，独立作者联盟(The Alliance of Independent Authors，ALLi)已正式宣布将区块链技术作为解决出版领域难题的方案。

4.3.6.1 基于区块链的数字出版平台及流程概述

区块链是一种将数据区块以时间顺序相连而成、以密码学方式保证不可篡改和不可伪造的分布式账本技术(Distributed Ledger Technology，DLT)，具有去中心化、时序数据、集体维护、安全可信等特点④。去中心化是区块链技术最为突出的特征，原因在于区块链数据验证、存储、传输与维护均采用分布式系统结构。出版平台应用这一特征，便可以消除出版中介，削弱第三方机构权力，重塑传统出版流程，加快出版速度，并增强作者与读者间的互动等。其次，时序数据是用加盖时间戳的链式区块结构为数据增添时间维度，保证数据的可验证性与可追溯性。它有利于版权登记、版权证明与维护。集体维护则是通过设置特定的经济激励等机制发动所有节点参与维护。在采用区块链技术的出版平台上，体现为全体成员均有可能介入内容生产过程，共同助力作品创作。最后，借助加密算法实现数据的不可篡改与不可伪造，可确保出版平台的数据安全可信，保证每一笔交易都是“诚实”的。这也为作者与读者点对点交易的实现奠定了基础。

在出版领域，除了将区块链技术应用于版权保护、出版物信息存储、出版物智能交易、出版各参与方数字代币激励等方面，近年来还涌现出不少整合这些应用后打造出来的

① 本小节内容根据《基于区块链的去中心化出版平台研究——以 Scriptarnica 为例》一文改写，参见：徐丽芳，田峥峥. 基于区块链的去中心化出版平台研究——以 Scriptarnica 为例[J]. 出版参考，2021(4)：18-23.

② 刘声峰，陈志钧. 站在未来看现在——关于运用区块链技术破解出版业“痛点”的几点思考[J]. 中国传媒科技，2020(6)：50-52.

③ 张岩，梁耀丹. 基于区块链技术的去中心化数字出版平台研究[J]. 出版科学，2017，25(6)：13-18.

④ 袁勇，王飞跃. 区块链技术发展现状与展望[J]. 自动化学报，2016，42(4)：481-494.

出版平台。不同平台有着各自的特色及侧重。如以 Publica、Bookchain 和 Authorship 为代表的出版平台主要满足作者自主或自助出版的需求，构建了以著作权人为中心和主导的出版模式。其在帮助作者避开出版商复杂条款约束、简化出版流程的同时，降低了出版成本。Po. et、CERTO、ICST 等平台通过哈希计算与时间戳信任机制，着重解决数字作品所有权的追溯问题，创新了版权管理手段。另外，以数字代币为激励手段的出版平台 Publishox、Creary，通过数字代币来发动用户共享内容；Eureka、Orvium 借此鼓励开展高效高质的审稿与编辑活动；Custo 则专门建立了赏金猎人社区，用数字货币为奖励，促使社群成员主动提供侵权消息，有效打击非法文件共享与盗版行为。还有，基于区块链的出版平台也愈加重视作者与读者之间的精准社交。如 Decentium 提供点对点小费模式，读者可以为喜欢的作者打赏支持。2020 年，专注区块链开发与设计的塞尔维亚 MVP 工作室（MVP Workshop）正式上线基于去中心化理念、采用区块链技术建立的出版平台 Scriptarnica。这个以促进出版业革命为目标的去中心化阅读、写作、出版、内容交易平台采用智能合约构建去中心化的出版收益模式，而且基本能够实现前述的所有功能。

区块链的基础框架大致可以分为 3 层：数据层、网络层与应用层(见图 4-23)。基于区块链的基础架构，数字出版平台的搭建需要在原来 3 层的基础上增加可供侧链开发与媒体

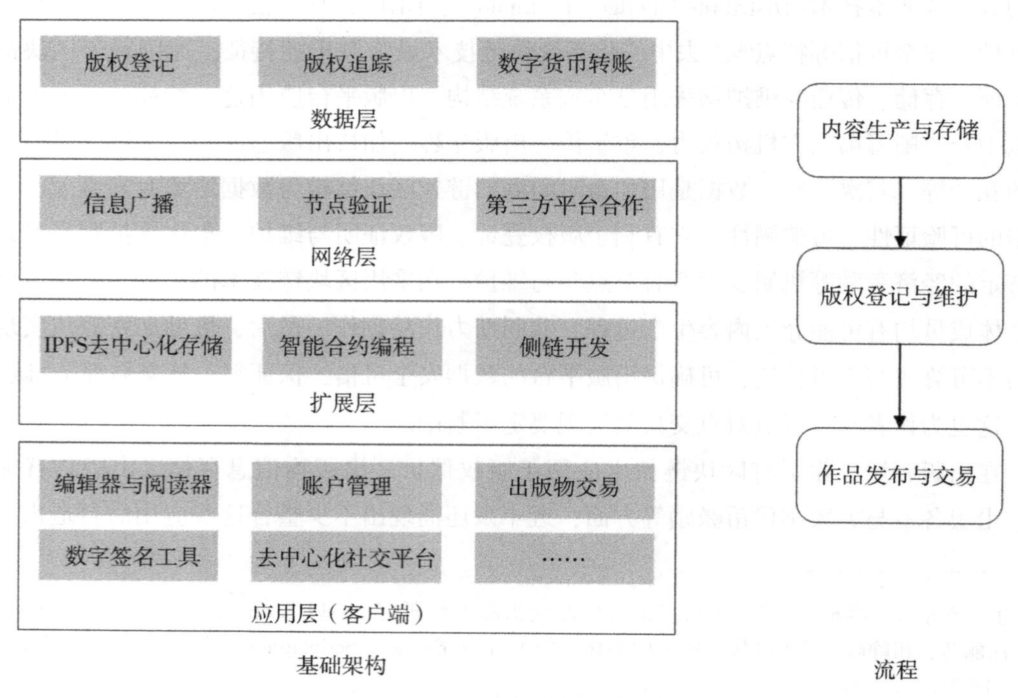

图 4-23　基于区块链的数字出版平台架构及流程①

① 图片根据《基于区块链技术的去中心化数字出版平台研究》中内容和图片修改所得，参见：张岩，梁耀丹. 基于区块链技术的去中心化数字出版平台研究[J]. 出版科学，2017，25(6)：13-18.

文件存储的扩展层；并在应用层中构建面向开发者的全客户端和面向普通著作者、读者的轻客户端与移动客户端，向用户打开丰富多元的媒体接口。因此，基于区块链的出版架构与功能分布被分为4个层级。其中，客户端编辑器的嵌入与扩展层的去中心化存储是实现媒体文件传输的关键；位于数据层的版权在线登记则是平台能够进行版权交易的前提。同时，区块链凭借其易用的可编程功能，为出版商等企业用户和开发者提供便捷的扩展服务，把视频、音频、动画等数字出版产品与服务纳入进来。①

在上述出版架构下，基于区块链的出版流程包括以下环节：①内容生产与存储。通过引入某些激励机制与声誉度系统，激励和改善大众的生产效率，并根据所创造的价值支付报酬，从而实现可持续的内容生产模式。对于作品的存储，可采用星际文件系统(InterPlanetary File System，IPFS)将其存储于区块链的各节点上；②版权登记与维护。采用区块链技术的数字出版平台可以让创作者在内容创作完成之时就进行了版权登记，并利用时间戳可以记录内容完成时间，为作品的存在性提供证明和维护；③作品发布与交易。基于区块链技术的数字出版形式可以发展为以作者为主导的多样化资源经营，且区块链的分布式账本特性与智能合约的电子合同功能为自出版人带来灵活的出版和交易形式。下文个案分析部分将对流程环节进行详细介绍。

4.3.6.2 个案分析：Scriptarnica

本小节将以 Scriptarnica 为例，分析其去中介出版流程的作品创作与存储、内容评审、内容消费、作品确权与版权保护等环节，以深入了解和把握区块链目前在出版流程的应用现状。

2020年，专注区块链开发与设计的塞尔维亚 MVP 工作室(MVP Workshop)正式上线基于去中心化理念、采用区块链技术建立的出版平台 Scriptarnica。作为以区块链为支撑技术，以去中心化为发展理念的出版平台，Scriptarnica 重塑了传统出版流程：平台去除作为中介的出版社和经销商，作者完稿后可直接在平台发布；读者在进行内容消费外，还可以对内容进行评议；平台在正式出版一部作品前，会专门安排审稿人审议内容以保证质量，以及安排专业人员进行形式设计等工作，再将完善后的作品提供给读者。平台出版流程如图4-24所示。Scriptarnica 目标用户至少包括作者、读者和审稿人等其他相关贡献者3类，平台现在的出版流程并未包含出版商，但这并不意味着平台完全将出版商排除在外了。出版商可以将作品发布在平台上以扩大销售，还可以借助平台更好地评估目标作者的影响力和市场潜力，以降低未来同该作者签订合同的风险等。②

---

① 张岩，梁耀丹. 基于区块链技术的去中心化数字出版平台研究[J]. 出版科学，2017，25(6)：13-18.

② Petar Atanasovski. Low Risk Publishing：How to Find the Most Promising Book to Invest In[EB/OL]. [2020-12-29]. https://medium.com/scriptarnica/low-risk-publishing-how-to-find-the-most-promising-book-to-invest-in-ade87b5641fa.

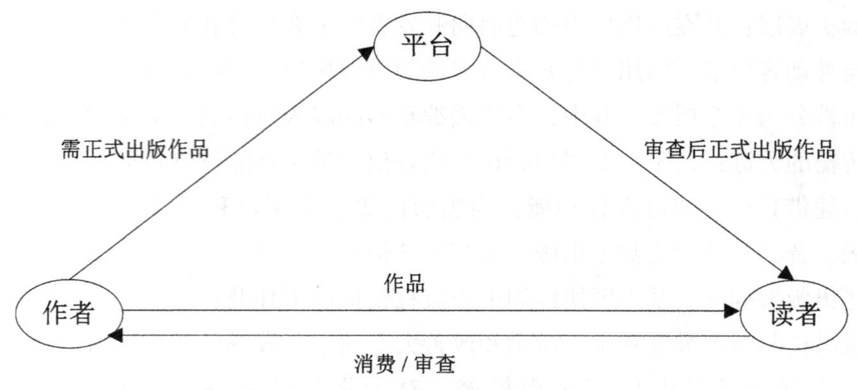

图4-24　Scriptarnica 出版流程

(1)作品创作、存储与确权

Scriptarnica 为作者提供了2种不同的写作模式：逐章创作或是整本创作。其中，逐章创作能够为作者带来读者的实时反馈，根据读者反馈修改与完善后的作品更容易让读者满意与认可。在写作的具体过程中，作者可直接借助 Scriptarnica 平台所提供的编撰功能进行写作，也可选择导入 MD 或 EPUB 格式的作品。平台可为作者提供完整的图书分析报告以帮助其调整后续创作思路。

对于作品的存储，Scriptarnica 采用星际文件系统(InterPlanetary File System，IPFS)将其分散存储于区块链各节点上。IPFS 实质上是一种面向全球的、点对点的分布式文件系统①，适合用于区块链中实现底层存储角色。一方面，分散存储于各节点的作品会通过被其他用户浏览这一过程向其他节点扩散，这使任何节点都不必独自存储全部作品数据，因此任何攻击者都无法完全阻断对该作品的访问，保证了平台作品的安全存储；另一方面，将平台作品存储于 IPFS 系统而仅在区块链上保留相应的编号，可极大地减轻区块链存储压力，提高用户访问与获取平台作品等的速度与效率。

另外，基于区块链技术的 Scriptarnica 平台可以让作者内容创作完成之时就登记版权。区块链本质是一串相连的数据区块，数据区块中一般包含区块头(Header)和区块体(Body)。区块头中封装了当前版本号、前一区块地址、时间戳、随机数、当前区块目标哈希值、哈希树/墨克树根植等信息②；其中的时间戳是版权登记的有力依据。根据《伯尔尼公约》、TRIPS 协议以及我国《著作权法》等，著作权自作品创作完成之日起产生，作者无须履行任何手续便可成为著作权主体③。但是，时间戳可以记录作品完成时间，从而能够作为作品的存在性证明(Proof of existence)，帮助实现作品的版权登记和确权。

① Benet J. Ipfs-content addressed，versioned，p2p file system[J]. arXiv preprint arXiv：1407.3561，2014.

② 张岩，梁耀丹. 基于区块链技术的去中心化数字出版平台研究[J]. 出版科学，2017，25(6)：13-18.

③ 吴汉东. 知识产权法学[M]. 第7版. 北京：北京大学出版社，2019：38.

(2)内容评审

Scriptarnica 平台采用集体审议与审稿人审稿两种制度，以保证在控制作品质量的前提下，使其能够以较快速度进入市场。集体审议充分发挥去中心化的平台特色，通过区块链技术发行通证作为激励手段，充分动员全体读者对某部作品中的问题内容进行标记、提出意见与建议等。对于拟正式出版的作品，平台会安排审稿人审议。这些审稿人同样会得到一定数量的通证作为报酬，其中收益的50%归第一位审阅该书的人员；另外50%根据剩余审稿人数量再具体划分与确定。一般而言，审稿人可由另一位作家或是读者担任，也可由作者所要求的特定作家或其他人担任。在审稿人审查时，作品将进入“即将出版/出版”列表。该书第一批读者将有机会集体式评审该书。为方便审稿人开展评审，平台制定了一系列标准以供参考，其中明确要求审稿人应全面注意内容与形式：一是需要确保图书中未包含问题内容；二是需要保证图书版式满足平台所给定的标准，在完整包含封面、前页、正文、末页与封底的前提下，同时具备美观与艺术性。

(3)内容消费与版权保护

图书出版后，读者可以根据自身需要选择购买整本图书或某个章节、页面、段落。内容消费过程中会涉及平台发行的 2 类通证：Character Token(CHR)与 Script Token(SCRPT)。Scriptarnica 平台规定必须以 CHR 购买图书，换言之，CHR 即为购买图书的“货币”。它可通过 SCRPT 兑换或用美元购买。SCRPT 采用 ERC20（Ethereum Request for Comments 20)主流通证标准协议①(见图 4-25)。协议明确了通证流通所应遵循的运作方式与其他规则，因此 SCRPT 可以通过同样采用 ERC20 协议的外部以太坊钱包购买获得。平台支持以 Fortmatic、Metamask、Wallet Connect 购买 SCRPT；同时，也可以直接用美元购买 SCRPT。

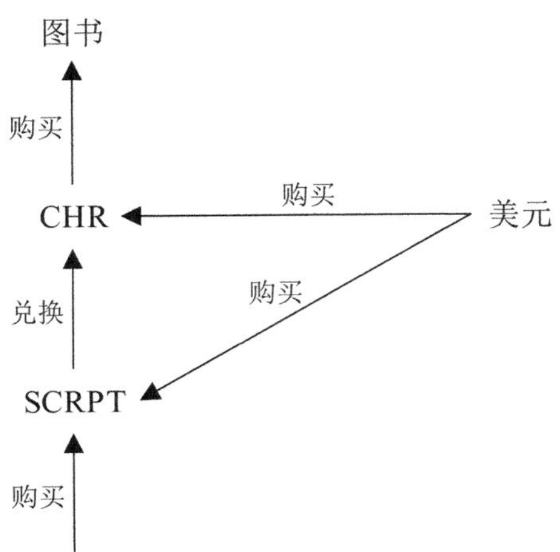

图 4-25　Scriptarnica 通证体系

① 李晓宇. 以太坊代币智能合约形式化验证技术研究[D]. 合肥：中国科学技术大学，2020.

此外，Scriptarnica 平台采用的通证经济模型为燃烧—铸币均衡模型(Burn-And-Mint Equilibrium Model，BME)。存在于 BME 模型中的 2 种通证体系均为应用类，具体包括用于价值积累的交易通证和专门用于支付的通证①，对应于 Scriptarnica 所发行的 SCRPT 和 CHR。读者购买图书时，将首先燃烧用于价值积累的交易通证 SCRPT 以获得专门用于支付的通证 CHR；同时为方便不愿持有加密货币的读者使用平台，加上考虑到随着平台发展 SCRPT 可能增值或贬值，为保持交易价格相对稳定，平台选择将图书价格单位 CHR 与美元直接挂钩②。因此，Scriptarnica 允许以美元购买 CHR，而不必经由 SCRPT。但 Scriptarnica 平台所获得的 CHR 不可逆、不可转让，只能用于购买图书。由于目前仍处于 Beta 阶段，Scriptarnica 允许用户将 SCRPT 转换为泰达币(Tether USD，USDT)或其他稳定的加密货币，而后可转换为美元或其他法定货币③。在支付 CHR 后，读者将得到平台所分发的一个密钥，通过该密钥读者可实现对图书的访问。

另外，区块链的区块头中包含了哈希树/墨克树根植。该值是通过两两合并哈希树/墨克树叶子节点的哈希值得到的；叶子节点之上存储的是每一笔图书交易。因此，借助哈希树根值可以追溯到区块链上任意一项版权记录，从而使每次授权许可、转让付费情况等都是可寻的；同时，由于区块链去中心化的特点，全网每个节点都将持有最近的图书交易记录；每个新产生的区块在存储新的图书交易数据之外，还会储存上一个区块的散列值，这就意味着每个区块中的最近交易记录包含截至该交易发生时的整个交易记录，如此紧密缠绕的区块链交易数据很难被篡改④。这将有利于版权维护，而且即使发生侵权行为，版权索赔也较为容易，从而能够保障版权所有者权益。

综合来看，Scriptarnica 利用区块链技术构建了一个由作者主导的高效的去中心化出版流程。但不可否认的是，此类出版平台的未来发展仍然面临着一些需要解决的难题。由于区块链技术本身存在的局限性，如作为激励手段的通证在购买和使用等方面存在一定程度的入场门槛；通证未来也可能会面临监管困局；而且区块链需要投入巨大算力和耗费较多的资源。因而，区块链技术是否能真正有效地解决出版领域的问题，还需要未来不断的实践检验。

---

① George Adams. Burn and Mint Equilibrium[EB/OL]. [2020-12-29]. https://messari.io/article/burn-and-mint-equilibrium.

② Petar Atanasovski. Burn and Mint Equilibrium Pro's and Con's[EB/OL]. [2021-03-12]. https://medium.com/mvp-workshop/burn-and-mint-equilibrium-pros-and-con-s-c27d83748cf5.

③ Scriptarnica. Scriptarnica Terms of Use[EB/OL]. [2021-03-12]. https://app.scriptarnica.com/terms-of-service.

④ 徐丽芳，刘欣怡. 基于区块链的在线教育平台研究——以按需教育市场公司(ODEM)为例[J]. 出版参考，2019(9)：17-21.

4.4 案例：施普林格·自然融合出版流程

作为全球最大的科技与医学(Scientific，Technological and Medical，STM)出版集团之一，170余年来施普林格·自然一直致力于学术期刊、学术专著等学术出版物的出版，覆盖环境科学、数学、化学、物理学、天文学、地理学、工程学、计算机科学、医学、生命科学、心理学、经济学和法学等众多学科领域。面对数字化浪潮的冲击，施普林格·自然采取多种应对措施进行数字化转型，融合了纸质印刷和数据库等数字出版形式。其中，流程数字化是实现出版数字化转型的关键。从总体上看，施普林格·自然的期刊出版流程可以划分为创作(Creation)、生产(Production)、发布(Distribution)3个阶段，每一个阶段完成不同的功能(见图4-26)。

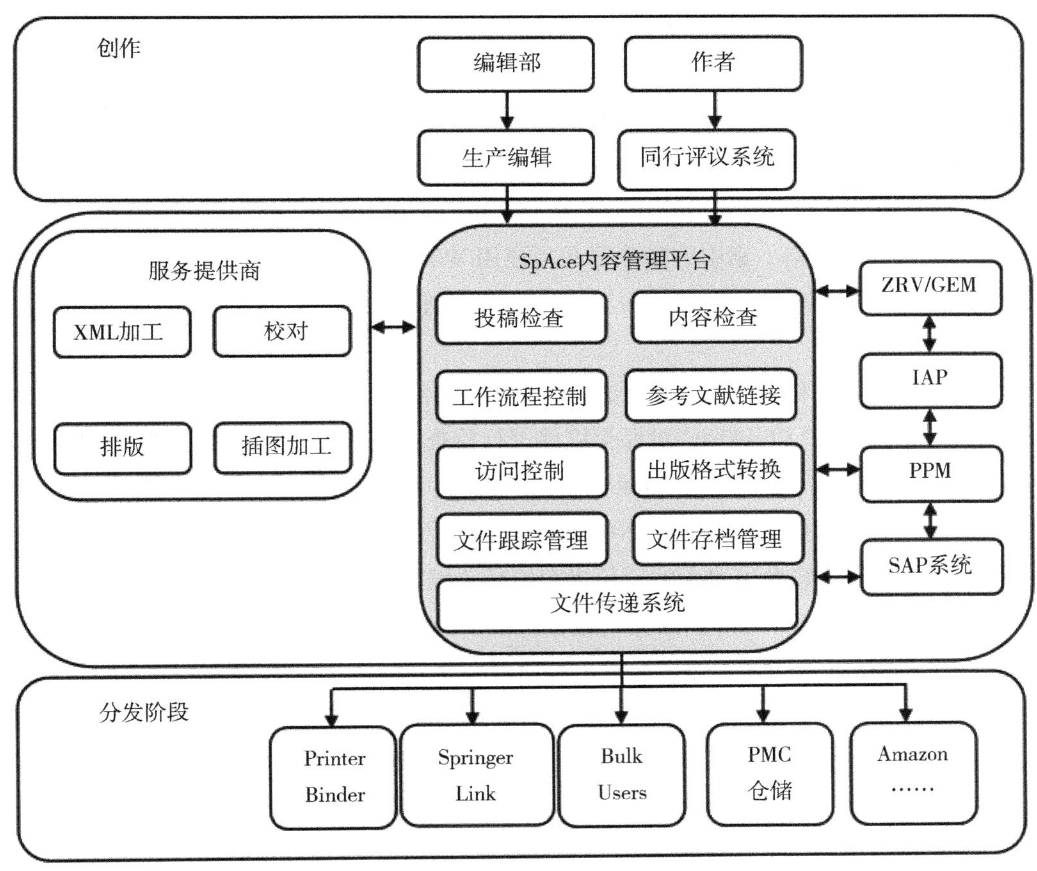

图4-26 施普林格·自然期刊出版流程①

① 图片来源自彭玲. 改进学术期刊出版流程，加快我国期刊数字化进程[J]. 数字图书馆论坛，2009(8)：39-43，并在其基础上进行了修改。

4.4.1　内容创作阶段

内容创作阶段的主要工作包括内容创作和同行评议两个部分。其流程是：作者首先选择利用施普林格·自然提供的写作模板对文稿进行加工；然后提交稿件进入同行评议阶段；如果稿件通过了同行评议，则进入稿件生产阶段。

第一步：稿件创作。施普林格·自然期刊推荐系统根据作者输入的稿件信息如摘要、关键字和研究领域等，通过语义技术帮助作者在 2600 多种期刊中选择最合适的投稿期刊。为了同时满足在线出版和印刷出版的需要，施普林格·自然以 XML 格式文档作为内容的标准格式文档，所有内容都必须转化为 XML 格式进行加工。因此，作者无论以何种文件格式完成稿件写作任务，施普林格·自然都建议利用其提供的 Word 或 Latex 模板将稿件转化为 XML 格式文档。模板中预先设定好的各种版式可以满足稿件结构处理的任何需求，并且通过快捷键或工具栏实现这些功能。这种模块化的功能设计，减轻了作者处理稿件的难度。经过模板处理生成的文件并不是最终出版文件，最终版面形式由施普林格·自然根据需要生产。

另外，施普林格·自然并不强制要求作者利用模板对稿件进行处理。作者可以利用空白 Word 文档或标准 Latex 文档对稿件进行处理，但标题、表格、脚注等的格式必须利用 Word 或 Latex 的默认设置。如利用空白 Word 文档进行稿件处理时，各级标题必须使用 Word 默认的格式；表格、索引、脚注等必须使用 Word 标准功能；全部文本只能使用一种字体(施普林格·自然推荐使用 Times New Roman 字体)，对一些特殊内容要求使用 Symbol 或 Arial 字体。

作者在正式完成稿件提交前需要按照施普林格·自然提供的稿件提交检查清单(Manuscript Submission Checklist)对提交稿件进行检查，以及时发现和纠正错误。检查清单包括书名页、作者/编者、扉页、目录、结构、摘要、文本、参考文献、图表、电子原稿、贡献者、版权许可等项目内容，具体可根据不同出版物形式选择使用。作者在确认无误后，再通过 FTP 方式将合乎要求的资料提交给相关编辑人员。需要说明的是，在提交稿件时涉及的第三方授权文件也必须提交给施普林格·自然。

第二步：同行评议。为了保证学术出版质量，施普林格·自然采取严格的同行评议政策对稿件进行筛选。例如，施普林格·自然拥有的开放存取出版机构生物医学中心(BioMed Central，BMC)就明确指出：BMC 出版的所有期刊必须采用同行评议方式对所有研究性论文和大部分其他类型论文进行评议以确保学术质量；具体评议方式由期刊编辑确定，但 BMC 出版的全部医学类期刊，评议结果将与论文同时在线出版①。

作者通过投稿系统提交稿件后，并不是所有稿件都可以进入同行评议阶段。其审稿流程如图 4-27 所示：首先，期刊编辑部会对作者稿件进行格式和质量初审，对不符合要求

① Peer Review Policy[EB/OL]. [2021-08-17]. http://www.biomedcentral.com/about/peerreview.

的稿件进行退稿处理。其次，责任编辑在收到初审稿件后，将邀请若干审稿专家对稿件进行同行评议。最后，对评议结果进行处理。评议结果包括拒绝、接受和修改后出版 3 种情况。通常论文要经过多次修改，方达到出版要求。

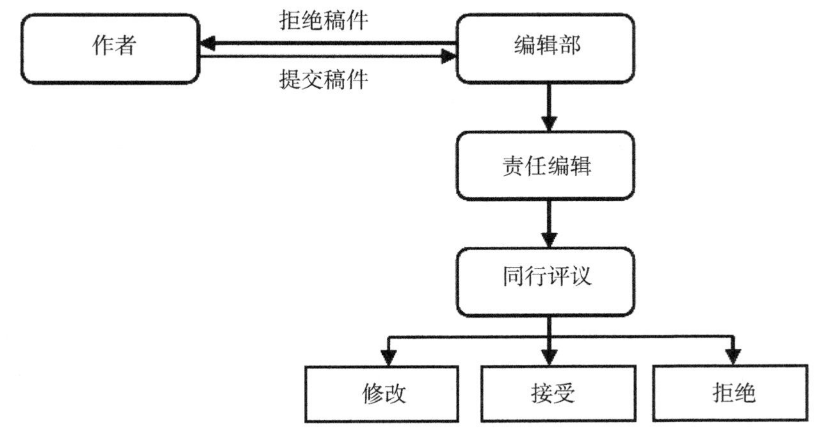

图 4-27 施普林格·自然审稿流程

施普林格·自然采用 Editorial Manager 系统作为在线投稿和同行评议系统，实现了组稿、投稿、审稿、稿件采用、退稿等工作的数字化。作者、编辑、审稿专家在线办公不仅提高了沟通效率，降低了沟通成本，而且缩短了出版时滞，加快了出版工作。根据相关统计，从投稿到出版，施普林格·自然的出版周期不到 2 个月。通过同行评议的稿件将自动进入稿件生产阶段，进行数据加工和生产。

4.4.2 稿件生产阶段

稿件加工生产阶段是施普林格·自然期刊出版的关键，不仅影响出版物的最终质量，而且反映企业的服务能力和服务水平。稿件加工生产阶段的工作任务很多，根据完成任务的主体不同，这一阶段的工作任务可以划分为两部分：一部分由施普林格·自然完成；另一部分由内容加工外包服务商完成。

一是，外包服务商工作任务。业务外包是一种企业内部需求驱动产生的资源优化配置过程。它通过将某业务交给那些能比自己更有效率地完成该任务的外部专业生产商，从而与其形成资源互补的战略伙伴关系①。出版业一直有业务外包的传统和习惯，施普林格·自然也不例外。除了能降低出版成本之外，将部分业务外包有助于企业专注核心业务的拓展，全力培育和提升公司核心能力，实现自身的持续发展。在期刊出版过程中，施普林格·自然把一部分工作交给菲律宾等劳动力成本较低国家的外包商来完成。

① 王联合. 出版业务外包：从形式到边界的考察[J]. 出版发行研究，2006(5)：52-56.

施普林格·自然的外包工作主要涉及内容的结构化加工，包括XML加工、排版、校对、插图加工等。XML加工是指将作者提交的文档(通常是Word文档)转换成XML格式文档，并用DTD元数据模式对文章标题、DOI、学科、分类、作者、摘要、关键词、参考文献索引等信息进行描述，以便于数据库使用。在完成格式转换后，数据加工人员还要对照原稿对XML文档进行整理、检查和校对以发现和纠正错误。如果需要，还可以在XML文档中进行标识和链接等深度加工。

排版是指利用专业排版软件(通常是基于XML文档的排版软件)对XML文档进行版式设计和排版加工。这些排版软件通常都设有版式模板，通过系统将XML文档输入模板后，经过少量人工干预就可以自动生成符合要求的版式文件。校对是指对版式文件进行校对以提高出版质量。在期刊出版过程中，还会涉及插图等格式不规范的文件的处理；外包商要对这些插图等进行标准化加工处理，以符合施普林格·自然的出版要求。

二是，施普林格·自然工作任务。施普林格·自然的加工生产任务是在SAP、GEM、PPM等系统的协助下，通过其"SpAce内容管理平台"来实现的。这些工作主要包括以下几个方面。

检查工作。施普林格·自然的检查工作包括内容检查和投稿检查两项，分别利用系统的投稿检验器(Submission Checker)和内容检验器(Content Checker)完成。内容检查是指对稿件的内容进行自动化检查以发现和纠正错误。投稿检查是指对作者递交的各种文件进行核对，以确保稿件的完整性。

加工工作。虽然施普林格·自然已经将大部分编辑加工工作外包给内容加工服务商，但它还需要完成参考文献链接、出版格式转换等工作任务。其中，参考文献链接是指利用链接机制实现对参考文献的自动链接以便于读者利用。出版格式转换是指利用格式自动转换软件生成不同格式文件以实现跨平台、跨媒体的动态出版。

流程控制工作。工作流程控制是出版管理的核心和关键，通过流程控制不仅可以提高出版质量，而且可以提高出版效率。施普林格·自然的出版流程控制涉及编辑、加工、出版、发布等整个出版过程。

内容管理工作。施普林格·自然的内容管理工作主要包括文件跟踪管理、文件存档管理、访问控制等。文件跟踪管理是指利用专业化工具对文件进行自动跟踪，以确保文件的合理使用。文件存档管理是指将加工好的文档存储在各种知识库中并进行管理。访问控制是指按照用户身份及其属性来限制其对内容的访问，或限制对其某些功能的使用。

施普林格·自然的稿件生产加工流程具体如图4-28所示，主要包括以下几个步骤。

第一，编辑在收到作者提交的稿件后，将利用投稿检验器和内容检验器对形式和内容进行检查，并将符合要求的稿件发送给内容加工外包服务商。如果需要作者补充相关资料，在线投稿和同行评议系统会自动发出消息，通知作者提交相关资料。

第二，外包商在收到稿件后(如果接受不成功，系统会自动通知编辑再次发送)便进行编辑加工工作，主要包括XML格式转换、插图加工、排版、校对等，最终形成排版样张。

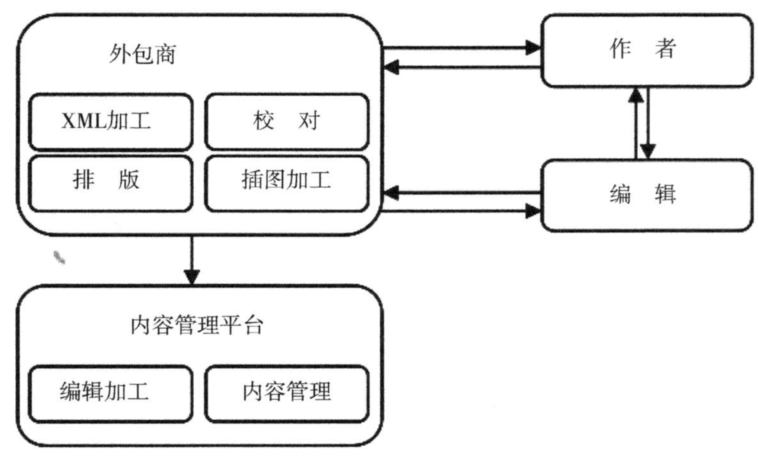

图 4-28 施普林格·自然稿件生产加工流程

在这一过程中，外包商的每一步工作都会通过出版工作流程控制系统自动反馈给责任编辑，以便让其了解出版进度。

第三，外包商将经过排版、校对后形成的样张连同修改、校对要求一并发送给作者，并请作者进行审读、校对和修改。作者在收到样张后，根据要求进行审读、校对和修改后将修改稿发送给外包商。

第四，外包商根据作者的修改稿对稿件再次进行修改，然后将相关稿件发送给责任编辑；责任编辑认可批准后将稿件发送至施普林格·自然的 SpAce 内容管理平台进行加工和管理。

第五，SpAce 内容管理平台再对外包商提交的稿件进行参考文献链接、出版格式转换等加工处理后，将其存储在知识仓储中以便于分发和管理。

4.4.3 产品发布阶段

施普林格·自然产品发布阶段的主要工作任务是利用内容管理平台中格式转换系统和内容分发系统(Document Delivery System)实现出版物的跨平台、跨媒体、多渠道发布。在出版物发布渠道方面，除了向个人用户和集团用户提供订购服务渠道外，施普林格·自然还将部分内容典藏在公共医学中心等开放存取仓储中供用户免费使用。在跨平台、跨媒体服务方面，除了提供纸质和网络出版物服务外，施普林格·自然还提供苹果应用(Apple App)等移动媒体服务，以进一步扩大内容产品的服务能力。另外，在产品在线销售方面，施普林格·自然除了利用自身的网络平台销售出版物外，还利用亚马逊等其他平台拓展产品销售渠道，以扩大出版物销量和影响力。

在数字出版时代，施普林格·自然的数字化出版流程不仅满足了出版数字化转型的需要，而且提高了企业出版效率，增强了企业竞争力，值得国内出版企业在数字化转型过程中借鉴和参考。由此可见，传统出版企业不仅要进行自身的发展与变革，最重要的是要迅速适应已经到来的数字出版时代与信息化时代，通过出版业务流程改造来实现数字化转型升级。这是出版企业自身生存发展的需要，也是出版企业履行文化职责的需求。

本章关键术语

数字出版流程	流程再造	在线稿件处理系统
数字内容加工	原生型数字出版物	光学字符识别技术
DTD 文档	版式	数字印刷
全数字化出版流程	数字内容管理	数字内容分发
多元分发	按需重组分发	原生型网络期刊
同行评议	网络自助出版	数字签名机制
时间戳	智能合约	

简答题

1. 简述数字化技术对出版流程的影响。
2. 简述出版流程再造的必要性。
3. 简述出版流程再造的原则。
4. 简述基于区块链的数字出版流程的优势。

思考题

1. 正如印刷技术的革新开创了西方世界一个新的出版和文化纪元，激光照排系统的发明引发了报业和出版印刷业的变革，技术从未停止对出版业的改造。你认为 VR/AR、区块链等技术将会给数字出版流程改造带来什么样的影响？

2. 随着信息处理技术、分布数据库与数据挖掘技术的成熟，全球业务外包成为可能。出版业一直具有业务外包的传统和习惯，施普林格·自然也不例外。施普林格·自然采取了多种外包方式进行国际化生产经营，在印度、菲律宾等劳动力成本较低的国家或地区拥有专门的外包服务商来提供排版和数字化内容的加工服务。综上，对于出版机构来讲，业务外包有什么好处？

《咏印刷术的发明》

《加强国际传播能力建设，展示真实、立体、全面的中国》

《加快推进网络强国建设》

《全面加强知识产权保护工作 激发创新活力推动构建新发展格局》

《在创造性转化创新性发展中延续民族文化血脉》

第 5 章　数字出版产品开发

目前，我国出版业已进入纸质出版与数字出版共存的发展阶段，即纸质出版物与数字出版物在出版生态系统中均占据着重要地位。这两类出版物既可以是同一内容基于不同载体的表达；也可以是从内容、形式到出版方式都不同的产品类型。从产品开发角度来说，出版商既要继续满足以纸质载体为基础的出版物开发需求，同时又要充分考虑全媒体环境下多元化产品的开发需求，设计面向不同媒介终端的新型产品形态。以下基于对当前环境下数字出版生产活动的认识，按照出版物"策划—内容—生产—管理—发布"的开发生命周期，分别从产品策划、数字化加工、设计与制作、内容管理、产品发布等方面阐述数字出版产品开发。

GB/T 3860-2009
文献主题标引规则

5.1　产品策划

数字出版物生产之初，应对所有可能会影响其生产发行过程的因素进行充分考量，形成科学、完整的项目策划方案，同时拟定相应的产品与服务策略。对于出版企业而言，应结合数字出版物的特点分类进行选题策划工作，并且在制定数字出版产品策略的过程中格外关注以下 3 点：一是必须将服务视为网络出版产品的重要组成部分；二是尽可能采用定制策略来向读者提供网络出版产品；三是应高度重视品牌的塑造、经营和传播。

5.1.1　数字出版产品特点

传统出版物从出版商手中流向读者这一事实使其与作者一起获得了"精神财富创造者和生产者"的美誉。但是，如果深入思考就会发现出版者的智慧与创造性更多地体现在内容的“packaging”(包装)①过程中。这个英文单词在《韦氏字典》中解释为“以一种能凸显其对公众吸引力的方式来呈现产品”②;《必应词典》的定义也大同小异,即“努力让某些人或事如产品、思想等让公众觉得有趣和令人兴奋”③。这个过程包括:通过选题策划环节来选择要加以“包装”的内容;利用编辑、校对等专业手段来提升内容品质,无论是以技术水准的标准,科学、文化、艺术标准还是读者的主观标准;采用装帧设计等工艺美化出版物的外观样式;依靠营销推广环节传播积极的产品信息,最终打动公众接受产品。一直以来,这种“包装”工作在内容的生产销售过程中起着举足轻重的作用;如果没有以包装为己任的出版商,人类文献传播系统的效率无疑将大打折扣。在数字出版时代,包装仍然是出版商的核心工作之一,包装能力的差异仍然是导致其竞争力强弱的重要原因。选题策划,即是出版商根据现实环境对“包装”内容的谋划和选择。但是,由于数字出版并非简单地把纸介质出版物的内容数字化,因此出版商在进行数字出版物选题策划之前首先必须充分考虑数字媒体的新特点。

首先,数字出版物是一种开放性媒体。这包括数字出版物在表达形式、内容、发行主体和方式上的开放性:①数字出版物在表达形式上的多样性,即它可以涵容不同的符号系统。此前传统的媒体与符号系统之间有某种一一对应的固定关系,比如文字之于书、音频之于无线电广播、视频之于电视等;但是,数字媒体并不受这种限制。因此在数字出版实践中,出版商首先必须根据目标读者的需求和自身的资源优势来确定所提供内容的种类和范围,然后根据所提供内容的特点,综合运用多种符号形式以体现新媒体的潜力。这使出版企业的新产品能够具有极为丰富的表现力,但同时也使出版者包装内容的难度增加了。因为在生产过程中将涉及许多出版企业以前不熟悉的符号语言和手段,因此必然会存在一个较长的学习过程。②数字出版物在内容上的开放性。从前图书一旦出版、节目一旦摄录完成,除非形成新的版本,否则要使这些书和节目增加新的内容几乎是不可能的;也就是说,一种出版物和一套节目其信息含量基本上是确定的。但是数字出版物则不然,其中的超链接可以指向其他超链接,其他超链接又可以指向新的超链接;而且版本可以持续地动态更新。这使内容永远处于“未完成”状态;另一方面由于每次选择的路径不同,所得到的内容也不相同。此外,它还允许内容突破“内”与“外”的界限,在不同的出版商之间有一定程度的流动。显然,出版企业必须充分利用技术提供的这些可能性以获取数字出版的竞争优势。因此,与其他内容生产者建立广泛的合作关系,精心组织各种链接,科学管理数字出版物的版本,也就成了网络出版过程中不可或缺的工作。③内容提供主体和发行方式

---

① 这也是欧美出版界一直以来有的一个看法。当然,此处的“包装”与一般所说“包东西”的意思不同。

② Merriam-Webster. Packaging[EB/OL]. [2021-08-12]. http://www.merriam-webster.com/dictionary/packaging.

③ 必应词典. Packaging[EB/OL]. [2021-08-12]. http://cn.bing.com/dict/? q=%e5%bf%85%e8%a6%81%e6%80%a7+%e5%8f%af%e8%a1%8c%e6%80%a7#package.

的开放性。在印刷出版时代，通常图书、杂志和报纸的出版者各有其人，尤其在报纸和其他两种出版物之间很少发生业务交叉的情况。在数字出版中则不然，综合性的网络内容供应商、专门的网络社区组织者以及在线数据库供应商等都会视传播内容与服务的不同综合利用网页、论坛、社交媒体和博客等多样化的出版形式；而 PC、手机等终端设备亦可以同时容纳书报刊、音乐、视频和游戏等多种数字出版物类型。

其次，数字出版具有很强的互动性。与传统出版过程不同，在数字出版中信息不是单向地由出版者一方流向读者一方。因此，读者也就不再是传统意义上的被动接受者。他们通过与内容生产者的交流来表达自己的意见，并在出版物中得到某种程度的反映。用户创作内容(User Generated Content，UGC)已成为不可或缺的数字出版内容来源。这使出版物更像是作者、编者和读者的共同创造物。互动小说、互动电影成为数字出版市场的新秀。如奈飞(Netflix)推出的互动电影《黑镜 · 潘达斯奈基》(Black Mirror：Bandersnatch)允许观影者选择故事接下来的剧情发展，让观众体验参与故事叙事的乐趣。同时，传播者和受众地位的改变也意味着受众话语权越来越大。在制作和发行内容愈加便捷的今天，一些内容出版商为了使内容更加契合受众口味，甚至选择采用不事先将内容完全制作完成即发布或播出的方式，即在制作一部分内容后立即发布，观察受众的反馈并据此制作后续内容。这种与观众的互动在小说、视频节目中应用得尤为广泛，如许多连载小说常常结合读者在评论区的反馈调整主要人物角色和故事走向，并根据读者的喜爱程度撰写小说番外，即故事主干外的一些分支故事，为读者喜爱的人物补充或开辟新的小故事；部分电视剧采用一边播放，编剧一边根据观众的呼声创作剧本供导演拍摄的方式推进，有时还会结合观众意愿创作两个结尾，即“1 个故事，2 版结局”。这些互动要素的引入，在传统出版物的传播关系中是难以想象的。显然，这也将对数字出版物的生产和营销工作产生重要影响。

再次，网络传播的速度也会对数字出版活动造成影响。传统上不同出版物具有不同的出版周期。比如对于报纸来说最普遍的是日报和周报，也有少量旬报和月报；杂志通常以周、旬、月度、双月或季度为周期进行更新，极少数情况下有年刊；至于书籍，则并非以时效性取胜，尽管有新版本和版本修订，两版之间的时间间隔并不一定，且通常在一年以上。出版周期不同的后果之一，是出版物在内容、形式和受众对象等方面都有很大差异。对于数字出版而言，由于网络本身的快速传播功能，读者对于内容的及时发布与更新普遍预期较高。如果出版商不持续推出新内容吸引读者眼球，将很难长时间保持读者的注意力和黏性。因此，长期不增加新内容、不更新界面设计，都意味着“机会之窗”的关闭。这在新闻和一些知识更新较快的专业出版领域尤其如此。而出版商的包装能力和工作效率无疑须针对数字媒介的特点和读者的要求加以改进。

5.1.2 基于目标市场的数字出版物策划

数字出版按其内容和市场可分为数字大众出版、数字教育出版和数字学术/专业出版等类型；载体形式则包括电子书报刊、音视频产品、数据库出版物、应用程序甚至平台等。因此，除了数字出版物的内容和载体特点会影响其选题策划，目标市场类型同样也将发挥重要的影响。

一般说来，数字大众出版物所面向的市场范围最广，涵盖的内容主题最多。相应地，大众市场的受众也是需求最为多元化的群体；并且，往往总是处于变动之中。加上数字出版物传播速度快、可持续更新的特征，要想在大众出版市场的激烈竞争中脱颖而出，需要策划编辑对受众的需求和情感倾向、时事热点、社会文化动态等市场环境要素有深刻的理解和把握。另外，数字大众出版物的内容也往往是多种多样的。因此，在载体形态的选择上也需要策划编辑根据选题内容特征和企业所具备的资源条件作出选择。诸如电子书、流媒体音视频、应用程序、面向大众的数字内容平台等，都是大众出版市场上常见的出版物类型。

传统纸质教育出版物的出版传播过程包括编辑选择学科和教育层次、作者编写内容、编辑校对、装帧设计和印刷、审查和发行等环节。数字教育出版物的生产制作则在这些过程的基础上，还要加上编辑或数字出版产品开发人员确定技术方案、程序开发和测试等技术实现环节。教育出版市场上的数字出版物有独立出版物及附属出版物之分：前者指出版发行与纸质图书无关、独立存在的数字出版物，也称原生型数字教育出版物；后者则是依附于纸质图书销售或其发行目的，作为纸质图书附件、捆绑出版物或营销手段的数字出版物，如教育出版市场上广泛存在的教学光盘、录音磁带、辅助学习软件等①。其中，附属出版物由于和纸质图书的主题和内容紧密相关，因此其选题工作往往没有那么烦琐；一些情况下甚至不需要进行独立的选题策划。数字教育出版物的选题策划应注意两个问题：其一，教育出版物选题范围不如大众出版物广泛，往往是与学科、教育教学实践活动等主题密切相关。因此，教育出版物必须在选题策划和内容组织时注重选题和内容符合各学科的教学大纲或课程标准，充分考虑学科知识背景和教育科学理论的要求，保证出版内容的科学性、正确性和权威性。其二，在为数字教育出版物策划、选择、设计媒介载体形式时，要注意不同媒介载体和信息技术带来的不同内容的呈现和教育效果。

数字专业出版物在选题策划方面与数字教育出版物有类似之处。一方面，要注意选题与内容的科学性、权威性；另一方面，要根据不同信息技术的特征，为内容选择合适的载体表达形式。数字学术出版市场中最重要的产品和服务形式之一是数据库出版物。数据库出版物可以分为综合数据库和专题数据库；无论哪种数据库，都要考虑面向的使用人群和其中存储的内容。同时，数据库在设立之初就应规划好数据架构、存储方式等技术规格。有了科学合理的架构以后，才能开始数据录入和信息组织；否则，到后期要修改数据库的底层设计，将会耗费大量人力、物力和财力。对于读者而言，数据库出版物最重要的同时也是使用最为频繁的功能之一是数据检索；因此，数据库出版物的设计还要考虑检索模块的效率和用户友好性。

综合来看，数字出版物的选题策划过程包含选题、作者联系或内容资源获取、载体形

① 陈菊．英语教育类数字出版物的策划[J]．编辑学刊，2011(4)：77-80.

式选择与设计、生产开发策划、宣传营销策划5个步骤。与传统纸质出版物不同的是，数字出版物选题策划在内容策划之外，同时也要高度重视技术层面的策划。因为传统出版物往往只涉及纸质印刷品这一媒介的平面符号系统；而数字出版物可以覆盖图文声像全媒体符号类型，包括VR、AR、AI等高新技术。同时，传统出版物的发行往往以印刷品分销的形式进行，需要建立健全的分销渠道和发行网点；但是，这些渠道往往不能胜任数字出版物的传播。因此，数字出版物面临新的发行压力。尤其随着互联网进一步发展，受众需求进一步分化，在大众市场，压力可能表现为受众对内容的需求越来越难以捉摸，并且在大众市场中出现诸多依小众文化聚集的社群，形成一系列长尾市场；在教育、学术等专业市场，则表现为受众对个性化定制服务的需求越来越强烈，为客户提供及时、高效、定制化的反馈成为客户关系管理中不可或缺的一部分。此外，数字出版物在选题策划时还要综合运用多种技术，如大数据和受众行为分析等，来预测、判断受众真实、潜在的需求，并考虑个性化服务的可能性，制订合适的营销策划方案。

5.1.3 数字出版产品策略①

在进行数字出版物产品策划时，应注意制定服务、品牌、定制等产品策略并贯穿于整个产品和服务设计与生产流程中，以更好地满足市场与受众的需要。

5.1.3.1 定制策略

20世纪60年代以来，企业的经营理念逐渐由"产品导向"向"顾客导向"转变，市场和顾客成为企业运转的核心。而消费者的需求通常会受其人生哲学、生活方式、情趣和社会条件的影响而呈现出个体和群体差异。这使得定制(customization)策略进入了企业产品开发的视野。而互联网的兴起使出版企业的定制策略在3个层面上有了新的可能性和必要性。首先，互联网使即时互动成为可能。在信息网络传播过程中，读者不再是信息与内容的被动接受者，而可以既迅速又廉价地通过网络向出版商传达自己的特殊意愿和要求。出版业与其他行业一样对顾客的需求趋势一直保持着高度敏感，而能够以比特流形式传播的数字出版物使出版企业可以根据每个顾客不同的信息需求为其定制出版物及服务，同时将成本控制在可以接受的范围内。

其次，互联网使读者在普遍面临信息过载(information overload)的困境。有人形象地把信息从网上流向读者的过程比喻为海水漫灌②。毫无疑问，如果不能对这一过程加以干预，使海水按河流、小溪和沟渠的承载量流入，后者就将面临决堤的危险。在这样的情况之下，需要通过一些数字信息处理技术再辅以定制这种从个体读者出发、高度互动的信息

---

① 本节内容来自作者论文，参见：徐丽芳. 网络出版策略研究[D]. 武汉：武汉大学博士论文，2002(4)：20.

② Hal Berghel. Cyberbrowsing：Information Customization on the Web[EB/OL]. [2021-08-12]. http://www.acm.org/-hlb/publications/cb5/cb5.html.

服务手段，为读者过滤信息，缓解读者的信息接收压力。

再次，作为数字出版主要收入来源的广告商也推动着数字内容出版的定制化发展。数字出版商能够根据读者的数字出版物消费和使用轨迹确定其偏好和行为特点，此类信息对于广告商来说具有不可比拟的吸引力。网络上的口号之一是“每次点击都暴露了你的身份”。为了能向潜在的广告客户提供比传统媒体更为精准的受众信息，数字出版商通常有意识地组织运营各类社区，并有针对性地开展各种营销活动。而这些又会反过来提高出版商提供定制化产品和服务的水平。

在数字出版中，定制即数字出版企业针对高度专门化的目标市场生产和提供互动数字出版物和服务。这是一种供应方的产品策略。反过来，消费者出于个人需要对产品和服务加以交互式地修正则被称为个性化(personalization)。它是一种需求方的活动①。定制与个性化恰如硬币的一体两面，共同对内容产业的产品和服务开发产生重大影响。数字出版中的定制有一些独具的特点：①数字出版中的定制一般是可选定制②，即在所提供的内容框架中进行选择的一种定制。比如网络新闻出版商通常给出若干个主题范围，由读者自己选择其中的若干个加以订阅。美国的个人公司(Individual INC.)就要求顾客在2500个主题中选择10个，此后他们将每天得到相关的新闻故事。②数字出版中的定制通常借助软件和算法的力量来实现。比如个人公司的网络出版定制服务就是依靠一种名为NewsPage Direct的新闻扫描软件实现的。该软件每天在网上浏览文章、报告、社论和其他各种新闻内容，随后根据相应的用户档案每天早上从2万篇文章中找出最相关的发到读者信箱。③某些种类的数字出版物，如事实性信息和新闻较其他类型的内容更易于定制。由于属性特殊，某些出版物几乎不可能定制，比如几乎没有读者能让研究人员为其专门来撰写一篇科研论文(编辑约稿似乎是一种有意思的例外)。④在数字出版中实现定制需要一个长期互动过程。读者确定自己想阅读或者观看什么要比决定要用什么颜色的自行车困难一些；而且也更多变，因为通常一个人在一天的不同时候想看的东西都往往不同。这就要求数字出版商与读者保持经常性的互动关系以掌握顾客的需求特点，可通过一些数学算法，推测出用户可能喜欢的内容服务。目前，推荐算法已经应用到图书、音乐、视频、新闻等各个领域的内容平台中，大致可分为基于内容的推荐算法、协同过滤推荐算法和基于知识的推荐算法等，这不仅给出版商带来巨大的附加利益，还提升了用户满意度和用户黏性。

近几年，大数据技术取得了实质性突破，在数据挖掘、机器学习和智能算法的助力下，提供定制的数字出版产品和服务包括一些基本步骤，如通过观察、整理注册表等手段获得读者信息，通过建立读者数据库来储存和分析顾客信息，通过专门的应用软件、机器学习、大数据分析技术或者其他手段提供有针对性的数字出版物和服务，等等。下面将对

① 参见欧盟DG Ⅷ/E项目报告The Content Challenge：Electronic Publishing and the New Conten-t Industries：21.

② 吴锋等. 关于产品批量化定制的思考[J]. 工业工程与管理，2001(2)：18-22.

此做进一步探讨。

(1)通过观察了解读者

要了解读者首先应该做的就是监测点击流(click stream)，即记录读者访问网站的一系列行动。网站运行记录包含了许多有关顾客行为的有用信息。由于数据太多，对这些数据加以分析费时费力。不过，近年来日益盛行的数据挖掘技术使人们可以利用计算机来从大量的随机数据中自动提取隐含在其中的潜在有用的信息和知识①。其次，作为网络基础的HTTP协议本身具有局限性。因为这种协议是“非连续”的，把每位用户的每次要求(点击超链接)处理为分开，通过它无法了解某一位顾客在网站上的全部浏览或交易行为。因此，网络开发者必须自己建立能识别某位用户一系列交易的支持系统。比如由Netscape发明的“饼干”(cookies)程序被包括出版企业在内的广大机构广泛使用，其能够让网页服务器辨识访客的每一步网上足迹，包括其登记资料、浏览网页、点击链接、进行搜寻等动作，以及在每个条目上停留的时间等资料。这些对于掌握读者的喜好与浏览习性是相当有用的。

(2)通过注册表和账单了解读者

许多网站往往免费提供内容，但交换条件是读者填写一个简单的注册表，其中包含读者一些基本的人口统计学数据和阅读习惯等资料。从1996年5月开始，《纽约时报》网站成功地向2000个欧洲用户收取每月30欧元的订阅费，但是在相当长的时期内对于美国本土和其他地区的用户仍然保留“注册-免费”的模式以获取读者的有关资料。要求付费的站点如《华尔街日报》网络版会询问读者的邮政编码作为开账单的程序之一。这个数据可以根据信用卡记录核查，颇为可靠。早期的美国在线因为要向用户收费并在他们登录时进行身份确认，因此拥有关于用户的关键信息。还有一些网络出版商向读者发出优惠券，用户只有返还要求填写的个人信息表格才能兑现。显然，互联网媒体双向传播的功能为数字出版企业增加了研究读者的机会。

(3)建立读者数据库

读者数据库是数字出版企业最基本、最直接的信息来源。对企业而言，建立顾客数据库最初的目的是为实施直接的营销活动而收集顾客和潜在顾客的姓名和地址，后来逐渐把它发展成为市场研究的工具。数据库中可包括市场资料、人口统计资料、销售趋势资料以及竞争资料，等等。出版商可以把通过上述途径收集到的读者资料，包括其浏览记录、阅读偏好、订阅情况、特殊需要、业余爱好、家庭成员等信息输入数据库，建立详细的读者档案。这项细致而烦琐的工作在计算机的帮助下已经简单可行。因此，出版企业可以借助掌握的读者情况确定网络出版的产品和服务、重新设计营销过程、与读者保持沟通和联系、根据形势变化及时调整经营活动等，从而使企业的相关经营活动变被动为主动。

(4)提供个性化内容与服务

在内容方面，出版商可以在社区范围内进行批量定制，比如由编辑组织一些专门内

① 俞锦梅. 数据挖掘在国内图书馆应用领域研究综述[J]. 图书与情报，2015(2)：137-141.

容，或者从电子资料中间商和稿件辛迪加处获取相关材料。具体到个人的可选定制往往借助于软件的帮助来完成。比如亚马逊通过与各搜索引擎合作，把智能横幅广告(Intelligent Banner)放到互联网上。这种广告整合了各种功能。如果用户在雅虎上寻找歌手内尔·杨(Neil Young)的信息，网页上的亚马逊旗标广告会弹出有关这个歌手的图书。CDNOW 也有此类广告。用户一般不会为此烦恼，因为广告使他们更容易找到感兴趣的信息、产品和服务。另外，也可以由读者预先或者在交互过程中逐渐明确他们的兴趣爱好及其感兴趣的程度，以便自主决定接受哪些个人化内容和服务。数字出版企业也可以直接利用读者数据库中的档案资料或者在对数据做出进一步分析后，利用定制的邮件通信等手段及时向每位读者发布信息。例如数字内容提供商 Digital Science 发布的数据平台 Dimensions，用户通过注册和订阅信息服务，就能通过电子邮件收到平台发送的内容服务推荐和最新的会议信息通知。

显然，对数字出版物或服务进行个人化定制能够快速响应顾客的个性化需求，从而为他们创造和提供最大的价值；但是，把定制绝对化并无意义。首先就像前面所讨论的，并非所有出版物都适合定制。其次，也并不是所有读者都对定制的内容感兴趣。有些人在某些时刻或某些场合更偏爱在信息海洋中随意漫游的乐趣；还有些人则由于时间限制和个人习惯等原因宁愿被动地接受预先组织好的高质量内容。还有，如果只能提供“一堆烂水果”，那么给读者再多挑选权利也是无助于增加其吸引力的。最后，无节制的定制会造成“信息窄化”“信息茧房”等社会问题，网络的广泛使用和推荐算法等技术的应用使每个人都能轻易获取自己感兴趣的内容。但由于读者自身的内容需求并不全面，如果较长时间只留意某些内容领域，则会失去了解和接触不同信息的能力和机会。

5.1.3.2　服务策略

服务营销的概念是 1977 年美国银行副总裁列尼·休斯坦克(Lenny Hughes tank)在《从产品营销中解放出来》一文中首先提出的，其实质是促进交换。既包括促进纯粹服务的交换，也包括利用服务来促进物质产品的交换；是“能使顾客更加了解核心产品或服务的潜在价值的各种特色行为和信息”。传统出版行业的绝大部分精力投入在核心产品的有形化工作之中，当无形的思想被赋型为有形的图书、期刊、报纸之后，不少出版商认为自己绝大部分的工作已经结束，后续发行工作与其说是对读者的服务不如说是商品销售行为。但是在数字环境中，服务观念的缺失却很有可能是致命的。出版物的无形化以及对互动、定制的强调使得一个事实日益显豁起来，即数字出版所提供的产品是数字出版物及相关服务的统一体。出版商要想在激烈的竞争中取得优势，在内容之外还必须注重服务。具体来说，服务营销在数字出版中具有以下意义。

首先，服务将成为数字出版企业重要的收入来源。传统出版企业典型的收入来源有两个：一是以出版物形式出现的内容销售收入；二是广告收入(图书一般没有广告收入)。但是在互联网上，这种收入模式面临巨大的挑战。因为互联网的非营利性起源，在很长一段时间内，网络用户习惯于将网上的内容都看成免费的。近年来，网络用户的思维和行为有了较大转变。据《中国网络视听发展研究报告》显示，截至2020年12月，我国网络视听用户规模达9.44亿。在网络视频用户中，45.5%的人在过去半年内购买过会员或使用过单片付费，其中29岁及以下用户的付费比例接近60%。但是，用户的网络内容版权意识和服务意识仍然有待提高。对于广大网民来说，对于不同类型数字出版物的付费意愿和习惯并不相同：一般视频类网络内容的用户付费意识已经养成；在音频和阅读类网络内容方面，用户付费意识初步建立但仍有待提高。在广告方面，由于网络经济的负反馈性，绝大部分中小型网站难以依靠广告来维持运营。许多从事网络业务的出版企业规模不大，因此必须开拓尽可能多的收入来源；而提供服务无疑是一种很好的选择。

其次，服务是数字出版企业创造产品差异性的关键。“企业控制市场的程度取决于他们使自己的产品差异化的成功程度”，差异性是企业获得竞争优势的两个主要来源之一①。尤其在某些数字出版领域，依靠内容本身实现差异化极其困难：一方面可能原始信息本身就无差别或差别不大，比如像电话黄页、企业名录等；另一方面又有许多公司从事同类信息的出版，比如美联社、合众国际社和路透集团都提供金融领域的新闻产品，起点中文网、晋江原创文学网、红袖添香等都在中文网络文学市场上耕耘。那么，数字出版商从中脱颖而出的手段之一就是利用独特的服务组合。路透集团就通过信息过滤和搜索服务为产品增加价值。例如一家造船公司可以从路透集团购买服务，只给它发送有关造船工业的新闻。路透正是通过提供类似服务在市场上站稳了脚跟，因为这些增值服务对于“饱受信息超载折磨的消费者来说具有极高的价值”②。

再次，服务是数字出版企业建立顾客忠诚度的重要手段之一。根据厄尔·塞斯(Earl Sasser)和弗瑞德·瑞查德(Fred Riochheld)的研究，顾客保留率每上升5%，公司利润将上升7%；美国学者爱伦·伯丁格(Ellen Berdinger)与杰奥·罗宾逊(Jal Robinson)的调研也表明，12%的高忠诚度人群可占整个品牌销量的69%③。高忠诚度顾客对于企业经营的重要性于此可见一斑。而服务在造就企业的核心市场资产——忠诚顾客群的过程中发挥着举足轻重的作用：第一，通过服务，出版企业可以使读者获得更多让渡价值。顾客成本是顾客在交易中的费用和付出，表现为金钱、时间、精力和其他方面的损耗。顾客价值是顾客在交易中得到的物质和精神收益。顾客价值与顾客成本之差就是顾客让渡价值。而针对用户信息需求提供个人化的信息内容与服务无疑可以降低读者的交易成本，或者为之提供更多附加价值。这对读者具有很大的吸引力，因此有助于出版企业保留现有顾客。第二，通过服务如建立俱乐部、联谊会和虚拟社区等可以加强与顾客之间的感情交流，培养其忠诚度，与之建立亲密的伙伴关系，从而巩固甚至扩大已有市场份额。

服务策略的对象不仅包括读者，还包括广告主。在传统出版传播业中，既有主要依靠

① 注：另一为成本优势，参见：吴健安. 市场营销学[M]. 合肥：安徽人民出版社，1995：322.

② 卡尔·夏皮罗，哈尔·瓦里安著；孟昭莉译. 信息规则：网络经济的策略制导[M]，北京：中国人民大学出版社，2018：28-29.

③ 杨洪昌，刘金星. 服务营销理念的再思考[J]. 商业研究，2000(3)：119-120.

内容产品销售的出版社；也有主要依靠广告的杂志、电台等。但是，大多数数字出版商往往既不能像某些学术刊物一样只关注内容的高质量而无惧读者寥寥，也不能放弃内容收费而紧紧依靠广告收入；而必须同时取两方之力以维持企业的生存和发展。这清晰地为数字出版勾勒出了两组服务营销的对象：读者和广告商。应该说，针对读者和广告主的服务营销具有相同的终极诉求，即都是为了与对方建立长久、稳定的合作关系以便最终获得收入；而且两者在各个业务阶段也具有相似目标，即售前服务力求使顾客对企业及其服务产生兴趣，售中服务力求使顾客兴趣转变为现实购买，售后服务则努力使顾客重复实现购买。但是具体到为实现目的所采用的方式、方法和所需技巧就大不相同了。

(1)面向广告商的服务营销策略

广告是所有类型的数字出版企业不可忽视的收入来源，必须引起充分重视。因此为广告主提供良好的服务以建立长期合作关系，而不单纯追求把网页的广告空间和时间出售给他们，显然是一种更为高明的策略。这种服务具有丰富的内涵。

首先，在劝说广告客户购买广告空间时，数字出版企业必须准确地向顾客传达其数字出版物的各项用户指标，如被浏览次数(Impression)、综合浏览量(Page view)、点击次数(Clicks)、点击率(Click rates)等信息，并告知出版物内容所吸引的读者对象类型和数量，以及与同类出版物相比在吸引广告对象上的优越性。

其次，数字出版企业应重视对已发布广告的监控，利用一切可能的手段掌握广告被读者浏览与点击的情况，同时调查了解读者对广告内容、广告设计和投放时间等方面的评价，并征询读者关于广告产品(如价格、购买地等)的意见及时反馈给广告客户。另外，数字出版企业还应该定期收集或者购买第三方专业调查公司对于数字出版物相关情况的调查，将其中的有用信息整理汇总后提供给广告客户。

再次，数字出版企业应积极探索数字广告可能的表现形式，以提供效果更佳的广告。数字广告已经从简单、静止的旗帜广告(Banner)、按钮广告(Button)，发展到具有多媒体效果的旗帜广告(Rich Media Banner)、漂浮图标广告(Moving icons)、弹出窗口广告(Pop-out windows)以及具有交互功能的其他广告形式。但是关于数字广告，从外观样式、收费标准到评价体系都还处在不断的发展和完善过程之中。因此，对于每一家数字出版企业而言，设计具有最佳效果的广告类型并发展出科学的评估体系将为广告客户提供很高的附加价值，从而为自己赢得竞争优势。

最后，在直接的广告服务之外，如果数字出版企业比广告客户更易于接近其潜在顾客，就可以代行用户调查任务，帮助客户把握隐含的商机。具体如代为收集与整理顾客偏好、意见与需求，为广告主设计服务与产品提供参考数据；帮助在顾客中试销新创意和新产品以了解其市场潜力，等等。

(2)面向读者的服务营销策略

读者的作用不可小觑，因为他(她)是网络广告和其他收入来源的基础：一种没有读者的数字出版物是很难吸引到广告商的。数字出版中面向读者的服务营销具体来说有以下几种。

其一，通过社交网站(social networking site)的个人主页或话题小组发布信息、凝聚人气。出版商可以通过社交媒体定期向读者告知其各种活动与出版物信息。读者也可以在其中与出版商直接沟通，就出版商的出版产品、服务以及其他更广泛范围之内的话题交流意见。在这一过程中，一方面读者本身成为最鲜活的内容来源之一；另一方面，读者与出版商之间的互动交流使数字出版商可以较早地获知读者对于出版物的反应，同时也起到宣传推广的作用。

其二，向读者提供咨询和其他帮助服务。一方面，出版商可以设立读者联系邮箱或电话加强与读者的联系，或在官网开设“常见问题”(Frequently Asked Questions，FAQ)等栏目，收集关于数字出版的各种常见问题和解答，供读者参考；另一方面，出版商可以利用自身资源，通过社交媒体回答读者提问，如《中国国家地理》青少版《博物》杂志，利用新浪微博帮网友辨别生物、科普生物知识，积累了千万粉丝，获得了良好的传播效果。

其三，提供在线学习的服务功能。尤其是专业出版商和教育出版商，可以利用内容资源丰富的优势开设在线课程，或与业余学校、成人教育中心或大学合作提供在线互动课程并颁发学习证书，还可以提供常规的在线学习辅导。

其四，提供各种中介服务，由生产者或供应商给付交易佣金。这其实也是当今流行的数字平台背后一种非常重要的运营逻辑。其中，面向消费类读者的数字出版商可以代为订购电影、戏剧和音乐会门票，数字食谱类出版商可以推荐餐馆、美食等；行业类信息提供商则可以开展职业介绍、商品代理等。这一方面减少了卖方的销售费用(广告费、营销和分销费用)，同时也降低了买方搜寻信息的时间和资金支出。还可以刊登有关的分类广告；为工商企业提供虚拟店面，通过店面出租或者交易抽成来获得收入。托马斯名录(*Thomas Register*)是世界上久负盛名的名录出版商。互联网的兴起使该公司提供的内容服务不再停留在纸质目录阶段，其新定位是购买指南和商品来源指南。该公司为每家曾被收入名录的企业专门创建一个“电子门面”，其中包括企业简介、产品列表以及交易和联系方式等，每年收取3000美元的电子门面管理费。

网络服务营销策略种类繁多，各有所长。具体到每一家数字出版商，则可以根据自身营销目标和资源优势有选择地开展活动。

5.1.3.3　品牌策略

品牌是一种“名称、名词、标记、符号或设计，或是它们的组合运用，其目的是借以辨认某个销售者或某群销售者的产品或劳务，并使之同竞争对手的产品和劳务区别开来”。[①]

数字出版中品牌建设的独特意义表现为：第一，数字出版物是一种经验产品(experience goods)[②]。所谓经验产品，是指那种必须经过消费者尝试，才能对它做出评价的产品。它

① 菲利浦·科特勒著. 营销管理：分析、计划和控制[M]. 梅汝和，译. 上海：上海人民出版社，1996：607-608.

② 卡尔·夏皮罗，哈尔·瓦里安著. 信息规则：网络经济的策略制导[M]. 孟昭莉，译. 北京：中国人民大学出版社，2018：1-7.

所面对的难题是，由于消费者无法事先得到有关该类产品的充分信息，因而必然在购买前出现踌躇心理。诸如免费样品、促销定价和珠宝鉴定书这样的促销品或服务都是在帮助消费者在购买前获取足够的商品信息以促进购买。但内容商品的独特之处在于，它每次被消费的时候都是经验产品。如果顾客用过“佳洁士”牌牙膏，那么其在下次重复购买前就已经知道它是否值标签上那个价格了；但是，无论读者阅读过哪家出版社或哪位作者的新书，只要他还没有读过新出版的作品，就依然无法知道它是否物有所值。出版业为此发明了各种策略来说服谨慎的读者在掌握充分信息之前进行购买。其中，最有效的手段之一即建立品牌和声誉；因为“同一品牌的产品原则上具有相同的品质，(这)使消费者易于消除对新产品的疑虑”①。读者毫不犹豫地购买今天的《华尔街日报》，主要原因就是它一直为他们带来满足感。因此很显然，数字出版企业必须通过品牌建设，在目标读者群中建立起信赖感。

第二，品牌可以提升数字出版企业的市场份额。这一作用通过两个途径得以实现：一是通过品牌吸引新读者。一般来说，消费者很容易信赖其他消费者的亲身经验和亲口评价，而品牌恰恰意味着“大量以往消费者的经验和认可”②；所以，具有较佳品牌形象的出版物往往能吸引更多新读者。二是品牌可以提高读者的忠诚度，从而帮助企业留住原有的顾客。品牌是产品质量、价位、消费者定位等因素的综合体现，往往与认可该品牌的顾客的各种显在和潜在的需求高度契合。因此，品牌用户通常表现出愿意反复光顾该品牌的行为特点。

进行品牌决策是一件富于挑战性的工作，包含许多方面的决定，如：是否创建品牌、由谁来使用品牌、品牌保证何种水平的质量、品牌是否扩展等。目前对于数字出版企业来说，建立品牌的必要性是毫无疑义的；因此，面临的品牌决策主要是如何建立数字出版物及服务的品牌。具体来说可以采用以下几种策略。

(1)将在目标市场上知名度较高的印刷出版物品牌直接移植到线上。《华尔街日报》是这种策略早期和以来的成功实践者。由于网络媒体与传统媒体都是信息产品，具有某些共性特点，因而在许多情形下将印刷出版物品牌延伸到数字化网络环境中是一种合乎逻辑的可行做法。而这种做法无疑可以为企业节省大量前期成本。早期《华尔街日报》在线版本的设计者就力图在网络上重现印刷版的外观、公司标识等感官特点，从而把印刷版的权威性、品牌价值和顾客忠诚传递给在线产品。实验无疑是成功的，因为该报网络版是最先实现向网上读者收取订阅费的品牌。其他如中国的《人民日报》、美国的《华盛顿邮报》《纽约时报》《大不列颠百科全书》、英国的《金融时报》、加拿大禾林公司的言情小说电子书等，也都采取了类似的品牌策略并获得了成功。

(2)创建独立的数字出版品牌。如果出版企业并未拥有一流的纸介质出版物品牌，或

---

① 吴健安. 市场营销学[M]. 合肥：安徽人民出版社，1995：364.

② 王平. 试论品牌销售中的信息运动[J]. 南京师大学报·社科版，1998(1)：14-20.

者数字出版物的目标读者与既有品牌的市场定位重合度不高，又或者原来地方性的出版企业打算利用互联网的强大功能谋求跨地区或者国际性的业务表现，那么重新创建一个网络品牌也许是更合适的选择。《石板》(*Slate*)、《连线》(*Wire*)等都是读者众多的原生型网络期刊品牌；维基百科、《赫芬顿邮报》、今日头条等都是借助先进的数字技术打造的全新数字出版物品牌。

(3)运用交叉推广策略。交叉可以是网上网下的交叉——出版企业一般都有自己的印刷出版物；在上面做广告一方面成本较低，另一方面也意味着它至少可以吸引原有的读者和广告商。事实上，杂志被认为是"夯实新兴网站品牌的重要工具"，比如美国《人物》系列杂志的子刊《造型》(*InStyle*)就通过与印刷版杂志的互动，成功地在互联网上树立了自己的品牌①。交叉还可以是与其他内容供应商和合作伙伴之间的交叉。比如在彼此的传统媒体上刊登广告进行宣传；在彼此的网站上放置适宜的广告；或者使己方网址列入对方的"友情链接""热点链接"等诱导式栏目之下，以引起读者的好奇心和回应。

(4)利用读者参与策略。也许在网络出版中最高明的品牌策略"不是由企业创建一个品牌并将之传递给顾客，而是由企业与读者互动地创造一个品牌"②。由于数字媒体的互动功能，读者不再是内容被动的接受者。出版商显然应该利用这一点鼓励读者充分发挥其能动性。读者参与可以包括在社区中发表作品和交流意见；也可以是与作者互动助其完成数字出版物创作，等等。这使读者本身成为重要的内容来源以及事实上的品牌缔造者之一。例如《英国医学杂志》网络版实行在线同行评议。除了由编辑部选择审稿人以外，有兴趣的读者也可以作为审稿人，实名或匿名地发表自己的见解，提供修改意见。显然，经由这样的途径建立起来的读者认同感及其与社区和出版企业的感情联系，是通过其他方法难以达到的。可以说读者参与根本地改变了创建品牌的方式。

当然，建立品牌只是其中的一个方面，出版企业最根本的任务还是锻造优秀的数字出版产品与服务，以便为读者创造更多、更大的价值。否则，所谓品牌难免变成空中楼阁，难以持久。

5.2 数字化加工

数字化加工是数字出版产品开发的关键环节，也是数字内容资源深度开发与后续加工的基础。一方面，出版企业大多存有大量非数字内容资源，如已出版或尚未出版的纸质图书等。这些内容资源如果不通过一定的技术手段将其转换为可读取的文件格式，将极有可能成为企业的沉没资本。另一方面，即便已经是数字资源形态，然而由于格式之间的内在差异，

① 详细情况参见徐丽芳、姚永春. 跨媒体经营的美国杂志[J]. 出版参考，2001(10)：26.

② Jonna Holland, Stacey Menzel. Customer participation in creating site brand loyalty [J]. Journal of Interactive Marketing, 2001(4): 34-45.

尤其是像PDF这样的版式文件要真正成为可再利用的流式文件同样需要进行大量的格式转换和结构化加工工作。因此，数字化加工是数字出版产品开发过程中非常重要的一环。

5.2.1　内容来源

根据内容资源载体形态的不同，可将内容获取源分为非数字文件与数字文件两种。

5.2.1.1　非数字文件

非数字文件主要包括纸张和缩微胶片等以非数字形式存储于物理介质中的内容。作为传承几千年的信息传播载体，纸张在内容传播中具有独特优势。它不需要借助任何设备或工具就能被人类读取；它已经发展出较为成熟的长期保存方案，等等。但是纸张也有很大的局限性，如无法被反复编辑和格式化处理。目前将纸质出版物数字化的方式主要是扫描或人工录入。缩微胶片建立在缩微技术的基础之上。缩微技术主要指采用专门的设备、材料和工艺，把图书、资料、图纸等信息原封不动地以缩小影像的形式摄影记录在感光材料上，经加工制作成缩微品保存、传播和使用。微缩胶片被广泛地应用于图书馆、档案馆等机构保存重要文献。作为一种重要的传播和存储载体，它具有存储密度大、记录效果好、适用范围广、易于还原和拷贝等优势。虽然随着数码相机的普及，微缩胶片的使用率已经越来越低；但是在某些机构中，仍然存在着许多利用微缩胶片保存的文献、档案。在数字出版条件下，为了更好地利用大量缩微胶片中存储的内容，同样需要利用相应技术将之转换为可以再利用的数字内容。

5.2.1.2　数字文件

数字文件主要指在数字设备及环境中形成，以数码形式存储于磁带、磁盘、光盘等载体上，依赖计算机等数字设备阅读、处理并可在通信网络上传送的文件。它具有两个明显特点：第一，数字文件由电子计算机生成和处理，其信息以二进制数字代码记录和表示；第二，数字文件是一种文件类型，具有文件的各种属性，也具有特定的用途和效力。

根据数字文件的结构化程度，一般可划分为两大类，分别是结构化数字文件和非结构化数字文件。所谓结构化数字文件，指存储在数据库中，可以用统一的二维逻辑表结构来表现的数据；非结构化数字文件则是指无法用数据库二维逻辑表来表现的数据文件，包括所有格式的办公文档、文本、各类图像、音频和视频等信息。另外，在结构化数据文件与非结构化数据文件之间，还存在着一种半结构化数据文件。HTML文档就属于半结构化数据。它一般具有自描述性，数据结构和内容混在一起，没有明显区分开来。

信息领域中大量非结构化与半结构化信息的存在，是在线信息利用效率低下的原因之一。对于非结构化信息，在没有人工参与的情况下电脑很难根据人们的需要进行自动化处理，而必须借助元数据、资源描述框架、XML、语义标记等技术从源头上把大量非结构化信息变成结构化信息，以实现信息资源的深层次开发和再利用。随着网络技术的快速发展，除了将非结构化数据转换为结构化数据，业界还尝试发展基于网络应用的非结构化数据库方式。所谓非结构化数据库，是指数据库的变长记录由若干不可重复和可重复的字段组成，而每个字段又可由若干不可重复和可重复的子字段组成。典型案例如医疗影像系统、教育视频点播、视频监控、国土 GIS、设计院、文件服务器(PDM/FTP)、媒体资源管理等具体应用，可满足相关行业对于数据存储、数据备份以及数据共享等方面的需求。

5.2.2 格式转换

在获取相应内容素材后，往往还不能直接着手对素材进行加工制作。由于受素材来源和采集方式的影响，素材的格式有时并不符合加工环节的要求。这就需要首先对素材文件进行格式转换。

5.2.2.1 格式转换概述

格式转换的核心诉求是在成本可控的基础上实现对不同文件格式的转换。目前，数字出版物市场上存在各种各样的阅读终端及相应的阅读格式，且相互之间往往不能有效兼容。而出版企业则积累了大量非数字文件或以 PS、PDF 格式为主的数字文件。要想实现对各种数字出版物销售渠道的覆盖，就必须针对不同目标格式进行逐一的格式转换。从成本收益角度来看，这种做法并不合宜。

因此，可行的方法是找到内容与呈现方式相分离的中间格式文件，从而大幅降低格式转换成本。目前来看，XML 无疑是最佳选择。在具体操作策略上主要有两种方式：一是将出版企业现有的电子排版最终文件转换为 XML 格式，然后针对网站、Kindle 阅读器、iPad、iPhone 及其他智能手机平台进行格式转换。这种方式不涉及传统出版流程的改变，只是利用排版结果进行后续加工，属于叠加式的格式转换策略。另一种方式则是从组稿、编辑、加工等环节就引入 XML 技术，实现内容的结构化处理。后一种生产方式在内容开发深度上将远远超过前者；但是，它对传统出版企业的冲击也是巨大的。它要求出版企业彻底摆脱单一的纸本编辑和生产制作思维，进入到复合型编辑工作环境中。目前，多数出版社无论在经营理念、业务人员和人才储备方面都没有做好完全的准备。

5.2.2.2 图文格式转换

不同类型的文件有着不同的格式转换途径和技术要求。对于图片、文字等，往往需要将纸质资料转换为数字媒体类型的文件。一般采用直接扫描、手动录入或 OCR 识别的方式进行格式转换。这 3 种方式各有优劣。

(1)直接扫描数字化省时省力，并且由于完全影印原文件的所有信息，因此不容易出现错误。但扫描只是保留原文件的影像，并未将其中的文字保存为机器可识别的信息，因此往往只能供人阅读，无法对其中的文字进行编辑和二次加工，再利用率较低。

(2)键入法主要指将文本内容直接用键盘输入计算机，一般适用于文本量不是太大的情况。为了保证内容的准确性，可以采取双人或多人键入方法，由两位或以上工作人员分别将材料输入计算机并形成两份以上不同稿件；再采用软件程序来比较这些打字稿，通过高亮显示不一致的地方，然后对其进行编辑和校对以校正文件。手动录入的正确率较高（尤其在两人及以上同时录入的情况下），但手工录入耗时长、人工成本较高。

（3）光学字符识别（Optical Character Recognition，OCR）方式建立在扫描的基础上，利用光学字符识别技术，将图片、照片上的文字内容直接转换为可编辑的文本。具体识别过程包括图像输入和预处理、版面分析、字符切割、字符识别、版面恢复、后处理和校对。OCR技术从兴起至今已有很长一段历史，但识别的准确率一直未达到理想状态。随着字符切割与识别等关键技术的提升，在不涉及太过复杂页面的情况下，某些OCR设备的识别准确率已在99.9%以上。这对于非数字文件的格式转换有着较大帮助。OCR识别处理速度快，但目前的技术水平还无法保证转换结果完全准确，因此OCR识别之后往往还需要人工审校。

除此之外，以下几种文件格式转换方式也值得考虑。

（1）利用文字处理软件进行转换。如今大多数作者通过文字处理软件来进行创作，如Microsoft Word、金山WPS等。如果作者正确使用相应的转换工具，那就比较容易转换文字处理软件生成的数据。但是文字处理软件与XML编写工具还是存在较大差别，后者由DTD规定所有的格式与文本元素放置排列规则。一般不可能指望作者完全遵照规范的样式表来创作文件，因此在实现文件格式的自动和半自动转换上仍面临诸多挑战。目前，微软实验室针对Word软件开发了一种本体识别插件，借助生物医学本体和控制词表在Word文档中自动识别和添加语义信息，并能将公共数据库中的部分相关数据整合到文档内，提高文档的结构化程度。这是一种有益的尝试。

（2）利用结构化编写环境进行。一种可行的办法是让作者在结构化编写环境中进行创作，如利用ArborText Epic、Xmetal和Adobe FrameMaker这样的XML和SGML编辑软件包创建结构化的编写环境来执行DTD指令。XML和SGML编辑器会检查作者完成的写作结构是否正确，并且会在适当时候提醒作者进行相应修改。但是，结构化编写环境对于大部分作者而言仍过于复杂，因此其发展关键在于如何设计更加人性化和易上手的操作方式，以方便创作人员在规范的环境中完成作品和内容创作。

（3）用标签语言更新版本。某些XML或SGML数字文件如百科全书、教材等，需要持续进行更新。从一个版本更新到新版本的最佳办法就是采用标签语言自动进行。其中的关键是在建设初期就考虑到未来更新的需要，从而设定工具来提取文本的某些部分，以方便进行自动更新。

图片从非数字文件转换为数字文件一般也使用扫描技术。这样获得的一般是位图；矢量图则需要使用专业制作软件进行制作，如Adobe Illustrator、CorelDRAW等。图片文件的格式比文字要复杂得多，既有jpg、png、gif、bmp、tif等通用格式，也有psd、dwg等专有软件格式。对于前者，常用图片制作软件包括Adobe Photoshop、Adobe Illustrator、AutoCAD等。这些软件一般都可以导出如jpg、png、gif等通用格式的图片文件；因此，也可以利用这些软件进行格式之间的转换。但对于后者，则一般需要使用相应的专用软件打开和转换。

5.2.2.3 音视频格式转换

自然界中的声音是十分复杂的。它们波形各异，将这些声音转换为数字文件的过程，实际上是利用不同的编码格式和算法将模拟信号转化为数字信号的过程。其中一种常用的方式是脉冲代码调制编码，即 PCM(Pulse Code Modulation，脉冲编码调制)编码。PCM 通过抽样、量化、编码 3 个步骤将连续变化的模拟信号转换为数字编码。常见音频编码格式包括 MP3、AAC、WMA、WAV、ALAC 等。这些格式在压缩率、文件大小、音频质量和声音表现上各有特征。利用录音机和麦克风等相关设备可以从自然环境中捕捉声音；也可以在 VCD、CD 播放时截取声音素材；利用 Adobe Audition 等音频加工软件可以对音频素材进行编辑部加工；利用格式工厂等软件可以进行音频格式之间的转换。

视频是音频文件和图像文件的整合。一般来说，视频格式可以分为编码格式和封装格式两种。编码格式用于把视频中的图像信息按照一定的规则进行编码后存储。这既包括 MPEG 等国际标准格式，也包括 wmv 等企业自行开发的视频格式。封装格式指用来封装各种类型视频、音频文件的文件格式。常见视频格式包括 AVI、FLV、MP4、WMV、RM 等①。常用视频制作软件包括 Adobe Premiere、After Effect、绘声绘影等。利用这些软件，可以将文字、图片、音频等其他媒体文件集成制作为视频文件。常用视频格式转换工具包括格式工厂、Media Coder、狸窝全能视频转换器等。这些转换工具基本都基于开源项目 FFMpeg。

FFMpeg 是一套可以读取、解码、转换数字音频和视频的开源程序。这个项目最早由 Fabrice Bellard 发起，基于 Linux 系统开发，但也可以兼容 Microsoft Windows、Mac OS 等其他系统。使用 FFMpeg，可以解析和转码绝大多数视频格式。它本身原是一个基于命令行的软件，需要手工输入命令和参数，使用体验不太友好；但由于方便和其他软件集成，市面上常见的视频格式转换软件中都包含 FFMpeg(常用命令集见表 5-1)②。

表 5-1　FFMpeg 常用转换命令集

功能	代　码
获取视频信息	ffmpeg -i video.avi
从视频抽出声音并存为 Mp3 文件	ffmpeg -i source_video.avi -vn -ar 44100 -ac 2 -ab 192 -f mp3 sound.mp3
将 wav 文件转成 Mp3 文件	ffmpeg -i son_origine.avi -vn -ar 44100 -ac 2 -ab 192 -f mp3 son_final.mp3

① 丁峰，刁鸣. FFMPEG 的音视频格式转换设计[J]. 应用科技，2013，40(2)：11-14.

② 李理. 常用视频格式的浅析与转换[J]. 影视制作，2018，24(3)：58-62.

续表

功能	代　　码
将.avi 视频转成.mpg 视频	ffmpeg -i video_origine.avi video_finale.mpg
将.mpg 转成.avi	ffmpeg -i video_origine.mpg video_finale.avi
将.avi 转成未压缩 gif 动画	ffmpeg -i video_origine.avi gif_anime.gif
将.avi 转成.flv	ffmpeg -i video_origine.avi -ab 56 -ar 44100 -b 200 -r 15 -s 320x240 -f flv video_finale.flv
将.avi 转成 dv	ffmpeg -i video_origine.avi -s pal -r pal -aspect 4:3 -ar 48000 -ac 2 video_finale.dv 或 ffmpeg -i video_origine.avi -target pal-dv video_finale.dv
将.avi 压缩成 divx	ffmpeg -i video_origine.avi -s 320x240 -vcodec msmpeg4v2 video_finale.avi
将 Ogg Theora 压缩成 Mpeg dvd	ffmpeg -i film_sortie_cinelerra.ogm -s 720x576 -vcodec mpeg2video -acodec mp3 film_terminate.mpg
将.avi 压缩成 VCD mpeg2	NTSC 格式： ffmpeg -i video_origine.avi -target ntsc-vcd video_finale.mpg PAL 格式： ffmpeg -i video_origine.avi -target pal-vcd video_finale.mpg
将.avi 压缩成 SVCD mpeg2	NTSC 格式： ffmpeg -i video_origine.avi -target ntsc-svcd video_finale.mpg PAL 格式： ffmpeg -i video_origine.avi -target pal-svcd video_finale.mpg

5.2.3　结构化加工

按组织形式来分，数据可分为结构化数据、非结构化数据，以及介于二者之间的半结构化数据。结构化数据的逻辑和实现基础是二维表，并严格遵循特定的数据格式与长度规范。数据库是结构化数据最重要的存储和管理工具之一。非结构化数据则包括广泛存在于数字内容生产过程中的扫描图像、照片、语音、视频片段等数据。这类信息无法用同一的逻辑结构表示，很难从数据本身直接获取其属性，尤其对于计算机来说很难理解其逻辑。因此，非结构化数据的检索效率较差。许多多媒体数据本身体量较大，如果将这些非结构化数据直接存储于数据库中，会给数据库运行和维护带来较大负担；同时，由于非结构数据缺乏统一的描述和组织标准，管理也比较困难。因此，在数字出版内容生产过程中，应首先尽可能对数据进行结构化加工。

5.2.3.1　标引方式

数字出版企业进行内容标引的两个最主要的方式是分类标引和主题标引。

分类标引，是指在对内容主题进行分析的基础上，对内容赋予与其主题相应的分类号及相关辅助号码，形成检索标识的过程。本质上，它是将隐含在内容中的主题概念具象化为计算机可以识别的类目及其代码。分类标引的基础是分类体系的建立。目前国内使用最广泛的图书分类体系是《中国图书馆图书分类法》(第五版)(以下简称《中图法》)。如表5-2所示，《中图法》将图书分为"马列主义、毛泽东思想""哲学""社会科学""自然科学""综合性图书"5大部类，共22个基本大类。除通用分类体系外，出版企业也可以根据自身内容生产领域的特点自行设计分类体系，如新闻出版商的新闻内容分类体系、图书经销商的图书销售分类体系①等。

表5-2　《中图法》(第五版)图书分类体系

基本部类	标记符号	类目名称
马列主义、毛泽东思想	A	马克思主义、列宁主义、毛泽东思想、邓小平理论
哲学	B	哲学、宗教
社会科学	C	社会科学总论
	D	政治、法律
	E	军事
	F	经济
	G	文化、科学、教育、体育
	H	语言、文字
	I	文学
	J	艺术
	K	历史、地理
自然科学	N	自然科学总论
	O	数理科学和化学
	P	天文学、地球科学
	Q	生物科学
	R	医药、卫生
	S	农业科学
	T	工业技术
	U	交通运输
	V	航空、航天
	X	环境科学、安全科学
综合性图书	Z	综合性图书

① 徐丽芳，方卿. 美国书店卖场图书分类研究[J]. 出版发行研究，2005(10)：69-72.

主题标引是另一种主要标引手段。它指对文献的主题内容和其他有检索意义的特征进行分析，并根据分析结果给予主题词标识的过程。是将文献主题的自然语言形态转换成主题法语言形态的标引工作。它赋予的主题词标识可以是叙词、标题词、单元词、关键词。标引方式有：整体标引、全面标引、重点标引、综合标引、分散标引、分析标引等多种。① 《汉语主题词表》《中国分类主题词表》是我国两大常用规范主题词表。主题标引工作流程参照《GB/T 3860-2009 文献主题标引规则》，如图 5-1 所示。

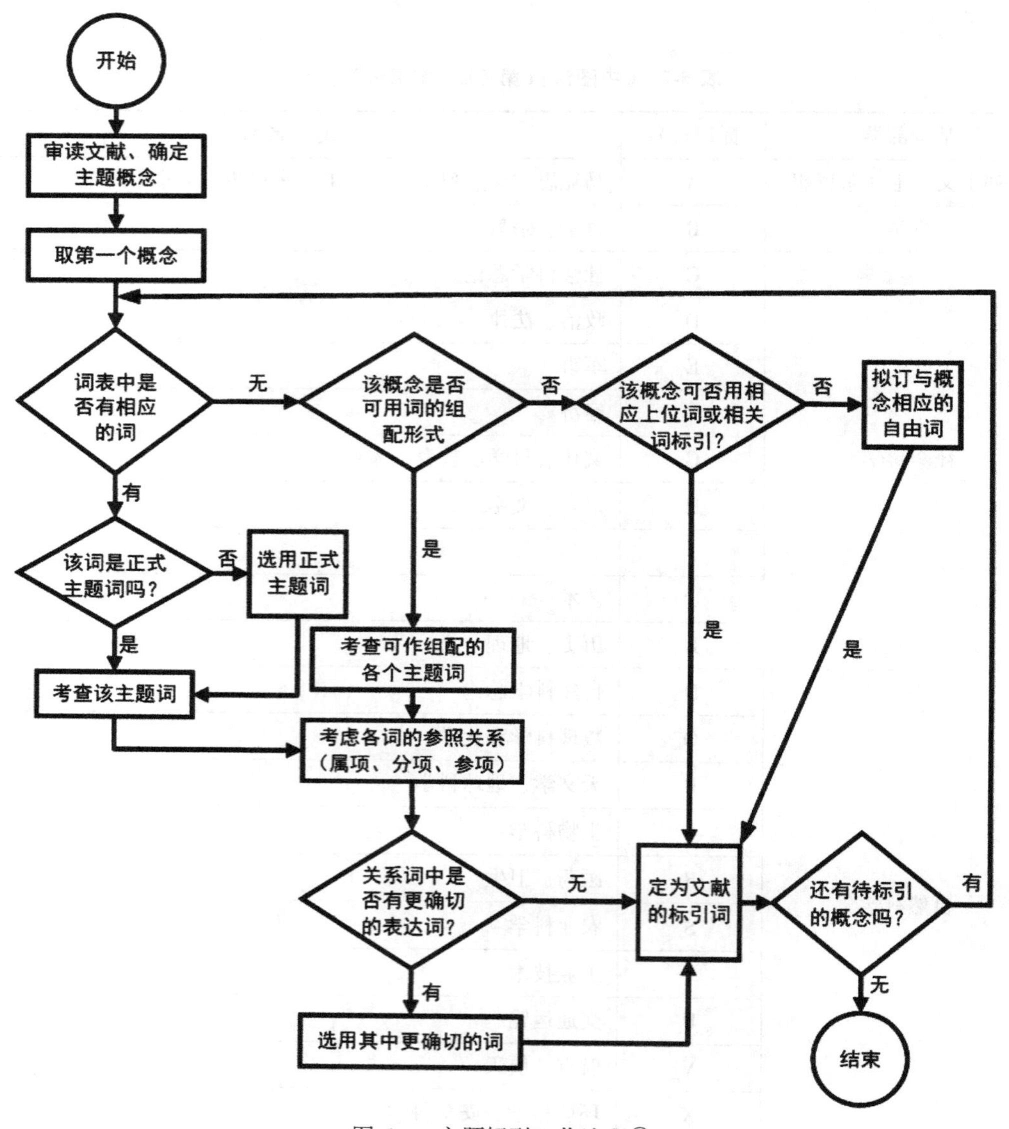

图 5-1　主题标引工作流程②

① 顾晓岩. 机检系统环境下分析标引与互见标引的应用[J]. 图书馆工作与研究，2003(6)：41-43.

② 国家标准局. 中华人民共和国国家标准 GB 3860-2009 文献主题标引规则[S].

分类标引和主题标引相辅相成、互相补充。出版企业可以根据自身需要制定标引策略，使内容主题得到更好的标识索引，为后续内容资源发现、检索和再利用打下基础。

5.2.3.2 标引策略①

根据检索系统功能特征、用户和企业需求、内容类型和价值，出版企业可以基于成本与效益考量控制内容标引的深度。根据内容标引范围的不同，标引策略可分为以下几种。

(1)整体标引。整体标引也称浅标引或概括标引。如以 1 册图书或 1 篇文献作为 1 个标引单元，只概括揭示内容基本主题或整体主题，对于内容的从属主题、局部主题不予揭示。通常用 1~5 个主题词进行标引，并提供内容基本主题的检索途径。整体标引的标引深度最浅、标引词数量最少，但标引和存储成本较低，可以用于普通大众图书的标引。

(2)全面标引。全面标引也称深标引，是把内容中全部有价值、符合检索系统要求的内容都予以揭示的标引方式。全面标引的标引深度最深、标引词数最多，适用于专业数据库出版商处理情报价值大、内容较为复杂的数据或文献，如论文、科技报告、专利文献等。

(3)重点标引。重点标引也称对口标引或专业标引，是只对内容中适合出版企业及其服务对象需要的信息内容进行揭示的标引方式。重点标引的针对性强，但标引深度有限，不利于文献资源共享。

(4)补充标引。补充标引是一种辅助标引方式。即在整体标引的同时，根据特定需要，再对内容中部分需要的局部主题进行标引。这种标引方式可以提高整体标引或重点标引的深度。

(5)综合标引与分析标引。综合标引是以成套内容(如丛书、论文集等)为标引单元的标引方式。综合标引便于把某种系列或专题内容集中排列、集中揭示，提供从整体特征进行检索的途径。分析标引指以成套内容中的某一单位(册、卷、篇章、段落等)进行的标引，也称分散标引。

(6)社会化标引和智能标引。社会化标引(social tagging)是一种标引信息资源的方式，通过将许多用户的标引记录信息聚合在一起改进检索效果。社会化标引系统可通过寻找标记相同信息资源或使用相同标签的用户来发现其他用户。随着社交内容平台的出现和用户数量的不断增多，社会化标签凭借其动态、开放的特性受到用户喜爱。此外，社会化标签通过不同粒度揭示内容主题信息，并包括信息资源中原先可能不存在的关键词。智能标引，又称“自动标引”，指通过智能手段从文献内容、用户信息中抽取检索标志的过程。例如部分图书书目推荐系统会通过收集用户产生的信息数据，抓取用户信息特征，并在此基

① 国家标准局. 中华人民共和国国家标准 GB 3860-2009 文献主题标引规则[S].

础上对用户行为相关性进行整体分析，构建用户智能标签。①

5.3　设计与制作

数字出版物种类繁多。按照产品形态划分，数字出版物包括电子书、有声书、游戏、网络广告、软件等。不同形态的数字出版物制作技术和方法存在差异，例如电子书制作需要进行图文处理，有声书涉及音频处理，游戏和软件的开发需要编程，等等。

5.3.1　电子书设计与制作

电子书（本节所指的电子书包括电子书、报、刊等数字化的出版物）是最常见的数字出版物类型之一，也是纸质出版物进行数字化升级的最初成果。因此，早期电子书在制作方面仍然使用纸质书的传统流程和技术，例如使用桌面排版技术编辑内容、设计版式和输出成果。伴随数字技术的发展，页面描述语言使得复杂的文字和图像处理成为可能，丰富了电子书的内容和表现形式。如今，电子书的发展已突破传统模式，"复合出版"的分离式生产和存储方式使得电子书的大规模生产成为可能。虚拟现实（Virtual Reality，VR）和增强现实（Augment Reality，AR）等新兴技术丰富了电子书的呈现形式，也拓展了电子书的边界。

5.3.1.1　桌面排版设计

桌面出版（Desktop Publishing，DTP），一般也称为桌面排版，主要指通过计算机系统进行文字编辑、版面设计和图形图像处理，并完成符合出版要求的排版工作，具体包括文字输入、图片制作、版面编排、校样输出、校对、版面修改、照排输出样片、胶片冲洗、质量校验等工序。这个词语最早由美国艾尔杜斯（Aldus）公司总裁保尔·布雷纳德（Paul Brained）在 1986 年发售页面排版软件 PageMaker 时提出的，随后引起出版业界的广泛重视。

在桌面排版技术诞生之前，电脑上的编辑作业通过 TeX 等一些程序进行。TeX 通过添加各种命令标签实现排版功能，需要由专业人员进行操作；并且排版过程中无法直观预览实际排版效果。20 世纪 80 年代，奥尔德斯（Aldus）公司开发了一款能在苹果麦金塔电脑（Apple Macintosh）上进行桌面排版的应用程序——Aldus PageMaker。它使用 Adobe 公司开发的页面描述语言、PostScript 等技术，首次实现了"所见即所得"（What you see is what you get，WYSIWYG）效果；并且，它还具有"设备独立"的特点，即使更换编辑设备也能保持输出效果。PageMaker 后来被 Adobe 公司收购，并于 2001 年 7 月第 7 版（中文版为 6.5 版）

① 贾伟，刘旭艳，徐彤阳. 融合用户智能标签与社会化标签的推荐服务[J]. 情报科学，2019，37(10)：120-125.

后停止开发，并由 Adobe 公司的另一款排版软件 Adobe Indesign 代替并沿用至今。

与桌面排版相关的技术包括色彩管理技术、光栅图像处理器技术(Raster Image Processor，RIP)、电脑直接制版(Computer to Plate，CTP)技术等。其中色彩管理技术主要是将显示器画面的颜色、打印机的颜色与最终输出的印刷品的颜色统合起来，保证显示画面能够在打印机一侧以同样的颜色输出。光栅图像处理器技术的主要作用是将在计算机中制作完成的数字页面中的各种图形、图像和文字信息解释成打印机、照排机或其他输出设备能够记录的点阵信息。电脑直接制版技术采用数字化工作流程，直接将文字、图像转变为数字信息直接生成印版，省去胶片的使用和人工拼版过程，并采用半自动或全自动晒版工序。相比传统制版技术，CTP 排版最大的特点是免去出菲林这一步骤。

排版软件是整个桌面排版系统的核心。它将文字、图片等版面要素按照一定要求混合编排在一起，形成一个完整版面供人们阅读。它最终的呈现形态一般是一本书、一份报纸或一本杂志。根据使用方式，可将排版软件分为批处理排版软件和交互式排版软件。批处理排版软件一般是在文稿中加入专门命令，说明版面编排的方式和要求。运行软件时，需要对文件进行语法检查，而后进行编译处理，生成结果页面专门用于输出。由于批处理排版软件采取命令语言，而且在录入过程中无法看到结果页面，一般适用于编排内容较长、版式比较简单的图书和出版物，如小说、工具书等。相比于批处理排版软件，交互式排版软件最大的特点是“所见即所得”。操作人员可以直接在屏幕上进行版式编排，包括文字修改、图片缩放等，在达到满意效果后输出即可。由于交互式排版软件集成了文字编辑和版面编排，界面清晰友好，相对容易掌握，因此为许多普通排版爱好者自由进行版面设计提供了良好工具。随着数字化的发展，桌面出版源数据形式(如文字、图片、表格等)和成果表现形式(如网页、软件等)更加复杂多样，从而导致了数据兼容、再利用以及工作效率等问题。于是桌面排版软件逐步完善排版功能，力求实现高效的“自动排版”。例如 QuarkXPress、InDesign 等可通过添加 Xtention、Plug-In 插件等形式，扩展桌面出版软件的功能。Apple Script、VB Script 等程序语言通常内置于桌面出版软件并可供第三方开发。

目前，应用于桌面排版的相关软件很多：位图图像处理方面有 Adobe Photoshop、GIMP 等；矢量图绘制方面有 Adobe Illustrator、Adobe FreeHand、CorelDRAW、Inkscape 等；页面设计方面则包括方正书版、方正飞腾、Adobe InDesign、Quark Xpress 和 Scribus 等。其中 Adobe 公司的产品在业界拥有举足轻重的地位，旗下的诸多产品大多是排版工作人员的首选。在国内市场上还有不少国产小型软件系统也具有较强竞争力，如蒙泰排版、泰和威克等。

5.3.1.2 页面描述语言

页面描述语言(Page Description Language，PDL)是一种在较高层次上描述页面内容实际输出结果位图的语言。由于出版所要求的版面往往包含复杂的文字、图片和表格等内容，这对准确地将版面记录在计算机文件上并通过输出设备完整再现提出了要求。这也是页面描述语言的价值所在。它相当于排版软件和输出设备之间的桥梁。与操作者直接使用的工具软件排版语言不同，页面描述语言是专门描述版面结构并用于输出的语言形式。

一直以来，由于各厂商针对不同设备开发相应的 PDL，整个市场缺乏统一标准。1985 年，由 Adobe 公司推出的 PostScript 打破市场上各自为政的局面，成为该领域的事实标准。PostScript 是一种拥有强大文本和图像处理功能的编程语言。它运用一系列处理器、词典、数组、路径和坐标系统更好地描述位图、矢量图和页面版式，将字体信息、对象定位、色彩特征、页面大小等因素一起转化为文本编码。然后，光栅处理器(RIP)把 PostScript 编码翻译为显示菜单，其中包含简化的页面描述，即一系列对象形式呈现。显示菜单完成之后，光栅处理器创建一个页面位图并将之传输到输出设备。综合来看，PostScript 具有以下几个突出特点：①它具有很强的图文处理能力，能够描述复杂的页面信息；②它不依赖特定设备，以相对独立的方式描述版面，可设计为与不同设备共同工作；③它吸收高质量的字体，采用曲线描述字形，保证字形输出的质量。由于上述优点，PostScript 在国内外获得众多厂商支持，成为桌面排版生产厂商的市场通行证。

5.3.1.3　复合电子书的制作

在数字出版发展初期，出版数字化与数字化出版两种概念被笼统地纳入数字出版技术语境。前者主要指运用数字技术出版印刷出版物，也即上文所说的桌面出版技术；后者强调利用数字技术实现出版物形态的多元化。从某种程度上说，前者是后者的基础和初期发展阶段。因为没有早期电子编辑、激光照排和数字印刷等桌面出版活动所积累的经验，很难想象今天的出版企业能够较快地转入以 XML 技术为基础的数字出版流程。

当然，从未来发展趋势看，这两者之间存在显著差异。在出版数字化过程中，纸质出版物作为生产活动的基本前提而存在。这意味着生产者采用的一系列排版技术都是围绕纸质载体展开的。页面描述语言 Postscript 是其中的典型代表。而当出版进入泛网络传播阶段，面向多终端平台的数字化复合出版生产流程成为大势所趋。“复合出版”是在“双轨出版”“跨媒体出版”等概念基础上发展起来的，其实质可以概括为“一份内容、结构化加工、分层次表达、全媒体发布、按需服务”①。数字复合出版技术并不是单纯某个生产环节的技术，而是涵盖作者创作、编辑加工、排版校对完整过程的数字化处理技术。它利用各种辅助工具为出版物的多媒体发布及后续利用提供支持。它也使得传统出版企业跳脱出单一介质的束缚，真正还原到以生产“内容”为核心。对于传统编辑排版工作来说，这无疑是一次重大跨越。

由于数字复合出版所要达到的要求是出版物在生产和存储过程中内容与形式分离，而只有到发布阶段才将内容和适当的格式结合，因此在整个版式设计过程中采用的主要技术就是 XML 技术。编辑需要将 XML 文件与样式表语言 XSL 结合，针对不同发布方向进行必

① 左键，孙辉. 复合出版与传统出版社数字化转型[J]. 中国出版，2010 (8)：44-48.

要的格式转换与版式设计。具体的目标媒介包括印刷出版、按需出版、PDF 文档发布、网页浏览器、手机、平板电脑、EInk 阅读器等。值得注意的是，主流电子书标准格式 EPUB 作为一种可逆的数字出版物格式具有较好的屏幕自适应功能。但是，这并不意味着它就不需要进行版式设计。目前，市面上已有大量 EPUB 格式的电子书，但其中不少出版物的阅读效果很不理想。这正是由于缺少必要的版式设计造成的。因此，在规范的数字出版物设计过程中，针对 EPUB 格式的版式设计和编排仍受到出版企业的普遍关注。传统桌面出版巨头 Adobe 公司就利用旗下 InDesign 及相关软件，通过必要的工序转换生成 EPUB 文件格式。以下列举 Adobe 公司输出 EPUB 格式电子书的主要流程(见图 5-2)。

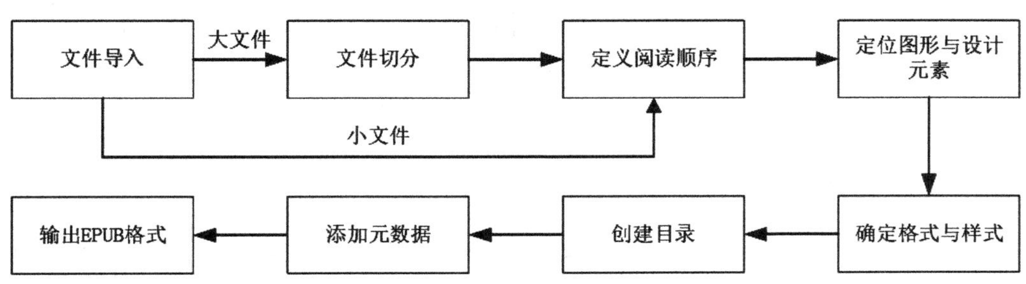

图 5-2 Adobe 公司输出 EPUB 格式电子书的主要流程

(1)根据出版物具体章节情况，将大文件切分为以章节为单位的小文件。当某一电子书篇幅较长且结构复杂时，需要为不同章节创建不同的 InDesign 文件。这样在电子书输出成 EPUB 格式文件时，内部各个章节就是多个独立的 XHTML 文件，有利于快速读取。

(2)定义电子书内容的阅读顺序。由于 EPUB 格式无法定义页面结构，因此需要为 InDesign 文件中的每一页内容设立一个文本框，并将所有文本框集中起来形成一份独立文档，以确保内容在电子书中的相对位置保持不变。

(3)定位图形与设计元素。如果希望保留出版物中工具条和插图编号等原始设计元素，可以在 Adobe InDesign 的一个对话框选项中对每个内嵌对象(Achored Object)进行定位。

(4)确定电子书的格式与样式。InDesign 采用段落和字符样式作为生成 CSS 文件的基础，从而保存整个电子书的格式与样式。

(5)创建电子书目录。作为电子书的关键要素，目录方便读者快速获取相关内容。InDesign 提供两种目录方式：一种是定位在电子书开篇的目录；另一种是导航菜单式目录。针对第一种方式可采用交叉引用(Cross-References)方式创建目录。这样每一个目录条目都由目标文档生成；一旦目标文档发生变化，目录可轻易调整。针对第二种方式可在 EPUB 文件输出时指定目录样式。这种方式的前提是相应的阅读器软件有导航菜单功能。

(6)添加元数据。EPUB 格式支持一系列元数据条目，包括电子书名称、作者、内容介绍、关键词、版权信息等。InDesign 会自动生成一些条目，然后可在此基础上补充缺漏的条目。

(7)输出 EPUB 格式。完成数字出版物的版式设计后，就可以进入 EPUB 文件的输出栏目。输出栏目分为 3 种输出方式，分别是：常规输出，图像输出和内容输出。常规输出包括元数据、CSS 样式、项目符号、字体嵌入等选项。图像输出包含 GIF 和 JPEG 等选项。内容输出包含具体的输出格式，另外还要选择目录样式。InDesign 支持 XHTML 格式和 DTBook 格式；后者主要方便残障人士获取数字内容，但并不与所有的阅读器相兼容。

以上这些步骤是为了保证转换后的 EPUB 电子书能够达到理想的阅读效果。在输出 EPUB 文件后，用户还可以根据实际需要进一步将之转换为支持 Kindle、iPhone、iPad 等阅读终端的格式文件，达到数字出版的理想效果。

国内方面，北大方正公司利用其在传统排版印刷方面的技术优势积极开拓数字复合出版领域，为国内出版企业提供面向多终端的版式设计服务。该公司的 EPUB 格式转换系统可将书稿源文件转换为 EPUB 文件格式，由出版单位发布到各类手持设备终端。

5.3.2　有声书设计与制作

有声书是一种特殊的电子书。它将文字、图片模式的内容转换为音频模式。早在 20 世纪 30 年代，有声书就已经出现。早期的有声书通常依托磁带、光盘等介质，呈现出实体有声书(Physical Audiobooks)的形态。近些年随着数字技术和移动互联网的发展，数字有声书(Digital Audiobooks)成为市场的主流形态。据德勤年度技术和媒体趋势预测报告，美国作为全球最大的有声书市场，到了 2023 年，其有声书销售收入将超过电子书。《2020 年中国有声书行业发展趋势研究报告》显示，中国有声书行业规模已连续 3 年来保持高速增长，增长率高于 30%。并有数据显示，中国有声书行业规模已由 2016 年的 23.7 亿元增长至 2019 年的 63.6 亿元。

制作数字有声书的技术核心在于数字音频处理。目前音频处理主要有两种方式：一种是传统录音方式；另一种是通过人工智能等技术识别文本，将文本转换为语音形式。这两种方式各有利弊，可分别应用于不同形式的有声书，而且呈现交融的态势。

5.3.2.1　朗读式有声书

传统有声书的设计与制作过程大致可以分为以下 3 个阶段。

首先是策划阶段，由编审人员确定有声书的内容、风格和设计方案等。

其次是音频录制阶段，须根据有声书风格选定录音演员，由录音导演和朗诵演员配合进行录制。一部精品有声书的录制通常需要大量试音和排练，以达到配音与内容的高度融合。早在实体有声书时代，人们就开始通过录音方式记录声音，并借助磁带、光盘等介质存储语音信号。数字技术的发展拓展了音频存储方式，利用模数转换(analogue-to-digital conversion，ADC 或 A/D)技术，可将自然界的模拟信号转换为计算机能够识别的数字信号，存储在数字媒介中。这是制作有声书的基础。由于受到技术与管理的限制，早期有声书的制作成本较高，只适用于大规模专业化生产。因此，当时有声书的制作方主要技术公司，出版商则负责提供有声书的内容。随着技术的进步，到 1985 年美国共有 21 家有声书出版公司，其中包括兰登书屋、华纳传播等公司①。

再次是后期编辑，需要对录制的成品进行剪辑、配乐、特效制作等。常用的音频制作软件有 Adobe 公司出品的 Adobe Audition(前名为 Cool Edit Pro)、Sonic Foundry 公司开发的 Sound forge、GoldWave 等。它支持多轨道音频编辑以及变声、变速等各种功能。还有跨平台软件 Audacity、WaveLab 等。近些年随着智能手机的广泛使用，基于手机端的音频处理软件凭借其轻便、操作简单和功能多样等优势受到欢迎，如 iOS 系统的 GarageBand、Music Studio 等。

有声书技术进步和内容的繁荣发展大大降低了有声书的制作成本，越来越多的个人或组织开始涉足有声书领域。亚马逊公司创立的"有声书创作交流平台"(Audible Creation Exchange，ACX)推动了有声书的自助出版。ACX 为内容所有者和朗读者搭建沟通的平台，并且提供快捷、规范化的生产技术和发行渠道，大大降低了有声书的制作成本，推动了欧美有声书的爆炸式增长。

5.3.2.2 AI 有声书

语音合成(Text To Speech)又称文语转换，是信息处理领域的一个重要分支。实现计算机文本文件语音合成，这也是人工智能的一个重要研究方向②。它能够将文本自动转换为语音③，并借助人工智能对多种类型人声进行模拟，实现声音的自由表达。目前语音合成技术比较成熟的有美国微软公司、中国科大讯飞公司等。其中微软已经公布了部分语音合成及识别所调用的函数和相应的调用文档，因此市面上一般的语音产品多以微软提供的 SDK 为基础开发④。

语音合成技术在人机对话、电话咨询、自动播音、助讲助读、语音教学等方面有着广阔的前景。采用语音合成技术制作有声书能够有效地降低人工处理成本，降低阅读门槛，减少录制的出错率，实现全文朗读质量、风格的统一性。我国的科大讯飞、腾讯和百度等公司都开发了独立的 AI 语音合成系统，大部分支持中、英等多语种以及粤语等各类方言，还支持男女声、中青老年等多种特色语音；语音合成系统则可以动态调整音量、语速、音高等参数，从而打造个性化语音包。目前，QQ 阅读、起点中文、熊猫阅读等具有代表性

① 袁敏，张宏．美国有声书出版的历史现状及发展趋势[J]．出版广角，2017(19)：22-24.

② 毕晓君，静广宇，徐先锋．利用 TTS 技术实现文本文件的语音合成[J]．自动化技术与应用，2004(9)：49-51.

③ Zirari F, Ennaji A, Nicolas S, etal. A Document Image Segmentation System Using Analysis of Connected Components [C]//International Conference on Document Analysis and Recognition. IEEE, 2013: 753-757.

④ 韩超．语音合成技术的功能设计和实现[J]．科技创新与生产力，2016(12)：84-87.

的电子书阅读平台都使用语音合成技术实现文本的自动转换，为用户提供有声读物。

5.3.3　虚拟现实出版物设计与制作

对于出版产业而言，虚拟现实(Virtual Reality，VR)技术的应用意义不仅在于提供新的内容载体，更拓宽了整个产业边界，带来新的知识内容体验模式和盈利模式。目前，VR 技术在出版领域有几大应用模式。一是利用 VR 的技术特性实现对虚拟内容的沉浸式表达。当用户佩戴虚拟现实设备时，通过一定水平的宽视野和场景与用户之间的互动，能够形成 360°仿真立体虚拟体验，使用户身心自然融入计算机生成的虚拟世界，从而获得沉浸效果。二是化平面为立体，丰富出版物的感官体验。传统纸质出版物依托于平面化、静态化的文字和图像来表现内容。VR 技术的应用使其获得了集成图、文、声、像等多种媒体资源的可能性，化二维为三维，化静态为动态；尤其对于一些绘本类出版物，实现了由欣赏画面到感受艺术空间的转换。三是运用 VR 技术实现出版物的多平台延伸传播，线下开放式现场体验和线上购买自主体验可以同时推进，增强了内容传播的广度，为传统阅读传播与发行模式带来了新方向。①

与传统出版物相比，VR 出版物的阅读空间从二维平面转为了三维立体空间，对图形、音像、文本叙事等提出了更高要求。因此做好场景、交互设计以提升用户体验尤为重要，也是出版物产品成功输出的基本保障。

VR 技术赋予了出版物生动、立体的视觉效果，其内容场景具有鲜明的层次感和三维效果，这要求制作者合理运用设计技巧。通常，VR 出版物采用第一人称视角，界面布局以弧形展开，内容以用户视角为圆心呈圆周排布，这种环形视野能保证各信息与用户视线距离一致，不会产生大小、可见性问题，也使用户始终能环顾四周，保持头部活动能力。VR 出版物的场景制作一般分 3 种方式，天空盒子、三维模型以及两者的结合。天空盒子相当于一张贴附于巨大球体表面的 360°无缝图片，用户视角在球心，可环视整个场景内容；三维模型即场景中的元素直接通过三维软件进行建模，允许从各个角度进行观察，具有极强的空间感。由于这两种形式各有优劣，因此普遍做法是将两者结合起来，例如各种 UI 界面，森林以及森林中的树木、花朵、岩石使用三维模型直接制作，蓝天白云等远景则使用天空盒子，营造出空间感。通过调整场景元素的 z 轴位置和视距能够视觉分层效果，物体光影、距离对比及遮挡、景深辅助线等方法也能增强场景的层次感。

除了视觉效果，VR 场景的动效和音效设计也是维持良好沉浸感不可或缺的因素。场景动效一般分为两类：一类为 UI 动效，包括物件的进场、退场、转场、过渡、响应等，各类动效必须协调一致、响应连贯；另一类为环境动效，例如树叶被风吹动，日出日落等，此类动效需遵循运动规律，光效、材质质感和运动感力求与真实世界一致。逼真立体的音效一方面能够直达人心，增强沉浸体验，例如在体验自然资源类出版物时，各种大自

① 刘派. “跃然纸上”——VR 技术在出版领域应用的实践思考[J]. 科技与出版，2018(8)：107-110.

然的声音会让人感觉身处于真实自然之中；另一方面，立体音效的空间特性能让用户感觉到来自不同方位声音的确切位置，准确判断声音来源，因此好的音效设计还能引导用户操作，例如利用水流声引导用户探索新的河流场景。在VR出版物的设计制作中，视角自由、场景真实、音效立体保证了用户良好的临场感和沉浸感体验。

除此之外，良好的交互设计也是保证用户体验流畅性、叙事完整性的重要因素。VR产品的交互有强弱之分，根据用户与虚拟环境之间的交互需求，可分为强交互类和弱交互类。强交互允许用户与云端应用之间进行较为复杂的实时互动，常应用于游戏、教育类产品；弱交互类一般用于视频类产品，主要满足用户的环视需求，全景视频和VR直播是典型应用方式。VR出版物的设计在满足基本交互需求的基础上，也需对强交互予以充分地重视。

从本质上看，VR出版物仍是一种以计算机软件为载体形式的数字出版物，因而在其设计制作过程中，一方面需要遵循计算机软件开发和内容产品设计的一般步骤，另一方面也需要考虑到出版物所具有的特殊的文化性质。从二维空间到三维空间，出版物的设计思维和方法均发生极大变化，因此在VR出版物项目策划伊始，需通盘考虑出版物内容是否适合使用VR技术予以呈现以及如何呈现的问题，在确定项目可行的基础上，充分调研项目需求并拟定各阶段项目开发进度、人员、资金、技术安排，形成开发计划，起到总领、调度开发项目的作用。而后根据出版物内容罗列素材需求清单，包括文本、图片、音频、视频、三维模型等各种类型，并通过自行制作或外部征集等合理方式获取素材并进行归档管理。然后依据开发设计文档，利用已有素材文件在开发引擎中完成VR出版物场景、UI、交互等方面的设计与制作，形成完整的出版物产品，经由测试确保该产品完整、可运行，无致命错误和缺漏后方可正式发布(见图5-3)。

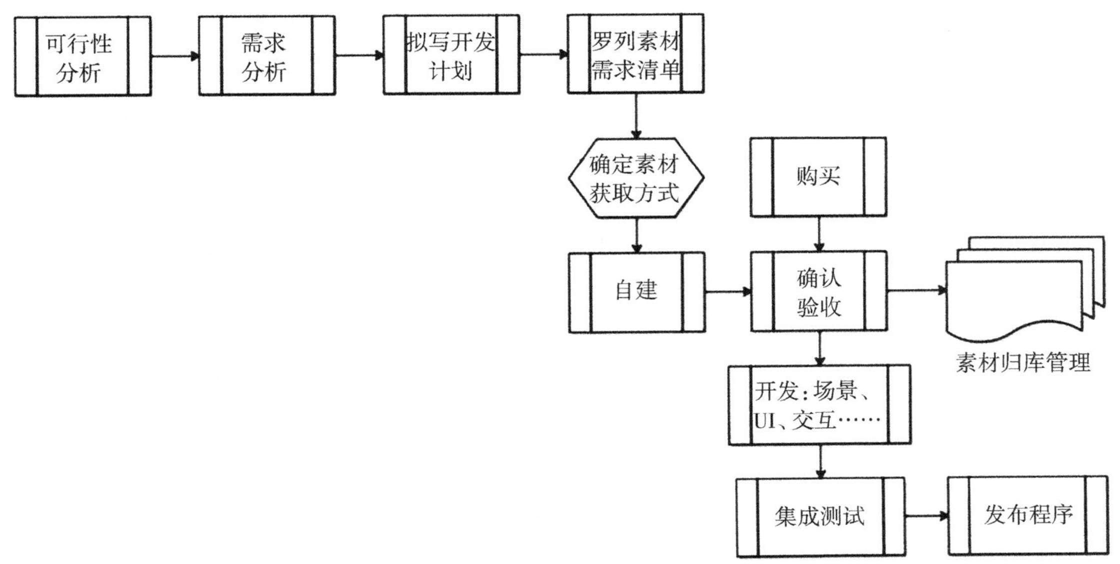

图5-3　VR出版物制作流程

5.3.4　其他数字出版物设计与制作

软件有一个孕育、诞生、成长、成熟、衰亡的生存过程。这个过程既是计算机软件的生存期，也是软件开发的过程，因此可以将软件开发分为3个主要阶段：第一阶段是软件定义，包括问题定义、可行性分析以及需求分析3个步骤。问题定义阶段即从整体上确定软件开发的总目标；可行性分析阶段需要审查软件开发的资源、成本、效益以及开发进度，制定可行的实施方案；需求分析阶段定义用户需求，确定系统的功能、性能等要求。

第二阶段是软件开发阶段，包括系统设计和系统实现两大阶段。系统设计阶段需要从总体和细节层面对软件进行设计和规划，确定程序结构体系和模块关系，并详细描述模块内容，为源程序编写打下基础。系统实现阶段是最核心的一步，主要工作是为程序编码和进行单元测试，以把软件设计转换成计算机可接受的程序代码，即写成以某一种特定程序设计语言表示的“源程序清单”。常见的程序设计语言有C、C++、Java、Python等。测试是对软件进行检验以确认其缺陷的过程，主要有单元测试(对组成部门单独进行的测试)、集成测试(包含多个单元模块的测试)以及系统测试(对整个系统进行的测试)。这三种类型的测试在软件开发的特殊阶段是相互联系的。

第三阶段是软件维护阶段，主要包括改正性维护、适应性维护、完善性维护以及预防性维护。改正性维护是修正软件运行中发现的错误；适应性维护是为适应变化了的软件工作环境而做的适当变更；完善性维护是为了改进或扩充软件功能性能；预防性维护即修改软件，为将来的维护活动预先做准备。

软件开发是一个复杂的过程，其间需要应用特定的软件周期模型。常见模型有4种，各自有利有弊。早期软件开发主要采用瀑布模型(Waterfall Model)，按照分析、设计、编码、测试和维护的步骤依次进行。各步骤之间具有顺序性和依赖性；但是，这种模型的开发成本较高且不利于软件根据需求修正。因此，在瀑布模型的基础上出现了增量模型(Incremental Model，又称“渐增模型”)。该模型允许先发布部分功能给用户，对用户起到“镇静剂”的作用，适用于技术风险较大、用户需求相对稳定的软件系统开发。螺旋模型(Spiral Model)按照软件生命周期将整个开发过程分成若干阶段，不断推出和完善软件版本。这有助于获取用户需求，加强对用户需求的理解并根据需求优化软件。但是，该模型增加了迭代成本，主要适用于内部开发大规模软件项目。还有一种喷泉模型(Fountain Model)，其各个阶段没有明显的界线，开发人员可以同步进行开发。这可以提高软件开发效率，适用于面向对象的软件开发过程。但是，该模型的开发过程需要大量的开发者并且要求严格的文档管理，从而增加了项目管理的难度。

随着多媒体的融合发展，各类数字出版物之间的界限逐渐模糊，出现了越来越多的跨平台融合式数字出版物。如严肃游戏，它本质上是一款软件，在内容上集成了游戏和教育资源的特质，在形式上融合了文字、图片、音频、视频等多媒体。因此它的设计和制作过程，需要从整体上考虑软件的开发，也需要从细节上处理各类数字资源，是一个集成性的过程。

5.4 内容管理

随着数字内容产业的迅猛发展，传统出版企业的优质内容资源必须进行整合以实现高效再利用。目前，大多数出版企业都已经建立各自的内容管理系统(Content Management System，CMS)，以下对 CMS 进行较为全面的介绍。

5.4.1 概述

内容管理即借助信息技术协助组织和个人实现内容的创建、储存、分享、应用、检索，并在企业个人、组织、业务、战略等方面产生价值的过程。① 在其发展历程中，内容管理最早是作为不同领域的专业解决方案出现的，如数字资产管理(Digital Asset Management，DAM)、Web 内容管理(Web Content Management，WCM)和企业文档管理(Enterprise Document Management，EDM)等。这些功能可以被统一地集成到企业的内容管理系统中。作为支撑内容管理的软件系统，CMS 面向大量的信息处理，以信息共享为目的集信息数字化、分布存储、管理、传播、查询、发布等多种功能于一体。目前，CMS 广泛用于电信、互联网、数字媒体等领域。

国外出版发行企业早在 20 世纪末就对旗下出版资源进行数字化处理，并利用内容管理系统进行集约化管理。其中，全球顶尖的图书批发商英格拉姆在 2006 年成立数字集团(Ingram Digital)为出版商提供面向数字图书馆、电子教科书、大众电子书的数字资源管理服务。国内方面，高等教育出版社、电子工业出版社、商务印书馆等出版企业也分别建立了各自的内容管理平台，以提高企业内容资源的价值和整体运行效率。

5.4.2 系统功能和架构

出版企业内容管理系统的基本目标是对所有出版资源进行统一、集成、开放、可扩展的内容管理，为数字内容资源的深度开发提供有效支持，以便从中选取不同内容组合形成多样化的数字出版物，同时为其他系统提供内容的存取、管理、重组、检索、安全访问控制等服务。该系统通过几个主要功能模块来实现，具体分为以下 3 个部分。

一是系统管理。这部分功能主要针对整个系统运行和系统数据存取进行管理，主要包含以下方面：①系统登录，主要针对拥有不同权限的用户而设置。在系统中，用户可分为编辑人员、发行人员、技术人员和管理人员等；根据不同人员的工作责任，可赋予不同的

① 余胜泉，程罡，董京峰. e-Learning 新解：网络教学范式的转换[J]. 远程教育杂志，2009，17(3)：3-15.

使用和管理权限。②用户管理，主要用于管理各类用户。用户角色设定之后需要确定其基本信息，包括用户名、密码以及角色等，以便对系统内的用户角色进行管理。③角色设定及权限控制功能。企业可以根据业务需要定义不同角色；不同角色可进行的操作不同，不会造成权限混乱而对业务产生负面影响。这样各个部门可专注自己的职责，分工合作，提高工作效率，从而使得整个业务流程顺利进行。

二是内容编辑。此功能是系统的重要功能之一。内容采集和编写都在此部分完成，同时还包括对内容的添加、删除、修改以及审批功能。在出版业中，CMS 的主要用户可分为 3 种类型：信息录入人员（例如作者）；信息编辑人员（例如责任编辑）；信息审查人员（例如总编辑）。他们将书籍内容的电子文档存放于内容管理系统中，并对其进行分类处理和信息更新，以便编校、审核等编辑工作。

三是内容发布管理。该功能是通过内容管理系统将数字内容产品按照预先定义的不同格式以各种不同的呈现形式显示到不同介质上进行发布。

在系统架构上，出版企业的内容管理系统可分为数字内容库、内容编辑加工和排版、内容拆分和标注、内容发布等模块（如图 5-4 所示）。其根据系统运行流程可分为如下步骤。第一步是对图书内容进行数字化处理，一般既包括非数字文件的数字化转档，也包括对数字文档的格式整理。在完成数据清洗、过滤后可将之放入内容库。第二步是根据内容特点进行必要的拆分和标注，同时建立起内容之间的关联，实现出版资源的价值增值。第三步是对完成结构化标注的内容进行编辑加工和排版，可采取多用户协同处理方式以提高编辑工作效率。值得注意的是，内容标注与排版加工这两个步骤存在一定程度的粘连；某些深度标引的内容需要经过排版后再次入库。第四步是数字内容多渠道发布，其间既可采取印刷出版的方式发行纸质出版物，也可将 XML 格式转换为适用于各类数字平台的发布格式。

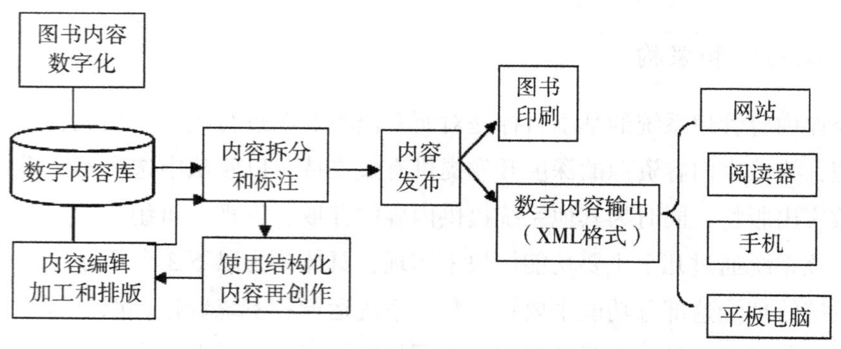

图 5-4　出版社内容管理平台①

① 陈洁. 出版社数字内容管理平台的构架与实施[J]. 科技与出版，2009(1)：55-57.

5.4.3 常见 CMS 软件

目前市场上有不少技术服务提供商提供 CMS 搭建服务，也有一些成熟的 CMS 软件可供选用，以下介绍部分使用较为广泛的 CMS 软件。

(1)J2CMS。科技服务提供商捷兔网络的 J2CMS 是一个基于 Java EE 平台的开源内容管理系统，可以实现文本、文件等内容的管理，用户权限控制，网页模板管理，用户操作日志管理等功能。

(2)Participant Server。内容管理系统服务商 Eprise 的 Participant Server 为大型企业和网站的内部网和外部网提供管理服务，主要组件包括内容中心、操作中心、共享中心和内容分配套件。它允许内容创作者在一个基于网页呈现的界面中添加内容，并提供分布式管理模式。

(3)TeamSite。全球著名的企业内容管理解决方案提供商 Interwoven 的 TeamSite 向全球 500 强及 2000 家上市公司提供企业范围的网站内容管理系统。通过桌面和基于 Java 的接口快速管理内容，用户可以通过浏览器把内容拖放到存储库中。

(4)织梦内容管理系统(DedeCMS)。它以简单、实用、开源而闻名，是国内最知名的 PHP(原为 Personal Home Page 的缩写，后更名为“PHP：Hypertext Preprocessor”)开源网站管理系统，也是使用用户最多的 PHP 类 CMS 系统。DedeCms 免费版的主要目标用户锁定在个人站长，功能更专注于个人网站或中小型门户的构建，因此是搭建个人网站的一种很好的选择。

(5)Crossday Discuz! Board(简称 Discuz!)。Discuz! 是北京康盛新创科技有限责任公司(2010 年被腾讯收购)2001 年推出的一套社区论坛管理系统。它拥有 15 年以上的应用历史和 200 多万网站用户案例，是全球成熟度最高、覆盖率最大的论坛软件系统之一。

(6)随易 Cmsez。随易全站系统是技术解决方案供应商门道科技推出的企业级建站平台系统，主要功能模块包括用户管理、新闻发布、信息发布、产品展示、图片管理、附件管理、在线商店、资料下载、多媒体浏览/播放等。此外，可针对特殊的行业需求提供酒店房间预订、旅游线路预订、招聘信息管理、信息简报等功能模块。

5.4.4 案例：高教社基于 CMS 的数字出版产品开发

高等教育出版社(以下简称“高教社”)作为国内领先的专业教育出版企业，较早涉足数字出版领域。早在 2004 年，它就启动“资源库和教学内容集成方案建设项目”，帮助教师从资源库中寻找合适的教学资源，然后根据实际需要组合形成教学内容集成方案。次年，高教社开展“内容管理系统建设工程”，集数字资源采集、制作、应用于一体，为用户提供优质的数字化服务。因其在数字化转型中取得的成绩，该社曾经获得中国“2008—2009 年度数字出版示范企业”称号。虽然高教社在数字出版领域的发展有其特殊性和不可复制性，但深入了解其数字内容产品的开发运作流程，对于国内投身数字化转型的出版社来说依然可以从中找到值得借鉴之处。

高教社早期的数字化实践主要围绕内容管理系统展开。该系统具有两个突出特点：一是统一规范的数字内容标准。高教社根据科技类图书的结构特点专门制定了结构化标准 HEPBOOKDTD，详细定义科技类图书的结构、可重用单元属性及相关元数据①。针对教育出版领域的特点，它选择采用国际教育出版领域普遍采用的 SCORM 标准，即共享内容对象参考模型(Sharable Content Object Reference Model)。它是数字教材制作、开发的一套共通规范。通过建立完善的数字资源标准，所有多媒体资源能够有序入库，为内部资源共享和二次开发提供有力保障。二是研发基于 XML 的自动排版系统。该系统能够实现内容与版式分离，同时可以自定义内容粒度。这为实现跨媒体复合出版提供了重要保障。

以严格的数字内容标准和自动排版系统为基础，高教社形成了一套基于内容管理系统的工作流程(如图 5-5 所示)。首先，作者将 Word 或其他格式文件提交系统；多媒体部门人员对稿件进行格式规范化处理并转换为 XML 文稿，然后对其进行版式设计。在设计完成 XML 文稿之后，就进入编辑加工环节，由责任编辑、编审和总编辑逐级审读。新流程与传统编辑工作最大的不同是，在审读基础上编辑需要对文稿进行加工处理，包括对 XML 文档内容进行拆分和标注。这是实现跨媒体出版的关键环节。

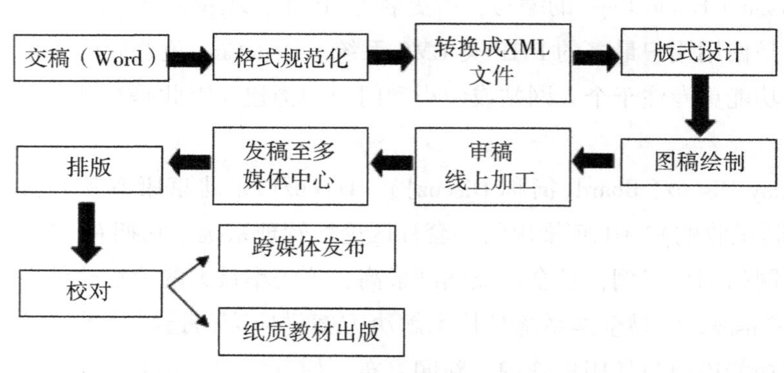

图 5-5　高教社数字产品开发流程②

关于内容拆分有两个基本原则：第一，拆分的内容必须具有重用价值；第二，拆分必须以知识点为单位。需要指出的是，内容拆分的粒度应根据出版企业的实际情况而定，拆分过粗不利于内容重组与后期标注；拆分过细则会导致成本过高和浪费。鉴于高教社出版物的特点，而且其用户市场定位相对明确，其所采用的切分粒度达到较高水平。不过对大部分出版企业来说，并不一定要采取过细的内容拆分方式。在拆分之后，需要对内容进行

① 彭玲，张泽．跨媒体出版的现状、问题及尝试[J]．数字图书馆论坛，2008(2)：13-16.

② 此图由"高教社数字化加工流程"改编而成。参见：谭燕，元方．基于数字化内容管理平台的线上编辑加工——以《环境工程微生物学》(第三版)的做法和体会为例[J]．中国编辑，2011 (6)：75-78.

标注。目前，高教社内容管理系统中的图书标注分为知识单元标注和多媒体素材标注①。编辑对于书稿中可重复利用的知识单元和多媒体素材进行标注后，按照不同类型放入指定资源库，并与产品库之间通过事先设定的机制建立起自动关联，以大幅提高资源利用效率，形成内容资源的聚合效应。

当书稿审读加工完成后，就进入排版与校对环节。高教社采用的是一种基于 XML 的排版软件；并开发出适用于该社图书版式的模板，可将 XML 文件自动转换并发布为 PDF 文件②。校对人员可利用 PDF 校样对照 XML 原稿文件进行电子校对工作；PDF 文件则可直接实现印刷出版。同时，高教社还开发了针对 Web 平台的模板和发布工具，可以将 XML 文件自动发布为 HTML 格式；对于其他视频文件，也可以通过自行开发的转换工具面向移动终端发布。

借助内容管理系统等一系列信息化基础设施，高教社完成了传统出版向数字出版流程的转型升级。在此过程中，高教社把握核心用户的需求，通过准确的市场定位与资源整合打造企业核心竞争力，以形成可持续的盈利模式③。

5.5 产品发布

数字出版产品发布主要涉及出版内容产品在不同媒体平台的呈现，包括平面媒体、磁光介质媒体、网络媒体还有移动媒体等。针对不同媒体平台进行产品发布，是数字出版产品制作开发的重要环节。本节将从产品发布角度，针对数字印刷、Web 网页、手持阅读设备等主要媒体平台展开介绍。

5.5.1 数字印刷

所谓数字印刷，指利用印前系统将图文信息直接通过网络传输到数字印刷机上印刷的一种新型印刷技术。数字印刷系统主要由印前系统和数字印刷机组成，有些系统还配上了装订和裁切设备。

5.5.1.1 发展概述

数字印刷是 20 世纪 90 年代发展起来的高新印刷技术。1995 年，国际印刷与纸业展览会(又名“德鲁巴印刷展”)展出了不同型号的数字印刷机，由此在全球掀起了数字印刷热潮。此后，施乐、佳能、赛天使、海德堡、曼罗兰等公司陆续推出各种类型的数字印刷机产品。在 2004 年展会上，激光型彩色数字印刷机的印品质量与传统四色胶印机

---

① 蒋青. 谈数字化出版内容加工形式及实质的转变[J]. 中国编辑，2008(5)：49-51.

② 彭玲，张泽. 跨媒体出版的现状、问题及尝试[J]. 数字图书馆论坛，2008(2)：13-16.

③ 方卿，许洁. 数字出版盈利模式设计的五要素——以高等教育出版社为例[J]. 出版发行研究，2009 (11)：16-19.

的产品质量已经十分接近。2008年，基于色粉与静电的喷墨数字印刷机成为展会新亮点。最近几年，印刷业正逐步由模拟印刷向数字印刷过渡。据《数字印刷的未来：到2029年的长期战略预测分析》报告显示，2020年，喷墨和电子照相数字系统在全世界印刷市场中变得“愈来愈关键”。此外，据信息咨询公司史密瑟斯(Smithers)的研究表明，到2029年，全世界数字印刷市场的市场价值将超过2250亿美元，远远超过2014年的2030亿美元。

1996年5月，在第四届北京国际印刷技术展会上，国外众多知名厂商展出了各自的数字印刷机产品，引起国内印刷业和出版界人士的极大关注。北京昆仑电子印刷公司为我国引进了第一台Indigo公司的E-print 1000型彩色数字印刷机。随后上海、广州等地先后引进数十套数字印刷机，对我国数字印刷市场的发展繁荣起到积极作用。近几年，中国已成为各大数字印刷企业竞争的重要市场。2018年左右，我国更多大幅面、高产能的喷墨印刷设备在各个细分领域落地，数字印刷继续向工业化应用进阶。① 科印传媒《数字印刷在中国装机量调查报告》统计的数据显示，2017年8月—2018年7月，国内市场上静电型数字印刷机的装机量增长1261台，增长率达到约13%。随着新型技术的断成熟，数字印刷质量在不断提高，其最主要的应用领域就是按需印刷。

5.5.1.2　按需印刷

长期以来，以大批量纸本印刷为基础的传统出版方式面临诸多障碍。其中，库存居高不下一直困扰着中外出版人。面对行业中的突出问题，国内外试图寻找新的解决办法。按需印刷于是被提上议事日程。按需印刷是建立在数字信息远距离传输和数字信息高密度存储的基础上，用计算机将数字出版物直接印制成印刷文本的技术。它可以按照用户要求，依据指定地点和时间直接将所需资料的文件数据进行数码印刷和装订。

按需印刷技术对于出版业的影响是显而易见的。首先，它对以传统印刷为基础的出版业运作流程具有革命性变革作用。它将过去先生产后发行的传统出版模式，转变为先销售后印制生产的出版模式。② 其次，它对原有出版发行机构的职能产生了较大影响。出版社可以直接面向读者售书；自助出版变得日益普及；书店也可以做到即时出售图书。随之而来的，是整个出版业职能将由以组织出版物生产为主，向以出版营销管理为重点的方向转移。再次，按需印刷能有效缓解出版商的经济压力，增加短板优质图书面世的机会。由于按需印刷省去了价格昂贵的制版工序，因而大大降低了传统出版成本核算中必须分摊到每本书上的固定成本，使得大量小印数的优质图书能够与读者见面。最后，按需印刷还能有效缓和图书市场的商品供求矛盾。它不仅能增加图书市场的有效供给，丰富图书市场的可供商品种类，较好地满足读者需求；而且还能激发读者的个性化需求，刺激图书市场消

① 赵鹏飞．中国数字印刷发展与展望[J]．印刷技术，2019(6)：5-9.

② 罗紫初，罗萍．按需印刷，热点初现[J]．出版科学，2000(4)：50-52.

费。因此，按需印刷工艺的普遍采用，对出版体制改革、出版企业观念更新以及出版业经营运作方式的改进等，都将产生重要影响。

目前，无论国内外在按需印刷领域都有广泛的实践。除了闪电源这样跨国开展按需印刷业务的国际化公司（见 4.3.4.2），国内方面也多有尝试。比如，自 2012 年起，中国科技出版传媒有限公司依靠数码印刷大力推动按需出版，控制库存。截至 2017 年，其库存量由 2012 年 6 亿下降至 4.6 亿，同时还整理出 2 万个品种，供电商、馆配等渠道选货，通过对 2 万个品种采用纯按需的生产方式，该社于 2017 年额外贡献了超 1000 万元销售额，提高了市场满足率；工信出版集团从 2017 年 2 月正式使用数字化智能化云平台，截至 2017 年 11 月，其 500 册以下图书年生产码洋达 6000 万元以上。在 2016—2017 年，其图书重印率由不足 50%提高到近 70%，报废率由 10%降至 6%以下，库存周转率由 2.36 次提升至 3.14 次。①

5.5.2 Web 网页

Web 网页指的是万维网上按照 HTML 格式组织起来的文件，存储在 Web 服务器上，通过 Web 网进行传输并被浏览器所解析和显示的文档类型，其中包括文字、图像、声音、视频等信息。通常所说的网站则是通过超链接方式连接起来的一系列具有逻辑关联的网页组合；它是 Web 网页最主要的呈现形式。

网页一般分为静态网页与动态网页。所谓静态网页并非是说网页静止不动，而是指没有后台数据库，不含应用程序和交互功能的网页。这些网页被浏览时，在 Web 服务器中不发生动态改变。静态网页是标准的 HTML 文件，文件扩展名是.htm 或.html。其不包含在服务器端运行的任何脚本，网页上的每一行代码都是由网页设计人员预先编写好以后放置到 Web 服务器上，在发送到客户端浏览器后不再发生任何变化，因此称其为静态网页。动态网页是与静态网页相对的概念。与静态网页不同，动态网页能与后台数据库进行交互和数据传递。网页文件以.aspx、.asp、.jsp、.php、.perl、.cgi 等为文件名后缀。静态网页和动态网页各有特点；网站采用动态网页还是静态网页主要取决于网站的功能需求和网站内容。如果网站功能比较简单，内容更新量不是很大，采用纯静态网页方式更简单；反之，一般要采用动态网页技术。静态网页是网站建设的基础；它和动态网页之间也并不矛盾。为了让网站适应搜索引擎检索的需要，即使采用动态网站技术，也可以将网页内容转化为静态网页发布。

在 Web 网页发布方面，最重要的是实现合理的网页设计，其中需要注意以下问题：①明确建立网站的目标和网站用户的需求。Web 站点的设计是展现数字出版产品和服务、体现出版企业形象的重要途径，因此必须明确设计站点的目的和用户需求。为此需要对消费者需求、市场状况、企业自身情况等因素进行综合分析，以“消费者”为中心，而不是以

① 印小毕. 出版按需印刷之印前解决方案[N]. 中国新闻出版广电报，2018-09-25(004).

“美术”为中心进行设计规划。②网页设计总体方案应主题鲜明。在目标明确的基础上，设计者需要对网站的整体风格和特色作出定位，规划网站的组织结构，设计网站的总体方案。Web站点应针对所服务对象的不同而采取不同形式。有的网站只需要提供简洁的文字内容信息；有些则采用多媒体表现手法，必要时加入音视频内容。③网页版式设计虽然与平面设计不同，但同样强调编排和布局。针对单个网页，需要通过文字图形的空间组合表达出和谐美。针对多页面的编排设计，则需要处理好页面之间和页面内秩序与内容的关系。为了达到最佳视觉效果，设计者有必要反复推敲布局的合理性。④色彩的运用。在网页设计中，设计师根据色彩对人们心理的影响以及和谐、均衡和重点突出的原则将不同色彩进行组合，从而构成美观大方的页面。⑤形式与内容统一。形式最终是服务内容的。通过多样的形式组织成统一的页面结构，其目的是表现内容的丰富含义。应灵活运用对比与调和、对称与平衡、节奏与韵律以及留白等手段，通过空间、文字、图形之间的相互关系建立整体的均衡状态，产生和谐的美感。⑥多媒体功能的使用。多媒体功能是网页发布的重要优势。为了更好地吸引用户，网页内容可以采用动画等方式来表现，必要时可考虑应用三维空间和虚拟现实技术。但需要指出的是，由于网络带宽的限制，在使用多媒体功能表现网页内容时，必须考虑客户端的传输速度。⑦结构清晰和易用性。为了保证Web网页的易用性，需要使用一些醒目的标题或文字来突出数字出版产品和服务，帮助用户从网站中方便地获取内容，并跳转到相关网页。

5.5.3　移动阅读端发布

随着移动通信技术(特别是4G和5G技术)、人工智能(Artificial Intelligent，AI)等技术的发展，移动阅读设备已经成为数字出版产品发布不可或缺的媒体平台。本节主要介绍目前市场上两大类主要的移动阅读终端，即专用电子阅读器和移动智能设备(包括平板电脑和智能手机)。

5.5.3.1　专用电子阅读器

专用电子阅读器(E-Reader)一般指专门用于显示书籍、杂志、报纸和其他印刷品数字版本的便携式、低能耗、高分辨率设备。某些电子阅读器也提供博客、网站、新闻推送等电子文档的访问。它们允许用户在单个设备上建立书库、做批注、在文本上划重点和设置书签等。

电子阅读器通常使用的电子墨水(E-ink)技术是一种旨在模拟印刷纸来显示数字文本的技术。它提供类似新闻纸的分辨率，相对于液晶屏幕而言消除了眩光，可减少视觉疲劳。由于电子墨水仅在文本变化时消耗电力，因此一个满载的电池可以续航7~10天。相比之下，大多数采用液晶屏显示技术的阅读设备，电池续航能力大约只有10小时。文本可以通过有线或无线连接的方式从本地电脑、在线商店或者发行商网站装载到电子阅读器上。在一些情况下，顾客可以在购买前定制书籍，或者与其他人分享购买的资料。电子阅读器不断发展的功能集合包括 5G、Wi-Fi、视频、互联网连接和彩色显示等。

目前国际上主流的电子阅读器产品包括亚马逊 Kindle 系列、乐天 Kobo 等；国产品牌主要包括掌阅、阅文、京东、当当等品牌的电子图书阅读器等。其中，亚马逊 Kindle 系列是该领域最具影响力的产品，占据着全球绝对的市场份额。Kindle 电子书可以识别 PDF 文件，采用最新 E-ink 技术，可在阳光下阅读，续航时间长。最重要的是，它有很多专门为电子书设计的功能，如朗读、查字典、免费查询维基百科，还可以在线购买亚马逊平台上的电子书籍。从 2007 年亚马逊发布第一台 Kindle 以来，目前已更新至第 10 代 Kindle 阅读器，包括 Kindle Paperwhite 4、Kindle 10、Kindle Oasis 3 等多款产品。

5.5.3.2 移动智能设备

手机在诞生之初只是人们在移动状态下沟通交流的通信工具。早期的手机屏幕并不适合数字阅读，因此诞生了手机和电脑之间的“第三屏”——平板电脑(Tablet Personal Computer，Tablet PC)。平板电脑凭借触摸屏和无线网络通信功能，成为优秀的数字阅读设备。但近些年来，信息技术的发展改善了手机样式。拥有彩色大屏幕和支持多点触控的智能手机成为主流，大大提升了手机的阅读体验。伴随移动互联网的发展，4G、5G 技术渗入社会生活，手机逐渐成为人们使用频率最高的移动阅读设备。至此，手机与平板电脑之间的差别逐渐缩小。虽然二者的使用场景有所不同；但是，它们的核心生产技术和功能基本相似。因此，本节将手机和平板电脑划分为同一类移动智能阅读设备。

移动智能设备提供的数字阅读服务比专用电子阅读器更丰富，形式更多样。它支持富媒体资源，集文字、图片、视频、音频为一体，为读者提供视、听、触等多种感官的综合阅读体验。依托快捷灵敏的触摸屏，移动智能设备也具有了更加生动和人性化的交互功能。读者不仅可以进行简单地点击、翻页操作，还可以进行文字和语音输入等更加智能化的操作。这些提升了数字出版物的阅读体验。

移动智能设备上支持数字出版物发布的平台种类有许多。除了 Web 网页，最常见的是具有设备适应性的应用程序。用户可以通过下载相应软件进入电子书平台，浏览、选择、购买和评价电子书。按照数字内容划分，国内常见的数字阅读应用主要分为 4 大类：第一类是电子书和网络文学阅读平台，代表性应用有 QQ 阅读、当当云阅读、掌阅 App 等；第二类是有声书阅读平台，代表性应用有喜马拉雅、荔枝等；第三类是数字漫画阅读平台，代表性应用有快看漫画、腾讯动漫等；第四类为资讯/论文/期刊类阅读平台，代表性应用有今日头条、简书等。

目前主流的移动智能设备操作系统有 Android、iOS、Symbian、Windows Phone 和 BlackBerry OS 等；其中最常见的是安卓(Android)和 iOS 系统。由于技术和市场竞争等原因，不同操作系统对应用程序的开发要求有所不同。下文将从框架结构、运行机制和交互设计 3 方面简单介绍 Android 和 iOS 的不同。

(1)框架结构

Android 是 Google 公司于 2003 年推出的一款基于 Linux 的操作系统，核心理念是“开源”。它的系统结构分为以下 4 个层次：应用程序层、应用程序框架层、系统运行库层、linux 核心层。Android 拥有自己的开源计划 AOSP(Android Open Source Project)，任何开发者都可以使用 Android 源代码进行二次开发；此外，Android 比 iOS 开放了更多的应用接口(API)，因而使得软件安装更加开放、便捷。

iOS 是苹果公司于 2007 年推出的一款基于 Unix 的商业操作系统，其系统架构自上而下依次为可触摸层(Cocoa Touch layer)、媒体层(Media layer)、核心服务层(Core Services layer)、核心操作系统层(Core OS layer)。苹果公司将软件和硬件完美地结合到一块，打造了一套专属的完整产业链和生态；不过，也由于 iOS 系统较为封闭，因此安全性也更强些。

(2)运行机制

Android 采用 Dalvik 虚拟机运行机制。它作为面向 Linux、为嵌入式操作系统设计的虚拟机，主要负责完成对象生命周期管理、堆栈管理、线程管理、安全和异常管理，以及垃圾回收等。Dalvik 充分利用 Linux 进程管理的特点，对其进行面向对象的设计，使其可以同时运行多个进程，避免了虚拟机崩溃导致整个系统崩溃；但代价就是需要更多内存。

iOS 则采用沙盒运行机制，应用程序位于文件系统的严格限制部分，程序不能直接访问其他应用程序。此外，iOS 系统可以根据程序状态管理后台内存，这使得系统运行的效率更高。

(3)交互设计

Android 和 iOS 的标准控件存在不同，如页面布局、导航、标签栏、分割线等；相应地，其交互设计也存在差异。因此，两强并立不仅给开发者带来负担，也给用户跨平台使用造成不便。不过，随着开发技术的完善以及市场需求的变化，在 Android 和 iOS 两平台间实现一致性的开发成本在逐步降低，支持两个平台统一化设计的呼声也越来越大。

如今，阅读碎片化和应用轻便化趋势正在推动数字阅读的变革。数字内容无处不在，发布形式却发生了变化。内容更加短小精悍，集成了文字、图片、音频、视频等多媒体形式；公众号、小程序等应用内置的发布平台受到欢迎，未来数字出版物会成为什么样，它们要求什么样的开发设计理念、工具和流程，大家可以拭目以待。

本章关键术语

包装	开放性媒体	定制
长尾市场	信息过载	个性化
点击流	顾客价值	经验产品
交叉推广策略	数字化加工	数字文件

结构化数字文件	分类标引	主题标引
社会化标引	智能标引	页面描述语言
VR 出版物	内容管理系统	数字印刷

简答题

1. 简述出版企业内容管理系统功能和架构。
2. 简述按需印刷技术对出版业的影响。
3. 简述虚拟现实出版物设计与制作的流程。
4. 简述数字出版产品和服务发布的类别。

思考题

1. 进入数字化时代，数字出版企业越来越重视产品的服务策略，请问开展服务对企业具有哪些重要意义?

2. 随着技术的发展，数据、开放教育资源乃至虚拟现实内容等逐渐成为出版企业进行开发制作、传播和利用的常规资源形态，企业应如何对海量内容进行择选和加工，以开发出优质的出版产品?

《加快推动媒体融合发展 构建全媒体传播格局》

《关于德国的出版自由和言论自由》

《坚持以人民为中心的创作导向》

《习近平给人民教育出版社老同志的回信》

《文明因交流而多彩，文明因互鉴而丰富》

第 6 章　数字出版产品价格

作为世界上最知名、最权威的百科全书，一套精装版《大英百科全书》(*Encyclopedia Britannica*)标价高达 1600 美元。1990 年，它的销售额约有 6.5 亿美元。但在微软通过售价仅 49.95 美元的光盘版《因卡塔》(*Encarta*)百科全书进军市场后，《大英百科全书》的市场被不断侵蚀。1996 年，为了抢回市场份额，公司推出标价 200 美元的光盘版，并以直邮的销售方式来探测需求。但是，即便消费者都认同其质量更高，却仍然不愿意支付 4 倍于微软产品的价格。大英公司陷入了能否从市场收回成本的困境。这个例子反映了数字出版产品定价的一些传统难题。如今，依靠顾客对品牌的忠诚和公司的分销能力来保住市场份额等做法的有效性已经被持续不断的价格竞争削弱了。当竞争对手以极低价格吸引顾客时，甚至连声誉卓著的企业也会发现收入和利润来之不易。对数字出版企业而言，正确合理地确定产品价格是收回成本并赚取预期利润的根本保证。本章将在探讨影响数字出版定价因素的基础上，详细分析数字出版产品的价格构成、策略和方法。

6.1　定价影响因素

定价一直是企业经营中的关键问题，不仅直接影响产品需求的变化，也决定着企业利润的高低。在互联网环境中，数字出版产品的定价变得更为棘手：一方面，其自身特性使其具有比传统出版产品更加复杂的定价机理；另一方面，定价决策会更加受到市场环境中多种因素的影响。① 因此，出版企业在制定数字出版产品价格时，必须分析和厘清企业外部和内部因素以及产品自身特性等多种因素对产品定价的影响和制约作用，并在此基础上做出科学决策。

6.1.1　企业外部环境因素

随着网络技术的高速发展和经济环境的变化，出版企业在制定数字出版产品价格时所要考虑的外部环境因素也越来越多。企业外部环境包括企业广义生存域和企业活动域两个层次：由自然系统、经济系统、社会系统等构成的企业广义生存域是企业间接外部环境；

---

① 范叶亮. 基于网络外部性的数字产品动态定价策略研究[D]. 石家庄：河北工业大学，2015：1-3.

以企业外部利益相关者为主体构成的企业活动域是企业面临的直接外部环境①。出版企业在制定数字出版产品价格时必须充分考虑这些因素的影响。

6.1.1.1 间接外部环境

影响出版企业数字出版产品定价的间接外部环境因素主要包括自然环境因素、经济环境因素、社会文化因素和科学技术因素 4 大类。其中，与数字出版物定价有关系的主要是后 3 种因素。

(1)经济环境

通常，社会经济发展状况、收入与支出结构等经济环境因素不仅直接影响数字出版产品的定价方式和定价策略，而且会影响价格高低。一个国家或地区所处社会经济发展阶段以及经济形势等因素直接制约和影响出版企业数字出版产品价格的制定。例如，对处于较低经济发展阶段的国家或地区来说，价格竞争往往成为参与市场竞争的主要手段；而对处于较高经济发展阶段的国家或地区来说，用户通常更关注数字出版产品的质量、功能、服务和用户体验等，价格敏感程度较低。

收入和支出结构同样能够影响数字出版产品的定价。当社会整体收入结构改善、收入水平提高时，其人民的整体消费结构、消费能力和支出模式也会有所改善。最直接体现的是精神文化产品消费需求的增长。如果一个国家或地区的恩格尔系数居高不下，那么该地居民用于数字文化产品的消费支出必然会减少。因此，在进行数字出版产品定价时，应充分考虑人均 GDP(Gross Domestic Product，国内生产总值)、收入水平、可支配收入、可任意支配收入、支出模式、消费结构以及储蓄信贷结构等因素的影响，以便让数字出版产品价格与收入水平保持比例合理的动态均衡状态。如果收入水平无法追赶上产品价格，则普通大众就会无缘分享数字阅读的乐趣。

(2)社会文化环境

社会文化环境不仅影响用户的消费心理和消费习惯，而且影响企业的营销策略。所谓社会文化，是指一个国家、地区的民族特征、价值观念、生活方式、风俗习惯、宗教信仰、伦理道德、教育水平、语言文字等的总和。② 每个人的基本信仰、价值观念和行为规范都是由他们成长的社会环境所塑造的；人们消费的方式、满足需求和欲望的优先顺序等，都是以他们接触的文化为基础的，文化形成并支配人们的生活方式③。社会文化因素对数字出版产品价格的影响是通过一种间接的、潜移默化的方式进行的。例如，用户受教育程度不仅影响用户收入水平，而且影响用户对数字出版产品的识别能力和购买意向等，从而间接影响数字出版产品的定价。

---

① 李晓明. 基于生态学的企业外部环境研究[J]. 西南交通大学学报(社会科学版)，2006(1)：109-113.

② 林莉，汪飞燕. 消费心理[M]. 北京：中国财政经济出版社，2015：123.

③ 曾璐，李立平. 市场营销学实用教程[M]. 重庆：西南财经大学出版社，2009：49.

作为一种生活方式，用户的阅读方式也间接影响数字出版产品的定价。如在 STM(Scientific，Technological and Medical，科学、技术和医学)出版领域，信息传播技术特别是网络技术的应用不仅改变了科研人员的资源环境(资源数字化)，而且为科研人员提供了适应环境变化的工具(网络检索等)，从而使用户逐渐对数字资源产生了强烈的依赖性①。用户从传统纸媒阅读方式向数字阅读方式的彻底转变，不仅加快了传统 STM 学术资源的数字化进程，也间接造就了 STM 出版领域居高不下的产品定价。在大众出版领域，有声阅读如今成为用户获取资讯与知识的重要手段；有声读物由此成长为用户规模巨大的利基市场。内容出版商针对有声读物的定价水平与定价规则和一般电子书、纸质书有所不同。以奥德博(Audible Inc.)有声出版公司为例，其产品价格高低一般与产品长度(小时数)相关，一本 10~20 小时的有声书售价在 20~30 美元不等②。因此，随着新媒体时代用户阅读方式的不断革新，数字出版产品的定价方式和定价标准必将受到影响。其中，在尽量满足买方和卖方双方需求的前提下，自动进行价格优化的数字出版产品动态定价方式将可能成为主流方式③。

(3)科学技术

出版产业的每一次重大变革都与技术发展密切相关。计算机网络等信息传播技术的发展和运用，不仅提高了传统出版的工作效率，而且催生了许多新的出版模式。随着大数据、云计算(Cloud Computing)、人工智能(Artificial Intelligence，AI)、虚拟现实(Virtual Reality，VR)、增强现实(Augmented Reality，AR)等技术与出版的结合，其在极大丰富数字出版产品和服务的同时，也间接影响了数字出版产品的定价方式。例如美国知名独立出版企业卡利斯特传媒公司(Callisto Media)，利用大数据技术开创了一种全新的图书出版模式，将数据分析与出版技能完美结合。首先它运用算法得出当前出版市场上用户感兴趣而出版市场上尚属空白的选题；其次，它雇佣专业的自由撰稿人(freelancer)依据大数据分析拟出大纲，并在短时间内完成创作。在选题上极强的针对性和图书内容的高质量，使得卡利斯特公司每本图书的定价比同类书籍高出一截，因此只需完成较低销量即可获利。④

此外，数字出版企业的定价模式也会随着科学技术的发展变得更加科学，包括基于用量的收费模式等多种定价方式在数字出版市场上逐步得到应用。在以往的出版活动中，基于使用量的商业模式并不多见。这种将价格与使用量挂钩的收费方式主要针对一些可计算用量的数字产品和服务，如云资源租赁服务⑤。亚马逊网络服务(Amazon Web Services,

① 刘锦宏. 国外网络科技出版物的定价策略研究[J]. 科技与出版，2009(11)：3-6.

② Audible. Distribution [EB/OL]. [2019-07-27]. https://audible-acx.custhelp.com/app/answers/detail/a_id/6656/c/3560.

③ 曹蒙，袁小群. 数字内容产品定价问题研究[J]. 中国出版，2014(17)：39-42.

④ 徐丽芳，彭雨虹. 卡利斯特传媒：基于大数据的图书出版模式[J]. 出版参考，2017(7)：20-22.

⑤ Bala R，Carr S. Usage-based pricing of software services under competition[J]. Journal of Revenue and Pricing Management，2010，9(3)：204-216.

AWS)是亚马逊公司开发的专业云计算服务，致力于以 Web 服务的形式向企业提供 IT 基础设施服务，包括亚马逊简单储存服务、亚马逊弹性计算网云、亚马逊简单数据库、亚马逊简单队列服务等，为各个国家和地区上千家企业提供技术支持。这使企业可以用低廉的成本代替前期基础设施投资，只需按照实际用量付费给亚马逊公司。随着未来 5G 技术的发展和大量传感器终端接入数字出版市场，用户对数字出版产品的消费将会随时随地发生。而基于用量的定价方式将可有效避免周期固定的付费模式和用户消费时空随机性之间的矛盾。

6.1.1.2 直接外部因素

影响数字出版产品定价的直接外部环境因素主要包括营销渠道企业、企业竞争者、市场竞争状况、市场结构、顾客及公众等。

(1)营销渠道企业

在出版产品的形态越来越趋向于数字化产品的背景下，互联网渠道成为数字出版产品的主要营销渠道。数字出版企业将整合营销渠道作为企业的核心战略，并对数字出版产品定价产生直接影响。目前，出版企业除了使用自身建设的数字平台进行产品营销，还将数字出版产品零售商渠道、运营商渠道、移动终端渠道、门户网站渠道作为数字出版产品的主要营销渠道。①

其中，数字出版产品零售商渠道在数字出版产品市场上具有非常强大的影响力。目前，亚马逊、当当网等企业是数字出版产品零售商渠道的代表，出于市场竞争的需要，这些大型数字出版产品零售商通常会直接干预数字出版产品的定价。如为了维持亚马逊在美国电子书市场的领先地位，防止后来者进入该市场，亚马逊一度要求出版商将在 Kindle 电子书商店销售的各类畅销电子书定价统一为 9.99 美元②。此举遭到哈珀·柯林斯（Harper Collins)、麦克米伦(Macmillan)、企鹅出版集团(Penguin）、西蒙与舒斯特(Simon & Schuster)、阿歇特图书出版集团（Hachette Book Group)等国际知名出版商的反对，从而引发了所谓的电子书定价权之争。此外，随着出版融合成为行业发展的必然趋势，数字出版企业将有可能同时兼任产品营销渠道商等角色，构建新型产业链模式，从而占据产品定价的主导权。

(2)企业竞争者

所谓竞争者，是指与出版企业存在利益相争关系的其他企业。它们大多为同类目标用户提供相似产品或服务。出版机构在进行数字出版产品定价时经常受到这些竞争者的直接影响。竞争者主要包括普通竞争者、愿望竞争者、产品形式竞争者和品牌竞争者 4 种类

① 孙秀翠. 传统出版社数字化转型创新发展研究[J]. 出版科学，2018，26(4)：43-46.

② 腾讯科技. 亚马逊因定价分歧下架出版商所有电子书[EB/OL]. [2019-07-27]. http://tech.qq.com/a/20100131/000029.htm.

型。普通竞争者是指提供不同产品以满足同一类消费需求的竞争者。如《无人生还》《白夜行》都是悬疑推理小说，这两者之间就是普通竞争者关系。愿望竞争者是指满足购买者当前存在的各种愿望，与企业争夺顾客购买力的竞争者，如一家教育出版机构可将旅游企业、耐用消费品都看作竞争者。产品形式竞争者是指生产不同规格、型号、款式同类产品的竞争者，如教育图书和教育软件之间的竞争。品牌竞争者是指为满足同一消费需求而生产相同规格、型号、款式的产品但品牌不同的竞争者，如 Kindle 和其他电子阅读器之间的竞争。

面对竞争者的挑战，企业在进行数字出版产品定价时经常采用低价策略以阻止竞争者进入。当产品价格低到竞争者感觉无利可图时，竞争者很可能放弃进入相关市场的计划。如为防止竞争者觊觎电子书市场，“掠夺性”低价策略是亚马逊很重要的竞争手段①：它除了大量销售不到 1 美元定价的电子书，还经常对一些常规电子书采用打折促销策略。

(3)市场竞争状况

市场竞争状况是影响数字出版产品定价不可忽视的重要因素。通常，市场状况可以分为完全竞争市场、垄断竞争市场、寡头垄断市场和完全垄断市场 4 种类型。面对不同的市场状况，出版企业采取的定价策略也会有所不同。在完全竞争市场中，数字出版产品的价格完全由市场供求关系确定，只能被动接受市场竞争中既定的价格水平。出版企业在价格策略方面所做的努力将不会发生太大作用，即其不仅无法通过增加或减少产量来影响产品价格，而且无法依照企业的愿望或需求提高产品价格。需要说明的是，完全竞争市场仅存在理论中，在现实生活中不存在完全竞争市场。

垄断竞争市场是一种介于完全竞争和完全垄断之间的市场状况。部分企业由于其产品或服务在技术或品牌上具有一定程度的垄断性，处于垄断竞争市场中②。垄断竞争行业生产的产品是多样化的，能满足消费者不同的需求和不断改变的偏好③。同一类数字出版产品可能会有多个出版企业出版；不同出版企业在技术、品牌和价格上的差异将吸引不同的用户群体，从而在市场上占有不同的市场份额。对于出版企业来说，可以在数字出版产品技术与品牌具有一定垄断性的前提下，通过科学地制定价格策略来提升市场竞争力，从而获得更大的市场份额或利润。

寡头垄断市场是指由少数几家企业或销售者占据支配地位的市场类型④。这种市场中垄断者极易凭借其垄断地位夸大某一行业的市场价格，使其偏离产品或服务成本，获取超

---

① John B. Kirkwood，Collusion To Control a Powerful Customer：Amazon，E-Books，and Antitrust Policy［J］. University of Miami Law Review，2014(69).

② 苏治，荆文君，孙宝文. 分层式垄断竞争：互联网行业市场结构特征研究——基于互联网平台类企业的分析［J］. 管理世界，2018，34(4)：80-100，187-188.

③ 曹兰英，李安周. 西方经济学［M］. 重庆：西南交通大学出版社，2015：123.

④ Melvin Boyes. Microeconomics 5th ed［M］. Houghton Mifflin，2002：267.

额利润，并维持垄断优势①。寡头垄断者在利润最大化动机的驱使下，可能采用限制性贸易原则。如限制性定价策略，通过在位企业当前价格策略来影响潜在企业对进入市场后利润水平的预期，从而影响潜在企业的进入决策②，推动竞争向联盟过渡，结果导致市场价格升高。这种做法被称为卡特尔(Cartel)。这种能够抬高市场价格，使其偏离产品或服务边际成本的能力被称为市场力。在寡头垄断市场中，竞争者数量的增加将助于降低寡头企业的市场力；但是，如果新进入者参与联盟，则未必对降低其市场力有利③。STM 出版市场就是一种典型的寡头垄断市场，其业已形成的价格联盟不仅让市场领导者获得高额利润，而且在无形中迫使新进入者参与和响应联盟定价。另外，在当今美国的大众电子书分销市场上，也存在类似现象。

完全垄断市场是在一个行业中，某种产品或劳务的生产、销售完全由一个企业独家经营和控制，没有竞争对手的市场状况。虽然在其他行业存在着完全垄断经营行为，但在数字出版领域并不存在或者说不大可能长期存在完全垄断的市场状况。在亚马逊 Kindle 上市而苹果、谷歌等有力的竞争者尚未进入电子书分销领域的短暂时期内，美国大众电子书分销市场或可被视为完全垄断市场。

(4)市场结构

相较于以纸质书为代表的传统印刷出版市场，基于网络平台发展的电子书市场具有更加复杂的市场结构和经济效应。而且在信息技术对出版业的支持下，数字出版市场以多元化用户需求为核心，全面整合产业链、融合价值链，使产品在生产和发行方面得到了更加优化的配置，市场结构逐渐转变为双边市场。双边市场模型是兴起于产业组织研究领域的一个新型概念。让·夏尔·罗歇(Jean-Charles Rochet)和让·梯若尔(Jean Tirole)对双边市场的定义是：考虑一个对每次交易收费的平台，向买方(buyer)和卖方(seller)分别收取 a^B 和 a^S 的费用。如果已实现的交易量(volume of business)仅依靠总价格水平 a($a=a^B+a^S$)，即交易量 V 对总价格水平 a 在买者和卖者之间的再分配不敏感，那么双方之间交易的市场是单边的。相反，如果 a 保持不变而交易量 V 随 a^B 变化，那么市场是双边的④。电子书市场就是这样的双边市场结构，因此较传统印刷出版市场更加复杂(见图 6-1)。平台提供方在交易过程中起着重要作用，不仅需要提供基础设施服务，还需通过策略性的行为促成双边用户交易达成，进而构建一个运行良好的市场机制。例如在亚马逊电子书销售平台上包括消费者(买方 B)和出版企业(卖方 S)两类用户，它对每笔交易分别向买卖双方收取 a^B 和

① Rajat K. Deb, Rafael Emmanuel A. Macatangay, Sidart Deb. An Analysis of Generation Market Power in the Midwest Interconnect[J]. The Electricity Journal, 2002, Vol. 15(3): 29-40.

② 袁玮志. 寡头垄断企业限制性定价策略研究[D]. 长沙：长沙理工大学，2012：1.

③ 杨力俊，乞建勋，谭忠富，刘严. 寡头垄断市场中不同价格形成机制的市场力分析[J]. 中国管理科学，2005(1)：82-89.

④ Jean-Charles Rochet, Jean Tirole. Two-Sided Markets: A Progress report[J]. The Rand Journal of Economics, 2006(3): 645-667.

a^S的费用，且无论是买方还是卖方，其通过平台获取的收益都受另一方制约；对方的网络规模越大，自己一方的收益也越大。这也是所谓的间接网络外部性。但是，引发间接网络效应的过程是相当复杂的；影响双边市场的定价因素也较单边市场更加复杂，如其包括单边的盈利能力和捆绑销售能力等。一般来说，如果市场一方的规模能为另一方创造重要的外部性收益，那么降低规模方的价格对整个平台将是有益的。因此，电子书平台起初会采取大幅度降低电子书价格的策略，从而快速引发外部网络效应①。

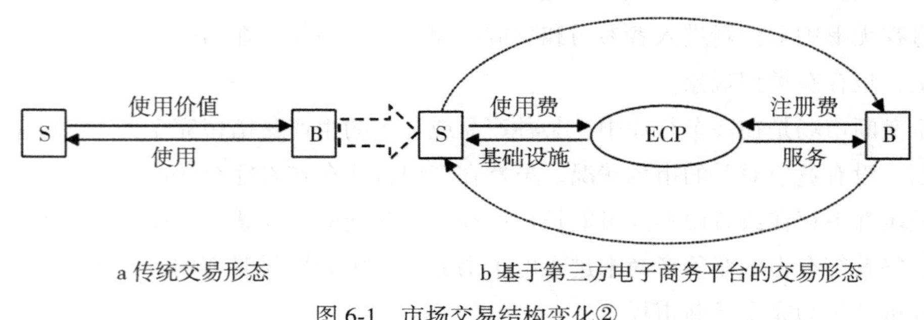

图 6-1　市场交易结构变化②

(5)用户及公众

出版企业的一切营销活动都应以满足用户需求为中心。作为企业营销的出发点和归宿，用户及其年龄、收入状况、对数字出版产品的了解程度、对数字出版产品价格的期望、对数字出版产品成本和价值的感知等因素，都将直接影响数字出版产品的定价。例如，高收入群体拥有更多可支配收入，因而对数字出版物价格的敏感程度较低。因此面对高收入用户时，出版机构一般可以采取高定价策略以获得更多收入。

公众指对企业实现营销目标有实际或潜在利害关系和影响力的团体或个人，包括媒介公众、融资公众、政府公众、社团公众、社区公众、一般公众等③。他们或多或少会对数字出版产品定价产生影响。STM 出版领域正是由于出版商没有充分考虑整个科学共同体的利益，因此遭到政府、科学家群体和学术图书馆界的集体声讨。而且，其高定价策略直接引发了开放存取(Open Access，OA)出版模式的出现。面对来自整个社群的巨大压力，STM 出版机构的态度逐渐变得更加理性，并以一种更加现实的态度采取行动，顺势而为地推出混合出版模式(Hybrid Model)以吸纳开放存取出版元素④。

① 王晓光. 电子书市场的双边结构及其定价策略研究[J]. 出版发行研究，2009(7)：45-48.

② 注：图片参考“Two-Sided Markets ：A Progress Report”一文绘制，参见：Rochet J C，Tirole J. Two-Sided Markets：A Progress Report[J]. Rand Journal of Economics，2006，37(3)：645-667.

③ 骆理学. 市场营销环境对企业的影响与对策[J]. 现代商业，2015(36)：32-33.

④ 刘锦宏. 网络科技出版模式研究[M]. 武汉：武汉理工大学出版社，2010.

6.1.2 企业内部环境因素

企业内部环境是保证企业正常运行并实现企业利润目标的内部条件与内部氛围的总和，是由相互依存、互相制约、不断变化的不同要素共同构成的系统①，主要包括组织结构、企业文化以及市场营销等要素。出版企业在制定数字出版产品价格时，必须充分考虑这些内部环境因素的影响。

6.1.2.1 企业组织结构因素

组织结构是出版企业的基本架构。它不仅是出版企业管理的要素，而且是出版企业生存和发展的重要基础。不同规模的出版企业不仅组织结构不尽相同，而且部门职能也有差异。在一些小型出版企业中，数字出版产品价格通常由企业高层管理部门制定。而在大型出版企业，数字出版产品价格通常由营销部门或产品经理确定，但财务、生产、销售等部门的负责人也对定价有一定影响力。从某种程度上说，其定价以一种集体决策的方式进行。

另外，出版企业组织结构中人力资源数量的多少以及质量的高低也会影响数字产品的定价水平。人员数量越多、产品质量越高，其付出的人力资源成本也越高。为了保证企业获得正常利润水平，其数字出版产品定价通常也较高。而对于人力资源成本较低的出版企业，则大多会采用低定价方式参与市场竞争，以获得价格竞争优势。

6.1.2.2 企业文化因素

兰德公司(Rand Corp)和麦肯锡(McKinsey Company)等咨询公司的研究都表明，企业文化是企业的核心竞争力之一。企业文化通常由企业的精神文化、制度文化、行为文化和物质文化4个层次构成，其核心是企业理念和企业价值观②。出版企业理念表现为群体的理想、信念、价值观、道德标准、心理等诸多方面，其均将影响数字出版产品的定价策略。如以公众利益为导向的出版企业在进行数字出版产品定价时，更可能采用低定价方式。而为了树立高贵、高级和高品质的企业形象，采用高定价策略是许多出版企业采用的手段和措施之一。

价值观是企业文化的核心，是把所有员工凝结在一起的精神纽带，是企业生存、发展的内在动力。企业价值观表现为经营者对企业性质、经营方式和经营目标等的取向所做出的选择。出版企业价值观的不同也会影响其数字出版产品定价的高低。如当出版企业以获得超额利润为经营目标时，在条件允许的情况下采取高定价将是其主要策略之一。而当出版企业以

---

① 罗金华. 民营企业战略性质量管理[M]. 重庆：西南财经大学出版社，2018：196.

② 朱冰柯，钱敏，田娟娟. 现代服务企业文化评价指标体系构建及实证分析[J]. 技术与创新管理，2015，36(3)：292-296+300.

扩大市场占有率为经营目标时，采取低价策略参与市场竞争则是其常用的法宝之一。

6.1.2.3　市场营销因素

影响数字出版产品定价的营销组合因素主要包括企业营销目标和营销组合策略。企业的营销目标是营销计划的核心，对营销策略和行动方案的制定具有指导作用。所谓营销目标是指企业在计划期内所要达到或实现的目标。通常，企业营销目标包括利润目标、企业形象目标和营销经验目标 3 个层次①。面对不同层次的营销目标，出版企业采用的定价策略或定价方法也会有所不同。如果出版企业的营销目标是获得经营利润的增长，那么可以采用高定价策略来确定数字出版产品价格；如果营销目标是提升企业形象，那么采用低价策略和优质服务是关键；如果营销目标是在建设和造就高素质营销人才队伍的同时，构建行之有效的营销体系，那么就应该保持价格稳定。

营销组合的构成并非一成不变。营销组合是各种营销策略的集合，包括营销活动过程的程序和方法②。作为营销策略的重要组成部分，数字出版产品的定价策略必须与产品的开发设计、发行和促销策略等相匹配，以形成合理的营销组合，打造能满足不同消费者需求的价格结构。如果出版企业拥有多个发行渠道，那么在确定数字出版产品价格时就必须考虑不同发行渠道的影响，并采取适当的价格策略。

6.1.3　数字出版产品特性

数字出版产品具有与传统出版物不同的内在特征。物理特性让数字出版产品拥有独特的成本结构，加上其自身明显的网络外部性等经济特性，传统的经济学规律并不能够完全适用于数字出版产品的定价策略③。

6.1.3.1　物理特性

数字出版产品在生产和发行等环节表现出独有的物理特性，包括可复制性、可改变性、无磨损性和产品互补性。这些物理特性不仅决定了数字出版产品的经济特性④，还是影响数字出版产品价格构成的重要因素。

(1)可复制性

由于数字出版产品的本质是信息编码，所以其存在必须依托于其他媒介，借助计算机设备将图片、文字、音频、视频等信息转化为机器能够识别的二进制代码“0”“1”后，存储在各种媒介中。因此，一旦数字出版产品的母版被生产出来，就很容易进行复制、存

① 智库百科. 营销目标[EB/OL]. [2019-07-27]. http://wiki.mbalib.com/wiki/%E8%90%A5%E9%94%80%E7%9B%AE%E6%A0%87.

② 郭贵祥，范秀成. 4P 营销组合本质的内涵论证[J]. 中国商论，2015(29)：13-15.

③ 范叶亮. 基于网络外部性的数字产品动态定价策略研究[D]. 石家庄：河北工业大学，2015：5-6.

④ 刘克兴. 动态定价与自动谈判：以数字产品为例[M]. 北京：经济管理出版社，2011：36.

储、传输，而复制成本几近为零①。目前，数字出版产品的传输大部分是通过网络下载，通过从一处存储媒介到另一处媒介的复制，完成产品的交割。易复制、易传输等物理特性直接造成了数字出版产品特殊的成本结构。

(2)可改变性

数字出版产品在生产出来之后，数字出版企业可在一定程度上对产品进行定制化和个性化处理。例如可依据用户需求，在产品基础功能之上，通过增加部分特殊功能来满足不同用户的具体要求。数字出版产品的可改变性与其可分割粒度有一定联系。可分割粒度范围大的数字出版产品更容易进行组合和个性化定制，因为数字出版企业在生产和营销时可更加灵活地对其产品打包、销售、定价，从而掌握产品定价的主动性。

(3)无磨损性

数字出版产品的无磨损性指一经生产出来，数字出版产品就能永久保持其存在形式，不会因为磨损、老化等问题降低产品使用价值。因此，数字出版产品可被用户反复使用，其具备的功能、质量不会发生变化。这一特性使数字出版产品成为“耐用品”，导致产品销售量难以增加。为此，数字出版企业只能通过低价策略或者对产品进行创新、升级来吸引用户购买。

6.1.3.2 经济特性

数字出版产品的物理特性呈现在市场上就表现为经济特性。其中有些特点虽然不是数字出版产品专有的，但在它们身上表现得十分突出，并对其价值规律产生重要影响。

(1)特殊的成本结构

数字出版产品的成本结构表现为固定成本占比极大，可变成本占比极低②。固定成本主要是在生产第一份数字出版产品时产生的，包括研发投入、开发设备等，属于沉没成本。但由于数字出版产品具有可复制的特性，所以数字出版企业再生产同一份产品的边际成本为零，且运(传)输成本极低，以致可以直接忽略。这个特点对数字出版产品定价的影响极大。从理论上看，一方面，数字出版产品拥有巨大的边际利润，只要是零以上的任何价格都有望让企业获利；但另一方面，同时又因为非法复制和传播成本极低，导致数字出版产品的价格受到冲击。

(2)网络外部性

网络外部性是由用户的规模效益造成的，因此又被称为需求方的规模经济③。这一特

① Altinkemer K, Guan J. Analyzing Protection Strategies for Online Softeware Distribution[J]. Journal of Electronic Cornmerce Research, 2003, 4(1): 34-49.

② Jain S, Kannan P K. Pricing of Information Products Online Servers: Issues, Models, and Analysis [J]. Management Science, 2002, 48(9): 1123-1142.

③ SJ Liebowitz, Stephen E. Network Externalities (Effects)[EB/OL]. [2019-07-27]. http://www.utdallas.edu/~liebowit/palgrave/network.html.

性并不是数字出版产品专有的，而是传统经济学中的外部性在网络平台中的体现。对数字出版产品而言，其对用户的价值会随着使用同一数字出版产品的用户数量的增加而变大。换言之，在网络外部性的作用下，当使用相同数字出版产品的其他用户数量增加时，用户消费该产品的效用增加，因其免费得到了数字出版产品中所蕴含的新增价值。如当消费某有声书的用户增多时，较早消费这本有声书的用户所获得的利益将随着用户数量增多而增加，因为他们可以和更多的人一起交流和联系。对数字出版企业而言，数字出版产品的网络外部性具有正反馈性；拥有一定用户规模的数字出版产品除了销量优势外，也使其具备了制定高价格的可能性。如果平台是独立的第三方企业，很多时候呈现的是一种交叉网络外部性，指的是一边的用户数量将影响另一边用户的数量和交易量。① 以亚马逊电子书销售平台为例，在亚马逊购买电子书的消费者越多，愿意将电子书投放在亚马逊的出版商以及将广告投放在亚马逊的广告商就越多。

(3)个人偏好依赖性

一般而言，用户对产品的估价和需求是决定产品价格的关键②。数字出版产品对用户个人偏好的依赖性很强。数字出版企业在制定产品价格时，应充分考虑用户的支付意愿和用户对产品定价的期望。一方面，由于数字出版产品的边际成本为零，生产母版所花费的成本虽然会对产品价格的制定产生一定影响，但与产品价格之间并没有直接联系。因此从理论上来看，基于成本的定价方式是行不通的。另一方面，同一数字出版产品对不同用户的价值和用途不同，支付意愿也会有所不同。数字出版企业可针对不同用户的不同需求进行产品的差别定价，并依据用户的边际支付意愿来制定产品价格。

总之，影响数字出版产品定价的因素多种多样，出版机构在确定数字出版产品价格时必须充分考虑这些因素的影响，以制定科学、合理的产品价格，以便在激烈的市场竞争中获得竞争优势。

6.2 价格构成

学界早就从不同角度对信息产品价格的形成基础进行了论述，并形成了不同的理论和观点，包括价值价格论、效用价格论、供求价格论等。其主要观点虽然都具有一定合理性，但都错将信息产品价格的影响因素视作决定因素，因此在实践中有很大的局限性或几乎没有使用空间，并不能作为包括数字出版产品在内的信息产品定价的理论基础。本节将从数字出版产品价格的本质出发，探讨数字出版产品价格的构成及其形成基础。

---

① 单姗. 交叉网络外部性与平台竞争的模拟分析[J]. 统计与决策，2017(10)：63-65.

② Gennadi kazakevitch，Luba Torlina. Market Structure and Competition in the Digital Economy[C]. Global Co-Operation in the New Millennium. The 9th European Conference on Information Systems. Bled，Slovenia，2001：808-817.

6.2.1 价格的本质

马克思在对价格问题进行探究后认为："价格作为商品价值量的指数，是商品同货币交换比例的指数。"①其中表现着一种必然的、在商品形成过程内在的同社会劳动时间之间的关系。这为我们准确把握数字出版产品价格的本质和定义提供了科学的理论依据；但是，仍需结合数字出版产品从生产到发行的各个环节，来理解数字出版产品价格的构成。

6.2.1.1 价格的含义

从价格是价值的货币表现这一主张可以推断出，数字产品价格可被视为数字产品价值的货币表现。这一说法描述了数字出版产品价格与产品价值之间的一种内在联系，因为一般商品存在随时间推移、新产品的出现等，致使其价格也随之降低或变为零的现象②。这一点在数字出版产品身上也会发生。但是，数字出版产品价格和数字出版产品价值是不同的概念；两者不可混淆，也不能互为定义。价值与价格之间的关系表现为数字出版产品同在它之外存在的货币商品的交换比例；这一比例大致可表现为数字出版产品的价值量。在一定条件下，数字出版产品就是按这种较大或较小的量来让渡的。因此，数字出版产品价格和价值之间量不一致的可能性，或者价格偏离价值的可能性，已经包含在价格形式中。

数字出版产品价值是在其生产阶段就形成的③，可将其定义为生产该数字出版产品所需(或消耗)的社会必要劳动时间。而数字出版产品的价格则是在交换过程中产生的，其定义应该是，在市场交易中形成的表明单位数字出版产品交换价值的实际货币量，即成交价格④。数字出版产品买方标价和卖方出价都是为保证各自的最大利益而确定的，并不一定是数字出版产品的最后价格。

6.2.1.2 数字出版产品量的衡量

由于数字出版产品并不像实体物质商品那样明确，衡量尺度很难把握。例如，物质商品有克、公斤等重量单位和毫升、升等容积单位可直接用于物质商品价格中的数量计量。虽然也有比特这样的测量单位可计量数字出版物，但由于它作为产品或服务时的不可分割性，不能给每比特数字出版产品的价格定下是多少货币量，例如用户大多数情况下无法按照比特单位来购买某本电子书。因此，比特往往不用于电子书等数字出版产品交易中的定量。目前，适用于数字出版产品的单位包括套、件、部、本、章节、集等交易单位。例如豆瓣读书 APP 上的原创小说，收费章节按每章收费，读者可选取某一章节进行付费或批

① 马克思恩格斯全集(第 23 卷)[M]. 北京：人民出版社，1985：119-120.

② 刘培刚. 论信息商品的价格及其形成基础[J]. 情报理论与实践，2003(3)：213-216.

③ Mowshowitz A. On the market value of information commodities. III. Demand price[J]. Journal of the American Society for Information Science，1992，43(3)：242-248.

④ 刘培刚. 论信息商品的价格及其形成基础[J]. 情报理论与实践，2003(3)：213-216.

量购买，价格的高低一般根据章节字数来制定；喜马拉雅有声书平台上的付费有声书按本收费，非会员用户可购买和收听自己喜欢的有声书，会员用户可直接享受部分付费内容。一般而言，有声书的价格是依照时间长度制定的，根据 Audible 的规定，10～20 小时的内容定价为 20～30 英镑。每本有声书的定价是由零售商而非作者或出版商决定的。[①]

其次，数字出版产品价值与其物质载体价值没有量的必然联系。物质商品价值量的大小可以表现为两种相交换商品量的比例，但数字出版产品价值量的大小并不取决于载体量的多少，相同数量的信息载体可以记录价值大小不一的各种内容。

再次，数字出版产品的价值在使用过程中还会发生变化。一般物质商品是在交换过程中实现价值，在使用中转移价值，且价值不会发生改变。数字出版产品同样需要在交换和使用中实现、转移价值；但是，它的特点是使用越多，用户规模越大，其所蕴含的价值量就越大。

6.2.2　成本分析[②]

通常，数字出版活动可以细分为生产、复制、发行和出版支持等。在这几类出版活动中，始终都伴随着出版成本的发生。因此，数字出版产品的成本构成可划分为生产成本、复制成本、发行成本和出版支持成本 4 类。

6.2.2.1　生产成本

数字出版产品的生产成本指的是生产数字出版产品所耗费的全部费用。生产不同类型的产品所包含的费用类型也会有所不同。例如，电子书生产成本一般包括正文处理成本和辅文处理成本。其中，正文处理工作主要包括编辑策划或审核、同行评议、编辑与校对、排版(包括印刷型文献的数字化)、特殊图表处理等。这些工作的根本目的是制作完成数字出版物“母版”，为后续复制和分销作好准备。为与这些工作相关的活动支付的所有费用共同构成数字出版物的正文处理成本。因此，正文处理成本包括作者稿酬、编辑审议和同行评议成本、编辑和校对成本、排版成本、图表处理成本、文稿接收与传递成本等。除了正文以外，电子书还包括封皮、书名页、版权页、目录、参考文献、索引等辅文；这些非正文内容的处理也需要费用支出。在生产过程中，处理辅文的成本称为辅文处理成本，主要包括封皮处理成本、辅文编辑和校对成本、辅文排版成本等。但如果是生产一套 VR 出版物，生产成本就会包括媒体素材开发费用、素材管理费用、场景设计费和程序测试费等。

6.2.2.2　复制成本

正如普通纸质图书的销售需要大量印刷一样，数字出版产品的销售也需要对出版物进

---

① 王睿. 浅述欧美有声书产业的发展情况[J]. 中国编辑，2017(7)：68-73.

② 本小节内容根据《基于数字出版的科学交流系统成本收益模型》一文修改，参见：刘锦宏. 基于数字出版的科学交流系统成本收益模型[J]. 图书情报知识，2009(1)：65-70.

行复制或拷贝，使数字出版产品能凸显其对用户的吸引力；在这一过程中发生的成本称为复制成本，主要包括包装(packaging)成本、拷贝成本和按需印刷成本等。对数字出版产品来说，首先包装工作有助于推进数字出版产品的生产、销售和传播工作，对包装内容的谋划不仅会影响用户对数字出版产品的接受程度，还会直接影响数字出版产品的定价。其次，由于载体和产品形态不同，其产品包装的制作成本和拷贝成本也有所不同。例如，网络小说等网络出版物一般不需要外包装，因而其包装成本和拷贝成本几乎为零。而与其他数字出版形式相比，按需印刷出版物的载体是纸张，因而其复制成本则相对较高。

6.2.2.3 发行成本

数字出版产品在发行过程中会发生运输费用或网络传输费用等相关费用。这些费用支出统称为数字出版物的发行成本，主要包括封装成本、标签成本、运费或传输费成本、订阅客户维护成本等。其中，出版商通过向老客户发送电子邮件、印刷广告等方法来促销，以吸引他们再次购买相关数字出版产品；这一过程中发生的费用支出称为订阅客户维护成本。为了吸引老客户继续购买产品，数字出版机构在订阅客户维护上不惜投入重金；因此这一成本一般都比较高。例如，国外每种学术期刊的订阅维护费用大约为 7 美元①，可见出版商对老客户的重视程度。

6.2.2.4 出版支持成本

数字出版活动离不开财务、技术、销售和管理等部门的支持与帮助，更离不开数字出版软硬件的投入。出版机构在这些方面的费用支出统称为出版支持成本，其主要包括基础设施投入成本、管理成本、财务成本等。数字出版机构的基础设施投入主要包括计算机等硬件设备的购买和维护、数字出版系统的购买及维护、办公用品的购买和维护、生产及办公场地的建设或租用等。管理成本是指数字出版机构为了组织和管理生产经营活动所发生的费用，主要包括办公费、咨询费、研发费、公司经费、管理人员工资等。销售成本是指在数字出版产品销售过程中所产生的费用，主要包括广告费、差旅费、展览费、销售人员工资等。财务成本是指数字出版机构为筹集生产经营所需资金而发生的各项费用，主要包括利息支出、金融机构手续费、筹资担保费以及筹资过程中发生的其他费用等。

6.2.3 价格形成机理

一般来说，成本、市场需求和市场竞争状况是影响数字出版产品定价的主要因素。其中，成本是数字出版产品价值的基础，决定数字出版产品价格的最低限；市场需求影响顾客对数字出版产品价值的认识，决定数字出版产品价格的上限；市场竞争状况则最终左右

---

① Donald W. King, Carol Tenopir. Economic Cost Models of Scientific Scholarly Journals[EB/OL]. [2019-07-29]. http://www.bodley.ox.ac.uk/icsu/kingppr.htm.

着数字出版产品的市场价格。数字出版产品价格形成过程如图 6-2 所示。

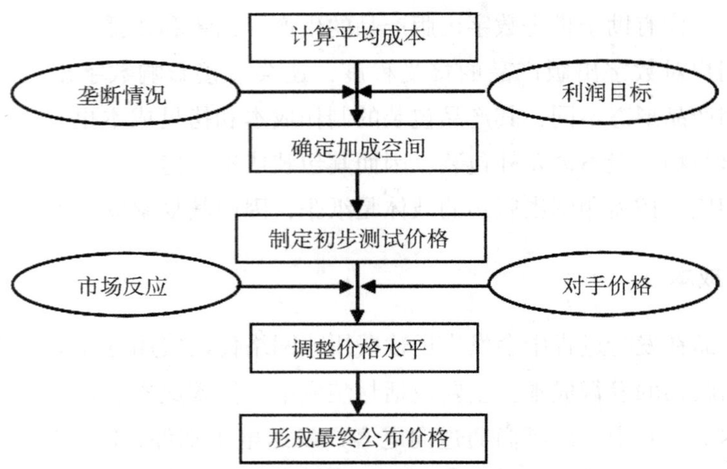

图 6-2　数字出版产品的价格形成过程①

首先，出版企业应在预测数字出版产品销售规模的前提下，综合数字出版产品开发、生产过程中的各种投入，计算出数字出版产品的平均生产成本。其次，根据该产品和本企业在市场上所处的地位以及对利润的预期，确定价格加成比例，并初步制定数字出版产品的测试价格。再次，根据市场反应情况以及竞争对手价格等市场情况对数字出版产品价格进行调整，最终确定市场销售价格。需要说明的是，数字出版产品通常不是成本决定价格，而是产品对用户的价值(或效用)决定价格②。用户对产品价格的接受程度直接影响数字出版产品的价格水平。

6.3　价格策略

面对激烈的市场竞争，企业往往通过提供具有吸引力的产品组合、有竞争力的价格、舒适的购物环境以及其他一系列服务和促销来吸引消费者关注；其中，定价策略对消费者行为的影响最大③。因此，对出版企业来说，科学、合理地选择定价策略是其参与市场竞争的关键。本节将在分析出版企业价格目标和探讨数字出版产品价格的基础上，阐述数字出版产品的定价策略选择。

---

① 注：根据《信息商品定价策略分析》中的图片修改所得，参见：司辉，许炜. 信息商品定价策略分析[J]. 图书情报知识，2006(3)：79-82.

② 王晓玲，孙德林. 数字产品及其定价策略[J]. 当代财经，2003(12)：17-19.

③ Paul Marinescu，Niculae Sabin Mihai，Sorin Toma. Pricing Strategy Used as a Tool for Building Customer Satisfaction in the Retail Sector[J]. Annals of Faculty of Economics，2010，Vol. 1(2)：1122-1127.

6.3.1 价格目标

价格目标是企业整体营销战略在价格上的具体反映和实现，直接影响着产品最终的市场价格①。不同企业或不同时期的同一企业会因市场环境不同而采用不同的定价目标。数字出版企业的定价目标直接影响数字产品的价格。具体来说，数字出版企业的定价目标主要包括利润目标、市场份额目标、价格竞争目标、用户满意目标等。

6.3.1.1 利润目标

数字出版机构要想实现长期、稳定和可持续发展，通过销售产品或服务获得经营利润是最根本的手段和途径之一。因此，通过合理的产品或服务定价来获取利润是出版企业从事数字出版活动的重要目标。数字出版产品定价的利润目标通常包括以下3种。

(1)以获取投资收益为目标

投资的基本目标是获取收益；因此，投资人从所投资公司股份中获得收益是其永恒目标②。一般来说，对于拥有雄厚资金和丰富资源支持的企业，不急于在短期内获取投资收益；而是致力于获取创新知识、先进技术等战略性资源，这有助于提升企业的创新绩效和未来竞争能力，以及获取丰厚的投资收益。③ 目前，虽然数字出版已经呈现良好的发展态势并具有一定盈利能力，但迄今为止数字出版投资仍具有较大风险。因此，在进行数字出版产品定价时，投资人大多首要考虑如何通过合理定价来获得投资收益，收回投资成本。

所谓数字出版产品投资收益定价目标，是指出版企业在一定时期内能够收回数字出版投资成本并获得预期投资回报的一种定价目标。采用这种定价目标的出版企业一般根据其确定的投资收益率来计算数字出版产品的定价。从财务评价角度出发，一般营利性数字出版投资项目，其长期基准投资收益率应大于同期金融机构贷款利率；否则，企业会因无利可图而不进行数字出版项目的投资。需要说明的是，虽然理论上投资收益率与投资回报成正比；但是出版机构的投资收益率也不应定得太高。原因在于高投资收益率意味着产品价格高昂，如消费者对此难以接受，就会影响数字出版产品销售，进而影响企业利润的获取。

(2)以利润最大化为目标

利润最大化一直是企业经营的目标之一。企业从事生产经营活动不仅要获得利润，而且要获得最大利润。所谓最大利润定价目标，是指企业追求在一定时期内获得最大利润额

① 李婷. 企业定价目标对价格的影响分析[J]. 山西农经，2019，242(2)：47.

② Vilija Aleknevičienė, Povilas Domeika, Dalia Jatkūnaitė. The Development of Company Dividend Policy in Respect of Profit Distribution Priorities[J]. Economics of Engineering Decisions, 2006, 50(5)：17-25.

③ 王泽宇，刘刚，梁晗. 中国企业对外投资选择的多样性及其绩效评价[J]. 中国工业经济，2019(3)：5-23.

的一种定价目标①。在数字出版领域，尤其是 STM 出版领域，利用高定价获得最大利润一直是出版机构采用的策略之一。爱思唯尔(Elsevier)、威利(Willy)等 STM 出版机构动辄上万美元的期刊年订阅价格是其获得高额利润的保证。

出版企业的最大利润不仅有长期最大利润和短期最大利润之分，而且有单一数字产品最大利润和全部数字产品最大利润之分。追求最大利润方式的不同会导致数字产品定价策略或方式的不同。通常，出版机构应追求长期的、全部产品的最大利润，以实现长期、稳定、可持续的发展目标。另外，对最大利润的追逐并不意味着出版机构要采用高定价方式；通过低价方式来提高数字出版产品发行量，也可以保证出版机构获得高额利润。如在亚马逊付费音乐排行榜前 20 位的歌曲中，许多价格均在 2 美元以内②。惊悚小说家约翰·洛克(John Locke)以 99 美分的价格在亚马逊上发行以前任中情局刺客为主线的系列小说，当月下载量达到 36.9 万次，他从亚马逊获得的出版收入累计达到 12.6 万美元③。

(3)以获取合理利润为目标

合理利润是指企业的产品和服务获得市场认可的利润水平。它不应该简单地从绝对额的角度去讨论，而应该是个相对数。其真实内涵是股东权益报酬率，即企业在一定时期内的净利润对净资产的比率。④ 出版机构要想获得长期、稳定和可持续的发展，在经营期间通过合理利润定价目标获取应该获取的、市场认可的利润水平是关键。

为了减少市场竞争风险，大部分出版企业在数字出版产品定价时可以采用“‘成本’+‘合理利润’”的方式来确定产品价格。但是，“合理利润”目标的确定要以用户认可为基准，否则必然会导致用户的抵制。跨国 STM 出版机构凭借垄断地位提高出版物价格的做法，被公众认为越过了“合理利润”的目标，从长远来看出版商的经营利润有可能会因此受到影响。

6.3.1.2　市场份额目标

市场如战场，面对激烈的市场竞争，企业要想提高市场份额非常困难。为此，企业通常采取包括定价在内的多种策略和措施。所谓提高市场份额定价目标，是指出版企业把提高和维持其数字出版产品市场份额作为目标，主要包括以下两种方式。

(1)价格由低到高

在产品质量大致相同的情况下，采用低价参与市场竞争是企业常用的竞争手法之一。企业采用由低到高定价的目的是期望通过以低于竞争对手的价格来吸引更多消费者的关

① Wikepedia. Pricing objectives[EB/OL]. [2019-07-30]. http://baike.baidu.com/view/581510.htm.

② Amazon Music. Best Sellers in Songs [EB/OL]. [2019-07-29]. http://www.amazon.com/gp/bestsellers/dmusic/digital-music-track/ref=pd_dp_ts_dmusic_1.

③ 腾讯科技. 1 美元电子书受宠，出版商与亚马逊存定价争议[EB/OL]. [2019-07-31]. http://www.chinaz.com/news/2011/0421/173911.shtml.

④ 刘建青，邓家姝. 论经济增加值对股东权益报酬率指标的修正[J]. 商业时代，2011(3)：60-61.

注，以迅速提高市场占有率；待占领市场后，再通过产品升级或服务质量改进等措施来逐步提高产品销售价格，以便在占领市场的同时获得更多利润。

爱思唯尔、施普林格·自然(Springer Nature)、中国知网等 STM 出版商是采用该定价目标的典型代表。在销售数据库产品时，这些出版商通常以免费或较低价格让客户试用，等客户对产品和服务形成依赖后再持续提高价格以获得高额利润。如从 2000 年起，中国知网的订阅费用逐年攀升，2018 年全年收入超过 10 亿元，毛利率高达 60%以上；很多高校曾因知网连年上涨的价格而发出停止订阅知网的声明。美国加州大学曾因高昂的订阅费用终止了与爱思唯尔的合作①。

(2)价格由高到低

虽然大多数企业希望通过低价竞争来获得更大的市场份额；但在某些竞争不激烈的细分市场，企业还可以采用价格由高到低的策略来参与市场竞争。采用该定价方式的目的是在产品刚进入市场时利用价格需求弹性不充分或市场竞争不激烈的特点，以高价刺激用户需求，尽可能快地获取利润。当市场竞争趋于激烈时，企业逐步降低价格以赢得竞争主动，在打击竞争对手的同时扩大产品销量，提高市场占有率。

在电子书出版市场，关于电子书定价高低的争论持续了很久。传统观念认为无论图书定价高低，图书销量大体保持不变，因而将电子书价格确定为 14.99 美元肯定比 2.99 美元能带来更多销售收入。然而，电子书的冲动购买特点改变了这一观念。电子书定价的高低直接影响电子书销量。目前国外电子书市场上，由高到低的定价方式较为盛行。在亚马逊或豆瓣读书等平台的电子书特价专区中，会将一部分原先定价较高的电子书进行大幅度降价促销；降价之后，电子书的销量往往会迅速上升。

6.3.1.3　价格竞争目标

出版企业在经营过程中对市场竞争都十分敏感，对价格竞争尤甚。价格上的任何一点风吹草动都会引起企业警觉。也因如此，企业在确定产品价格时往往首先考虑市场竞争问题。所谓市场竞争定价目标，是指企业在确定数字出版产品或服务价格时以竞争对手的产品或服务价格为基准，通过确定具有竞争力的价格去参与竞争，其主要形式包括以下 3 种。

(1)稳定价格

数字出版产业要想保持长期繁荣的发展态势，避免激烈的价格竞争是关键之一。由亚马逊、苹果等企业引发的价格战虽然刺激了消费者的消费热情，但从长远来看这种价格消耗战并不能促进数字出版产业的繁荣与发展。因此，在数字出版产业发展过程中，应避免企业间发生针锋相对的激烈价格竞争，出版企业多采用稳定价格的定价目标，以促进产业

① 任翔. 开放获取博弈与出版变局：2018 年欧美学术出版发展评述[J]. 科技与出版，2019(2)：6-12.

的良性发展。

理想的做法是，当数字出版产业中占主导地位的企业确定一个相对稳定的产品价格时，其他企业根据适当比例确定产品价格以维持行业价格稳定，避免因价格竞争给企业和产业带来不必要的冲击。对于主导企业来说，应根据行业认可的价格标杆来确定数字出版产品价格；对在市场竞争中处于劣势的出版企业来讲，应采用与主导企业产品价格保持合理差距的方式确定数字产品价格，以保持整个行业价格水平的稳定。在常规市场上，这种定价目标对上述两类企业而言都是稳妥的。

(2)跟随定价

当无法测算成本或竞争对手难以确定时，出版企业可以根据数字出版产品的平均价格或产业中竞争实力最强企业的产品价格来确定其产品价格，以减少风险，规避竞争。当行业或主要竞争者涨价或降价时，企业也参照其涨价和降价的幅度进行适当的价格调整。这种以瞄准行业均价或主要竞争者价格为目标的定价方式就是跟随定价。通常，中小型数字出版企业可以采用该定价目标。

在泛数字大众出版产业中，大多数内容平台采用跟随定价方法确定产品价格。如国内3大视频网站爱奇艺、优酷、腾讯视频纷纷效仿奈飞(Netflix)对用户进行收费。虽然内容上都有各自特色，但针对会员的收费大致相同，标准一般为每个月会员费在20元以内，每年约200元。

(3)竞争定价

当数字出版机构具备强大的实力和优越的条件时，可以采用价格竞争方式挑战竞争对手，以获取更大市场份额。当出版企业以竞争定价为目标时，通常可以采用打击定价、特色定价或阻截定价等方式来参与市场竞争。当企业产品比竞争对手有竞争优势时，可以采用高定价方式参与市场竞争，以获得较高收入；当企业意图防止其他竞争者进入相关市场时，像亚马逊这样实力较强的企业可以采用低于竞争对手的价格来主动打击对手，以阻截竞争者进入或迫使竞争者因无利可图而退出竞争。京东商城和亚马逊中国发起的电子书“低价风暴”，使得两者在激烈竞争的同时，也在一定程度上阻止了其他企业进入电子书市场。

6.3.1.4 用户满意目标

从长远来看，出版企业的定价目标都限定在“企业利润最大化”“提高市场占有率”等范围之内。很多出版企业形成了一套自己的定价机制，并据此确定数字出版产品价格。但是，随着市场环境变迁以及用户消费行为的改变，定价策略是否成功往往取决于用户对数字出版产品价格的接受程度。因此，出版企业在确定数字出版产品价格时，一定要考虑用户意愿和接受能力，把用户放在首要位置，以用户满意为定价目标。如果数字出版产品定价不能让用户满意度最大化，那么企业其他的营销努力将很有可能付诸东流。

用户是出版企业最重要的资源，也是最重要的战略性资产。出版企业要想赢得和维系用户，唯一途径就是让用户满意以至于忠诚。关于顾客(用户)满意，营销大师菲利浦·科特勒(Philip Kotler)认为它“是指一个人通过对一个产品的可感知效果与他的期望值相比较后，所形成的愉悦或失望的感觉状态”。① 理想情况下，企业不断寻求反馈以提高客户满意度②。也就是说，用户满意是可以把握的，当满意效果低于用户预期，用户就会不满意；当满意效果与用户预期相匹配时，用户就会满意；当满意效果高于用户预期，用户就会高度满意。用来衡量用户满意程度的指标是用户满意度，指用户或用户接受产品或服务的实际感受值和其期望值相比较的程度③。由于用户需求多样性以及价格敏感性的存在，在实际营销过程中出版企业应针对数字出版产品用户群体的不同，在明确特定用户群体消费需求和消费特点的前提下制定行之有效的定价策略，以切实提高用户满意度。

6.3.2 价格理论

虽然数字出版产品的特殊性使得传统价格理论不再完全适用；但经济学中关于价格的理论成果十分丰富，其对现实中数字出版产品价格的解释上还是相当有说服力的。目前，关于数字出版产品等信息商品的价格理论主要包括效用价格论、供求价格论、价格歧视论等。

6.3.2.1 效用价格论

效用价格论认为数字出版产品的价格主要由产品使用后可能或实际产生的效用来确定。使用这一数字出版产品的预期收益(或损失)与不使用的预期收益(或损失)之差就是数字出版产品价格的最高值。

$$P(I) \leqslant \sum_{i=1}^{n} P_i J_i - \sum_{R=1}^{m} Q_R H_R \tag{6-1}$$

如公式(6-1)所示，Q_R指使用数字出版产品 I 前事件发生的概率，H_R指使用数字出版产品 I 前的可能收益，P_i是使用数字出版产品 I 后事件发生的概率，J_i是使用数字出版产品 I 后的可能收益。也就是说，数字出版产品的价格可随其效用增加而上升，反之则下降；因此，数字出版产品的效用构成其定价的基础。但由于同一数字出版产品对不同用户的效用是不同的，如果使用效用价格理论作为实际定价依据，数字出版企业需要拥有大量用户数据并具备高超的数据分析能力。

6.3.2.2 供求价格论

供求价格论认为市场供求关系决定数字出版产品的价格。但一般单个数字出版产品提

① 菲利浦·科特勒，等. 营销管理：分析、计划、执行和控制[M]. 上海：上海人民出版社，1997：35-41.

② Wikipedia. Customer_ Satisfaction[EB/OL]. [2019-07-29]. https://en.wikipedia.org/wiki/Customer_satisfaction.

③ 刘婷，姜瑛. APP 软件的用户满意度模型研究[J]. 信息技术，2019(2)：14-18，24.

供商没有左右价格的能力，而只能是价格的被动接受者。相较于传统出版产品，由于产品生产方式、产品形态、市场环境不断演变，数字出版产品的可变成本受到来自市场上更多、更复杂的要素影响①；这也使其价格很大程度上会受到市场宏观形势的影响。此外，在一定市场周期内，数字出版产品价格是离散的。也就是说，数字出版产品市场的价格情况会出现失衡现象。② 如各电子书销售平台为了提升销量和用户流量，开展大规模低价销售活动。亚马逊平台的Kindle电子书准确地反映这一点。

6.3.2.3　价格歧视论

价格歧视理论指企业以不同价格把同一类型产品卖给不同的顾客③。一般价格理论都假定市场上的用户是同质的(homogeneous)，但在现实的数字出版产品市场上，通常情况下用户是异质的(heterogeneous)。用户会因为个人偏好的差异而对同一数字出版产品有不同的评价，其可以接受的价格水平也不相同，即留存价格(reservation price)高低不一。这是数字出版企业对产品实行有差别价格策略的基础；如此，有助于实现利润的最大化。但是，这种差别价格策略也造成了对消费者形成剥削的情况，如“大数据杀熟定价”，用户行为、偏好等数据被搜集和分析之后，部分企业对新老客户实行差别定价——同样的产品或服务，老客户看到的价格反而比新客户贵出许多。从理论上看，如果合理运用技术手段和差别价格策略，对于优化资源配置和提升用户满意度是有积极作用的；数据和算法不应成为价格操纵的帮凶。④ 当两种或以上相近的数字出版产品在与边际成本有不同比率的价格水平上出售时，也是价格歧视。如公式(6-2)所示，P_1、P_2分别代表2种数字出版产品的价格；MC_1、MC_2分别是2种数字出版产品的边际成本。

$$\frac{P_1}{MC_1} \neq \frac{P_2}{MC_2} \tag{6-2}$$

价格歧视论不适用于完全竞争市场，因为存在许多出售相同类型数字出版产品的企业；其中很少有企业会愿意向用户收取低价格，而会以市场价格出售其数字出版产品。因此，对一个打算实现价格歧视的企业来说，首先它需要具有一定的市场控制力量。下文将详细说明具体策略。

6.3.3　价格策略选择

数字出版产品所具有的开发成本高、边际成本低的成本特点以及数字出版市场所具有的垄断性市场特征共同决定了其可以采用多种形式的定价策略。总体来说，数字出版产品

① 杨志辉，尤传豹. 学术期刊市场供给改革与创新发展——基于供求关系视角的研究[J]. 编辑之友，2017(12)：29-33，43.

② 李可可. 网络市场价格离散现象的研究[J]. 现代营销(信息版)，2019(12)：49-50.

③ 曼昆. 经济学原理(上)[M]. 梁小民，译. 北京：北京大学出版社，1999：334-335.

④ 刘辉. 大数据金融算法的法律规制[J]. 财经理论与实践，2021，42(2)：148-154.

定价策略主要有差别定价策略、捆绑定价策略、用户主导定价策略和价值取向定价策略等策略。

6.3.3.1 差别定价策略

由于市场上存在不同的用户群体、不同的消费需求和偏好，所以出版企业可以根据需求差异实施差别定价策略，建立多重价格体系以获取最大利润。所谓差别定价策略是指同一种数字出版产品或服务针对不同用户、不同市场、不同时间等因素制定不同销售价格的策略，主要包括以下 4 种类型。

(1)以用户为基础差别定价

以用户为基础的差别定价策略是指出版商把同一种数字出版产品或服务按照不同价格销售给不同客户的定价策略。该策略要求出版企业基于数字出版产品的成本结构特征，在充分考虑数字出版产品对不同用户具有不同使用价值的基础上，针对不同客户使用频率、下载数量等指标的异同来制订不同的销售价格。例如，爱思唯尔的 Science Direct 数据库就采用该策略，针对不同的图书馆客户收取不等的订阅费。又如，在国际会议上发表一篇会议论文，会员和非会员、学生和非学生作者需要支付的金额也是有差异的。

(2)以产品为基础差别定价

以产品为基础的差别定价策略是指出版企业将相同的信息内容制作成不同的出版物形式，并制订不同价格进行销售的定价策略。虽然不同形式的数字出版产品在制作成本上存在一定差异，但企业定价时并不考虑成本差异，而是考虑不同产品形式对用户吸引程度的差异。由于出版物载体的多样性，出版机构可以将相同的信息内容制作成具有不同产品形态的数字出版物并以不同价格进行销售。在数字出版市场中，出版企业经常将相同的图书内容分别制作成电子书和有声书并分别定价销售，部分有声书的价格远远高于电子书。

(3)以地点为基础差别定价

以地点为基础的差别定价策略是指出版企业对不同位置或不同地点消费的数字出版产品或服务制订不同价格进行销售的定价策略。由于各地市场竞争激烈程度以及税收水平等的不同，出版企业经常将同一种数字出版产品以不同价格在不同地区进行销售。需要说明的是，使用该策略时即使每个地点的产品或服务成本相同，其数字出版产品定价也不同。例如，不同国家和地区的个人用户同时订阅《自然》(*Nature*)杂志的网络版和印刷版，其每年支付的订阅费用也不同。

(4)以时间为基础差别定价

以时间为基础的差别定价策略是指出版企业对不同时期的数字出版产品制定不同销售价格的策略。当一种数字出版产品的价值随着时间推移而改变或受促销等因素影响时，出版企业或销售商可适时调整销售价格以适应市场竞争需要。例如，随着开放存取运动的影响力逐步提高，国外很多 STM 出版商在其出版物销售几个月后(有的甚至是同时)就会以免费方式向用户提供开放存取服务。又如对于网络游戏产品，在产品上线初期可以采取低价方式吸引更多玩家加入，随着产品逐步成熟和忠诚用户增多，厂商可以通过提高价格的方式来获取更多收入。

6.3.3.2　捆绑定价策略

捆绑定价(Big Deal)策略是指将两个或者多个不同的数字出版产品或服务组合在一起进行定价销售的策略①。由于这一策略不仅可以充分发挥数字出版产品的边际成本优势，给出版企业带来更多经营利润，而且能使出版企业、发行商和用户都获得一定程度的便利，因而广受出版企业欢迎。捆绑定价时，一般将具有一定关联性和相似目标市场定位的数字出版产品捆绑在一起定价销售。目前，数字出版产品的捆绑定价策略主要包括以下两种方式。

(1)纯捆绑定价

纯捆绑定价策略是指出版企业将所有数字出版产品捆绑在一起进行定价，且其任何组成部分不再单独定价的策略。一本数字杂志可以被看成若干文章的捆绑。只要出版商不提供单篇文章销售，那么对该刊的定价策略就可以视为纯捆绑定价策略。如有些期刊会在网上提供整本期刊的电子版且不提供单篇文章下载服务。同样，当论文、期刊、图书等资源不再独立销售，出版商将其打包为数据库统一销售给客户时，其定价也属于纯捆绑定价策略。再如，《大不列颠百科全书》站点的用户付 5 英镑 1 个月或者 50 英镑 1 年就可以完全获取其内容，这也是一种捆绑定价②。

(2)混合捆绑定价

混合捆绑定价策略是指在捆绑定价的同时还允许组成部分单独进行定价销售的策略。事实上，爱思唯尔等大部分 STM 出版商采取混合捆绑定价策略进行产品推广和销售。通常，它们在提供网络科技期刊订阅服务的同时也提供单篇论文的下载服务；在向图书馆等馆藏机构打包销售网络科技数据库的同时也向个人用户提供单篇论文、单本期刊、单本图书甚至某个产品部分内容的销售业务，以获得更多商业利润。

6.3.3.3　用户主导定价策略

在传统的捆绑定价决策中，出版企业不仅需要决定捆绑产品和服务的价格，还要确定捆绑的内容，而基于用户个性化需求的定价策略将出版商从捆绑内容的决策中释放出来，使其专注于定价决策③。所谓用户主导的定价策略是指出版企业根据用户对数字出版产品的认知价值来确定其价格，或由用户决定所购数字出版产品价格的策略。目前，出版企业通常采取以下两种方法实施用户主导的定价策略。

---

① 刘锦宏. 国外网络科技出版物的定价策略研究[J]. 科技与出版，2009(11)：3-6.

② 徐丽芳. 网络出版的定价模式研究[J]. 出版发行研究，2004(3)：58-61.

③ 张宇，唐小我. 在线信息产品定价策略综述[J]. 管理学报，2006(3)：239-252.

(1)定制定价

作为个性化服务的重要组成部分，按照用户需求进行定制生产是数字出版企业满足用户个性化需求的基本形式。为此，出版企业生产并单独定价销售用户所定制的数字出版产品的策略称为用户定制定价策略。在数字大众出版领域，很多出版企业允许用户对其出版的数字内容进行个性化挑选，然后再定价销售。在数字学术出版领域，像中国学术期刊前沿网等众多订阅收费出版企业也都开始尝试这种策略为用户提供个性化服务。又如，数字内容提供商 XanEdu 与多家出版商签订了合作协议，利用其个性化教材定制服务平台 AcademicPUB 向用户提供教材的个性化定制出版服务，如今，XanEdu 每年的服务对象包括 1000 家以上的机构和 60 万名学员。① 通过该平台，用户可以根据需要重组和聚合不同出版商的数字内容，形成所需要的个性化数字出版产品。在出版物最终完成前，提供产品的在线预览还有相应的价格标识供用户选择，用户最后根据选择的内容支付相应费用。

虽然个性化数字出版产品定制可以提高用户感知的消费价值和企业的经济效益。但由于该策略还处于发展初期，出版机构所能够提供的个性化定制内容还比较少。例如，很多电子书基本还未实现按章节定价销售的做法；即使在明显存在定制需求的学术专著出版领域也是尚未完全普及。显然，目前用户还只能在有限范围内进行定制；所以该定价策略对数字出版企业实际营业收入的贡献还比较小。

(2)拍卖定价

经济学理论认为市场要想形成最合理价格，拍卖竞价是最有效的手段之一。拍卖定价策略是指出版企业将数字出版产品用拍卖方式由用户公开叫价进行竞购的一种策略；公开竞价方式可以将数字出版产品卖给最高应价者。这种在买方标价基础上进行定价的方式具有决定资源配置和资源价格的明确规则②。在国内外拍卖网站上，一些出版机构都曾尝试实施该策略，以期进一步扩大市场影响力。如巴诺书店(Barnes & Noble)曾在 eBay 平台上开设从事产品拍卖的专门店③，拍卖产品包括电子书、音乐产品、DVD、游戏等众多品类。

6.3.3.4 价值取向定价策略

用户都希望自己购买的数字出版产品能够物有所值，或能从所购买的数字出版产品中获得最大价值。因此，用户对数字出版产品的价格都非常敏感。对某些用户来说，低价格就意味着高价值，所以数字出版产品价格越低越好；而对另一些用户来说，只要数字出版产品从质量和服务来看都值得购买，那么价格高一些也没有关系。这种以用户对数字出版

---

① SharedBook. Seventeen Years, and Millions of Learners[EB/OL]. [2021-08-12]. https://www.sharedbook.com/about-us.

② 普雷斯顿·麦卡菲. 竞争性解决方案——战略家的工具箱[M]. 上海：上海财经大学出版社，2010：13-20.

③ Ebay. Barnes and Noble Store[EB/OL]. [2019-07-30]. http://stores.ebay.com/Barnes-and-Noble-Store.

产品价值期望为标准来确定其价格的定价策略称为价值取向定价策略，主要包括 4 种方式。

(1)撇脂定价

撇脂定价策略也称高定价策略，是指出版企业把数字出版产品价格定得很高，以快速收回投资或获得高额利润。当数字出版产品价值较高且价格需求弹性较低时，可以采用该定价策略。市场研究报告、数字学术出版产品、数据库等数字出版产品通常是其用户或用户雇主不得不购买使用的，因此出版商往往对其采用高定价策略。

(2)渗透定价

渗透定价策略也称低定价策略，指出版企业以较低价格出售数字出版产品，以迅速扩大发行量和占领目标市场。对于市场需求弹性较高的数字出版产品，出版企业可以制定较低的市场售价以使产品凭借物美价廉的优势吸引更多用户关注和购买。对于网络小说等数字大众出版产品，由于其具有较高的市场需求弹性，因而可以采用渗透定价策略。

(3)满意定价

满意定价策略也称稳定定价策略，指出版企业将数字出版产品的价格稳定在一个适中的水平上以实现供求双方双赢的策略。价格太高不仅会造成用户不满意，而且会吸引更多竞争者加入；价格太低，虽然用户满意，但企业收回投资的周期延长。因此，选择合适的价格实现供求双赢是多数出版企业追求的定价目标和结果。但是由于限制条件太多，在实际操作过程中，能够真正达成双方满意的定价是比较困难的。

(4)免费定价

大多数信息产品的高可替代性对数字出版产品的价格决策产生了重要影响。用户只要搜索一下，便可找到提供同类产品的出版机构及其价格。加之长期以来用户免费使用互联网信息的习惯和心理期待，使得免费定价不失为一种吸引用户的有效策略。而多数数字出版产品边际成本几乎为零的特点，也在客观上为采用免费定价策略提供了可能性。免费定价策略分为永久免费和部分免费两种方式。永久免费指数字出版产品永远不向用户收取任何费用，如维基百科(Wikipedia)；部分免费是指数字出版产品在一定使用时间、使用次数以内或部分功能上采取免费策略，如某些网络游戏只允许玩家免费使用若干次，超过了使用时间、使用次数或要使用特殊功能，消费者均需支付费用。免费定价策略最大的特点是可以帮助企业锁定用户，获取流量，为企业从广告发布等方面获得收入创造条件。

总之，定价策略已经成为数字出版过程中重要的竞争手段，新的定价策略和方法不断涌现。因此，在进行数字出版产品定价时，出版企业必须考虑定价策略的影响。

6.4　定价方法

在明确了定价目标和定价策略以后，针对数字出版产品制定具体的定价方法就是出版企业的关注重点。随着网络经济的全球化，数字出版产品的竞争日益激烈，合理有效的定价方法能帮助数字出版企业获利和占领市场①。出版企业可以采用的数字出版产品定价方法主要包括以下几种类型。

6.4.1　成本导向定价法

参照市场营销学相关理论②，作为一般企业最常用、最基本的定价方法，成本导向定价法是以数字出版产品的成本为中心，制定对出版企业最有利价格的一种定价方法。成本导向定价法主要包括成本加成定价法、目标利润定价法和盈亏平衡定价法等几种类型。

6.4.1.1　成本加成定价

成本加成定价法，又叫全部成本法(full-cost pricing)或加价定价法(markup pricing)，是指以产品单位成本为基准加上预期利润来确定产品销售价格的方法③。根据成本核算标准的不同，成本加成定价法又可以分为平均成本加成定价法和边际成本加成定价法两种。平均成本加成定价法是指按照单位产品的平均成本加上一定百分比的单位利润率来确定产品价格。例如，某种数字出版产品的平均成本为 100 元，企业加成利润率为 15%，则该数字出版产品的销售价格应定为 115 元。由此可见，在这种定价方法中确定加成利润率是制定数字出版产品价格的关键。边际成本加成定价法也称为边际贡献定价法，是指在数字出版产品单位变动成本的基础上加上预期利润的方法。在运用边际成本加成定价法时只计算单位产品的变动成本，不计算单位产品的固定成本。由于数字出版产品的边际成本很低，因此在数字出版产品定价中很少运用该方法。

虽然成本加成定价法具有计算简便、能够保证企业获得稳定利润等特点，但它也有明显的不足之处。作为典型的生产者导向定价方法，成本加成定价法只考虑数字出版产品本身的成本和预期利润，完全忽视产品需求弹性的变化。这样制定的价格不仅不能适应迅速变化的市场需要，而且无论短期或长期都不能使企业获得最佳利润。因此，数字出版企业在制定产品价格时应谨慎采用该定价方法。

6.4.1.2　目标利润定价

目标利润定价法又称目标收益定价法，是指根据出版企业预期的总销量和总成本确定一个目标利润的定价方法。数字出版企业可借由预测价格与需求量之间的关系并利用损益平衡分析来订定合适的数字出版产品价格。目标利润定价法需要运用收支平衡图来显示在

---

① 张雪桐. 基于顾客感知价值的网络信息产品定价策略研究[D]. 哈尔滨：哈尔滨理工大学，2016：2.

② 吕一林，杨立宇. 市场营销学(第三版)[M]. 北京：中国人民大学出版社，2008(8)：165-170.

③ 西方经济学大辞典. 成本加成定价法[EB/OL]. [2021-08-13]. https://ersp.lib.whu.edu.cn/s/net/cnki/qa/G.https/web/query? q=%E6%88%90%E6%9C%AC%E5%8A%A0%E6%88%90%E5%AE%9A%E4%BB%B7%E6%B3%95.

不同销售水平上预期的总成本和总收入情况。图 6-3 假设为某数字出版产品的收支平衡图，其固定成本为 40 万元，单位可变成本为 5 元，在假定产品定价 15 元的情况下，出版企业必须销售 4 万份产品才能实现收支平衡。假如出版企业追求的目标利润为 10 万元，则在产品定价为 15 元的前提下，出版企业需要销售 5 万份数字出版产品方可实现目标。在利润目标不变的前提下，如果企业试图降低数字出版产品的销售总量，则需要提高数字出版产品的销售价格，即以高于 15 元的价格销售产品。反之，如果企业试图通过扩大销量以占领更多市场份额，在利润目标不变的前提下则需要降低数字出版产品售价来实现目标，即必须以低于 15 元的价格销售该产品。

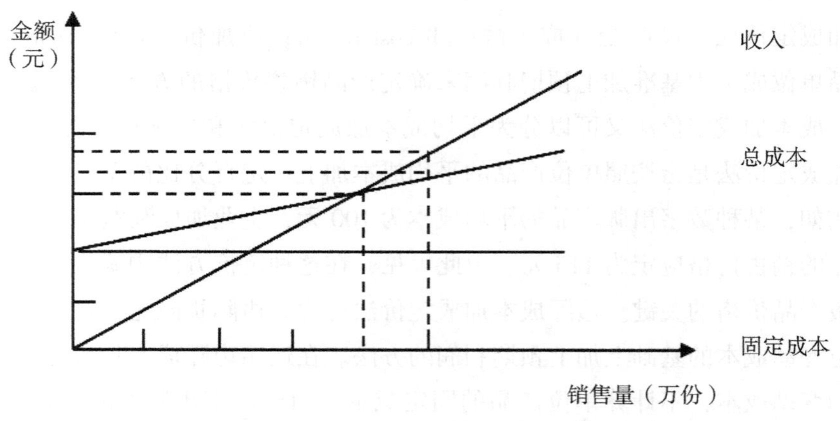

图 6-3　数字出版产品收支平衡图

目标利润定价法的不足之处在于，数字出版产品的销售价格是根据估计的销量来计算和确定的，实际的市场情况和价格高低会影响数字出版产品的真实销量。这一矛盾的存在要求出版企业必须准确预估数字出版产品销量，才能确保制定合理的销售价格，进而实现预期的销售利润。也就是说，出版企业必须在价格与销售量之间寻求平衡，从而确保用所定价格来实现预期销量目标，而这无疑是非常困难的。

6.4.1.3　盈亏平衡定价

盈亏平衡定价法也叫保本定价法，是指在数字出版产品销量既定的条件下确定的产品价格必须达到一定水平才能做到盈亏平衡、收支相抵。运用盈亏平衡定价法的关键，是要科学地预测数字出版产品的销量以及数字出版产品的固定成本和可变成本。只有这样，才能准确地确定企业的盈亏平衡点，进而制定科学合理的产品价格。盈亏平衡定价法的计算公式(6-3)如下。

$$P = \frac{\frac{F_c}{Q} + V_c}{1 - T_s} \qquad (6\text{-}3)$$

其中：P 为产品价格；F_C为固定成本；Q 为产品预计销售量；V_C为可变成本；T_S为销售税率。

例如，开发某数据库产品的固定成本为 500 万元，每销售一份产品需要付出的可变成本为 4500 元，企业营业税率为 5%，预计可以销售 1000 份。将上述数据输入盈亏平衡法计算公式，可以计算出该数据库产品的盈亏平衡价格为 10000 元。如果数据库产品的实际销售价格低于盈亏平衡价格，则企业可能面临亏损的局面；如果数据库产品的实际销售价格高于盈亏平衡价格，则企业有盈利可能。

对于一些大型数据库、网络游戏等数字出版产品，利用盈亏平衡定价法确定产品价格不仅可以让企业了解其市场竞争能力，而且可以帮助企业降低产品投资风险。因而，该方法被广泛应用于大型数字出版产品的定价实践之中。

6.4.2 需求导向定价法

需求导向定价法又称为顾客导向定价法、市场导向定价法，是以消费者需求为导向，根据市场需求强度和消费者的不同反应来确定产品价格的定价方式。该方法通常以产品的历史价格为基础，根据市场需求和消费者反应的变化情况对产品价格做适当调整，以适应市场竞争的需要。需求导向定价法可以灵活、有效地运用价格差异对同一产品实行差别定价，主要包括以下 3 种方式。

6.4.2.1 理解价值定价

理解价值定价法是以消费者对产品价值的认知、感受及理解程度作为定价依据的方法。所谓理解价值是指消费者对产品性能、质量和服务等方面的综合评价或印象①。消费者经常根据对产品的认知、感受或理解的程度，结合以往的购买经验以及对同类产品的了解等，对产品价格做出评判。当数字出版产品价格水平与消费者对其的理解价值大体一致或低于理解价值时，消费者会接受产品定价；反之，消费者则不接受产品定价，产品就可能滞销。

在利用理解价值定价法确定数字出版产品价格时，关键是获得有关产品理解价值的准确资料。要了解消费者对数字出版产品价值的看法，可采用直接评议法、相对评议法和诊断评议法 3 种方法。直接评议法是指直接了解消费者对数字出版产品的价值评议。相对评议法是指让消费者对多种同类产品进行评分，再按分数的相对比例和现行平均市场价格计算出产品的理解价值。诊断评议法是指分别让消费者对数字出版产品的功能、质量、信誉、服务等方面进行评分，再用加权平均法计算出产品的理解价值。如果出版企业过高估计产品的理解价值，则产品定价可能过高；反之，则产品定价可能过低。因此，出版企业

① 菲利浦·科特勒著."理解价值"定价法[J].李怀斌，刘影，译.商业研究，1984(5)：29-30.

首先必须清楚目标市场相关产品在消费者心目中的价值，并据此来确定产品初始价格；然后，预测在初始价格下数字出版产品的发行量并估算投资额、生产量以及单位成本；最后，根据选定的价格和成本核算该数字出版产品的盈利能力。如果达到预期利润，则出版该数字出版产品；反之，则不出版该产品。

6.4.2.2　需求差异定价

需求差异定价法又称差别定价法，是指根据销售对象、时间、地点等不同导致的需求差异，对相同数字出版产品制订不同价格的定价方法。需求差异定价法不仅可以扩大数字出版产品的发行量，而且可以帮助出版企业赚取更多"消费者剩余"，因而是一种广受欢迎的定价方法。在数字出版产品定价过程中，出版企业经常采用读者(用户)差异定价法、地点差异定价法、产品差异定价法和时间差异定价法等方法来确定其产品价格。

6.4.2.3　逆向定价法

逆向定价法又称反向定价法，指出版企业根据数字出版产品的市场需求状况和消费者愿意接受的价格水平，通过价格预测和试销、评估等手段确定消费者可以接受的本企业产品最终销售价格，再计算企业从事经营的成本和利润后，最终逆向推算产品批发价格和出厂价格的定价方法。逆向定价法的定价依据不是产品的生产成本，而是以市场需求状况、消费者购买力情况以及愿意支付的价格为依据，因而定价更能被出版企业、发行商和消费者所认可和接受。

采用逆向定价法的关键是正确测定目标市场的需求状况和消费者接受的价格水平。通常出版企业可以采用主观评估法、客观评估法和实地销售评估法等测定方法，从数字出版产品的市场供求状况、变动趋势、需求价格弹性、消费者愿意接受的价格水平、与同类产品的比价关系等方面对目标市场的需求状况和价格水平进行科学、合理的评估。其中，主观评估由出版企业内部人员参考市场上的同类产品，从质量、价格、供求等方面对销售价格进行评估确定；客观评估由出版企业外部人员从产品性能、效用、质量、价格等方面对目标市场进行评估后确定；实地销售评估则将产品以不同价格在不同目标市场进行实地销售，同时结合入户访问、问卷调查、小组座谈等调查方式全面征求消费者意见，以评估和确定数字出版产品定价的可行性。

逆向定价法的优点是能够制定出针对性强，既能为客户所接受，又能与竞争对手抗衡的产品价格；缺点是容易造成数字出版产品质量下降和消费者不满，从而导致消费者流失。因此，出版企业采用时应谨慎对待。

6.4.3　竞争导向定价法

竞争导向定价法是以竞争者类似产品价格为参照对象，制定本企业产品价格的方法。

该方法通过研究竞争对手的生产条件、服务状况、价格水平等因素，依据自身竞争实力、参考成本和供求状况来确定产品市场价格。价格高低取决于企业竞争能力和竞争意愿。出版企业可以根据竞争者产品价格制定高于、低于或相同的价格参与市场竞争。竞争导向定价法主要包括随行就市定价法、主动竞争定价法等类型。

6.4.3.1 随行就市定价

随行就市定价法又称流行水准定价法，是指出版企业将数字出版产品的定价与竞争者产品平均价格保持一致的定价方式。在竞争激烈的数字出版市场，没有企业可以凭借自身实力在市场上取得绝对优势。为了避免价格竞争带来的损失，出版企业大多采用随行就市定价法，将数字出版产品定价与市场平均价格水平保持一致以获得平均报酬。随行就市定价法确定的价格不仅能够避免激烈的价格竞争，而且容易被消费者接受，从而给企业带来合理、适度的利润。

在激烈竞争的情况下，当数字出版产品大致相似时，产品定价高于其他同类产品会造成发行量下降；定价低于同类产品，不仅会损失应得的利润，而且会引起恶性价格竞争，从而造成两败俱伤。当市场处于寡头垄断竞争状态，或数字出版产品成本难以核算，或企业难以准确把握竞争对手和顾客反应时，也往往可以采取该定价办法。

6.4.3.2 主动竞争定价

主动竞争定价法是指根据出版企业数字出版产品的实际情况与竞争对手的产品差异状况来确定数字出版产品价格的定价方法。主动竞争定价法并不追随竞争者的价格。出版企业在定价时首先将市场上的竞争产品价格分为较高、一致及较低 3 个层次；其次将这些数字出版产品的性能、质量、成本、式样等进行比较分析，厘清造成产品价格差异的原因；再次根据以上综合指标确定出版企业数字出版产品的特色、优势及市场定位，并按定价所要达到的目标来确定产品价格；最后跟踪竞争产品的价格变化，及时分析原因，以相应调整数字出版产品价格。

在我国数字大众出版市场，引发价格战的主动竞争定价法一直处于常态，各企业间的同质比价竞争常常处于胶着状态。造成数字出版产品采用主动竞争定价法的原因，除了价格是消费者最容易感知的因素外，同质化竞争也是不可忽视的重要原因。如今，当当、京东等国内企业持续不断的价格竞争，促使数字出版产品零售价格一降再降。在国外，亚马逊和苹果之间的价格竞争也有效拉低了数字出版产品的价格。主动进行低价竞争一方面也许能够扩大消费需求；但是，另一方面也很可能会损害企业和行业的短期和长期利润，从而影响其发展。

6.4.4 基于用量的定价法

在以往的出版活动中，基于使用量的商业模式并不多见。这种将价格与使用量挂钩的收费方式主要是针对一些可计算用量的数字产品和服务，如云资源租赁服务①。华为公司推出的华为云提供多种形式的服务量纲，计费方式较为灵活，可满足各种体量不同的业务需求。对于对象存储等服务而言，华为云为用户提供了多阶梯的资源包，根据用户的计算用量，采取多阶梯定价模式，即使用量越多，用户需要为每 GB(Gigabyte，吉字节)支付的费用就越少。此外，各个终端和多个媒介之间的融合必然会实现，依据不同终端、媒介完成基于使用量的付费似乎会是未来给数字出版产品的定价方法中一种合理、科学的选择；而逐步成熟的物联网技术也将更好地支持数字出版产品商业活动中更小或更动态增量的测量与计价。

总之，在数字出版产品定价过程中，出版企业可以采用的方法很多。在具体定价时，除了考虑产品成本、顾客价格感知等因素外，企业还必须根据自身的资源条件、市场营销战略、产品特点、企业目标、需求状况、竞争者战略、价格以及技术发展趋势来定价②。只有这样，制定的产品价格才能满足消费者需求，才能让出版企业更有效地参与市场竞争，并在市场竞争中获得优势。

本章关键术语

愿望竞争者	产品形式竞争者	掠夺性低价策略
完全竞争市场	垄断竞争市场	卡特尔
双边市场	网络外部性	内部环境因素
组织结构	企业价值观	价值价格论
效用价格论	供求价格论	数字出版产品价格
数字出版产品价值	出版支持成本	跟随定价
竞争定价	用户满意	留存价格
价格歧视	差别定价策略	价值取向定价策略
撇脂定价	渗透定价	免费定价
成本加成定价法	目标利润定价法	盈亏平衡定价法
理解价值定价	需求差异定价	主动竞争定价法

简答题

1. 简述数字出版产品特性。

① Ram Bala. Usage-based pricing of software services under competition[J]. Operations Management & Information Systems, 2010(5).

② 蔡继辉. 数字出版物如何定价[EB/OL]. [2019-08-02]. http://book.ifeng.com/gundong/detail_2010_11/29/3262944_0.shtml.

2. 简述数字出版企业的定价目标。

3. 简述不同数字出版产品定价策略的特征。

4. 简述数字出版产品定价方法。

思考题

1. 随着5G时代的到来，VR出版企业的服务半径和业务范围快速拓宽。据信息技术商业策略研究公司OVUM的报告，到2028年沉浸式新媒体应用将达到空前规模，每年产生逾670亿美元收入。请你结合对VR出版物的成本分析，制定产品定价方案。

2. 在目前的出版活动中，通常采用固定周期的付费订阅模式，但这可能会和用户消费时空的随机性发生矛盾；而基于用量的商业模式可有效弥补这一缺陷。你认为基于用量的定价模式适用于哪类数字出版产品和服务，请举例说明。

《把文化建设摆在更加突出位置》习近平在教育文化卫生体育领域专家代表座谈会议上讲话的一部分

《习近平在文艺工作座谈会上的讲话》

《习近平在文化传承发展座谈会上的讲话》

《开辟马克思主义中国化时代化新境界》习近平总书记2023年6月30日在二十届中央政治局第六次集体学习时的讲话

《推进文化自信自强，铸就社会主义文化新辉煌》

第 7 章　数字出版产品分销

国家中长期教育改革和发展规划纲要(2010—2020 年)

随着网络技术推陈出新，全球数字出版产业近年来发生了巨大变化。数字内容传播渠道大大拓宽，数字大众出版、数字教育出版、数字学术出版分销市场已然呈现新的格局。电子书发展逐渐趋于平稳，但依然保持着在数字大众出版市场的重要地位；与此同时，有声书强势崛起；而在线教育机构以及开放存取等新形式、新理念的涌现和普及也令数字教育出版、数字学术出版市场有了新气象，更加富有活力。数字出版产品分销在新时代满足人民精神文化生活需求，弘扬社会主义核心价值观，推动文化创新和发展，提升国家软实力等方面发挥着重要作用，是实现习近平提出的文化强国战略的重要手段。

7.1　分销渠道概述

所谓出版物分销，就是出版产品或服务从源头通过销售渠道到达最终顾客、消费者或用户手中的运动过程，以及支付款沿着反方向到达生产者或供应商手中的过程。这一过程与我国传统出版领域习惯所称“图书发行”“报刊发行”之“发行”过程基本吻合①。从数字出版产业的视角来看，尽管内容是数字出版产品的核心竞争力所在；但再好的产品也要受到销售制约，因此分销是联结、控制数字出版产业的枢纽②。一般而言，分销过程涉及一系列相互依存的组织机构；它们共同组成有机的分销体系以完成产品和服务的供销过程。

7.1.1　渠道成员

除了产销两端的作者、出版商和消费者以外，数字出版物分销体

① 罗紫初. 图书发行教程[M]. 沈阳：辽宁教育出版社，1995：3. 此外，本书仍将考虑我国当前的词语使用习惯，沿用“期刊发行”等用法。

② 苟世祥，陶楠. 美国电视剧产业运作的启示[J]. 当代传播，2005.

系的核心成员既包括出版商销售机构、批发商、代理商、零售商等传统分销机构，也包括集成商、按需印刷商和自助出版商等新型中介机构。核心成员之外，数字出版物分销体系还包括为数众多的辅助机构，如数字制作与技术支持商、网络服务接入商、软件开发商、电子书等设备制造商、出版物格式转换商、广告商、咨询商等，为数字出版产品与服务的分销乃至整个数字内容产业发展提供服务。但是，它们如同印刷出版时代的造纸厂、印刷厂、物流公司一样，尽管不可或缺，毕竟不是出版的核心业务，因此此处不再赘述。以下将简要梳理、分析数字出版分销渠道中各主要成员的情况。

(1)出版商销售机构。发达的数字技术为出版商提供了多样化的产品分销渠道，除了邮购、读者门市等传统分销方式和机构，自建网络销售平台也越来越常见。例如，我国阅文集团旗下的起点中文网、北京磨铁图书有限公司的磨铁中文网等都是大众文学出版机构直接开设的电子书交易和阅读平台。与大众出版商相比，专业出版商和教育出版商在成立面向消费者的数字内容产品在线销售平台或机构方面更加积极。科技出版商奥雷利媒体公司(O'Reilly Media，Inc.)和培生技术集团(Pearson Technology Group)早在2001年就成立了面向专业读者的塞弗瑞在线图书订阅平台(Safari Books Online)；几家主要教材出版商如培生(Pearson)、麦格劳-希尔(McGraw-Hill)、威利公司等于2007年联合成立CourseSmart，允许学生用户搜索、购买、租借、阅读和使用各种数字教材、教辅和电子学习工具。2014年，英格拉姆(Ingram)收购CourseSmart，并将其整合进自己的Vital Source平台①。同时，随着在线教育课程的兴起，各教育出版商也纷纷开发具有强交互性的集成式学习平台，直接面向学习者销售数字教育资源。例如，培生教育出版集团(Pearson Education)旗下最具特色的3个自适应学习平台MyLabs、Mastering和Revel②；我国K12教育领域的"掌门一对一""VIPKID"，等等。

(2)数字内容批发商。美国最大的两家综合性图书批发商英格拉姆(Ingram)、贝克与泰勒(Baker & Taylor)，荷兰最大的出版物中盘商中央书局(Centraal Boekhuis)等都已经进行了较为成功的数字化转型。因此，它们经营的产品既包括传统的图书、音视频产品，也包括电子书、有声书等在线数字内容产品。此外，还出现了OverDrive的Content Reserve等针对细分市场的数字内容批发商。但在我国，此类数字内容中盘迄今仍然阙如。

(3)数字内容零售商和代理商。数字出版物零售市场是具有重要战略意义的产业链环节。美国数字大众出版领域的繁荣就是由零售市场的勃兴撬动的。这是一个竞争十分激烈的领域，既有亚马逊、苹果、谷歌、索尼(Sony)、Kobo等重量级选手；也有众多独立书店借助美国书商协会(American Booksellers Association)、博唯尔图书(Powell'sBook)、Alibris以及苹果、谷歌等的平台，加入电子书零售商大军。这大大拓展和加深了美国电子书、有声书的发行渠道。特别值得关注的是，自从2010年美国电子书"代理模式"(Agency

① Rhea Kelly. Vital Source Acquires CourseSmart [EB/OL]. [2021-09-22]. https://campustechnology.com/articles/2014/03/03/vital-source-acquires-coursesmart.aspx.

② 徐丽芳，王心雨，张慧. 国外教育出版数字化发展对我国的启示——以培生集团为例[J]. 出版广角，2019(1)：11-15，32.

Model)取代“批发模式”(Wholesale model)以来，苹果、亚马逊和谷歌等大型零售商也往往同时成为以美国五大出版商为代表的大型出版公司的产品代理商。这种现象在传统出版领域很少见，因为代理商通常是零售商的上游环节。显然，在数字出版环境中，产业链的上下游环节发生了一定程度的重叠和融合。在我国，数字大众出版分发平台众多，且各平台间的内容差距不大，主要可分为以咪咕阅读为代表的运营商平台、以当当为代表的电商平台、以豆瓣为代表的社交平台、以阅文或掌阅为代表的移动互联网阅读平台、以喜马拉雅听书为代表的有声书平台；同时随着知识服务概念的出现，以得到、知乎为代表的知识服务平台也加入了数字内容分销阵营。

(4)集成商(aggregator)。这是数字内容产业链中一种较新出现的角色。一般被认为是将不同来源的新闻、体育比赛得分、天气预报、参考资料等各种信息组合起来提供给顾客的组织①。本书所称“数字内容产品和服务集成商”，主要指集成并提供电子书、有声书、学术期刊、音视频产品和相应服务的组织。一般来说，数字内容集成商多具备以下特点：一是往往在一个统一的平台上集成大量数字内容，并提供平台内部搜索功能，用户需登录(login)该平台以存取内容；二是不仅将获自出版商的数字内容简单分类，而且往往以数据库等形式对数字内容进行再组织和开发，如美国盖尔(Gale)公司开发和维护了“18世纪在线馆藏”(*Eighteenth Century Collections Online*)以及各种书目索引数据库等产品，可分别以在线阅读、下载电子书和提供印刷版等多种形式服务客户；三是通常以服务高校、公共图书馆、医疗机构、法律机构等团体客户和机构客户为主；四是一般为上游出版商提供包括内容/格式转换、统一结算、数字权利管理(Digital Rights Management，DRM)等各种技术支持和服务；五是采用销售、订阅、出租、集团采购(consortia)等多种交易方式，可为客户提供定制内容和服务。

(5)订阅服务提供商。订阅代理机构主要为用户提供数字学术期刊和数据库等产品的订阅服务。国外很多数字出版物订阅代理机构是传统报刊订阅代理商发展演变而来的。美国EBSCO信息服务集团公司(EBSCO Information Services，EIS)②就是为美国军方机构提供期刊代订服务起家的。它在23个国家设有办公室，服务于全球约200个国家和地区的客户，是目前世界上最大的订阅代理服务商之一，并提供相关增值服务。它的主要服务对象是研究型大学、科研院所、政府部门、大型医疗机构以及公司等。其他如德国的哈拉索维茨(Harrassowitz)、中国教育图书进出口公司报刊电子文献进口部(China Educational Publications Import & Export Corporation，CEPIEC)和中国图书进出口(集团)总公司报刊电

① The Free Dictionary. content aggregator [EB/OL]. [2021-09-22]. http://encyclopedia2.thefreedictionary.com/content+aggregator.

② 注：EBSCO Industries，Inc. 是一家从事多元化产业经营的跨国公司，由 Elton B. Stephens 于1944年建立(公司名称即为E. B. Stephens Company的缩写)。EIS是EBSCO产业公司的分公司，最早的业务是期刊代订服务，全面负责文献信息相关产品和服务。EIS的分支部门EBSCO出版公司运营EBSCO旗下自有数据库相关业务。

子出版物进口中心(China National Publications Import & Export Corporation，CNPIEC)等，都提供以期刊为主的数字出版物订阅服务。国内此类机构在实力和功能方面尚不能与国外同类机构相匹敌。不过，我国网络文学市场较为发达，如起点中文网这样的移动阅读平台较早开始提供订阅服务；新出现的有声书平台也是既允许用户单独购买内容资源，也可以包月付费。

(6)按需印刷(print-on-demand，POD)商和自助出版商。除了成品，其他几乎每一个环节都是数字化的——按需印刷因此往往被视作数字出版的一个重要组成部分。按需印刷解决了库存积压和绝版这两大传统出版商面临的难题。因此，在出版日益数字化的时代，按需印刷商成为连接出版商和消费者的重要中介。按需印刷往往和自助出版服务结合，如Lulu、亚马逊等都是如此。

数字出版物分销体系中，各类型成员机构非常突出的特点是功能的多样性和拓展性。以亚马逊为例，它是全美最大的电子书和有声书网上零售店；然其自助出版和按需印刷平台 Kindle Direct Publishing 则向内容产业的上游延伸，成为内容资源提供者；它制造 Kindle 阅读器成为硬件设备制造商；它于 2012 年收购 Audibe，使其成为欧美有声书市场的领头羊。而且，这并非绝无仅有的个案。如谷歌通过开发图书全文搜索功能，以内容为活资源持续集聚用户，形成了一条涵盖“搜索—发现—预览—购买”等基本环节的商业链。又如，Overdrive 既是电子书、有声书、音视频产品的集成商，面向图书馆等机构用户提供馆配服务；同时，其 Content Reserve 面向零售商开展批发业务；另外，其 Overdrive MIDAS 则是技术和解决方案提供商，为加盟机构提供开设虚拟书店的平台……综上所述，当前许多数字出版物分销商在分销体系中往往身兼数职，无论其位置还是角色都并不固定。而其交易方式也不再是简单的买进卖出，而是视数字出版物类型和渠道商特点灵活地采用买卖、订阅、借阅、代理、授权存取(site licensing)等多种形式。

7.1.2 渠道结构

不同类型分销机构的组合形成了庞大的分销体系。由于这些机构在数字出版产业链中的位置及功能都是变化的，因此整体结构十分复杂，而且具有不确定性。为便于认识和把握分销体系的宏观图景，以下从渠道构成角度梳理分销渠道模式，主要分为 3 种：即直接销售模式、一级渠道分销模式和多级渠道分销模式①。

7.1.2.1 直接销售模式

所谓直接销售模式，就是菲利浦·科特勒所谓的零级渠道模式(M-C)②，即生产者不

① Wikipedia. Distribution (business) [EB/OL]. [2021-09-22]. http://en.wikipedia.org/wiki/Distribution_(business).

② 菲利浦·科特勒. 营销管理：分析、计划和控制[M]. 梅汝和，译校. 上海：上海人民出版社，1996：686-687.

经过任何中间环节将数字出版产品直接销售给最终用户，其中生产者既可以是作者本人，也可以是出版者(见图 7-1)。出版者通常对内容产品的形成做出辅助性但却是独特的贡献。一般来说主要通过策划选题、选择稿件以及编辑加工等手段提高内容质量。是否在内容开发层面施加影响和发挥作用，这是出版商区别于简单汇聚内容的集成商(aggregator)或平台商(platform)的主要方面。而消费方既可以是读者等个人消费者，也可以是图书馆等机构用户或团体客户。

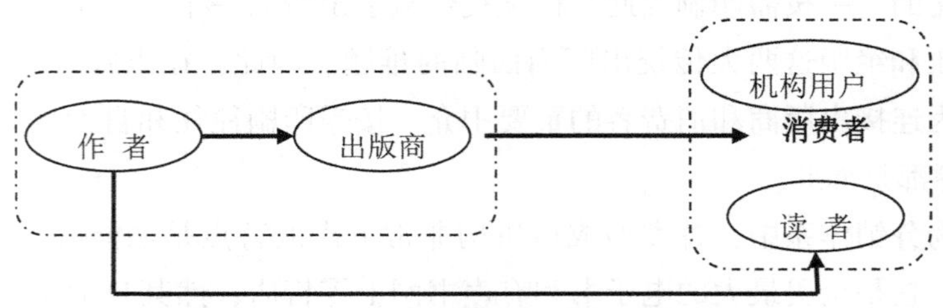

图 7-1　数字出版产品直接销售模式

计算机与互联网的普及大致解决了复制与传播的技术和成本难题，使“作者→读者”这一数字内容分销模式成为可能。从理上来说，只要能够接触互联网的用户都是数字出版物的潜在读者。但是问题并非如此简单：互联网上的信息难题已经由信息匮乏转而成为信息过载(overload)，因此合适的内容要抵达合适的读者手中需要十分费力、十分昂贵的过程。就像曾任时代华纳出版公司总裁的拉里·克什鲍姆(Larry Kirshbaum)所说：“推销一本书需要大量资金和雄厚的实力。”这一点并未因互联网出现而改变。作者想要直接与读者打交道而获得巨大收入是较为困难的。因此，这种模式只能作为一种辅助与补充形式，而不会成为数字出版物分销的主流模式；而且，它在三大出版领域的应用情况也不尽相同。

大众出版领域，兰登书屋、阿歇特图书集团(Hachette BooK Group)、哈泼·柯林斯、西蒙·舒斯特等主要出版商往往同时出版电子书和有声书。但是，他们在官网上一般只提供相关书目和作者信息以宣传产品，然后通过链接把消费者引向合作的零售商网站，而不直接销售这些数字出版物。教育出版商传统上较少利用中间商而较多直接面对中小学等机构客户和大学教师等购买决策影响者。在网络环境下，除了延续以往直接销售的做法，教育出版商又增加了直接面向最终用户即学生和教师的渠道。随着数字技术的普及与应用，教育出版产品向立体化方向发展的趋势十分明显，即教育出版商不再把产品局限于印刷版教材、教辅，而是以之为基础向消费者综合提供数字教材教辅、在线教育平台、网络社区等产品与服务。科技与医学(Scientific, Technological and Medical, STM)出版商近 20 年一直致力于开发各种数据库产品或应用程序，其中既包含电子书也包括数字化期刊，并直接提供给以图书馆为主的机构用户。与教育出版商一样，网络应用的普及提升了他们直接向读者销售数字化图书、期刊以及其他数字内容产品的机会。

7.1.2.2 一级分销模式

一级渠道分销模式(MRC)又称直营或直供模式，指数字出版商直接供货给销售中介机构如零售商、销售代理商或经纪商等，再由他们将产品和服务提供给消费者(见图7-2)。尽管内容生产方和最终用户可以直接沟通，但中间商能有效扩大数字出版产品的传播范围，因此依然有不可替代的作用。一级渠道分销模式中的中间商不限于零售商，也可以是代理商、集成商或者按需印刷商。

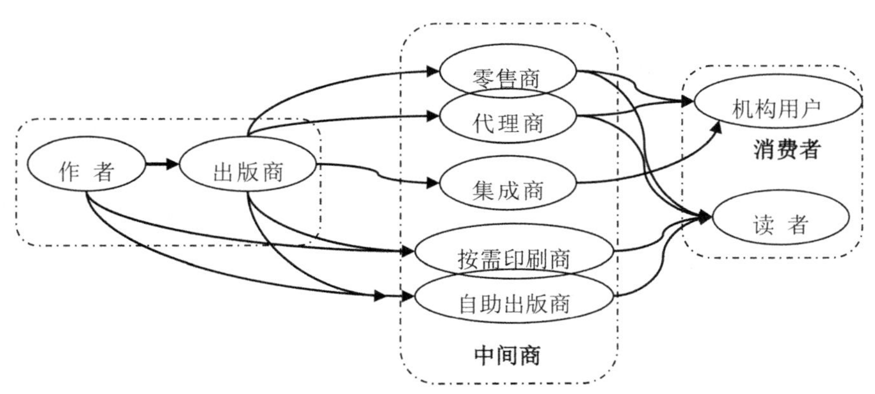

图7-2 数字出版产品一级渠道分销模式

(1)"内容生产者→零售商(代理商)→消费者"模式

早在数字内容产品和服务兴起之前，巴诺(Barnes & Noble)和鲍德斯(Borders)等零售巨头在美国书业就已经取得足以与英格拉姆、贝克·泰勒等大型中盘商分庭抗礼的市场地位。而美国乃至世界范围内的数字内容产业发展则主要是以亚马逊、苹果、谷歌、巴诺领衔的蓬勃兴盛的数字内容零售市场为基点撬动的。相比于数字学术出版，零售商在数字大众出版和数字教育出版领域更为常见，亚马逊 Kindle 电子书店、巴诺 Nook 电子书店、苹果的 iBookstore 电子书店、索尼电子书店、Google 电子书店、Kobo 等都是其中的佼佼者。它们提供的产品往往超越电子书、有声书，包括了数字音乐、数字视频等多种类型。这些一级分销渠道模式中的零售商往往规模很大，实力很强，否则不足以让出版商与之直接交易；而一些小型零售商往往从批发商、代理商或集成商那里进货，而不与出版商直接交易。

(2)"内容生产者→集成商→消费者"模式

2006年，美国学术与专业学会出版商协会(Association of Learned and Professional Society Publishers，ALPSP)将集成商分为4种类型①：①EBSCO/NetLibrary、ProQuest

① Bennett L. Association of Learned and Professional Society Publishers[M]//E-book Platforms and Aggregators: An Evaluation of Available Options for Publishsers. ALPSP，2006.

Ebook Central(前身为 ebrary)等综合集成商。它们集成的内容往往跨越大众、专业和教育内容产品等多个市场，涵盖从技术支持到后端管理、内容数字化转换、客户服务、产品定价、与出版商结算等各种类型的业务。②专门集成商如 MetaPress 、Gale、Ingenta、ProQuest 和 VitalSource 等主要服务于专业和数字教育出版市场；Zinio 等则更加侧重大众市场①。③数字仓储如 OverDrive 的 Content Reserve，英格拉姆的闪电源公司(Lightning Source)等。④图书馆供应商，如隶属于英格拉姆的 MyiLibrary 等。这种分类法不是很严密，如数字仓储 Content Reserve 也许算作批发商更加合适；闪电源公司则主要是一家按需印刷公司；ProQuest Ebook Central 同时也是一家重要的馆配商等，但是上述分类仍然有一定参考价值。

(3)“内容生产者→按需印刷商(自助出版商)→消费者”模式

国外许多大型图书批发商成立了经营按需印刷业务的子公司，与产业链上游的出版商打交道。例如，英格拉姆 1997 年投资成立闪电印刷公司(Lightning Print，2000 年更名为 Lightning Source)。截至 2021 年 8 月，其图书存量已经达到 1900 万种②。其于 2013 年上线的自助出版平台 IngramSpark 则服务于独立出版商及作者，推出后 5 年，自助出版图书量已超过 700 万本，且以每天 4000 本的速度持续增加③。一些数字内容零售企业则将按需印刷作为争夺内容资源的切入点，以增强自身在产业链中的议价能力，如巴诺的 Nook Press、亚马逊的 Kindle Direct Publishing 都提供涵括按需印刷功能的自助出版服务。此外，还有一类按需印刷商如 Lulu、Blurb 等则将目标客户进一步拓展至所有想要记录、呈现和保存个人作品和资料如日记、博客、旅行见闻、婚礼日志、婴儿笔记等的普通人。任何人只要愿意，就可以花费不多的钱让这些按需印刷公司将各种文字和图片加工成图书。这些提供按需印刷服务的自助出版公司不再向顾客提出各种严苛要求，如篇幅在 100 页以上、以文字为主等；也不再涉及复杂的版权和版税条款，因为这些出版物主要在亲友小圈子内传播。因此，这类业务极大地拓展了自助出版和按需印刷服务市场。

7.1.2.3　多级分销模式

多级分销模式，即科特勒所谓二级、三级或级数更多的渠道模式(MRC)，指数字出版商通过两个以上的代理商、批发商或经销商等中介机构将产品和服务传递至零售商直至最终消费者手中(见图 7-3)。一般而言，数字内容代理商、集成商、按需印刷商和自助出版商既可以如在一级渠道分销模式中那样直接面对消费者，也可以再通过批发商、零售商等其他中介机构销售数字内容产品从而形成多级渠道分销模式。因此，多级分销售模式也

---

① 注：此处 Zinio 为作者所加。

② Ingram Content. Books and Specialty Products[EB/OL]. [2021-09-22]. https://www.ingramcontent.com/retailers/products.

③ Kate Stead. IngramSpark Interview: Answers to your Self-Publishing Questions[EB/OL]. [2021-09-22]. https://oldmatemedia.com/ingramspark-interview/.

可以认为是前述一级销售模式中各种类型中间商的交叉组合和叠加。当前许多中小出版商和零售商缺乏独立开发数字出版和分销系统的资金、人力和技术；因此，数字内容批发商往往同时为出版商和零售商提供技术解决方案，从而使之能够将精力投注于以最佳方式设计、开发和呈现内容上，使零售商能够集中精力开发新客户和开拓市场。

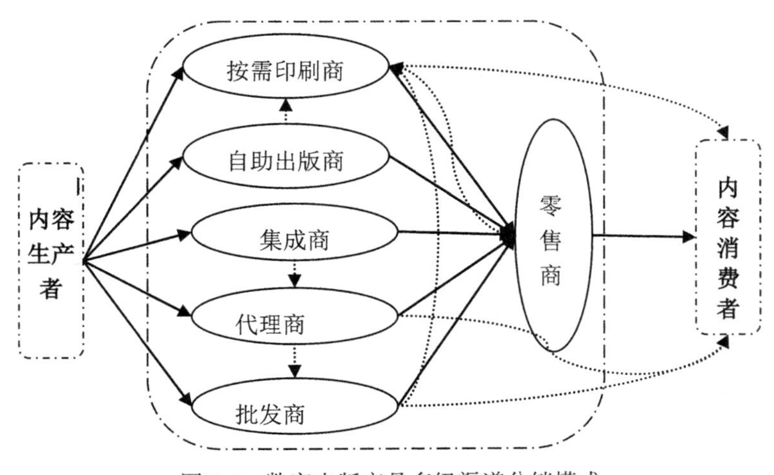

图 7-3　数字出版产品多级渠道分销模式

综上所述，各类渠道成员的相互作用共同构建了发达的数字出版分销体系。由于减少中间环节能够降低各种成本和费用，而新型数字技术使短渠道甚至直接渠道模式成为可能，所以一般容易认为数字出版业应该尽量缩短渠道长度。但是分销实践表明，长渠道仍然有其存在的巨大价值。因为在信息过载的网络时代，产业链必须能够有效放大出版物信息的传播范围，以便读者发现出版物产品和服务；而长渠道由于涉入的渠道成员数量更多，类型也更多样，因此有机会吸引更多不同类型的读者①。

7.2　数字大众出版分销

现代出版业一般被大致地分为大众出版、教育出版和专业出版 3 个领域。有研究者认为，大众出版是与大众的日常生活、休闲阅读以及文化体验相关的出版。大众出版的产品——大众图书，有时也叫一般图书，或消费类图书，常是以人们的生活娱乐和兴趣来分类，常见的类别有小说、传记、少儿、艺术、旅游、保健、文化、科普、理财、自助、励志等②。网络化、信息化给传统大众出版领域带来了翻天覆地的改变。技术发展推动电子书和电子阅读终端逐步普及，导致纸质大众出版形势不容乐观，产业变革与调整迫在眉

① 转引自：徐丽芳. 浮现中的大众消费类数字出版产业链[J]. 出版广角，2008(12)：16-19.

② 程三国. 理解现代出版业(上)[N]. 中国图书商报，2002-10-11(30).

睫。因此，大众出版的转型升级成为必然选择。

据中国音像与数字出版协会发布的《2020 年度中国数字阅读报告》显示，中国大众阅读市场规模达 326.7 亿，约占数字阅读行业市场整体规模的 93%；电子书及有声书人均阅读量较去年增长 5.5%，人均纸质书阅读量减少 2.6 本；在图书类型上，最受欢迎的类别为文学小说、人物传记和漫画绘本。然而，伴随数字阅读习惯的养成和阅读量的提升，用户付费购买高质量数字内容的意愿显著增强，2020 年用户付费意愿达 86.3%，其中近 50%的用户为网络文学付费用户①。放眼海外，根据国际数字出版论坛对美国大众出版领域 12~15 家出版社的电子图书销售数据统计结果，从 2007 年起，大众出版领域电子书市场逐年增长②；直至 2015 年左右，由于电子书价格上升，其相比于纸质书的竞争优势被大大削弱，欧洲和美国的电子书市场开始出现停滞甚至负增长的情况③；但 2019 年，美国电子书销售额不断下降的局面突然结束，7 月电子书收入增长 0.4%④。此外，美国有声书市场近年来也发展态势良好，销售额持续 6 年以两位数增长，是数字出版中增长最快的部分⑤。美国五大传统出版社是大众出版市场的主要控制力量，根据美国数据先生(Data Guy)统计报告，2016 年美国传统出版社(不含自助出版)大众图书市场份额(销售册数)中，纸质图书销售量占比 76%，电子书销售量占比 21%，有声书销售量占比 3%⑥。不难看出，数字大众出版物的核心仍是电子书，当然有声书所占份额也不容忽视。

7.2.1　分销体系概述

大众出版的功能是为了向大众提供娱乐和文化内容，数字化的核心意义在于能实现最大众化的出版⑦，增强大众出版物的便捷性和易得性。而分销承担将内容产品从生产商传递到消费者的重要任务，与数字出版物获得与消费密切相关，是数字出版产业的关键环节。数字大众出版物的分销，可以简单理解为出版机构利用其自身渠道和合作伙伴渠道，将电子书或有声书转移到读者手中的过程。相较于传统大众出版，数字化浪潮下分销渠道和模式走向多元化与扁平化，以更好地发挥大众出版的基本功能。

从多元化角度看，一方面是中间商类型多元化，分销体系中除了传统分销机构如出版

---

① 中国音像与数字出版协会. 数字赋能新发展 阅读追梦新征程——第七届(2021)中国数字阅读大会在杭州举行[EB/OL]. [2021-09-19]. http://www.cadpa.org.cn/news/view? id=620.

② 郑立新. 大众出版的数字化商业模式——基于 Kindle 商业模式的分析[J]. 出版发行研究，2010(5)：44-49.

③ Rüdiger Wischenbart. The Business of Books 2017[R/OL]. [2021-09-19]. https://www.buchmesse.de/files/media/pdf/whitepaper-the-business-of-books-frankfurter-buchmesse.pdf.

④ Michael Kozlowski. The constant ebook decline is over[EB/OL]. [2021-09-19]. https://goodereader.com/blog/e-book-news/the-constant-ebook-decline-is-over.

⑤ Michael Kozlowski. Good e-Reader Global Audiobook Report for 2019[EB/OL]. [2021-09-19]. https://goodereader.com/blog/audiobooks/good-e-reader-global-audiobook-report-for-2019.

⑥ 毕海滨. 美国大众出版数字化现状、问题与启示[J]. 科技与出版，2017(11)：120-122.

⑦ 李旭，宣晓凤. 创意与整合：大众出版的专业化与数字化[J]. 现代出版，2014(1)：17-20.

商销售机构、批发商、代理商和零售商外，还出现了包括自助出版商、按需印刷商和集成商等新型中间商。由于大众出版物面向的大众读者较为分散，丰富、多元的分销渠道有助于提高覆盖率。根据出版信息服务商鲍克公司(Bowker)公布的“2013—2018年美国自助出版”报告，2017—2018年美国自助出版增速达40%；其中，自助出版电子书约占8%[①]。自助出版商逐渐成为数字大众出版分销结构中的一股新生力量，对美国原有的出版分销模式带来了冲击和改变。另一方面，各类型成员角色和功能更加多元化，不仅中间商在渠道中所处位置多变，身兼数职，甚至上游出版商和中间商的界限也开始模糊。以亚马逊为代表的大型平台开始以自助出版商和按需印刷商等身份生产数字内容产品——而他们本来是出版商在销售环节的合作伙伴，如今却成为出版商的竞争对手。根据Author Earnings网站公布的2017年最后3个季度美国在线图书销售报告，自助出版的电子书销量仅次于五大传统出版商；尤其近2年，独立作者对电子书青睐有加，自助出版电子书的市场份额仍在持续增长[②]。与此同时，一些大型出版集团发力自建销售机构直接接触读者。这使得两者的关系更为微妙。但不可否认的是，分销渠道成员和组合越多样立体，越有利于扩大出版物分销范围。

从扁平化角度看，数字化环境下大众出版分销渠道长度大大缩短，甚至被压缩到作者通过中介平台直接将作品传递给读者，绕过了“出版社—批发商/代理商—零售商—读者”的多层级机构。而这主要得益于数字分销渠道企业的多元化发展，即中间商功能大大拓展，其功能产生了延展、交叉与重叠。由于零售商是大众出版的主要分销力量，网络技术和电子商务的发展推动部分有实力的零售商建立起巨型平台，同时拥有批发和零售能力；而这使得出版商愿意跨过传统批发商直接与之交易。另外，大型出版集团、零售商等纷纷进入自助出版领域，通过自助出版平台直接架起作者、出版商与终端读者的桥梁，迅速完成大众出版物的生产与分销。不过，虽然大众出版数字化转型后，短渠道降低了服务客户的成本，提高了分销效率，但从市场竞争性和专业分工角度看，纳入多个中间环节的长渠道仍具有存在的独特价值。

7.2.2 分销模式

传统大众出版具有强烈的卖场依赖，上下游之间层次分明，主要通过不断开拓新渠道、增加中间商数量等手段，尽可能全面地覆盖目标读者。数字大众出版分销渠道针对数字出版物特点和大众阅读习惯，对传统渠道进行调整和创新，因此在渠道模式上更为错综复杂。接下来以渠道中间商数量为划分标准，对数字大众出版的分销模式作归类与进一步的阐述。

---

① Bowker. Self-Publishing in the United States, 2013-2018[R/OL]. [2021-09-22]. https://media2.proquest.com/documents/bowker-selfpublishing-report2019.pdf?_ga=2.49755694.961454890.1572195347-450626255.1572195347.

② 张书卿. 从多源统计数据探究美国图书出版业发展[J]. 出版参考, 2020(6): 24-28.

7.2.2.1　直接分销模式

数字大众出版分销的直接渠道，即数字出版物从作者或出版商到达消费者，不经过任何中间机构。这主要分为两种，分别是大型出版商自建销售机构和自助出版商主导的分销模式。

(1)“出版商自建网络销售机构—读者”渠道

为了不受零售平台等中间商制约，更好地接触目标受众，出版商会考虑直接面向消费者建立数字读物在线销售平台或机构。电子商务的迅猛发展使得自建直销渠道变得简单易行，有些大众出版社开始入驻电商网站、社交平台等，通过开设官方旗舰店向消费者销售电子书。例如，中信出版社在天猫建立“中信书店”销售电子书；利用微信小程序建立“中信出版社旗舰店”，读者可以在小程序上购买有声书和电子书；并通过“中信书院”服务号阅读、收听。但更多出版机构出于经营成本、风险等多方面考虑，通常选择官网引流、与零售平台合作的方式而非自己设店。例如，蓝狮子在其官方网站上提供书籍的相关信息介绍，但不支持直接在线购买，读者需要通过链接跳转到其合作的“豆瓣读书”才能付费获得电子书①。国外也有一些大型出版商，尤其是专注电子书和有声书的垂直出版机构，以门户网站形式建立专营平台，允许读者直接购买、下载电子书或有声书。例如，美国最大的独立音频出版公司黑石有声读物公司(Blackstone Audio)建立有声书在线销售网站Downpour，经营公司旗下的有声作品。部分传统综合性出版商也开始涉足直销业务，其官网除了作为书目展示、试读、试听以及作为零售商引流的平台之外，也用于电子书销售。例如，读者在哈珀·柯林斯(Harper Collins)的官网查询、检索、浏览电子书，当决定购买时可以选择直接付费并在 BookShout App 上下载阅读；此外，网站也提供 Amazon，Apple Books，Google Play Store，Kobo，Barnes & Noble 等多家电子书零售商的购买链接②。

(2)“自助出版商—读者”渠道

虽然直接销售渠道构建的技术难度大大降低，但电子书、有声书的阅读终端问题是传统出版机构在分销上不得不考虑的问题。这在很大程度上限制了出版商自建渠道的可能性。而自助出版的出现与繁荣，则为作者、出版商与读者快速沟通带来了更好的解决方案。自助出版其实是一个双边市场，首先它为生产商与消费者提供在线交易场所与技术支持等；其次自助出版商也可以选择和生产商合作，参与数字读物生产过程，利用自身优势共同为读者生产内容产品。

数字技术的发展，打破了传统出版机构对大众读物生产的垄断，涌现出大量网络文学网站。这是目前国内大众读物自助出版商的主要形式。这些网站发挥平台优势将作者、出

---

① 蓝狮子. 历年书单[EB/OL]. [2021-09-20]. https://www.lanshizi.com/books.

② HarperCollinsPublishers[EB/OL]. [2021-09-20]. https://www.harpercollins.com/9780062950758/kindness-and-wonder/.

版商与读者连接起来，允许作者创作各种形式的文学作品；读者则通过网站免费或付费阅读、下载电子书，发表评论与互动。目前初具规模的有豆瓣阅读、网易云阅读、阅文集团旗下的起点中文网、北京磨铁图书有限公司投资设立的磨铁中文网等。国内平台形式的自助出版商主要依托互联网门户网站，重点关注内容传递渠道的搭建，很少为生产方提供出版增值服务。

另一种较为普遍且更为成熟的自助出版模式则是，有影响力的零售商选择与传统出版商或作者合作，利用电商平台在数据、流量和渠道等发行方面的优势入局自助出版，完成数字出版物生产过程后，直接将作品上传至平台并呈现给读者。这时，其零售商的身份被自然地融进了自助出版商之中。这类模式最为典型的案例就是亚马逊创建 Kindle 自助出版平台 Kindle Direct Publish（KDP）和有声书创作交流平台 Audiobook Creation Exchange（ACX）。它们分别是美国电子书和有声书自助出版市场的领头羊，对英文数字大众读物数量和品种的增多发挥着不可替代的作用。作为自助出版商，亚马逊为作者提供一定的服务以协助其完成出版流程，并将 KDP 生产的电子书直接通过 Kindle store 独家发行①；ACX 平台生产的有声书则主要在 Audible 上出售。国内，喜马拉雅 FM 等音频平台的有声书自助出版模式与之类似。平台为有声读物的作者、出版商、配音演员、制作者等生产方提供技术与服务，制作完成后，一经审核通过即可在平台销售，供读者在线或离线收听。相比于亚马逊自助出版商业模式，京东更侧重发挥平台背后的 3 亿多用户大数据和 9 年深耕所积累的超强图书用户黏性的优势②，即基于数据分析精准策划选题，通过与传统出版商合作和培育自出版作者群来打造精品电子书与有声书；最后上线京东电子书商城网站和京东阅读 APP，推动图书用户有效转化为电子书和有声书的消费者③④。

7.2.2.2　一级分销模式

数字大众出版的一级分销渠道属于间接渠道，即在出版商和读者间存在中介机构，辅助完成数字读物或其所有权的转移。一般这种中介机构是有实力的大型零售商或集成商。

（1）“出版商—零售商—读者”渠道

大众出版领域的繁荣高度依赖于零售市场；数字时代零售商的地位更是不可撼动。通常与出版商直接交易的零售商都是巨头平台型企业，它们拥有足够的目标消费者和数字阅读所需的硬件、软件资源，从而成为出版商销售电子书和有声书的首选渠道。其中，亚马逊的 Kindle store 和 Audible、苹果的 iBookstore、巴诺网上书店、谷歌的 Google Play Store 等都是不容小觑的数字读物零售店。而我国的当当、京东、豆瓣、掌阅、咪咕阅读、喜马

① 江鸣. 美国大众图书发行渠道、发行模式和趋势研究[J]. 出版发行研究，2017(1)：88-90.

② 黄璜. 京东图书九周岁，这些战略变革你应该知道！[J]. 出版人，2019(11)：64-66.

③ 孙华. 大数据时代图书电子商务营销模式研究——以京东图书平台为例[J]. 出版广角，2020(16)：56-58.

④ 黄璜. 京东也入局！出版业如何从有声业务赚到钱？[J]. 出版人，2019(10)：44-45.

拉雅 FM 等平台由于对电子书或有声书的分发能力较强，不少出版商选择与它们合作直接销售数字读物，避开长渠道的高分销成本。平台性质不同，读者获得电子书或有声书的方式有所差异，主要是下载和订阅两种形式。另外，为了平台内容的丰富性和经济性，部分出版商的自建平台也会用作其他出版商的零售渠道。如 Downpour. com 上除了自家公司的有声作品外，也包括麦克米伦(MacMillan)，阿歇特(Hachette)，哈珀・柯林斯(Harper Collins)等公司的有声作品①。

不过，借助这些零售商间接分销的除了传统大众出版商外，自助出版商也参与其中。比较典型的，一是作者服务模式的自助出版平台。它们以为作者或小型出版商提供全方位出版服务取胜，由于本身不具有渠道资源，其产品都是通过亚马逊、苹果等零售商传递给终端消费者②。Smashwords 、Lulu 和 ASI 旗下的 iUniverse、AuthorHouse 等都属于利用这种间接渠道分销的大众自助出版平台。例如，Smashwords 的作品会上传在苹果、亚马逊、索尼、巴诺和 Kobo 等零售商的电子书架上，借此进一步转移给读者。二是由大型批发商建立的自助出版平台。这类平台主要是将作者和中小型独立出版社上传的数字图书借助已有渠道分销给下游零售商。相比零售商巨头主导的自出版平台，其核心优势就在于能覆盖众多中小型零售商。如英格拉姆自助出版平台 IngramSpark 上的电子书和有声书可以通过英格拉姆内容集团(Ingram Content Group)的渠道转移到众多零售商。这对于那些不想只在亚马逊平台销售的作者而言，是个不错的选择③。最后，为了扩大分销范围，即使自身拥有直接销售渠道，自助出版平台仍会以出版商的身份将电子书分销给其他小型零售商，即直接渠道与间接渠道并举。

随着“众筹”融资模式与出版相融合，出现了不少专业众筹出版平台，如 Inkshares，Unbound 和 Publish。它们为成功获得项目投资的作者提供出版服务，并与亚马逊、苹果等知名零售商合作，以完成电子书分销④。

(2)“出版商—集成商—组织机构”渠道

相比于批发商和巨头零售商，集成商不仅是对出版商的数字产品进行简单汇集与分类，还负责包括后端管理、技术支持、客户服务在内的多种业务，是大型出版商将数字出版物销售给图书馆、学校等机构用户的重要渠道。集成商将出版商的数字内容分类整合，形成结构化的出版物集合，并以数据库方式提供给终端组织用户，便于其选择购买以建立数字馆藏⑤。

---

① 张建风. 欧美有声书发展现状、原因与服务类型[J]. 科技与出版，2017(5)：89-94.

② 方雅丽. 美国自助出版研究[D]. 武汉：武汉理工大学，2017.

③ IngramSpark. Self-Publish an Ebook[EB/OL]. [2021-09-20]. https://www.ingramspark.com/plan-your-book/ebooks?hsCtaTracking=1529f925-8601-4a29-a20f-abe657daa7f8%7C8c23cd81-b2c8-4e4c-8114-3e56f55c63c1.

④ 纪蕾，刘锦宏. Inkshares：利润共享的专业性众筹出版平台[J]. 出版参考，2017(4)：32-34.

⑤ 金雪涛，程静薇. 大众出版的产业价值链与数字化转型[J]. 重庆社会科学，2012(3)：78-83.

目前涉及数字大众读物业务的集成商主要有两类：一类是综合集成商，主要与哈珀·柯林斯(Harper Collins)、企鹅兰登书屋(Penguin Random House)、阿歇特(Hachette)等出版社签约合作，以获取优质的电子书或有声书版权资源，其集成的数字内容通常涵盖大众出版、专业出版和教育出版等多个市场，如 OverDrive、EBSCO/NetLibrary、3M Cloud Library；还有一类则是重点针对大众市场的专门集成商，如 Zinio。国内面向图书馆的数字读物集成商主要有超星电子图书馆、书生之家、汇雅书世界、中图易阅通、畅想之星、“书香中国”数字图书馆等，均能为图书馆提供大众类电子书；其中，易阅通和“书香中国”还经营有声书业务。

以大众出版领域集成商的领军者 OverDrive 为例，其与 5000 多家出版商合作，为图书馆和学校提供世界上最全的数字内容目录。而图书馆和学校则根据需要选择想要的数字内容，形成数字馆藏；读者只要拥有图书馆借书证或是学校账号，就可以免费借阅所属机构 Overdrive 馆藏中的电子书和有声书①。

7.2.2.3 多级分销模式

数字大众出版分销的多级渠道，即数字出版物从生产商转移到读者的过程中拥有不止一个中间商。而这与批发商和代理商的存在有关，但更离不开各中间商角色的多元化。

(1)批发商

传统出版分销中，批发商主要负责将分散的出版商和零售商联结起来，提高图书分销效率和效果。在数字读物分销渠道中，批发商的既有价值并没有因为大型零售平台的出现而消失，因此仍具有其存在的必要性。批发商能更充分地接触到众多中小型出版商和零售商，层层分销，所以触及的市场更为全面、庞大；而且，它还可以为出版商和零售商提供数据反馈、内容管理等支持。再者，部分大型批发商开始发展自助出版业务，顺势利用原有与多个零售商合作的优势进行分销。英格拉姆、贝克与泰勒、中央书局等都是综合性图书批发商中的巨头，在电子书和有声书发行上实力不凡。如英格拉姆的 CoreSource 平台具有广泛的分销网络，能将出版商的数字读物向全球 450 多个零售商和图书馆分发②。

在数字读物爆炸性增长的今天，那些针对某个细分市场的批发商则依靠比较优势取胜。Findaway 是全球最大的有声读物批发商，其下游包括众多有声书集成商与零售商，如 EBSCO、谷歌、苹果、Audible、Audiobooks 等，可覆盖数百万消费者。

(2)代理商

代理商和批发商一样，主要是联结出版商和其他中间商或终端消费者。代理商的加

---

① Forest City. 九月，让我们一起读书吧[EB/OL]. [2021-09-20]. https://www.forestcitycgpv.com/zh/news/166-readlife.

② Why Choose Ingram's Digital Distribution[EB/OL]. [2021-09-20]. https://coresource.ingramcontent.com/login.action.

入增加了渠道长度；但是通过代理商分销给其他下游零售商，销售范围进一步扩大。代理商和批发商最大的差别在于所有权问题。代理商并不具有数字读物的所有权，只是代替出版商销售，以获得佣金作为收入来源；而批发商则享有数字读物的所有权，可直接得到数字读物的销售收入。更重要的是，所有权归属会影响到定价权。批发模式中，出版商以批发价将数字产品销售给批发商，最后定价由批发商自主决定，出版商无权干涉；而代理模式中，作者或出版商可以自由为电子书或有声书定价，代理商只是从中抽成作为佣金。

亚马逊作为零售商，面向出版商时一直是采取批发制模式，即以固定折扣从出版商采购电子书，再根据自己的销售策略自主定价销售。2010年，在五大出版商的联合压力下，亚马逊被迫接受代理模式。于是，亚马逊、苹果、谷歌等零售商同时身兼大型出版社的代理商角色。代理制下，出版商制定统一的电子书价格，在各大代理商平台销售；代理商则收取30%左右的佣金。但由于代理制引发电子书价格上涨50%，被美国司法部定为涉嫌合谋恶意操纵价格，两年后代理制模式重新被批发制取代，电子书代理商不复存在①。

数字大众出版分销长渠道中，各渠道成员之间的关系盘根错节，原本严格的上下游关系在数字网络环境下逐渐消融。相较于传统大众图书分销，在数字读物分销网络中，无中间商或单个中间商的短渠道越发普遍，出现了多种新型分销机构。出版商自建的直销平台、自助出版商、集成商等与传统分销机构不同，其并不仅限于渠道中某个固定的位置；它们互相交错、组合，延展自身功能，承担多种分销角色，尽可能扩大数字读物的分销范围，构成了更为复杂的多级渠道，使数字大众出版的分销网络更加立体。例如，批发商Findaway的有声读物放在出版商平台downpour上销售②；亚马逊ACX上的有声读物通过Audible以外的零售商分销；面向图书馆的集成商OverDrive不仅直接从出版商那里获得内容资源，它也是英格拉姆的下游机构，而它旗下的Content Reserve作为服务于500多家出版商的数字内容仓库，以为多家在线商店提供电子书和有声读物③，等等。

7.3 数字教育出版分销

教育出版是与学习、教育及培训相关的出版活动，是一种产品最模式化、标准化，而过程最复杂、计划性最强的出版。我国《国家教育中长期改革和发展纲要(2010—2020年)》把加快教育信息化作为事关教育全局的战略选择，提出以教育信息化带动教育现代化

① 张大伟，陈璞. 亚马逊为何主导美国电子书定价——兼论美国电子书的代理制和批发制之争[J]. 编辑学刊，2014(2)：10-15.

② AudioEngine[EB/OL]. [2021-09-22]. https://findaway.com/audio-engine.

③ Wikipedia. Content Reserve [EB/OL]. [2021-09-22]. https://en.wikipedia.org/wiki/Content_Reserve.

的总体部署①。教育出版发行的数字化已成趋势，并成为出版业阶段性发展重点。

7.3.1 分销体系概述

借助数字技术，知识内容与教育技术逐渐磨合。数字出版产品形态更加灵活，与学习者的联系更加直接、紧密；数字教材教辅等产品的线上分销体系以广、快、准的优势弥补线下渠道的不足，出版商越来越重视数字平台的搭建以及线上线下的联动发展。同时，以开放教材平台为代表的公益性分销渠道开始挤压商业渠道，并为教育出版分销带来新的机遇和挑战。

7.3.1.1 面向正式学习和非正式学习的发行体系

从社会教育体制和学习活动的角度看，无论是传统教育出版还是数字教育出版，都同时服务于正式学习和非正式学习两个教育体系(见表 7-1)。正式学习指自上而下、制度化的集体学习活动，可分为正规教育和非正规教育。正规教育即学校教育、学历教育，学生每完成一个阶段的学习任务并且成绩达标，便可获得受国家认可的学历认证。正规教育课程和授权使用的教育内容产品需要符合教育当局的相关规定。因此，这类渠道通常受教育行政管理的制约，具有一定程度的特殊性和垄断性。非正规教育是学校之外，对正规教育进行补充、完善甚至是替代的集体学习活动。企业员工培训、社区扫盲和生活技能培训等都是较为常见的非正规教育。它比正规教育渠道更加开放和灵活，但是仍旧可能受到行政制约和集体制约。与有组织的正式学习相比，非正式学习是一种以学习者为中心，以个人兴趣和学习需求为出发点的个性化学习活动。学习者自行制定学习目标和计划，从多个渠道获取教学资源；学习过程一般会广泛嵌入各种社会生活场景中。这一类渠道虽然市场灵活开放，但是需求分散，销售方式以零售为主，强调个性化供应；学习者的购买决策一般不会受学校或其他教育机构的行政约束。

表 7-1 教育出版分销的正式学习渠道和非正式学习渠道

项目	正式学习渠道		非正式学习渠道
	正规教育渠道	非正规教育渠道	
持续时间	阶段性	终身	终身
教育路径	连续	不一定连续	不一定连续
组织形式	集体学习 中小学、大学、职校等学校	集体学习 企业、社区等组织	个性化开放式学习

① 新华社. 国家中长期教育改革和发展规划纲要(2010-2020)[EB/OL]. [2021-09-22]. http://www.gov.cn/jrzg/2010-07/29/content_1667143.htm.

续表

<table>
<tr><th colspan="2" rowspan="2">项目</th><th colspan="2">正式学习渠道</th><th rowspan="2">非正式学习渠道</th></tr>
<tr><th>正规教育渠道</th><th>非正规教育渠道</th></tr>
<tr><td colspan="2">课程内容</td><td colspan="2">知识系统化、结构化、标准化</td><td>知识自生产和管理</td></tr>
<tr><td colspan="2">评价标准</td><td>常模评价
国家学历认证</td><td>常模评价
无学历认证
极少数可获得国家认证</td><td>强调个体进步，自行制定和调整标准</td></tr>
<tr><td rowspan="3">渠道特征</td><td>市场特征</td><td>垄断性强
行政限制紧密</td><td>半开放
部分受行政限制</td><td>全面开放
几乎没有行政限制</td></tr>
<tr><td>供应需求</td><td>明确集中
长期稳定</td><td>明确集中
短期稳定</td><td>分布零散，个性化
频繁变化</td></tr>
<tr><td>销售模式</td><td>征订、批发、馆配、零售等</td><td>征订、批发、零售等</td><td>零售为主</td></tr>
</table>

7.3.1.2 商业性和公益性发行体系

兴起于21世纪初的开放教育资源运动(Open Educational Resources，OER)提倡制作和开放具有多元文化背景的内容资源，提供内容检索、获取和分享的便利条件。随着OER逐渐获得越来越多国家和地区政府的支持，其发展态势迅猛。由此，一个区别于商业分销体系的教育内容传播空间正在形成。它本质上是一种公益发行，宗旨是让更多人能够以最低成本使用教育内容资源，实现最广泛的可访问性，而非一味地牟取经济利益。慕课平台、开放教材平台、维基百科和类似维基百科的开放知识社区，以及学校、图书馆、教育基金会等非营利机构主导运营的虚拟校园、虚拟学习环境、教学管理系统等都可以归为此类内容分发渠道。

这些公益发行渠道不仅拓宽了内容的传播范围和种类，为学习者节省大量开支，有的还将触角延伸至商业领域参与竞争。许多OER平台为了募集资金和推广内容资源，在提供免费内容满足基础需求之余，也开拓了不少商业项目。Coursera和中国大学MOOC等国内外慕课平台已经开始探索付费课程和学历认证项目。美国开放教材平台OpenStax自主研发学习软件OpenStax Beta，可以用来获取OpenStax教材和低价课程，价格远低于同类商业产品。教育出版商、技术商也从OER平台丰富的教育内容资源中嗅到了商机。麦格劳-希尔、圣智等主要教育出版集团均制定OER战略，和OER社区开展合作。著名教育技术商Knewton在从"技术文化"向"内容文化"转型之后，开始利用自适应学习技术为用户推荐符合其学习特征和偏好的教育内容，其中便有OpenStax的开放教材。此外，OpenStax还与Perlego、圣智、亚马逊Kindle、巴诺书店、Ambassador等商业公司开展内容合作。

综上所述，在数字教育出版领域，商业发行和公益发行这两个出发点迥然不同的教育内容分发体系正在开启一段前所未有的竞合关系，为教育出版分销提供新的机遇和挑战。关于 OER 社区和商业教育出版的具体合作方式，会在后续教育出版“吉列模式”部分进行深入探讨。

7.3.1.3 线上和线下分销体系

数字技术与互联网的发展以及数字化教学的普及使得教育出版分销越来越多地往线上渠道转移。电商的崛起集中扩大了教育图书和教辅的分销渠道，数字教材平台、在线教育平台、移动教育应用等形式的线上分销渠道更使得教育出版商能够以更快速度和更灵活的组合形式交付教育内容产品，同时提供更加丰富的教育内容与相关服务，向教育活动的方方面面渗入，进而为学校和师生创造更广泛和更大的教育价值。而随着新兴技术在教育领域的广泛应用，教育出版分销也同其他出版领域一样，变得越来越精细化和智能化：知识图谱、自然语言处理、语义技术的发展使教育出版商对教育内容的加工粒度越来越精细，机器可读的程度逐渐增强；大数据技术使教育出版商以更直接的方式获得、处理和分析师生的教材阅读、批注、作业、教学互动、小组学习与讨论等学情数据，以增进对用户需求和使用行为的了解；人工智能的不断成熟则使教育出版商得以实现教育内容的精准化、自动化供需匹配与推荐。这些都是传统线下渠道所不具备的优势。

面对线上渠道蓬勃发展带来的压力，以校园实体书店为代表的传统线下渠道被迫积极探索转型，其策略包括：精简和强化图书选品的同时拓宽销售品类，从单纯依靠教材教辅销售到提供文具、茶具等多种文化创意产品；拓宽受众群体，从有限的师生群体到面向大众和社区提供图书；拓宽书店空间功能，通过承接和举办读书会、课程讲座、辩论赛等活动，提供多元化的文化体验与服务等。一些大型书店，如我国的新华书店、国外的亚马逊、巴诺书店还试图通过在书店内引进数字阅读设备，创建网络电商门户网站，与线上渠道互动的方式吸引客流。

7.3.2 渠道成员

搭建数字教材平台是传统教育出版商进行数字化转型的重要路径之一。相比于传统纸质教材，数字教材易于修订、载体多样，甚至可以根据需要对内容进行拆分重组，具有极强的灵活性，是教学与信息技术深度融合的产物。相应地，数字教育出版的渠道成员类型、职能等，也处在持续的变化之中。

7.3.2.1 数字教材平台

数字教材平台是教育出版最主要的数字化分销方式，其优势是能够集中展示和提供所有教材产品与相关服务，并且能够通过 PC、平板、手机等多种终端进行分销；有些数字教材平台还面向教材作者提供了自出版功能，以求快速扩大教材数量，形成更大的规模效应。2019 年，全球最大教育出版商培生宣布未来所有在版教材都将采取“数字优先”模式。这表明长期以来较为固化的教材出版发行模式已经松动，数字教材平台将成为出版产业必不可少的一环。在国内，人民教育出版社以人教版传统纸质教材为蓝本，打造了集教材、数字资源、学科工具、应用数据于一体的立体化教材平台，迄今已在天津、北京、广东、云南、河南等 20 余个省、自治区和直辖市得到了应用①。高等教育出版社“智慧职教”平台能提供 750 余种新形态教材，并且与该平台另外提供的数字课程进行了融合②。此外，广东省出版集团、河南教育电子音像出版社、长江出版传媒有限公司等地方出版单位结合当地教育实情与需求，通过打造“粤教祥云”“中国教育出版网”“微学堂”等具有地方特色的教育资源平台提供着丰富的数字教材资源。

值得一提的是，除商业教材外，开放教材领域也产生了不少大型数字教材平台。开放教材指通过开放许可协议授权师生和大众免费或以低价使用的数字教材，有时也会以有声书和纸质书的形式分发和使用，具有可访问性、重用性、交互性、可定制性等特征。与商业教材相比，开放教材具有成本低廉和使用自由两大核心优势。随着开放教材逐渐实现稳健增长，发行和服务体系日益完善，一个新的教材出版发行市场已然形成，并推动着教材市场的开放竞争。目前，开放教材的市场集中度已经不亚于商业教材市场。MERLOT、OpenStax 和 Wikibooks 等 3 家开放教材平台占据约 86%的市场。剩下的开放教材平台如 Ck-12、BCcampus 等虽然无法在规模上与之相较，但也形成了各自的优势和特色。这些开放教材平台为教材使用者提供更大的话语权和教材出版机会，让教材出版不再是少数专家和教育出版商的特权。

7.3.2.2　在线教育平台

20 世纪 90 年代，ICT 技术的发展极大地促进了远程教育的发展。互联网技术，尤其是移动互联网普及为人们搭建在线教育平台提供了极大的便利。它不仅为人们提供更加丰富和多元化的学习资源，还带来了教学和学习模式上的变革。根据时间依赖性和参与者数量，可将在线教育平台分为 4 类：慕课平台(Massive Open Online Course，MOOC)；小型私人在线课程平台(Small and Private Online Course，SPOC)；同步大规模在线课程平台(Synchronous Massive Online Courses，SMOC)；同步私人在线课程平台(Synchronous Private Online Courses，SSOC)③。这些平台通常以录播或直播等形式为用户提供视频教学和在线教学辅导服务。

7.3.2.3　线上教育书店

长期以来，校园书店凭借优越的地理位置和专门面向学校师生的专业化服务，在传统

① 胡晓东. 教育融合出版产品现状及发展思路浅析[J]. 出版广角，2021(13)：38-41.

② 陈晓光. 教育出版融合发展的实践与思考[J]. 中国编辑，2020(1)：4-9.

③ Kaplan Andreas M，Haenlein Michael. Higher Education and the digital rebolution：About MOCCs，SPOCs，social media and the Cookie Monster [J]. Business Horizons，2016，59(4)：441-50.

教材与教辅分销网络中占据了重要的地位。然而这并不能让它们幸免于电商的冲击。电商平台为学生买家提供便捷的教材书目、比价和交易系统，使其能够越过校园书店直接与上游批发商对接议价，以获得更高的购买折扣。失去价格优势的校园书店因此大量关张、歇业。但是，电商兴起也为校园书店提供了新的发展思路与空间，诱使校园书店纷纷开辟线上业务，升级服务模式。校园书店入驻电商平台一般是为了拓宽零售渠道，并主要通过入驻和自建平台两种模式进行。与单纯的线上教育书店相比，其优势在于能够更好地实现线上和线下联动，比如线上交易，线下取书。举例而言，美国领先的大学书店运营商“巴诺学院”(Barnes & Noble College)经营着782家校园书店和每个书店的学校品牌电商网站，为全国600多万名大学生和教师提供服务。作为教材分销中介，巴诺同时面向下游的学生和学校等教育机构用户提供教材零售、批发和租赁服务，同时还面向上游的教材作者和出版商提供额外的数据服务“采用和洞察门户”(Adoption & Insights Portal)，帮助其了解教材的采用和使用情况。这一功能的实现有赖于教材的交互式设计。

7.3.2.4 数字教育集成商

对于像巴诺这样的连锁书店品牌而言，其通常不会满足于与综合型电商平台合作，而是还会整合现有资源，向数字教育集成商转型。数字教育集成商指致力于提供教育内容资源和数字化学习体验的集成商，比一般电子书集成商的专业化程度更高。它能够在数字教育产业链的利益相关者中起到协调作用，通过特定产品和整体解决方案将教育内容与教学服务深度结合，从而更好地实现教育内容的集成、增值和交付。从内容价值链来看，集成商首先将各种来源的教育内容整合、构建成标准化教学资源库，实现内容分类导航、检索、下载、标记等基本功能。在掌握大量内容资源后，再面向不同客户提供增值服务。如将内容根据不同的用户需求和消费水平进行拆分、重组，再分别定价并提供有针对性的服务，以此更加充分地开发内容资源的价值，增大收益。在提供这些服务的过程中，往往就伴随着教育内容的交付。随着互联网、自适应学习等技术的发展，集成商能够实现更精准、更高效的内容推送。因此，随着传统教材的式微，凭借雄厚的内容资源向数字教育集成商转型成为培生、麦格劳希尔、圣智等跨国教育出版集团的首选。一些原本专营内容的企业也开始提供教学软件和解决方案，希望与消费者形成直接和稳固的连接。这样不仅方便教育内容的推送，还能够掌握更多产品使用数据和学情数据，以帮助形成数字学习闭环。

当然也不是所有数字教育集成商都以教育内容生产为发展起点。一些集成商先在其他环节站稳脚跟后再开始向上游延伸，由此形成了迥异的成长路径和业务特色。Knewton先是凭借自适应学习技术积累客户资源，而后与出版商进行内容合作。巴诺书店先是从实体书店开始转型线上，但定位首先依然是中盘商。它为教材出版商和批发商提供分销代理服务；为非巴诺旗下的校园书店提供整套经营方案；为下游学校、图书馆等机构用户提供批发业务；并面向师生等个体用户提供零售和租赁业务。在教材供应链中站稳脚跟后，巴诺集团正式成立巴诺教育(Barnes & Noble Education)，全方位地打造教育内容生态，进军数字教育出版，提供教学软件和数字教育服务。

无论是凭借教育内容资源、分销渠道资源还是技术资源入局，向集成商发展都有助于这些中介对资源进行整合。但是，也可能出现一家独大或少数几家集成商重新垄断市场的局面。根据 2016 年学生公共利益研究组(Student Public Interest Research Groups，PIRG)的调查，培生、威利等五家主要教育出版商控制着 80%的美国教材市场①。市场垄断使得教材价格连年攀升，涨幅甚至超过医疗、住房等基础民生消费。这不仅让学生饱受高价教材之苦，选课和学习成绩受到影响；最终还会反噬出版商自身，影响其发展潜力。如学生为了节省教材费用转而使用二手教材和免费的数字资源，甚至使用盗版教材，以致商业教材销量锐减、收入降低；而教育出版商为了维持盈利，不得不提高教材价格和频繁再版，最终陷入恶性循环。

7.3.3　渠道模式

将数字教育资源尽可能广泛地分发到学习者手中，是当前各教育出版参与主体新的竞争目标。而随着教育信息化和出版业数字化转型升级的发展，数字教育出版的产销主体及其相互关系更加多样。这些分销机构不仅存在业务上的合作与交叉，彼此之间的兼并和重组也频繁发生。数字教育出版分销渠道系统因此更加错综复杂。

7.3.3.1　直接销售模式

直接销售即从教育内容资源生产者直接到达学习者，不经过任何中间商转售。这种模式在教育出版领域较为常见，伴随着网络技术的发展，其形式也更加多样化。目前在教育资源生产者中，以培生、麦格劳-希尔、圣智、学乐为代表的商业教材出版商仍占主流，其面向学习者的直接销售模式有两种。一种是通过自建网站或自建 APP 售卖数字教材。例如培生的 eText 应用程序，与传统纸质教材的直接销售模式相比，交易地点从线下改为线上、交易产品从实体书变为数字教材。另一种是通过在线学习平台提供数字产品和服务。几大主要教育出版商或自建、或收购，都推出了自己的在线学习平台。例如，培生旗下最具特色的 MyLabs、Mastering 和 Revel，Wiley 的 WileyPLUS 以及 2019 年收购的 Knewton 等。一方面，在线学习平台丰富了教育资源的呈现形式，将内容变成了可拆分的模块化单元，能够根据学习者自身情况灵活重组，量身定制和管理学习内容；另一方面，平台运营方可以实时记录和追踪学习者的在线学习数据，清晰把握学习者画像，评估其学习效率，并有针对性地对数字产品做出策略调整或改进。而以 MERLOT 、OpenStax 为代表的开放教材平台为了募集资金和不受商业公司牵制，也开始打通业务链条向上游生产者行列进军。它们或自行组织教材出版，或研发教材制作工具和教学软件帮助用户自出版，通

① Quin Parker. How The 5 Main Textbook Companies are Being Disrupted[EB/OL]. [2018-05-11]. https://tophat.com/blog/textbook-companies-disrupted/.

过产销结合也实现了面向学习者的直接销售。

7.3.3.2 间接销售模式

虽然新兴数字技术使得数字教育出版商直接接触学习者更加便利，但通过中间商扩大数字教育产品的传播范围也是必要的。一般来说，数字教材也采用间接销售模式以接触更广泛的学习者，目前主要有以下几种形式。一是通过零售商分发数字教材。目前，国外著名的图书零售巨头仍以亚马逊、苹果、谷歌为代表，霍顿·米夫林、圣智、培生、麦格劳-希尔等主要教材出版商以及一些开放教材出版商和他们均有合作。亚马逊主要通过Kindle平台销售数字教材，并推出Prime Student会员服务，免费赠送6个月试用期，加入可享受折扣价及其他亚马逊会员服务；苹果和谷歌则分别通过零售商店iBooks、Google Play出售数字教材。在国内像当当网这样的图书专营电商平台上也出售科教类电子图书，例如中小学教辅、大中专教材等。二是通过校园书店进行分发。在传统教材分销渠道中，校园书店凭借有针对性的专业化服务在细分市场上获得了举足轻重的地位。但随着电商平台的崛起和数字教材的流行，其优势逐渐被削弱。因此，它们也纷纷开辟线上业务寻求转型。作为美国最大的教材批发商之一，巴诺教育(Barnes & Noble Education)经营着1453家校园实体书店和线上书店，为600万名师生提供服务，其应用程序Yuzu直接面向学习者提供数字教科书。三是通过集成平台分发。集成商在数字教育产业链中起到了很好的协调作用，可有效满足学习者获得来自不同出版商数字教材的多样化需求。以VitalSource为例，其平台上集成了1000多家出版商的逾百万本数字教材。它既通过Bookshelf应用程序直接面向学习者，也通过7000多家教育机构、500多家校园书店等下游渠道再次转售。

7.3.3.3 订阅模式

和数字期刊发行一样，教育出版分销也存在着类似的订阅模式。包容存取(Inclusive Access)是比较特殊和特别值得关注的一种。它起源于高校，后来逐渐被出版商、OER平台、校园书店等内容分销中介所采用。虽然在叫法和操作细节层面可能存在一些差异，但是整体上遵循如下流程：学生在开课前可通过学校教学管理系统访问数字教材，课程初期可免费试用；选择期过后，若退出则会失去访问权限，若继续使用则系统开始自动计费。此种模式下学生退出率较低，出版商可提供较大折扣，学生因此可节省大量的教材费用。据美国高校商店联盟的数据：2017—2018年，23%的独立高校书店已经展开包容性存取项目，32%正在考虑接受包容性存取。巴诺书店和福利特(Folett)旗下的租赁书店也在扩大包容存取项目的规模。圣智、麦克米伦、麦格劳·希尔、培生等多家主要教育出版商也纷纷加入包容存取服务大军。随着智能终端市场的成熟以及教师和学生对数字教材越来越高的适应性，价格昂贵的传统纸质教材不再是学习时的首选。技术赋予了学生等用户新的教材获取渠道和方式，出版商指望抬价来填补利益亏损显然行不通。包容存取因此成为教材出版商缓解市场压力的出路之一。数字复制不仅降低了销售成本，低退出率也使得出版商收入更稳定、更容易预测。而对于需求端的师生来说，包容存取能让他们在课前及时获得所需教材，节省时间成本。一些平台如 VitalSource 和 RedShelf 还会内置学习工具，帮助学生提升学习体验，获得更好的学习效果。从经济利益上看，包容存取的利好或许是双重的：一方面，学生通过学校财务账户结算费用时，可使用财政援助，而无需信用卡或借记卡；另一方面，出版商提供的批量折扣价也是很可观的。但包容存取也有一些潜在风险：一是过度依赖单一供货商，师生可选择的教材范围有限。若扩大选择范围，那么各类供货商、大学系统和学习管理系统（Learning Management System，LMS）间的集成复杂性会成为包容存取的"定时炸弹"。二是扩大数字鸿沟。经济实力和教育资源落后地区和家庭出身的学生可能因为缺少数字化学习和阅读所必需的硬件设备、网络条件及其他必要支持而无从通过包容存取节省教材费用，获取最新的教材内容，更加落后于其他学习更为优渥的学生。三是价格潜在的不稳定性。一方面，出版商之间的垄断竞争仍在继续；另一方面，一旦师生成为包容存取的忠实客户，其议价能力或许会有所削弱。四是不得不关注的数据安全问题。如何保障学生学习和教育相关的隐私是应用包容存取必须明确解决的问题。

7.3.3.4　基于 OER 的吉列模式

"吉列模式"又称"剃刀和刀片策略"，指生产商以低价出售剃须刀，对配套刀片收取高价的方法。它普遍适用于对配套服务要求较高的产品。① 学生在学习过程中需要用到的教材书目往往有限，但是对配套服务有较大需求。除了配套教辅之外，还可能需要智能检索、学习分析等高阶功能。人工智能、学习元等新兴技术的普及应用往往会加快这些功能的更新迭代，就如频繁更换的刀片一般。因此，吉列模式在数字教育出版分销中具有一定的可行性：以免费低价的教育内容为"剃须刀"；以学习软件、在线课程等增值服务作为"刀片"。用免费和价格低廉的教学资源吸引学习者，通过向其出售配套服务实现盈利。而以版权开放、免费和自由使用为典型特征的 OER，为吉列模式在教育出版领域的应用提供了土壤。

基于 OER 的吉列模式主要有广告模式、内容增值模式和技术服务增值模式等三种。广告模式通过提供 OER 跨平台检索和 OER 与商业内容资源的混合检索来提升付费内容的可见性。培生早期与非营利检索技术公司 Gooru 合作研发了一款教材搜索引擎，可以让用户同时从 MERLOT、OpenStax 等多个开放教材平台中检索开放教材。培生在检索结果中加入自己的产品，起到了品牌宣传和产品推广的效果。这种模式常见于既提供免费内容，也提供付费内容、技术以及教学服务的混合型教育内容平台。加拿大技术公司 Top Hat 的"教材集市"（Top Hat Textbook Market）就是这样一个混合型教材出版平台。它将商业教材和开放教材相互独立地并置于同一个平台上，以此来满足具备不同经济实力和教材需求的用户自行选择的需求②。内容增值模式指以 OER 为原材料进行在线课程等教育内容的研

① 李平. 挑战吉列模式[J]. 21世纪商业评论，2009(1)：31-32.

② 徐丽芳，邹青. Top Hat 教材集市：数字教材混合出版新模式[J]. 出版参考，2019(5)：23-26.

发。比如圣智 OpenNow 平台将 OpenStax 开放教材和自己出版的商业教材进行汇编集成，并在此基础上进行课程研发①。技术服务增值指将 OER 及其衍生内容搭载教学软件和服务进行销售，比如在线测评、在线辅导、教育内容个性化订阅和推荐等。总而言之，OER 能够利用免费低价、自由使用的特质吸引学习者的注意，提升付费教育产品的可见性和采用率；同时，还能为在线课程等高阶内容研发提供原材料，为教学软件和服务提供内容保障，提升教学软件性能和课程服务质量。

通过吉列模式，OER 平台可以募集维系可持续发展所需要的资金。教育出版商则可以将基础内容研发这种成本高、周期长的工作"委托"或是"分包"给 OER 社区，从而专注于附加值更高的业务。然而吉列模式并非毫无风险。如果不能及时培养用户的付费习惯，或是无法妥善处理商业营销合作和版权开放之间的关系，吉列模式都难以为继。2007 年，第一家商业开放教材平台"平世界知识"(Flat World Knowledge，FWK)成立。它试图在提供开放教材的同时，通过出售印刷教材、教辅材料盈利。FWK 问世后因模式新颖而受到广泛关注，第一年有 500 多所独立学院和大学使用它的教材。然而，绝大多数学生只一味获取免费教材而不购买其他付费资源，导致 FWK 无法持续盈利，运营 5 年后宣布停止供应免费教材②。与此同时，OER 所赋予的自由度还可能滋生教材盗用和滥用，出现"开放炒作""洗稿"等现象。开放炒作(Open Washing)指一些商业公司打着 OER 旗号，对外宣称能够提供 OER 吸引眼球，实际上是强制与其他付费资源和服务进行捆绑销售，从而将免费内容重新放置到不同形式的付费墙之后。甚至有可能存在不按照规定对原始 OER 进行署名和引注，抹去原创痕迹以便重新定高价出售的情况出现。

7.4　数字学术期刊分销

1991 年，美国研究图书馆学会(Association of Research Libraries，ARL)出版的第一个电子期刊和通讯目录列出了 110 种电子期刊；截至 2021 年 8 月，乌利希国际期刊指南网站(Ulrich's Web)已收录了超过 30 万种期刊，其中纯数字学术期刊已成为最大的子类。目前，重要的跨国 STM 出版商和学术组织出版了大量数字学术期刊。前者如爱思唯尔科技出版公司(Elsevier Science)，它的数据库平台 ScienceDirect 上拥有 4474 种期刊和 31755 本图书著作，文章数量超过 1600 万，涵盖逾 35 万种学科主题，其中开放存取期刊 3196 种，开放存取文章约 140 万篇③；施普林格·自然(Springer Nature)的数据库平台 SpringerLink 集成了 3755 种期刊和近 30 万本学术著作，文献资源总数约为 1448 万，其中期刊文章超

① Inside Higher ed. A Big Publisher Embraces OER [EB/OL]. [2019-08-10]. https://www.insidehighered.com/news/2017/10/10/cengage-offers-new-oer-based-product-general-education-courses.

② Jennifer Howard. Flat World Knowledge to Drop Free Access to Textbooks[EB/OL]. [2019-08-11]. https://www.chronicle.com/blogs/wiredcampus/flat-world-knowledge-to-drop-free-access-to-textbooks/40780.

③ ScienceDirect[EB/OL]. [2021-09-18]. https://www.sciencedirect.com/.

过 700 万篇①；约翰威利(John Wiley)的数据库平台 Wiley Online Library 集成了超过 1600 种期刊和 22000 本图书②。后者如美国电气与电子工程师协会(IEEE)通过网络门户向读者提供该机构自 1988 年以来出版的期刊、会议文献和其他学术出版物，以及所有现行 IEEE 标准，总文献量接近 541 万篇③；英国皇家物理学会(IOP，Institute of Physics)通过网站提供它出版的所有电子期刊的题录与文摘内容。此外，国内自 20 世纪 90 年代以来也出现了若干大型数字学术期刊数据库和平台，如清华同方的中国知网、重庆维普的中文科技期刊数据库、中国科技信息研究所万方数据公司的数字化期刊网和中国教育图书进出口公司的开放存取资源门户 Socolar 等都收录或集成了几千到上万种不等的期刊，并通过光盘、镜像站点等方式提供给图书馆、学术机构用户及个人用户使用。另外，许多科技期刊也自建网站提供数字版现刊和过刊内容，以方便读者浏览和检索，如《自然》(*Nature*)、《科学》(*Science*)等。

数字学术期刊也许不是数字科技出版物进化的终极形式；也许其在未来科学交流系统中的重要性将远逊于印刷型科技期刊在过去 300 多年来的科学交流系统中所占据的地位。但是毋庸置疑，当前数字学术期刊已经成为 STM 出版数字化转型过程中的主流出版物形式之一，其于近三四十年来的快速增长与普遍应用是有目共睹的，而且基本形成了较为稳定的分销和发行模式。

7.4.1　发行体系概述

在研究发行模式之前，有必要先厘清数字学术期刊发行活动的使命。对使命的认识之所以必要，是因为它可以作为衡量解决方案优劣的标准；并且只有认识准确到位，才能保证整个数字学术期刊的发行活动不偏离真正的使命。

数字学术期刊价值的最终实现有赖于完成“数字学术期刊”与“读者”之间的适配，无论称其为“分销”“发行”“经销”“销售”还是“传播”(见图 7-4)。这种功能，如果任其自然、不通过专门活动加以实现，那么其发生即使不是完全不可能，则实现效率也必然极其低下。在这个过程中，数字学术期刊为读者提供内容(信息、知识)以满足其专业研究需要，而读者为此支付一定金额作为数字学术期刊持续经营的资金；或者由开放存取期刊免费向读者提供内容，但是向作者或其资助机构收取文章处理费(Article Processing Cost，APC)以维持经营。在传统印刷出版过程中，人们往往将组织纸质科技期刊实现空间转移以及由此引发的资金回收视为期刊发行的主要工作内容；但是，数字化期刊的直接复制成本和物流成本接近于零，从而使人们认识到发行工作的实质是完成内容与资金的交换，从而实现学术期刊作为出版产品的价值。本书将这种功能称为“分销”或者“发行”；而数字学术期刊发行的使命就是履行此种功能。

---

① SpringerLink[EB/OL]. [2021-09-18]. https://link.springer.com/.

② Wiley Online Library[EB/OL]. [2021-09-18]. https://onlinelibrary.wiley.com/.

③ IEEE Xplore[EB/OL]. [2021-09-18]. https://ieeexplore.ieee.org/Xplore/home.jsp.

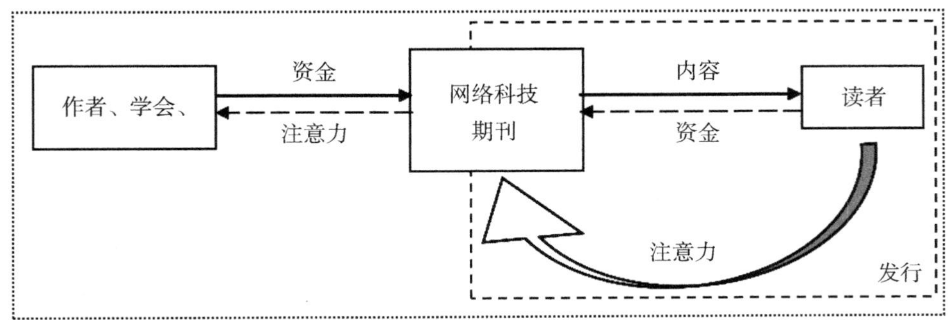

图 7-4 数字学术期刊的发行

实际上，期刊出版作为一种典型的双边市场(two-sided market)，其发行工作既能够实现内容与资金的交换，也能够实现内容与注意力的交换，再由期刊出版者在另外一边市场上完成读者注意力与资金的交换，从而支持期刊的持续经营。后一种交换以期刊发行为基础，但已经不属于发行工作的范畴。这种做法在印刷时代就很普遍，表现为对读者免费而由广告费支持期刊运营的受控发行方式(controlled circulation)。在数字环境中，开放存取期刊是典型代表，只不过在另一边市场的交易方(合作方)除了广告主而外，拓展至作者、学会、协会和赞助商等。

值得一提的是，不少数字学术期刊系由志愿者完成编辑出版工作以后免费发送给读者。这种情形很难适用上述关于发行的阐述。此类期刊也许数量不小，但是一则其持续出版没有保障，创刊停刊都十分频繁，二则此类期刊从总体上看学术影响力偏低，因此本书暂时不予讨论。另外，在会员交纳学会、协会会员费并免费获取会刊的情况下，尽管从表现形式来看会费与网络期刊不是绝对和直接的等价交换，但是从本质而言不妨认为带来免费会刊福利的会员费中暗含了期刊价格，因此仍可以将此视为以“资金”交换“内容”的一种情形。之所以在此处特别强调，因为这种做法无论是在印刷科技期刊还是数字学术期刊的发行中都十分常见。

综上所述，数字学术期刊发行工作的使命是完成“数字学术期刊”与“读者”之间的匹配，从而实现内容、注意力与资金的交换。在完成使命过程中需要解决若干关键问题：一是将数字学术期刊传递给尽可能多的读者，或者简言之提高发行量；二是将合适的内容(数字学术期刊)发送给最需要它们的读者，即提高发行的精确度；三是尽快向读者发行数字学术期刊，提高发行速度；四是实现数字学术期刊的持续经营。

7.4.2 直接和间接发行模式

就当前国内外数字学术期刊的发行模式而言，可以依据其渠道类型、交易方式以及辅助发行功能的不同来区分为不同的模式。传统印刷型学术期刊的主要发行渠道是机构订户(以图书馆为主)和个人订户通过订阅代理机构(subscription agents)或者直接向期刊出版商订阅期刊。与大众消费类期刊不同，学术期刊较少通过报摊零售，因此零售渠道即使不是绝对不存在但也不占重要地位。

数字学术期刊的出版发行不再需要昂贵的印刷设备，而且免去了装订、运输等诸多繁琐的业务流程。从理论上来说，作者可以不借助任何其他专门机构的帮助发布自己的研究成果。但是直至可以预见的将来，由作者直接向读者发送论文的做法都将只是科学交流的一种辅助渠道。原因就像前面提到的那样，在信息过剩时代由个人发出的信息正好被众多需要它的人发现的概率是微乎其微的。推而广之，仅有提供内容组织、加工和编辑附加值的学术出版商也是不够的；尽管理论上它们可以绕开诸多发行中介机构。从这个意义来讲，数字学术期刊出版的价值链除了完成承载内容的比特流传输和资金回流之外，它也是一条放大信息的链条，而链条中的每一个环节都是一个“信息放大器”。而此处提到的信息，并不限于期刊内容本身，同时也包含有关期刊的信息。只有通过这些“信息放大器”的层层加码，数字学术期刊尤其是不那么有名的期刊才不至于湮没在信息海洋中。

站在出版商角度，根据在它与用户之间是否有中间发行环节，数字学术期刊的渠道结构既包含直接销售模式，也有间接渠道分销模式，即通过中介的发行模式。客观地说，减少中间环节可以满足前述“更快”的衡量标准；增加中间环节，一般来说有利于实现“更多”的发行目标，因为长渠道无疑将扩大与各类型顾客的接触面。

采用直接发行模式的有两种渠道：一是由出版者直接将数字学术期刊发给个人订户；二是由出版者将数字学术期刊发送给机构订户，通常是学校、科研机构、政府和企业的图书馆、信息中心或资料室，然后再由它们将数字学术期刊提供给最终读者阅读。一般来说，读者与此类组织机构存在隶属关系。值得一提的是，为了增强同科技出版商的议价能力，图书馆联盟(library consortia)往往联合采购包括数字学术期刊在内的电子资源。在这样的情况下，它就成了机构用户的上游发行环节。这在高校图书馆和研究图书馆领域都很常见。就像 7.1 中提到的那样，几乎全球所有最重要的数字学术期刊出版商都建立了集编辑、发行和销售于一体的平台，直接与其上游环节“作者”和下游环节“用户”进行沟通、合作和交易(见图 7-5)。

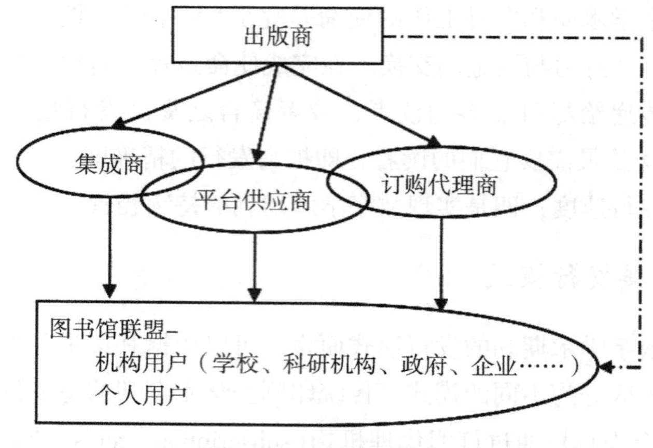

图 7-5　发行渠道模式

采用间接发行模式的渠道就目前来看主要有三种。一是用户通过集成商(aggregator)获取数字学术期刊。著名的如国外的 EBSCO Publishing、Gale、Ovid Technologies、ProQuest (CSA)，国内的 CNKI、万方、重庆维普和人大报刊复印资料等。一般来说，这些集成商本身并不编辑出版期刊，它们只是以数据库和数字图书馆的形式重新集成其他出版商出版的各种数字学术期刊。重新分类和集成期刊的依据通常是学科或主题，间或也采用其他标准，如出版语言。其中 Gale 的某些数据库和人大报刊复印资料往往按专题在文章而非期刊层面重新集成内容。由于这种集成加工方式在对内容的挖掘方面更具深度，因此也许会成为今后内容集成的发展趋势之一。集成商往往有统一的网络门户(gateway)①，目的是让用户通过门户一站式地利用它集成的所有内容，如 ProQuest 的 ProQuest Research Library 、EBSCO 的 EBSCO Online 和 CNKI 的中国知网等。二是通过出版技术供应商这一中间环节发行数字学术期刊。Ingenta、Literatum(前身是 EBSCO 的 Metapress)和高线出版社(High Wire Press)都是这一类型发行机构的典型代表。在这一模式中，数字学术期刊的出版、发行和保存等业务环节出现了一定程度的“粘连现象”。因为此类中介通常最主要的功能是为其他出版商和期刊提供数字出版服务，或者更明白地讲，这些机构的主要业务是为纸质期刊提供数字化、网络化托管服务，为数字内容寻找更广阔的销售渠道。Ingenta 旗下的 Ingenta Connect 平台拥有数以百万计的文章，月访问量超过 140 万②。另外，像公共医学中心(Public Medical Center，PMC)这样的开放存取仓储也可以视为一种数字学术期刊平台，只不过它的核心功能在于免费传播(发行)和保存期刊及论文。三是用户通过订阅代理机构获得数字学术期刊。EBSCO 信息服务公司、Harrassowitz、Swets 以及国内的中国教育图书进出口公司报刊电子文献进口部(CEPIEC)、中国图书进出口(集团)总公司报刊电子出版物部(CNPIEC)等，往往同时提供印刷版和包括网络版在内的电子学术期刊订阅服务。

在媒介产业融合的大趋势下，大型跨国集团往往覆盖数字学术期刊出版发行的不同环节，具体由集团旗下不同的分支机构来承担。如 EBSCO 信息服务集团本身是全球著名的订阅代理机构，其 EBSCO Publishing 公司是集成商，EBSCO Online 是其数字学术期刊门户，它又有 Metapress 公司来为其他出版商提供网络出版平台。同时，间接发行渠道中的中介机构往往同时分销和发行电子书和数字期刊。例如，Ovid Technologies 本身就是全球知名的 STM 出版商威科集团的子公司威科保健(Wolters Kluwer Health)的分支机构，它作为集成商拥有丰富的医药领域内容资源，包括 1400 种同行评议期刊、6000 余种电子图书收藏以及逾百种书目数据库和全文数据库③。

7.4.3 订阅模式及其变化

传统印刷型学术期刊的主要交易模式是订阅，以订户预缴订阅费为主要特征。订阅期

① 不同于强调大而全的门户(portal)，gateway 作为门户概念强调获取信息的途径。

② Ingenta Connect. About us[EB/OL]. [2021-09-18]. https://chinesesites.library.ingentaconnect.com/about.

③ About Ovid[EB/OL]. [2021-09-18]. https://www.wolterskluwer.com/en/solutions/ovid/about.

以年度较为常见，也可以是季度或半年度不等。通过报摊零售或者由读者付现向期刊社邮购单期杂志的交易方式也有所见，但不是主流。根据用户是否需要付费以获取数字学术期刊，可以将交易模式分为两类：免费模式和付费交易模式。前者如开放存取期刊，一旦出版发行以后，从理论上来说能够上网的用户只要不侵犯作者署名权等极少数著作权利就可以自由地浏览、阅读和下载期刊的所有内容。还有大多数数字学术期刊的目录和摘要等内容也往往采取免费、开放的模式供读者自由存取。由于过程和方式十分简单，此处不赘述。就付费交易模式而言，则还可以根据结算时间将其区分为预结算和即时结算两种，充值模式也属于预结算模式的一种。从理论上来说后结算也有独特优势，但是迄今为止很少看到相关实践。

7.4.3.1　预结算模式

目前以图书馆为代表性的机构订户主要采取的两种常见预结算模式为大宗交易模式或小规模资源包销售模式。大宗交易模式（Big Deal）最初指一套“期刊包”，由各出版商旗下的期刊整合而成，通过在线方式进行销售。图书馆在以全价续订当前已订阅期刊的基础上，支付少量额外费用即可得到期刊包中的所有期刊，这实质上也是一种捆绑销售模式。就像肯尼斯·弗瑞泽尔（Kenneth Frazier）说明的那样：“许多大学以捆绑式站点授权方式获取大型出版商所出版的几乎所有在线期刊，价格则依据其订阅该出版商的印刷期刊的历史支出来确定。这一做法称之为大宗交易。”双方订阅合同可延续数年，期内每年价格会有一定涨幅。出版商通过大宗交易可以降低期刊交易和管理成本，保持长期稳定盈利；图书馆则能以少量额外成本迅速增加期刊资源总量。但大宗交易的合同期长、定价涨幅较高，且资源包中部分期刊的使用率低，会导致一定的经费损失和资金压力。因此，为了满足个性化需求，出版商同时推出小规模期刊资源包作为补充，图书馆可根据品种、学科、主题等有选择性地订购资源包，但不可避免的是其中仍然会存在使用率低、效用不高的期刊。

从订阅操作来看，也有不少变化。首先，从订阅对象来看，未必以期刊为单位来进行。例如对收罗了旗下所有期刊、杂志和会议论文的数据库产品 IEEE Xplore，IEEE 规定会员每月可阅读、打印和保存 25 篇全文文献，并且每月未使用完的额度可累积到下月，最大不超过 10 篇，即每月最大额度可达到 35 篇①。在这里，学术期刊的生产和发行阶段再次出现了一定程度的“粘连”现象，即出版物产品的分割和聚合不一定在制作、出版和发布时即已完成，而可以迁延至发行阶段，根据读者需求情况来重新集合和结构出版物产品。具体表现是用户可以在集成了巨量期刊的数据库或者数字图书馆中挑选几种期刊组成自己独特的集合产品来订阅；或者，甚至可以订阅期刊不同栏目或篇章的自由组合。不过一般来说，当前个人用户主要还是以期刊为单位来订阅，而机构用户则主要以数据库为单

---

① IEEE Xplore. IEEE Members [EB/OL]. [2021-09-18]. https://ieeexplore.ieee.org/Xplorehelp/accessing-content/ieee-members.

位来订阅。其次，由于数字期刊逐渐取代了印刷期刊而占据主导地位，在线版本成为各订阅商提供产品的主选项。以IEEE期刊为例，如果非会员用户打算订阅《电气与电子工程师协会会报》(Proceedings of the IEEE)，在线版需支付1270美元的年度订阅费，印刷版需支付1460美元，同时订阅在线和印刷版本则需支付1820美元①。最后，对于同样的内容，不同规模的机构可以获得不同的订阅价格，即期刊出版实行所谓分层定价(tier pricing)的做法。如对于IEEE Xplore，IEEE规定根据全日制学生的人数和学位点的数量定价(degree programs)，这样较小型的高等院校用户可以以较低的年度订阅价享受同样的产品。对于欧美学术期刊而言，这只不过是传统做法的拓展而已；因为其惯常对同一种期刊的机构订户和个人订户收取不同的订阅费。

站点授权(site licensing)。如果说订阅这种方式可以追溯它的出版业实践源头，站点授权则起源于软件行业。名称来源于它是根据物理站点而非拷贝数量来限制或计量某种软件的使用。数字学术期刊领域的惯常做法是针对一个特定实体(entity)进行许可，实体的不同导致了国家许可(national license)、区域许可(regional license)、图书馆联盟许可(library consortia licenses)和单馆许可(library Site license)等不同的授权方式。时至今日，隶属于这些实体的用户并不需要集中在同一个物理站点来使用期刊。如可以采用“按域名访问”(domain access)策略，只要是获得授权的特定域名下的IP用户都能够联机访问所有获得许可的期刊及论文②。至于许可费用，往往根据该机构开发用户的最大数目来确定机构的规模等级，再执行各家出版商的分层定价费率；或者也可以根据该机构的历史订阅数据而定。在实践中，站点授权往往和订阅以及大宗交易结合使用。从交易对象来看，订阅与站点授权模式结合使用的往往是出版物集合产品，如数据库或数字图书馆等；如果仅是单品种期刊，一般都只采用订阅方式。另外，从交易机构来看，通常机构用户才适用站点许可做法，如英国医学期刊集团就规定其所有机构订户都应获得站点许可授权③。

7.4.3.2　充值模式

充值模式可能源于电子游戏行业非常盛行的点卡方式，所不同的是游戏玩家先要支出一定金额换算成点数，再用点数购买游戏时段或道具。在数字学术期刊领域，往往是用户预先购买一定面值的充值卡，在实际使用行为发生时再扣除相应金额。例如中国知网根据用户阅读和下载使用情况，按流量计费模式提供知识服务，会员可向账户中充值一定金额，也可远程订购面值100~2000元不等的实体“知网卡”，通过快递接收。不同程度的消费可获得不同等级的赠券。一般来说，中国知网拥有的常规数字出版资源计费标准为0.5

---

① Accessing the Content of Proceedings of the IEEE[EB/OL]. [2021-09-18]. http://proceedingsoftheieee.ieee.org/subscription-and-single-issues/#single_issues.

② 徐丽芳. 网络出版策略研究[D]. 武汉：武汉大学，2002：87.

③ BMJ. Standard licensing terms (institutions/businesses)[EB/OL]. [2021-09-18]. https://www.bmj.com/company/standard-licensing-terms/.

元/页，独家资源则收费 1 元/页，优先数字出版资源则以单篇计价，其他例如学术论文、年鉴、工具书等资源也都有各自的计价标准，在此不赘述①。一般来说充值卡方式是针对个人用户的。国内数字学术期刊出版商似乎较国外同类机构更普遍地使用此种模式。

7.4.3.3　即时结算模式

每单位收费(per-unit fee)是较常用的即时结算模式。这个“单位”可以是每看一次或下载一次(per-look/view/download)、每篇文章(per-article)、每页(per-page)、每字节(per-byte)或者每分钟(per-minute)。尽管出于规模经济或者范围经济的考虑，出版商更愿意通过大规模提供文献来降低费用和获取更多收益，但读者对于文献的使用却有逐渐“碎片化”的趋势。在印刷出版时代，更多的时候是由读者迁就出版商。如对于大部分读者来说，通常只需要阅读期刊中的个别文章甚至标题，但还是不得不购买或者借阅整本期刊。而互联网的优越性使得两种相反的思路与要求都能够得到满足，同时几乎不增加额外的营运成本。出版商可以如上面提到的那样提供集成数千种出版物的网络数据库；读者则可以在线搜索、确定感兴趣的文章或者文章的某个部分，然后按照实际下载内容的数量付费。这样，对于读者来说所花的每一分钱都物有所值，而且使用也颇为方便；对于出版商来说，因为获得了通过收取订阅费和站点使用费接触不到的那部分市场，也增加了总收入。如今随着在线支付的普及，即时结算变得更加方便快捷，支付宝、微信、PayPal 等网络支付平台为用户提供了多种选择。众多数字学术期刊出版商和集成商都提供单篇论文的付费下载。如 IngentaConnect 平台上一篇新论文的下载价格达到 68 美元②。

前面提到数字学术期刊发行活动的使命是更多、更快、更好和可持续地发行期刊。在关于发行模式的具体决策中，应动态考量某一模式是否达到了这 4 个衡量标准的综合最优状态。举例来说，由作者直接将论文发送给读者的方式尽管满足“更快”的条件，但是很难达成“更多”的标准。还有，不能天真地认为可以单纯依靠一时的热情维持庞大的学术期刊出版系统的正常运行。一定量的资金是持续发展的必要条件，不管资金是来源于读者、作者、广告主、赞助商还是其他机构。这一前提对包括开放存取期刊在内的数字学术期刊依然适用。这也是志愿者创办和经营的期刊只能作为数字学术期刊主体之外的辅助和补充的道理所在。当然另一方面，也不能走向事物的反面，把对更多、更准、更好地发行数字学术期刊的追求让位于对利润的追求，因而重蹈 20 世纪 70 年代以来欧美国家“期刊危机”(series crisis)的覆则。追究起来，那次危机的产生与 STM 出版商在学术追求与利润目标之间的游移不无关系。其实 4 个衡量标准可以简化为一条原则，即科技和学术出版必须有利于科学与学术交流，因为这是数字学术期刊存在的理由和旨归。

---

① 中国知网[EB/OL]. [2021-09-18]. http://www.ieee.org/web/publications/subscriptions/academic/tieredpricing.html.

② Potential Benefits of Phytochemicals for Abdominal Aortic Aneurysm[EB/OL]. [2021-09-18]. https://www.ingentaconnect.com/content/ben/cmc/pre-prints/content-34126879.

本章关键术语

出版物分销	出版商销售机构	数字内容批发商
数字内容零售商	集成商	订阅服务提供商
自助出版商	直接销售模式	一级渠道分销模式
多级分销模式	众筹出版	正式学习
非正式学习	正规教育	非正规教育
开放教育资源运动	包容存取	吉列模式
广告模式	内容增值模式	技术服务增值模式
文章处理费	受控发行方式	订阅代理机构
预结算	分层定价	即时结算

简答题

1. 简述数字大众出版分销的多元化与扁平化特征。
2. 简述数字出版集成商的类型。
3. 简述多级分销模式的特征。
4. 简述不同出版领域分销体系的不同。

思考题

1. 数字技术和平台的飞速发展推动作者、出版商一方能够直接接触终端读者，并且短渠道在销售成本、用户反馈等方面优势显著，你认为在未来的大众出版分销中是否还需要批发商、代理商这样的中介角色？如果需要，出版商又该如何协调其直接分销渠道和与之合作的各级中间商呢？

2. 随着社交媒体的兴起，不少学者通过学术社交网络平台进行交流互动，这对数字学术期刊分销有什么影响？

《加快推动媒体融合发展 构建全媒体传播格局》习近平总书记2019年9月25日在十九届中央政治局第十三次集体学习时的讲话

《给〈文史哲〉编辑部全体编辑人员的回信》

《在中国文联十一大、中国作协十大开幕式上的讲话》

《努力成为世界主要科学中心和创新高地》习近平总书记2018年5月28日在中国科学院第十九次院士大会、中国工程院第十四次院士大会上讲话的一部分

《当前经济工作的几个重大问题》习近平总书记2022年12月15日在中央经济工作会议上讲话的一部分

第 8 章　数字出版版权保护与利用

Digital Performance Right in Sound Recordings Act of 1995

Statue of Anne（安娜女王法）

版权、设计和专利法

出版管理条例（2020 修订）_2020.11.29 生效_20231223 下载

电子出版物出版管理规定

国家版权局关于加强网络文学作品版权管理的通知_2016.11.04 生效_20231223 下载

以习近平同志为核心的党中央自十八大以来对知识产权保护工作的重视程度提升至新的高度，并进行了一系列关键性部署。版权，作为知识产权的关键元素、文化的基石、创新的显著标志以及国民经济的主要支撑，其在推动新发展格局的构建，以及在打造创新型国家、文化强国和知识产权强国的过程中，影响力和作用日益凸显。然而数字环境下，数字作品的版权保护与利用相较于传统出版物也发生了重大变化。与传统的纸介质出版物相比，包括电子书在内的数字出版物由于可以以极低的成本很容易地实现“完美复制”①，因此以版权所有者为核心的机构、组织和个人都希望能够通过适当的法律规约和技术手段来保护数字出版物的版权不受侵犯。版权的概念因数字技术对作品的生产与传播环节带来的变革而被赋予了新的内涵，如何平衡作者与数字版权其他权利人的利益也引起了相当的争议。本章将从法律及技术两个角度展开对上述问题的讨论。

8.1　概　　述

由于互联网的免费传统，加上早期技术不够成熟完善，版权保护和利用在数字出版产业的发展一度并不顺利。但是从长远来看，数字出版要健康发展，必须解决版权保护和利益平衡的问题。基于此，我们先探究和梳理数字版权这一概念，并针对数字版权保护原理和数字版权争议等基本问题进行深入探讨。

8.1.1　数字版权概念

“数字版权”并不是一个严格的法律名词，而是业界约定俗成的一

① William E Kasdorf. The Columbia Guide to Digital Publishing［M］. New York：Columbia University Press，2002：620.

个概括性称谓。尽管目前有关数字版权保护技术、数字版权交易、数字版权保护等字眼时常见诸媒体；但是迄今为止，对于“数字版权”的概念，出版业界、学界和法律界都未给出权威的、准确的定义。

互联网出版管理暂行规定_失效废止_20231223下载

目前，关于“数字版权”概念的界定大致可以分为4类：一是从作品流转、传播环节的角度，将其解释为“作者享有的以数字化方式保存、复制、发行作品的权利”；二是从作品流转、传播介质的角度，将其解释为“网络环境下法律赋予作者的对其作品在网络传播中所享有的专有权利”以及“在包括如磁盘、数据库等非网络环境的介质中的作者所享有的法律赋予其的专有权利”；三是从客体作品类型、表现形式的角度，将其解释为“数字作品的版权，即各种数字化的网络出版物的创作者享有的权利”，或者“数字作品的版权，是指数字消费品如软件、电子书籍、电子音乐作品以及数字视频等作品”，或者“那些受版权保护的机读信息”；四是从词义扩充角度，将其解释为“数字化作品的产权所有权”，是“数字资源有关知识产权的统称”。

互联网著作权行政保护办法_2005.05.30生效_20231223下载

计算机软件保护条例(2013修订)_2013.03.01生效_20231223下载

从上述界定可以看出，“数字版权”具备一些明显特征。首先，数字版权仍然包括精神权利和经济权利两个方面。尽管现实中，围绕数字作品的复制权、发行权、信息网络传播权等经济权利的纷争占了绝大多数，但数字环境中作者的署名权、发表权、修改权和保护作品完整权仍应得到尊重和保护。其次，数字版权涉及的作品类型、作品功能以及作品表现形式并没有特殊限制，只要以数字化形式传播就可能涉及数字版权问题。再次，数字版权的主体包括作者及其他权利人。严格来说，即便就狭义的“版权”而言，其权利主体也不仅限于作者，甚至不少情况下作者还不是其作品的权利主体。例如，依据当事人之间的特别约定，委托作品的版权很可能归属于委托人，等等。最后，许多研究者认为数字版权是面向数字复制和传播环节的，而前述界定所提及的“保存”并不具有版权法上的意义。一方面，“保存”并非作品利用的必需环节；另一方面，是否对其使用的作品进行数字化保存应该是使用者的权利和自由。因此，结合版权的固有内涵和数字出版的特点，本书认为所谓数字版权是指数字作品的作者及其他权利人对作品依法享有的一系列专有性精神权利和经济权利的总称。

家庭娱乐和版权法

录音制品数字化表演权法(the Digital Performance Right in Sound Recordings Act of 1995)

罗马条约

欧盟信息社会版权指令

关于“数字版权”外延，有人认为其主要涉及“著作权人的复制权、信息网络传播权和获得报酬权”；有人笼统、宽泛地指出，数字版权包括人身权和财产权两部分；还有人认为，“数字版权其实也包

世界知识产权组织版权条约

世界知识产权组织表演和录音制品条约

数字化单一市场版权指令

数字千年版权法

网络游戏管理暂行办法(文化部令第 49 号)

信息网络传播权保护条例_已被修订_20231223 下载

中华人民共和国反不正当竞争法(2019 修正)_2019.04.23 生效_20231223 下载

中华人民共和国著作权法 2020 修正_2021.06.01 生效_20231223 下载

括发明专利、使用新型专利、外观设计专利、商标、服务标记、厂商名称、货源名称或原产地名称等的独占权利”。进入数字时代以后,版权内容确实有很大丰富和扩充,但其仍然不能超出版权范畴而涉及专利权、商标权、原产地名称权等其他知识产权领域。事实上,除复制权、发行权、信息网络传播权以外,数字版权还包括出租权、展览权、表演权、改编权、汇编权、翻译权等一系列专有权利。只要作品呈现、再现、传播的方式有数字化因素,那么,由此产生的相应著作权益都可以视为数字版权。

8.1.2　数字版权保护原理

数字版权外延的不断扩张及原有版权外延在数字语境下的重新定义,对数字版权立法保护提出了更高要求。在这种情况下,如何建立和完善数字版权保护体系,使各种保护工作有法可依,就成了各国版权保护法制建设的重点和难点。

8.1.2.1　法律保护

早在 1996 年,为应对飞速发展的信息传播技术的挑战,世界知识产权组织(World Intellectual Property Organization, WIPO)便在原有《伯尔尼公约》《罗马公约》的框架基础上制定并通过了《世界知识产权组织版权条约》(WIPO Copyright Treaty, WCT)和《世界知识产权组织表演和录音制品条约》(WIPO Performances and Phonograms Treaty, WPPT)。这两个条约现已成为该组织成员国版权立法的准则。我国也是其成员国之一。

目前,我国尚未形成完整的数字版权保护法律体系,而主要依靠《著作权法》《信息网络传播权保护条例》来保护数字版权。其中,《著作权法》于 1990 年颁布,2001 年为满足加入世界贸易组织的需要进行了第一次修订,增设了信息网络传播权①。2006 年颁布的《信息网络传播权保护条例》则是专门针对信息网络传播权的保护而制定的行政法规。它对侵权行为及责任承担、合理使用、技术规避、避风港原则等内容作了具体规定。2013 年修订以后,加大了对非法经营的处罚力度。此外,我国其他有关数字版权保护的法律法规也发挥了一定作用(具体见 8.2.2 节)。如《关于审理涉及计算机网络著作权纠纷案

① 即以有线或者无线方式向公众提供作品,使公众可以在其个人选定的时间和地点获得作品的权利。

件适用法律若干问题的解释》(2000 年)首次明确规定:“《著作权法》第十条对著作权各项权利的规定均适用于数字化作品的著作权”,从而明确了数字版权保护的适用标准。

最高人民法院、最高人民检察院、公安部印发《关于办理侵犯知识产权刑事案件适用法律若干问题的意见》的通知_2011.01.10 生效_20231223 下载

相比之下,大部分发达国家的数字版权保护体系较为完善。以数字出版产业最为成熟的美国为例,其数字出版的版权保护不仅关注对作品内容和作者权利的保护,更关注技术层面的问题;其立法与修订频率较高,能及时适应快速变化的信息与出版环境。①如 1998 年颁布的《数字千年版权法》每 3 年便进行一次修订,以保证该法案在数字版权保护上的有效性;而它提出的避风港原则,现已被世界各国广泛认可并吸收。

最高人民法院、最高人民检察院关于办理利用互联网、移动通讯终端、声讯台制作、复制、出版、贩卖、传播淫秽电子信息刑事案件具体应用法律若干问题的解释 _2004.09.06 生效

现代立法实质是一个利益识别、利益选择、利益整合及利益表达的交涉过程,在这一过程中立法者旨在追求利益平衡。②而版权保护立法的根本目的在于协调版权人、传播者和公众三方的利益冲突。数字环境下,复制的便捷与廉价、公众版权意识的淡薄等,都在无形中扩大了读者权利。通过立法明确版权利益相关方的权利与义务,将促进新的利益平衡,使数字出版产业实现健康运行与成长。

最高人民法院关于审理著作权民事纠纷案件适用法律若干问题的解释(2020 修正)_2021. 01. 01 生效_20231223 下载

8.1.2.2 技术保护

除了法律之外,数字作品的版权保护也常常诉诸技术手段;但是技术保护,典型的如数字权利管理(Digital Rights Management, DRM)等,往往是在现行法律框架下进行的。日本工程师森亮一(Ryoichi Mori)于 1983 年设计发明的软件服务系统(Software Service System, SSS)是 DRM 思想较为早期的实践形式③。该系统后来发展成为现在人们所熟知的超级分销(super distribution)系统和模式。SSS 采用对等网络结构(peer-to-peer architecture),并包含以下要素:①一个加密包裹,无论数字内容产品如何被复制,该包裹都不会被去除且将保持原样;②一个数字权利管理系统,它跟踪产品的使用,并确保对产品的使用及对其代码的存取遵守产品所有者设定的使用条款;③一个安全的支付系统,保证产品使用者向产品所有者的付款过程顺利进行。

---

① 黄先蓉,李晶晶. 中外数字版权法律制度盘点[J]. 科技与出版,2013(1):14-26.

② 博登海默 E 著. 法理学——法律哲学与法律方法[M]. 邓正来,译. 北京:中国政法大学出版社,2004:36.

③ Ryoichi Mori. Software Control System: 58-186100 (Publication # 60-077218)[R]. Japan Patent Office, 1983-10-05.

SSS 和超级分销背后有一个共同的出发点，即加密以后的数字产品应该无限制地分发，因此不仅允许甚至应该鼓励使用者转发数字产品。

大约从 20 世纪 90 年代中期开始，DRM 进入较大规模的实验阶段。第一代 DRM 技术主要致力于开发数字内容的加密技术，目的是用技术手段解决数字内容的无授权复制和盗版问题。但是在实践中，DRM 似乎从“保护”内容的初衷滑向了“限制”使用的误区；因此反而扼杀了早期数字内容产业的商机。随后经过不断修正与改进，DRM 逐渐发展为对数字权利进行描述、认证、交易、保护、监控、跟踪以及对版权所有者和使用者的相互关系进行管理的技术系统。亚马逊 Kindle 阅读器 DRM 系统的进化是这一发展过程的典型代表。2007 年 Kindle 刚面世时，其使用守则上写明：“不允许将通过 Kindle 购买、下载的电子书以任何方式复制并赠送他人，也不可将电子书复制于其他有阅读功能的设备之上”。2009 年，Kindle 电子书的使用说明更新为：“尊敬的客户，您在亚马逊付费成功后，我们保证您永久非独家拥有对该电子内容在 Kindle 及亚马逊合法授权的其他服务设备上无限次的阅读、使用和播放权，以上相关权利仅限于您个人的非商业使用目的。”2010 年 12 月 30 日，亚马逊明确对外宣布允许客户通过 Kindle 设备彼此借阅电子书。这一过程充分说明电子书 DRM 技术及其所支持的商业模式的更新。初期由于 DRM 技术不成熟不完善，亚马逊无法通过技术手段确保所提供的数字出版物不被非法复制和流通，因此将越权使用的责任放在终端客户一方，以便对自己进行免责保护，避免日后和版权持有者之间的纠纷。时至今日，DRM 技术对 Kindle 上各种格式的内容保护措施已经达到细化、灵活甚至可即时变更的程度，亚马逊也因此放心大胆地增加了互相借阅等业务模式。当前，世界范围内的数字内容相关产业组织和企业推出了许多成熟的 DRM 系统，并广泛应用于电影、音乐、出版等产业领域和移动网络版权保护、版权集体管理等应用领域。

尽管 DRM 经历了 30 余年的发展历程并取得了长足进步，但总体来看无论国际还是国内，DRM 都仍然处在发展的初期。迄今为止 DRM 系统的发展与其理想目标，即借助综合的技术、法律手段乃至经济杠杆达到一种平衡，既保护版权人的合法权益，使创新得以持续，又保护公众合法、自由获取知识信息的权益，使有用的知识得以迅速传播①——还有一定距离。然而，就像数字媒体产业在不断发展一样，面向数字媒体的 DRM 也将在不断演进中发展。

8.1.3　数字版权争议

从某种角度来看，数字技术为共享和包容性文化提供了新的机遇；而版权法、授权合同与 DRM 技术的存在却在一定程度上阻碍了创作与传播。一是合同和 DRM 技术本就是基于知识私有和“限制”传播而生的；二是大部分国家的版权都遵循自动产生原则，作者无须登记即可享有该作品的一切权利，其他人只有在获得作者相应权利许可后才能使用该作

---

① 唐晓波，文鹏. DRM 技术标准建设分析及对策研究[J]. 情报科学，2006(3)：390-393.

品；三是目前通用的版权声明方式为保留所有权利(All Rights Reserved)，版权保护期限也在不断延长。如此，一方面公共领域被不断压缩，取材来源成了创作和内容再生产的难点；另一方面，盗版横行与公众版权意识淡薄的现实，又迫使版权所有人积极采用版权保护措施。开放性内容许可协议便是在这种情况下诞生的。

最早提出开放性内容许可协议的是理查德·斯托曼(Richard Stallman)。他于1983年发起GNU计划，旨在创建一套完全自由的操作系统，提倡在不添加任何限制的情况下授权所有权利给任何人。在其宣言中，斯托曼提出了"著佐权"(Copyleft)①这一概念来补充著作权(Copyright)，指不保留任何权利的版权许可方式。随后出现了一系列开放性内容许可协议，其中最有影响力的是2002年由知识共享组织提出的知识共享许可协议(Creative Commons License，CCL)，包括4种基本许可方式，可形成11种有效组合。由于原本的CC许可协议是根植于美国法律体系之上的，知识共享组织后又推出了iCommons(International Commons，国际共享)项目，以便于CC许可在世界各国进行本地化实践②。在2018年4月之前，知识共享组织在75个国家和地区拥有超过100个分支机构，但这些分支机构现已重组为了一个网络组织③。

CC运动的支持者们认为，它的本质是通过消除源头上对复制和发行的限制，重新定义与划分公共领域与私人领域的边界，从而建立自由和简单的许可机制，以构建可供创作者自由使用的内容池。作为一种快速而低成本的版权管理机制，它将使版权所有者和被许可人都受益。但在CC运动版图日渐扩大的同时，人们对它的批评与质疑也与日俱增。首先被质疑的是所谓能有效促进知识创新的机制。目前尚没有足够证据表明CC能提高作者收入和创作积极性。其次CC 4.0版允许被许可人的商业使用，这很有可能导致文本材料的滥用和掠夺性出版。再次，还有学者质疑CC运动已经偏离初心，成为"旨在传播技术公司和整个硅谷利益"的机制。④

8.2 数字出版版权法律

随着数字时代的到来，数字出版的发展也处于欣欣向荣的状态。但是，由于数字出版物的复制、篡改、传播更加容易，侵权行为频发，因数字出版版权引发的诉讼也急剧增多。这使得完善与数字出版版权相关的法律法规变得十分迫切。

8.2.1 国外法律现状及特点

欧美国家的数字出版业持续繁荣。2018年美国公共图书馆图书采购调查结果显示，三

① 也被译为版权所无、非版权、著作义、左版、版权属左等。

② Wikipedia. Creative Commons[EB/OL]. [2021-09-29]. https://en.wikipedia.org/wiki/Creative_Commons.

③ CC Affiliate Network[B/OL]. [2021-09-29]. https://wiki.creativecommons.org/wiki/CC_Affiliate_Network.

④ Anderson, Kent. Does Creative Commons Make Sense? [EB/OL]. [2019-10-26]. https://scholarlykitchen.sspnet.org/2014/04/02/does-creative-commons-make-sense/.

分之一的图书馆表示用于购买电子书的经费增加了，增长比例平均达 12.7%，流通量增加了 3 个百分点，占总量的 7%①。英国出版商协会(The UK's Publishers Association)网站发布的《2020 年年度报告》显示，2020 年英国的数字出版销售收入增长了 24%，达到 30 亿英镑②。但是随之而来的版权纠纷也日益普遍。2018 年，美国化学学会(the American Chemical Society)和爱思唯尔(Elsevier)出版商对学术网络站点 ResearchGate 提起诉讼，以阻止其分发受版权保护的研究论文。2019 年，美国出版商协会告亚马逊旗下 Audible 有声书生成的字幕侵犯其版权。

欧美数字出版业的发展和相关版权保护问题的涌现不断推动着其数字出版版权法律制度的制定和完善。美国是世界上最早颁布数字版权法的国家。它有关数字出版版权的法律最早可以追溯至 1976 年制定的《版权法》。虽然由于时代限制，它并未考虑到当今的网络出版等问题，但为之后的网络版权适用提供了依据。后来历经《知识产权与国家信息基础设施》白皮书、《在线版权责任限制法》《澄清数字化版权与技术教育法》《数字千年版权法》《规范对等网络法》《打击在线侵权和假冒法》《数字贸易在线保护和实施法》等一系列政策文件和法律法规，美国形成了相对完善的数字出版版权立法保护体系(见表 8-1)。

表 8-1　美国有关数字出版版权的法律法规③

名称	年份	相关规定
《版权法》	1976	涉及部分版权作品的电子传送系统
《知识产权和国家信息基础设施》白皮书	1995	对版权人为行使专有权对其作品进行的技术保护措施给予法律保护④
《录音制品数字化表演权法》	1995	规定表演者和录制者对录音制品的数字化传播享有表演权
《在线版权侵权责任限制法》	1997	提出网络服务提供商(ISP)和在线服务商(OSP)的直接侵权责任、代替责任和共同侵权责任，平衡网络作品创作者和传播者的利益
《数字版权澄清与技术教育法》	1997	规定除网络服务提供商(ISP)在收到侵权通知且能够限制侵权行为外，对传输内容没有编辑、修改权的网络服务商(ISP)不承担法律责任

① 图书馆报. 2018 年美国公共图书馆图书采购调查结果出炉[EB/OL]. [2019-11-13]. http://www.nlc.cn/newtsgj/yjdt/2018n/5y/201805/t20180504_168824.htm.

② The UK's Publishers Association. Publishers Association Yearbook 2020 released [EB/OL]. [2021-09-29]. https://www.publishers.org.uk/publishers-association-yearbook-2020-released/.

③ 吴顺安，秦宗财. 美国数字版权保护体系及启示[J]. 新闻研究导刊，2019，10(3)：55-56.

④ 李颖. 网络环境下版权法的修改——美国《知识产权与国家信息基础设施》白皮书简析[J]. 情报杂志，1999(5)：103-105.

续表

名称	年份	相关规定
《数字时代版权增进法》	1997	为平衡网络环境下版权所有者、版权作品使用者及其他版权服务集团之间的版权利益，规定《版权法》中的合理使用条款同样适用于数字化信息和网络环境
《数字千年版权法》	1998	将数字内容产品纳入版权保护范围。该法案颁布后，美国的版权保护重点逐渐转向数字版权保护
《防止数字化侵权及强化版权补偿法》	2000	规定增大版权侵权行为的民事惩罚力度
《全球电子签名法与国内贸易法》	2000	规定电子签名和电子合同具备无法否认的法律效力，为电子交易提供了法律依据
《规范对等网络法》	2002	旨在保护对等网络传输(P2P)中享有版权的作品，限制传输者的责任
《数字消费者知情法》	2003	旨在消除技术保护措施给消费者合理以及非商业性目的的利用、处理数字网络信息内容带来的不利影响
《数字媒体消费者权利法》	2005	扩大版权的合理使用范围，明确消费者在不侵权情况下使用软硬件的合法性
《家庭娱乐和版权法》	2005	此法虽不是规范信息网络传播权的专门法案，但规定通过网络将影片、软件、音乐等置于 P2P 共享区的传输可能受到罚款和监禁惩罚
《打击在线侵权和假冒法》	2010	禁止美国公司为“致力于侵权行为”的网站提供支付或广告服务
《禁止网络盗版法》	2011	要求网站所有者对网站上的全部内容负责，防止盗版和侵权内容的传播，甚至授予了美国政府屏蔽提供盗版内容的国外网站的权力①
《防止在线盗版威胁经济创新和侵犯知识产权法》	2011	赋予美国政府和版权所有者更多法律手段来干预国内外侵犯知识产权的非法网站
《数字贸易在线保护和实施法》	2012	此法案的主旨是与所有人合作，加强网络管理和版权保护

英国一直是全球出版业的领头羊之一。其版权保护自 1709 年颁布的《安娜女王法》开始，之后陆续颁布了一系列版权法案。随着数字出版在全球范围内的兴起，出版企业纷纷

① 黄先蓉，李魏娟. 从 SOPA 的博弈看美国数字出版法律制度的利益平衡[J]. 现代出版，2012(6)：59-62.

寻求转型发展；英国也相继出台了一系列应对数字出版版权问题的法律制度。从 1988 年的《版权、设计和专利法》，到之后颁布的《数据库版权与权利条例》《通信法》《数字经济法》等，加之顺应时代发展要求不断对以往法律、法规进行修订，英国现已形成相对完善的数字出版版权法律体系(见表 8-2)。

表 8-2　英国有关数字出版版权的法律法规①

名称	年份	相关规定
《版权、设计和专利法》	1988	保护作品为“具有原创性的文学、戏剧、音乐或艺术作品”“录音、电影、广播”“版面排版”②。其中，将计算机软件视为“文字作品”进行版权保护，扩大出租权的范围，以防止软件租赁业对软件生产者造成利益损害
《防止滥用电脑法》	1990	通过制定相关条款来保护计算机资料免受未经授权的访问或修改，以及其他相关目的③。其主要目的是打击互联网犯罪
《数据库版权与权利条例》	1997	该条例规定了两层保护方式：对独创性数据库采用版权保护；对非独创性数据库，则采用特别权利保护
《数据保护法》	1998	该法案加强并延伸了 1984 年《数据保护法》中的数据保护机制，就取得、持有、使用或揭露有关个人数据处理过程等方面提供规范
《隐私和电子通信条例》	2003	该法针对垃圾邮件传递恶意代码、非法传递恶意信息、钓鱼软件攻击等对网络用户存在安全隐患的行为进行惩治。对网络安全的维护和监管有利于保障数字内容的安全
《通信法》	2003	规定英国通信管理局要为确保广大观众不受冒犯性或有害内容侵害实施足够保护，同时要为广大观众不受不公平或破坏隐私内容侵扰提供足够保护
《数字经济法》	2010	规定互联网服务提供商(ISPs)在版权保护方面应承担以下初始义务：①通知义务：若有版权所有人举报，ISP 有义务通知涉嫌侵犯版权的 IP 地址用户该地址有侵犯他人版权的行为发生。②报告义务：ISP 需要持续跟踪被举报的 IP 地址用户，经版权所有人请求，应匿名提供涉嫌侵犯版权的 IP 地址列表。版权所有人获得法院得到这些 IP 地址用户个人信息的允许令后，可以对列表中人员采取行动

①　黄先蓉，李晶晶. 中外数字版权法律制度盘点[J]. 科技与出版，2013(1)：14-26.

②　UK. Copyright and copyright works [EB/OL]. [2021-09-29]. https://www.legislation.gov.uk/ukpga/1988/ 48/section/1.

③　叶良芳，马路瑶. 英国网络犯罪刑事立法的发展及其镜鉴[J]. 国外社会科学，2020(5)：40-51.

续表

名称	年份	相关规定
《企业和监管改革法》	2013	将集体管理组织的权职延伸到对非会员作品的版权授权，并规定经过“努力寻找”后依然无法确认作者身份的，可被允许授权使用
《版权、设计和专利法》修订	2014	就版权例外法规进行调整，重新界定版权侵权边界，放宽私人复制、个人研究学习等例外①
《版权法》修订	2014	扩大了允许非商业目的的私人复制范围

日本作为世界文化输出强国之一，一直以来都非常注重对知识产权的保护。走进数字化时代，日本也不断加强对数字出版产品版权的立法保障。面对不断产生的新问题和新挑战，日本加快修订相关法律法规的步伐，通过不断地更新调整以适应数字出版的发展要求。在版权领域，表现为对《著作权法》的频繁修订。日本颁布的与数字出版版权有关的法律法规有《著作权法》《反不正当竞争法》《提供商责任限制法》《内容促进法》等。这些法律法规构建了较为完善的数字出版版权法律体系，强化了对于数字作品的保护，规范了日本数字出版产业的发展(见表8-3)。

表8-3 日本有关数字出版版权的法律法规②

名称	年份	相关规定
《著作权法》	1970	规定有关作品以及表演、录音制品、播放和有线播放的作者权利及邻接权；在注重文化财产合理使用的同时，保护作者等的权利以促进文化发展
《反不正当竞争法》	1993	针对数字时代规避技术保护措施的行为进行相关规定；对受版权保护商品的销售、翻录等行为将追究法律责任
《著作权与邻接权管理事务法》	2000	日本酝酿多年的著作权法律制度数字化进程中的产物之一，涉及的作品门类扩展到所有种类的作品和表演，确保管理事务公平运转，巩固有关著作权管理中新生事物的规则，以适应日益广泛和复杂的著作权保护作品的开发利用
《提供商责任限制法》	2001	网络服务提供商有义务向侵权受害者提供信息发布者的姓名、IP地址、电子邮箱等信息，有责任删除侵害权益的信息

① 张亚菲. 英国数字经济法案综述[J]. 网络法律评论，2013(1).

② 黄先蓉，陈玉凤. 日本数字出版法律制度的现状与趋势[J]. 出版科学，2013，21(1)：90-93.

续表

名称	年份	相关规定
《内容产业促进法》	2004	伴随互联网的普及和其他社会经济形势的变化而出现了内容利用方式的多样化，为了能够适当保护由此产生的与内容关联的知识财产权，国家应在充分考虑内容公正使用的情况下，采取对权利内容进行再检讨等必要的措施①。政府有义务在相关方面完善内容产品的流通基础，如促进互联网认证技术、促进保护性技术手段的开发和使用，建立数据库保护知识产权所有者权利等
《防止盗录电影法》	2007	对盗录电影，不适用日本著作权法第 30 条为私人使用而复制的规定；盗录不适用首次在日本国内收费上映已超过 8 个月的电影
《著作权法》修订	2012	赋予日本出版社“著作邻接权”，推动电子书在日本国内的普及，同时有效保护出版社的利益不受侵犯②
《著作权法》修订	2015	出版社对所发行作品版权的维权范围将由纸质书籍扩大到数字出版物。日本出版社可以代替作者要求相关网络盗版侵权方停止侵权行为
《著作权法》修订	2018	原则上允许互联网和高科技企业可以不经过著作权所有者同意直接使用著作物

各国都非常注重对法律的修订与更新，并且随时代进步不断细化其中的具体条文。美国《版权法》自 1976 年颁布之后又陆续通过 60 多个法案进行修订，《数字千年版权法》自颁布后每 3 年修订 1 次③。日本《著作权法》自 1970 年颁布以来，也经历了频繁的修订过程，如 2015 年日本参议院全体表决通过的修正案，将出版社的维权范围由纸质书扩大到数字出版物，保护出版者的权利不受侵害；2018 年，日本新修订案允许互联网企业可以不经过著作权所有者同意直接使用著作物，从而促进新技术、新服务的诞生，为日本国内的第四次产业革命扫除障碍。数字出版版权法律的频繁修订能够有效适应现代技术更新换代与发展变化，平衡产业内部各方利益，促进数字出版产业健康发展。此外，国外数字出版版权法律的条文制定比较细致，且具有相对完善的体系。以数字化条件下图书馆的合理使用为例，英国规定数字环境下图书馆的“特别权利”，允许图书馆临时性复制行为；美国允

① 张晓明，胡惠林，章建刚. 文化蓝皮书——2009 年中国文化产业发展报告[M]. 北京：社科文献出版社，2009：342.

② 郑新超. 日本扶持数字出版业发展的措施及启示[J]. 传媒，2017(1)：53-54.

③ 黄先蓉，李晶晶. 中外数字版权法律制度盘点[J]. 科技与出版，2013(1)：14-26.

许非营利性图书馆对馆藏资源进行数字化复制，也允许非营利性图书馆规避技术保护措施；澳大利亚则规定数字环境下，图书馆可以按规定进行文件传输服务；日本规定，国会图书馆为代替原件和为供公众使用目的，可以在一定限度和范围内复制电子资料①。

归根到底，各国法律的制定都是为本国利益服务的；数字出版版权法律也不外如此。谷歌公司在德国的搜索引擎市场上直接占有的份额曾高达90%以上②，其新闻聚合器在互联网上免费使用报刊内容，因此德国本土报刊出版业长期受到挤压。为了维护本国新闻出版商的利益，2013年8月德国出台《著作权法》第八修正案，新增1项专属于报刊出版者的邻接权，即报刊出版者在报刊产品出版后1年内，享有以商业目的对其进行网络传播的专有权利。之后雅虎公司以违背德国宪法的媒体自由原则向该国联邦宪法法院提起诉讼；又由于该修正案具体实行成本远大于给国内报刊出版者带来的收益，仅1年便宣告废止。2016年9月，欧盟委员会提出修订自2001年开始实施的《欧盟信息社会版权指令》(Directive 2001/29/EC on Copyright in the Information Society)。2019年4月，欧洲理事会召开部长会议，最终投票表决通过了欧盟新版权法——《数字化单一市场版权指令》(Directive on Copyright in the Digital Single Market)，以更好地适应当下的数字化环境。该法案争议最大的2个条款"链接税"和"上传过滤器"，要求互联网公司与内容原创者签署许可协议以使用他们的作品，同时平台安装过滤器，对用户上传内容自行把关。以谷歌为首的美国科技企业竭力阻止该法案通过；谷歌还曾以关闭在欧洲的新闻搜索服务进行威胁。但是，欧盟基于促进成员国高质量新闻事业发展的考虑，在欧洲内容原创产业的全力支持下并未动摇立场。

综上所述，数字出版版权相关的利益纷争是数字化时代国内外普遍存在的现象。各国都会采取不同的立法措施保障本国相关产业的健康发展，保护本国相关企业的利益不受损害。虽然制定法律的走向不尽相同，呈现效果也有好有坏，但其最终目的具有高度一致性。

8.2.2　中国版权法律现状及特点

基于信息时代数字出版内容保护的需要，我国在立法层面积极推动版权法律法规的制定和更新。我国数字出版版权保护相关法律，是以《中华人民共和国著作权法》(以下简称《著作权法》)为最基本的上位法，以若干著作权行政法规为补充、辅之以司法解释和部门规章的相对独立且完整的有关数字出版的法律体系。

具体来说，《中华人民共和国宪法》第22条、第35条、第57条对出版业所做的原则性规定，既是数字出版法律法规的主要渊源，也是数字出版立法的根本依据。其他《刑法》

① 王根. 中外版权制度中图书馆合理使用条款比较研究[J]. 图书情报工作，2010，54(23)：39-42，127.

② 颜晶晶. 德国《著作权法》第八修正案评介——报刊出版者权：互联网时代的立法倒退？[J]. 科技与法律，2015(2)：340-371.

《行政处罚法》《民法法则》等对出版活动也有相关规定。① 我国版权法律体系以《著作权》为主干，还包括《中华人民共和国著作权法实施条例》《计算机软件保护条例》《信息网络传播权保护条例》《著作权集体管理条例》等行政法规，《计算机软件著作权登记办法》《著作权行政处罚实施办法》《互联网著作权行政保护办法》《电子出版物管理规定》等行政规章，《伯尔尼保护文学艺术作品公约》《世界版权公约》等国际条约及协定，以及《关于审理涉及计算机网络著作权纠纷案件适用法律若干问题的解释》《最高人民法院关于著作权民事纠纷案件适用法律若干问题的解释》等司法解释。这些法律法规共同作用于我国数字出版活动的管理(见表 8-4)。

随着时代的发展，我国数字出版版权法律法规处在持续不断的更新中。《中华人民共和国著作权法》于 1990 年颁布；2001 年第 1 次修订并增设了信息网络传播权；2010 年第 2 次修订；2011 年启动第 3 次修订。《中华人民共和国著作权法实施条例》于 1991 年颁布；2002 年第 1 次修订；2011 年第 2 次修订；2013 年第 3 次修订。《信息网络传播权保护条例》于 2006 年颁布，并于 2013 进行第 1 次修订。《计算机软件保护条例》于 1991 年颁布；2002 年第 1 次修订；2011 年第 2 次修订；2013 年第 3 次修订。《关于审理涉及计算机网络著作权纠纷案件适用法律若干问题的解释》于 2000 年颁布；2003 年、2006 年分别修订。《关于审理著作权民事纠纷案件适用法律若干问题的解释》于 2002 年颁布。《关于办理知识产权刑事案件适用法律若干问题》于 2011 年颁布，并规定通过信息网络传播侵权作品行为的定罪处罚标准，等等。

表 8-4　我国著作权领域主要法律法规②

名称	颁布年份	相关规定
《著作权法》	1990 年制定，2001 年、2010 年修改，2012 年第三次修改草案发布	2001 年第一次修订加入了网络作品的概念和法律认定，增设了信息网络传播权
《关于审理涉及计算机网络著作权纠纷案件适用法律若干问题的解释》	2000 年制定，2003 年、2006 年修订	对受著作权法保护的作品，包括著作权法第三条规定的各类作品的数字化形式给予保护
《互联网信息网络管理办法》	2000 年发布，2011 年修订	对互联网信息服务准入、经营行为提供规范，对互联网信息内容实施监督管理
《计算机软件保护条例》	2001 年颁布，2011 年第一次修订，2013 年第二次修订	保护计算机软件著作权人的权益，促进国民经济信息化发展，修订时对著作权人权益保护程度加深

① 黄先蓉编著. 中外数字出版法律制度研究[M]. 武汉：武汉大学出版社，2017：104.

② 黄先蓉编著. 中外数字出版法律制度研究[M]. 武汉：武汉大学出版社，2017：102-104.

续表

名称	颁布年份	相关规定
《出版管理条例》	2001 年制定，2011 年第一次修订，2013 年第二次修订，2014 年第三次修订，2016 年第四次修订	加强对出版活动的管理，发展和繁荣中国特色社会主义出版产业和出版事业，保障公民依法行使出版自由的权利，促进社会主义精神文明和物质文明建设(电子出版物为该条例规范的对象)
《互联网出版管理暂行规定》	2002 年	加强对互联网出版活动的管理，保障互联网出版机构的合法权益，促进我国互联网出版事业健康、有序发展
《关于审理著作权民事纠纷案件适用法律若干问题的解释》	2002 年	计算机软件用户未经许可或者超过许可范围商业使用计算机软件的，依据著作权法的相关规定承担民事责任
《关于办理利用互联网、移动通信终端、声讯台制作、复制、出版、贩卖、传播淫秽电子信息刑事案件具体应用法律若干问题的解释》	2004 年	制作、复制、出版、贩卖、传播淫秽物品牟利罪的要件和处罚
《互联网著作权行政保护办法》	2005 年	加强互联网信息服务活动中信息网络传播权的行政保护
《信息网络传播权保护条例》	2006 年	一部专门针对信息网络传播权的行政法规
《互联网视听节目服务管理规定》	2007 年发布，2015 年第一次修订	维护国家利益和公共利益，规范互联网视听节目服务秩序，促进其健康有序发展
《电子出版物出版管理规定》	2008 年	加强电子出版物出版活动的管理，促进电子出版事业的健康发展与繁荣
《网络游戏管理暂行办法》	2010 年	加强网络游戏管理，规范网络游戏经营秩序，维护网络游戏行业的健康发展

综上，我国数字出版版权保护的相关法律法规体系建设呈现以下特点。第一，将数字出版版权纳入法律保护范围的做法可以追溯到 20 世纪 90 年代，而随着数字化技术的深入发展，专门颁布《信息网络传播权保护条例》等针对性强的法规，更新了出版各利益方享受的权益关系，使得网络传播和使用都有法可依且与时俱进。第二，从数字出版版权法律颁布与修订时间可知，在 21 世纪初期，特别是 2011—2013 年国家和政府对多个重要的版权

相关法律法规进行了修订；从数字出版版权法律法规修订的时间间隔来看，呈现逐渐缩短的趋势。此外，数字出版版权法律法规更新具有一定的规律性与周期性。一般上位法如《作权法》修订之后，有关下位法大多会作出相应的修订，特别是司法解释方面。第三，为贯彻落实党中央关于知识产权保护的精神，深入实施创新驱动发展战略，我国在数字版权保护中引入了"信息网络传播权""计算机网络著作权"等先进概念，并加大数字出版版权侵权犯罪被追究刑事责任的确定性，提高犯罪行为的法律成本，降低犯罪所得收益。

8.2.3　版权保护案例

8.2.3.1　直接侵权与间接侵权：北京易查公司侵犯著作权案

作为数字出版产业的中坚力量，网络文学蓬勃发展的同时也成了网络盗版的"重灾区"。据《中国网络文学版权保护白皮书》显示，2020 年中国网络文学市场规模为 288.4 亿元，而盗版损失规模达 60.28 亿元，同比 2019 年上升了 6.9%。① 网络文学的版权保护与一般文学作品的版权保护的基本相同；但是，由于网络文学创作与发布环境的改变，其版权专有性较一般文学作品有所弱化，侵权的具体表现也有所变化：一是侵权主体的复杂性。读者、盗版网站、搜索引擎、网盘、H5 小程序等都在侵权过程中扮演重要角色；而且一个侵权者往往能裂变成多个侵权者。二是侵权方式的多样性。从内容抓取到盗版链接，侵权者可应用聚合、转码等多种侵权方式、方法。三是按照侵权形态可将侵权行为分为直接侵权与间接侵权。四是对网络文学盗版的维权存在着成本高、取证难、作者维权能力不足等困难。

2008 年，"网络文学第一案"——起点中文网诉福建云霄阁网侵权案就因举证、取证难及司法鉴定问题导致一再延期审判。为此，国家版权局于 2016 年 11 月发布《关于加强网络文学作品版权管理的通知》(以下简称《通知》)。《通知》共 13 条，对网络服务提供者在网络文学传播相关活动中的版权管理义务作出详细规定，其主要出发点是直接侵权和间接侵权两种形态的分离。这种做法首次出现于 2012 年的《信息网络传播权司法解释》，其将信息网络传播行为分为作品提供行为和网络服务提供行为：前者属于直接侵权行为，实行严格责任制度，需承担侵权赔偿责任；后者属于间接侵权行为，实行过错责任制度，只有在有过错的情况下才承担共同侵权的赔偿责任。如今，直接侵权行为不再只是简单地上传和下载，由于搜索引擎侵权、作品聚合侵权、快照侵权等侵权方式越来越普遍，直接侵权不再考虑行为人的主观过错，只要行为人未经许可实施了受信息网络传播权等专有权利控制的行为，行为人就要承担侵权责任。间接侵权的判定则一定程度上受限于避风港原则，因此在司法判定时，法院主要考虑侵权者行为与注意义务的程度。如对搜索引擎服务

---

① 中国日报网. 中国网络文学版权保护白皮书发布，版权保护激发文化高质量发展[EB/OL]. [2021-09-29]. https://baijiahao.baidu.com/s? id=1698089730320066194 & wfr=spider & for=pc.

提供商的转码行为是否涉及间接侵权时，就需要考虑两个问题：一是搜索链接服务提供者是否直接提供了侵权作品，这便属于直接侵权行为；二是搜索链接服务提供者是否“明知或者应知”侵权行为存在①。

以“易查网”一案为例，本案被告方为北京易查无限信息技术有限公司及其法定代表人于某，原告方为起点中文网(玄霆公司)。被告单位易查公司所经营的“易查网”小说频道所对应的服务器硬盘中，存储有588部与原告方享有著作权的文字作品构成实质性相似的小说。原告据此认为，被告单位易查公司以营利为目的，未经著作权人许可，复制发行起点中文网上的文字作品达588部，情节严重。被告人于某作为易查公司直接负责的主管人员，其行为已触犯《中华人民共和国刑法》第二百一十七条第(一)项，应当以(单位)侵犯著作权罪追究刑事责任。被告人则提出，根据其就“易查网”小说频道所提开发要求，为该网站提供小说的搜索、转码服务，仅对涉案作品进行“缓存”或“临时复制”，且该临时复制的内容仅提供给触发转码的用户，在用户离开阅读页面或超过5分钟无操作时会自动删除。其中，“临时复制”指转码形成的复制件在被提供给用户后，会自动从服务器内存或硬盘上删除。这是转码成功实现的必要组成部分，也是网络产业赖以生存的基础，因此我国不支持将临时复制视为著作权法意义上的复制行为。② 但在司法鉴定过程中，鉴定人不仅可通过“易查网”服务器在线阅读涉案小说，还可从其服务器硬盘中下载涉案小说。可见，“易查网”在将其所谓“临时复制”的内容传输给触发“转码”的用户后，并未立刻将相应内容从服务器硬盘中自动删除，被“复制”的小说内容仍可被其他用户再次利用。显然，易查公司的小说服务模式已构成对作品内容的直接提供，即便“易查网”设置了所谓的删除机制。最终法院判定，被告单位易查公司与被告人犯下了直接侵犯著作权罪，判处被告单位罚金人民币2万元，被告人拘役3个月，缓刑3个月，罚金人民币5000元；违法所得予以追缴；扣押的硬盘予以没收。

8.2.3.2 合理使用：谷歌数字图书馆计划

2004年，“谷歌印本图书馆计划”(Google Print Library Project)启动。谷歌宣布与多家知名大学和公共图书馆建立合作伙伴关系，其中包括密歇根大学、哈佛大学(哈佛大学图书馆)、斯坦福大学(格林图书馆)、牛津大学(博德利图书馆)和纽约公共图书馆。计划在10年内通过扫描全文、转换文本格式、将电子书储存在谷歌数据库等步骤，完成这些图书的数字化工作，并供谷歌用户免费检索。谷歌数字图书馆提供4种图书浏览方式：全视图(Full view)，搜索者可完整查看图书和免费下载全文，适用于公共领域的图书和少数获得版权许可的图书；预览(Preview)，对于大部分已获许可的图书，仅可预览部分页面，

① 崔国斌. 著作权法：原理与案例[M]. 北京：北京大学出版社，2014：799.

② 彭桂兵. 网络文学版权保护：侵权形态与司法认定——兼评近期的几个案例[J]. 出版科学，2018，26(4)：23-27.

预览百分比通常由出版商确定，用户可复制、下载或打印预览页面，但页面底部将显示水印；摘要视图(Snippet view)，即围绕检索词的显示2~3行文字，如果未经版权所有者许可显示预览，则会显示摘要视图，同1本书最多显示3个摘要，工具书则不显示任何摘要；无预览(No preview)，尚未数字化的图书也能通过元数据被搜索到，并显示标题、作者、出版商、页数、ISBN、主题和版权信息等，某些情况下还可以使用目录和书摘。

目前谷歌与已与至少20余家重要的图书馆①、75个国家或地区的1万多个出版商和作者建立了合作关系②，扫描了覆盖400多种语言的4000多万册图书③。谷歌试图突破传统图书馆的地域限制，整合并充分开发图书信息的价值。但由于它采取“先使用后授权”的方式，在未告知著作权人的情况下就将图书全文扫描并纳入数据库，该计划实施以来在世界多个国家陷入批评和诉讼的泥潭。这里重点讨论中美两国关于合理使用的不同判定标准。

(1)美国

图书馆计划在美国一发布便遭到了各方质疑。作为回应，谷歌于2005年8月推出“退出(opt-out)”政策：版权所有者可以提供一份不希望被扫描的图书清单；谷歌将尊重这一要求，且在接下来3个月不扫描任何有版权的书籍，以便让版权所有者有时间决定哪些书籍将被排除在项目之外。但出版商拒绝了谷歌的这项提议，认为这是本末倒置，等于是要求版权所有者去请求第三方不要侵犯他们的著作权。

2005年9月、10月，美国作家协会(Authors Guild)、美国出版商协会(American Association of Publisher)先后以谷歌印本图书馆计划构成版权侵害为由提起集体诉讼。前者要求谷歌赔偿并对谷歌颁布禁令，后者则要求对谷歌颁布禁令；而谷歌则坚持认为该计划属于合理使用。经过3年庭外协商，谷歌于2008年10月与上述两家组织达成第一轮和解协议。协议包括支付补偿金、设立版权登记处、提供赔偿金、保护版权所有者的利益、向其他公共机构提供服务的要求等方面的内容④。但这份和解协议中关于外国作品和孤儿作品的规定遭到美国司法部、版权局、谷歌竞争者以及外国政府等多方面的指责；为此，谷歌、美国作家协会和美国出版商协会不得不修改和解条件，并于2009年11月提交和解协议修改书。2011年3月，纽约南区的联邦地区法院拒绝批准该修改书，理由是“不公平、不充分和不合理”。2012年10月，谷歌与美国出版商协会达成和解协议，后者退出诉讼。次年11月，谷歌与美国作家协会持续8年之久的图书扫描案终于落下帷幕，初审法院作出了合理使用的判决。法官认为，谷歌印本图书馆计划为读者和研究者提供了一种新的、有效的找到图书的方式，极大地推动了数据挖掘和文本挖掘类研究，拓宽了对图书的获取

---

① Wikipedia. Google Books[EB/OL]. [2021-09-29]. https://en.wikipedia.org/wiki/Google_Books.

② Books Partner Center[EB/OL]. [2021-09-29]. https://play.google.com/books/publish/? hl=en_US.

③ 15 years of Google Books[EB/OL]. [2021-09-29]. https://www.blog.google/products/search/15-years-google-books/.

④ Settlement Agreement [EB/OL]. [2019-10-27]. https://www.authorsguild.org/wp-content/uploads/2008/10/ Settlement-Agreement.pdf.

渠道，且有利于保护和利用图书，作者和出版商也能从中受益①。

谷歌的抗辩理由“合理使用”成了此次诉讼的主要矛盾点。通常来说，美国根据“四要素”来判定某种行为是否属于合理使用，即：使用行为的目的和性质；享有版权的作品的性质；与作品整体相比所使用部分的数量与质量；使用对作品的潜在市场或价值的影响。这是由美国《1976 年版权法》第 107 款所规定的。但在实际司法判决中，法院都尽可能避免僵化套用以上 4 个要素来审理案件，而是综合考量案件情况与立法目的来进行判断。在这里常常需要引入“转换性使用”概念。所谓转化性使用，是指对原作的使用并非为了再现原作本身的艺术价值，而是通过增加新的表达形式、意义或信息等，使原作品在被使用过程中具有新的功能或价值。② 近 20 多年来，它已越来越成为美国合理使用的核心判断标准。根据四要素和“转换性使用”标准来考察谷歌印本图书案：第一，从使用行为的目的和性质来看，谷歌虽是商业性公司，但对于无版权许可的图书，图书馆计划仅提供无预览服务，并没有替代原图书，而只是提供图书相关信息和购买渠道信息，符合合理使用要求。第二，美国版权法认为虚构作品的独创性高于事实性作品，而谷歌扫描的图书多为独创性高的虚构类小说，是版权法保护的核心对象之一。这一因素不利于谷歌。第三，在与作品整体相比所使用部分的数量与质量方面，谷歌出于提供精确检索服务的需求而对图书全文扫描，但根据以往判例来看，全文复制并不能完全排除合理使用成立的可能性，关键是看其是否为转化性使用所必需的。第四，使用对作品的潜在市场或价值的影响是诉讼双方争论的焦点。原告认为，谷歌的行为窃取了其向公众传播数字化形式作品及相关信息的权利，这将对其潜在市场构成实质性威胁。但是，原告并未能向法院呈递有效证据证明负面影响的存在。相反，该计划在检索页面为用户提供图书相关信息，能有效促进信息流通，减少交易成本，具备高度的转化性。综上所述，美国法院判定谷歌印本图书馆计划属于合理使用范畴。

(2)中国

在中国，谷歌印本图书馆计划未经授权将 570 位中国作家和 17922 种作品扫描上网，引起了中国作家的公愤。2009 年 10 月 23 日，中国作家棉棉(笔名)对谷歌提起诉讼，认为该计划侵犯了其复制权与信息网络传播权。这是中国就谷歌印本图书馆计划提起的第一件诉讼。北京市第一中级人民法院一审此案时，将复制权与信息网络传播权两种受控行为分离，认为谷歌印本图书馆提供作品片段的行为属于合理使用，但扫描全文并上传的行为侵犯了复制权，不构成合理使用。而终审法院北京市高级人民法院指出，应把该计划的复制与信息网络传播行为视为一个整体，且“考虑到人民法院已经在司法实践中认定《著作权法》第 22 条规定之外的特殊情形也可以构成合理使用，因此在谷歌公司主张并证明涉案复

① 黄先蓉，王晓悦. 从谷歌图书馆计划谈数字出版法律法规存在的问题及解决思路[J]. 图书情报知识，2015(1)：124-128.

② 钟山. 美国版权法中的转换性使用研究[D]. 上海：华东政法大学，2015：1.

制行为属于合理使用的特殊情形时，该行为也可以被认定为合理使用”；但是，由于最终谷歌并未能就“涉及的事实问题提交证据”，故维持原判。

与美国不同的是，中国并没有“合理使用”的说法，而是将其统称为“权利的限制”，并在《著作权法》第 22 条中详细规定了不侵犯著作权的 12 种情况。为了适应新形势的需要，2006 年出台的《信息网络传播权保护条例》第 6 条增设了 8 种同样适用于合理使用的情形。其中，《著作权法》第 22 条第 8 款规定，图书馆等为陈列或者保存版本的需要，复制本馆收藏的作品，属于合理使用；《条例》第 7 条规定，图书馆等可以不经著作权人许可，通过信息网络向馆内服务对象提供本馆收藏的合法出版的数字作品和依法为陈列或者保存版本的需要以数字化形式复制作品，不向其支付报酬，但不得直接或者间接获得经济利益，当事人另有约定的除外。此外，中国一般采取《伯尔尼公约》与《与贸易有关的知识产权协议》(*Agreement On Trade-related Aspects of Intellectual Property Right*，TRIPS 协议)规定的“三步检验法”来判断某行为是否为合理使用，即：为了公共利益目的的使用；对作品的使用不损害作品的正常使用；没有不合理地损害权利人的合法利益。

中美对有关谷歌印本图书馆计划的不同判决结果，充分显示了信息时代不同国家在合理使用制度方面的差异。如何协调差异以解决数字出版的国际版权纠纷、促进产业规范发展，将是新时代各国立法修法要思考的重点。

8.3　数字权利管理技术

DRM 把数字内容产业中的硬件生产商、数字内容供应商、数字内容发行商和数字内容消费者等连接在一起，并在数字市场上发挥着重要作用。许多全球知名的企业如亚马逊、美国电话电报公司(American Telephone & Telegraph，AT & T)、美国在线(American Online，AOL)、苹果公司、英国广播公司(British Broadcast Company，BBC)、微软、艺电公司(Electronic Arts)、索尼等都在一定范围内使用 DRM 系统。

8.3.1　DRM 概述

对 DRM 的认识是一个不断发展的过程。起初许多人认为它是一种软件。经过一个时期的发展，更多人意识到 DRM 是以一系列软硬件技术，实现对数字内容的保护的系统，其中的数字内容包括电子书、数字电影、数字音乐、图片、软件等①。更有甚者，就像大卫·汤普森(David Thompson)指出的那样：“DRM 将扮演一个类似基础设施的角色，而不是一个独立的技术解决方案。”②确切地说，DRM 是硬件生产商、出版商等内容提供者和版权所有人采用的一整套控制存取的技术，目的是在售出数字内容与设备后限制用户不符合

① 汤帜，俞银燕. DRM 串起了内容产业链[N]. 计算机世界，2005-11-14(B04).

② 田捷. 数字版权管理系统机理与关键技术研究[D]. 武汉：华中科技大学，2008：132.

权利主体意愿的使用①。

DRM 是一种中立的技术手段，但其对权利的界定和管理必须符合现行法律框架。因此有人将技术比作 DRM 的心脏，而将版权比作它的灵魂②。与法律以事后解释和追惩方式来保护版权不同；DRM 是根据预先制定的规则，依靠技术自动实施保护③。消费者只有事先获得数字权利授权——试用文件、租赁文件或无限制的使用权等，方可使用数字内容。事实上，DRM 已经在国际范围内获得一定的法律认可。1996 年生效的《世界知识产权著作权条约》(WIPO④Copyright Treaty，WCT)第 11 条要求 WIPO 成员国制定法律，以防止对 DRM 的规避行为。随后，1998 年美国颁布的《数字千年版权法》、2001 年欧盟颁布的《欧盟信息社会版权指令》(*Directive 2001/29/EC on Copyright in the Information Society*)，2006 年法国下议院颁布的《信息社会作者权利及其他相关权利法案》(*Loi sur le Droit d'Auteur et les Droits Voisins dans la Société de l'Information*，DADVSI)等都在一定程度上体现了 WCT 的要求。这些法令既明确规定通过技术手段保护数字版权的合法性，同时也对保护范围，即所保护的社会公众利益以及企业竞争的公平性等进行进一步阐明和约束，从而为数字出版商业模式和技术保护权限划定实施范围。2017 年 12 月，国际标准化组织(International Organization for Standardization，ISO)发布的 ISO 2108 年第 5 版《信息与文献—国际标准书号(ISBN)》对 DRM 给出了定义、实施条件和标志应用，延展了 ISBN 的标识完整性，并将 DRM 技术作为数字出版物/电子书的主要技术实施方案，以期利用 DRM 技术、"社会型"数字版权管理(Social DRM)技术⑤为未来数字出版产品的发展提供强有力的技术保障。⑥

与发达国家相比，我国关于数字产品技术措施的立法相对落后⑦。1998 年 3 月 4 日，国务院电子工业部发布的《软件产品管理暂行办法》(以下简称《办法》)最早规定禁止生产、销售规避软件保护技术措施的软件。但是《办法》的适用范围有限，而且只是部门规章，法律效力较低。2001 年修改后的《著作权法》第 47 条第 6 款规定：未经著作权人或者与著作权有关的权利人许可，故意避开或者破坏权利人为其作品、录音录像制品等采取的保护著作权或者与著作权有关的权利的技术措施的，法律、行政法规另有规定的除外，应当承担相应的法律责任。但是这一版《著作权法》并未对技术措施作详细规定。2006 年 7 月 1 日开始实施的《信息网络传播权保护条例》(以下简称《条例》)是我国有关技术措施立法的里

① WikiPedia. Digital Rights Management. [EB/OL]. [2012-07-09]. http://en.wikipedia.org/wiki/Digital_rights_management#cite_note-134.

② William E K, ed. The Columbia Guide to Digital Publishing[M]. New York: Columbia University Press, 2002: 633.

③ William E K, ed. The Columbia Guide to Digital Publishing[M]. New York: Columbia University Press, 2002: 620.

④ "世界知识产权组织"的缩写。

⑤ "社会型"DRM 技术即数字水印技术。

⑥ 张晶. 从相加到相融，DRM 与 ISBN 标识符深入融合探析. 科技与出版，2019(9)：101-105.

⑦ 李嘉莉. 论数字版权管理技术(DRM)的法律规制[J]. 南昌高专学报，2011，26(4)：13-16.

程碑。它规定了技术措施的定义、分类，规避技术措施的两种行为类型及其法律责任，并在 12 条中规定了 4 种例外情形，分别适用于控制浏览、欣赏的技术措施以及控制信息网络传播的技术措施。但总体而言，《条例》关于例外情形的规定过于狭窄与机械，而且侧重保护版权人的利益，在一定程度上忽视了公众的合理使用诉求①。2011 年，《著作权法》第三次修订工作正式启动，在公开征求意见的修改草案第二稿中专门增加了第 6 章《技术保护措施和权利管理信息》，以直面传播环境的新挑战，试图解决我国版权创造、运用、保护、管理面临的突出问题。

法兰克福学派认为科学技术即意识形态②。这个观点从 DRM 在数字世界中的应用与发展再次得到了印证。DRM 打破了传统法律对利益的安排，引起了版权保护与公众合理使用权、消费者权利、行业间公平竞争权等权利的冲突。因此，探寻解决权利冲突的有效方法，重构权利人、公众和各利益相关方的权益分配，已成为业界和学界共同关注的重要议题。

8.3.2　DRM 缺陷与争议

近年来，DRM 一直是业界和学界关注、研究的热点问题。虽然它已经取得了长足进步，但是技术本身仍然存在一些缺陷，尤其是隐含在它背后的意识形态以及建立在这一技术基础上的商业实践更是引发了持续的争议。

8.3.2.1　DRM 的不足

DRM 本身存在一些不可克服的缺陷，比如它几乎总是会被破解，而且它和所有的技术一样都会过时，从而引发一系列严重问题。

(1) DRM 破解

世上只要有锁就有开锁的钥匙，DRM 作为一种防护系统也一样。尤其是基于软件的 DRM，必须包含解密所必需的信息如解密密钥等，因此从来不是完全安全的。以音频和视频产品为例，就有很多方法可以绕开 DRM 的控制。

一个简单的绕开音频文档 DRM 的方法就是用光碟刻录软件把光碟上的音频信息拷贝到硬盘上，转为无 DRM 文档。一些破解软件还简化并自动化了复制和刻录过程，允许用户复制音乐到可读写光碟(CD-RW disc)或者虚拟光驱上，然后自动翻录和编码音乐。

此外，许多可以从受 DRM 保护的文档中解码并截取数据流，然后构建无 DRM 文档的软件也已经被开发出来。这类软件需要解密密钥。其中，针对 DVD、HD DVD 和蓝光光碟的软件本身包含通用的解密密钥；而针对 TiVo ToGo 录音、iTunes 音频和 PlaysForSure 歌曲的软件依赖于用户自己的密钥——也就是说，它们只能处理用户在自己账户下合法得到的

---

① 李嘉莉. 论数字版权管理技术(DRM)的法律规制[J]. 南昌高专学报，2011，26(4)：13-16.

② 尤尔根·哈贝马斯著. 作为“意识形态”的技术与科学[M]. 李黎，郭官义译. 上海：学林出版社，1999：3.

内容。但是无论哪一种类型的密钥都并非万无一失，迄今为止针对上述音视频产品 DRM 的黑客破解行为频频发生就是证明。

还有，音频和视频资料所有形式的 DRM(除了交互式的，如电子游戏)都存在“模拟漏洞”(analog hole)。也就是说，为了使用户能够收听和观看，数字信号最后必须转换为包含光与声的模拟信号，如此便可能在播放过程中没有了可用的 DRM 来控制该形态下的内容。而非法用户可以使用软件来记录声卡或显卡中的信息，或者插入模拟记录设备到多媒体播放器的模拟输出口以获取内容。不过，通过这种方法获得的音视频内容质量可能有所下降，当源文件采用有损压缩格式时尤其如此。英特尔公司(Intel)开发的高带宽数字内容保护系统(High-bandwidth Digital Content Protection，HDCP)是种堵塞模拟漏洞的尝试，尽管很大程度上是无效的。① 版权所有者还与能够播放此类内容的电子产品制造商之间进行了有关讨论，要求他们的设备不再提供此类模拟接入。这场被称为“模拟废止”(Analog Sunset)的运动在 2010 年之后取得了一些成效，大多数蓝光设备不再提供模拟输出口。

很多 DRM 方案使用的加密媒体需要定制的硬件来视听内容，而且只有得到许可的用户(使用这些硬件的用户)才能得到这些内容；此外，它们还尝试保护解密密钥不被系统用户得到。固化在硬件中的 DRM 系统似乎很可靠；尤其是与通用的个人电脑相比，专用的硬件设备似乎更加安全。但是，面对一心要破解它们的对手，很多这样的系统仍然失败了。商用直播卫星电视系统就是一个真实的例子，美国的 DirecTV 和马来西亚的 Astro 使用防篡改的智能卡来存储密钥，以防止用户和卫星接收器找到。但是这些系统都曾面临安全威胁，因此不得不定期更新和替换智能卡。

DRM 方案本身的弊端还使得当侵权行为发生以后，举证维权也十分困难。

(2)过期

DRM 系统面临的另一个难题是当标准或者格式变化时，经它们保护的内容很可能难以转换为新的媒体格式。此外，任何要求与认证服务器保持联系的系统都容易出现服务不可用的情况，因为公司可能会对其业务进行调整甚至遭遇破产。如 2007 年付费用户突然无法播放 2006 年前美国职业棒球大联盟(Major League Baseball)的视频了，因为验证许可证的服务器更新了。现实中这样的例子并非绝无仅有，兹举例如下。

① 亚马逊的 PDF 和 LIT 格式电子书。2006 年 8 月，亚马逊停止销售附带 DRM 的 PDF 和 LIT 格式电子书。自那时起 30 天后，顾客就不能再下载以前购买的电子书了。

② 微软的 MSN 音乐。2008 年 4 月，微软给已经倒闭的 MSN 音乐商店客户发了一封电子邮件：“自 2008 年 8 月 31 日起，我们不再支持您获取从 MSN 音乐商店购买的歌曲的授权密钥，或者进行其他电脑的授权许可认证了。您需要为每首从 MSN 音乐下载的歌曲获取一个许可证号以便在新电脑上使用它们，并且请您在 2008 年 8 月 31 日前完成此项工

---

① Sander T, ed. Security and Privacy in Digital Rights Management [C]. Philadelphia ACM CCS-8 Workshop DRM, 2001.

作。如果您打算在 2008 年 8 月 31 日之后把您的歌曲转移到其他电脑上，那些歌曲将无法播放。"然而，为了避免公共关系危机，微软最终决定将关闭 MSN 音乐商店的日期延后到 6 月 19 日，并且允许用户使用他们的许可证直到 2011 年末。

③ Fictionwise 网站与 OverDrive 公司的电子书。2009 年 1 月，OverDrive 通知 Fictionwise：自 2009 年 1 月 31 日起，他们不再为通过 Fictionwise 购买电子书的客户提供下载服务了。这使得客户无法在新设备上更新他们以前购买的电子书了。Fictionwise 只好为他们的客户提供替代的无 DRM 版本的电子书。

④ 哈珀·柯林斯出版集团的电子书商店。2010 年 11 月，哈珀·柯林斯宣布自 19 日起他们的电子书店停止营业，建议所有顾客在该日购买功能停止以前下载存档所有他们买过的东西，因为此后用户将无法再获取它们了。

⑤ Acetrax 是一家为欧洲数百万用户提供视频点播服务的公司，于 2013 年 6 月 21 日停止了运营。在服务关闭之前，Acetrax 试图为用户提供一种"退出策略"，在服务关闭之后用户先前下载的电影需要重新下载才可继续播放，并且这些重新下载后的电影将与第一次播放它们的设备绑定。由于 Acetrax 使用的是微软 Windows 系统自带的媒体播放器（Media Player）的 DRM，所以这些电影不能在其他系统的设备上打开。同时，电影下载完成后需要播放影片至少 5 分钟，以便其验证用户的许可证情况。这意味着那些花了最多钱的用户将浪费最多时间来重新下载、验证他们之前所购买的影片，所幸购买高清电影的用户还拥有退款这一选择。

8.3.2.2　DRM 争议

除了技术本身的缺陷，DRM 还引发了包括合理使用权、用户隐私权和公平竞争权等在内的一系列法律和社会问题。2009 年 7 月，亚马逊通过远程控制方式从数百位顾客的 Kindle 阅读器上删除了《1984》和《动物庄园》（*Animal Farm*）两本电子书，然后把钱退返到顾客账号内。这一行为引起了轩然大波，并使得对 DRM 的争议进入了大众视野。

支持者认为，DRM 能够保护版权所有人的智力成果在未经授权的情况下不被复制、盗版。如加拿大电影、电视和无线电艺术家联盟（Alliance of Canadian Cinema, Television and Radio Artists, ACTRA）主席斯蒂芬·沃德尔（Stephen Waddell）认为该技术对于保护艺术家作品不被盗版和非法使用是十分重要的。他在一次接受采访时说："我们的会员作为版权所有者希望通过作品被使用而获得报酬，但如果作品被非法翻录就无法实现这一目标。"加拿大娱乐软件协会（Entertainment Software Association of Canada）执行主席丹妮尔·帕尔（Danielle Parr）则指出："DRM 就像你有一家店铺，你希望晚上锁上店门一样。"①

---

① CBC News. The pros, cons, and future of DRM. CBC[EB/OL]. [2012-01-07]. http://www.cbc.ca/news/technology/story/2009/08/06/tech-digital-locks-drm-tpm-rights-management-protection-measures-copyright-copy-protection.html.

DRM 的反对者则有不同看法，他们认为该技术至少存在以下几方面根本缺陷。首先，DRM 违反了法治的基本原则，即："法律规定必须明确、稳定，以便人们提前规划自己的行为①"。而当前与 DRM 相关的法律关系恰恰不明确也不稳定。例如在涉及 DRM 的买卖合同中，以下一些基本问题都是存疑的。

- 顾客刻录音乐光碟违法吗？
- 顾客将购买的音乐光碟送给朋友违法吗？
- 顾客刻录光碟并将之赠送朋友违法吗？
- 顾客购买并聆听了音乐，然后将之退回商店重新销售违法吗？
- 顾客购买并刻录光碟，然后将之退回商店重新销售违法吗？

这些问题没有解决，消费者就无所适从。这就不难理解，澳大利亚官方音乐榜单的一次调研显示：数百万人出于各种各样的动机或原因侵犯了版权。

其次，DRM 很可能限制用户的合法权益，具体表现在以下方面：①消费者权利的转移受到限制。在 DRM 系统中，用户的合法认证是通过许可证技术实现的，但当前许多 DRM 系统不支持许可证二次转发，从而限制了消费者权利的转移②。②授受双方权利不对等，使得用户的合理使用要求得不到满足③。合理使用制度是基于非授权方式的法定权利，而 DRM 则是在"授权—许可"模式上运作。④ 目前通行的 DRM 系统中，主动权掌握在版权人手中，一般由授权方单方面界定许可范围、使用对象、使用时间和地域限制以及付费标准等。用户端任何超越预定明示授权的使用尝试都将被系统识别和默认拒绝，合理使用的要求无从表达、甄别和实现。用户包括备份所购买的 CD 和 DVD、从图书馆借阅数字内容产品、获取已经进入公共版权领域的作品以及根据合理使用的法律规定为研究和教育目的而利用版权产品等要求，都或多或少地受到了约束。

最后，就如亚马逊的例子显示的那样，DRM 很可能导致严重的隐私问题。DRM 系统使得设备和内容提供商能够控制和监测用户的硬件和数字内容产品及其使用情况。其中，用户控制涉及用户身份识别和认证等问题，如果使用不当会造成用户的隐私被跟踪甚至泄露。首先，当前许多 DRM 系统并不告知用户对个人信息的搜集方法、范围，获取信息的途径，披露信息的对象以及信息的使用权限等，用户缺少相应的知情权。其次，如因保护合法版权外的原因而需使用相关的个人信息，用户享有拒绝的权利。但当前许多 DRM 系统并不支持用户对隐私搜集的选择权。⑤

---

① Nachbar T. Defining the Rule of Law Problem[C]. The Green Bag Vol. 6, No. 2D, 2009: 303.

② PETKOVIC M, LI H. Digital Inheritance of Personal and Commercial Content Using DRM [C]. 2007 4th IEEE Consumer Communications and Networking Conference. New York: IEEE, 2007: 17-31.

③ 宋娇，马海群. 基于利益均衡的数字版权管理系统构建研究[J]. 情报理论与实践，2010，33(11)：105-108.

④ 常江. 数字版权管理与合理使用权利冲突的解决路径[J]. 出版广角，2016(8)：38-40.

⑤ Conrado C, Petković M, Jonker W. Privacy-Preserving Digital Rights Management[C]. Workshop on Secure Data Management. Springer, Berlin, Heidelberg, 2004: 83-99.

正因为存在以上不足和问题，许多组织和个人都反对 DRM。2006 年 5 月，自由软件基金会(Free Software Foundation，FSF)发起一项名为“设计缺陷”(Defective by Design)的 DRM 反对活动。次年，FSF 发行的第三版《GNU 通用公共许可协议》(GNU *General Public License version* 3)第三条“剥离”了 DRM 的合法价值，即规定：“本协议适用之作品不应被认为是任何适用法律认定的有效技术措施的组成部分，这些法律履行 1996 年 12 月 20 日生效的 *WIPO* 版权条约 11 条规定，或其他类似的禁止或限制规避此类措施的法律规定”①。因此，用户可以在不违反类似 *DMCA* 之类法律的情况下破解 GPL 软件的 DRM。知识共享(Creative Commons)组织则提供一项授权选择，鼓励人们在不使用 DRM 的创造性作品的基础上进行扩展和衍生创作。自由信息构架基金会(Foundation for a Free Information Infrastructure，FFII)从自由贸易的观点批评 DRM 设置了贸易壁垒。还有，电子前哨基金会(Electronic Frontier Foundation，EFF)和一个类似组织 FreeCulture. org 也对 DRM 持反对意见。自由软件运动的精神领袖、GNU 计划以及 FSF 的创立者、著名黑客理查德·斯托尔曼(Richard Stallman)在《阅读权利》(*The Right to Read*)中说：“DRM 是恶意的典型代表——它是被设计出来用于伤害软件使用者的，因此这是绝不能容忍的②”。剑桥大学的罗斯·安德森(Ross Anderson)教授带领一个反对 DRM 的英国组织在本地和其他地方做着相似努力。著名作家和技术博客作者科里·多克托罗(Cory Doctorow)在微软园区发表演讲，批判 DRM 的技术、背后的道德问题及其营销手法。

这种激烈的对立与争执短时间内很难见分晓。FSF 等 DRM 批评者曾经指出与其把 DRM 作为“数字权利管理”(Digital Rights Management)的简称，不如将其视为“数字限制管理”(Digital Restrictions Management)的缩写，因为原来的“权利”(rights)一词容易误导用户。其实反过来看，如果 DRM 真正能够做好数字作品的各种相关权利在权利所有人和使用者之间的合理授受，则它应该拥有广阔的生存和发展空间。

8.3.3　DRM 系统功能

目前，DRM 的发展主要分为两种类型：一种是多媒体数字权利保护，也就是音频、视频的权利保护和管理；另外一种则是电子文档的权利保护和管理。由于前者涉及音乐、电影、电视等广阔的消费领域，因此许多跨国公司在流媒体 DRM 市场上的竞争十分激烈。电子文档的数字权利保护则主要包含对电子图书、电子期刊以及企业重要文档的管理控制。尽管后者的市场空间相对较小，但微软公司、Adobe 系统公司、北大方正等重要的信息技术企业仍然研发了颇为成熟的相关产品。不同 DRM 技术系统其本质是相通的，不过

① GNU. GNU General Public License Version3 [EB/OL]. [2021-09-29]. https://www.gnu.org/licenses/gpl-3.0.html.

② Stallman R. The Right to Read. GNU [EB/OL]. [2021-09-29]. http://www.gnu.org/philosophy/right-to-read.html.

以下将重点讨论第二种 DRM 系统的功能。

从本质上来说，DRM 是一种许可证管理系统，其功能主要围绕数字权利的创建、许可、获取、使用与管理展开，具体如对数字内容和权利进行标识、认证、交易、监控、跟踪等，以平衡和保护包括作者、出版社、发行商与读者在内的各方利益。这其中，身份认证、权利控管和追踪以及通过加密和数字水印等手段来保护数字内容是 DRM 系统的核心功能。

8.3.3.1 身份认证

身份认证的首要问题是确定系统要认证什么：是一个特定用户还是一台特定设备。因为一名用户可以同时拥有台式电脑、手提电脑、PDA、手机、MP3 播放器等多台设备；相反的，一台设备也可以有多名用户，如某些办公室电脑。因此身份认证的第一步是要明确用户和设备及其关系。

(1)用户认证

用户认证首先确认某一位用户，然后授权他可以在何种设备上使用该内容。用户的个人身份可以是其姓名、电子邮箱、住址、身份证号码、信用卡号、口令或其他任何他自愿提供的信息；也可以利用其身体本身的部分特征(即生物统计学特征)，如通过视网膜扫描、掌纹、面部特征甚至 DNA 特征来识别和认证用户；或者也可以来自一些证书的信息，如可信赖的第三方核证机构(CAs)提供的数字证书。后者能够核实请求许可的人与此前他们发给证书的人是同一名用户。传送数字证书的标准技术是安全套接层协议(Secure Socket Layer，简称 SSL)。

(2)设备认证

设备认证指确认某台设备并发放许可证，该设备的所有用户都有使用权。由于硬盘驱动器的制造商和一些 CPU 制造商很久以来就在他们的产品上设置唯一号码，确定一台机器的最简单的办法就是读取这些号码。另外可以用来替代硬件身份的是 IP 地址。但是现在的 IP 地址已经不像在互联网早期发展阶段那样，是永久性指派给特定设备的了。

近来，一些 DRM 系统开发公司如微软、Liquid Audio 等尝试将硬件和用户身份结合起来，允许一名用户使用 n 种设备(其中 n 是与数字出版有关的各方协商后指定的数字)。如微软的 DRM 系统利用角色管理功能，允许用户在 4 台设备上使用获得授权的内容。

8.3.3.2 权限控管和使用追踪

为了从各种各样的授权许可中获利，出版商必须控制并测度内容的使用情况。DRM 系统可以在区分每个 URL 用户对于某种内容资源所拥有权限的基础上，来追踪和测量其使用情况(见图 8-1)。以存放在出版社服务器中的电子书为例，不同用户使用权限的划分，每名用户存取多少次以及每次使用的时间长短都是很容易跟踪计量的。

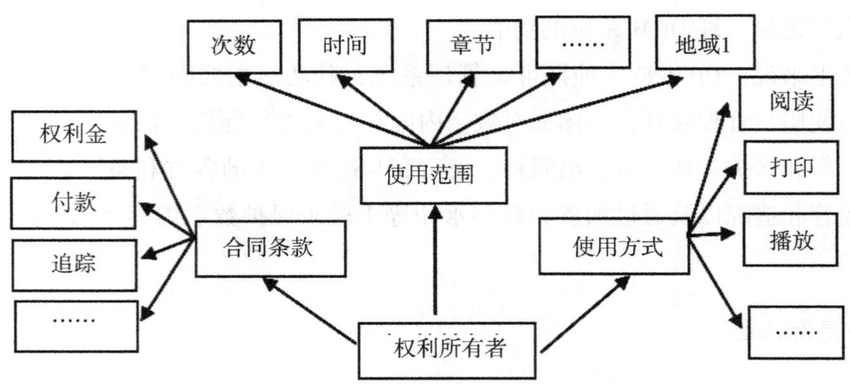

图 8-1　DRM 的权限管理和使用追踪①

8.3.3.3　加密和数字水印

DRM 保护数字版权的手段主要有两种：一种是以数据加密和防止非法复制为核心的 DRM 技术；另一种是采用数字水印技术。

尽管没有绝对可靠的加密技术，但是数据加密仍然是实现 DRM 版权保护功能的重要工具之一。而且加密除了是保护版权的重要威慑手段之一外，也是保证内容完整性的重要工具。后者的目的不是保证整个作品不被复制，而是在文件中加入代表一个版本的数字摘要。数字摘要，或者说杂凑值(Hash Value)充当校验和(Check Sum)的角色：只有知道数字密钥的人才能让人无法觉察地改变版本。有许多内容的完整性必须得到保障，比如财务记录、科学研究成果等。②

数字水印(Digital Watermark)技术是在数字内容中嵌入一组数据，在基本不损害原作品质量的情况下(通过人的视觉或听觉发现不了)，把著作权相关信息如关于版权所有者、发行商、发行渠道和购买行为的信息隐藏在数字文本、图片、音乐或电影中，以确认数字内容的所有权与来源。在云环境下，内容提供商可以利用云技术来加快水印嵌入过程，并节省存储和带宽的费用，提高系统的整体性能。③ 数字水印方法并不阻止盗版等非法行为，而是在发现盗版等非法行为后用于取证或追踪，从而对用户更加友好。按照水印的用途划分，与数字出版密切相关的水印有版权标识水印，主要强调隐蔽性和鲁棒性；篡改提示水印，这种脆弱水印的目的是标识宿主信号的完整性和真实性。除此之外，数字水印还被用于传输商业规则到用户设备上，譬如影像 DVD 区码保护所使用的数据干扰系统

① 此图根据余显强的演示文档《数位版权管理概论》中的“DRM 保护的权力模式”一图修改而成。

② William E K, ed. The Columbia Guide to Digital Publishing[M]. New York: Columbia University Press, 2002: 644.

③ Franttolillo F. A Digital Rights Management System Based on Cloud[J]. Telkomnika, 2017, 15(2): 671-677.

(Content Scrambling System, CSS)。①

现在有些 DRM 系统倾向于将两种技术结合起来，比如加密水印而不是整个数字文档，或者加密整个数字文件后再嵌入水印，从而在不破坏作品的情况下加强对数字权利的保护。

8.3.3.4 媒体指纹

为了完善数字权利管理系统中的跟踪机制，使用的另一种技术路线被称为媒体指纹或数字指纹(Digital Fingerprinting)，指的是“可以区分数字产品复制的可以由计算机处理的数字化的特征序列”②。也就是说，媒体指纹能够高效和唯一地识别并提取一个作品的特征信息，这些数据能够作为司法判决的证据使用。与数字水印技术不同的是，媒体指纹要求向数据复制中嵌入更长的信息，以达到类似通过人的指纹以确认其唯一身份的目的。这样既能够对非法用户进行身份鉴别、指控与惩罚，又不会对其他用户的合法使用行为造成误判。媒体指纹应具有不可去除、不可伪造的鲁棒性，以实现跟踪非法再发行的目的。

8.3.4 DRM 系统结构

一般来说，理想的 DRM 系统必须具备 3 个基本组件：一是内容服务器，完成相关伴随功能；二是授权服务器，处理权限划分、身份管理和授权事宜；三是客户端，其中包含 DRM 控制器和显示应用系统。

8.3.4.1 内容服务器及其构成

内容服务器是一个抽象概念。它既包括处理数字内容的物理实体如电脑等，也包括它们所具备的功能如创作、编辑、储存和传送内容、内容元数据及内容提供者相关信息等。内容可以以各种格式存放在服务器中，但是要实现内容多渠道、多途径和多形式利用和再利用，那么以 XML 文件形式存在是比较理想的。具体来说，内容服务器又由几种功能组件构成(见图 8-2)。

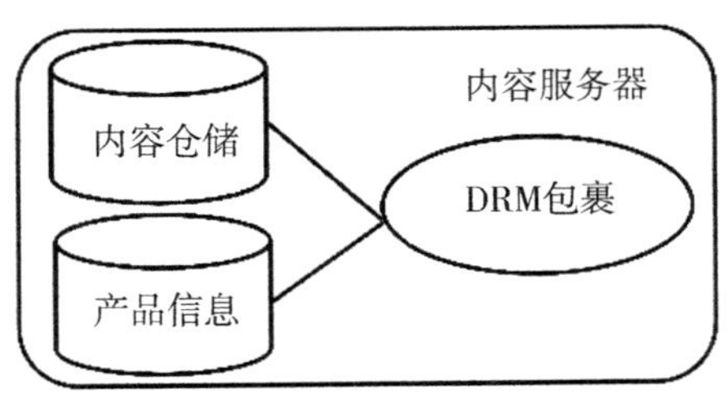

图 8-2 DRM 内容服务器及其构成③

① 郭祝荧. 数位权利管理(DRM)系统可行性研究——从技术、法律和管理三面向剖析[D]. 台北：台湾政治大学智慧财产研究所，2007：59.

② 张立，董之磊，张博等. 数字版权保护技术与应用[M]. 北京：电子工业出版社，2013.

③ 图 8-2、图 8-3、图 8-4 根据《数字权利管理：商业与技术》一书中的“数字权利管理参考结构”一图修改而成，转引自 Phillip J. Windley 的演示文稿 Digital Rights Management。

(1)内容仓储

· 内容管理系统(Content Management System，CMS)

· 数字资产管理系统(Digital Asset Management System，DAMS)

· 文档服务器

内容仓储的主要功能是创作、编辑可以安全发行的数字内容。如果数字内容以文本为主，可能用到时下流行的 CMS 系统；如果数字内容以多媒体为主，那么可能会使用 DAMS 系统。

(2)产品信息

· 产品元数据

· 权利信息

产品信息包括产品元数据和权利信息。前者包含：①内容识别码，如 ISBN(国际标准书号)和 DOI(数字对象标识符)等。它们唯一、永久地指向某一数字内容资源。②发现元数据(也称为描述元数据)，如都柏林核心元数据、用于数字图书的 ONIX 数据(Online Information Exchange)、用于描述数字杂志的 PRISM 元数据(Publishing Requirements for Industry Standard Metadata)等。它们能够让潜在顾客发现数字出版物。后者包括各种数字内容的权利归属信息。

(3)DRM 打包机

· 打包内容和元数据

· 加密

DRM 打包机将数字内容、相关元数据及各种属性描述用“信封”软件打包封装。通常像电子书这样的数字出版物，其打包数据中包含内容编码，内容可以转移到用户的硬盘或者其他设备上去；还有一些内容如流媒体，内容通常保留在出版商服务器上，因此包裹中仅包括相关权利信息和元数据，以便用户能够连接到出版商的内容仓储。

8.3.4.2　授权服务器及其构成

早期 DRM 系统将权利许可证直接放入内容包裹传递给顾客，用户可以随时访问或者使用该数字内容而不需要访问远端服务器。这种将权利许可证放在客户端的做法称为非系留模式(Untethered)。但是随着技术进步和更复杂版权体系的问世，这样做就不太可取了。对于技术供应商来说，最好是将内容和授权放在不同的服务器上分开处理。具体做法是对用户或用户终端设备进行认证以后，从 DRM 授权服务器向被认证用户或用户终端设备传送 DRM 权利许可证书(包含密钥)。这种将权利许可证书存放在客户端以外的 DRM 服务中心以提供集中式许可证存储与安全管理的做法称为系留模式(tethered)。具体来说，DRM 授权服务器由以下几个部分组成(见图 8-3)。

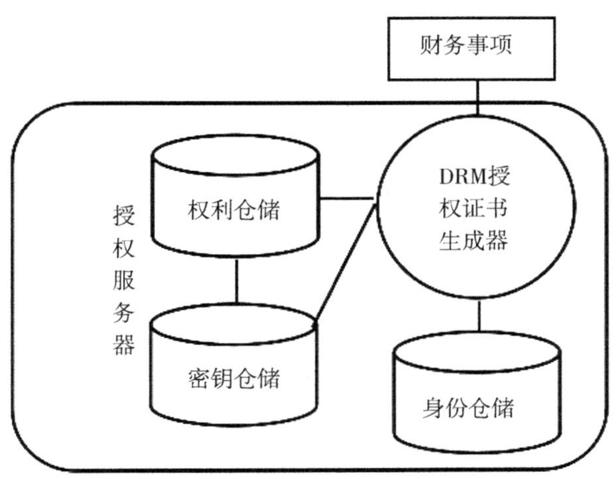

图 8-3 DRM 授权服务器及其构成

(1)密钥仓储

密钥仓储用来存放数字化内容的解密钥(如 56 位 DES①)。

(2)权利仓储

权利仓储用于存放权利说明书，使用可扩展权利标记语言(Extensible Rights Markup Language，简称 XrML)、开放数字权利语言(Open Digital Rights Language，ODRL)等标准描述的各种权利许可模式。例如：外借，规定是否许可用户将许可证外借他人，允许他人在一定期限内获得阅读该数字内容的权利；赠送，规定是否许可用户向他人赠送权利许可证，使受赠者成为许可证持有者；出售，规定是否许可用户出售权利许可证；外借期限，规定用户允许外借许可证的最长时间；使用时间，规定用户使用电子书的时间，以天、周、月或年计；使用拷贝数，规定用户在使用期内对数字内容许可复制的最大数量；使用拷贝大小，规定用户使用电子书时许可复制的内容大小，即许可复制段落、整页、整章或全部内容，等等。以 XrML 2.0 为例，它不仅描述使用者类型、安全等级，而且描述 24 种不同的权利类型，如复制、编辑、播放、打印等。

(3)用户身份仓储

· 用户识别码

· 设备识别码

(4)DRM 权利许可证书生成器

DRM 权利许可证书生成器将用户身份、权利说明和密钥打包放入权利许可证书中，用户可以用它来打开数字内容。

(5)财务事项

① 指数据加密标准(Data Encryption Standard)，是一种对称密钥加密块密码算法。

包括支付等交易事务。

8.3.4.3　客户端及其构成

客户端是用户方系统，是用户设备如个人电脑上以 DRM 控制器为中心的软件系统。它包括 DRM 控制器、用户身份确认机制和显示应用系统(见图 8-4)。

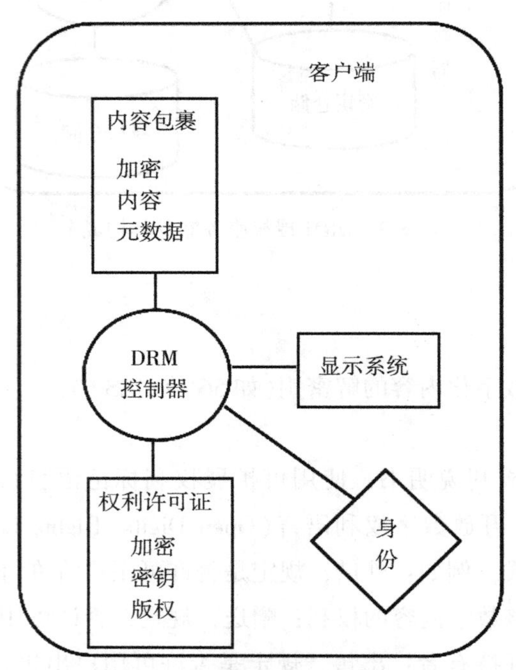

图 8-4　DRM 客户端及其构成

(1) DRM 控制器

· 处理神经中枢

DRM 控制器是 DRM 的大脑，负责几种主要功能，包括接受用户对于数字内容的权利请求，从内容服务器获得数字内容包裹，找到要解密文件的产品信息；将用户的身份信息发送到授权服务器并取回权利许可证；从许可证中取出密钥，对内容进行解密，然后再传送给显示应用系统，执行浏览、打印、编辑等已经获得许可的权利。

(2) 用户身份确认机制

· 内容包裹

· 权利许可证

· 用户识别码

(3) 显示应用系统

显示应用系统主要有两种：一是内置 DRM 的独立显示应用软件，如 Intertrust 的

InterRightsPoint；二是通用显示应用系统的插件程序，如 Adobe Acrobat Reader 装有 DRM 插件程序以控制“复制”“打印”“另存为”这样的功能。

8.3.5 DRM 应用[①]

有效的数字权利管理是很多行业在产品和服务数字化过程中共同面临的问题，因此 DRM 广泛地被用于音乐、图片、电子书刊、数字电视、电影和电子游戏等内容产业。以下将分述 DRM 在几个主流内容产业中的应用情况。

8.3.5.1 DRM 与电子书

电子书既可以是纸质图书的数字化版本，也可以是原生型(born digital)数字出版物。无论以何种方式产生的电子书，从本质上来看都是包含 3 个层次的完整系统，即：①各种格式的电子书文件；②电子书阅读软件；③电子书阅读器(硬件)，它可以是个人电脑、智能手机，也可以是专用电子书阅读设备。其中，电子书阅读器往往和某种电子书阅读软件预装在一起。电子书制作出版完毕后，无论发行还是阅读，一般都离不开三者的共同作用。主流的 DRM 系统均有一整套的软件和相应技术，对电子书产业链上各个环节均有支持。[②] 许多主流电子书出版商和零售商如亚马逊、苹果等所销售的电子书都是附带 DRM 系统的，以管理和限制用户对电子书的复制、打印和共享。当前主流的电子书 DRM 方案，在国际范围内有影响的如 Adobe 的 Adept DRM、苹果的 FairPlay DRM 和 Marlin 联合开发协会(Marlin Developer Community，MDC)的 Marlin DRM；国内较为重要的有方正 Apabi 的 DRM 系统等。这些 DRM 分别在上述电子书系统的任意层次及其组合上实施权利管理和保护。

从文件格式来看，当前电子书市场上的主流格式包括 mobi、azw3、ePub 和 PDF 等。不同 DRM 方案往往专门针对一种或几种格式的电子书而设计。亚马逊所使用的 DRM 是在原来 Mobipocket 加密技术的基础上修改的，用于其 mobi 格式和 azw3 格式[③]的电子书。Adobe 的 Adept DRM 主要用于 ePub 格式和 PDF 格式文件，经过保护后的文件除了利用 Adobe Digital Editions 软件阅读外，还可以在一些第三方电子书阅读器上阅读。巴诺使用 Adobe 提供的 DRM 技术，主要用于保护 ePub 格式和更老的 Palm 格式电子书。苹果的 FairPlay DRM 主要针对 ePub 格式，保护后的文件只能在苹果 iOS 设备或 MAC 上的 iBooks 中阅读。MDC 的 Marlin DRM 由 Intertrust、索尼、飞利浦、松下、三星 5 家公司共同开发，

---

① 本节内容主要根据维基百科的“Digital Rights Management”词条编写。参见：Wikipedia. Digital Rights Management[EB/OL]. [2021-09-27]. http://en.wikipedia.org/wiki/Digital_rights_management#E-books.

② 殷沈琴，张计龙，郝群. 电子书数字版权管理技术应用进展研究[J]. 图书馆杂志，2012(8)：60-63.

③ azw3 是 Kindle Format 8(KF8)格式的标准拓展名，于 2011 年推出，是 Kindle 目前使用最广的格式。

可支持包括音频、视频及电子书等在内的多媒体应用，目前已被全球多个内容服务提供商及设备厂商所使用。其中，Kno 在线教科书出版商就用 Marlin DRM 来保护其以 ePub 格式销售的电子书。这些电子书可以在 iOS 或安卓(Android)平板电脑的 Kno 应用中阅读。

从阅读软件来看，如个人电脑和苹果麦金塔电脑(Macintosh)上的 Adobe Reader 或 Microsoft Reader 等，也都采用略有不同的 DRM 方案。Adobe 的 Acrobat eBook Reader 5.05 是最先采用加密技术的版本。其 PDF 阅读软件和电子书阅读软件技术结合，允许同时阅读受 DRM 限制的文件和不受限制的文件。在打开文件之后，用户可以看到权利声明，它列举了对某个文件的合法操作行为。例如，对于可以自由传播的 PDF 文件，用户可以使用打印、粘贴到剪贴板和其他基本功能。而对于受到 DRM 保护的电子书，用户就不能进行打印、剪切或者粘贴等操作。具体限制条件往往由出版商或者经销商设定。

尽管 DRM 为电子书版权所有者提供了一定程度的保护，但是也有一些人认为它使得电子书出版变复杂了。因此，奥莱利传媒公司(O'Reilly Media)和克莱纳出版社(Carina Press)等较小型的出版商已经放弃 DRM。2012 年，以出版科幻和幻想小说闻名的 Tor/Forge 图书公司也开始弃用 DRM。这是最早一家这么做的主流大众图书出版商。

随着移动阅读的兴起，除了限制用户的阅读设备管理模式之外，网上购物和阅读云管理模式也成为一种主要的电子书数字版权保护模式。在这种模式下，用户获得电子书的在线阅读权限而不下载电子书，经销商通过管理用户的账户确认用户的身份和特定电子书的阅读权限①。

8.3.5.2　DRM 与音乐

以光碟等形式存在的封装型音乐产品曾广泛地应用 DRM 技术。音乐制作人曾经以硬编码方式(hard-code)将 DRM 代码写入光碟(Compact Discs，CD)。结果，这些特殊的只读光碟(Compact Disc Read-Only Memory，CD-ROM)无法在所有播放器和电脑上播放。有时安装了 Windows 操作系统的个人电脑在播放这些 CD 光碟时甚至会发生系统崩溃的现象。2005 年索尼 BMG 推出了一种 DRM 方案，当插入一张音乐 CD 时，用户电脑将在未经通知与许可的情况②下安装 2 个无法轻易卸载的隐藏软件程序，通过修改操作系统以防止用户非法拷贝、刻录。具有讽刺意味的是这种在硬盘根目录复制的 DRM 代码(被称为 Rootkit)可能导致系统崩溃、数据丢失。这一漏洞还有可能被黑客和病毒作者所利用，因此对系统的完整性和安全性构成威胁。尽管索尼 BMG 最初否认 Rootkit 是有害的，但经历了公众抗议与政府调查、集体诉讼之后，这场愈演愈烈的非法有害保护数字版权的"Rootkit 丑闻"最终以数百万张 CD 召回的结局收场。来自 DRM 反对组织的共同起诉以及其他法律方面

---

① Tsai CY，Yang CY，Lin IC，et al. A Survey of E-book Digital Right Management[J]. International Journal of Network Security，2018(5)：998-1004.

② 该软件主要攻击的是 Windows 系统，Mac OS X 会提示用户进行确认。

的威胁，使得许多音乐厂商开始发行不带 DRM 的音乐 CD。2007 年 1 月，百代唱片公司(EMI)停止出版带有 DRM 的 CD，而四大唱片公司①最后一个加入无 DRM 阵营的索尼 BMG 也于 2008 年初停用 DRM。

在互联网音乐盛行以后，许多在线音乐商店都使用 DRM 来约束在线购买和下载音乐的行为。2001 年，Rhapsody 开始提供无限制的音乐订阅服务，但其所提供的歌曲都受 Helix DRM 系统保护。2003 年 4 月 21 日，RealNetworks② 收购 Rhapsody 的东家 Listen.com，按月收费提供音乐下载服务。次年，RealNetworks 宣布在 RealPlayer 音乐商店中销售的音乐受 DRM 保护。2010 年，Rhapsody 脱离 RealNetworks，并于次年收购纳普斯特音乐商店(Napster music store)，2016 年 6 月；Rhapsody 彻底弃用其原先品牌名称，将其国际服务统一命名为 Napster。Napster 在永久购买商业模式外还提供一种基于 DRM 的订阅服务，订阅用户可以下载以及无限制地将音乐转换成 WMA 格式。但是一旦订阅期限到期，下载的所有音乐在重新付费前将不能播放。Napster 还向在移动设备上播放音乐的用户收取每个月 5 美元的费用。此外，它还给用户一项选择，即每首歌额外交 0.99 美元便可刻录在 CD 上或者由用户永久拥有。2009 年 6 月，Napster 推出不带 DRM，可以在 iPhone 和 iPod 上播放的 MP3 音乐，同时 Napster 的 Mp3 商店也不要求按月订阅。当前，它使用综合管理系统以帮助权利所有人处理复杂的音乐许可、出版、标签管理、版税支付等事务。

苹果的 iTunes 音乐商店于 2003 年 4 月 28 日开张，其中的歌曲受到 FairPlay DRM 系统的保护。该系统限制用户只能在 3 台(后改为 5 台)电脑上播放购买的歌曲，并且只能复制不超过 10 份(后改为 7 份)CD 播放列表。半年后，FairPlay DRM 系统被 Jon Lech Johansen 破解。苹果不授权其他公司使用 FairPlay DRM，因此只有它自己的设备可以播放 iTunes 音乐。2007 年 5 月，出现了 iTunes Plus 格式的百代歌曲。这种格式的歌曲质量更高而且不附带 DRM 系统，一开始售价也更高，直到 10 月份才降到 0.99 美元一首。2009 开始，所有 iTunes 音乐都放弃使用 DRM。但是苹果于 2015 年 6 月 30 日推出的在线音乐流媒体服务 Apple Music 仍然使用 FairPlay DRM。Apple Music 同样基于订阅模式，但提供 3 个月免费试用；一旦停止订阅，用户将不能继续播放和下载音乐。同时，在 FairPlay DRM 保护下，用户无法在未经授权的设备上播放 Apple Music 歌曲，但是出于个人使用目的，可以将订阅的下载歌曲转换为其他格式文件。另一大主要流媒体音乐服务 Spotify 的商业模式虽与 Apple Music 存在一定差异，但其提供的音乐同样受到 DRM 保护。

DRM 一定程度上阻止了音乐的随意复制和共享，但它并不能阻止盗版，而且还往往侵害了用户的合法权益。几乎所有音乐服务都要求下载各自的客户端软件，有些还需要插件。用户在一家商店购买的歌曲不能在其所喜爱的软硬件上播放或进行个性化本地管理。这些给用户带来了极大不便，催生了大量针对不同音乐服务的 DRM 删除软件。因此，

---

① 通常指百代唱片、华纳唱片、环球唱片、索尼 BMG。

② 该公司以 RealAudio、RealVideo 和 RealPlayer 等软件而知名。

DRM在网络音乐行业的推广从一开始就步履维艰。早在1999年，音乐界及有关人士就组成了安全数字音乐倡议组织(Secure Digital Music Initiative，SDMI)。它建议：首先，所有在互联网上发行的CD和音乐数据都加入数字水印编码；其次，遵守SDMI协议的播放器或播放软件不能播放未获授权的音乐。不过这些措施的实际应用效果并不明显，因此2001年以后SDMI逐渐归于沉寂。

2002年，麻省理工学院的舒曼·格斯梅杰姆德(Shuman Ghosemajumder)提出所谓的"开放音乐模"(Open Music Model)。他认为重放音乐是一种服务而非单独销售的产品，而不带DRM的订阅服务是唯一能够打击音乐盗版的可行的数字发行模式。他还指出这种开放的商业与技术模式要求开放文件共享、开放文件格式、开放会员资格、开放支付与竞争，并建议用户以每月5美元的订阅费无限量下载音乐是一个适当的价格。这一研究成果发布后，其基本思想和原理获得了广泛认可和应用。2006年，eMusic凭借海量无DRM音乐占据了数字音乐服务业第二把交椅，市场份额达11%，仅次于iTunes 67%的市场份额①。次年，斯蒂夫·乔布斯(Steve Jobs)在《关于音乐的思考》(*Thoughts on Music*)中表明是音乐公司迫使iTunes签订使用DRM合同，并呼吁后者放松要求。"DRM从来没有，将来也不能阻止音乐盗版"②，他写道。2007年3月，欧洲最大的在线音乐零售商Musicload.de在一封公开信中表明了对DRM的强烈反对态度。然而，当下主要的流媒体音乐服务平台包括Spotify、Apple Music、Amazon Prime Music、Google Play Music尽管都采取订阅付费模式，但都开始重新启用DRM。

8.3.5.3　DRM与电子游戏

电子游戏通常也使用DRM技术来保护游戏厂商的利益，并且有自己行业独特的应用方式，简述如下。

(1)限制安装数量

电脑游戏有时候用DRM技术来限制系统安装数量。大部分此类游戏允许安装3到5次，尽管有一些游戏允许用户卸载后"恢复"安装。这样不仅限制了拥有3~5台以上电脑的用户，而且用户在进行操作系统升级和电脑硬盘格式化等操作时也会引起麻烦，因为有些DRM系统会将"重新安装"视为新安装。这样即使只在一台电脑上安装游戏，一段时间以后也可能因为安装次数过多而导致无法玩游戏的情形。2008年发行的游戏《孢子》(*Spore*)使用DRM招致了用户抵制，大量游戏玩家表示抗议并寻求游戏的盗版版本。其

① Suehle R. The DRM Graveyard：A Brief History of Digital Rights Management in Music. Opensource.com [EB/OL]. [2021-09-29]. http://opensource.com/life/11/11/drm-graveyard-brief-history-digital-rights-management-music.

② Jobs S. Apple CEO Steve Jobs' posts rare open letter：'Thoughts on Music'-calls for DRM-free music. MacDailyNews[EB/OL]. [2021-09-29]. http://macdailynews.com/2007/02/06/apple_ceo_steve_jobs_posts_rare_open_letter_thoughts_on_music/.

中，3 次激活安装是最有争议的部分。这也使得《孢子》成为当年盗版最严重的游戏。但是，也有一些使用嵌入式 DRM 的游戏如《生化奇兵》(*BioShock*)、《孤岛危机：弹头》(*Crysis Warhead*)等并未引起同样的抗议。

(2)持续在线认证

2008 年中期，《质量效应》(*Mass Effect*)的发行开启了利用 SecuROM 进行 DRM 保护，并要求通过在线服务器认证的新潮流。该年末至 2009 年初，许多主流游戏出版商继续依赖在线 DRM，其中包括美国艺电(Electronic Arts，EA)、雅达利(Atari)、法国育碧(Ubisoft)娱乐公司等。2008 年末，育碧发行的《波斯王子》(*Prince of Persia*)试探性地采用在线 DRM，以便"看看用户的忠诚度到底有多高"；因为有一种意见认为 DRM 会诱使人们使用盗版。尽管育碧并未对试验结果发表评论，但是其 2009 年发布的大部分游戏都未再采用在线 DRM 系统。《纪元 1404》(*Anno* 1404)和詹姆斯·卡梅隆(James Cameron)游戏版的《阿凡达》(*James Cameron's Avatar*：*The Game*)是例外。它们使用在线的 TAGES 反复制系统。但是，育碧最终通过发布一个官方补丁使《纪元 1404》脱离了 DRM 系统。2009 年 6 月，艺电的《模拟人生 3》(*The Sims* 3)如法炮制。其后，艺电的运动类游戏都未启用在线 DRM 系统。2010 年 2 月，育碧正式宣布通过在线游戏平台 Uplay 重启在线认证，从《猎杀潜航 5》(*Silent Hunter* 5)、《工人物语 7》(*The Settlers* 7)和《刺客信条 2》(*Assassin's Creed* II)开始。但是，《猎杀潜航 5》在发行 24 时内即被破解，不过破解版用户很快发现只能玩游戏的开头部分。因为它采用的新方式不是将游戏一次性安装完成，而是要求用户随着游戏的发展持续地从育碧服务器上下载相应游戏代码。《刺客信条 2》发行后 1 个多月，育碧 DRM 系统也被黑客攻破。2010 年 3 月早期，因为 Uplay 服务器在一段时期内遭到了大规模分散式阻断服务攻击(DDoS attack)，约有 5%的用户在打开游戏时收到了拒绝服务的错误消息。之后公司曾允许受到影响的用户免费下载，不过随即又停止。数字游戏发行平台 Steam 也提供 DRM。它被认为是当前集成度最高的 DRM 解决方案之一。其用户可下载的副本数量没有限制，但是购买游戏的玩家一次不能在多台计算机上使用同一个账户；玩家只能选择购买而无法租赁某个游戏，并且购买的游戏无法租借、转售；同时，尽管 Steam 提供离线模式，但玩家需要每两周登录一次以更新认证；而且，如果 Steam 关闭，玩家就无法访问、下载或玩游戏。由于这些限制有可能影响玩家的选择，因此与 Steam 合作的游戏出版商可以发布自身不带 DRM 的游戏。

(3)篡改软件和反篡改软件

电子游戏 DRM 另一个有意思的设计是在被规避或破解时篡改源软件。波希米亚交互工作室(Bohemia Interactive Studio)在发行游戏《闪点行动》(Operation Flashpoint)时曾经引入一种技术，如果一款游戏软件被怀疑是盗版就会释放一些错误代码(bugs)，从而导致机枪射击的时候瞄不准，或者玩家变成一只鸟等现象。2011 年 11 月，克罗地亚游戏厂商克罗提姆(Croteam)在发布游戏《英雄萨姆 3：BFE》(Serious Sam 3：BFE)时也实施了一种类似的 DRM。该系统不是显示错误信息从而终止盗版游戏运行，而是在游戏中出现一个无敌对手，他将持续攻击玩家直至其“死亡”。

奥地利公司 Denuvo 软件解决方案股份有限公司(Denuvo Software Solutions GmbH)提供了另一种思路。Denuvo 全称 Denuvo Anti-Tamper，前身为反盗版系统 SecuROM。其本身不是 DRM，而是旨在保护现有 DRM 不被绕过，如 Origin 的联机访问和 Steam 的许可管理制度。Denuvo 反篡改系统主要由两部分组成，游戏启动时的授权认证模块和游戏运行中的篡改检测模块。这个系统曾被认为是不可破解的，直到 2014 年 3DM 技术组宣布破解了由 Denuvo 保护的艺电开发的《龙腾世纪：审判》并发布破解演示视频。但是 3DM 的技术人员表示破解花费了 15 天。这对于 PC 游戏来说并不寻常。Denuvo 承认“每一个被保护的游戏最终都会被破解，但 Denuvo 仍是当前全球第一的游戏保护和反盗版技术平台。Ars Technica 也指出，主流游戏发布后 30 天是最重要的销售时期，在 Denuvo 保护之下，一个游戏在较长一段时间后才会被攻破，出版商即认为其是有效的。

8.3.6 基于 DRM 的商业模式

DRM 技术仍处在持续发展过程中，因此也没有基于 DRM 的一成不变的商业模式。要之，DRM 和商业模式的发展是互相促进、相辅相成的。商业模式必须以技术发展为基础，反过来技术发展也以商业模式需求为目标。纵观当前全球出版业，通过 DRM 实现的主流、常规数字出版商业模式包括会员订阅制(Membership/ Subscription)、终身拥有制(Sale/ Ownership)、租借制(Rental)、按次浏览收费制(Pay-per-View)、按单位时间浏览收费制(Pay-per-Minute)、反超级链接①(Anti-Hotlinking/ Deep Link Protection)等。下面较为详细地讲述两种与 DRM 相关的较为独特的商业模式。

(1)反 DRM 商业模式

能够防止非法文档传播的首选商业方法是让下载变得又简单又便宜。微软曾经表示，如果有人想盗版软件的话，他们希望被盗版的是自己的软件。关于这一点，加尔·厄斯特赖歇尔-辛格(Gal Oestreicher-Singer)和阿伦·桑德拉贾(Arun Sundararajan)早在 10 多年前就在理论上加以论证过②。因为盗版会扩大软件的用户数量并帮助培训用户，而且熟练的、被锁定的用户很可能转而购买正版软件以节省购后学习成本和定制成本。因此在某些情形下，盗版有可能导致积极的网络外部性(positive network externality)。之后关于电子书数字权利管理系统的调查也表明，适当放松 DRM 限制可能对数字版权所有者是有益的，因为盗版带来的损失可以与合法买家的价值增值相抵。③

2011 年，美国喜剧演员路易·C. K. (Louis C. K.)发布低价而且不带 DRM 保护系统

---

① 保证内容链接只能在内容提供商所属网站上打开，而不能在其他网站上以超链接方式被打开，从而保证网站的关注度和广告收入。

② Reavis Conner K, Rumelt R P. Software Piracy: An Analysis of Protection Strategies[J]. Management science, 1991, 37(2): 125-139.

③ 吴丹. 盗版存在背景下的信息产品最优定价策略[D]. 天津：天津大学，2019：1.

的现场演出电影(concert film①)成为热门新闻。其中，唯一阻止盗版的努力是一封给观众的信，强调电影与公司无关，其体现的是艺术家和观众的直接关系。电影获得了商业成功，在发行后12小时内即告盈利。一些人包括艺术家自己暗示最终盗版率低于通常水平。这次电影发行因此成为数字市场一个重要的研究案例。由此可见，适度放松DRM对于数字内容产品和服务的约束不失为一种基于DRM的商业模式设计思路。

另一个例子是理查德·史蒂文斯(Richard Stevens)在35岁生日时发布无DRM电子书——PDF格式的网络漫画《迪塞尔·斯威提思》(*Diesel Sweeties*)。据作者介绍，漫画在发行的第1个月下载量即超过14万次②。随后他利用苹果的最新软件专为iPad发布了无DRM的iBook版本，在3天内达到1万次下载量③。这促使史蒂文斯发起Kickstarter项目"ebook stravaganza 3000"以资助12年来创作的3000种漫画书转换为统一格式的电子书。这些电子书都采用免费发行和通过苹果iBookstore发行两种方式。项目2012年2月8日启动，初期目标是30天内募集3000美元，结果在开始后45分钟内就达成了目标。项目最终募得10倍于初始目标的金额。④ 其中无DRM的免支付选项是基于史蒂文斯对读者的判断："许多网络漫画迷阅读量很大，但是又希望花费较少"。

另一个由美国电子游戏开发公司达博费恩制作(Double Fine Production)开发的视频游戏项目《破碎时光》(*Broken Age*)与《迪塞尔·斯威提思》同一天在Kickstarter上启动，为支持者提供无DRM的游戏。结果项目远远地超过了45天募集40万美元的目标，募集金额超过300万美元。《破碎时光》是第一个在Kickstarter上发起的游戏项目，也是该众筹平台资助的最大型项目之一。在这个案例中，无DRM保护成为刺激支持者捐款的动力。而项目所获得的来自用户的支持和来自媒体的关注足以抵消盗版引致的损失。

此外，还有一些歌手通过在网上发布免费音乐来提升知名度，同时希望通过免费下载来促使用户购买新唱片。2007年，电台司令乐队(Radiohead)在网上发布专辑《彩虹里》(*In Rainbows*)。歌迷可以在网上免费或者支付任意愿意支付的金额来下载歌曲。这种做法的缺点是如果在网上发布了新专辑的部分歌曲，用户可能就不再购买专辑了。另外，还有一些在线销售商如Xiie. net等，只销售不出名艺术家的音乐。他们鼓励人们分享在网站上购买的音乐以提高艺术家的知名度。

(2)即时存取云媒体模式

---

① 注：也称音乐会电影(concert movie)，是一种纪录电影的类型，电影主题是音乐家或喜剧演员的音乐会或者现场演出的延伸。

② Kickstarter. Diesel Sweeties eBook-Stravaganza 3000 by Richard Stevens [EB/OL]. [2012-02-20]. http://www.kickstarter.com/projects/dieselsweeties/diesel-sweeties-ebook-stravaganza-3000.

③ Kickstarter. Diesel Sweeties eBook-Stravaganza 3000 by Richard Stevens [EB/OL]. [2012-02-20]. http://www.kickstarter.com/projects/dieselsweeties/diesel-sweeties-ebook-stravaganza-3000.

④ Kickstarter. Diesel Sweeties eBook-Stravaganza 3000 by Richard Stevens [EB/OL]. [2012-02-20]. http://www.kickstarter.com/projects/dieselsweeties/diesel-sweeties-ebook-stravaganza-3000.

云系统可以包含用户感兴趣的所有数字媒体；用户能够以较低月费或者年费方便、快捷地获取媒体内容。长此以往，有可能造成一种社会风气和正面的网络外部性，从而消除数字媒体的盗版现象。一些公司如瑞典的流媒体音乐服务提供商 Spotify、美国芯片制造商英特尔公司等都在尝试这种商业模式。在这种模式中，他们为用户提供媒介的存取服务而并不拥有媒介。

Spotify 广为宣传的商业模式是：用户可以选择免费收听音乐，同时接受贴片广告；或者选择不接受广告，每月支付 9.99 美元升级至 Premium 版本，同时还可以享受一系列附加服务。其特点是提供大量社会化音乐功能，如播放列表创建与分享、艺人电台、音乐推荐、Spotify 流行榜单、音乐风格电台等。用户可以通过智能汽车以及智能手机、超极本(Ultrabook)等移动平台非常方便地获取高质量正版音乐。用户在使用免费版 Spotify 的过程中，会渐渐习惯于其建立的个人化和定制的播放列表。而且这种个人化、定制的数据将会为 Spotify 提供非常详细的用户信息，从而有助于其获取更高的广告收入。此外，Spotify 还通过链接脸书(Facebook)等社交网站创造一种社会氛围并宣传自己，因而发展势头良好。

Intel Insider 是英特尔与华纳兄弟(Warner Bros)以及其他电影制片厂共同推出的，通过移动平台和电视提供高质量高清电影的服务。它使用内嵌在英特尔第二代电脑处理器芯片上的 Insider 技术，可以控制对电影的存取，阻止用户非法复制和盗版，本质上是一种硬件 DRM 技术。用户通过购买并激活内置第二代英特尔芯片的笔记本或者台式机电脑，从理论上来说可以在好莱坞电影进入院线的当天方便地看到它。英特尔还与印度宝莱坞和许多国际知名影业巨头的电影下载和传输平台如 Hungama. com、CinemaNow 等达成了合作关系。

利用云平台提供加密的数字媒体内容是对盗版的一种有力威慑手段，而且其凭借社交网络的宣传促销可以共同提升服务能力和用户体验。对于希望方便地获取媒体内容的用户而言，即时存取云媒体模式提供了一种有效途径。

总的来说，数字出版版权保护和利用需要法律和技术的有机结合，以激发创新活力，推动产业发展，以及维护社会公正。习近平总书记在多次讲话中强调，版权保护是推动文化产业发展的关键。这一思想对于数字出版版权保护和利用具有重要的指导意义。版权保护通过保障创作者的合法权益，进一步激发其创作热情，能够推动数字出版产业的创新和发展；版权保护也有助于优秀文化的传承和社会主义核心价值观的塑造；数字出版版权的保护和利用，不仅能为国家创造经济价值，也有助于推动我国优秀文化的全球传播，提升我国的文化软实力。因此，我们不仅需要不断完善相关法律法规，还需要积极探索和应用新的技术手段，以应对数字出版环境下的版权保护挑战，实现版权保护和利用的最大效用。

本章关键术语

数字版权	数字权利管理	知识共享许可协议
信息网络传播行为	临时复制	合理使用

邻接权	转换性使用	三步检验法
数字水印	媒体指纹	系留模式
权利仓储	客户端	DRM 控制器

简答题

1. 简述数字版权的特征。
2. 简述知识共享许可协议的形式。
3. 简述合理使用的要素。
4. 简要介绍数字水印和媒体指纹及两者之间的差异。
5. 简述授权服务器及其构成。

思考题

1. 随着区块链技术的发展和推广，你认为这一技术对数字版权保护和利用有什么作用？

2. 随着流媒体服务平台的兴起，部分曾经停用 DRM 的数字内容提供商又重新启用 DRM，你认为原因是什么？

《全面加强知识产权保护工作 激发创新活力推动构建新发展格局》

《发展数字经济，抢占未来发展制高点》

《审时度势精心谋划超前布局力争主动 实施国家大数据战略加快建设数字中国》

《习近平致首届文化强国建设高峰论坛的贺信》

《以创新的精神加强网络文化建设和管理》

第 9 章　数字出版标准

《标准化工作指南第 1 部分：标准化和相关活动的通用术语》（GB/T 20000.1-2014）

Application Service Definition and Protocol SpecificationISO 23950—1998 国际标准

Digital Object Identifier System（DOI）ISO 26324—2012 国际标准

GB/T 14814—1993 信息处理 文本和办公系统 标准通用置标语言（SGML）

GB/T 18793-2002 信息技术 可扩展置标语言（XML）1.0

数字出版标准化有助于提升数字出版产业的总体水平，它不仅是促进数字出版产业快速发展和竞争力提高的重要手段，而且是数字出版产业成熟的重要标志。关于标准的概念，《标准化工作指南第 1 部分：标准化和相关活动的通用词汇》（GB/T 20000.1-2014）将之定义为："通过标准化活动，按照规定的程序经协商一致指定，为各种活动或其结果提供规则、指南或特性，供共同使用和重复使用的文件"①。国际标准化组织（International Organization for Standardization，ISO）标准化原理委员会一直致力于标准化概念的研究，通过"指南"的形式给"标准"下定义，认为标准是由一个公认的机构制定和批准的文件。它对活动或活动的结果规定了规则、导则或特殊值，供共同和反复使用，以实现在预定领域内最佳秩序的效果。②上述定义指明标准制定的目的是实现特定领域的最佳秩序，它是可以共同和重复使用的规范性文件，需要由公认机构批准。

由此，数字出版标准可以界定成为达成数字出版领域的最佳秩序，经协商一致制定，并由公认机构批准执行的可重复使用的规范性文件。按照作用范围或审批权限，数字出版标准可分为国际标准、区域标准、国家标准、行业标准、地方标准和企业标准几种类型。

数字出版标准相对于传统的纸质出版有着自己鲜明的特点③。第一，更复杂。数字出版标准有很强的技术性，如内容格式标准是用来规范格式开发的，测试标准有明确技术指标，需要开发专门的测试工具。第二，更灵活。数字出版标准可能要涵盖质量规则、格式规则等

---

① 标准化工作指南　第 1 部分：标准化和相关活动的通用术语（GB/T 20000.1-2014）[S].

② ISO/IEC Guide 2：2004 Standardization and Related Activities—General Vocabulary[S/OL].［2021-09-08］. https://www.iso.org/standard/39976.html.

③ 华夏. 数字出版标准建设发展研究[D]. 北京：北京印刷学院，2014：5.

诸多方面，因此会更宏观、更灵活。第三，频繁修订。数字出版技术发展很快，数字出版标准体系及数据类标准等都需要动态维护；数字出版技术更新换代快、产品生命周期短，所以要求标准化要适当超前，对产业的发展起导向作用，更频繁地修订才能真正发挥促进产业发展的作用。

本章对数字内容描述标准、数字内容组织标准、数字内容发布标准进行探讨，并挑选其中部分有代表性的标准进行介绍。

GB/T 21365—2008 信息技术 学习、教育和培训 学习对象元数据

GB/Z 18906—2002 开放式电子图书出版物结构

9.1 数字内容描述标准

9.1.1 内容描述标准分析

Hyper Text Markup Language(HTML) ISO/IEC 15445—2000 国际标准

数字内容描述是数字出版的基础，因为它关系到把正确的内容信息传递给用户以及把正确的内容推送给用户①。这和数字内容的标记、标识等描述标准及描述的准确性有关。目前，关于数字内容描述的标准主要包括数字内容标记、标识和元数据类相关标准(见表9-1)。在数字内容标记方面，标准通用置标语言(Standard Generalized Markup Language, SGML)、超文本置标语言(Hyper Text Markup Language, HTML)、可扩展置标语言(eXtensible Markup Language, XML)等技术标准被广泛采用。在数字内容标识方面，则有数字对象标识(Digital Object identifier, DOI)、连续出版物及其单篇文献标识(Serial Item and Contribution Identifier, SICI)等主要标准。在元数据方面，学习对象元数据(Learning Object Metadata, LOM)、都柏林核心元数据集(The Dublin Core Metadata Element Set, DC)等技术标准。以下将择要进行分析介绍。

IEEE Standard for Local and metropolitan area networks-Link Aggregation; Amendment 1: Protocol AddressingIEEE 802.1 AXbk-2012 美国国家标准

ISO/IEC Guide 2: 2004 Standardization and Related Activities—General Vocabulary

MP4 File Format ISO/IEC 14496-14-2003 国际标准

表 9-1 数字内容描述类标准

序号	标准名称	标准号	标准级别
1	Standard Generalized Markup Language(SGML)	ISO 8879-1986	国际标准
2	标准通用置标语言(SGML)	GB/T 14814-1993	国家标准

ONIX for Books 行业标准

① 薛学彦. 标记语言和数字出版的内容加工[EB/OL]. [2019-07-15]. http://www.bookdao.com/article/40156/? type=103.

Open document Format for Office Application (OpenDocument) v1.0 ISO/IEC 26300-2006 国际标准

Physical layer interoperability requirement ISO 9160-1988 国际标准

Portable document format-Part 1:PDF 1.7 ISO 32000-1-2008 国际标准

Procedure for the registration of identifiers and attributes for volume and file structure ISO/IEC 13800-1996 国际标准

Serial Item and Contribution Identifier (SICI) ANSI/NISO Z39. 56-199(R2002)

Standard Generalized Markup Language(SGML) ISO 8879-1986

续表

序号	标准名称	标准号	标准级别
3	标准通用置标语言(SGML)系统的符合性测试	GB/T 26234-2010	国家标准
4	SGML 文件交换格式(SDIF)	GB/T 15536-1995	国家标准
5	可扩展置标语言(XML)	GB/T 18793-2002	国家标准
6	XML Meta Interchange (XMI)	ISO/IEC 19503-2005	国际标准
7	XML 元数据交换(XMI)	GB/T 28167-2011	国家标准
8	CNMARC 的 XML 表示	GB/T 34832-2017	国家标准
9	Hyper Text Markup Language(HTML)	ISO/IEC 15445-2000	国际标准
10	超文本置标语言(HTML)	GB/T 18792-2002	国家标准
11	Digital Object Identifier System(DOI)	ISO 26324-2012	国际标准
12	国际标准关联标识符(International Standard Link Identifier, ISLI)	ISO 17316	国际标准
13	Syntax for the Digital Objects Identifier	ANSI/NISO Z39. 84-2010	美国国家标准
14	Standard for Learning Object Metadata	ANSL/IEEE 1484. 12. 3-2002	美国国家标准
15	学习对象元数据	GB/T 21365-2008	国家标准
16	信息资源核心元数据	GB/T 26816-2011	国家标准
17	产品标签内容核心元数据	GB/T 37282-2019	国家标准
18	图书版权资产核心元数据	GB/T 35427-2017	国家标准
19	The Dublin Core Metadata Element Set	ISO 15836-2009	国际标准
20	都柏林核心元数据元素集	GB/T 25100-2010	国家标准
21	Procedure for the registration of identifiers and attributes for volume and file structure	ISO/IEC 13800-1996	国际标准
22	Serial Item and Contribution Identifier, SICI	ANSI/NISO Z39. 56-199 (R2002)	美国国家标准
23	文后参考文献及源标识符	GB/T 23289-2009	国家标准
24	ONIX for Books①		行业标准
25	中国出版物在线信息交换(CNONIX)	GB/T 30330-2013	国家标准

① ONIX for Books 是事实上的国际标准，是广泛用于图书、连续出版物以及各种电子出版物信息的基础标准和贸易标准。

9.1.2 ONIX for Books 标准

作为一种描述、传递和交换印刷图书以及电子书元数据的国际标准，ONIX for Books 主要以电子形式来获取和传递信息，以有效支持出版业业务运作尤其是书业电子商务的开展。它是一种公开的商业数据格式，可在全球范围内使用，不受限于任何一种语言或特定国家图书贸易。

9.1.2.1 发展历程

随着互联网的发展，传统的 MARC 格式越来越不能满足图书及其交易信息传递的需求，在线信息交换标准(Online Information eXchange，ONIX)应运而生。1999 年 7 月，美国出版商协会(Association of American Publishers，AAP)召开会议，与 60 多家出版商和网络书店共同探讨如何在网络时代提供出版产品信息，并于 2000 年 1 月公布了 ONIX for Books 标准第一版。国际 ONIX 组织每隔一段时间就会对代码表进行一次更新，ONIX for Book 本身也会不定期升级版本，在公布第一版标准之后，陆续发布了 1.1、1.2 和 1.2.1 版本。2.0 版本于 2001 年 7 月发布，8 月进行了修订；2004 年发布 2.1 版；2009 年 4 月发布了 3.0 版，2012 年 1 月发布了修订版 3.0.1，添加了特别适用于东亚地区图书贸易的功能；第 2 次小修订版 3.0.2 于 2014 年 1 月发布，第 3 次发布于 2016 年 4 月；2019 年 4 月发布了 3.0.6 版。到目前为止，ONIX for Book 已升级到 3.0.8 版本，代码表更新至第 54 期。[①] 每个版本都建立在早期实现版本的经验之上。

ONIX 标准是在一个国际指导委员会的指导下，由欧洲电子数据交换组织组织 EDItEUR[②](European EDI Group)的 ONIX 支持小组和 ONIX 国家团体(ONIX national groups)协商维护。目前，ONIX 国家团体包括法国、中国、德国、荷兰、意大利、西班牙、俄罗斯、韩国、日本、美国等近 20 个国家。ONIX 是基于 EDItEUR 产品信息系统(EDItEUR Product Information System，EPICS)发展而来的，后者是一个应用范围广泛的产品信息交换标准，遵守电子商务系统数据交换标准(Interoperability of Data in E-Commerce System，INDECS)。INDECS 作为电子商务数据解释的基础框架被广泛应用。

根据不同的出版物形式，ONIX 还提出了《连续出版物在线信息交换标准》(ONIX For Serials)、《出版物许可条件在线交换标准》(ONIX For Licensing Terms)、《出版物数字对象标识注册格式在线信息交换标准》(ONIX For DOI Registration Formats)等出版物信息交换标

The Dublin Core Metadata Element SetISO 15836-2009 国际标准

XML Meta Interchange (XMI) ISO/IEC 19503-2005 国际标准

XML 元数据交换 (XMI) GB/T 28167-2011 国家标准

YD/T 2128-2010 手机阅读业务内容格式技术要求

国际标准关联标识符 (International Standard Link Identifier，ISLI) ISO 17316 国际标准

图书版权资产核心元数据 GB/T 35427-2017 国家标准

---

① EDItEUR. ONIX[EB/OL]. [2021-09-08]. https://www.editeur.org/14/Code-Lists/.

② EDI 为 Electronic Data Interchange(电子数据交换)的缩写。

准。其中由 EDItEUR 及 NISO 在 2001 年 9 月合作开发的《连续出版物在线信息交换标准》是电子资源管理系统（Electronic Resource Management Systems，ERMS）使用的标准之一，以 XML 格式交换连续出版物的产品信息和订购信息。它使用《图书在线信息交换标准》的设计原则及要素，主要应用于以下 3 种系统：连续出版物产品及订购（Serials Products and Subscriptions，SPS）、连续出版物在线馆藏（Serials Online Holdings，SOH）、连续出版物发行通告（Serials Release Notification，SRN）。

9.1.2.2　标准结构

作为基于 XML 的标准，ONIX for Books 的每个版本都包含指定标准 ONIX 数据文件或“消息”的数据内容的文档，以及可用于验证 ONIX 文件的关联 XML 模式。最初，这些模式采用基本 DTD（Document Type Definition，文档类型定义）的形式，但 2006 年开始，变更为使用更复杂的 XSD（XML Schema Definition，XML 模式定义）工具，充分确保 ONIX 信息满足标准要求并与其他标准实现广泛的互操作性。ONIX for Books 标准定义两方面内容：关于图书的元数据元素和封装传递这些元素的 ONIX 信息。ONIX 描述的内容既包括书目细节，也包括出版物产品的促销、广告和价格信息等，详尽而齐全。ONIX 信息文档是 ONIX 实现信息交换和传递的基本机制，由文档起始部分、信息头、信息主体及信息尾 4 部分组成。

文档起始部分。文档起始部分用 XML 格式语言描述，表明文档的使用语言、格式与内容等。文档起始部分格式如图 9-1 所示。为验证一条信息是否满足架构的要求，可在代码间增加附加代码以详细描述验证信息，描述内容取决于验证的架构格式和工具。如果信息中使用字符集，则应使用 XML 声明的格式。

Example	*using Reference names*	
	<?xml version="1.0"?>	
	<ONIXMessage release="3.0">	Upper case ‘M’
	using Short tags	
	<?xml version="1.0"?>	
	<ONIXmessage release="3.0">	Lower case ‘m’

图 9-1　文档起始部分结构

信息头。信息头由多个数据元素组成，用于描述图书产品信息交换层面的相关消息，包括发送者（Sender）、接受者（Addressee）、信息传递基本资料和预设值 4 类。前两者著录发送者和接受者的基本资料，如公司名称、联络电话等。信息传递基本资料包括信息序号、信息创建日期、时间以及附注等。预设值标识假如以后的产品信息没有特别著录时以预设值为准，包括文本语种、价格、货币、长度单位、重量单位、贸易等级等。其中，发送方和信息创建时间是强制性条目，在信息头中必须加以描述。

信息主体。信息主体部分包括一个或多个产品的主系列与(或)子系列记录。信息主体理论上没有数量限制，但至少要有一个。对应用者而言，主系列与子系列记录并非必要，可以包含在产品记录中。产品记录是 ONIX 产品信息中的基础单元，每一个产品记录都有一组 XML 标签表示，描述可以个别买卖的项目。产品记录的起始为<product>标签，结尾为</product>，所有相关资料都包含在这 2 个栏位之间。主系列记录允许著录出版社的详细信息，利用识别号连接到各子项，共有 7 个群组。子系列记录允许著录一个多重层级系列/子系列或合集结构的中间层级信息，利用识别号连接到各子项或其父层，共有 8 个群组。

信息尾。信息尾表明信息文档描述结束，其格式如图 9-2 所示。

Example	*using Reference names*	
	</ONIXMessage>	Upper case 'M'
	using Short tags	
	</ONIXmessage>	Lower case 'm'

图 9-2　信息尾结构

一个完整的 ONIX 信息文档结构如下所示

```
using Reference names
<? xml version = "1.0"? >                                  Start of message
                                                           (文档起始部分)
<ONIXMessage release = "3.0">
<Header>                                                   Header(信息头)
    <! -- message header data elements -->
</Header>
<Product>                                                  Body(信息主体)
     <! -- record reference for product 1 -->
     <! -- product identifiers for product 1 -->
     <! -- block 1 product description -->
     <! -- block 2 marketing collateral detail -->
     <! -- block 3 content detail -->
     <! -- block 4 publishing detail -->
     <! -- block 5 related material -->
     <! -- block 6 product supply -->
</Product>
```

```
<Product>
    <! -- record reference for product 2 -->
    <! -- product identifiers for product 2 -->
    <! -- data blocks for product 2 -->
</Product>
<! -- further product records… --
<Product>
    <! -- record reference for product n -->
    <! -- product identifiers for product n -->
    <! -- data blocks for product n -->
</Product>
</ONIXMessage>                                        End of message(信息尾)
using Short tags
<? xml version="1.0"? >                               Start of message
                                                      (文档起始部分)
<ONIXmessage release="3.0">
<header>                                              Header(信息头)
    <! -- message header data elements -->
</header>
<product>                                             Body(信息主体)
    <! -- record reference for product 1 -->
    <! -- product identifiers for product 1 -->
    <! -- block 1 product description -->
    <! -- block 2 marketing collateral detail -->
    <! -- block 3 content detail -->
    <! -- block 4 publishing detail -->
    <! -- block 5 related material -->
    <! -- block 6 product supply -->
</product>
<product>
    <! -- record reference for product 2 -->
    <! -- product identifiers for product 2 -->
    <! -- data blocks for product 2 -->
</product>
<! -- further product records… -->
```

```
<product>
      <! -- record reference for product n -->
      <! -- product identifiers for product n -->
      <! -- data blocks for product n -->
</product>
</ONIXmessage>                                End of message(信息尾)
```

9.1.2.3 标准应用

目前，ONIX 3.0 提供了3个模式定义选项。EDitEUR 强烈建议使用 XSD 或 RNG 模式语言验证 ONIX 消息，但同时也允许使用传统的 DTD 选项——虽然维护机构不推荐。3个选项都可描述 ONIX 数据元素的引用名称和短标签。自推出以来，ONIX 因其适应了书业国际贸易和电子商务发展的需要，在世界出版业发达国家和部分发展中国家得到广泛响应和应用，已在法国、德国、意大利、西班牙、荷兰、挪威、俄罗斯、加拿大、澳大利亚、韩国等全球25个国家/地区拥有超过115个会员①。ONIX 已成为国际书业供应链管理的重要内容和手段之一②。目前，ONIX for Books 的使用者包括网络书店、图书批发商、图书零售商、数据集成商、出版社、文摘服务机构、书目供应中心、软件供应商、数字服务公司、系统集成商与图书馆等。在网络书店方面，亚马逊等众多企业均使用 ONIX 标准，以便于图书产品信息交换与使用。

在书目应用方面，联机图书馆中心(Online Computer Library Center, OCLC)于2001年9月开发了能将 ONIX 记录转换成 MARC 记录的软件，以方便与 WorldCat 书目记录对比使用。国际 DOI 基金会(International DOI Foundation, IDF)也参与了 ONIX 的制定：一是定义了 DOI 电子书的核心解释信息；二是对于图书贸易产品信息，扩增 EPICS 资料库与 ONIX 国际标准，以利于电子书的 ONIX 处理。2003年1月，NISO 与 EDUItEUR 讨论了 ONIX for Books 的发展情况，希望深入探讨其应用前景等问题，并协助图书馆建立新的服务模式。大英图书馆和美国国会图书馆也参与了 ONIX 和 MARC 的应用研究。英国的研究重点在于如何采用 ONIX 作为图书馆的沟通工具，美国则研究如何将 ONIX 用作传递在版书目数据(Cataloguing In Publication, CIP)的标准格式。

此后，多数会员国家成立了图书 ONIX 标准国家工作组负责标准的本土化转换和推广工作。美国 ONIX 标准制定较早且发展较为成熟，成为许多国家学习和借鉴的典范，如韩国、澳大利亚、加拿大等国家都依托重大工程项目将其 ONIX 本土化。2010年7月14日，《中国出版物在线信息交换(CNONIX)图书产品信息格式》(以下简称“CNONIX”)国家标准

① EDItEUR. Members List [EB/OL]. [2021-09-08]. https://www.editeur.org/5/Members-List/All/.

② 程丽红. ONIX：我国书业发行信息标准的钥匙[N]. 中国图书商报，2007.

制定工作启动会在北京举行。CNONIX 标准工作组的组建是在新闻出版总署科技与数字出版司的指导下，按产研用相结合的原则，以发行标准委员会委员单位为主，由出版物供应链各参与方的代表组成，包括出版社、书店、图书馆、专业信息技术公司和研究机构等。2013 年 12 月 31 日，国家标准化管理委员会正式批准颁布 CNONIX 标准，并确定于 2014 年 7 月 1 日正式实施。我国的 CNONIX for Books 基于 ONIX 标准的 XML 模式与 ONIX 标准在数据元素的设置、代码表架构等方面基本一致，并保留了 ONIX 的数据组、数据元素和代码表编号。它采用中国标准规定的语言表达要求和格式规定，对 ONIX 标准中不适用中国国情的数据元素和不推荐使用的元素等进行了编辑性修改，规定了整个图书出版、发行过程中需要用到的所有数据元素，并将其分为复合元素和元素两类。与此同时，由浙江省新华书店集团图书信息技术有限公司负责的新华书店系统项目“中国新华书店出版物在线信息交换平台”立项，该项目被自定义为中国新华书店 ONIX 标准，成为 ONIX 标准在中国应用实践研究的先例。目前，CNONIX 标准成为我国书业电子商务标准体系和出版物物流标准体系建设的基础核心内容，在我国出版物发行标准体系建设中占有重要位置。2021 年 7 月，由北方工业大学牵头，上海新华传媒连锁有限公司、中国出版传媒商报社有限公司、北京中启智源数字信息技术有限责任公司共建的国家新闻出版署出版业科技与标准重点实验室“CNONIX 国家标准应用与推广实验室”揭牌暨“CNONIX 国家标准应用与推广联盟”授牌仪式在京召开；并于同日成立了 CNONIX 国家标准应用与推广联盟，以充分发挥各成员单位在研发、技术、宣推、应用等方面的优势，为从根本上解决产业上下游信息梗阻，构建现代出版发行产业体系与市场体系，实现“十四五”期间 CNONIX 应用行业全覆盖发挥积极作用。

9.1.3　学习对象元数据

在具备基本的教育信息基础设施条件后，各大发达国家率先制定各项国家战略规划，积极推动信息技术在教育领域的应用。例如美国为了提高教师和学生的信息传播技术的应用能力，制定并发布了第一项教育技术规划《让美国学生做好迎接 21 世纪的准备：迎接技术素养的挑战》①，英国发布了《利用技术：改变学习及儿童服务》的信息化战略，日本政府部署了“IT 改革新战略”来培养下一代学生所需的信息技术能力。但在学校等教育机构对教育管理信息系统进行常态大规模应用的同时，各类弊端和问题也逐渐凸显，例如数字教育资源的异构性和无序性使其无法共享、系统不能实现互操作和服务质量低下等。由于学习对象(learning objects)急剧增加，对数字学习资源的管理、查找和共享需要通过元数据来实现，因此早期各大标准组织都集中在制定元数据规范来解决资源和数据无法共享、系统不能互通这些问题上。

---

① Getting America's students ready for the 21st century：meeting the technology literacy challenge. A report to the nation on technology and education[R]. Washington DC：Department of Education，1996.

其中，美国电气电子工程师学会(Institute of Electrical and Electronics Engineers，IEEE)的学习技术标准委员会(Learning Technology Standards Committee，LTSC)提出的学习对象元数据标准(Learning Object Metadata，LOM)是描述学习对象元数据的语法(syntax)与语义(semantics)的标准。2002年，美国国家标准协会接受IEEE的申请批准其为国家标准，标准号为ANSL/IEEE 1484.12.3-2002。学习对象一般指基于单个学习目标的内容、实践项目和评估项目的集合①，可以是用来学习、教育或训练的数字化或非数字化实体，也可以是用来引导支持学习的相关技术。作为被公开认证、应用最广泛的学习对象元数据标准，LOM描述与管理学习资源，为描述学习对象属性述提供了一个语义模型，以达到相关教育活动中对学习资源的检索、评鉴与交换目的。LOM支持各系统之间信息的交换，并且可以重复使用和引用相关资源。② 该标准在教育管理信息系统对学习对象的管理、浏览和共享等方面起着重要作用，对数字教育出版具有十分重要的意义。

9.1.3.1 LOM的结构

LOM标准的基本元素包括9个类目。对于每一个数据元素，在LOM基本框架中都作出了格式说明(见表9-2)。一些数据元素包含子元素，包含子元素的数据元素本身不能直接有值，而只能通过子元素间接地有值；只有没有子元素的数据元素才能直接有值。有子元素的数据元素在某些元数据实例中，元素值不是一个单一的值，而是一个列表。如果一个有子元素的数据元素具有列表值，那么列表中的每一项都应该是一个多元组，其中组的维数就是子元素的数目。

表9-2 LOM数据元素定义

条 目	说 明
名称	数据元素的名称
解释	对数据元素的定义
属性	对数据元素义务属性的描述，包括必需数据元素，可选数据元素等等
大小	数据元素所允许的取值个数
顺序	值的排列顺序是否有意义(只适用于可取多个值的数据元素)
取值范围	数据元素所能取的值的集合(一般以词汇表或引用另一个标准的形式出现)
数据类型	不同的值的集合
例子	用于解释说明的例子

① Wikipedia. Learn Object[EB/OL]. [2021-09-12]. https://sites.google.com/site/elearningsnippets/a-wiki-page/learning-objects.

② Edutechwiki. Learning Object Metadata[EB/OL]. [2021-09-10]. http://edutechwiki.unige.ch/en/Learning_Object_Metadata_Standard.

LOM 的数据模块是一种层级性数据元素，包含集合数据元素(父节点)和简单数据元素(子节点)，只有子节点具有个别的数据值。一级类目有9个，分别为通用(General)、生命周期(Life cycle)、元—元数据(Meta-metadata)、技术(Technical)、教育(Educational)、权利(Right)、关系(Relation)、注释(Annotation)、分类(Classification)。其中，通用类数据元素用于描述学习对象的通用信息；生命周期类数据元素用于描述与学习对象的历史和现行状态有关的属性，以及对学习对象的发展起作用的个人和组织；元—元数据类数据元素用于记录元数据本身的一些信息；技术类数据元素用于描述学习对象的技术要求和相关特征；教育类数据元素用于描述学习对象的教育与教学特征；权利类数据元素用于描述学习对象的知识产权信息和使用条件信息；关系类数据元素用于描述学习对象与其他学习对象的关系信息；注释类数据元素提供学习对象在教育用途方面的注释，并提供关于这些注释的作者和创作时间的相关信息；分类类数据元素用于描述学习对象在特定分类系统中的位置。

9.1.3.2　LOM 的特点

作为描述学习对象的元数据标准，LOM 具有以下特点。

第一，LOM 的覆盖面广。LOM 是在总结当前学习资源元数据规范的基础上产生的。它吸收了其他元数据的优点，描述学习资源的属性较为全面，能够与其他元数据相互映射。如 DC 中的元数据可以直接映射到 LOM 元数据中。

第二，LOM 的通用性强。LOM 没有针对任何一种学习资源给出该资源的特有属性，它规定的是学习对象的一些通用属性。也就是说，LOM 规范给出的是一个最小集，具有较强的通用性。

第三，LOM 实行语义模型与绑定分离政策。LOM 规定的语义模型具有较高的语义互操作性。而在绑定处理上，LOM 利用编码绑定、API 绑定和协议绑定方式将学习对象绑定，绑定之间容易转换。

第四，LOM 具有可扩展性。作为学习对象通用属性的最小集，LOM 在进行元数据描述时必然会遇到属性不足问题。因此，LOM 对可扩展性进行了有效的支持。目前，LOM 支持对词汇表、数据元素和元数据的扩展。

第五，LOM 支持多语言。LOM 的多语言特点表现在3个方面：其一，学习对象可以使用多种语言；其二，元数据可以使用多种语言；其三，学习者可以使用多种语言。

9.1.3.3　LOM 的应用

LOM 主要为学习对象管理、定位和评估所需的对象属性提供支持，并且可以描述学习对象的属性，如教学或互动模式、年级、知识程度以及学习条件等，以便于相应信息系统的应用发展。新加坡的 SingCore、加拿大的 CanCore、美国的 SCORM 以及我国的 CELTS

等众多教育项目均采用LOM标准来开发数字学习系统中学习对象描述的架构与规范。由ADL(Advanced Distribution Learning Initiative，高级分布式学习)先导计划整合包括LOM在内的多个学习标准制定而成的共享元件参照模式(Sharable Content Object Reference Model，SCORM)，为数字教材的制作、内容开发提供了一套通用规范，旨在让符合SCROM标准的电子学习平台和电子课件方便地进行数据传输①。一开始，ADL并没有开发新规范，而是构建了一个框架。该框架要求e-Learning学习内容粒度化成学习对象，以达到数字化学习资源可重用、可存取、可持久使用的目标。为实现这一目标，ADL同其他标准化组织合作，整合了美国IMS公司(Instructional Management Systems)的IMS元数据规范、IMS内容封装规范等，构成了SCORM早期规范的内容②。2000年11月启动的CanCore计划以学习对象可重用为目标，创建跨越整个加拿大的国家互联共享学习对象知识库以实现学习资源的共建共享。我国的《CELTS-3学习对象元数据规范》主要参照LOM，通过定义一个统一的结构对学习对象进行描述，以增强学习对象描述的互操作性。我国的《教育资源建设技术规范》CELTS-41.1规范也是在IEEE LOM标准在教育资源领域的扩展和本土化。2013年，国家标准《信息技术学习、教育和培训电子课本信息模型》正式立项，“电子课本元数据”是其重要组成部分。“电子课本元数据”基于电子课本的层次结构和构成关系，同时考虑教育技术、出版领域的相关元数据标准，形成了包括电子课本整体元数据、资源元数据、控件元数据和页元数据在内的元数据体系，以及相应的扩展机制。目前，电子课本整体元数据包括版本、名称、标识符、贡献者等23个数据元素，参照LOM标准确定了相关元素。③ 2020年，IEEE标准协会还针对LOM数据模型的XML模式定义进行相关规范，致力于在XML中实现LOM实例的创建。④

在数字教育出版实践方面，由于LOM是基于学习对象的元数据标准，因此被出版机构广泛应用于数字教育产品的开发设计和出版管理之中。LOM在一些描述客观属性的数据元素的描述上向具体的教育情境进行了倾斜，并加入了教育、注释等专门面向教育出版的元素类别。此外，随着出版融合发展逐渐朝纵深方向发展，出版机构对内容资源进行统一管理和分发成为迫切需求。在课程设置、教材出版、数字教育资源管理、远程教育等领域，出版界进行了广泛的尝试和实践，以提高数字教育出版的服务水平和质量。如高等教育出版社在进行立体化教材开发时就参照和利用LOM标准从事教材开发、学习资源标注和管理等工作。

---

① 吴砥，刘清堂，杨宗凯．网络教育标准与技术[M]．北京：清华大学出版社，2011：78.

② 申军霞，李玉顺．教育数据互操作规范研究与实践[J]．中国电化教育，2011(5)：116-124.

③ 钟岑岑．中小学数字教材元数据相关标准比较研究[J]．出版参考，2017(11)：42-44.

④ IEEE Standard for Learning Technology--Extensible Markup Language (XML) Schema Definition Language Binding for Learning Object Metadata[EB/OL]．[2021-09-21]．https://standards.ieee.org/standard/1484_12_3-2020.html.

9.2　数字内容组织标准

9.2.1　内容组织标准分析

数字内容组织是指利用链接、导航、索引、互操作、数据交换等技术或标准将独立分散的数字内容组织起来以满足用户的个性化需要。目前，与数字内容组织相关的主要标准包括统一资源定位器(Open Uniform Resource Locators，OpenURL)、信息检索应用服务定义与协议规范(Information Retrieval Application Service Definition and Protocol Specification)、多媒体信息检索等(见表9-3)。本节将选择其中部分标准做简要介绍。

表9-3　与数字内容组织相关的标准

序号	标准名称	标准号	标准级别
1	Physical layer interoperability requirement	ISO 9160-1988	国际标准
2	Web Services Interoprability：WS-I Basic Profile Version 1.1	ISO/IEC 29361-2008	国际标准
3	WS-I Simple SOAP Binding Profile Version 1.0	ISO/IEC 29363-2008	国际标准
4	Interopration if PINs with IP networks	ISO/IEC TR 21890-2001	国际标准
5	Metamodel Framework for Interoperability(MFI)	ISO/IEC 19763-1-2007	国际标准
6	Application Service Definition and Protocol Specification	ISO 23950-1998	国际标准
7	SGML Document Interchange Format(SDIF)	ISO 9069-1988	国际标准
8	Systems to manage terminology，knowledge and content - Concept-related aspects for developing and internationalizing classification systems	ISO 22274-2013	国际标准
9	Mobile Application Part：Voice Feature Scenarios - Voice Message Retrieval	ANSI/TIA-41.334-E-2012	国际标准
10	物理层互操作性要求	GB/T 15278-1994	国家标准
11	Information technology - Web Services Interoperability - WS-I Basic Profile Version 1.1	JIS X7361-2010	日本国家标准
12	Information Retrieval Application Service Definition and Protocol Specification	ANSI/NISO Z39.50-2003	美国国家标准
13	OpenURL Framework for Context-Sensitive Service	ANSI/NISO Z39.88-2004	美国国家标准

续表

序号	标准名称	标准号	标准级别
14	Local and metropolitan area networks - Link aggregation	ANSL/IEEE 802.1AX-2008	美国国家标准
15	Improving OpenURLs Through Analytics (IOTA): Recommendations for Link Resolver Providers	NISO RP-21-2013	美国国家信息标准协会推荐实施规范
17	IEEE Standard for Local and metropolitan area networks-Link Aggregation; Amendment 1: Protocol Addressing	IEEE 802.1AXbk-2012	美国国家标准
18	Requirements for the Implementation and Interoperability of Role Based Access Control	ANSI INCITS 459-2011	美国国家标准
19	Protocol for Exchanging Serial Content (PESC)	NISO RP-23-2015	美国国家信息标准协会推荐实施规范
20	Presentation and Identification of E-Journals (PIE-J)	NISO RP-16-2013	美国国家信息标准协会推荐实施规范
21	Knowledge Bases and Related Tools (KBART) Recommended Practice	NISO RP-9-2014	美国国家信息标准协会推荐实施规范
22	信息检索(Z39.50)应用服务定义和协议规范	GB/T 27702-2011	国家标准
23	多媒体信息检索	YDT 1151-2001	行业标准

9.2.2 统一资源定位器 OpenURL①

统一资源定位器(Open Uniform Resource Locators, OpenURL)最初由洛斯·阿拉莫斯国家实验室(Los Alamos National Laboratory, LANL)的范-德·索佩尔(Van de Sompel)和艾利贝斯公司(Ex Libris)的欧仁·贝特-阿瑞亚(Oren Beit-Arie)等人在1999年提出。其目的在于建立基于万维网的学术信息上下文相关的开放式链接框架。从2000年开始，索佩尔等人致力于将OpenURL标准化，并将详细的规范递交美国国家信息标准组织(The National Information Standards Organization, NISO)。2001年，NISO成立OpenURL标准委员会并着

① 本部分内容根据《数字科学信息交流研究》6.3.2改写完成。参见：徐丽芳. 数字科学信息交流研究[M]. 武汉：武汉大学出版社，2008(7)：376-384.

手制定关于 OpenURL 的国家标准。2003 年，NISO 发布 OpenURL 1.0 版本进行公众评议，并在 1 个月评议期后进行了试用。由于 OpenURL 在学术信息资源整合中的成功应用，2005 年 4 月，OpenURL 的修订版本(1.0 版)成为 ANSI/NISO 标准 Z39.88-2004，正式核准为美国国家标准；索佩尔等人开发的版本被指定为 0.1 版。新版标准提供了描述新格式以及定义各种格式的 XML 版本的框架。2006 年 6 月，在线计算机图书馆中心(The Online Computer Library Center，OCLC)被指定为该标准的维护机构。之后，2006 年，相关研究报告发现了一些影响 OpenURL 链接效率的问题，并提议成立一个小组来研发最佳实践解决方案。知识库和相关工具(Knowledge Bases And Related Tools，KBART)工作组因此成立。此外，NISO 的 IOTA(Improving OpenURLs Through Analytics，通过分析改进 OpenURL)项目不断致力于 OpenURL 标准和报告工作。2013 年，该项目推出了关于 OpenURL 标准的相关研究总结，指出了数据分析在改善 OpenURL 链接效率方面的好处。

OpenURL 是信息资源与查询服务之间的通信协议标准，提供在信息服务者之间传递元数据的格式，目的是将文献资源的提供者与链接服务的提供者相分离，实现同时对不同机构的多个数据库或信息资源进行统一检索。OpenURL 是一个开放、动态、上下文相关的链接框架，由上下文对象规范(Context Object Specification)、OpenURL 注册(OpenURL Registry)以及管理 OpenURL 注册使用的规则组成。其中上下文对象是一个信息结构，包括：对链接目标资源的描述；对构成该资源的网络上下文环境相关资源的描述。OpenURL 注册则包括：用于创建标准上下文对象的结构化信息；用于在网络上传输上下文对象的标准化方法；社区文件(Community Profiles)，不同机构可以定义各自的上下文对象描述方式和传输方法。就用途而言，OpenURL 类似于一种永久链接，因为无论资源对接到哪个网站，都可以永久对接到资源。数据库中的书目引文或书目记录通常是 OpenURL 的生成来源，包括 Web of Science 数据库、美国化学文摘服务社(Chemical Abstracts Service，CAS)、美国现代语言协会(Modern Language Association)和谷歌学术(Google Scholar)等数据库。

9.2.2.1　OpenURL 运行方式

与封闭式链接中链接源直接产生一个指向链接目标的 URL 不同，在 OpenURL 方式中，通过一个挂接点(hook)将用户的 Http 请求转变为 OpenURL 链接。OpenURL 允许信息提供者传送特定对象的元数据(如期刊 ISSN 号、标题、作者、期卷、刊号、页码等)和标识符到某个机构的网络服务组件上。服务组件负责提供链接服务，通常是一个本地链接服务器(Link Server)，如 SFX 链接服务器。链接服务器定义了用户的上下文环境，接收用户请求后解析元数据，然后在知识库中对比、匹配该文章可能的复本，最后动态地计算出最合适的链接目标。图 9-3 和图 9-4 是传统的封闭式链接方式与 OpenURL 链接方式的模型。

图 9-3　传统的封闭式链接方式

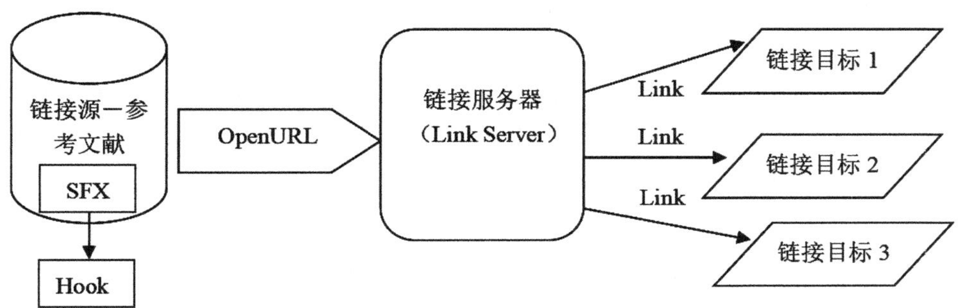

图 9-4　OpenURL 的链接方式

与传统的封闭式链接相比，链接服务器有以下特点：信息资源提供者不能决定用户的链接目标，由链接服务器根据传来的上下文环境动态地计算出链接目标；提供扩展服务(Extended Service)，如全文发送服务、通过本地的 OPAC 查询等；OpenURL 统一的语法结构大大减少了系统维护的工作量；OpenURL 描述的是对象的元数据，更新维护集中在链接服务器中；标准化的检索界面让用户看到相同的链接清单并进行选择①。

9.2.2.2　OpenURL 语法

OpenURL 之前是由一个基本 URL 组成，其中包含用户机构链接服务器的地址，后跟一个查询字符串，但从 1.0 版开始，OpenURL 还可以包括请求者的相关信息、超链接及所需服务的类型等。OpenURL V1.0 定义的语法标准是基于 HTTP GET 或 HTTP POST 的，其格式如下②。

```
OpenURL :: =BASE- URL ' ? '  QUERY
QUERY  :: =  DESCRIPTION (' &&'  DESCRIPTION)
DESCRIPTION :: =  (ORIGIN-DESCRIPTION' &' )? OBJECT-DESCRIPTION  |  OBJECT-DESCRIPTION
```

① Nteeie Lagace. The OpenURL and SFX Linking. The Serials Librarian, 2003(2): 77-89.

② Herbert Van de Sompel, Patrick Hochstenbach. Reference Linking in a Hybrid Library Environment. Part3: Generalizing the SFX Solution in the "SFX@ Ghent & SFX & @ LANL" Experiment[EB/OL]. [2019-07-15]. http://www.dlib.org/dlib/october99/van_de_sompel/10van_de_sompel.html.

```
(' &' ORIGIN-DESCRIPTION)?
```

OpenURL 语法结构主要由两大部分构成：基础 URL(BASE-URL)和查询(QUERY)。BASE-URL 是相关链接服务器的 URL，它指定了一个可以执行查询(QUERY)功能的服务器。QUERY 描述传送到链接服务器的相关元数据及其提供者，其中包括链接源和链接目标的元数据两部分，每个元数据描述项之间用“ & ”隔开。例如要查询的内容包括 Title、Data 等值，则查询字符串应为：Title=化学 & Data=1982。QUERY 的元数据描述包括源描述(ORIGIN-DESCRIPTION)和对象描述(OBJECT-DESCRIPTION)，不分先后次序。

(1)ORIGIN-DESCRIPTION。描述保存链接源数据的主机的标识 sid(Service Identifier，服务标识符)，由链接源数据库及其提供商标识组成，不是必需的元素。ORIGIN-DESCRIPTION 语法如下。

```
ORIGIN-DESCRIPTION :: = sid' =' VendorID' :' DatabaseID
```

其中 VendorID 是产生元数据的信息资源提供商的标识，用一个字符串表示；DatabaseID 是链接服务提供商提取元数据的数据库标识。

```
Sid = Ovid: Medline
Sid = EBSCO: MFA
```

Ovid 和 EBSCO 表示信息资源提供商的标识，Medline 和 MFA 表示数据库标识。

(2)OBJECT-DESCRIPTION。描述对象(链接目标)元数据或标识符，是必需的元素。其语法如下。

```
OBJECT- DESCRIPTION :: = ZONE (' &' ZONE)*
ZONE :: = (GLOBAL- IDENTIFIER- ZONE | OBJECT- METADATA- ZONE | LOCAL- IDENTIFIER-ZONE)
```

OBJECT-DESCRIPTION 由一个或多个数据区(ZONE)组成，每个数据区又包括通用标识符区(Global ID Zone)、对象元数据区(Ob Metadata Zone)和本地标识符区(Local ID Zone)3 个参数。OBJECT-DESCRIPTION 至少包含其中的 1 个参数，每个参数在传送的链接目标信息描述中只能出现 1 次。每个参数的语法如下。

①GLOBAL-IDENTIFIER-ZONE :: = ‘ id ’ ‘ = ’ GLOBAL-NAMESPACE ‘ :’ GLOBAL-IDENTIFIER (‘ & ’‘id’ ‘ =’GLOBAL-NAMESPACE‘ :’GLOBAL-IDENTIFIER) * 。

```
GLOBAL - NAMESPACE :: = (' doi' | ' pmid' | ' bibcode' | ' oai' )
GLOBAL- IDENTIFIER :: = VCHAR+
```

通用标识符区用于标识通用命名空间及在通用命名空间中的元数据对象。它有两个部分，用"："隔开，冒号前的部分是通用命名空间的唯一标识符，冒号后的部分是通用命名空间的对象标识符。OpenURL 承认的通用命名空间标识符有 doi、pMid（PubMed Identifier）、天体物理学数据系统中应用的标识符（bibCode，the identifier used in the Astrophysics DatSystem）和 oai（Open Archives Initiative identifier）4 种，并允许多个通用命名空间标识符出现，比如：id=doi：123/345678 & id=pmid：202123。

②OBJECT-METADATA-ZONE :: = META-TAG ' = ' META-VALUE（ & META-TAG ' = ' META-VALUE）* 。

META- TAG :: = (' genre' | ' aulast' | ' aufirst' | ' auinit' | ' auinit1' | ' auinitm' | ' coden' | ' issn' | ' eissn' | ' isbn' | ' title' | ' stitle' | ' atitle' | ' volume' | ' part' | ' issue' | ' spage' | ' epage' | ' pages' | ' artnum' | ' sici' | ' bici' | ' ssn' | ' quarter' | ' date')

META- VALUE :: = VCHAR+

对象元数据区用来定义以某种格式传输的元数据对象的元数据元素。在 OpenURL 中定义的较常用的元数据元素有 ISSN，INBN，title，volume，part，issue，spage（起始页码），epage（结束页码）以及 date 等。对象元数据区可以是：ISSN = 0916-6564 & date = 1995 & spage=55。

③LOCAL-IDENTIFIER-ZONE :: = ' pid' ' = ' VCHAR+

本地标识符区用于标识链接源数据库中特殊格式的元数据。这为传输与对象元数据区中所要求的标准参数不兼容的元数据提供了可能，也为新的元数据提供了试验场所。专有标识符（PID，Proprietary Identifier）由信息资源提供者定义。

Pid = <author>Smith , Pual ; Klein , Calvin</autho r > <yr>98</yr>

上面的例子即是以内部方式表示元数据的本地标识符区。如果使用本地标识符区，前面提到的 ORIGIN-DESCRIPTION 就成了 OpenURL 语法的必备部分。以下是 OpenURL 语法的例子①。

文章的相关信息如下。

AU: Smith, Paul

① Ex Libris. How to Make Information Resources Compatible with SFX Context Sensitive Reference Linking Servers[EB/OL]. [2019-07-15]. http://www.exlibrisgroup.com/resources/sfx/sfx_for_ips_aug_2002.pdf.

ISSN: 1234- 5678

Volume: 12

Issue: 3

Pages: 1- 8

PY: 1998

DBASE: BIOSIS

DBASE: 987641

其 OpenURL 为 http://sfxserver.uni.edu/sfxmenu? sid-Provider1:BIOSIS & genre = article & issn = 1234-5678 & volume = 12 & issue = 3 & spage = 1 & epage = 8 & date = 1998 & aulast = Smith & aufirst = Paul。

如文章的相关信息如下。

AU: Smith, Paul

ISSN: 1234- 5678

Volume: 12

Issue: 3

Pages: 1- 8

PY: 1998

DBASE: All

DBASE: 987641

其 OpenURL 为 http://sfxserver.uni.edu/sfxmenu? sid = Provider2:AI1 & pid = 987641。

一篇文章的 DOI 为：10. 1006/jnth. 1993. 1002。其 OpenURL 为 http://sfxserver. uni. edu/sfxmenu? id = doi:10. 1006/jnth. 1993/1002。

上面 3 个例子中，sfxserver. uni. edu/sfxmenu 为链接服务器的 URL，QUERY 部分为详细的元数据(如 Author、Issn、Volume 等)、唯一标识符或系统内部标识符。

在数字信息环境中，数字资源面临不同平台的浏览方式、显示和排版方式不同等问题。OpenURL 可以让信息资源和链接服务在异构环境中协同工作，通过对上下文对象的描述方便地实现多种信息资源的整合，包括全文数据库、文摘和索引数据库、引文数据库等。目前基于 OpenURL 框架的参考链接系统产品多达几十种，如 SFX、WebBridge、OpenResolver、LinkFinderPlus 等。

9. 2. 2. 3 OpenURL 的应用——SFX

作为开放式参考链接框架的一种具体运用，SFX(Special Effects)框架的实现是以

OpenURL 和 SFX 链接服务器(SFX Link Server)技术为基础的。这个构想刚开始也是由索佩尔提出的。2000 年，Ex Libris 公司获得了它的解析技术——SFX 链接服务器，并在 2001 年推出了面向市场的 SFX 上下文敏感链接(Context Sensitive Linking)服务。SFX 应用 OpenURL 整合多种资源，为图书馆用户和其他使用者提供从书目信息、全文资源到相关服务的一站式链接服务，内容包括文献全文、电子图书、联机书目、文献传递、馆际互借、搜索引擎查询等。目前，国际上许多著名资源提供商如 ISI、EBSCO、Elsevier 等都纷纷在其数据库中嵌入 SFX。我国也有部分大学如复旦大学、四川大学、北京师范大学等高校购买了 SFX 并投入使用。

SFX 机制有 3 个重要的组成部分①，其关系如图 9-5 所示。

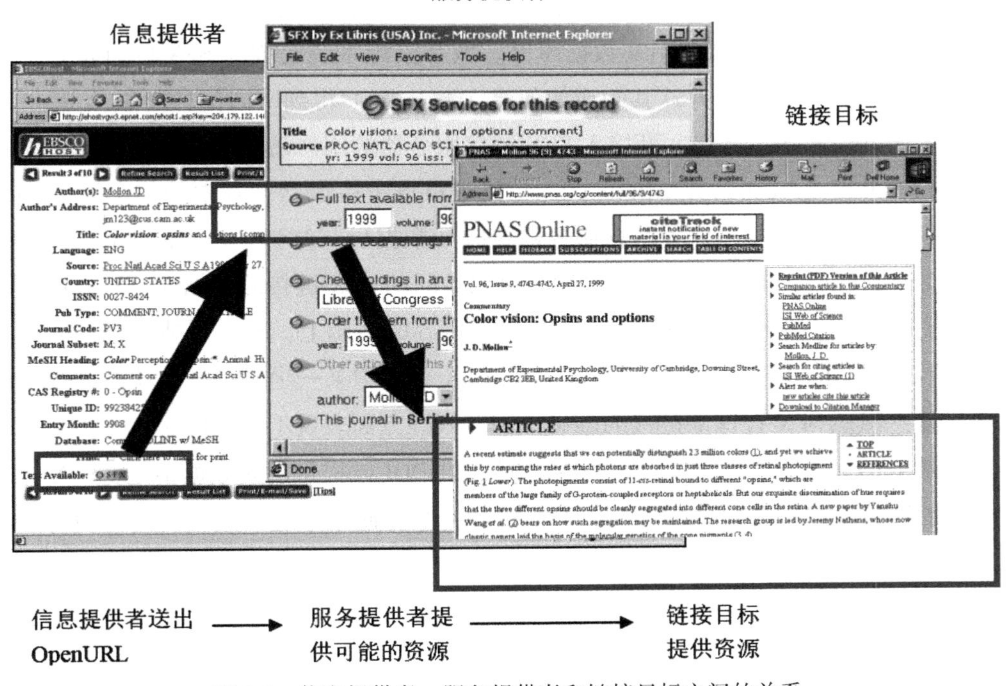

图 9-5 信息提供者、服务提供者和链接目标之间的关系

(1)信息提供者(Information provider /source)。信息提供者指用户可以对其进行检索并从点击请求参考链接服务的多种资源，如文摘索引数据库、OPAC、全文数据库、预印本数据库、电子期刊等。数字资源系统要成为 SFX 的信息提供者必须做到以下两点：①安装 CookiePusher script。CookiePusher 决定信息资源系统是否具备启动 SFX 服务的使用权限。它是信息资源系统动态地接收用户是否可接入本地 SFX 链接服务器及其 URL 地址等信息

① Ex Libris[EB/OL]. [2021-09-15]. http://www.exlibris-usa.com/.

的机制。②在链接源插入可通过 OpenURL 定位于 SFX 链接服务器的 SFX-buttons/hooks。SFX-buttons/hooks 包括链接源服务器、链接源数据库和具体链接源记录的标识以及相应的本地 SFX 链接服务器的地址。如果当前用户有可接入的本地 SFX 链接服务器，则系统提供给用户含有 SFX-buttons 的信息资源，即链接源。

(2)服务提供者(Service)。在 SFX 服务机制中，服务提供者就是 SFX 链接服务器(SFX server)。SFX 链接服务器支持 OpenURL，提供上下文相关的扩展链接服务，为图书馆提供开放的、上下文相关的各种异构资源的独立解决办法。它通过 OpenURL 收集传送过来的元数据或标识符，判断其所能提供的服务，并确定最适合的链接目标。通过 SFX 链接服务器，图书馆除了提供全文、文献传递等服务外，还能提供扩展服务，如“检索同主题的其他图书”“在期刊引文数据库中查找该期刊”等。

(3)链接目标(Targets)。链接目标可以是各种数字资源，包括电子图书、电子期刊、OPAC、馆际合作系统、摘要和引文数据库等。数字资源系统要成为 SFX 的链接目标，必须能接受 SFX 的链接语法，并让其知道如何建立 URL 从而得到所需信息资源。

SFX 实现过程如下：首先，可接入 SFX 链接服务器的用户访问某信息资源系统，系统反馈显示 SFX Button/hook。SFX Button/hook 被用户点击后激活，其中的信息以 OpenURL 格式传送到本地 SFX 链接服务器。该服务器接收元数据后与知识库(SFX Knowledge Base)中的元数据进行比较。知识库中有授权用户可以访问的 SFX 链接源数据库、SFX 链接目标数据库等多种资源。在接收元数据和本地知识库内容的基础上，SFX 评估适当的服务并以 SFX 菜单形式显示给用户。最后，当用户点击 SFX 菜单中某一项时，SFX 动态计算出链接目标的 URL。虽然 SFX 在保证链接的准确性和有效性方面表现不错，但它也不能完全解决 URL 改变造成的无效链接问题。如果链接源只提供 DOI 或提供的元数据不足，SFX 就无法匹配合适的链接目标。SFX 只有与 CrossRef 和 DOI 结合使用才能保证提供完善而有效的链接服务。

9.2.3　信息检索应用服务定义与协议规范①

Z39.50 的全称为信息检索应用服务定义与协议规范(Information Retrieval Application Service Definition and Protocol Specification)②，最初是美国图书馆界在 20 世纪 80 年代为实现链接系统计划(Linking System Project，LSP)而制定的标准之一，目的是解决书目信息检索系统之间的通信问题。它包含在标准 ANSI/NISO Z39.50 和 ISO 23950 中，其维护机构是美国国会图书馆(The Library of Congress)。

---

① 本部分内容根据《数字科学信息交流研究》6.4.2.2 改写完成。参见：徐丽芳. 数字科学信息交流研究[M]. 武汉：武汉大学出版社，2008(7)：397-406.

② Z39.50：Related Specifications[EB/OL].[2021-09-15]. https://www.loc.gov/z3950/agency/Z39-50-2003.pdf.

9.2.3.1 Z39.50的发展历程

发展至今，Z39.50共有5个版本(见表9-4)。Z39.50是基于客户机(Client)和服务器(Server)的网络信息检索协议，定义了客户机和服务器之间信息交换的格式和步骤，能够对互联网上不同类型的信息和异构数据库进行检索。用户可以依据一套标准以相同的界面和使用方式来查询不同主机、不同系统的数字资源，不需要在意这些资源是如何存储和组织的。Z39.50有助于实现网络异构数据库之间的通信，如建立联合目录、公共目录查询和馆际互借等，从而促进信息服务机构、联合目录中心、图书馆等组织提供的信息检索服务。

表9-4 Z39.50的5个版本

标准	标准规范的协议	发布时间	负责机构
Z39.50-1988	Z39.50第一版	1988年	NISO Standard Committee D
Z39.50-1992	Z39.50第二版	1992年	ZIG
Z39.50-1995	Z39.50第二版和第三版	1995年	ZIG
Z39.50-2001	Z39.50修订版	2001年	ZIG
Z39.50-2003	Z39.50修订版	2003年	ZIG

1988年由美国NISO Standard Committee D(在第一版通过后解散)负责起草的Z39.50第一版正式推出，并成为美国国家标准(ANSI/NISO Z39.50)。这个版本中的查询类型采用逆波兰语法(Reverse Polish Notation, RPN)，后来成为WAIS协议的基础。1989年Z39.50维护处(Maintenance Agency)成立，由美国国会图书馆负责。以后各版本的修订均由这个机构提出和实施。Z39.50执行小组ZIG(Implementers Group)在Z39.50维护处的配合下负责起草详细的协议规范条款，并于1992年提出了Z39.50第二版，第一版作废。这个版本中，制订了7项信息检索服务，增加了许多新的内容，包括：将ASN.1作为标准的一部分来描述协议数据单元；增加了一些新的查询类型，同时开始支持Prox操作；采用对象标识符；服务请求参数与ISO SR靠近；注册了国际标准化组织(ISO)SR使用的所有信息对象，如应用上下文、抽象语法、属性集、诊断集、记录语法定义等；扩充了用于资源控制的资源报告格式和用于非书目数据库的转换语法①。

1995年在对第二版补充和修改的基础上推出了Z39.50第三版。这个版本定义了第二版和第三版，并与第二版兼容。Z39.50第三版内容中包含了如扩展服务和通用记录语法等复杂功能，并且通过使用Z39.50的万维网网关来支持TCP/IP网络通信协议。由于此版本与ISO的查询与检索协议(IS010162 110163 Search and Retrieval Protocol)具有互操作性，因此于1996年被ISO批准为国际标准ISO 23950。之后ZIG于2001年推出了Z39.50-2001

---

① 刘少雄，刘修国，吴信才. Z39.50协议及应用研究[J]. 微机发展，2003(5)：84-87.

修订版，并附带解释、注释、缺点报告、修正和实行者协议等。2003 年，发布 Z39.50-2003 修订版。此外，在发展 Z39.50 的基础上，2002 年 ZIG 对 Z39.50 进行改造，推出了基于 Z39.50 和其他网络技术（如 XML、URI、SOAP 和 HTTP 等）的 ZING（Z39.50 International：Next Generation），被称为下一代 Z39.50。

9.2.3.2　Z39.50 工作原理

Z39.50 是基于 ISO 的 OSI 参考模型应用层协议，通过源端（Origin）和目标端（Target）实现信息交换（客户机和服务器在通讯过程中分别被称为源端和目标端）。在用户界面输入查询请求（Request）指定一个或多个数据库，此请求被客户机转化为 Z39.50 语法后送出，服务器收到后产生响应（Response），将请求转化为数据库的查询语法查询，然后再将指定部分或全部结果转化为 Z39.50 语法送回，客户机收到后再将其转化为使用界面可以读取的语法（如图 9-6 所示）。

随着互联网的发展，Z39.50 系统从 OSI 应用层转向 TCP/IP，即运用 Z39.50 的万维网网关连接源端的 CGI 接口，让用户通过浏览器进行 Z39.50 的跨数据库检索。Z39.50 服务分为 11 组机制（Facility），每组可包含或不包含一个或多个服务（见表 9-5）①。

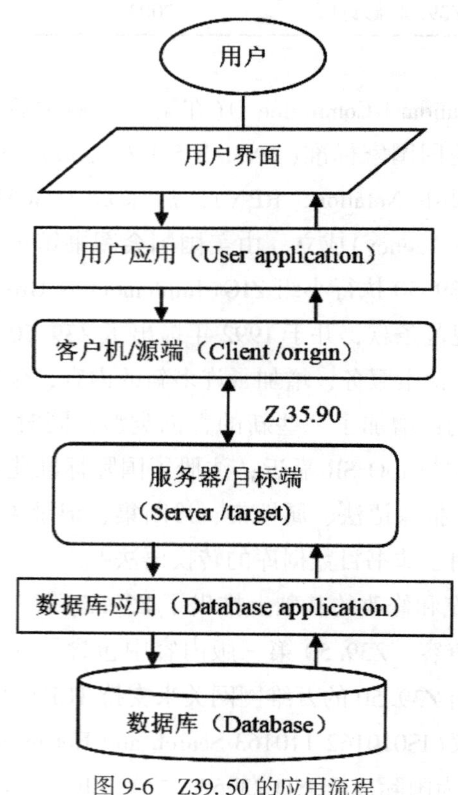

图 9-6　Z39.50 的应用流程

① 陈金莉，等. OAI-PMH 协议应用指南［EB/OL］.［2012-08-07］. http://cdls.nstl.gov.cn/cdls2/w3c/.

表 9-5 Z39.50 的机制、服务与操作①

<table>
<tr><th rowspan="2">机制</th><th colspan="3">服务</th></tr>
<tr><th>名称</th><th>操作</th><th>启动方</th></tr>
<tr><td>初始化</td><td>初始化</td><td>初始化</td><td>客户机</td></tr>
<tr><td>搜索</td><td>搜索</td><td>搜索</td><td>客户机</td></tr>
<tr><td>检索</td><td>表示
分段</td><td>表示</td><td>客户机
服务器</td></tr>
<tr><td>结果删除集</td><td>删除</td><td>删除</td><td>客户机</td></tr>
<tr><td>浏览</td><td>扫描</td><td>扫描</td><td>客户机</td></tr>
<tr><td>分类排序</td><td>排序
重复检测
(Duplicate Detection) *</td><td>分类排序</td><td>客户机
客户机</td></tr>
<tr><td>访问控制</td><td>访问控制</td><td></td><td>服务器</td></tr>
<tr><td>记账/资源控制</td><td>资源控制
触发资源控制
资源报告</td><td>资源报告</td><td>服务器
客户机
客户机</td></tr>
<tr><td>解释</td><td colspan="3">(不包含任何服务，使用查询和检索设施中的服务)</td></tr>
<tr><td>扩展服务</td><td>扩展服务</td><td>扩展服务</td><td>客户机</td></tr>
<tr><td>终止</td><td>关闭</td><td></td><td>客户机/服务器</td></tr>
</table>

(1)初始化机制(Initialization Facility)。初始化机制包含了初始化服务(Initialization Service)，这是源端关于创建初始化操作的确认服务。初始化服务允许源端为初始化参数提出建议值来建立连接，目标端若用初始化参数值作为肯定响应，则建立起 Z-连接。源端必须接受，否则终止连接。Z-连接的主控权在服务器(目标端)。初始化服务所需设定的参数有版本项、标识/验证项、选择项、是否使用分段功能和并发操作。

(2)搜索机制(Search Facility)。搜索机制包含了搜索服务(Search Service)，这是源端用来创建搜索操作的确认服务。搜索服务允许源端提出搜索请求，此请求主要包括搜索句及搜索结果是否传回的参数等。目标端根据搜索参数在数据库中搜索由结果集(Result Set)表示的相关记录作为响应的一部分。不同的搜索形式有不同的语法，例如 Z39.50 第三版定义了 6 种搜索形式②。客户端可以根据任一形式搜索服务器，服务器再据以分析搜索条件作适当的搜索处理。

① 表中带 * 的项目是 2001 年提案新增的。

② 赵光林，吴孔华. Z39.50 及其发展[J]. 图书馆建设，2002(2)：57.

（3）检索机制（Retrieval Facility）。检索机制包括表示服务（Present service）和分段服务（Segment Service）。表示服务是源端用来创建表示操作的确认服务；分段服务是在表示操作阶段由目标端创建的非确认服务。表示操作由一个表示请求、跟在这个请求后的零个或多个分段请求，以及跟在分段请求后的一个响应构成。

（4）结果集删除机制（Result-Set Delete Facility）。结果集删除机制包含了删除服务（Delete Service），这是一种源端用来创建删除操作的确认服务。删除服务允许源端要求删除在连接期间保留在目标端的所有或部分结果集。

（5）浏览机制（Browse Facility）。浏览机制包含扫描服务（Scan service），这是源端用来创建扫描操作的确认服务。源端可请求目标端扫描排序后的搜索项列表，如主题词、姓名、题名等。

（6）分类排序机制（Sort Facility）。分类排序机制包含了排序服务（Sort Service），这是源端用来创建分类排序操作的确认服务。排序服务允许源端请求目标端按照指定的次序对结果集进行分类排序。如可以请求目标端就某字段（如题名、年代）或某条件将查询结果排序。

（7）访问控制机制（Access-control Facility）。访问控制机制包含了访问控制服务（Access-control Service），这是目标端创建的确认服务，不创建操作。目标端在执行初始化、查询、提交或删除服务时，都可以对源端的权限等提出质疑，例如用户身份、密码确认等，源端必须予以回应，否则目标端可终止连接。

（8）记账/资源控制机制（Resource Control Facility）。记账/资源控制机制包含3种服务：资源控制服务（Resource Control Service）、触发资源控制服务（Trigger Resource Control Service）、资源报告服务（Resource Report Service）。资源控制服务是目标端创建的一种条件确认服务，不创建操作；触发资源控制服务是源端在一个操作期间创建的非确认服务；资源报告服务是源端用来创建资源报告的确认服务。当实际使用或预测使用的资源超过协议的范围，目标端就会通知来源端并获得源端的同意，目标端才可继续进行。访问控制和记账/资源控制服务是美国信息提供者特别要求加入的服务，他们提出若不规定此二项功能，则不愿执行Z39.50。

（9）解释机制（Explain Facility）。解释机制不包含任何服务，但使用搜索和检索机制的服务。Z39.50提供一个解释数据库（Explain database）让目标端查询服务器的相关信息，包括可供查询的数据库、所支持的属性集及错误信息、记录语法、可浏览的语词表和扩展服务等。

（10）扩展服务群机制（Extended Services Facility）。扩展服务群机制包含扩展服务群服务，这是源端用来创建扩展服务群操作的确认服务。Z39.50提供一些没有正式规范在Z39.50内的附加服务，扩展服务群就是其一。这种服务允许源端在目标端建立、修改、删除任务包，目标端在一个特殊数据库中维护这些任务包，一个任务包属于一个扩展服务群服务。

(11)终止机制(Termination Facility)。终止机制包含了关闭服务，这是源端或目标端创建的确认服务，不创建操作，也不是操作的一部分。关闭服务允许源端或目标端突然终止所有激活操作，并可以终止Z-连接。在初始化后，直到发出或收到关闭请求的任意时刻，源端或目标端可以发出关闭请求，认为所有激活的操作被突然终止，等待关闭响应，并且认为Z-连接被关闭；或者准备好接收关闭响应，认为所有激活的操作被突然终止，发出关闭响应，并认为Z-连接被关闭。

为了配合上述操作指令，Z39.50还定义了属性集和记录语法来表示特定的操作属性和记录语法形态。

(1)属性集(Attribute Set)。目标端所支持的属性集决定了源端的查询语句。每个属性集中属性可以分为不同的类型(Attribute type)，而每个属性类型又对应一个属性列表(Attribute List)，属性列表内有不同的属性对(Attribute pair)。每个属性列表包括一个属性元素(Attribute Element)和一个属性值(Attribute Value)。不同的用途和数据类型对应不同的属性集，比如Bib-1属性集用于书目数据、Ext-1属性集用于延伸服务、Gils属性集用于检索政府信息、Stas属性集用于科学技术信息等。其中Bib-1属性集是Z39.50最基本的属性集，源端的查询语句主要建立在它的基础之上①。

(2)记录语法(Record Syntax)。记录语法定义从目标端向源端传送的记录的格式。只有Z39.50支持的记录格式才能让查询结果正确显示。Z39.50支持的数据库记录格式有：机读格式(Machine Readable Catalog，MARC)、公共检索目录格式(Online Public Access Catalog，OPAC)、超文本标记语言格式(HyperText Markup language，HTML)、简单无格式文本记录格式(Simple Unstructured Text Record Syntax，SUTRS)、通用记录格式(Generalized Record Syntax One，GRS-1)。

源端通过查询定位到数据库中的若干记录，指定记录语法以不同的格式传输这些记录。记录语法有以下几种形式：简单无格式文本记录语法(SUTRS，Simple Unstructured Text Record Syntax)，主要用于文本记录(Text Record)的传送；通用记录语法(GRS-1，Generic Record Syntax)，用于表示各种类型的数据库记录；联机公共检索目录记录语法(OPAC Record Syntax)，用于显示书目格式；摘要记录语法(Summary，Summary Record Syntax)，用于显示简单记录；扩展标记语言(XML，EXtensible Markup Language)。

9.2.3.3　Z39.50的应用

随着基于HTTP协议的万维网技术的快速发展和普及，Z39.50已建立在TCP/IP网络通信协议之上，因此推出后得到了广泛的应用。经过三十多年的发展，Z39.50已经成为成熟的标准，被各国图书馆界采纳接受。用户通过基于Z39.50的客户检索软件、Web/

① 资讯检索服务与协定(Z39.50)[EB/OL].[2019-07-15].http://ndap.org.tw/2_techreport/files/227.pdf:13-14.

Z39.50网关就可以在互联网上访问世界各地的Z39.50服务器，实现信息检索和资源共享。尤其是万维网网关的应用，让Z39.50除了应用于图书馆目录检索外，也可以检索其他类型和其他格式的信息，包括文摘、索引、全文数据、电子商务信息、科技文献信息等。但Z39.50的主要应用还是集中在图书馆和情报界的信息检索领域，解决书目数据系统之间的通信问题。Z39.50在图书馆领域的应用主要有以下几种。

(1)在OPAC中的应用。OPAC是目前Z39.50最主要的应用领域。其中用户通过Z39.50以本地图书馆的接口直接查询其他图书馆的网络OPAC。用户可以通过图书馆自动化软件系统如Web OPAC(Online Public Access Catalog)等支持复杂的图书馆目录查询服务。习惯于使用网络获取资源的普通读者则可以通过万维网网关方便地进行访问。世界各地众多的图书馆都提供基于Z39.50的OPAC，如英国布拉福德大学(Bradford University)的BOPAC研究计划由大不列颠图书馆研究和创新中心(British Library Research and Innovation Centre)提供资助，目前可检索英国和美国多所图书馆的OPAC系统①；国内香港科技大学采用Innopac软件可同时检索香港地区部分大学图书馆的馆藏书目数据库。

(2)在集中编目中的应用。集中编目是指多个图书馆之间、图书馆与出版商之间共同对新出版图书、期刊进行编目，并共同使用这些编目数据的一种合作手段。凭借Z39.50客户端程序，编目人员只要选择一个功能较完备的客户端软件，就可以检索各地图书馆的书目数据库，并以ISO 2709格式下载书目数据，从而大大简化了编目人员的工作量，减少重复劳动，提高效率。利用Z39.50的基本服务操作可以实现集中编目数据的查询及下载；利用Z39.50的扩展服务可以实现书目及馆藏信息的下载；利用资源控制和访问控制服务可以实现集中编目的计费和权限控制等。

(3)在馆际互借中的应用。透过Z39.50整合查询及显示各馆的书目数据及馆藏流通状态后，可转到馆际互借系统，进行互借申请。除了传统馆际互借中的纸质文献资料投递外，其余服务如书目查询、馆际互借申请、文献传送等服务都可以通过网络完成。一个完整的馆际互借系统应该由基于Z39.50协议的检索模块、馆际互借模块和文献传输模块组成。并利用Z39.50协议采用统一的检索界面实现对所有参加馆际互借图书馆的馆藏文献信息的查询，通过馆际互借协议实现用户的互借请求，通过Z39.50的扩展服务实现电子文献的直接投递②。

此外，图书馆还可以利用Z39.50进行信息定题服务、以最少的经费获得最多书刊资源的采购协调服务等。但在Z39.50的实际应用中也存在一些不足。最主要的是由于其本身是一个过于复杂的协议，真正了解Z39.50技术的人并不多，因此不容易推广使用。另外，馆藏信息项的设置与更新、图书馆代码的统一性、编目数据的完整性、说明文件不

---

① 黄碧云，方平. Z39.50协议和虚拟联合目录[J]. 图书馆理论与实践，2005(1)：122-123.

② 张秀兰，刘璇. 浅析Z39·50协议在我国数字图书馆建设中的应用[J]. 河南图书馆学刊，2006(1)：99-100.

足、反应慢等也是阻碍其推广的原因。

为使 Z39.50 能成为主流的信息检索协议，从而具有更大的市场价值，ZIG 在简化 Z39.50 的基础上采取各种策略对其进行更新，提出 ZING（Z39.50 International：Next Generation，Z39.50 国际：下一代）。此外，SRW（Search/Retrieve for the Web，通过 Web 搜索）和 SRU（Search/Retrieve URL Service，通过 URL 搜索）这对孪生信息检索协议是 Z39.50 的后继者，它们弃用了 Z39.50 的通信协议，通过 Web 服务的架构，实现 Z39.50 的一些基本服务，作为 ZING 的核心功能存在。SRW 使用 HTTP 与 SOAP 的无状态通信，采用 XML 作为信息传输编码，也可以单纯使用 URL 传递查询请求，用 WSDL 来定义 Z39.50 传输的格式信息，检索结果也以 XML 格式输出。而 SRU 通过 URL 参数方式提交检索请求，使用上下文查询语言（Contextual Query Language，CQL）表示查询。

9.3 数字内容发布标准

9.3.1 内容发布标准分析

与数字内容发布相关的标准主要涉及数字出版物格式、跨终端发布、数字权利管理等领域，包括 MPEG 格式标准、PDF 格式标准、WARC 格式标准、电子出版阅读格式标准、EPUB 格式标准、知识共享许可协议（Creative Commons License）等（见表 9-6）。本部分将选择具有代表性的标准进行介绍。

表 9-6 主要的数字内容格式标准

序号	标准名称	标准号	标准级别
1	Electronic document file format for long-term preservation - Part 1：Use of PDF 1.4 (PDF/A-1)	ISO 19005-1-2005	国际标准
2	Interchange format for e-dictionaries	IEC 62605-2011	国际标准
3	Portable document format - Part 1：PDF 1.7	ISO 32000-1-2008	国际标准
4	Open document Format for Office Application (OpenDocument) v1.0	ISO/IEC 26300-2006	国际标准
5	Document Style Semantics and Specification Language (DSSSL)	ISO/IEC 10179-1996	国际标准
6	Tag Image File Format for Image Technology (TIFF/IT)	ISO 12639-2004	国际标准
7	MP4 File Format	ISO/IEC 14496-14-2003	国际标准
8	Compound Image File Format (JPEG)	ISO/IEC 15444-6-2003	国际标准

续表

序号	标准名称	标准号	标准级别
9	MPEG Music Player Application Format	ISO/IEC 23000-2-2009	国际标准
10	MPEG 21 File Format	ISO/IEC 21000-9-2005	国际标准
11	WARC File Format	ISO 28500-2009	国际标准
12	Reader's format for e-publishing	IEC 62524-2009	国际标准
13	开放式电子图书出版物结构	GB/Z 18906-2002	国家标准
14	中文办公软件文档格式规范	GB/T 20916-2007	国家标准
15	Digital Audiobook File Format and Player Requirments	ANSI/CEA 2003-C-2007	国家标准
16	Statistic on the Production and Distribution of Books, Newspapers, Periodicals and Electronic Publications	BN ISO 9707-2008	国际标准
17	Generic Format for E-publishing	IEC 62448-2017	国际标准
18	Multimedia systems and equipment - Multimedia e-publishing and e-books - Reader's format for e-publishing	NF C97-224-2011	法国国家标准
19	手机阅读业务内容格式技术要求	YD/T 2128-2010	国家标准
20	电子书内容版权保护通用规范	CY/T 115-2015	行业标准
21	数字阅读终端内容呈现格式	CY/T 88-2013	行业标准
22	EPUB 3.0		行业标准

9.3.2　EPUB 格式标准①

EPUB(Electronic Publication)是基于 XML 和 Web 协议的电子书格式标准，它允许数字图书和出版物实现跨平台和跨系统的兼容，目前已经成为数字出版产业的关键国际标准。

9.3.2.1　EPUB 发展历程

跨入数字出版时代以后，许多出版商或技术供应商在数字出版过程中应用现有的文档格式或开发新格式。目前市场上有许多电子出版物格式如 HTML、TXT、PDF、CHM、CEB 等。然而这些格式常常并不兼容，这不仅严重阻碍了数字出版的发展，也给出版商和读者带来了不便。为了解决电子出版物格式问题，早在 1999 年，微软、NuvoMedia 和软书出版社等打算开发电子书阅读器的公司就非正式地成立了开放电子书先导组织，并于 9 月发布了开放电子出版物结构标准 OEBPS 1.0 版(Open eBook Publication Structure)。该标准

① 注：本小节内容根据武汉大学唐翔的本科毕业论文《EPUB 电子书标准研究》修改和更新而成。

试图规范电子书的制作，使不同的电子书文件格式得到统一，从而让电子书能够适应各个阅读设备，减轻内容供应商和阅读软件开发商的负担。2000 年，开放电子书先导组织正式更名为开放电子书论坛(Open eBook Forum，OeBF)，其成员包括出版商、硬件制造商、软件开发商、经销商、图书馆等，专门负责制定和推广电子书的相关标准。

2001 年 6 月，OeBF 发布了 OEBPS1.0.1 版本，该版本改进了 OEBPS 1.0 使用过程中发现的错误和不足。2002 年，该标准被数字有声读物(Digital Talking Book，DTBook)DTBook 标准所采用，为盲人制作有声读物。2002 年 8 月，为了进一步加强 OEBPS 的功能，OeBF 发布了 OEBPS1.2 版本。该版本在格式和显示方面有所加强，提出了一些新功能，但仍没有解决数字权利管理问题。

在开放电子书论坛更名为国际数字出版论坛(The International Digital Publishing Forum，IDPF)后，该组织发布的开放式电子书标准也从 OEBPS 改为 EPUB。2006 年 10 月，IDPF 发布了开放容器格式(Open Container Format，OCF)1.0 版本。2007 年 9 月，EPUB 成为国际数字出版论坛的正式标准，发布开放出版物结构(Open Publication Structure，OPS)2.0 版和开放式包裹格式(Open Publication Structure Format，OPF)2.0 版。OPS 2.0、OPF 2.0 以及 OCF 1.0 这 3 个开放标准共同构成 EPUB 2.0 版本，取代了原来的 OEBPS 1.2 标准。为了纠正 2.0 版本中的一些错误，国际数字出版论坛于 2010 年 7 月发布 EPUB 2.0.1 版本，将囊括的 3 种开放标准升级为 OPS 2.0.1、OPF 2.0.1 和 OCF 2.0.1。

2011 年 10 月 11 日，IDPF 宣布完成了 EPUB3.0 版本的制定，主要包括 EPUB 3.0 Overview、Publicationg 3.0、Content Documents 3.0、OCF 3.0、Media Overlays 3.0、EPUB Canonical Fragment Identifiers、EPUB 3 Changes from EPUB 2.0.1 以及 Working Gropu Charter 等文件①。2013 年，IDPF 在此前的基础上进行了小幅修订，直至 2017 年 IDPF 将 EPUB 3.1 版本批准为标准推荐规范。2019 年 5 月，IDPF 发布了最新修订版 EPUB 3.2。

9.3.2.2　EPUB 3 标准内容

EPUB 是一种基于 XML 和 Web 标准的数字出版物交换和交付格式。其主要修订工作于 2010 年开始，目标是使 EPUB 与 HTML 更紧密地结合，并在此过程新增了多媒体功能、复杂的 CSS 布局渲染和字体嵌入、脚本交互性等性能，并改进了可访问性。在 EPUB 3.0 标准正式获得批准之后，IDPF 又在此基础上不断进行小的修订和更新，EPUB 3.1 是 EPUB 3 的第一个小修订版，此修订版的目标是更好地使 EPUB3 与当前的 Web 标准保持一致。EPUB 3.2 是在 EPUB 3.1 之后不久进行的，旨在恢复和提升内容与 EPUB 3 的兼容性。由于 EPUB 3.1 引入的版本号变更意味着作者、供应商和阅读系统开发人员将不得不制作、分发和使用两个版本的 EPUB 内容，因为这种改变所付出的代价超过了新版本带来的好处。因此，EPUB 3.2 作为 EPUB 3.0 的次要修订版本，对此进行了修复，其保留了

① IDPF. EPUB 3.0[EB/OL]. [2021-09-15]. http://idpf.org/epub/30.

EPUB 3.1 的所有最佳部分，并且不需要新的版本号。下文以 EPUB 3.2 标准为例对 EPUB 3 标准内容进行介绍。

EPUB 3.2 标准主要包括 Packages 3.2、ContentDocs 3.2、MediaOverlays 3.2、OCF 3.2 等部分。EPUB 3.2 不仅引入了新的 EPUB 规范，还涉及对子规范的部分重组。首先，之前在 EPUB Publication 规范中定义的一致性要求已移至新的顶级规范，其余适用于多个子规范的内容也是如此，包括通用术语和核心媒体类型列表。其次，添加了关键概念和术语的索引；再次，EPUB Publication 规范更名为 EPUB Packages，以更好地反映它通过包裹文件定义内容的呈现；最后，EPUB 导航文档定义已从 EPUB 内容文档规范移至 Packages 规范，作为 Packages 规范的核心组件。

Packages 3.2 定义了 EPUB 3.2 出版物的语义和符合性要求，包括包裹文件(Package Document)和规则，说明此文件如何与其他出版资源产生关联，以创建符合 EPUB 规范的出版物。其中，包裹文件包含 EPUB 电子出版物的目录顺序和相关结构性资料，是电子阅读器处理及显示 EPUB 电子书的主要信息来源。包裹文件是由一组容器元件(container elements)所构成的 XML 文件，该容器将出版物的信息资料有效地集中在一起并配上详细说明，使阅读器能够准确识别整本电子书的结构以及阅读顺序。包裹文件的主要内容包括用于描述电子书相关信息的元数据(metadata)，定义电子书资源的出版物清单(manifest)和预设电子书阅读顺序的结构顺序(spine)等。此外，Packages 3.2 还包括包裹元数据(Package Metadata)，用来定义和描述出版物标识符(Publication Identifiers)、词汇关联机制(Vocabulary Association Mechanisms)等内容。相较于之前的版本，Packages 3.2 对包裹元数据进行了一些更改。其中一些更改与书目元数据有关——弃用链接元素的专用元数据记录关系(例如 marc21xml-record、mods-record、onix-record 和 xmp-signature)；更改了链接记录的优先顺序，让链接记录中的书目信息优先于直接包含在包文档元数据元素中的信息；定义了 EPUB 导航文档，提供诸如目录之类的导航辅助工具。

EPUB Content Documents 3.2 取代了原来的 Content Documents 3.0，规范定义 EPUB 电子书中 XHTML、SVG、CSS 等相关内容。Content Documents 3.2 删除了 EPUB 导航文档定义之外，并进行了其他修订。过去，EPUB 规范会指定特定的语言版本，例如 HTML 或 CSS 版本。Content Documents 3.2 现在正式支持 W3C 指定的 HTML、CSS 和 SVG 版本，这些版本将随着时间的推移而发展，使 EPUB 出版物的语言版本能够与网络保持同步；不强制要求 EPUB 阅读系统支持 HTML 表单等，因此符合标准的阅读系统不一定由完全符合标准的 HTML 用户代理。其次，该规范对 EPUB 出版物进行了大部分外观更改，删除了 EPUB　CSS 配置文件；取而代之的是，定义了更一般的 CSS 支持要求。相较于 3.0 版本，部分内容被重命名以更好地反映它们不是支持唯一的某文档类型而是支持更加多样的内容文档，例如进行了与脚本支持相关的更改，将“脚本内容文档”部分被更改为“脚本”，以提高与 HTML 的兼容性，并允许脚本使用的字体和资源托管在 EPUB 容器之外。此外，Content Documents 3.2 规范还定义了图像嵌入、MathML 公式标记支持等内容。

EPUB Media Overlays 3.2 定义了同步多媒体整合语言(Synchronized Multimedia Integration Language, SMIL)、包裹文件、CSS 样式表以及 EPUB 内容文件的用法以实现文字和音频的同步出版。Media Overlays 3.2 启用的文本和音频同步为难以理解传统书籍文本的用户提供了内容的可访问性，还为读者提供持续的聆听体验。该规范中 SMIL 标记是主要内容，媒体层通过对 SMIL 标记的运用将结构化的音频旁白加到 EPUB 文本内容中对应的文字上，从而解决文字和语音同步的问题。另外，该规范还定义了音频和视频的嵌入、片段播放的顺序等内容。相较于之前版本，Media Overlays 3.2 规范添加了 WOFF 2.0 和 SFNT 字体格式媒体类型。EPUB 3.2 核心媒体类型包括以下：使用 XHTML 语法的 HTML 内容文档；SVG 内容文件；CSS 样式表；动图；JPEG；PNG；MP3 音频；AAC LC 音频；字体格式——TrueType、OpenType、WOFF、WOFF2；JavaScript；传统的 NCX 导航格式；EPUB 媒体叠加文件；文字转语音(Text-to-Speech, TTS)发音词典等。①

EPUB Open Container Format 3.2 规范定义了 EPUB 文件格式和处理模型，将所包含的相关内容打包封装在单一的文档容器中。OCF 是 EPUB 电子书必要的容器技术，包括 OCF 抽象容器和 OCF 压缩容器。OCF 抽象容器针对容器的内容定义了一种档案系统模型，使用单一共通的根目录将所有出版物资源均放入其中，并生成名为 META-INF 的文件。另一个名为 mimetype 的文件是保留给 OCF 压缩容器使用的。META-INF 文件夹中必须包括名为 container. xml 的文件，里面指明了 EPUB 电子书根目录的媒体类型和文件路径，除此之外还可以选择性地使用 encryption. xml 对内容进行加密、使用 manifest. xml 列举内容清单、使用 metadata. xml 描写电子书相关信息、使用 rights. xml 设置文档管理的权限以及利用 signatures. xml 对文件进行数字签名。OCF 压缩容器使用 ZIP 格式，是抽象容器实质上的单一文档出版物形态，即最终 EPUB 格式文件就是一个 ZIP 压缩包，可将后缀名. epub 改为. zip 并解压缩后查看具体电子书的组成内容。相较于 3.0 版本，OCF 规范中的 encryption. xml 模式中引入了一个新的压缩元素，并阐明了加密和压缩要遵循的顺序。总体看来，Open Container Format 3.2 仅在此前版本的基础上进行了一些小的编辑和结构清理，没有添加或删除任何部分。

9.3.2.3 EPUB 3 电子书结构

IDPF 官方网站给出了由 Google Code 主办的 EPUB 3 发展论坛(EPUB 3 Development Forum)的超链接网址，其名称为 epub-revision。该网站向 IDPF 成员和应邀专家开放，是一个允许公开访问、注册登记和上传文件的论坛。在这个共享空间里可以找到关于 EPUB 3 电子书标准规格和模式的样例文件。由于目前 IDPF 未补充以具体图书内容为例的 EPUB

① Sustainability of Digital Formats: Planning for Library of Congress Collections. EPUB, Electronic Publication, Version 3.2 [EB/OL]. [2021-09-15]. https://www.loc.gov/preservation/digital/formats/fdd/fdd000309.shtml.

3.2 样例文件，只有一些不涉及具体实例(如章节内容)和媒体类型(如图片、音频)的示例。加上 EPUB 3.2 是 EPUB 3 规范的次要修订版，虽然 EPUB 3.2 在 EPUB 3.0 的基础上进行了一些调整，但与 EPUB 3.0 的结构基本保持一致。因此，为了更加直观、详尽地介绍 EPUB 3 电子书结构，下面以从 epub-revision 网站下载的未经加密处理的美国名著《白鲸记》(MOBY DICK)的 EPUB 3 格式版本(版本为 EPUB 3.0)为例①，来具体分析电子书标准 EPUB 3 的结构。下载的文件名为 moby-dick-mo. epub，重命名时将“. epub”改为“. zip”，解压后得到同名文件夹。该 EPUB 3.0 版本的电子书包括 3 个组成部分，即 mimetype、META-INF 和 OPS(见图 9-7)。

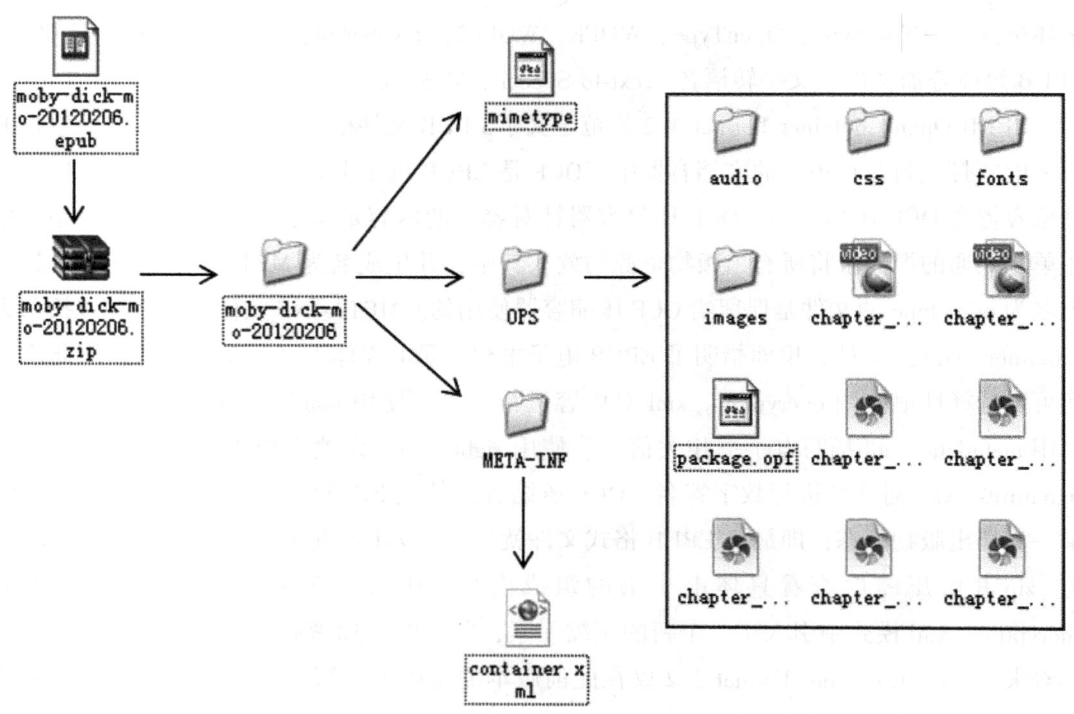

图 9-7　EPUB 格式电子书的组成部分

(1) mimetype

每一本 EPUB 格式电子书必须包含一个以“mimetype”命名的文件。这个文件内容十分简单，只有一条语句“application/epub+zip”，不能包含新行或者回车。另外，mimetype 文件必须作为 ZIP 压缩包中的第一个文件。

(2) META-INF

① IDPF. epub3-samples [EB/OL]. [2021-09-15]. https://github.com/IDPF/epub3-samples/tree/main/30/moby-dick-mo.

META-INF 目录在 EPUB Open Container Format(OCF)3.0 规范中有具体描述。EPUB 规定所有 OCF 抽象容器都必须包含 META-INF 目录，其中必须要有 container. xml 容器文件。在这个文档中必须清楚指明容器所包含的 EPUB 电子书根文件的媒体类别与路径。另外，container. xml 文件是不可以被加密的。

《白鲸记》的 container. xml 文件打开后显示的代码如图 9-8 所示。container. xml 的主要功能在于告诉电子书阅读设备该从何处找到内容文件以及该如何打开。<? xml version="1.0" encoding="UTF-8" ? >声明了 XML 的版本和编码方式。从<container>元件描述中可以看到 EPUB 电子书标准参考了 ODF(Open Document Format，开放文档格式)标准，更突显出 EPUB 格式的开放性。<rootfiles>元件与包裹文件里的电子出版物内容之间必须是唯一相关关系，它指出电子书根文件的路径为 OPS/package. opf。而表明该电子书是怎样的媒体类型则由语句< media-type="application/oebps-package+xml" >进行说明。

```
<?xml version="1.0" encoding="UTF-8" ?>
- <container xmlns="urn:oasis:names:tc:opendocument:xmlns:container" version="1.0">
  - <rootfiles>
      <rootfile full-path="OPS/package.opf" media-type="application/oebps-package+xml" />
    </rootfiles>
  </container>
```

图 9-8 container. xml 文件语句

(3)OPS

OPS 文件夹是存放电子书全部内容的地方。电子书的每个章节、显示字体、所需要的图片、所插入的音频视频、CSS 层叠样式表等具体内容都存放在 OPS 文件夹当中。《白鲸记》电子书的每一个章节的内容、图片、音频、视频，以及它在阅读器上显示的字体、样式和该电子书内部结构都在. opf 文件中。

①. opf 文件

EPUB Publications 3.0 取代了 OPF 2.0.1 规范，在 EPUB 3.0 版电子书里不再有. ncx 文件。. opf 文件指定了电子书中所有内容的位置，描述了电子书所包含的具体内容，是 EPUB 规范中最复杂的部分。将《白鲸记》的 package. opf 文件打开后，根据规范各个元件分别显示其内容语句。

a. <package>元件。这是包裹文件的根容器。version="3.0"指出该电子书符合 EPUB 3.0 版本规范标准；unique-identifier="pub-id"用以识别 dc：identifier 元件；xml：lang 是依据 XML 语言所定义，在承载元件及其子元件的内容和属性值中使用(见图 9-9)。

```
<?xml version="1.0" encoding="UTF-8" ?>
- <package xmlns="http://www.idpf.org/2007/opf" version="3.0" xml:lang="en" unique-identifier="pub-id">
    <!-- I'm assuming prefixes for marc, onix, and xsd are predefined  -->
```

图 9-9 <package>元件语句

b. <metadata>元件。该元件是<package>的第一个子元件，没有定义属性，描述的是电子书的相关信息。例如书名<dc：title>、作者<dc：creator>、语言<dc：language>、出版社<dc：publisher>、单一识别符<dc：identifier>(如 DOI、ISBN、ISSN)、语言<dc：language>等。出版物最少需要包括 3 个来自都柏林核心元数据集(Dublin Core Metadata Element Set)的必要元件——名称(title)、标识符(identifier)和语言(language)，以及来自都柏林核心元数据计划术语表(DCMI Metadata Terms)的修改(modified)性质。

由图 9-10 可以了解《白鲸记》中书名为“Moby-Dick”，作者是赫尔曼 · 梅尔维尔(Herman Melville)，电子书的 ISBN 号为 9780316000000，该书语言是英文，由 Harper & Brothers 出版社出版，以及 Dave Cramer 为创作本书的次要作者。

```
- <metadata xmlns:dc="http://purl.org/dc/elements/1.1/">
    <dc:title id="title">Moby-Dick</dc:title>
    <meta refines="#title" property="title-type">main</meta>
    <dc:creator id="creator">Herman Melville</dc:creator>
    <meta refines="#creator" property="file-as">MELVILLE, HERMAN</meta>
    <meta refines="#creator" property="role" scheme="marc:relators">aut</meta>
    <dc:identifier id="pub-id">urn:isbn:9780316000000</dc:identifier>
    <meta refines="#pub-id" property="identifier-type" scheme="onix:codelist5">15</meta>
    <dc:language>en-US</dc:language>
    <meta property="dcterms:modified">2012-01-13T01:13:00Z</meta>
    <dc:publisher>Harper & Brothers, Publishers</dc:publisher>
    <dc:contributor id="contrib1">Dave Cramer</dc:contributor>
    <meta refines="#contrib1" property="role" scheme="marc:relators">mrk</meta>
    <!-- MEDIA OVERLAY METADATA -->
    <meta property="media:duration" refines="#chapter_001_overlay">0:14:20.500</meta>
    <meta property="media:duration" refines="#chapter_002_overlay">0:09:03.000</meta>
    <meta property="media:duration">0:23:23.500</meta>
    <meta property="media:narrator">Stuart Wills</meta>
    <meta property="media:active-class">-epub-media-overlay-active</meta>
  </metadata>
```

图 9-10　<metadata>元件语句

c. <manifest>元件。EPUB 电子书的详细出版物资源清单是由<manifest>元件完成。它是<package>第二个必要的子元件，每一个资源用一个<item>元件表示(见图 9-11)。

<id>属性在此文件范围内必须是唯一的；<href>属性指定所对应条目的位置；<media-type>属性则说明制定条目中出版物的媒体类型和格式；<media-overlay>属性定义条目所描述的媒体叠加层文件。

实例《白鲸记》的<manifest>元件语句中依次提到了以下文件：

- 电子书显示所需要的 4 种字体——常规、斜体、粗体以及粗斜体；
- 电子书目录 toc. xhtml；
- 版权页 copyright. xhtml；

- 书名页 titlepage. xhtml;
- 对封面和封面图片路径进行定义的 cover. xhtml 和 cover-image;
- 指定电子书排版的 CSS 样式表 css/stylesheet. css;
- 定义书名页图片 aMoby-Dick_ FE_ title_ image 的读取地址;
- 译者前言 preface_ 001. xhtml;
- 内容简介 introduction_ 001. xhtml;
- 评论和引语 epigraph_ 001. xhtml;
- 分别将第一章、第二章及其多媒体文件的文字和语音同步在一起——chapter_ 001. xhtml, chapter_ 001_ overlay. smil, chapter_ 002. xhtml 和 chapter_ 002_ overlay. smil;
- 第三章 chapter_ 003. xhtml;
- 第一章视频 audio/mobydick_ _ 001_ 002_ melville. mp4;
- 简要目录 toc-short. xhtml。

```
- <manifest>
    <item id="font.stix.regular" href="fonts/STIXGeneral.otf" media-type="application/vnd.ms-opentype" />
    <item id="font.stix.italic" href="fonts/STIXGeneralItalic.otf" media-type="application/vnd.ms-opentype" />
    <item id="font.stix.bold" href="fonts/STIXGeneralBol.otf" media-type="application/vnd.ms-opentype" />
    <item id="font.stix.bold.italic" href="fonts/STIXGeneralBolIta.otf" media-type="application/vnd.ms-opentype" />
    <item id="toc" properties="nav" href="toc.xhtml" media-type="application/xhtml+xml" />
    <item id="copyright" href="copyright.xhtml" media-type="application/xhtml+xml" />
    <item id="titlepage" href="titlepage.xhtml" media-type="application/xhtml+xml" />
    <item id="cover" href="cover.xhtml" media-type="application/xhtml+xml" />
    <item id="cover-image" properties="cover-image" href="images/9780316000000.jpg" media-type="image/jpeg" />
    <item id="style" href="css/stylesheet.css" media-type="text/css" />
    <item id="aMoby-Dick_FE_title_page" href="images/Moby-Dick_FE_title_page.jpg" media-type="image/jpeg" />
    <item id="xpreface_001" href="preface_001.xhtml" media-type="application/xhtml+xml" />
    <item id="xintroduction_001" href="introduction_001.xhtml" media-type="application/xhtml+xml" />
    <item id="xepigraph_001" href="epigraph_001.xhtml" media-type="application/xhtml+xml" />
    <item id="xchapter_001" href="chapter_001.xhtml" media-type="application/xhtml+xml" media-overlay="chapter_001_overlay" />
    <item id="chapter_001_overlay" href="chapter_001_overlay.smil" media-type="application/smil+xml" />
    <item id="xchapter_002" href="chapter_002.xhtml" media-type="application/xhtml+xml" media-overlay="chapter_002_overlay" />
    <item id="chapter_002_overlay" href="chapter_002_overlay.smil" media-type="application/smil+xml" />
    <item id="xchapter_003" href="chapter_003.xhtml" media-type="application/xhtml+xml" />
    <item id="chapter_001_audio" href="audio/mobydick_001_002_melville.mp4" media-type="audio/mp4" />
    <item id="brief-toc" href="toc-short.xhtml" media-type="application/xhtml+xml" />
    <!--
       <item id="ncx" href="toc.ncx" media-type="application/x-dtbncx+xml"/>
    -->
  </manifest>
```

图 9-11　<manifest>元件语句

d. <spine>元件。该元件参照<item>清单以指定 EPUB 电子书内容的预设阅读顺序。<itemref>元件是<spine>中的子元件，表示出版物资源的顺序，在实例《白鲸记》中即预设了读者阅读顺序。<idref>必须定义<manifest>中的< item>；<linear>可选属性说明所参照的内容是否为主要的(见图 9-12)。

```
- <spine>
    <itemref idref="cover" linear="no" />
    <itemref idref="titlepage" linear="yes" />
    <itemref idref="brief-toc" linear="yes" />
    <itemref linear="yes" idref="xpreface_001" />
    <itemref linear="yes" idref="xintroduction_001" />
    <itemref linear="yes" idref="xepigraph_001" />
    <itemref linear="yes" idref="xchapter_001" />
    <itemref linear="yes" idref="xchapter_002" />
    <itemref linear="yes" idref="xchapter_136" />
    <itemref idref="copyright" linear="yes" />
    <itemref idref="toc" linear="no" />
  </spine>
</package>
```

图 9-12　<spine>元件语句

②. smil 音频文件

《白鲸记》解压后的 OPS 文件夹中有两个. smil 文件，是第一章和第二章的同步音频文件。将名为“chapter_ 001_ overlay. smil”的第一章音频文件后缀名改为. xml，通过网页打开查看其语句定义(见图 9-13)。

```
- <smil xmlns="http://www.w3.org/ns/SMIL"
    xmlns:epub="http://www.idpf.org/2007/ops" version="3.0">
  - <body>
    - <seq id="id1" epub:textref="chapter_001.xhtml"
        epub:type="bodymatter chapter">
      - <par id="heading1">
          <text src="chapter_001.xhtml#c01h01" />
          <audio src="audio/mobydick_001_002_melville.mp4"
            clipBegin="0:00:24.500" clipEnd="0:00:29.268" />
        </par>
      - <par id="word1">
          <text src="chapter_001.xhtml#c01w00001" />
          <audio src="audio/mobydick_001_002_melville.mp4"
            clipBegin="0:00:29.268" clipEnd="0:00:29.441" />
        </par>
      - <par id="word2">
          <text src="chapter_001.xhtml#c01w00002" />
          <audio src="audio/mobydick_001_002_melville.mp4"
            clipBegin="0:00:29.441" clipEnd="0:00:29.640" />
        </par>
```

图 9-13　SMIL 音频文件语句

<smil>元件是媒体层文件的根元件，其中<version>属性指明媒体层所符合的 SMIL 版本规格。

<body>元件是媒体层文件里内容呈现的起点，该元件是必要的。

<seq>元件包含要依序播放的媒体文件。<id>属性对媒体文件进行编号，是唯一的标识符；<epub：textref>属性指定了该媒体文件所对应的 EPUB 内容文件；<epub：type>属性是在 EPUB 内容文件中相对应的结构化语意表达式。

<par>元件包含了所要同步播放的媒体文件；<id>属性同样为唯一识别符；<text>元件通常是引用 EPUB 内容文件里的文字元件，是<par>元件的一个必要子元件；<src>属性对应 EPUB 内容文件的片段识别符；<audio>元件是<par>元件的另一个必要子元件，代表了一段音频媒体；<src>属性参照至音频文件的相对或绝对 IRI，音频文件必须符合 Publications 3.0 规范中所规定的音频格式；<clipBegin>属性指定了该媒体相对于一段音频片段的起始位置，而<clipEnd>属性则是结束位置。

总之，EPUB 3.0 版本电子书标准的制定与颁布在完善基本功能的同时加强了 EPUB 格式对多媒体文件的支持，为 EPUB 进一步推广奠定了坚实基础。目前，包括亚马逊、巴诺、索尼等在内的越来越多有影响力的公司均开始支持 EPUB 这一开放式电子书格式。

9.3.3 电子出版通用格式标准

多媒体电子出版和电子书需要一种标准化或通用的格式，以便在作者、数据配备者(Data Preparer)、出版者和读者之间进行数据交换。为此，国际电工委员会(International Electrotechnical Commission，IEC)于 2007 年 4 月发布了电子出版通用格式(Generic Format for E-publishing)国际标准(IEC 62448-2007)，以规范多媒体电子出版和电子书格式。2009 年 2 月，IEC 发布了 IEC 62448-2009 版，对第一版进行了修订和修改并增加了一些新内容；2013 年 11 月，IEC 发布了 IEC 62448-2013 版，撤销了 IEC 62448-2009 版本。2017 年 11 月，IEC 62448-2017 替代 IEC 62448-2013，成为最新版(4.0)的电子出版通用格式标准。

9.3.3.1 通用格式的逻辑结构

IEC 62448-2017 将多媒体电子出版的格式划分为提交格式(submission format)、通用格式(generic format)和阅读器格式(reader's format)3 类，共同服务于作者、数据配备者、出版者和读者之间的数据交换。内容提交格式用于作者和数据配备者之间的数据合作和交换；通用格式主要用于数据配备者和出版者之间的数据交换；阅读器格式取决于阅读终端设备(见图 9-14)。其中数据配备者对电子书内容进行创作和编辑，将作者提交的文字、图表、音频和视频等数字内容加工成通用格式电子书后提供给出版者，出版者将通用格式电子书修改成专用阅读器格式电子书后进行发行。

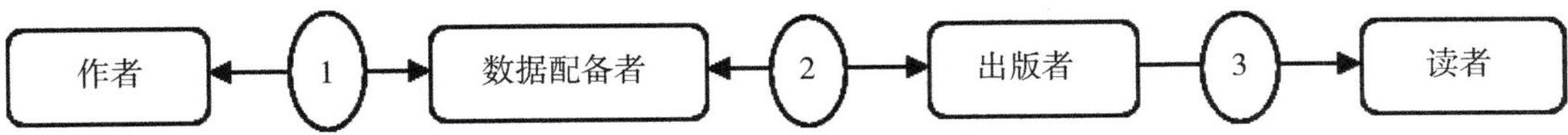

图 9-14 多媒体电子出版的内容创作与分销模型

要成为多媒体电子出版的通用格式必须具备以下几个条件：首先，通用格式必须具有容易修改的逻辑结构；其次，通用格式的逻辑元素必须能够适应某种阅读器格式的特殊规格要求；再次，通用格式必须具有多样性的结构体系以满足多媒体电子书出版内容的多样化需要；最后，通用格式必须支持某种元数据以便于对电子书数据进行管理。也就是说，在支持某种元数据的前提下，通用格式还必须具备可修改、可扩展和多样性等特点。通用格式的逻辑结构为 ebook-g，其结构式如下①。

```
default namespace = "http://tc100.iec.ch/2005/ebook/generic"
start = ebook- g
ebook- g = ebook- g- core
    | external "bbebxylog.rnc"
    | external "xmdf.rnc"
    | external "esp.rnc"
ebook- g- core = meta- g & body- g
meta- g = external "meta- g.rnc"
body- g = element body- g {body}
body =
    title* ,
    foreword* ,
    introduction* ,
    titled- clause+,
    annex* ,
    bibliography*
title = element title {
    element main { text },
    element sub { text }?
    }
foreword = element foreword { text }
introduction = element introduction { block+ }
titled- clause = element clause { id, title, clause- content }
clause- content =
    (titled- clause, titled- clause+) | untitled- clause- content
untitled- clause- content = (untitled- clause, untitled- clause+) | block+
untitled- clause = element clause { id, untitled- clause- content }
```

① IEC 62448-2017：Generic Format for E-publishing[S]. IEC publication，2017：14-17.

```
referenced- document =
      element referenced- document {
      id,
      element abbrev { text },
      element title { text },
      element field { text }* ,
      element url { xsd:anyURI }
      }
annex =
      element annex {
      id,
      title,
      clause- content
      }
bibliography = element bibliography { referenced- document+ }
block = p | ol | ul | example | note | pre | float
p = element p { inline }
float = table | figure
table = external "table.rnc"
figure = external "figure.rnc"
ol =
      element ol {
      element li { id, block+ }+
      }
ul =
      element ul {
      element li { block+ }+
      }
example = element example { p+ }
note = element note { p+ }
pre = element pre { pre- content }
pre- content =
      (text
       | element var { pre- content })*
inline =
      (text
```

```
        | element code  | b  | i  | var { inline }
        | ref
        | strong)*
ref =
       element ref {
       attribute to { xsd:IDREF }
       }
id = attribute id { xsd:ID }?
strong = element strong { text }
```

利用 ebook-g 逻辑结构开发的实际使用的多媒体电子出版格式是 BBeB Xylog、XMDF 和 ESP，它们是 IEC 62448 认可的电子书标准格式。

9.3.3.2　BBeB Xylog 电子书格式

BBeB Xylog 是一种专有的电子书文件格式，是由索尼和佳能公司共同开发的。其扩展名包括. LRS、. LRF、. LRX 等。该格式文件遵循 XML、HTML 等格式规范，为电子书制作提供了专业工具。

(1)BBeB 版块设计。BBeB 采用版块设计(Block Layout)理念进行电子书设计与制作，不同的内容被显示在一定区域内，这些区域称为"版块"。布局是指将不同的版块安排在相应的位置。BBeB XML Xylog 文件格式基于"版块设计"概念模型定义了应用规则(见图 9-15)。

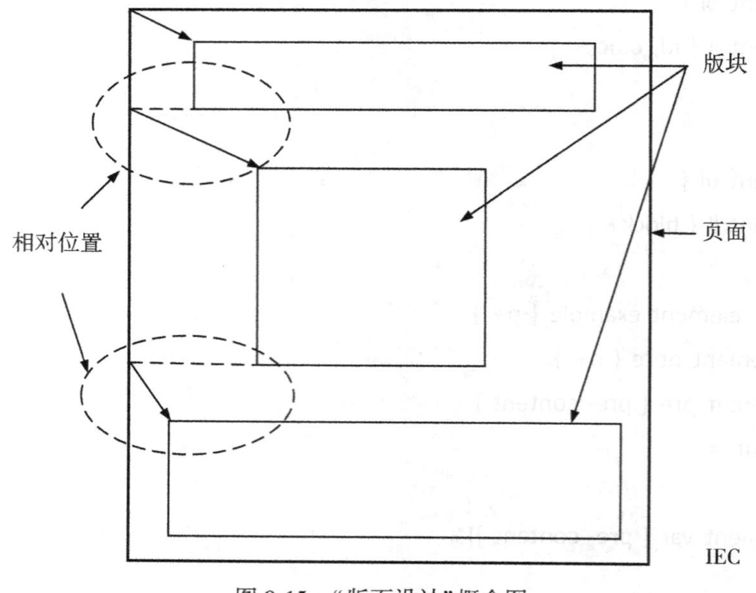

图 9-15　"版面设计"概念图

BBeB 的“版块”包括文本版块(TextBlock)、图片版块(ImageBlock)、按钮版块(ButtonBlock)等。作为页面元素的次级元素，这些版块在 BlockSpace 元素的作用下，被安排在页面上的相对位置。每一个版块主要涉及渲染区域(Rendering Area)、顶部距离(Topskip)、侧面距离(Sidemargin)、底部距离(Footskip)、版块高度(Blockheight)、版块宽度(Blockwidth)、段落切割(Parindent)和段间距离(Parskip)等元素的设计和确定，以合理安排版块位置(见图 9-16)。

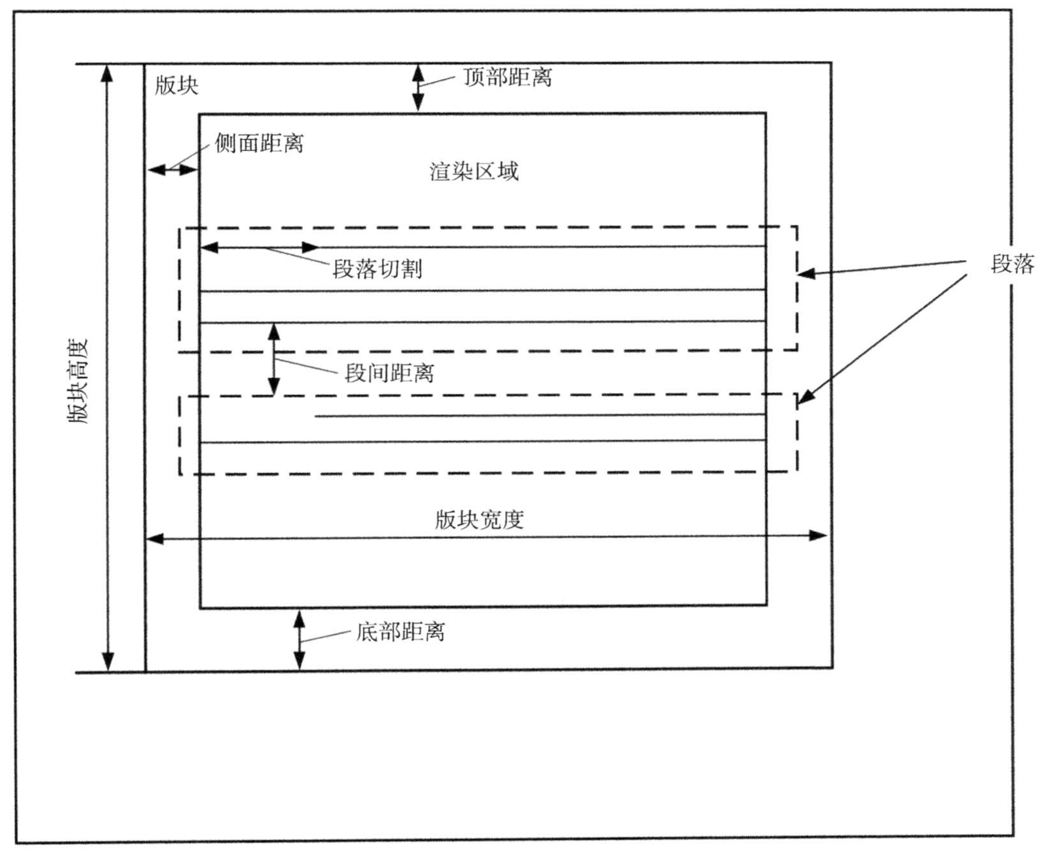

图 9-16 版块设计图示

将不同版块合理安排在同一个页面上即为页面设计(Page Layout)。在进行页面设计时要考虑屏幕尺寸(Screen Size)、顶部边缘距离(Topmargin)、标题区域(Header area)、标题高度(Headheight)、标题与内容区域间距(Headsep)、主要文本区域(Main Text Area)、文本区域高度(Textheight)、文本区域宽度(Textwidth)、主要文本区域底部与页脚底部距离(Footheight)、页脚高度(Footheight)、奇数页页边距(Oddsidemargin)和偶数页页边距(Evensidemargin)等元素(见图 9-17)。

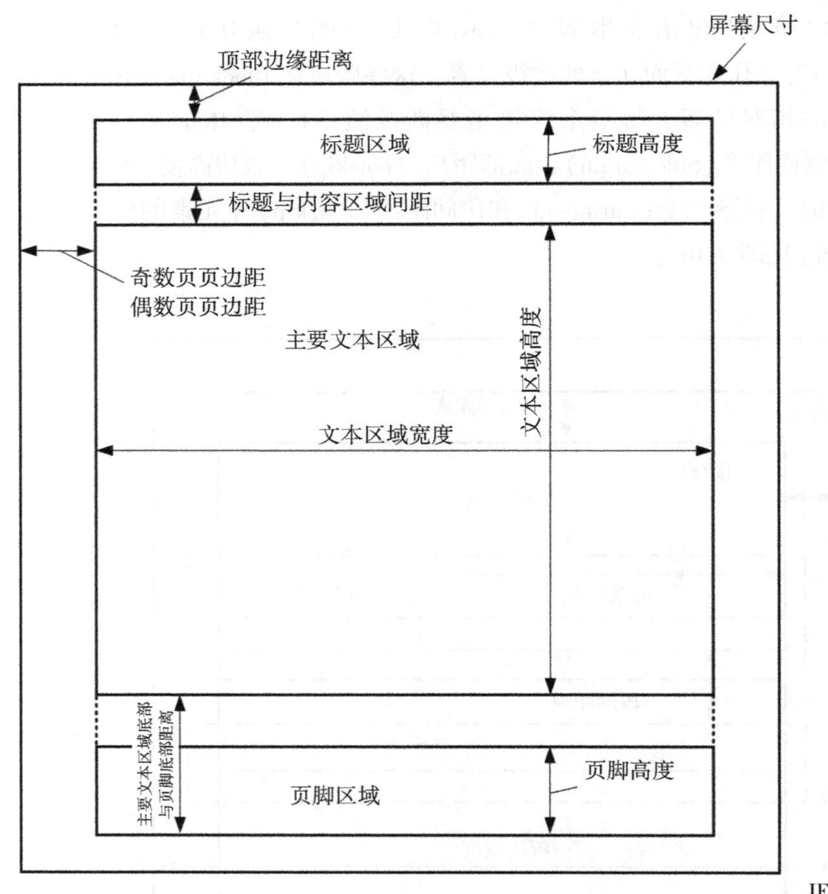

图 9-17　页面设计示意图

(2)BBeB 电子书格式的元素属性。BBeB 电子书格式的元素包括两类。一类是常用元素，包括 BBeBXylog 等元素在内，一共 86 个。部分常用元素还设有次级元素。另一类是在特定条件下使用的保留元素(Reserved Elements)，一共 24 个。对每一个元素，BBeB 都从属性名称(Attribute name)、省略值(Default value)、数据类型(Data type)和注释(Comments)对其属性进行描述。如用于说明内容的书目信息和补充信息的"Info"元素，其属性参见表 9-7。其中版本属性用于表示内容的书目信息格式的版本，数据格式为字符串，版本为 1.0 版本。

表 9-7　Info 元素的属性

属性名称	默认值	数据类型	附注
Version (required)	-	String	Defines as "1.0".

从显示效果上看，BBeB 格式在阅读器上的阅读效果好于一般 PDF，且不出现小字体淡化的问题，并支持小、中、大(S、M、L)3 种放大形式，打开和翻页也比较快。只是该格式不属于开发格式，因而其使用受到一定限制。截至 2010 年 7 月，索尼电子书商店表示，它们不再使用 BBeB 格式，并且已将所有书籍转换为 EPUB 格式。

9.3.3.3 XMDF 电子书格式

XMDF(Xtending Mobile Document Format，扩展移动文档格式)这一多媒体电子书格式是以高速加密算法为核心、基于国际标准 XML 描述语言生成的富文本文档格式。其是由夏普公司开发的，不仅具有高速访问及节省内存的数据结构特点，而且支持自动排版功能以满足出版商需要，简化了出版商对电子书内容的生成工作。该格式广泛应用于日本小说和漫画的电子版，用户可在智能手机、PC 和电视上观看 XMDF 格式电子书。

电子书内容通常是由一系列联系在一起的流(Flow)组成。如何划分流以及流的大小完全由数据整理人员决定，一份报纸的每篇文章可以是一个流，一篇小说的每一章可以是一个流。也可以将全部内容视为一个流，但必须将其标注为大流或特大流。对于每一个流，XMDF 用基于 XML 语言描述的树状结构进行描述(见图 9-18)。

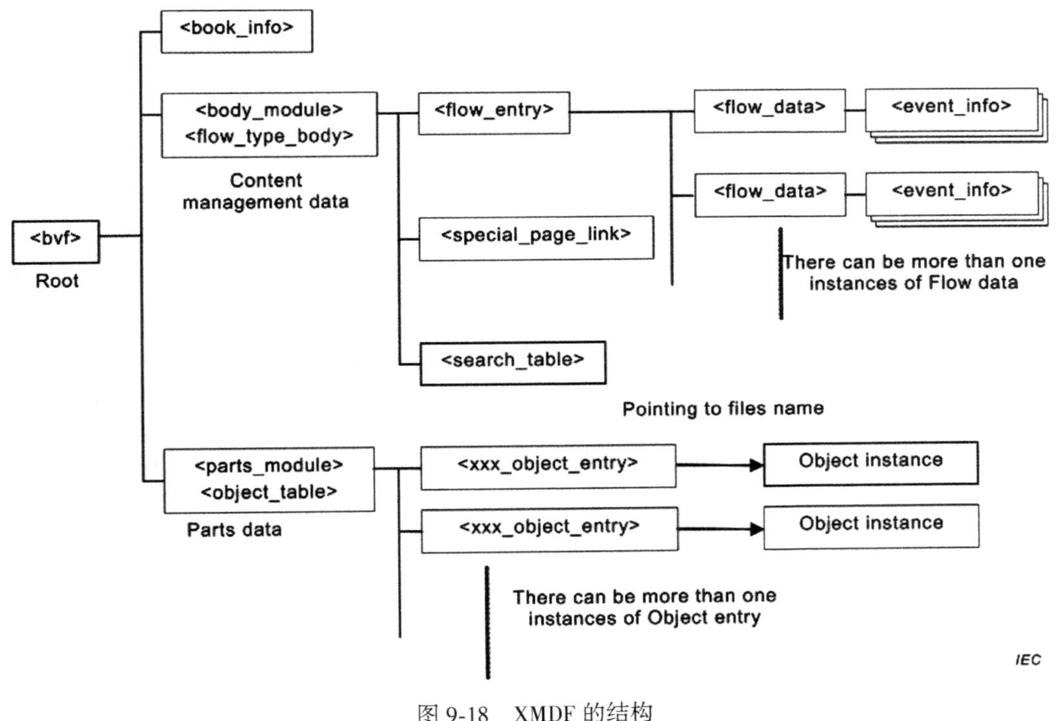

图 9-18　XMDF 的结构

每一个文件的根下都由“图书_信息”(book_info)、“内容管理信息”(Content

management data)和“部件数据”(Parts data)3 个模块组成，每一个模块中又包含一些子元素，关于电子书的各种信息都储存在这些模块中(见图 9-19)。其中，内容管理数据模块包含根据注册目标决定内容的“流_ 数据”(Flow_ data)，页面链接等功能性信息则被记录在“事件_ 信息”(event_ info)中。部件数据模块的内容都被记录在“对象实例”(object instance)中，而“对象实例”则被登记在“对象_ 条目”(object_ entry)中，并与身份信息和其他辅助信息等一起转变成可以显示和不可显示的数据。XMDF 电子书格式包括多个元素，用户在进行电子书制作时，可以根据实际需要选择使用。

```
<?xml version="1.0" encoding="UTF-8" ?>

<bvf id="1234" id-type="...">

        <book_info>
        ...                <!-- Bibliography comes here -->
        </book_info>

        <body_module>
        ...                <!--  Flow data comes here -->
        </body_module>

        <parts_module>
         ...               <!-- Objects are registered here -->
        </parts_module>
</bvf>
```

图 9-19　基于 XML 的 XMDF 电子书

9.3.3.4　ESP 电子书格式

ESP 格式是一种用于电子书的数据交换格式，旨在使内容的长期重用成为可能，而不受限于目标终端设备。ESP 格式主要是作为电子书部署到各种终端和平台之前的一种过渡格式。在制定 ESP 规范时，为了使电子书数据能够长期重用，同时保持足够的能力来描述现有电子书，将电子书内容和排版风格进行分开设置。

ESP 格式的内容以 XML 格式进行描述，且须准备一个描述样式数据的文件指定如何显示内容。构成 ESP 格式的数据大致可分为表 9-8 所示的类别，不同类型的数据分别存储在一个单独的文件中，使用表中的根元素进行区分。其中，“主体_ 数据”(Body data)、“书目_ 数据”(Bibliography data)、“目录/项目_ 数据”(Table of contents/item data)为必要项。因此，每个内容项中至少包含 3 个文件(当内容不包含样式数据时)或 4 个文件(当内容包含样式数据时)。此外，表示 Table of contents/item data 的 XML 文件名固定为 package. xml。除上述数据外，如果数据中有指定的图像、音频、视频等数据，也应包含在内。

表 9-8 ESP 格式的结构

数据类型	架构名	后缀名	根元素	是否必须
Body data	eif. xsd xml. xsd	xml	html	✓
Bibliography data	eif. xsd xml. xsd	xml	bibliography	✓
Global settings data	eif. xsd xml. xsd	xml	global_ setting	
Table of contents/item data	eif. xsd xml. xsd	xml	package	✓
Search table	eif. xsd xml. xsd	xml	search_ table	
Style data		css		

值得注意的是，ESP 格式规范中对文件目录结构没有明确的规定。ESP 文件夹结构示例如图 9-20 所示(除 package. xml 之外的文件名为示例)。在放置文件的过程中，对于每项内容，应将其放在对应的文件夹中，而不应将非此项内容元素的文件放在该文件夹中。

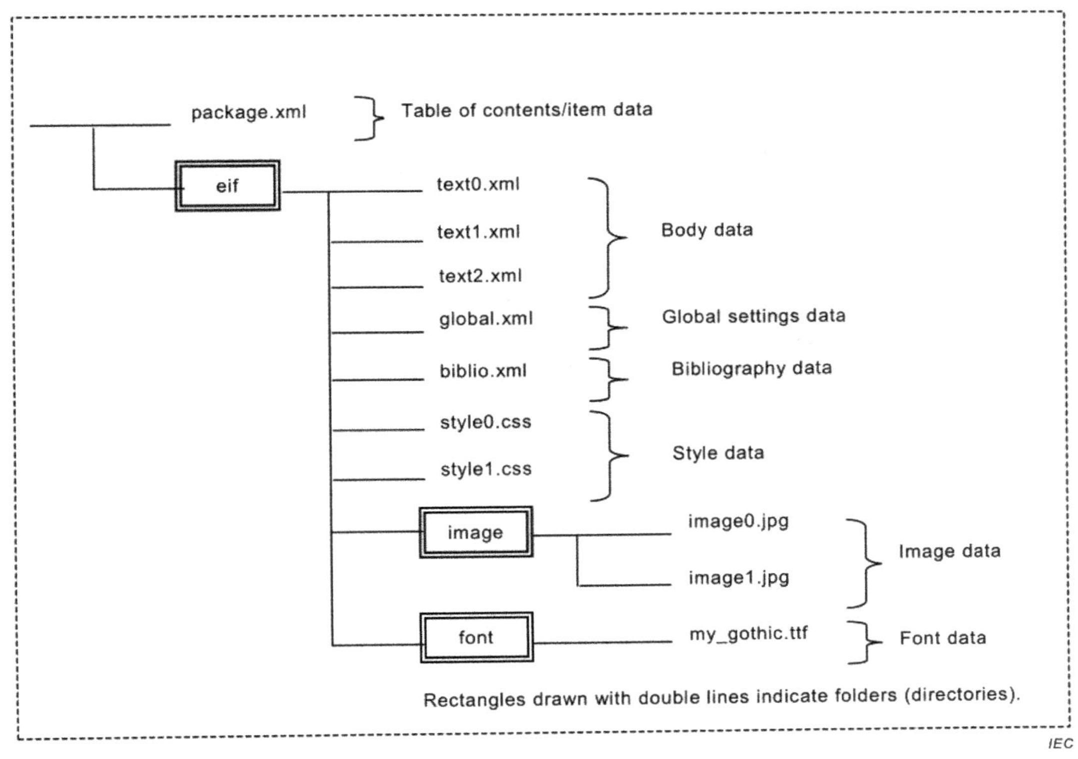

图 9-20 文件目录结构示例图

本章关键术语

标准　数字内容描述　ONIX for Books
CNONIX　学习对象元数据　SCORM
数字内容组织　统一资源定位器　SFX
信息检索应用服务定义与协议规范　初始化机制　数字内容发布
EPUB　电子出版通用格式标准

简答题

1. 简述学习对象元数据的特点。
2. 简述 OpenURL 的运行方式。
3. 简述 SFX 机制的组成部分。
4. 简述 Z39.50 的发展历程。
5. 简述多媒体电子出版的格式。

思考题

1. 在媒介融合的影响下，出版领域所发生的变化是深刻和多样的，并且将继续处于动态变化之中。在这样的背景下，你认为一个合格的数字出版标准应具备哪些特质？对数字出版产业又有哪些重要意义？

2. 数字出版是一个技术与内容结合的新兴产业，无数大小、能力不一的新进入者正在踏入这个领域。你认为在数字出版标准的制定过程中，需要重点关注哪些主体的需求？

《不断做强做优做大我国数字经济》

《推动我国新一代人工智能健康发展》

《实施国家大数据战略加快建设数字中国》

《推动我国信息网络快速健康发展》

《习近平对宣传思想文化工作作出重要指示》

第 10 章　数字出版教育与培训

习近平总书记在二十大报告中指出，人才是全面建设社会主义现代化国家的基础性、战略性支撑，必须坚持人才是第一资源的理念，深入实施人才强国战略，以开辟发展新领域新赛道，不断塑造发展新动能新优势。在数字出版发展过程中，人才同样是事业和产业发展壮大的核心竞争力和决定性要素，出版融合和数字出版的高度发展离不开人才建设与培养。

《出版专业技术人员职业资格管理规定》

《关于加快我国数字出版产业发展的若干意见》

10.1　背景和需求

人才是推动数字出版产业发展的根本保证，但目前我国数字出版产业人才需求和出版人才供给产生了鸿沟和错位。“培养人”“培养什么样的人”“怎样培养人”成为现阶段我国数字出版业急需考虑的问题。

《关于开展“数字出版千人培养计划”试点培训工作的通知》

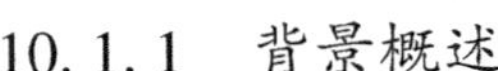

10.1.1　背景概述

《深化新闻出版体制改革实施方案》

2016 年 3 月，《中华人民共和国国民经济和社会发展第十三个五年规划纲要》明确将“数字出版”列入国家五年规划纲要[①]。次年 9 月，国家新闻出版广电总局发布《关于开展“数字出版千人培养计划”试点培训工作的通知》，旨在培养一批面向新闻出版业未来发展需要的创新型、复合型高级人才和数字出版业务骨干队伍[②]。2017 年，武汉大学和北京印刷学院承担国家新闻出版广电总局“数字出版千人

《中华人民共和国国民经济和社会发展第十三个五年规划纲要》

① 李蓬. 数字出版人才短缺的困境与对策[J]. 产业与科技论坛，2018，17(19)：268-269.

② 关于开展“数字出版千人培养计划”试点培训工作的通知[EB/OL].[2021-10-01]. http://www.gapp.gov.cn/sapprft/contents/6588/349032.shtml.

培训计划”试点培训工作，成效显著。① 在之后的多个国内外会议、论坛上，产业界和学界专家、学者们也多次强调数字出版人才培养的重要性。与国内相比，国外对数字出版人才的培养虽然也强调政府作用，但主要还是由教育机构与企业主导。例如，由安格利亚鲁斯金大学（Anglia Ruskin University）等英国 15 所院校成立的出版教育协会（Association for Publishing Education，APE）定期召开会议，探讨数字出版教育和课程设计等问题。美国出版商协会（Association of American Publishers，AAP）下属高等教育委员会（Higher Education Committee）与高校和培训机构等合作提供教育数字化方案，为学生提供数字出版相关的教学。另外由美国、加拿大、英国、澳大利亚和法国共同组建的国际出版教育协会（The International Association for Publishing Education，IAPE）也为各国图书出版相关的教育组织、学术及专业机构搭建交流平台，以促进数字出版人才培养。

近些年，在政府和数字经济驱动下，我国数字出版人才需求急剧增加。数字出版产业面临人才供给短缺和职位分布失衡带来的巨大挑战。2015 年，杭州市将数字内容产业人才列入《杭州市 2015 年度信息（智慧）经济产业紧缺人才需求目录》，数字内容产业人才净雇佣前景指数达 50%②。这在一定程度上说明了企业对数字出版行业的发展持乐观态度，且迫切需要数字出版人才。③ 2018 年，清华大学经济管理学院互联网发展与治理研究中心联合领英（LinkedIn）发布《中国经济的数字化转型：人才与就业》报告。报告按价值链流程，将我国数字人才按职能分为数字战略管理、深度分析、产品研发、先进制造、数字化运营和数字营销 6 类，认为我国 85%以上的数字人才主要集中在产品研发职位，深度分析、先进制造和数字营销等岗位的人才占比总和不到 5%，且约 50%的数字人才分布在计算机、互联网、通信等信息通信技术（Information Communications Technology，ICT）基础行业，数字人才职位分布明显失衡。目前数字人才需求最多的职位是产品研发和运营类，技能需求更加看重技术、管理、领导力的综合技能。④ 英美等国已建立较为完备的数字出版教育和培训体系；但国外数字出版人才培养同样面临人才短缺和岗位失衡的困境。相关调查显示，数字人才缺口是当今世界各行各业都面临的挑战。根据凯捷咨询公司（Capgemini）和领英 2017 年 10 月发布的《数字人才缺口——企业做得够吗?》报告，55%的机构称数字人才缺口正在扩大。其中网络安全人才缺口最大，为 68%；而精通网络安全的求职者仅为

---

① 徐丽芳，赵雨婷. 与改革同行：武汉大学出版学高等教育发展研究［J］. 出版科学，2019，27（1）：13-19.

② 所谓净雇佣前景指数，是国际通用的衡量雇佣市场活跃程度的指标，由期望增加雇佣数量的雇主比例减去期望减少雇佣数量的雇主比例而得。正数表示大多数雇主预期增聘人手，而负数则表示大多数雇主有意减少雇佣活动。

③ 徐丽芳，曾李，张力. 我国数字出版人才需求与本科专业建设初探［J］. 中国编辑，2017（1）：56-61.

④ 《中国经济的数字化转型：人才与就业》报告 | 发布［EB/OL］.［2021-10-01］. https://www.sohu.com/a/217498244_468714.

43%，供给小于需求。①

数字出版产业的高速发展催生了市场对数字出版人才的更多需求。这不仅体现在对数字出版人才数量的需求上，更体现在对数字出版人才结构和素质的需求上。当下数字出版人才教育和培训的出发点在于满足社会对数字出版人才在数量、结构和素质方面的需求。

10.1.2 人力资源数量需求

在新技术推动下，出版流程、产品形态、服务方式等都发生了根本性变革。在国家相关政策法规指引下，我国出版行业正在经历由传统出版向数字出版的转型，由此导致对数字出版人才大量、急迫的需求。

从国家层面看，在我国数字出版产业高速发展的同时，出现了较大的数字出版人才缺口。根据《2019—2020中国数字出版产业年度报告》，2019年国内数字出版产业整体收入规模为9881.43亿元，较上一年度增长11.16%。持续蓬勃发展的数字出版产业催生了对数字出版人才的巨大需求。并且，随着我国传统出版企业向数字出版企业转型的速度加快，出版人才增量也逐步向数字出版类岗位倾斜，其他人才需求岗位也提出了数字化技能的要求。从地理位置上看，数字出版人才需求目前主要集中在北京、上海、广州、深圳等一线城市，以及"东大西小"的特征。整体来看，数字出版产业越发达的地区，对数字出版人才的需求越大。

从出版企业看，数字出版人才稀缺，需求缺口较大。在前程无忧以"数字出版"为关键词搜索岗位信息，发现截至2021年9月30日共出现200条左右的职位信息，缺人、招人成为出版企业数字出版部门甚至互联网企业的常态。数字出版相关职位主要集中在产品销售/推广、新媒体运营、内容策划、数字编辑、平面设计、抖音主播等，职位需求呈现多样化特点，且技术类职位最为紧俏。从人才来源来看，我国企业的数字出版技术人才主要来源于面向高校进行人才招聘(83.7%)、企业内容员工转岗(67.5%)、从互联网企业引进(28.7%)、从软件公司引进(23.8%)、从其他出版单位引进(17.5%)。这说明我国当前数字出版企业主要有"用新人"(高校招聘)和"用熟人"(内部转岗)2种用人思路；从人才需求来看，我国数字出版技术人员的数量整体较少，6.2%的公司不足5人，42.5%的公司为5~10人。② 数字出版技术人才占全社总人才的比例普遍不高，数字人才储备严重不足。但是近两年来由于受疫情、经济环境以及996工作制等影响，部分人更愿意追求相对稳定有保障的工作状态。从这个角度而言，契合这类需求的出版行业对各类人才的吸引力有所

---

① Capgemini and LinkedIn release new report on the digital talent gap: Employees are investing their own resources to remain competitive[EB/OL]. [2021-10-01]. https://www.capgemini.com/news/capgemini-and-linkedin-release-new-report-on-the-digital-talent-gap-employees-are-investing-their-own-resources-to-remain-competitive/.

② 朱军，张文忠. 我国数字出版专业技术人才需求现状调查研究[J]. 新闻世界，2020(8)：77-81.

回升。

10.1.3　人力资源需求结构

当前我国数字出版人才主要来源于传统出版企业内部员工转岗、高校招聘、从软件公司和互联网企业引进等。其中，传统编辑转型是我国当前数字出版人才来源的主要形式；其次是面向高校招聘。整体而言，数字出版从业人员占企业总人数比例较低。在传统出版企业中，这一点更为明显。但数字出版人才稀缺并不说明该类型人才不受重视；相反地，正好说明我国数字出版人才的稀缺程度较高。

数字出版由于是互联网环境下诞生的新型产业形态，对于新技术和新技能要求较高，因而对从业人员的技能和素质要求也相应较高。根据出版企业对数字出版人才主要需求的调查，分别有 70.82%、61.92%、53.38%、44.13%、41.64%、35.59%和 34.52%的企业需要内容策划与编辑人才、产品设计开发人才、市场营销人才、综合性管理人才、平台运维人才、高端领军人才、数据分析与管理人才①。数字出版应用型人才，尤其是应用型高端技术人才市场需求较大。另外，随着出版产业融合和多元化发展速度加快，数字出版人才行业需求转向对全面融合型和复合型人才的需求。有研究者将数字出版融合型人才定义为具有技术理解力和技术自信心，具有行业专长，能够面向行业和社会服务，能进行内容策划，并擅长内容运营的人才。② 就岗位而言，目前市场上出现了许多与数字出版和融合发展相关的内容生产岗位，包括数字出版部门主任、产品经理(专员)、数字策划编辑、数字出版项目策划、数字出版编辑、新媒体编辑等③。

10.1.4　人员素质要求

随着我国数字出版产业的发展壮大，对复合型人才的需求急剧增加。有学者在调查了 426 家用人单位，97 种(数量为 4759 个)岗位要求后，指出数字出版人才素质依重要性排序依次是工作经验、对传媒行业的热情、文字功底、策划能力、抗压能力、学习能力、善于沟通(社交能力)、团队合作精神、严谨与认真态度、外语(英语)水平、责任感、新闻行业敏感度、执行能力强、技术(软件)能力和知识面④。

(1)过硬的专业知识。该要求不仅包括平面媒体、网页媒体和流媒体内容设计、编辑与制作等能力，利用社交网络等新媒体交互平台、针对数字出版用户进行整合营销的能

---

① 段弘毅. 我国数字出版人才现状与需求分析[J]. 出版科学，2017，25(3)：19-24.

② 人工智能+数字出版，未来会形成怎样的媒体新业态？[EB/OL]. [2021-10-01]. http://www.dajianet.com/digital/2017/0808/218864.shtml.

③ 李文瑛，刘华坤. 媒体融合下出版人才需求分析与培养思考——以百道网招聘专区为例[J]. 北京印刷学院学报，2017，25(3)：28-33.

④ 王海峰. 需求分析视角下地方高校数字出版专业人才培养思路[J]. 长春大学学报，2018，28(12)：68-73，98.

力，根据用户需求利用多媒体与动画设计工具制作数字出版物的能力，而且包括对海量出版信息资源的采集、挖掘、分析、利用和管理能力，以及了解并掌握数字环境下采取版权保护相应技术手段的能力。数字媒体的扩张催生了对高度专业化出版技能的需求。不同岗位需要不同的专业知识；数字出版人才应根据自我岗位期望培养相应专业能力。作为营销人员，需要树立与时俱进的新媒体思维方式，并将其运用在用户行为分析、个性化服务、关系营销等方面；作为技术人员，需要知道如何将用户需求转化为相应的产品需求，并利用相应的软件工具实现数字出版物设计与开发；作为版权人员，需要深入理解并掌握DRM系统，以及数字签名(Digital Signature)、加密、防拷贝等技术；作为市场人员，需要从海量以不同媒介形式存在的数据中获取有价值的信息内容并对其进行有效的分析、利用和管理，以制定相宜的市场拓展计划；作为编辑人员，既需要掌握基于纸质载体的平面编创能力，更需要具备互联网环境下的超文本编创能力，包括但不限于掌握XML、HTML等标记语言，方正飞腾、Indesign和Pagemaker等编辑排版软件，Adobe Audition、Adobe Premiere Pro等音视频编辑软件，Photoshop、Illustrator与CorelDraw等图像设计软件，Adobe Dreamweaver、Adobe Flash、Adobe Firework等网页制作软件，等等。

(2)非专业知识和技能。在融合发展大背景下，各出版单位开始要求数字出版人才需具备除专业技能以外的其他知识和技能。出版机构的管理人员曾表示数字出版企业需要"专业+"人才，即在某一方面有很精准的技能外，同时拥有其他方面的知识。如对于数字出版人才，传统出版社倾向于招聘熟悉传统出版流程，有一定技术素质，懂得基本编程，有一定运营能力的人才。

(3)浓厚的职业兴趣。职业兴趣一直是个人择业的关键因素，也是岗位招聘中日益重要的决定因素。浓厚的出版工作兴趣首先可能表现为对出版工作存在敬畏之心。当代数字出版业急需的人才必须要对出版行业的内涵和价值有认识、要对出版的内容和传播有情怀、要对新技术有敏感性、要有处理内容的合格业务能力；其中，极为关键的素质就是对出版行业的认识和情怀。①

(4)较强的学习和创新能力。网络时代如何塑造较强的学习能力，成为摆在各行业人才面前的艰难问题。数字出版产业作为创意产业，对数字出版人员的学习和创新能力提出了较高要求。作为数字出版人，需要具备独立思考能力和敢于尝试新鲜事物的精神。在高速发展的互联网时代，出版理念、内容生产、商业模式、运营方式等都在迅速更新迭代；而创新是突破瓶颈，占领产业"高地"的最佳路径。在这种时代背景下，掌握编辑、运营、技术的应用型、复合型、外向型且具有较强学习和创新能力的人才，将更受企业青睐。

10.2 美英数字出版教育与培训

从世界范围来看，美、英出版学高等教育起步较早，发展速度较快，几十年来源源不

① 周敏琳. 我国出版行业人才队伍建设研究[D]. 南昌：江西财经大学，2017：28.

断地为各自国家的出版业输送了众多具有良好专业素养和职业技能的高级专门人才。

10.2.1　概　　述

世界出版教育的发展走过一段曲折的路程。直到20世纪90年代，虽然英美高校开设了一定数量的出版课程，但始终没有得到业界的普遍认可。当时一种普遍的看法是，出版业务中最重要的创造性与创业技能是无法从书本上学到的。然而，伴随出版商业与技术环境的深刻变革，出版业务中相关问题的复杂性已大大超过以往；尤其在当下数字技术不断渗透的状况下，数字出版教育和培训的重要性更加凸显。

在这样的背景下，欧美等国纷纷顺应数字出版产业发展潮流，并结合自身国情逐步对出版学专业教育进行改革。高校往往在原有出版学专业课程体系中加入更多数字技术课程，以提升出版学专业学生对于新型数字技术的理解和应用。在英美等发达国家，数字出版与新媒体专业教育体系已初步建立，主要体现在官方性质的专业教学目录中已明确设立数字出版内容；另外，部分高校已成立数字出版专业。由于其跨学科性质，数字出版专业普遍由不同学科背景的院系建立，并为学院相关领域培养复合型人才。

以英美为代表的出版业发达国家还专门开设了新媒体、数字传播等专业，间接为数字出版行业提供人才。20世纪90年代，美国一些新闻院校逐步开设新媒体专业课程或者研究项目，威斯康星大学麦迪逊分校(University of Wisdoms in Madison)新闻与传播学院最先开设电子编辑和制作专业。1994年，南加州大学(The University of Southern California)新闻系开设实验性的新媒体课程，其后陆续有学校跟进。英美新媒体专业教育在教学过程中注重新媒体思维的养成，要求学生从更为宽广的视野看待技术对产业的影响，而非单纯的技能训练；同时，极为重视以实践为导向，更多开设“项目”类课程，以形成理论与实践的良性互动。

除专业教育外，行业培训也为数字出版行业提供了不少人才。美国最早的出版培训可追溯至1947年在坎布里奇(Cambridge)拉德克利夫学院(Radcliffe College)创立，此后以“拉德克利夫出版课程”著称于世的出版培训班。1976年，丹佛大学开设暑期出版培训班。它的培训课程(Denver Publishing Institute，DPI)为4周全日制式，邀请出版领域的专家为打算致力于图书出版事业的人士授课①，毕业生超过3000人。在美国，非正规出版教育和培训非常普及，主要举办机构有大学、公司、协会、专职培训机构，但仍以大学暑期课程和专职培训机构为主。英国的数字出版培训机构则相对较为广泛，包括大学、协会、企业等。

10.2.2　数字出版高等教育

英美是全球出版业价值高地，产业发达，行业巨头林立，出版学高等教育也在全球居于领先地位。近年来，英美出版学教育机构加大数字出版研究与教学比重，为产业发展和

---

① 叶新，刘梦楠. 当今美国的出版高等教育[J]. 出版参考，2005(16)：33.

人才培养提供重要支撑。①

10.2.2.1 美国数字出版高等教育

20世纪60年代前，由于图书生产规模小、产品杂多、创造性强，出版教育一直采用师徒相传、边干边学的职业教育方式。随着科学技术和经济迅速发展，社会对与出版业相关的专业人员需求增加。在这种背景下，传统师徒相传的教育方式逐渐式微，美国现代出版学教育与培训体系开始形成。②“拉德克利夫出版课程”(Radcliffe Publishing Course)③后来发展成为哥伦比亚大学(Columbia University)出版学专业。该学院的出版课程开创了美国出版学教育的先河，而后其他学校相继开设出版类课程。美国出版学教育的真正兴起70年代开始。1977年美国出版商协会(Association of American Publishers, AAP)教育委员会(American Council on Education, ACE)发表《出于偶然的专业人员》报告④。此后，出版学教育活动进入稳步发展阶段。随着数字化技术的成熟，越来越多大学开设数字出版专业或设置数字出版方向；但在研究生教育阶段，仅纽约大学将其专业命名为“数字与印刷媒体”(Digital and Print Media)，其他高校更多是在原有出版学专业的基础上开设数字出版方向(见表10-1)。迄今为止，美国出版学教育已经形成学位教育、暑期培训班、职业发展培训班、在线教育、远程教育、内部培训和实习项目等较为完善的多形式、多层次教育模式。相比于国内出版教育，美国的出版学教育更注重职业性和实践性，以培养应用型人才为主，特别是具备出版学基本知识和基本技能的专业人才以及具备利用现代信息技术进行印刷出版发行的应用型、复合型人才。

表10-1 美国出版学专业研究生高等教育

序号	学校	学位	专业方向
1	纽约大学	MS	数字与印刷媒体(Digital and Print Media)
2	爱默生学院	MA	出版与写作(Publishing and Writing)
3	乔治·华盛顿大学	M. P. S	出版(publishing)
4	佩斯大学	MS	出版(Publishing)
5	罗斯蒙特学院	MA	出版(Publishing)
6	休斯敦-维多利亚大学	MS	出版(Publishing)

① 王晓光，凌宇翔，刘晶. 北美出版高等教育课程体系调查研究[J]. 出版发行研究，2017(4)：91-95.

② 张志强，万婧. 美国出版研究生教育略述[J]. 编辑学刊，2005(6)：4-8.

③ 张建凤. 欧美出版教育产学研一体化的三层面[J]. 出版广角，2016(15)：15-17.

④ 付秋玲，王大庆. 国外图书出版业的培训模式及其启示[J]. 科技与出版，2010(3)：8-11.

续表

序号	学校	学位	专业方向
7	德雷克塞尔大学	MA	出版(Publishing)-停止招生
8	波特兰州立大学	MA	图书出版(Book Publishing)

说明：M. P. S.，专业研究硕士(Master of Professional Studies)的缩写。

美国出版学教育界十分认同原普林斯顿大学出版社(Princeton Press)社长小赫伯特·S. 贝利(Herbert S. Bailey)在1995年出版的《图书出版的艺术与科学》中提出的观点：“出版并不是像数学、政治、经典著作研究那样的理论性学科，而是一种实践性很强的活动和加工处理过程”①。这也体现在美国出版学专业课程设置上(见表10-2)。美国大学出版学专业课程设置几乎涉及出版流程的所有环节，并强调对出版经济、出版业发展势态的宏观把握。在数字出版相关课程设置上，8所高校的必修课程比重相对偏低，且都注重数字出版实践教学。如德雷塞尔大学开设的电子书和在线杂志课程以及波特兰州立大学开设的数字技能课程，都是操作性较强的课程。

表 10-2　美国出版学专业研究生课程体系

序号	学校	必修课程
1	纽约大学	图书出版概论、杂志媒体简论、过渡时期管理和领导、多媒体财务分析简论、多媒体财务分析、市场营销和品牌介绍、出版与互联网法
2	爱默生学院	杂志出版概论、图书出版概论、电子出版概论、硕士项目(传统论文类型项目/书籍设计项目、网站、书籍翻译或其他出版项目)或4学分的出版课程(文案编辑/非小说类书籍撰写/图书营销与销售/旅游文学/杂志写作)
3	乔治·华盛顿大学	书刊出版、出版业务、版权法/印刷与网络空间、营销策略、生产管理、电子出版基础、出版道德
4	佩斯大学	图书制作与设计、出版财务、大众图书出版基础、漫画和漫画小说出版、图书销售配送、编辑原理及实务、出版设计概论、用于发布的万维网开发
5	罗斯蒙特学院	出版概论、财务原理及政策、出版业务、书刊市场推广、品牌和社交媒体、数字视频和病毒式营销、出版法律

① 范军，曾建辉. 体系化的案例教学：编辑出版学教学改革的重要途径[J]. 现代出版，2016(1)：49-51.

续表

序号	学校	必修课程
6	德雷塞尔大学	媒体法、营销策略与策划、德雷塞尔出版集团专项项目、出版环境、出版设计：印刷及数码、期刊出版、电子书和在线杂志、图书出版、小型出版社发展、数字设计工具简介
7	波特兰州立大学	图书出版概论、图书编辑、图书设计软件、图书营销、图书出版业务、数字技能、图书出版研究

说明：休斯敦-维多利亚大学未找到相关资料。

美国的出版学教育形式丰富，大体可分为学历教育和非学历教育。学历教育包含本科教育和硕士教育，其中硕士研究生教育是美国大学中最主流的出版学教育形式。其中，数字出版教育主要分为两类：一类是以纽约大学、佩斯大学为代表的直接设置数字出版类专业或课程的学校；一类是以爱默生学院为代表的在课程中加入数字技术等相关内容的高校。波士顿和纽约是美国出版社最集中的地方，爱默森学院、纽约大学和佩斯大学基本代表了美国出版学专业研究生教育的最高水准。①

纽约大学(New York University)出版研究中心是全美规模最大的出版教育机构，其人才培养体系主要包括研究生教育(Graduate Program)、暑期培训班(Summer Publishing Institute)和职业教育(Career Advancement Courses)。1943 年，纽约大学开始开设与出版相关的课程和培训班。1978 年，面向有实践经验的出版社从业人员开设为期 6 周的全日制暑期培训班。1982 年，设立出版硕士研究生专业(MS in Publishing Program)。为了满足出版界培养中高级专业人才的需求，1996 年纽约大学出版研究中心开始招收出版学硕士研究生。至此，形成了包含本科、硕士、继续教育、证书课程和夏季短训班等在内的多层次出版学专业教育体系。近年来，随着业界的数字出版热潮，该中心在专业名称以及课程设置等方面开始大力强调数字化转型。最核心的出版学硕士专业更名为数字与印刷媒体专业，并聚焦于媒体内容开发、媒体营销和发行、媒体盈利能力 3 个领域的学习。其必修课有 7 门，包括图书出版导论、杂志媒体导论、转型期管理与领导、多媒体财务分析导论、多媒体财务分析 II、市场营销与品牌导论、出版与互联网法等。中心还与纽约大学保罗·麦基学院合作开设数字传播与媒体本科专业(B. S. in Digital Communications and Media)，为学生提供两个重点方向：一个是基于时间的视频、动画媒体设计；一个是基于网络与移动设备的互动媒体设计。两类方向都强调与业界深度接触。继续教育专业则开设电子书概论、出版工作网络工具与平台导论、新媒体技术：设备、格式、搜索引擎优化和网站流量等数字出版战略与技术方面的课程；并于传统图书出版、杂志出版等专业方向之外，新增数字出版专业方向。此外，中心还增加了数字出版学专业证书以及数字出版方向的夏季短

① 张志强，张瑶. 国外出版研究生教育概述[J]. 中国编辑，2006(2)：91-96.

训班。

同样位于纽约的佩斯大学(Pace University)在1985年设立了出版硕士研究生专业(MS in Publishing Program)，旨在培养有职业素养的专门人才。现在该校提供硕士、本科、继续教育、证书课程以及短训班等层次和类别的出版学专业教育，课程设置注重出版实务和经营管理。佩斯大学出版学核心课程有6门，占总学分的1/2。分别是图书制作及设计/杂志制作与设计、出版财务、大众图书：收购、附属权利、促销、分销及合同、出版信息系统、编辑原理和实践、营销原理和实践。近几年来，佩斯大学为适应数字时代教育的变化，在硕士选修课程中增设数字出版类课程，包括现代出版技术、电子书：技术、工作流程和商业模式、面向出版的桌面出版、高级桌面出版和图像操作与管理、出版商电子出版、出版的未来：跨媒体等。同时，佩斯大学出版学专业还积极利用该校鲁宾商学院的优势资源，鼓励学生学习商业选修课程，如消费者和组织购买行为、广告及促销、战略营销计划、国际营销等，以提高他们的商务素养和能力。此外，该专业还专门为硕士出版教育提供为期3年的在线出版学硕士课程(eMSPUB program)。在证书课程设置上，开设了独立的数字出版证书课程(Digital Publishing Certificate)和网络媒体证书课程(Web Media Certificate)。

位于波士顿的爱默森学院(Emerson College)于1980年设置写作与出版研究生专业(MA in Writing and Publishing)，成为美国最早设立出版硕士点的高校。相比于纽约大学、佩斯大学等，其出版学更偏向于文学与写作方面。它的课程包括：面向印刷和在线杂志的写作，书刊设计制作，面向平板电脑、电子阅读器和移动设备的出版，网页设计与出版，宣传和营销，开发、线性和文字编辑等。其学生需修满40学分，才能达到毕业要求。其课程中涉及数字出版的主要有元数据、用于印制出版应用程序、电子出版概述等。相比于纽约大学、佩斯大学，爱默生学院设置的数字出版课程较少。这主要与其培养方向有关。

10.2.2.2　英国数字出版高等教育

作为最早发展出版业的国家之一，英国早在1928年就开始开展出版教育和培训。1961年，牛津布鲁克斯大学(Oxford Brookes University)(原牛津技术学院)设立3年全日制出版专业。世界上第一个出版学学位诞生。根据出版教育联盟(Association for Publishing Education)的统计，目前英国共有15所开设出版学专业教育的高校(见表10-3)，分别是安格利亚鲁斯金大学(Anglia Ruskin University)、巴斯斯巴大学(Bath Spa University)、伦敦艺术大学伦敦传媒学院(University of the Arts London：London College of Communication)、布里斯托大学(University of Bristol)、中央兰开夏大学(University of Central Lancashire)、城市大学(City University)、伦敦大学学院(University College London)、德比大学(University of Derby)、爱丁堡龙比亚大学(Edinburgh Napier University)、金斯顿大学(Kingston University)、拉夫堡大学(Loughborough University)、爱尔兰国立高威大学(National

University of Ireland，Galway)、牛津布鲁克斯大学(Oxford Brookes University)、普利茅斯大学(University of Plymouth)、斯特林大学(University of Stirling)。开设出版相关的博士学位教育的英国高等学校共计 9 所，包括牛津布鲁克斯大学、爱丁堡纳皮尔大学(Edinburgh Napier University)、斯特灵大学、拉夫堡大学(Loughborough University)、贝德福德大学(University Of Bedfordshire)、雷丁大学(University Of Reading)、华威大学(University Of Warwick)、伦敦大学学院、德蒙福特大学(De Montfort University)。① 随着数字媒体、新媒体的兴起，越来越多英国高校也开设了相关课程，如英国伍斯特大学(College of Wooster)和胡弗汉顿大学(University of Wolverhampton)都在 21 世纪初建立了数字媒体教学中心。此外，纽卡斯尔大学(Newcastle University)、伦敦都市大学(London Metropolitan University)、朴茨茅斯大学(University of Portsmouth)等众多英国大学也开设了数字媒体的讲授式或研究类硕士课程，并融入了移动媒体、互动系统等媒体新方向。

表 10-3 英国数字出版高等教育机构

序号	学校	教育层次	学位	专业方向
1	安格利亚鲁斯金大学	研究生	MA	出版(publishing)
			MA	创意写作与出版(Creative Writing and Publishing)
2	巴斯斯巴大学	本科	BA、UG、BA(hons)	出版(publishing)
3	伦敦艺术大学伦敦传媒学院	研究生	MA	出版(publishing)
4	中央兰开夏大学	本科	BA (HONS)	出版(publishing)
		研究生	MA	出版(publishing)
5	伦敦城市大学	研究生	MA	创意写作与出版(Creative Writing & Publishing)
		硕士	MA	出版(Publishing)
6	伦敦大学学院	硕士		出版
7	德比大学	本科	BA(hons)	写作与出版(WRITING AND PUBLISHING)
		硕士	MA	出版(publishing)
8	爱丁堡龙比亚大学	硕士	MSc	出版(publishing)

① 阮捷. 英国出版博士教育及其比较研究[J]. 文教资料，2017(Z2)：214-216，230.

续表

序号	学校	教育层次	学位	专业方向
9	金斯顿大学	硕士	MA	创意写作与出版(Creative Writing and Publishing)
				出版(publishing)
10	拉夫堡大学	本科	MA	出版(publishing)
11	爱尔兰国立高威大学	研究生	MA	文学与出版(Literature and Publishing)
12	牛津布鲁克斯大学	本科	MA/PGDip/PGCert	出版媒体(Publishing Media)
13	普利茅斯大学	本科	BA (Hons)	英语出版(English with Publishing)
		硕士	MA	出版(publishing)
14	斯特林大学	硕士	MRes	出版研究(Publishing Studies)

说明：布里斯托大学未查到相关资料。

英国牛津布鲁克斯大学是著名的出版学教育机构，提供从业界培训、本科、硕士到博士培养的多层次教育。英国大学的出版学硕士教育包括全日制和非全日制。牛津布鲁克斯大学数字出版专业为全日制，分为全日制出版硕士教育和硕士文凭教育：前者上课时间为 12 个月；后者上课时间为 9 个月。非全日制上课时间相对较长，其中：非全日制出版硕士教育上课时间为 24 个月；非全日制硕士文凭教育上课时间为 18 个月。① 该大学出版学科设在艺术学院(School of Arts)，数字出版分媒体、新闻和出版方向的文学学士(BA)以及出版媒体、数字出版、出版研究方向的文学硕士(MA)2 个教育层次。其中文学学士又主要有新闻和图书出版 2 个学习方向。学生可以选择其中之一，也可以两者结合。文学硕士课程由 5 个必修模块和 1 个选修模块组成，同时还需提交 1 篇 15 000 字的论文或 1 个项目。在硕士生层次，牛津布鲁克斯新设了数字出版(Digital Publishing)专业，教学内容主要由 5 个必修模块组成，分别是出版设计与制作、编辑管理、出版营销管理、数字出版策略、多平台出版。选修模块包括创作与叙事、学术及专业出版、出版历史与文化、杂志出版、儿童出版、小说和非小说出版等。这些选修课基本都属于专业出版领域。纵观其课程设置，可以发现牛津布鲁克斯大学以培养能尽快适应出版行业需求的技术型和应用型人才为主要目标，强调高效和实用。② 并且，重视技术类课程的开设，会根据市场变化及时更新课程设置。

除此之外，爱丁堡龙比亚大学的出版学专业、拉夫堡大学的出版与英语专业、爱丁堡

① 吴君，陈少华. 数字出版人才的培养模式思考——美、英、德三国培养模式比较研究[J]. 科技与出版，2018(5)：144-149.

② 葛瑞. 数字化时代出版专业硕士教育创新研究[D]. 武汉：华中科技大学，2015：26-28.

纳皮尔大学的出版媒体专业、赫特福德大学(University of Hertfordshire)的数字媒体技术专业都在近几年的课程调整中不断加入与数字技术紧密结合的课程。建有传统出版学专业的学校一方面强调出版教育必须与时俱进，另一方面牢牢把握出版核心课程，在多元化专业背景相互竞争的数字出版学教育中，通过维持和发扬传统出版学教育的鲜明特色，立于不败之地。

10.2.3 新媒体相关高等教育

20 世纪 80 年代，随着互联网和数字技术的迅速发展，欧美等发达国家率先以“新媒体”“创意媒体”“互动媒体”等名称在高校设立数字媒体专业。经过近 30 年的发展，这些国家数字媒体专业的教学理念和课程设置逐渐走向成熟。美国波特兰州立大学(Portland State University)和密歇根奥利弗学院(Olivet College)提倡将传播作为未来出版业高管的专业，因为新媒体专业培养的学生在校期间获得的技能也能直接为数字出版产业服务。下面以美国为例，说明新媒体相关高等教育在国外的发展情况。

20 世纪 90 年代，美国新闻院校陆续开设新媒体专业课程或者研究项目。1994 年，南加州大学新闻系开设了 1 门实验性的新媒体课程。这是一门同时针对本科生和研究生的 3 学分选修课①，主要内容涉及上网技巧和如何使用 HTML 语言以及 Photoshop 等软件搭建网站。21 世纪以来，网络新闻传播几乎已成为美国所有新闻传播院校的必修课程。尽管这些课程名称并不统一，但教学内容基本一致，包括网络新闻传播的定义和特征、互联网收集信息进行报道的方式与特点、网络新闻写作、网络新闻编辑、网络新闻摄影学、职业伦理问题、网络新闻报道中的图像与动画、音频和视频信息应用和处理、新闻网站设计、网络新闻受众分析、网络新闻法规、案例分析等②。其中以实务课程居多，网络传播理论性课程较少。总体而言，美国新媒体课程实用主义倾向较为明显。而且美国新媒体教育重视定向培养人才，如得州大学奥斯丁分校的新闻学教育坚持按媒介分类定向培养报社记者、广播电视记者、摄影记者等。在学院分布上，美国新媒体科系主要分布在艺术学院(37%)、独立或跨学科的新媒体学院(28%)、新闻传播学院(23%)等 3 大类学院。除此之外，信息技术学院、电影学院、教育、人文和社会科学等学院也培养部分新媒体专业学生。在学历分布上，65%的新媒体项目都授予学士学位，30%的新媒体项目授予硕士学位，5%项目可授予博士学位。③ 过去半个世纪以来，美国大部分新闻院系实际上都延续了这样的培养模式(见表 10-4)。近些年，由于各种新媒体接连涌现，传统媒体与新媒体之间的界限不断被突破，各种媒体由冲突、竞争开始走向融合。因此，媒体融合(Media

① 邓建国. 管窥美国新闻传播院校媒介融合课程改革中的经验与教训——以南加州大学新闻系的试错为例[J]. 新闻大学，2009(1)：50-55.

② 匡文波. 美国网络新闻传播教育特点[J]. 中国记者，2007(5)：84-85.

③ 邵国松. 训练思维还是训练技能？美国新媒体教育的理论和实践[J]. 新闻大学，2014(6)：124-129+154.

Convergence)成为近年来新闻传播教育和研究的核心词汇之一。2003 年对美国 46 所第一梯队新闻院系的调查发现，多达 85%的院系已经开始推出媒介融合相关课程。①

表 10-4　美国研究生新媒体专业列表(部分)

序号	学校	学院	专业名称
1	哈佛大学	继续教育学院	数字媒体设计(Digital media design)
2	维克森林大学	计算机科学系	数字媒体(Digital media)
3	佐治亚理工学院	文学、媒体与传播学院	数字媒体(Digital media)
4	波士顿大学	传播学院	新兴媒体研究(Emerging media studies)
5	东北大学	专业进修学院	数字媒体(Digital media)
6	福坦莫大学	商学院	电子与数字媒体产业管理(Electric and digital media industry)
7	史蒂文斯理工学院	工程学院	多媒体体验与管理(Multimedia experience and management)
8	加州大学圣克鲁兹分校	艺术部	数字艺术与新媒体(Digital arts & new media)
9	德雷塞尔大学	艺术设计学院	数字媒体(Digital media)
10	密苏里大学	人类环境科学学院	数字媒体设计(Design with digital media)
11	田纳西大学	传播与信息学院	新闻学与电子媒体(Journalism and electronic media)
12	芝加哥洛约拉大学	传播学院	数字媒体与叙事(Digital media & storytelling)
13	旧金山大学	教育学院	数字媒体研究(Digital media and learning)
14	德保罗大学	艺术与社会科学学院	新媒体研究(New media studies)
15	得克萨斯大学达拉斯分校	艺术与科学学院	新兴媒体与传播学(Emerging media and communication)
16	伊利诺伊大学芝加哥分校	艺术与科学学院	新媒体艺术(New media arts)
17	缅因大学	文理学院	新媒体(New media)

2005 年 9 月，世界上历史最为悠久的新闻学院美国密苏里大学(University of Missouri)新闻学院创建了媒体融合专业，旨在培养学生适应日益变化的新媒体环境。为此，学院新

① 高虹. 中外新媒体教育发展报告[A]//世界传媒产业评论(第 9 辑). 上海市社会科学创新研究基地(上海大学)文化繁荣与新媒体发展，2012：10.

建了先进的数字化未来媒体实验中心（Future initiative for Mizzou Advantage），为师生创造更现代化的教学实验环境。媒体融合专业的学生学制4年。第1学年主要学习通识课程，以便了解新闻专业概况。第2学年，学生选择数门初级媒介融合课程和新闻专业课程，主要涉及在新闻文本中加入照片、视频、音频等知识和技能。第3学年每名学生选择自己的核心专业方向，围绕这个方向再选择部分高级媒介融合课程，强化网页、播客、Flash等多媒体产品设计和制作技术的掌握。第4学年学生结合自己的就业倾向组成团队，共同完成一个跟传媒相关的特殊产品或服务项目，如重新设计一个网站、为商业网站制作一个地方经济新闻专题、为一个网站设计营销战略等。学院很早就确立了"亲身实践"（hands-on）的教育模式，即为了让学生透彻地理解新闻业，不仅要有课堂理论讲授、研讨的形式，还要有实际动手能力培养的环节与教学环境。密苏里大学新闻学院首任院长沃尔特·威廉姆斯（Walter Williams）提出："既然将新闻确立为专业，它就既不能不强调通识、整体的文化教育，也不能偏废了实践经验所能赋予的训练"。学院至今仍坚持强调培养新闻记者、编辑等应用型专门人才的传统理念，在与市场完全接轨的新闻媒体实践运作层次上，重视新闻职业精神及新闻业务实际能力的培养。① 因此，除了课程学习之外，媒体融合专业的学生还能加入众多新闻出版机构，获得亲身实践经验，包括KOMU（美国高校中唯一的商业电视台）、KBIA公共广播电台、《哥伦比亚-密苏里报》（*The Columbia Missourian*）、My Missourian.com网站、密苏里数字新闻（Missouri Digital News）、Vox杂志、《全球记者》杂志（*Global Journalist*）、MOJO Ad（全美最重要的以学生为主体的专业广告服务机构）等。据该专业创办者迈克尔·麦金（Michael McGinn）教授介绍，媒体融合专业学生的就业情况良好，应届毕业生起薪比单一媒体专业学生平均起薪高。

由著名报人普利策创办的哥伦比亚大学新闻学院（School of Journalism, Columbia University）则只专注研究生教育。研究生教育分为理科硕士、文科硕士、哲学博士以及众多和其他学院合办的双硕士学位项目。和得州大学奥斯丁分校的同行一样，哥大新闻学院近几年开始对其硕士项目的课程体系进行调整，以适应新媒体时代的要求。其硕士研究生的四大专业培养方向之一即为新媒体。相较于密苏里新闻学院新闻传播学科内部的融合，哥大新闻学院则尝试实行跨学科联合培养新闻传播人才的思路和教学组织方式。2010年4月8日，学院宣布其新闻学研究生院和工程与应用科学学院联合开设一个新闻学和计算机科学双学位硕士项目②，培养既懂数字媒体技术又有新闻制作技能的新一代专业人才。项目在2010年秋季开始招生，录取的学生进行总共5个学期的课程学习，其中大约3个学期在工程学院，2个学期在新闻学院。除了同时学习两个学院现有的课程之外，学生还将参加专门为这一双学位项目设计的研讨会和工作组。哥大据称是第一个真正整合新闻学与计算机科学的教育项目。

---

① 吴信训. 世界新闻传播教育百年流变[J]. 新闻与传播研究，2009，16(6)：26-37，106.

② 赵腊梅. 新媒体技术"挪用"与专业教育重构[J]. 教育教学论坛，2016(11)：255-256.

与哥大新闻学院一样，加州大学伯克利分校(University of California，Berkeley)新闻学院只提供研究生层面的新闻学教育。不同的是，该新闻学院将新媒体项目单列，和其他项目如广播电视、新闻摄影、健康报道、环境与科学报道、调查性报道等并列加以培养。1995 年，它开设“网络出版”课程，是美国最早开设新媒体课程的新闻学院之一。21 世纪后，该校认定新闻业的未来就是新媒体，因此将学科发展的重点全部放在新媒体上。①

美国各高校开设新媒体的本科和研究生专业及相关课程由来已久，但关于新媒体专业培育应用型人才还是学习研究型人才一直存在争议。② 这其实是美国整个教育界长期面临的问题，在技术更新速度进一步加快的媒介融合背景下则更加凸显。其中，提倡培育应用型人才的代表宾夕法尼亚大学教授桑德尔(S. Shyam Sundar)认为：“没有哪一个领域像新闻与传播学一样如此认真地对待日新月异的媒介技术，我们的课程必须紧跟最新技术的发展”。③ 他主张培育熟练使用各种内容编辑软件及编程语言，能够快速掌握最新媒介技术，一毕业即能适应工作环境的学生。但在这两种意见的交锋中，占压倒性优势的是培育学习研究型人才。其主张教育重点在于引导学生拥有较强的自学能力，这样不管以后的技术如何变幻，学生在实践中总能以不变应万变，而不会被时代洪流所淘汰。

10.2.4　数字出版培训

面对数字出版技术的巨大冲击，出版业界急需大量数字出版人才，但通过高校相关专业培养的人才远远无法填补空缺。这样，短期数字出版培训成为重要的选择之一。

10.2.4.1　美国数字出版培训

在美国，非正规出版教育和培训非常普及(见表 10-5)。主要举办机构有大学、公司、协会、专职培训机构，但仍以大学暑期课程和专职培训机构为主。

美国最早的“拉德克利夫出版课程”于 1999 年正式并入哈佛大学并更名为拉德克利夫高级进修学院。2001 年，该课程迁往哥伦比亚大学新闻研究生院，称哥伦比亚出版培训课程(Columbia Publishing Course，CPC)，分为图书出版、杂志及数字出版、工作坊和职业资源 4 个部分开设课程。丹佛大学开设暑期出版培训班，出版课程明确划分为专业授课和实际操作两个部分。在专业授课阶段，既包括编辑职责、小说创作等基础知识，也包括版权贸易、图书贸易等深层次专业主题，同时也介绍数字出版、电子书等最新技术与知识。在实际操作部分，授课教师带领学员进行不同出版领域的实战演练，既涉及编辑基础流程，也涉及少儿出版等不同领域的出版操作。与哥伦比亚大学和丹佛大学类似，纽约大学开设

① 邵国松. 训练思维还是训练技能？美国新媒体教育的理论和实践[J]. 新闻大学，2014(6)：124-129.

② 匡文波，孙燕清. 美国新媒体专业教育模式分析及对中国的借鉴[J]. 现代传播(中国传媒大学学报)，2010(8)：110-113.

③ 陈瑛，方艳. 媒介融合背景下新闻传播教育转型探析[J]. 新闻知识，2015(7)：71-73.

的出版培训课程主要面向没有工作经验、但想进入出版业的本科毕业生。课程主要涉及出版基础知识以及与数字出版相关的应用和技术。其不仅邀请行业内具有丰富经验的工作人员授课，而且还安排学员参观出版社、传媒公司等机构，给学员最直观的行业感受。但斯坦福大学开设的培训班，其宗旨一方面是将杂志和图书出版领域的专家带进校园，协助协会的出版工作；另一方面是为出版专业人士提供学习机会，特别针对在出版职业生涯中得到公司赏识和栽培，将承担更加重要责任，但只精通某一种具体出版业务如编辑、销售、财务管理或装帧设计的员工，而非刚入行的新人。因此，它开设的出版培训班是让这些学员了解杂志和图书出版的编辑加工、版式设计、出版制作、营销、销售、促销、财务管理等全过程。斯坦福大学每年 6 月举办为期 9 天的强化课程班，分印刷课程(8 天)、网络出版(3 天)和出版管理(3 天)开设课程，学生可以根据自己的实际需要来选择课程。近年来，它的系列课程中开始加入新媒体课程。类似地，耶鲁大学出版课程(Yale Publishing Course，YPC)也主要面向具有一定工作经验的中高级出版工作人员。

表 10-5 美国数字出版高校培训班

序号	大学	培训班开设时间
1	哥伦比亚大学	1947
2	丹佛大学	1976
3	纽约大学	1977
4	斯坦福大学	1978
5	哈佛大学	1980

10.2.4.2 英国数字出版培训

据出版商协会(The Publishers Association)公布的信息，英国主要的出版培训供应商(Publishing training providers)主要有 10 个(见表 10-6)。下面以 Arkbound、学术与专业出版商协会(The Association of Learned and Professional Society of Publishers，ALPSP)、Imago、出版培训中心(Publishing Training Centre)为代表进行说明。

表 10-6 英国主要出版培训商列表

序号	机　　构
1	Arkbound 公司
2	学术与专业出版商协会
3	Bookcareers. com 公司
4	图书行业传播公司(Book Industry Communication，BIC)

续表

序号	机　构
5	期刊出版证书机构(Certificate in Journals Publishing)
6	开放大学机构(The Open University)
7	苏格兰出版协会(Publishing Scotland)
8	出版培训中心
9	编辑和校对协会(Society for Editors and Proofreaders，SfEP)
10	国际科学、技术和医学出版社协会(International Association of Science，Technology and Medical Publishers，STM)

其中，2015 年成立于布里斯托尔(Bristol)的 Arkbound 是英国少数支持弱势群体进入出版和写作领域的出版商之一。所谓弱势群体主要是指没有就业、教育或培训的人士(Not in Employment，Education or Training，NEET)、因残疾领取救济金、经符合资格的慈善机构或社区组织推荐的人士。为此，Arkbound 设立出版卓越计划(Publishing Excellence Programme)，旨在提供以办公室为基础的出版和媒体方面的工作和培训。出版卓越计划侧重培养校对和编辑，以及出版社运营和书籍推销能力。该计划包含 8 周和 12 周两种课程培训。8 周的培训课程主要包括校对基础、案头编辑实践、图书或杂志编辑、图书出版流程、数字出版及博客、创意写作任务、行业出版、评估等，其重点主要在编辑出版基础能力的培训上。虽然只有一门课程以“数字出版”命名，但多门课程均在具体教学中涉及数字出版环节。12 周的课程在 8 周课程基础上增加图书编辑、杂志编辑、图书推广、杂志内容协调，强化编辑能力和营销能力的培养。两种课程的全部费用分别为 900 英镑和 1700 英镑。课程结束后，每位申请者可以得到一份反映其学习经历的参考资料和证书。

1972 年，由 24 名学会会员组成学术与专业出版商协会(The Association of Learned and Professional Society Publishers，ALPSP)。这是英国最大的学术和专业出版商国际贸易协会。ALPSP 提供的培训主要以出版营销和出版商业性课程居多。以 2019 年为例，ALPSP 提供了期刊计量分析和影响测量、管理和影响编委会、有效期刊营销、学术出版商有效社交媒介、学术出版销售管理导论：面向图书馆、学术机构的销售、委托内容：与作者和编辑有效合作、在线期刊发现与交付：与图书馆和行业中介机构合作，在线期刊发现和发行：与图书馆和行业中介合作以最大化读者数量、期刊工作原理概论，在线培训(2 期)、RFP 兴起：如何从 RFP 过程中获得最大收益、出版敏捷项目管理概论、理解版权(在线培训)、高级期刊开发：期刊管理者战略开发、我从来不做不喜欢内容的元数据(I Never Metadata I did not Like)等数十种涉及计量、营销、版权等的培训活动。

Imago 是一家国际性印刷、包装和产品采购服务公司。其既提供面向公司内部人员的培训，也提供面向外部人员的培训。它主要通过设置培训顾问委员会，面向出版和印刷相关行业的个人、人力资源部门、经理和团队，由行业专家教授实用技能。Imago 主要提供认识玩具安全、玩具安全：风险评估与危害识别培训、InDesign 编辑培训-面向图书出版商、提高 InDesign 技能-面向图书出版商、PDF 检查—预检印前 PDF、出版商图书生产基础培训、新奇 & “图书+”制作、提升图书制作技能—主动制作—高级图书制作培训研讨会、面向生产的 InDesign、面向图书出版商的 InDesign 导论、印刷生产的色彩管理、理解印刷色彩。课程核心主要集中在对出版实际操作能力的把握上。除此之外，Imago 还提供图书出版商时间管理培训，InDesign 初学者排版，插画师基础，InDesign 排版，面向图书编辑、设计师和图书生产的中级 InDesign 培训，Photoshop 基础，图书出版商编辑课程，图书出版商领导力和个人发展课程，出版商书籍装帧、便捷运输：图书出版商运输培训，图书出版商谈判培训，设计师实用色彩管理等个性化课程，用户可根据自己的需求定制课程。纵观 Imago 提供的系列课程，直接以数字出版或者相关名称命名的课程几乎没有，但几乎在每个课程的教学中都或多或少涉及数字出版流程、管理等知识。

出版培训中心提供一系列以课堂为基础的短期课程，几乎涵盖出版技能的所有领域。时长一般在 1~4 天，授课地点主要集中在伦敦市中心。大多数这些课程可以根据用户需要定制，课程形式包括短期课程(Short courses)和自学(Self-Study)2 种。其中，短期课程包括 13 门核心出版技能课程、5 门出版软技能课程、8 门市场营销课程、5 门项目策划与管理课程、4 门策略课程。自学包括 15 门电子学习模块(E-Learning Modules)和 5 门辅导课程(Tutor-Guided)。辅导课程是以教室为基础，提供面对面教学的短期课程(Short Courses)、颁发出版资格委员会(Publishing Qualifications Board，PQB)成就证书的课程，以及既可以作为短期课程之一提供，也可以设计定制的公司内部培训课程(In-Company Training)。以核心出版技能培训为例，主要包括一系列提供核心出版部门所需硬技能和软技能的培训课程，涵盖但不限于高级案头编辑、高级校对、网络内容策略、版权、出版商文案、出版商多元化和包容性培训、商业编辑技巧、编辑技能导论、编辑技能提升、改写和深度润色编辑(非小说类)、理解项目管理(Understanding Project Management)、理解项目管理、面向网络的写作等。培训重点集中在编辑和写作技巧的掌握上。

10.3　我国数字出版教育与培训

高校是高级人才培养的专门机构。数字出版专业人才培养离不开高校的支持和培育。新形势下，我国出版社到底需要什么样的数字出版人才？面对行业需求，高校又该如何培养适合出版业需求的数字出版人才？成为摆在我国出版学高等教育面前亟待解决的问题。

10.3.1　概　　述

面对蓬勃兴起的数字出版与新媒体产业，编辑出版学高等教育从培养目标、课程设置、教学方法等多个方面进行数字化改革。2012 年 2 月 14 日，《教育部关于公布 2011 年度高等学校本科专业设置备案或审批结果的通知》公布了 2012 年高等学校专业设置备案或审批结果，武汉大学申报新增的“数字出版”本科专业获得批准。同年 9 月，武汉大学开始招收我国第一批数字出版专业的本科生。截至 2018 年，教育部备案和审批了 18 所高等学校的数字出版本科专业，学制 4 年，获文学学士学位。此外，还有一些高校纷纷开设数字媒体技术、数字媒体艺术、网络与新媒体等本科专业，以适应行业发展对人才提出的新需求。① 这意味着我国数字出版高等教育步入了新的发展阶段。

另一方面，国家新闻出版管理部门也在积极探索建立数字出版培训体系，培养数字出版产业骨干人才。2010 年国家新闻出版广电总局出台的《关于加快我国数字出版产业发展的若干意见》明确提出要“积极开展形式多样的数字出版产业经营管理人才培训，鼓励数字出版企业与高等院校及科研机构合作，建立人才培养和实训基地，逐步建立起教育培训和岗位实践相结合的数字出版产业人才培养机制”。之后，新闻出版广电总局陆续推出“网络编辑师”“数字出版与版权管理”“网站编辑与经营管理”“数字出版千人培养计划”等与数字出版紧密相关的培训活动，大力促进数字出版人才的培养工作。

10. 3. 2　数字出版高等教育

10. 3. 2. 1　本科层次

我国现代化的编辑出版学教育兴起于 20 世纪 70 年代末。1978 年 12 月，国务院批准成立我国第一所高等印刷学院——北京印刷学院。1983 年，受文化部与新华书店总店委托，武汉大学设立我国第一个图书发行学专业。② 进入 21 世纪，高速发展的信息传播技术极大改变了用户的阅读习惯，传统出版社纷纷进行数字化转型升级，新型技术企业也开始涉足数字内容产业，与传统出版社展开竞争。在此背景下，新型复合型人才备受市场青睐。根据这一人才需求的变化，以武汉大学为首的近 20 所高等院校陆续获教育部批准开班数字出版本科专业(如表 10-7)。目前，我国数字出版高等教育已形成涵盖本、硕、博学历学位教育和短期培训、博士后培养的多层次、多规格、多模式、较为完备的出版高级专门人才培养体系。

表 10-7　国内开设数字出版专业时间及院校(本科层次)

序号	设立时间	学校	学院
1	2011	武汉大学	信息管理学院
2	2012	北京印刷学院	新闻出版学院

① 徐丽芳，曾李，张力. 我国数字出版人才需求与本科专业建设初探[J]. 中国编辑，2017(1)：56-61.

② 徐丽芳，赵雨婷. 与改革同行：武汉大学出版学高等教育发展研究[J]. 出版科学，2019，27(1)：11-17.

续表

序号	设立时间	学校	学院
3	2012	湘潭大学	公共管理学院
4	2012	天津科技大学	包装与印刷工程学院
5	2012	中南大学	文学与新闻传播学院
6	2013	曲阜师范大学	传媒学院
7	2013	浙江传媒学院	动画学院
8	2013	电子科技大学成都学院	图形艺术系
9	2013	金陵科技学院	人文学院
10	2013	四川传媒学院	数字媒体与创意设计学院
11	2014	西北师范大学	教育学院
12	2014	西安欧亚学院	文化传媒学院
13	2015	绥化学院	文学与传媒学院
14	2016	辽宁传媒学院	新闻传播系
15	2016	重庆工商大学融智学院	新媒体艺术学院
16	2016	兰州文理学院	新闻传播学院
17	2017	西北民族大学	教育科学与技术学院
18	2017	桂林学院(原广西师范大学漓江学院)	传媒学院
19	2018	河北传媒学院	新闻传播学院
20	2019	山西传媒学院	新闻传播学院

目前我国开设了数字出版本科专业的高校中，“双一流”大学 2 所，公办本科高校 11 所，民办本科院校 5 所，独立学院 2 所。在数字出版专业地理区域分布上，华东地区 3 所，华北地区 4 所，西北地区 4 所，西南地区 3 所，华中地区 3 所，东北地区 2 所，华南地区 1 所，分布较为均匀。在学科归属上，我国数字出版教育在不同高校分属不同的学科院系，包括新闻与传播学院、信息管理学院、艺术与人文学院、教育与技术学院等。总体来看，我国数字出版专业办学历史较短，开设学校较少，目前仍处于初期发展阶段。

数字出版专业的课程体系直接关系到培养什么样的专业人才，以及如何培养人才的问题。由于我国数字出版专业在不同高校分属于不同学院，故而在其专业课程设置上也存在较大差异。设在新闻与传播学院的数字出版专业课程设置侧重于传播学，信息管理学院侧重于信息管理，艺术与人文学院侧重于编辑、策划，教育与技术学院侧重于软件技术等。国内不同高校数字出版专业的核心课程具体见表 10-8。

表 10-8　中国大陆高校数字出版专业核心课程(本科层次)

序号	高校	核心课程
1	武汉大学	信息管理与传播导论、出版学基础、数字出版概论、数字媒介传播、出版营销学、出版法律与政策、媒介经营与管理、网络受众分析、高级语言程序设计、数据结构、数据库原理与应用、计算机网络基础、信息系统分析与设计
2	北京印刷学院	出版学、传播学、数字出版概论、数字媒体编辑、全媒体资源管理、数字版权管理、数字出版物创编、数字出版营销等
3	湘潭大学	编辑学概论、传播学概论、语言文字应用、基础写作、出版经济学、出版发行学、信息管理概论、信息管理系统、电子编辑与出版技术、网络出版发行、出版经营管理、知识产权与版权贸易、选题策划与编辑实务、广告信息学、国外编辑出版业、文化产业概论、电子商务概论
4	天津科技大学	出版学、编辑实务、数字出版创意与策划、数字出版物市场调研、数字出版物设计与制作、非线性编辑、三维建模技术、虚拟增强现实技术、新媒体技术、数字出版营销、数字版权管理、网页设计与网站开发、中国文学史、实用现代汉语、写作等
5	中南大学	数字出版概论、传播学概论、网络编辑实务、数字出版营销与管理、网络知识产权、中外出版史、版权贸易与管理、数字媒体技术与应用
6	曲阜师范大学（数字媒体艺术专业）	数字媒体艺术概论、数字摄影、视听语言、动画艺术史、VB 程序设计、计算机图文设计、色彩与构成、影视艺术史、艺术学概论、电视摄像基础、原画设计、数字二维动画技艺、动画运动规律、影视剪辑技艺、三维建模与效果图制作、数字声音技艺、影视编剧与导演、数字动画导演、三维动画特效与动画制作
7	浙江传媒学院（数字媒体艺术专业）	数字立体影像设计、数字交互应用设计、数字展示设计、影视包装设计、数字合成、数字剪辑、数字校色、数字三维设计、数字交互艺术创作、数字影视广告创作等
8	金陵科技学院	数字出版概论、出版理论与实务、移动出版理论与实务、XML 技术基础、数字媒体技术与应用、数字出版物选题策划与创编、数字版权运营与管理、自然语言处理、非线性编辑技术、虚拟现实技术等
9	四川传媒学院（数字媒体技术）	美术设计基础、数字图像处理技术、计算机辅助设计、面向对象程序设计、网络编程技术、数据库原理及应用、网页设计与制作、跨平台应用开发技术、三维场景设计、计算机图形学、三维与虚拟交互技术、虚拟现实技术及应用、3D 游戏引擎应用开发技术、动作捕捉技术及应用、数字音视频技术及应用、影视特效与后期制作、新媒体项目管理、下一代互联网技术及应用互动媒体项目设计与实现

续表

序号	高校	核心课程
10	西北师范大学	数字出版概论、编辑出版学、数字摄影、传播学、出版应用写作、数字录音与音效设计、编程基础(C 语言)、数字图形图像处理、媒体采编、数字摄像与剪辑艺术、知识产权与出版法规、数字出版技术、字体与版式设计、数字动画制作、网站创建与网页设计、数据库原理与应用、选题策划与网络编辑、VR 虚拟现实、移动多媒体应用程序设计、用户界面设计、数字出版物设计与制作等
11	西安欧亚学院	数字传播概论、数字出版物设计与制作、用户界面设计、数字出版营销、媒介经营管理、新媒体概论、网络编辑、网页设计与网站建设、网络知识产权、新闻传播法律与新闻伦理
12	绥化学院	出版选题策划、交互式出版物设计、数字出版营销、出版专业写作、数字出版概论、出版政策与法规、数字出版企业经营与管理、编辑理论与实务等
13	辽宁传媒学院	数字出版原理、出版学基础、数字出版编辑实务、交互界面设计、新媒体运营、网站策划与编辑、音频节目编辑、视频节目编辑、数字书刊编辑、出版营销学、媒介经营与管理、出版法规与版权贸易等
14	重庆工商大学融智学院	新闻学概论、传播学概论、出版与数字出版概论、新闻传播伦理与法规、新闻采访与写作、数字摄影、数字图像处理、数字摄像与编辑、数字出版编辑实务、数据库原理与运用、平面设计与制作、动画设计与制作、网页设计与网站建设、数字图书馆技术、新媒体运营、数字出版创意与策划、网络知识产权、文化品牌学
15	兰州文理学院	传播学、中外编辑出版史、编辑出版学、数字出版概论、新媒体概论、数字版权法规、数字出版技术、数字出版物编创、网络编辑实务、出版应用写作、出版电子商务、数字媒体技术与应用、数字媒介传播、媒介经营与管理、书业产业概论、出版经营管理、文化市场营销学、出版文化学、出版经济学等
16	西北民族大学	数字媒体技术导论、高等数学、线性代数、高级语言程序设计、虚拟现实技术、造型设计基础、摄影艺术、电视摄像艺术、二维图形技术、三维图形技术、数据库原理与应用、计算机图形学、数据结构、数字图像处理、面向对象程序设计、影视后期合成、数字音频技术、动态网站设计、增强现实技术等
17	山西传媒学院	数字出版创意与策划、数字出版物设计与制作、数字出版营销、数字版权管理等

说明：电子科技大学成都学院、桂林学院、河北传媒学院未查到相关资料。

从表 10-8 可以看出，我国数字出版专业本科课程中既有较为宏观的概论性课程，如数字出版导论、现代出版技术等，也有具体技能训练方面的课程，如编校软件应用、视频编辑、书籍装帧与电脑排版等。进一步考察各校培养目标和课程设置，可发现近年来与数字出版相关的课程数量占比基本在 50%以上。以武汉大学信息管理学院数字出版专业为例，旨在培养拥有广博文化与科学知识，具备系统出版学理论素养与信息技术实践技能，能在互联网出版，数字内容生产、发行与管理，数字新闻传播，文化教育等部门从事数字内容产品策划、编辑、发行与营销管理、技术开发与服务维护以及教学与科研工作的复合型高级专门人才。为实现上述培养目标，武汉大学设置了信息管理与传播导论、数字出版概论、数字媒介传播等特色课程，其中涉及数字出版的课程 15 门。对比设在人文学院、传播学院的数字出版专业，设在信息管理学院下的数字出版专业在课程设置上更侧重于培养学生信息管理、计算机技术、数据分析和软件应用等能力。而从总体来看，几乎所有学校都开设了一批数字出版相关课程，如数字出版技术、网络编辑等。

10. 3. 2. 2　研究生层次

由于到目前为止，编辑出版学专业尚没有进入国务院学位委员会、教育部 2011 年颁布的《学位授予和人才培养学科目录》，因此与本科层次的教育不同，大部分高校都是利用各自一级学科的优势，自行设置与编辑出版学相关的研究生专业，并在此基础上招收数字出版方向研究生。2010 年，北京大学、南京大学、武汉大学、中国传媒大学、复旦大学、南开大学、四川大学、河南大学、河北大学、安徽大学、湖南师范大学、华中科技大学、北京印刷学院、吉林师范大学等 14 所高校获得首批出版硕士专业学位授权点。2011 年，首批出版硕士专业学位授权点开始招生培养出版硕士专业学位学生。这也为研究生层次的数字出版人才培养提供了强大动力。

课程设置方面，大部分学校开设数字出版课程。以南京大学信息管理学院出版学专业为例，其学硕专业设置了信息科学原理、信息资源管理技术、数字出版技术等数字出版相关课程；其专硕专业设置了数字出版及技术、出版信息检索、出版网站设计与管理等数字出版相关课程。整体来看，大部分学校的数字出版课程数量仍然较少。如果考虑到研究生课程中选修课比例较高的事实，学生真正投入以上课程学习的比例就更低。这说明数字出版相关课程在研究生层次的出版教育中仍有待加强。另外相比于本科教育，研究生层次的数字出版教育更注重研究能力的培养，要求学生在掌握一定技术的基础上对数字出版与新媒体产业有更深刻的认识。而博士生教育更注重研究数字出版的基本理论与方法，如武汉大学要求新媒体与数字出版方向的博士生主要研究新媒体与数字出版技术，数字叙事，新媒体与数字内容制作、开发与网络营销，新媒体产业，数字出版商业模式等新媒体与数字出版相关的基本理论与方法。

当然，由于研究生阶段的教育一般采取导师负责制，课程学习并非教育的全部内容。尤其对博士研究生而言，更多要求研究生独立从事或参与导师的数字出版课题与项目研究。根据对国家社科基金项目的统计，自 2006 年第一个数字出版相关项目“数字出版集成化管理研究”立项以来，现共有 19 项由高校教师申请的和数字出版直接相关的项目立项。

并且，在高校申请的社科项目中与数字出版相关的项目数量呈上升态势。这些项目的开展实施一般都需要研究生参与进行大量的实际调研、案例和研究报告撰写以及相关技术开发等工作。因此，项目研究实际上已成为数字出版方向研究生专业教育的重要环节之一。

10.3.3 新媒体相关高等教育

与国外相类似，国内数字出版人才培养部分地也依托新媒体专业进行。以下介绍我国本科和研究生阶段的新媒体教育。

10.3.3.1 新媒体本科教育

国内最早的新媒体教育可追溯到1996年。当时华中科技大学新闻与信息传播学院率先在全国招收网络新闻传播专业的本科生。此后，新媒体专业高等教育开始逐步发展。2011年，中国传媒大学南广学院开始招收新媒体与信息网络专业本科生。2012年，教育部开始组织该专业的申报工作。同年，河北传媒学院、黑龙江工程学院、浙江万里学院、合肥师范学院、湖南师范大学、广西师范大学、四川师范大学和四川大学锦城学院开始招生。2013年，上海外国语大学等28所高校首次招收网络与新媒体专业学生。截至2018年，教育部批准206所高校设置了网络与新媒体专业，且大部分分布在新闻传播学院和人文社科院系①。从培养目标看，网络与新媒体专业具备较强的新媒体意识。例如，武汉大学传播学本科专业的培养目标是："建立在媒介融合和传播新技术更替的发展趋势之上，旨在培养兼具传播学基础知识和数字媒介内容的表达、创意、管理和营销实务能力的高级复合型专门人才"。有学者认为，目前该领域已形成以中国人民大学为代表的新闻流模式、以复旦大学为代表的传播流模式和以武汉大学为代表的技术流模式②。基于上述认识，以下选取中国人民大学、复旦大学、武汉大学新媒体相关专业的课程内容进行分析(如表10-9)。

表10-9 国内部分院校新媒体专业相关课程(本科层次)③

学校	所属学院	新媒体专业课程
中国人民大学	新闻学院	公共传播、移动信息传播、网络信息整合、策略性传播策划、新媒体管理、数据新闻基础
复旦大学	新闻学院	新闻采访与写作、新媒体传播与发展、组织传播学、媒介融合概论、媒介经营管理、中国新闻传播史、跨文化传播、媒介经济理论、网络新闻传播原理与应用、人际传播学、计算机辅助新闻业务、新闻传播法规与伦理、新闻传播前沿讲座、公共关系学、传播学研究方法、舆论学

① 栗兴维. 网络与新媒体专业教育现状、问题及对策研究[D]. 沈阳：辽宁大学，2018：8-12.

② 马炜玮. 高校网络和新媒体传播专业人才培养模式分析[J]. 西部广播电视，2016(19)：9.

③ 如非特别说明，本表数据来源于各学院网站。

续表

学校	所属学院	新媒体专业课程
武汉大学	新闻与传播学院	新闻学概论、广播电视概论、广告学概论、新媒体基础、大众传播理论、媒介伦理与法规、媒介研究方法、数字技术应用、网络传播概论、网络社会学、媒介调查与分析方法、网络信息编辑、新闻采访与写作、网络新闻作品评析、电子商务与政务、E-Commerce and E- Government、信息素养、网页设计与制作、网页设计与制作实验

从表 10-9 可以看出，由于我国新媒体专业主要脱胎于新闻传播学院，因此在很大程度上赓续了传播学的发展脉络；体现为立足数字传播或网络传播理论视角，强化数字媒体技术和工具应用。值得注意的是，部分学校在培养方案中突出实验与实践教学，强调网络媒体和数字新媒体实习经历，就业方向也多为多媒体出版物编辑、多媒体网络传播以及数字影视作品制作等。如武汉大学传播学专业开设包括媒介调查与分析方法、网络信息编辑、网页设计与制作等课程，形成包括课程实习、假期实习和专业实习的三级实践教学体系。

10.3.3.2　新媒体研究生教育

新媒体研究生教育方面，香港城市大学英文系率先于 1998 年成立传播与新媒体专业。此后国内北京大学、清华大学、北京广播学院、武汉大学、华中科技大学、南开大学、南京大学、广西大学、上海大学、北京印刷学院等高等院校陆续开始招收网络新闻传播硕士研究生。在具体课程设置上，以下选取武汉大学、北京大学、香港城市大学新媒体或网络传播专业的硕士课程进行分析(如表 10-10 所示)。

表 10-10　国内部分院校新媒体相关课程(研究生层次)①

学校	学院	新媒体课程
武汉大学	新闻与传播学院	新闻传播学研究方法、新闻传播学理论基础、新媒体研究、新闻传播政策、法规与伦理、媒介经营与管理、新闻内容生产、视听传播与影像叙事
北京大学	新闻与传播学院	媒介分析、媒介文化演技、舆论研究、视听语言、信息经济学与广告、新媒体与社会、媒介产业研究
香港城市大学	媒体与传播系	互联网传播、多媒体传播、网络数据管理、网络资料分析、社会网络分析、高级多媒体传播、整合媒体传播等

① 如非特别说明，本表数据来源于各学院网站。

从表10-10看出，新媒体作为一个文理交叉的新兴领域，并不是单纯技术相关的；它是在传播学理论主导下对新媒体技术的研究和应用。尽管不同学校在具体课程设置上有较大差异，但它们普遍关注新媒体对于社会的价值和意义，其中像新媒体与社会、网络传播伦理与法规、文化与社会心理学视角的新媒体设计等课程，都体现了新媒体专业鲜明的定位。如香港城市大学媒体与传播系传播与新媒体方向的硕士生主要面向大众媒体、广告/公关机构、商业公司公关/市场传播部门、政府或非营利机构的新闻/宣传部门、网络/多媒体公司的内容部门、移动媒体等传媒行业机构或其他行业机构就业。

博士层次的新媒体教育则以科研为导向，强调在新媒体领域的理论创新和实践创新。武汉大学的数字媒介博士专业要求学生"具有坚实宽厚的数字媒介学理论基础和系统的专业知识；深入了解本专业研究的已有成果和最新进展，熟悉数字传播科技及其应用的历史与现状；具有强烈的创新意识和独立从事创造性研究的能力及数字媒介产品、工程研发和管理的能力；对本专业的某一领域有深入扎实的研究和独到深刻的见解，发表具有较高学术水准的成果，能承担国家或省部级的科研项目及国内学术交流任务；能独立担任本专业基础课和一门专业课的主讲"。具体的研究方向基本和硕士研究生一样，但要求学生对相应的理论、原理和技术方法进行深入探索，分析、总结媒介技术的发展逻辑，研究数字媒介技术应用的基本原理，重点从微观的个体技术应用环境、中观的社会信息环境，以及宏观的技术和文化层面探讨人、人群的数字媒介应用问题，人—技术—环境之间的相互关系，观照数字媒介技术发展及其集成应用的选择路径。在少量的课程教育中，一般以理论专题研讨为主，如新媒体与网络传播专题、新媒体研究、数字媒介研究等。

10.3.4 数字出版培训

岗位培训一直是提高出版队伍素质，促进出版事业不断发展的重要举措。目前，我国已初步建立包括职业资格考试培训、业务培训等在内的多层次数字出版培训体系。

10.3.4.1 面向职业资格考试的培训

数字出版相关的职业资格考试主要由两方面组成：一是基于国家新闻出版广电总局颁布的《出版专业技术人员职业资格管理规定》实施的与数字出版相关的考核；二是针对兴起的数字出版职业，如网络编辑等，国家专门设立的考试体系。

我国对出版专业技术人员实行职业资格制度始于2001年8月1日，首次考试时间为2002年9月22日。出版专业资格考试分为初级资格、中级资格和高级资格。初级、中级资格考试采用考试制度，设出版专业基础知识和出版专业理论与实务2个科目；高级资格(编审、副编审)实行考试与评审结合的评价制度。早期考试主要针对技术设计员和校对员。2008年国家新闻出版广电总局出台《出版专业技术人员职业资格管理规定》，同时废止了 2002 年颁布的《出版专业技术人员职业资格管理暂行规定》①。新出台的规定明确了国家对在报纸、期刊、图书、音像、电子、网络出版单位从事出版专业技术工作的人员实行职业资格制度的要求，具体针对在图书、非新闻性期刊、音像、电子、网络出版单位承担内容加工整理、装帧和版式设计等工作的编辑人员和校对人员，以及在报纸、新闻性期刊等出版单位从事校对工作的专业技术人员。从该规定针对的人员来看，电子与网络出版单位从事出版专业技术的工作人员已被纳入职业资格考试体系中；同时在具体的考试内容中也逐步加入数字出版内容。如 2017 年出版职业资格考试设有 3 道关于数字出版的综合题，分别涉及数字出版产品的策划、设计和制作。② 但整体来看，印刷出版业务知识仍在考试中居于主要地位。

《第 44 次中国互联网发展状况统计报告》显示，截至 2019 年 6 月我国域名总数为 4800 万个，域名注册者在中国境内的网站数为 518 万。③ 如此形成了对高素质网络编辑从业人员的迫切需求。网络编辑的职业资格分为 4 个等级，分别是：网络编辑员(国家职业资格四级)；助理网络编辑师(国家职业资格三级)；网络编辑师(国家职业资格二级)；网络编辑师(高级，国家职业资格一级)。目前，部分开设编辑出版学专业的高校已组织毕业生参加网络编辑职业资格考试，如浙江工商大学于 2007 年在杭州建立了网络编辑和电子商务资格鉴定站，并于当年 11 月首次组织学生参加国家劳动人事部的助理网络编辑师资格鉴定考试④。

10.3.4.2　业务培训

当前我国数字出版业务培训主要以培训班形式展开。数字出版培训班按主办主体可分为新闻出版行政管理部门举办的培训班、协会举办的培训班和企事业单位自主举办的培训班等。

为促进行业高端人才的培养，原国家新闻出版广电总局每年均规划、组织数字出版相关的培训和研修活动，其中以“数字千人计划”“数字出版产业发展战略高级研修班”等培训班为代表。“数字千人计划”由国家新闻出版广电总局办公厅主办，武汉大学和北京印刷学院承办，分战略班和骨干班分别培养。战略班培养对象为新闻出版单位主要负责人或分管数字出版、新媒体业务的负责人，主要学习习近平总书记系列重要讲话精神、马克思主义新闻出版观、数字出版产业理论体系、资本运作模式、企业文化构建、品牌与团队建

---

① 中华人民共和国新闻出版总署令[EB/OL]. [2021-10-01]. http://www.gapp.gov.cn/cms/cms/website/zhrmghgxwcbzsww/layout3/xxml3.jsp? channelId = 1384 & siteId = 21 & infoId = 457366.

② 沈菁. 2017 年度出版专业职业资格考试评析——把握数字出版产品生产流程的基本要素[J]. 出版与印刷，2018，110(3)：93-97.

③ 第 44 次中国互联网发展状况统计报[EB/OL]. [2021-10-01]. http://www.cac.gov.cn/pdf/20190829/44.pdf.

④ 朱晓军. 数字出版人才培养的策略[J]. 教育探索，2008 (8)：83-84.

设、机制创新模式、产品运营与服务、信息技术发展趋势等。骨干班培养对象为新闻出版单位数字出版、新媒体业务的部门负责人或中青年业务骨干，主要学习习近平总书记系列重要讲话精神、马克思主义新闻出版观、数字出版技术应用、产品开发与营销、数字出版项目实施与管理、数字出版流程再造、数据与资产管理等。这些数字出版高端培训活动有利于发挥高校在高层次人才培养上的优势，也有效提升了数字出版产学研之间的互动。在原国家新闻出版广电总局的支持和号召下，各地新闻出版局也积极响应，组织协调举办数字出版相关培训班。如2014年湖南省新闻出版局面向全省图书音像电子出版社、部分报刊出版社的主要负责人及部门负责人举办“全省‘数字出版转型示范’专题培训班”；2016年海南省文体厅举办、省出版协会承办面向省内3家出版单位109名编辑的“全省出版单位专业技术人员继续教育培训暨数字出版培训班”；2017年陕西省新闻出版广电局科技事业与数字出版管理处举办以“‘复合出版和大数据应用’为主题的数字出版培训班”；2018年湖北省新闻出版广电局数字出版处以全省30家互联网出版服务单位负责人及业务骨干为培训对象，举办“全省数字出版业务培训班”等。这些国家级、省级培训班的实施为加快培养，造就德才兼备、锐意创新、结构合理、规模宏大的数字出版人才队伍提供了重要保障。

近年来，行业协会也加大了数字出版培训。以2018年为例，中国版权中心、中国编辑学会、中国科学院自然科学期刊编辑研究会、中国出版协会等联合国内研究机构举办了以版权管理、融合发展、数字传播、出版创新、职业经理人等为主题的不同级别的培训，来自全国各地的出版单位和个人参加了培训。这些培训主要通过讲座形式进行，在一定程度上丰富了数字出版从业人员的理论知识，提高了数字出版意识。

相比于前两种官方或半官方性质的培训，近几年数字出版商业培训逐步显现活力。由于这些培训是商业性质的，因此它们在项目设计、课程安排上更加贴合当下市场需求。以中国地图出版集团于2017年举办的“数字出版产品设计与运营管理培训”为例，其培训课程涵盖数字出版新型人才培养、产品策划运营与用户运营管理、内容垂直电商及渠道推广策略、在线教学系统功能设计与运营战略规划、编辑与数字出版转型、书报刊检测中的文字规范、出版物常见语法错误逻辑错误分析等。这些培训内容既兼顾国家层面的政策解读，也包含出版界最新态势与企业动向。

与国外相似，高等院校也在数字出版培训中占据重要地位，主要表现为新闻出版总署与高校共建出版人才培养基地。2006年，原国家新闻出版总署和武汉大学共建成立“武汉大学新闻出版总署高级出版人才培养基地”，与南京大学成立“新闻出版总署南京大学出版印刷人才培养基地”；2008年，北京印刷学院与中国出版科学研究所签署《北京印刷学院与中国出版科学研究所共建“中国数字出版人才培养基地”协议书》；2011年，原新闻出版总署在武汉大学设立了新闻出版总署武汉大学高级印刷人才培养基地；2017年杭州国家数字出版基地与由北京印刷学院、吉林工程技术师范学院、武汉大学、广东财经大学、天津科技大学、浙江传媒学院等6所学校组建全国高校数字出版联盟，并签订了共建“数字出版人才培养基地"的战略合作协议。此外，传媒集团也纷纷和高校合作，成立数字出版人才培养基地。如 2017 年江苏国家数字出版基地镇江园区(睿泰数字产业园)与全国高校数字出版联盟共建“数字出版人才培养基地”等。这些出版人才培养基地的建立有利于发挥高校在高层次人才培养上的优势，也有效提升了数字出版产学研之间的互动。

10.4　问题与对策

竞争激烈的数字出版市场对数字出版人才培养提出了新的挑战和要求。只有认清目前数字出版人才培养中存在的问题，才能为问题的解决提供方向，才能使数字出版从业人员在瞬息万变的数字环境中胜任本职工作。

10.4.1　存在问题

由于我国数字出版教育和培训尚处于起步阶段，不可避免存在这样或那样的问题。主要体现在以下几个方面。

一是教育部门重视不够，学科归属不明确。我国出版学科定位模糊，大多数院校都是在相关学科下进行数字出版专业的教学和研究工作。数字出版作为出版学的下位学科，本身也受到了出版学专业教育体制不完善的局限。许多高校仅仅开设了数字出版技术等课程，但并没有将数字出版作为正式的学科和专业，成体系地培养人才。如此极易造成数字出版专业显示度低，报考专业的学生人数有限，专业学生没有归属感等问题。

二是产学脱节，人才供需矛盾突出。数字出版相关的产学脱节主要表现在三个方面：第一方面，数字出版专业数量偏少，学生规模偏小，硕博士研究生阶段更是如此，从而造成数字出版人才供需严重失衡。据统计，2017 年我国数字出版人才的总需求量估计在 600 万左右，但是目前高校每年向社会输入的人才却约为 1 万名。① 人才实际培养量和市场对数字出版人才的需求之间存在较大矛盾；其中以具有跨学科知识结构和能力素质的复合型人才更为稀缺。第二方面，数字出版专业课程设置与数字出版岗位所需技能存在出入。其中部分原因是我国很多数字出版人才培养主要放在文学院、新闻传播学院培养，缺乏与经济类、管理类、信息技术类学科的融合课程。第三方面，理论和实践一定程度地脱节。主要表现在高校对行业实践重视不够，高校能为学生提供或推荐的实践岗位有限；并且，高校与校外数字出版实训基地的联系也容易流于表面，学历教育和职业技能培训缺乏有效对接。因此，学生即使获得了数字出版专业毕业证书，也需要进入岗位后接受企业再培训，企业成本增高。

三是从业人员大多尚未纳入职业资格管理体系。2014 年 10 月，原国家新闻出版广电总局出台《深化新闻出版体制改革实施方案》，提出：“将从事新闻转载、聚合、搜索等业

① 吕金梅. 全媒视域下数字出版人才培养模式研究[J]. 中国管理信息化，2017，20(5)：214-216.

务的新闻网站和网络出版单位编排人员纳入出版编辑职业资格管理”。自此，数字出版从业人员也被纳入职业资格管理。2014 年，全国出版专业职业资格考试开始允许网络编辑报考，并在试题中逐步加大了数字出版相关内容的比重，但从参考人数和考试结果来看，参加出版专业职业资格考试的数字出版从业人员较少，通过考试的更少。2015 年，北京市将数字编辑职称评审纳入全市职称评审序列，在评审编辑人员范围上实现了数字内容产业领域全覆盖。次年 5 月，北京市组织开展首次数字编辑初中级职称考试，近 3000 人报考。据悉，该考试通过率仍然很低。显然，简单地将数字出版从业人员纳入现有职业资格考试体系的做法，效果并不明显。

四是数字出版培训体系仍存在较大缺陷。与国外以市场为导向，灵活多样的数字出版培训模式相比，目前我国的数字出版培训基本上是在政府、协会倡导下的培训模式。一期培训班动辄五六十人、上百人，基本采取课堂讲授与结业考试的方式，对出版企业从业人员理念和技能的提升都有一定限制。高校囿于高等教育理念和制度的制约，很难完全面向产业需求定制化培养人才，因此很难充分满足行业对人才，尤其是对新型人才的需求。此外，相对灵活的商业培训市场仍未得到充分开发也制约了我国数字出版培训的发展。一方面，较高的培训费用抑制了部分出版企业参与培训的需求；另一方面，培训市场本身不完善，因此较难获得出版企业信任。

10.4.2 对策与建议

企业所需数字出版人才的培养主体主要有学校培养和企业自主培养两类，其中高校是数字出版教育和培训的主阵地。与此同时也离不开政府、协会等相关部门的指导。三者的协作有助于建立数字出版人才持续成长的培养机制，为数字出版产业发展提供人才保障。

10.4.2.1 以政府为主体的解决路径

我国数字出版教育和培训的现状表明，仅仅依靠高校和企业无法解决根本问题。政府作为教育政策的主要制定者和实施者，其在数字出版教育和培训中起着重要作用。

第一，给予出版学应有的学科地位。武汉大学、南京大学、中国传媒大学、北京印刷学院等高校的编辑出版学专业经过多年发展，已经具有一定规模，为社会输送了大量人才。仅武汉大学就已输送超过 8000 人的出版类专业人才。目前，我国出版学专业已经形成包括专科、本科、硕博士研究生教育，以及包括全日制、短期培训班、进修班等在内的多层次、多规格的出版学教育和培训格局。在学术研究上，公开出版的出版学类著作、期刊已初具规模。中国出版工作者协会、中国编辑学会等各类学协会运作良好，定期开展关于数字出版、编辑出版等的学术交流活动。出版学作为一级学科的条件已然成熟，国家应将其纳入考虑范围；如此，可以从根本上理顺数字出版人才培养问题。

第二，建立健全数字出版人才职业资格考试体系。目前，我国新闻出版人才队伍培养依然沿袭通过全国出版专业资格考试和评审，出版专业技术人员职业资格考试和评审取得传统初、中、高级编辑资格的编辑人员队伍和国家职业技能鉴定取得网络编辑员队伍两种模式。[①] 但是，这两种模式都与数字编辑队伍存在较大差异，无法替代数字编辑。为此，原劳动和社会保障部已经将网络编辑纳入国家职业大典。但是，网络编辑职业目前仅强调利用计算机、互联网的技术操作能力，忽视了网络编辑岗位对出版内容的加工整理、审读把关等职责。因此，在面对数字出版迅猛发展的今天，网络编辑员资格考试已经不能完全适应日益增长的互联网内容整理、加工和审核需求。我国批准设立互联网出版机构的许可条件中，要求企业配备的"编辑出版机构和专业人员"必须能够提供传统编辑职业资格证书，而非网络编辑证书。这也从一个侧面说明我国网络编辑职业资格考试未完全发挥作用。除此之外，通过经济专业技术资格考试的经济师和由各级人力资源及社会保障机构评审认定的初、中、高级工程师也是数字出版领域人才培养模式之一，但是目前这类模式培养的数字出版人才屈指可数。在此背景下，政府部门推动建立健全数字出版人才职业资格考试体系势在必行。

10.4.2.2　以高校为主体的解决路径

高校应综合考虑产业需求、学校基础设施、院系原有特色优势等各方面条件，探索适合自身的数字出版人才培养模式和定位，培养有特色的数字出版人才。例如，在信息管理学院的数字出版专业可突出信息管理、信息技术知识和能力的培养；文化与传播学院下的数字出版专业突出文化、传媒素养和能力等。但总体而言，由于数字出版产业属于互联网环境下诞生的新型产业，故而数字出版人才需要具有互联网思维，掌握互联网技术，增加互联网产品、互联网编程、项目运营管理、版(界)面设计技术与艺术、基础编程语言、多媒体技术、交互式网站技术等技术类课程的修习。

出版学专业实践性很强，主要目标是培养满足行业需求的人才。现在大部分高校都和企业建立了合作关系。为了增强学生的实践能力，将学校学到的理论知识应用到实践，与企业展开更为深入的合作是使学生提前适应企业要求，实现精准就业的必经之路。学界和业界可联合培养人才。高校根据数字出版行业发展的实际需要制订人才培养方案，设置专业课程，积极组织学生深入企业进行实习实践，再结合企业反馈修订下一届学生培养方案和课程设置，就有可能使人才培养方式"活"起来。

现在高校引进师资以学历、文凭和学术研究成果为主，行业和实践经验往往不受重视。但是缺乏行业经验的教师不利于数字出版专业本科生的培养。故而不仅数字出版专业学生需要深入企业加强实践学习，数字出版专业教师尤其是青年教师更需要到企业去锻炼或挂职，学习最新管理经验和业务，建立并完善合理教师进修和深造制度。此外，放宽学历要求，积极引进业界具有丰富经验和理论积累的专业人士作为业界导师，也是强化数字

① 数字出版人才培养：职称评定或发挥"杠杆作用"[EB/OL]. [2021-10-01]. https://www.duoduoyin.com/yinshuajishuinfo/114324_1.html.

出版师资队伍建设的又一路径。在师资结构上，可在本科层面实行“导师制”，在硕博士研究生层面实行学校-业界“双导师制”。即在本科阶段，选择有丰富教学经验和行业经验的老师带队到数字出版企业实习；在硕博士生阶段，在校内学术导师外，再增加一位业界专家担任第二导师，从而促进学生更加有机地吸收前沿理论和实践经验。

高校也要建立开放教学制度，在积极引进国外先进教学资源的基础上，加快“走出去”步伐。对于数字出版专业学生出国求学和专业教师出国访问，高校应该建立稳健的保障机制；对于国外师资力量的引进，要不拘泥于形式，创造良好的氛围和条件。高校之间应开展联合教学、科研合作、教师互访、学分互换、交换生、国际会议、互赠设备等活动。除此之外，既需要和国外高校建立长期合作关系，也需要与国外大型出版机构、研究机构等开展广泛合作。

10.4.2.3 以企业为主体的解决路径

数字出版专业人才的培养不仅需要政府引导、高校支撑，同时也需要出版企业面对日新月异的数字出版产业做好人才再教育和再培训工作。

首先，数字出版企业要重视数字出版人才的培养，采取多样化再教育形式。可以聘请行业内专家、学者定期进行数字出版再教育讲座，包括政策解读、理论讲解、项目交流、产品介绍等内容；或组织数字出版人才参加数字编辑等相关职业资格培训及考试等；也可针对不同数字出版人才岗位，采取内部转岗、考证、外出实习、培训、参加数字出版年会、展会、论坛、沙龙、讲座等不同形式，进一步促进数字出版出版人员把握行业最新动态。

其次，在数字出版人才培养过程中，出版企业应加强同高校、政府相关部门的联系。例如，定期邀请高校教授到企业做报告、讲座，定期组织企业工作人员到高校学习等。有计划、有组织地安排数字出版人员开展各种形式的研发活动，也是提高其知识水平和业务水平的有效路径。

最后，出版企业应建立健全数字出版人才的优胜劣汰机制。引进人才后，如何留住人才是数字出版企业需要考虑的又一问题。改变现有薪酬制度，或者针对数字出版人才建立专门的工资制度，加大人才梯度薪酬力度，依托明确的绩效考核给予相应的工资和福利。为鼓励优秀传统编辑转岗，可给予不低于传统编辑的工资待遇，并增加多样化的以绩效为考核标准的奖励措施和频率。总之，须创新和深化人事制度改革，优化数字出版人才开发、培养、管理、使用全过程。

本章关键术语

数字出版人才	净雇佣前景指数	数字出版高等教育
复合型人才	数字出版培训	新媒体教育
人才培养体系		

简答题

1. 简述数字出版对人才素质的新要求。

2. 简述美国数字出版高等教育概况。

3. 简述英国数字出版高等教育概况。

4. 简述我国数字出版教育和培训存在的问题。

5. 简述我国数字出版产业发展的人才保障措施。

思考题

1. 他山之石，可以攻玉。他人之事，我事之师。英美的数字出版教育对我国数字出版教育有什么启发？

2. 人工智能已经逐渐渗透到数字出版领域，跨界融合趋势更为明显。这对数字出版人才培养有什么影响？

《实施科教兴国战略，强化现代化建设人才建设》

《全面贯彻新时代人才工作新理念新战略新举措》

《在网络安全和信息化工作座谈会上的讲话》

《深入实施新时代人才强国战略 加快建设世界重要人才中心和创新高地》

《习近平在清华大学考察时的讲话》

后　　记

本书的编撰可以追溯到2002年，当时我们的合著者之一完成了其博士学位论文《出版企业网络出版策略研究》。基于这篇论文，徐丽芳、刘锦宏和丛挺共同修订并编撰了第一版《数字出版概论》。这本书被纳入国家"十二五"重点图书出版规划项目《数字出版理论、技术与实践系列丛书》，2013年由电子工业出版社出版。自那时起，该书被我国20余所高校的出版学专业选为本科生教材和研究生教学参考书。

回顾历史，当我们回到世纪之初，"数字出版"这个词汇尚未被广泛使用。那时，网络出版作为数字出版的主要新兴形态，仅被视为传统出版企业可能的策略选择之一。全球领先的学术出版商如爱思唯尔刚开始看到数字出版的盈利潜力；教育出版商如培生初窥数字化发展之路；而大众出版商如兰登书屋、哈泼·柯林斯还在探索数字出版在大众出版领域的可能性。中国特色的探索之旅也刚刚起步，数字出版仍属于研究人员和专业人士的前瞻性研究。然而，今天的情况已经大不相同。全球主要的学术和教育出版商，数字化收入已经占据其总收入的60%到90%不等。在中国，2022年的数字出版收入达到了惊人的13586.99亿元。其中，网络文学、数字教育、知识服务、有声读物等领域呈现出蓬勃的发展势头。

数字出版发展日新月异，10年前的内容需要更新和丰富。因此，我们的研究团队在2019年启动了修订工作。此次重印，我们尤其注重习近平总书记在二十大报告中关于繁荣发展文化事业和文化产业，实施国家文化数字化战略的指示。在此基础上，更加深入地理解习近平总书记关于传媒融合发展，推动新型媒体健康有序发展的历次讲话，以全面理解和把握数字出版的内涵、特征和发展规律，为推动中国数字出版事业发展做出贡献。具体地，我们结合当前数字出版的最新实践和研究动态，对部分章节内容进行了重新编排；补充和介绍了数字出版的最新技术、新型数字出版产品和服务等议题；同时，更新了大量的案例和数据，并增加了一些国内外数字出版的个案和实例的分析。此次修订的内容比例在50%左右，具体分工如下：徐丽芳统筹、组织书稿修订，参与全书第一章等多个章节的重撰和修订工作，并负责最后书稿改定；陈铭参与和负责第一章、第四章、第六章、第九章以及3.3.1数据出版物和第三章案例的修订；邹青负责第二章和7.3数字教育出版分销的修订；赵雨婷负责第十章修订；严玲艳参与第四章修订；张慧参与3.1概述、3.2.1电子书、3.2.2有声书、3.2.3数字期刊、3.3.2数据库出版物的修订；王心雨参与3.2.4数字报纸、3.4 数字游戏、3.6 其他等节的修订；陆文婕参与 5.4.3 常见 CMS 软件的修订；刘欣怡参与第 5 章部分修订工作；周伊参与和负责第五章案例以及 7.1 分销渠道概述、7.3.3 渠道模式、7.4 数字学术期刊分销的修订；罗婷负责 7.2 数字大众出版分销的修订；左涛负责 8.1 概述、8.2.3 版权保护案例的修订；姚依蕾负责 8.2.2 中国版权法律现状及特点的修订；贺琳参与 8.3 数字权利管理技术的修订。研究生王一鎏、龙金池、何珊、宁莎莎等也积极参与了本书的修订准备工作。最后，还要特别感谢本书责编詹蜜女士，多年来我已经不止一次受益于她负责、专业、高水准的工作，这次也不例外！

徐丽芳

2023 年 12 月